出土文獻譯注研析叢刊

# 楚文字論集

蘇建洲　著

# 季序

季旭昇

　　戰國文字是很迷人的一門學科，由於適逢其會，戰國文字材料不斷出土，帶給學者許多第一手的新材料，可以做出許多具有創新意義的成果。但是，由於文字考釋的難度較高，所以很多疑難字，學者們的看法不盡相同，但都努力地在尋求最好的答案，所以同一個字，過一段時間就有不同的看法出來，變化非常快，我常跟學生半開玩笑地說：戰國文字和電腦資訊業的更新速度一樣快。也正因為如此，戰國文字學者也常常感慨，材料不要出得這麼多，這麼快，否則學者廢寢忘餐也跟不上材料的速度。要在這種古文字的「戰國時代」爭雄勝出，必需要有過人的智力、體力與毅力。在這一方面，建洲是個佼佼者。

　　建洲的《楚文字論集》即將出版，希望我寫篇序，我非常樂意。

　　翻開《楚文字論集》的目次，可以看到建洲這幾年的用功及成果，只能用琳瑯滿目，洋洋大觀來形容。具體的內容，讀者自可從書中細看，我在序中特別要介紹建洲的幾個特點。

　　建洲很值得稱道的一個特點是用功。從作品發表的量，就已足以說明這一點。在他這一代的朋友之中，能達到這樣質量的，應該是不多了。他常常掛在嘴邊的一句話是「時間很寶貴」。在沒有效率的場合，他有時會不太能忍受，《吳越春秋》說：「君子爭寸陰而棄珠玉。」這是很好的態度。

　　由於用功，所以建洲對材料的掌握、追求非常積極。往往在臺灣還不容易看到的材料，建洲已經看到了；剛問世的材料、文章，建洲也都能在第一時間掌握住，並且在最快時間寫出很有看法的文章，《楚文字論集》中

已經針對剛出版的《上海博物館藏戰國楚竹書（八）》寫了十四則的考釋文章，就是明證。

　　建洲的文章，對字形的掌握非常熟悉，這當然得力於他從碩士階段起就研究戰國文字（2001 年碩士論文〈戰國燕系文字研究〉），此後全力從事戰國文字的研究，沒有停過。遇到一個問題字，建洲一定會把所有相關的字形都蒐羅無遺，為討論這個問題字打下最堅實的基礎，從這裡也看得出文字研究基本功的重要。凡是討論相關字形的學者，對建洲這一點都非常肯定。

　　另外，建洲讓很多人佩服的是，對於通假的例證，往往能夠上天下地求之遍，把看起來聲韻關係相距得比較遠的兩個字找出通假的證據，除了聰明用功之外，平日累積的「資料庫」也是非常重要的。

　　《文心雕龍》說：「積學以儲寶，酌理以富才。」戰國文字研究也同樣要積學窮理，日積月累，緝熙於明，這是可以預見的。

2011 年 9 月 3 日　季旭昇於臺北

# 孟序

孟蓬生

　　余與臺灣學者蘇建洲先生相與為文字交者數年矣，無奈天塹阻隔，至今緣慳一面。而藉助網絡之便，或以伊妹兒傳書，或以論壇跟帖，其間切磋琢磨，往復唱和，心領神會者往往而有，亦讀書人之一大幸事也。今年夏間，建洲先生既匯萃近年所作楚文字考釋為《楚文字論集》，乃惠致書蘗，徵序於余。余材質駑頓，於古文字學所造甚淺，以不足序其書為請，固辭不獲。然庶務叢脞，遷延未就。近日涼風忽至，颯然驚秋，爰為之序曰：

　　文字者，以形體為本而兼聲音訓詁者也。故當今治古典學者，莫不以文字為先，而治文字學者，莫不以形體為先。所幸地不愛寶，簡帛蜂出，學者趨向顯學，爭說古文。然所學有不同，所造有深淺，精粗雜陳，喜憂參半。又文字考釋，貴在排比字形，辨析源流，此學界之通識也。初文或不甚肖形，晚出者又常相訛混，此亦學者之所熟知也。而「看圖識字」、指鹿為馬之病，雖當今之碩學洪儒，時或有所不免。青年學者從事於斯學而卓有建樹，堪稱翹楚者，不過寥寥數人而已。而建洲先生則於近年脫穎而出，鑽研之勤，收穫之豐，頗為學人所矚目。蓋建洲先生受業於臺灣著名古文字學家季旭昇先生之門，專攻戰國文字，由燕而楚，由銅陶璽幣而及竹簡，先後有《戰國燕系文字研究》、《〈上海博物館藏戰國楚竹書（二）〉校釋》、《上博楚竹書文字及相關問題研究》之作，於文字學可謂訓練有素矣，於戰國文字形體可謂既詳且熟矣。故其每有所作，率能考鏡源流，辨析毫芒，或上溯甲金，或下探篆隸，不為模糊影響之談，不為鑿空皮傅之說，視學無淵源、率爾操觚者，其高下豈可以道里計哉？余觀其所考釋，或承襲前賢而為之申論，或屏棄舊說而自出機杼，多有堪為定讞之論，或

亦不無尚待參驗之說。海內外不乏方家，此固不待余之聒聒矣。然元元本本，無徵不信，此實為作者所秉執而余樂為讀者所稱道者也。

音韻者，考釋文字之利器也。故不知音韻，不能洞悉文字；不知戰國之音韻，則不能洞悉戰國之文字。戰國為古代社會和語言劇變之秋，而前賢於此時之語音往往語焉不詳，蓋巧婦難為無米之炊也。當今資料倍蓰於昔者，尤以楚地文獻居多。此洵為千載難逢之盛事，亦文字音韻得以並進之時代也。而當今學者為專業所限，文字與音韻多不能兼通，其果毅者或失之汗漫而無所依歸，其謹慎者或失之株守而動生罣礙，此甚可憫嘆者也。建洲先生雖由文字入手，而能兼顧音韻，知常通變，圓融無礙，超然無汗漫與株守之病。余曩讀其師季旭昇先生《談覃鹽》一文，服其妙達音理，嘆為知言之選。今觀建洲先生所著《楚簡鳧從九聲考》、《〈平王問鄭壽〉簡 7「瞻」字構形考》，《由〈耆夜〉簡 10「役」字看楚竹書「役」字的構形》諸文，知其克承厥師衣鉢而有所光大。倘能繼是以往，精進不已，余知其所詣必遠，所成必大，其前途實未可限量也。

古人云：「獨學而無友，則孤陋而寡聞。」此言學問之道，尤重交游。又云：「道之所存，師之所存。」此言相師之道，不貴年資。建洲先生於島內師友過從甚密，為能左右逢其源矣；於大陸碩學鴻儒乃至少年雋彥，或虛心請教，或坦誠切磋，無少懈怠。觀其文中注釋或附記中所載有密切交往之大陸學者無慮十數，則其向學之誠心可見一斑。學有根柢而絕無門戶之見，轉益多師而不苟為異同之論，此或亦建洲先生成功之秘笈乎！

余以檮昧，素喜小學，蒙建洲先生不棄，引為知己。先生有所垂詢，余不敢不盡其所知，間或謬蒙相許。而余偶有所作，建洲先生亦往往匡其不逮，補所未備，堪稱諍友。去歲清華簡問世，中有《楚居》一篇，記楚武王之名為「酓（熊）🐛」，與典籍所記楚武王名「熊通」者互為歧異。余因成《〈楚居〉所見楚武王名臆解》一文，釋「🐛」為「絑（紲）」，以為其古音與「徹」、「達」相近，漢代因避漢武帝劉徹諱而改稱為「通」。而建洲先生隨即在簡帛網論壇指出《漢書》記楚武王名「熊達」，其後又作《〈楚居〉簡 7 楚武王之名補議》一文（已收入本書），對拙說有所批評。余因之

得以修改拙作，另成《〈楚居〉所見楚王名考釋二則》一文。今楚武王之名得已論定者，實余與建洲先生相互啟發、共同努力之結果也。「奇文共欣賞，疑義相與析」，讀書考古之樂，寧有甚於此者乎？

然余與建洲先生相互啟發者固不止上述一事也。曩余有《〈保訓〉「疾𧰼甚」試解》一文，將清華簡之「𧰼」字上部所從與上博簡《周易》「𧰼（簪）」字認同，讀「𧰼甚」為「漸甚」，為「病重」之義。頃之，建洲先生有《〈清華簡・保訓〉簡2「𡧳」字考》之作（已收入本書），將「𧰼」字隸定為「𡧳」，以為「𧰼甚」即《呂氏春秋・貴公》之「漬甚」，同為「病重」之義。其說言之成理，持之有故，余私心雖有所未許，而一時竟無從辯難。今諦思之，知古音談支亦或相通，「漸」、「漬」音轉，似不必釋「𧰼」為「𡧳」，而後可讀為「漬」也。試為分疏如下：

## 一 占、耿、圭、鮮、析、斯諸聲相通

《說文・老部》：「耈，老人面如點也。从老省，占聲。讀若耿介之耿。」段注：「雙聲也。」《說文・耳部》：「耿，耳箸頰也。从耳，烓省聲。杜林說：耿，光也。从光，聖省。凡字皆左形右聲。杜林非也。」耈在談部，耿在耕部（據許讀則實在支部）。鮮在元部，但常與支（錫耕）部字相通。《書・立政》：「以覲文王之耿光，以揚武王之大烈。」漢石經「耿」作「鮮」。《書・禹貢》：「織皮崑崙、析支、渠搜、西戎即敘。」《史記・五帝本紀》：「南撫交阯、北發，西戎、析枝。」《大戴禮・五帝德》：「南撫交趾、大、教，（西）鮮支、渠廋、氐羌，北山戎、發、息慎，東長、鳥夷、羽民。」《後漢書・西羌傳》：「濱於賜支，至乎河首，綿地千里。賜支者，《禹貢》所謂析支者也。」《說文・雨部》：「䨉，小雨財零也。从雨，鮮聲。讀若斯。」《爾雅・釋詁》：「鮮，善也。」《周禮・夏官・序官》：「繕人。」鄭注：「善之言勁也。」《禮記・曲禮上》：「急繕其怒。」鄭注：「善讀曰勁。」善之於勁，猶鮮之於耿也。《釋文》：「鮮，本或作䚕。」《釋名・釋疾病》曰：「癬，徙也。浸淫移徙處曰廣也，故 徐謂癬為徙也。」《說文・玉部》：「玼，玉色鮮也。从玉，此聲。《詩》曰：『新臺有玼。』」《書・君陳》：「斯謀斯猷。」

《禮記・坊記》引作「此謀此猷」。《老子》：「皆知善之為善，斯不善矣。」馬王堆漢墓帛書《老子》甲本作「訾」。據此知《說文》以鮮訓玼，實為聲訓。以上占聲為談部字，其餘則均為支錫耕部字。

## 二　韱、斬、責諸聲相通

瀸或訓積。《公羊傳・莊公十一年》：「瀸者何，積也。」何休注：「瀸之為死，積死非一之詞，故曰：瀸，積也。」《公羊傳・莊公十一年》：「瀸者何，積也。」何休注：「瀸之為死，積死非一之詞，故曰：瀸，積也。」「漸靡」或作「積靡」。《荀子・儒效》：「居楚而楚，居越而越，居夏而夏，是非天性也，積靡使然也。《漢書・淮南衡山濟北王傳贊》：「此非獨王也，亦其俗薄，臣下漸靡使然。」瀸、漸同訓為漬。《說文・水部》：「瀸，漬也。从水，韱聲。」大徐本「子廉切」。字或作「漸」。《詩・衛風・氓》：「淇水湯湯，漸車帷裳。」《釋文》：「漸，漬也。」《說文・水部》：「漬，漚也。从水，責聲。」大徐本「前智切」。《公羊傳》曰：「大瘠者何？大瘠也。」《孔疏》曰：「『四足曰漬者』，牛馬之屬也。若一箇死，則餘者更相染漬而死。今云其漬，則知死也異於人耳。」《禮記・曲禮下》：「四足曰漬。」鄭玄注：「漬謂相瀸汙而死也。《春秋傳》曰：『大災者何？大漬也。』」所謂「大漬」即所謂疫病，即今所謂傳染病或流行病，與表示病重之「漸甚」或「漬甚」無關，然其音義相關之理固同也。以上韱聲、斬聲在談部，責聲在錫部。

## 三　僉、夾、冊、責、束諸聲相通

《說文・心部》：「憸，憸詖也。憸利於上，佞人也。从心，僉聲。」《說文・心部》：「㥦，疾利口也。从心，从冊。《詩》曰：『相時㥦民。』」小徐本作「冊聲」。《書・盤庚上》：「相時憸民，猶胥顧于箴言。」《易・繫辭上》：「探賾索隱。」《釋文》：「賾，九家作冊。」《國語・魯語上》：「使書以為三筴。」《補音》：「筴通作冊、策。」前人多以為夾束形近而訛，而不知其

音亦近，可以通轉也。以上僉聲、夾聲在談盍部，冊聲、責聲、束聲在支錫部。

談支通轉之例尚夥，擬作《談支通轉例說》一文以盡之，茲不贅述。

如以上所論可信，則「漸甚」之於「漬甚」，猶瀸（漸）之於漬，憸之於惢，筴之於策也。

今因作序之便，敢以斯義質之建洲先生及天下之好斯學者，其或有以教我乎？搔首踟躕，跂予望之！

辛卯季秋，孟蓬生謹序於京西開泰齋

# 目 次

# 楚簡「刖」字及相關諸字考釋

先將相關字形羅列如下：

（△1）　　（《包山》116，亦見於《新蔡》簡，詳下）

（△2）　　（《包山》146）

（△3）　　（《集成》10378，銅環權）

（△4）　　（《信陽》2.16）　（商承祚摹本）[1]

（△5）　　（《集成》10373，燕客銅量）

（△6）　　（《九店》56.7）、　　（《九店》56.8）

（△7）　　（《郭店・五行》47）

（△8）　　（《璽彙》0324，三晉系）

---

[1] 商承祚：《戰國楚竹簡匯編》（濟南市：齊魯書社，1995 年 11 月），頁 18。

（△9）（《璽彙》2226，三晉系）、（《璽彙》3327，三晉系）

「△2」、「△3」字形相同，而「△1」、「△2」文例相同，所以三字可以併觀之。「△1」、「△2」出現在所謂的「貸金簡」，乃「當地官員為當地借貸黃金以購買種子的記錄。」[1]簡 116 的文例是「貸越異之金三益△1 益」、簡 146 的文例是「一益△2 益」。至於「△3」是 1945 年湖南省長沙市近郊出土的銅環權，計有 10 枚，「10 枚銅權是完整的一套，重量大體以倍數遞增，分別為一銖、二銖、三銖、六銖、十二銖、一兩、二兩、四兩、八兩、一斤。一銖重 0.69 克，一兩重 15.5 克，一斤重 251 克，10 枚相加約 500 克，為楚制 2 斤。」[2]「△3」的文字是出現在第 9 枚，文例是「△3 益」。對上述三字形學者的說法如下：

何琳儀先生認為此字從肉，從刀，應釋為「」，即「剝」字。「剝」訓為「削」，意為「減少」，「一益益」即一鎰有餘而不足二鎰。[3]

黃錫全先生主要根據「△4」的寫法，認為這些字並不從肉，而是從「月」或「夕」，與楚文字「間」的寫法相同，應釋為「間」。「△1」寫法類似「肉」乃是誤書，而「△2」、「△3」字形左上的筆劃，黃先生認為「很可能是一種簡省或增加飾筆的現象，本即『間』字」。「間」訓為「中間」，因此「間鎰」就是鎰之中間，取義於鎰的一半，也就是「中鎰、半鎰」。所以簡文「三益△1 益」，就是「三鎰半鎰」。至於「△3」亦讀為「間鎰」，其重量正好是第 10 枚的一半，所以「1 鎰=2 間鎰=16 兩」。[4]

白於藍先生亦分析為從肉從刀，但釋為「胖」，以為字形即「胖」字之

---

[1] 黃錫全：〈試說楚國黃金貨幣稱量單位「半鎰」〉《江漢考古》2000 年第 1 期，亦載於《古文字研究》第 22 輯（北京市：中華書局，2000 年 7 月），頁 181。亦見於氏著：《先秦貨幣研究》（北京市：中華書局，2001 年 6 月），頁 236。

[2] 丘光明編著：《中國歷代度量衡考》（北京市：科學出版社，1992 年 8 月），頁 290。

[3] 何琳儀：〈包山楚簡選釋〉《江漢考古》1993 年 4 期。亦見氏著：《戰國古文字典》，頁 396。

[4] 黃錫全：〈試說楚國黃金貨幣稱量單位「半鎰」〉《古文字研究》第 22 輯（北京市：中華書局，2000 年 7 月），頁 181～186。

原始會意初文，在該簡文中用為「半」。其次，《包山》、《九店》的𤲒字，學者指出𤲒旁應分析為從「田」從「宀」聲，而「宀」即「宛」字所從聲旁「夗」的變體。[1]白先生根據此說認為「△2」左上的筆劃是「夗」字，是「胖」字的增添聲符，二者同為元部字。[2]

　　李學勤先生指出「△5」是器名；「△6」、「△7」文例是「楳三剈一簿」，並根據李守奎博士論文的說法，認為這些字與上引「△1」、「△2」、「△3」是同字。他認為「剈」字可分解為「月（肉）」、「辛」、「刀」三部份，是以「韌」為聲，而「韌」是「辨」的省簡，「辨」、「半」古音相通，因此「剈」即讀為「半」。同時他認為字形演變是由「剈」簡省為「刞」，甚至簡省為「刖」，但讀「半」在文中十分順暢。[3]周波、董珊先生也讀為「半」。[4]單育辰先生也將「△5」釋為「半」，以為是容器名。[5]

[1] 李零：〈讀《楚系簡帛文字編》〉《出土文獻》第五集（北京市：科學出版社，1999 年 8月），頁 159。亦可參何琳儀、徐在國：〈釋蒍〉，向光忠主編：《文字學論叢（第二輯）》（武漢市：崇文書局，2004 年 1 月），頁 255～258，亦收入黃德寬、何琳儀、徐在國合著：《新出楚簡文字考》（合肥市：安徽大學出版社，2007 年 9 月），頁 294～298、馮勝君：〈釋戰國文字中的「夗」〉《古文字研究》第二十五輯（北京市：中華書局，2004 年10 月），頁 283～284、陳劍：〈「邊」字補釋〉，復旦大學出土文獻與古文字研究中心網站（www.gwz.fudan.edu.cn），2008 年 1 月 23 日。

[2] 白於藍：〈包山楚簡補釋〉《中國文字》新 27 期（臺北市：藝文印書館，2001 年 12 月），頁 161。

[3] 李學勤：〈楚簡所見黃金貨幣及其計量〉《中國古代文明研究》（上海市：華東師範大學，2005 年 4 月），頁 281～282。

[4] 周波：《戰國時代各系文字間的用字差異現象研究》（上海市：復旦大學出土文獻與古文字研究中心博士論文，2008 年 4 月，指導教師：裘錫圭教授），頁 33、董珊：〈楚簡簿記與楚國量制研究〉《考古學報》2010 年第 2 期，頁 178～182。

[5] 單育辰：《楚地戰國簡帛與傳世文獻對讀之研究》（長春市：吉林大學博士論文，2010 年6 月），頁 65。

建洲案：幾位先生的說法自有其合理之處，但是在字形的解釋上都還存在著一些問題。首先，《集成》8.4273 靜簋所記賞賜物品有一項是「鞞」，後一字應從林澐先生隸定作「剢」。[1]陳劍先生認為「剢」當釋為「剝」，字形表示以刀向豕之形，表「剝皮」、「割裂」之意至為顯明，其說可信。[2]但是「△1」的寫法與字頗有距離，何琳儀先生釋為「剝」還有疑問。其次，黃錫全先生釋為「間」，但是這些字形除了「△4」一形從類似「夕」旁外，其餘與「夕」或「月」字形不類（詳下）。在此情況下反說成是誤書或飾筆恐有待商榷。況若依此說，在字形源流上也不好解釋。其三，白於藍先生將字形左上分析從「夗」聲，但「夗」與「胖」聲紐有距離，依此說則此字未必是「胖」。其四，李學勤先生將「剒」字分析為從「𠛂」為聲，「𠛂」是「辨」的省簡。但是我們知道楚文字的「辨」或「辯」多寫作從「鞭」的形體，[3]如《容成》16「（辨）為五音」、《柬大王》19「私（辯）」、《三德》03「內外有（辨）」。依照此書寫習慣，則將（△6）等字釋為從「辨」，不免讓人起疑。董珊先生在此說的基礎上，也將晉璽代表量器的「△8」、「△9」也釋為「半」。但正如李天虹教授所指出：「作為量名的『半』好像也不見於傳世文獻。」[4]但是李學勤先生將「△1」～「△9」（除「△4」）字形結合起來看是很有啟發的。李守奎先生後來在《楚文字

---

[1] 林澐：〈新版《金文編》正文部分釋文商榷〉。轉引自董蓮池：《金文編校補》（長春市：東北師範大學，1995 年 9 月），頁 88。

[2] 詳見陳劍：〈金文「彖」字考釋〉，收入氏著：《甲骨金文考釋論集》（北京市：線裝書局，2007 年 4 月），頁 266～267。

[3] 李守奎、曲冰、孫偉龍編著：《《上海博物館藏戰國楚竹書》(一～五) 文字編》（北京市：作家出版社，2007 年 12 月），頁 124、394、641。

[4] 李天虹：〈戰國文字「歬」、「剒」續議〉《出土文獻研究》第七輯（上海市：上海古籍出版社，2005 年 11 月），頁 37。

編》將「△1」～「△3」隸定作「肕」，將「△5」、「△6」隸作「削」，即

「劖」，理解為從「龍」省聲，[1]似乎認為二組字應該分開看待。《三晉文字

編》也將「△8」隸定為「劋」釋為「劙」；「△9」隸定為「劄」釋為「劖」。[2]

筆者以為這些字應該可以並觀，其來源可能是與「俞」音近的字。試述如

下：

在《新蔡》簡中有「刖」字如下：

（《新蔡》甲三 292）、（《新蔡》甲三 211）（《新蔡》甲

三 254）

另外，簡甲三 90 亦有此字，但字形不清楚，此不列出。

簡文文例是：

黿軘、馭吳（昃）受（授）九臿（䩉）[3]，又刖。（甲三 292）

☐　受（授）二臿（䩉），又二赤，又刖，又籿（筲）[4]。（甲三 211）

☐　仐（八十）臿（䩉）又三臿（䩉），又一刖，籿（筲），鳶（顏）首（甲

三 90）

☐　三赤，又刖☐（甲三 254）

這組簡的性質眾說紛紜，請見彭浩先生的歸納。[5]不過對於簡文頻繁出現的

臿、赤、刖、籿、弅重、顏首等詞，共同意見是用作容量單位。晏昌貴先生

比對《九店》與《新蔡》的容量單位之後，得出這樣的結論：

[1] 《楚文字編》，頁 270～271。

[2] 湯志彪：《三晉文字編》（長春市：吉林大學博士論文，2009 年 10 月），頁 260。

[3] 宋華強：〈釋新蔡簡中的量器「䩉（釜）」，簡帛研究網，2005 年 11 月 13 日。

[4] 馮勝君：〈讀上博簡〈緇衣〉劄記二則〉，載朱淵清、廖名春主編《上博館藏戰國楚竹書
研究》（上海市：上海書店出版社，2002 年 3 月），頁 452～454。

[5] 彭浩：〈葛陵和包山楚簡的兩種簿書〉《「2007 年中國簡帛學國際論壇」論文》（臺北市：
臺灣大學中文系主辦，2007 年 11 月 10～11 日），頁 2～3。

新蔡：匜—赤—刖—籾—弅重—顏首

九店：櫓—赤—削—簫— 方 —顏首

並說「『刖』與『削』顯然是同一記量單位」，[1]此說很是關鍵。底下我們再探討「削」字形的問題。

《郭店・五行》47「△7 而知之謂之進之」，《郭店》整理者將「△7」隸定作「𩠋」，並根據《馬王堆帛書・五行》此字作「喻」，將釋文寫作「𩠋〈喻〉」。大概認為「𩠋」為「俞」之誤字，而讀為「喻」。[2]對於「△7」字，魏宜輝先生曾對其來源提出說法：「我認為『𩠋』字這種特殊字形可能是由郭店簡《忠信之道》簡 3 中的『秀』字所演變來的。『秀』所從的『介』旁作『牟』形，後來由於筆畫割裂而分割為『人』、『牙』上下兩部分。下部的『牙』形與『舟』（舟旁）重新拼合在一起，訛變作『秀』形。」[3]此說在字形上證據較薄弱，並不可信。黃錫全先生提出兩種可能：一是「△7」可能是「俞」字演變者；二是當釋為「寵」，字形左從「龍」，「龍」、「俞」古音相近。[4]李守奎先生則認為是「俞」字訛書。[1]李家浩先生則認為「𩠋」

[1] 晏昌貴：〈新蔡葛陵楚簡「上逾取粟」之試解〉《新出楚簡國際學術研討會論文》（武漢市：武漢大學，2006 年 6 月 26 日），頁 281～282。亦收入丁四新主編：《楚地簡帛思想研究》第三輯（武漢市：湖北教育出版社，2007 年 6 月），頁 573～574。

[2] 荊門市博物館：《郭店楚墓竹簡》（北京市：文物出版社，1998 年 5 月），頁 34、151；李家浩：〈戰國官印考釋三篇〉《出土文獻研究》第六輯（上海市：上海古籍出版社，2004 年 12 月），頁 21。

[3] 魏宜輝：《楚系簡帛文字形體訛變分析》（南京市：南京大學博士學位論文，2003 年），頁 28。

[4] 黃錫全：〈試說楚國黃金貨幣稱量單位「半鎰」〉《古文字研究》第 22 輯（北京市：中華書局，2000 年 7 月），頁 183。

與上引「劊（△8）」是同字。「劊」字左旁確實與「龍」字的左旁相同。上古音「龍」屬來母東部，「俞」屬喻母四等侯部，二者古音相近。在古文字有一種情況是把某字的一部份，改寫作與該部分形近而又與該字音近的偏旁，使它聲符化。「劊」大概是有意將「俞」字所從「舟」旁改寫作與「俞」音近的「龍」字左旁，使其成從「龍」省聲，「劊」當是「俞」的異體，「劊」當是「劊」的異體，而「劊」當是「劊」或「劊」的省體。[2]李天虹先生指出《五行》「△7」與 （《郭店・忠信之道》簡3「俞」）、（《上博一・孔子詩論》簡14「俞」）形近，好像不必認為是「俞」的誤字，說它是「俞」的變體則比較合適。但又指出「劊」字左側確實和「龍」字左旁寫法相同，所以「劊」字也可能從「龍」省聲。[3]比較起來，將「劊（△7）」理解為從「龍」省聲在字形確實比較好理解，「龍」在偏旁中也的確可以省作「育」形，如「龔」字作 （《包山》41），亦可省為「育」形作「郭」，如：王孫誥鐘作 、王子午鼎作 。[4]但是從「龍」省聲從「刀」是什麼字呢？陳劍先生指出：「三晉文字中亦不乏普通的『俞』字，而其竟然也跟楚文字出現同類的變化作『劊』，也總令人感覺到，事實更可能是『劊』本為一未識的獨立形體，三晉和楚都有。」[5]可見「劊」、「劊」的字形結構目前

---

[1]　《楚文字編》，頁463。

[2]　李家浩：〈戰國官印考釋三篇〉《出土文獻研究》第六輯（上海市：上海古籍出版社，2004年12月），頁21。

[3]　李天虹：〈戰國文字「劊」、「劊」續議〉《出土文獻研究》第七輯（上海市：上海古籍出版社，2005年11月），頁35。

[4]　見《楚文字編》，頁158。

[5]　2008年3月2日覆信內容。

尚無法肯定，但從類化的角度觀察「龍」字的演變，也可以提供我們討論「」字演變的依據。值得注意的是，「龍」字有底下一種寫法：

 （寵，《景公瘧》簡 9）　　 （龍，《上博・緇衣》13）

 （蘢，《上博・緇衣》14）　　 （龍，司馬㭸編鎛[1]）

其「龍」旁左上作「〇」形，古文字中「口」形或「〇」形可以作「二」形筆，如：

 （《曹沫之陣》10，害）　　 （《曹沫之陣》09，害）

 （《包山》265，聮（貫））　　 （《命》05，聮（貫））

 （《從政甲》8，興）　　 （《孔子見季桓子》17，興）

 （《語叢一》43，或）　　 （《志書乃言》04，或）

其中《孔子見季桓子》17 的「興」字的第一圈形亦是作二筆之形。裘錫圭先生說：「在古文字裡，作為字的組成成分的『口』形跟『一』形往往同用無別。」勺本從呂（⊂⊃），後變為「二」。[2]對這種現象，劉洪濤先生則稱

---

[1] 見山東省博物館編：《山東金文集成》（濟南市：齊魯書社，2007 年 6 月），頁 104～108、董珊：〈試說山東滕州莊里西村所出編鎛銘文〉，復旦網，2008 年 4 月 24 日，http://www.guwenzi.com/SrcShow.asp?Src_ID=408。

[2] 裘錫圭：〈殷墟甲骨文字考釋（七篇）〉之五「釋勺」〈湖北大學學報〉（哲學社會科學版）1990 年 1 期，頁 54。

為「古文字封口與不封口往往無別」，並據以認為《璽彙》1901應釋為「勉」[1]。

比對《睡虎地・日書乙種》146「勉」作 ，知其說可從。根據上面的規律，「削」字左旁無疑可以寫成「冑」形。綜上所論，則「△7」可有如下的演變：

又如「昌」字：

（《璽彙》4985）、 （《璽彙》4986）→ （《璽彙》4999）可見「日」旁亦可省作一橫。[2]而前二者「日」旁的寫法與「△9」的《璽彙》3327 左上形體相同，所以一樣可以寫作一橫：

蓋古文字▽形也可以簡省為 ━ 形，[3]如同「辛」字或類似從「辛」的形體，上部的「▽」形部分常常演變作橫劃「一」，[4]如新近發表的射壺，共有甲、乙兩件，兩件壺的銘文分布位置相同，均分別銘於器頸部內壁與器蓋子口外壁上，器蓋銘文也基本相同，略有差異。[5]其中銘文「乃使述△念于蔡君

---

[1] 劉洪濤（網名：lht）：〈古文字封口與不封口往往無別〉，簡帛網簡帛論壇，2011 年 7 月 24 日，http://www.bsm.org.cn/bbs/read.php?tid=2775。

[2] 李家浩：〈信陽楚簡「樂人之器」研究〉《簡帛研究》第 3 輯（南寧市：廣西教育出版社，1998 年 12 月），頁 14。

[3] 可參拙文：〈上博竹書字詞考釋三篇〉《簡帛研究 2007》（桂林市：廣西師範大學出版社，2010 年 4 月）。後以〈上博竹書字詞考釋二篇〉為題，收入本書。

[4] 劉釗：《古文字考釋叢稿》（長沙市：岳麓書社，2005 年 7 月），頁 5～6，又載氏著：《古文字構形學》（福州市：福建人民出版社，2006 年 1 月），頁 248。

[5] 朱鳳瀚：〈射壺銘文考釋〉《古文字研究》第 28 輯（北京市：中華書局，2010 年 10 月），

子興」，「△」字甲器蓋子口外壁作 ![图] ，謝明文先生指出「![图]」也有可能是由侯古堆鎛銘中的「![图]」一類形體演變而來的，可以隸作「酋」，銘文讀為「遣」。[1]其說可信，其「辛」旁呈現出這樣 ▽→二 的省簡寫法。又如「言」作 ![图]（《上博一・緇衣》16），而秦、西漢竹簡中「鞫」字的「言」旁：

![图]（《睡虎地秦簡・封診式》6）、![图]（《說文》小篆，籍）→從「▽」寫法

![图]（《睡虎地秦簡・法律答問》33）、![图]（《張家山漢簡・二年律令》115）→從「二」寫法

由於書寫快速等原因，「二」形有時會寫成「ㄢ」形，[2]如底下的「不」字：

（《包山》16）、　（《包山》16）、　（《包山》17）

![图]（《包山》36）

又如「可」：

頁 224～235。

[1] 謝明文：〈固始侯古堆一號墓所出編鎛補釋〉，復旦網，2010 年 12 月 8 日，http://www.gwz.fudan.edu.cn/SrcShow.asp?Src_ID=1321。

[2] 高智：〈古文字「也」、「只」形義關係解析〉《古文字研究》28 輯（北京市：中華書局，2010 年 10 月），頁 524～525。

（《從政甲》11）、（《民之父母》06）、（《性情論》08）、

（《望山》1.11，苛）

《從政甲》11 正有「可」作可供比對。最後，古文字有無「人」旁，字義往往無別，[1]上述三晉璽印「△8」、「△9」兩字形亦可以參考。而如果把「△2」、「△3」上面的「＝」筆劃省掉，便是「△1」（詳下），綜合以上可以得出如下的字形演變過程：

以上將「△1」～「△9」（除「△4」）字形演變繫聯起來。

回頭來看「刖（△1）」字，我們曾經認為可能是「俞」的異體字。主要根據是《上博六・景公瘧》簡 4「王命屈木問范武子之行焉，[2]文子答曰：『夫子[3]使其私吏聽獄於晉邦，塼情而不『△10』」，其中「△10」作：

（△10）、（《郭店・窮達以時》13）、（《上博六・用曰》

簡 4）、（逾，《景公瘧》2 正）、（《景公瘧》11）

整理者釋為「愈」，分析為從心，「俞」省聲。[4]董珊先生說：「對讀之

---

[1] 如《楚文字編》頁 455 的「竂」、頁 457 的「寑」。

[2] 此句的斷讀參何有祖：〈上博六《景公瘧》初探〉，簡帛網，2007 年 7 月 11 日。

[3] 「子」依陳偉之說補，見陳偉：〈讀《上博六》條記〉，簡帛網，2008 年 7 月 9 日。

[4] 馬承源主編：《上海博物館藏戰國楚竹書（六）》（上海市：上海古籍出版社，2007 年 7 月），頁 174。

下，簡本之『愈』當讀為『偷』，苟且也。《景公瘧》簡 4『溥情而不逾』之『逾』亦應讀『偷』，謂徇私，即《左》襄公二十七年之『無隱情』。」[1]何有祖先生認為「愈，讀作逾。」[2]張崇禮先生讀作「敷情而不偷」。[3]劉信芳先生則隸定作「愿」，分析為字從「斤」聲，讀為「隱」。[4]李天虹教授認為「俞」未見省去「宀」形的例子，認為「△10」應分析為從月從「忑」，從「川」得聲，讀作「遁」。[5]謹按：《左傳・昭公二十年》：「晏子曰：日宋之盟，屈建問范會之德於趙武。趙武曰：『夫子之家事治；言於晉國，竭情無私。』」相同記載亦見於《晏子春秋・景公有疾梁丘據裔款請誅祝史晏子諫第七》：「晏子對曰：日宋之盟，屈建問范會之德于趙武，趙武曰：『夫子家事治，言于晉國，竭情無私』」。顯然簡文「溥情而不△10」是對應「竭情無私」。劉信芳先生將「△10」讀為「隱」雖有其理，但是楚文字「斤」旁簡化為兩條曲線者，多寫作由右上而左下，[6]似未見寫作如「△10」右旁者。至於李天虹教授認為楚文字的「俞」未見省去「宀」形的例子，此說有理。[7]同時「△10」的寫法與同篇《景公瘧》簡 2 正、簡 11「俞」旁寫法頗有距離，是以釋為「愉」確實有其可疑之處。至於是否如李天虹所說分析此字

---

[1] 董珊：〈讀《上博六》雜記（續二）〉，簡帛網，2007 年 7 月 11 日。

[2] 何有祖：〈上博六《景公瘧》初探〉，簡帛網，2007 年 7 月 11 日。

[3] 張崇禮：〈釋《景公瘧》中的「敷情不偷」〉，簡帛研究網，2007 年 7 月 24 日。

[4] 劉信芳：〈上博藏六《景公瘧》簡 4、7 試解〉，簡帛研究網，2007 年 7 月 28 日。

[5] 李天虹：〈上博六《景公虐》字詞校釋〉《古文字學論稿》（合肥市：安徽大學出版社，2008 年 4 月），頁 336。

[6] 李守奎：《楚文字編》（上海市：華東師範大學，2003 年 12 日），頁 806～812；李守奎、曲冰、孫偉龍編著：《《上海博物館藏戰國楚竹書》（一～五）文字編》（北京市：作家出版社，2007 年 12 日），頁 617～621。

[7] 《太一生水》簡 6 的 ，一般隸作 。李天虹教授〈戰國文字「歬」、「歬」續議〉一文曾認為比對 （《老子甲》19「愉」），也可能是「逾」字省體。今由李教授新說來看，顯然已否定舊說。而根據《上博八・有皇將起》簡 4「 流天下含可（兮）」，只能讀為「 （周）」。（釋文 278 頁，圖版 108 頁）可見李教授舊說確實不可從。

從月忑（順）聲，還有待檢驗。以此觀之，要將 ▨（《包山》116）理解為簡省掉 ▨、▨ 上面的「厶」或「人」並不可行，加上考量到「△1」～「△9」整個字形演變繫聯，均可見「△1」不能直接釋為「俞」。關於「俞」字的來源，方稚松先生指出：

> 實際上早期古文字的「俞」既不從舟，也不從余。商代甲骨金文中的「俞」作「▨（《合》10406 正）、▨（《合》18675）、▨（《集成》5990）、▨（《集成》2364）」，西周金文作「▨（《集成》5222）、▨（《集成》4276）、▨（《集成》2723）」，春秋戰國作「▨（《集成》4566）、▨（《郭店・忠信》3）」。「俞」字左邊所謂的「舟」由商代文字看可知是「盤」的訛，盤、舟形近易訛，如「般」本也是從「盤」的；而「俞」字右邊字形早期作「▨、▨」，上從倒口，下作▨，後虛筆填實，逐漸演化為「▨、▨、▨」，這種演變軌迹在古文字中很常見，這些字形與古文字中的「余」作「▨、▨、▨、▨、▨、▨」差別是明顯的。因此，「俞」和「余」並沒有關係。[1]

由下列楚文字來看，方先生所說應該是對的，「俞」的確不從「余」。對於楚文字的「俞」形，李天虹先生指出：

> 西周金文「俞」字本作▨或▨等形（《金文編，頁 606》），從「舟」從「▨」，「▨」旁之側常常附加一弧豎筆；或認為「▨」是余，係俞字聲符。（原注：《戰國古文字典》，頁 374）。戰國文字「俞」所從

---

[1] 方稚松：〈談談甲骨文記事刻辭中「示」字的含義〉，復旦網，2008 年 1 月 17 日。

「舟」旁變化較多；所從「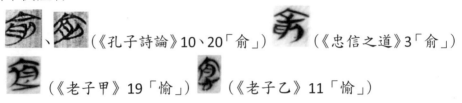」旁的上部或與「宀」形混同，下部弧筆與其側所附之弧筆，或合二變與「刀」形混同，或移至「舟」旁之左，合二而與「人」形混同。[1]

李文所舉例證有：

、（《孔子詩論》10、20「俞」）　（《忠信之道》3「俞」）

（《老子甲》19「愉」）　（《老子乙》11「愉」）

以上均可見「俞」字從金文之後一般從「舟」，但是上引「朋（△1）」及《新蔡》諸字從未見有寫作標準的「舟」形者，這從諸家隸定為從「月（肉）」可以了解，這也是釋為「俞」的反證。所以我們也不排除「朋」是由「△2」、「△3」省簡其左上的「＝」筆劃而來。[2]也就是說「朋」應該也是「前」一系的字。前面提到晏昌貴先生所說：「『朋』與『前』是同一記量單位的不同寫法」亦可以作為佐證。最後，《信陽》「△4」的寫法與相關諸字有所差異，由於簡文不清楚，商承祚、何琳儀二先生的摹本也不相同。[3]但由文例「八鎰『△4』鎰一銖」來看，字形所代表的應該是相同的詞，不能排除是誤書。

再來討論這些字形所代表的詞的讀法。我們已經確定「△1」～「△9」是一字的異體，同時藉由「△7」文例的對照，可以知道這一系列的字是與「俞」音近的字，則「△1」、「△2」、「△3」可能讀作「降」。俞、降音近可通。[4]今本《老子》「以降甘露」，《郭店・老子甲》「降」作「逾」，《馬王

---

[1] 李天虹：〈戰國文字「前」、「削」續議〉《出土文獻研究》第七輯（上海市：上海古籍出版社，2005年11月），頁35。

[2] 此點蒙陳劍先生提醒。

[3] 商先生的摹本見上引，何先生的摹本見《戰國古文字典》，頁396。

[4] 孟蓬生先生說：「逾（俞）為降之借字，無須輾轉為說。」見氏著：〈郭店楚簡字詞考釋（續）〉《簡帛語言文字研究》第一輯（成都市：巴蜀書社，2002年11月），頁25。

堆帛書・老子甲》、《老子乙》均作「俞」。[1]《左傳・桓公二年》:「夫德,
儉而有度,登降有數,文、物以紀之,聲、明以發之,以臨照百官。」對
於「登降有數」,清王引之曰:「登降,以數言之,非以位言之也。登,謂
增其數;降,謂減其數也。《昭三年傳》:『陳氏三量,皆登一焉。』杜注曰:
『登,加也。加一謂加舊量之一也。』……登降有數者,若藻有五采三采
二采,旂有十二旒九旒七旒五旒,纓有十二就九就七就五就。尊者增其數,
卑者減其數。」[2]值得注意的是,前引《左傳・昭公三年》:「陳氏三量,皆
登一焉,鐘乃大矣。」既然「登」可用指「區」、「釜」、「鍾」容量的增加,[3]
則「降」自然可以指容量或重量的減少。此外,《呂氏春秋・仲夏紀・大樂》
曰:「音樂之所由來者遠矣,生于度量,本於太一。」彭林先生說:「可見
古人很早就注意到樂器的發音都與一定的度、量、衡有某種必然的聯繫。
中國五聲音階的生成方法,最早見於《管子・地員》篇,稱為『三分損益
法』:**凡將起五音,凡首,先主一而三之。四開以合九九,以是生黃鐘小
素之首以成宮;三分而益之以一,為百有八,為徵,不無有三分而去其乘,
適足,以是生商**;這段文字的大意,是說如何在弦上求得所需要的音律。……
以一條81寸長的弦作為宮音;然後增加其長度的三分之一(即『三分益一』),
得 108 寸,就是徵音的弦長;再以徵音的弦長分為三等份,去其一,即『三
分損一』,得 72 寸,就是商音的弦長。」[4]既然音階可用「益」來表示增加,
則與之密切相關的度量衡,存在著用「降」或「損」來表示減少自然也不
意外了。長沙出土的 10 枚砝碼「重量以倍數增加遞增」(前引丘光明語)。
黃錫全先生也指出:「此枚(引按:指第九枚銅權)按重量的倍數遞增為『8
兩』,實測為 124.4 克,正好是『半斤』。其重量的一倍就是最大的一枚,實

---

1 李天虹:〈戰國文字「俞」、「削」續議〉《出土文獻研究》第七輯(上海市:上海古籍出
版社,2005 年 11 月),頁 35~36。

2 (清)王引之:《經義述聞》(南京市:江蘇古籍出版社,2000 年 9 月),頁 400。

3 丘光明編著:《中國歷代度量衡考》(北京市:科學出版社,1992 年 8 月),頁 138~139。

4 彭林:《文物精品與文化中國・曾侯乙墓均鐘與中國古代的律呂》(北京市:清華大學出
版社,2002 年 5 月),頁 162。亦見於氏著:《文物精品與文化中國十五講》(上海市:
復旦大學出版社,2007 年 8 月),頁 206。

測重 251.3 克，又正好是一斤。楚國實行的是鎰、兩制，鎰相當於斤。」[1]也就是說銅權第 10 枚重量是「鎰」，第 9 枚銘文「降鎰」就是下降鎰的一倍，也就是減少二分之一，即「半鎰」，經實測正好是是 8 兩，這與學者指出楚國的「鎰」相當於秦國的「斤」也相符合。[2]既然銅權的重量單位「半鎰（斤）」是以「降鎰」來表示，則楚人加以沿用並不奇怪。《包山》簡 116「三益 益」即「三鎰降鎰」，亦可以理解為「三鎰半鎰」。《包山》簡 146 則讀作「一鎰降鎰」，即「一鎰半鎰」。

其次，「△5」是燕客銅量的自名，經實測是 2300 毫升，是一斗之量。筆者曾懷疑「△5」可能就讀作「斗」，端紐侯部，與「俞」，余母侯部，聲韻關係密切。但是考慮到楚文字的「斗」字寫法固定，少見使用通假字，甚至燕客銅量銘文最末字就有「　」字，應該隸作「沙」，讀作「筲」，可見讀作「斗」大概不可行。另一種想法是可能讀作「斛」，匣紐屋部，與「俞」（余紐侯部）韻部對轉，而李家浩先生指出：「在形聲字裡，喻母四等和匣母有互諧的情況」，如穴屬匣母，從穴聲的「㲄」屬喻母四等；「敫」為喻母四等，從「敫」聲的「覈」為匣母。[3]又如「炎」是匣紐，從「炎」聲的「剡」為余紐。其實，「俞」、「斛」二字是有輾轉通假的例證的，如：《左傳・桓公二年》：「下無覬覦」，《漢書・武五子傳》：「廣陵王胥見上年少無子，有覬欲心。」王念孫《廣雅疏證》：「覬欲，即覬覦也。」[4]而「欲」從「谷」聲，可見「俞」、「谷」聲系音近可通。而「角」與「谷」雙聲疊韻

---

[1] 黃錫全：〈古文字與貨幣史〉《古文字與古代史》第一輯（臺北市：中央研究院歷史語言研究所，2007 年 9 月），頁 236。

[2] 黃錫全：〈試說楚國黃金貨幣稱量單位「半鎰」〉《古文字研究》第 22 輯（北京市：中華書局，2000 年 7 月），頁 184、李學勤：〈楚簡所見黃金貨幣及其計量〉《中國古代文明研究》（上海市：華東師範大學，2005 年 4 月），頁 281。

[3] 李家浩：〈讀《郭店楚墓竹簡》瑣議〉《中國哲學》20 輯（瀋陽市：遼寧教育出版社，1999 年 1 月），頁 351。

[4] 引自張儒、劉毓慶：《漢字通用聲素研究》（太原市：山西古籍出版社，2002 年 4 月），頁 269。

同為見紐屋部，且文獻上「角」、「穀」二字常見通假。如《史記・李斯列傳》：「方作穀抵優俳之觀。」《集解》：「穀抵即角抵。」又《史記・大宛列傳》：「大穀抵，出奇戲諸怪物」，《漢書・張騫傳》「穀」作「角」。[1]可見「俞」、「穀」二字相通並非無據。況且「穀」本從「𣪊」聲（溪紐屋部），聲紐余溪亦是關係密切，如同從頃得聲，穎穎屬余紐，頃傾屬溪紐。戴震《考工記圖》云：「量之數，斗二升曰穀，十斗曰斛，二斗四升曰庾，十六斗曰籔。穀與斛，庾與籔音聲相邇，傳注往往訛溷。」戰國時期的「公朱左官銅鼎」正是這種混亂現象的實證。丘光明先生指出：「此鼎刻銘容一斛，當是容一穀之誤。我們曾用小米和水實測器的容積，分別容 2085 和 2050 毫升，今以水為準，從這件器物的實測量值來看，此鼎之一穀與上述幾件銅鈁皆與秦漢時的一斗的容積相近似。」[2]事實上，公朱左官銅鼎「一穀」的容積也非常接近燕客銅量 2300 毫升「一斗」的容積。裘先生曾說：「古人鑄造、校量器物（包括量器），一般都有誤差。器物長期使用、流傳或埋藏地下，也會使期容積、重量有所改變。……因此我們根據器物和銘文推出的容積、重量等方面的數據，一般都不會很精確。對有關數據之間的符合程度，也不能要求太高。」[3]又丘光明先生還說：「燕國沒有稱升、斗的單位，也就是說燕國的鵰、『穀』與秦、齊等國升、『斗』同屬一個量級的單位」。[4]可見我們將「△5」讀為「穀」應該是可以的。而且與「△1」－「△3」讀作「降」，見紐東部，[5]彼此聲韻關係都算密切，亦可以證明這樣的釋讀是合

---

1 高亨、董治安編纂：《古字通假會典》（濟南市：齊魯書社，1997 年 7 月），頁 342。

2 丘光明編著：《中國歷代度量衡考》（北京市：科學出版社，1992 年 8 月），頁 176。

3 裘錫圭：〈談談三年垣上官鼎和宜陽秦銅鎣的銘文〉《古文字研究》27 輯（北京市：中華書局，2008 年 9 月），頁 280。

4 丘光明編著：《中國歷代度量衡考》（北京市：科學出版社，1992 年 8 月），頁 174。

5 孟蓬生先生說：「降為古侵部字，戰國以後，降字已入東韻。」見氏著：〈郭店楚簡字詞考釋（續）〉《簡帛語言文字研究》第一輯（成都市：巴蜀書社，2002 年 11 月），頁 25。

理的。其三，「△8」、「△9」學者也認為是量器名，[1]依此說，則《璽彙》0324 讀作「黍[2]丘稟穀」、《璽彙》2226 讀作「晶（參）鄲稟穀」、《璽彙》3327 讀作「稟穀」。施謝捷先生將「△8」、「△9」釋為「俞」，讀為「斛」。[3]「斛」見於三年垣上官鼎鼎身後部銘文「三年，已（已）𢿎（角），大十六㪷（斛）。」吳振武先生指出：「本器實測大出 856 毫升，正是銘文所記的『大十六㪷（斛）』。『十六㪷（斛）』合 856 毫升，則不難推得一㪷（斛）合 53.5 毫升。」[4]「斛」的量值與前面提到燕客銅量 2300 毫升容量差距太大，故知施先生之說不可從。

其四，郭錫良先生指出：「古代量器和容量單位，多半由容器演變而成的，如斗、斛、釜、鍾。」[5]前引《新蔡》量詞𠤛即「䰛（釜）」便是一例。又如《睡虎地・秦律十八種》：「賜田嗇夫壺酉（酒）束脯。」「壺」由器物轉為量詞。[6]可見「容量單位和量器名，本常是同一的」。[7]學者一般同意《九店》及《新蔡》當作容量單位的「刞」或「削」與燕客銅量的量器自名「△5」

---

[1] 李家浩：〈戰國官印考釋三篇〉《出土文獻研究》第六輯（上海市：上海古籍出版社，2004 年 12 月），頁 21。

[2] 此字讀為「黍」，參湖北省文物考古研究所、北京大學中文系編：《九店楚簡》（北京市：中華書局，2000 年 5 月），頁 60 注 15、李家浩：〈戰國官印考釋三篇〉《出土文獻研究》第六輯（上海市：上海古籍出版社，2004 年 12 月），頁 16～17、陳劍先生 2008 年 3 月 3 日覆信內容亦贊同此說。

[3] 施謝捷：《古璽彙考》（合肥市：安徽大學博士學位論文，2006 年 5 月），頁 119。

[4] 吳振武：〈關於新見垣上官鼎銘文的釋讀〉，簡帛網，2005 年 11 月 4 日，http://www.bsm.org.cn/show_article.php?id=44。又發表于《吉林大學社會科學學報》2005 年 6 期。亦參裘錫圭：〈談談三年垣上官鼎和宜陽秦銅鍪的銘文〉《古文字研究》27 輯（北京市：中華書局，2008 年 9 月），頁 280。

[5] 王力主編：《王力古漢語字典》（北京市：中華書局，2002 年 12 月），頁 1258「穀」字條下。依該書後記的說明，此部份為郭錫良先生撰寫。

[6] 魏德勝：《《睡虎地秦墓竹簡》語法研究》（北京市：首都師範大學出版社，2000 年 6 月），頁 123。

[7] 此點蒙陳劍先生提示。

是表同詞的，[1]所以結合上面對「△5」的考釋，當作容量單位的「刖」或「剮」也應該讀作「穀」，單位是一斗。

最後，《包山》簡及楚國銅權有「刖」、「剮」二字形，學者一般根據銅權文例，認為「刖」、「剮」的意思有中間或一半的意思，並在此基礎之上釋此字為「間」或「半」，本文同意這樣的思路，但是具體結論並不相同。總結本文的結論二：一是在《新蔡》及《九店》同一記量單位的字形，或作「刖」或作「剮」的基礎之上，分析字形演變的過程，將「刖」、「剮」及「剮」看似兩系的字繫聯起來，同時認為這些字形只能分析為是與「俞」音近的字，但目前尚無法對其形構作出確切無疑的解釋。其次，通讀這批材料，認為《包山》簡及楚國銅權的「刖」、「剮」字可能讀作「降」；燕客銅量的自名「剮」、三晉系璽印《璽彙》0324、《璽彙》2226、《璽彙》3327的量器名「剮」，應讀作「穀」，容量是一斗。而容量單位和量器名，本常是同一的，所以《九店》及《新蔡》當作容量單位的「刖」或「剮」也應該讀作「穀」，單位亦是一斗。

本文原刊登於《中國文字》新卅四期（2008 年 12 月）

附記：拙文先後承蒙吳振武、林清源、陳劍先生惠賜寶貴意見，並諟正多處。在此向諸位先生表示由衷的感謝！

---

[1] 參晏昌貴：〈新蔡葛陵楚簡「上逾取柔」之試解〉收入丁四新主編：《楚地簡帛思想研究》第三輯（武漢市：湖北教育出版社，2007 年 6 月），頁 574。

# 楚竹書文字考釋五則

## 一 《唐虞之道》簡 7「大」字補釋

《郭店‧唐虞之道》簡 7「孝，仁之△也。，[1]義之至也。」「△」字

作：

整理者釋為「免」，讀為「冕」。注釋說：「免，包山楚簡中亦多見此字。在本句中，『免』借作『冕』。」[2]周鳳五、白於藍、陳斯鵬三先生均同意此說。[3]陳偉先生指出：冕字上部表示冠冕的部分，往往比較誇張，左右兩筆均衡向外鼓出，「△」字形與「冕」不類。他認為應釋為「大」，並解釋說：「從文義上看，將C（引按：即本文的「△」字）釋為『免』，讀為『冕』，並不好理解。而且，無論『免』抑或是『冕』，與作為對文的『至』，辭義也缺

---

[1] 字形右上近於《包山》175「鄱」作![image]的「番」旁。依文意可讀為禪讓之「禪」，但是字形如何分析尚待進一步研究。

[2] 荊門市博物館：《郭店楚墓竹簡》（北京市：文物出版社，1998 年 5 月），頁 159 注 10。

[3] 周鳳五：〈郭店楚墓竹簡〈唐虞之道〉新釋〉《中央研究院歷史語言研究所集刊》70：3（臺北市：中央研究院歷史語言研究所，1999 年 9 月），頁 740、白於藍：《簡牘帛書通假字字典》（福州市：福建人民出版社，2008 年 1 月），頁 304、陳斯鵬：〈楚簡中的一字形表多詞現象〉《出土文獻與古文字研究》第二輯（上海市：復旦大學出版社，2008 年 8 月），頁 196～197。

乏關聯。如果將其釋為『大』，這兩個問題都可以得到合理的解決。」[1]李
守奎先生亦釋為「大」。[2]

　　謹按：楚文字「免」作：

《包山》59　　《包山》78　　《性自命出》25　　《上博緇衣》13

如同陳偉先生所描述「字形上方像冠冕的左右兩筆均衡向外鼓出且往內彎」，

但是「△」顯然不合此條件。陳偉先生曾舉《包山》157「大」字為證：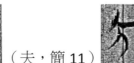

而《上博六‧孔子見季桓子》亦可為證，如：

、（「夫」，簡 3）　　（夫，簡 6）　　（夫，簡 11）

（「大」，簡 13）

《孔子見季桓子》簡 13 的「大」字與其他幾個「夫」字下半的「大」旁寫
法與「△」非常接近。其他還可參考：

（青川木牘，三見）[3]、（《昭王與龔之脽》簡 6）、

（《武王踐阼》13）　（《武王踐阼》13）

與「△」同形或形近，以上可證陳偉先生之說可信。

## 二　《語叢三》簡 58「孼」字考釋兼論相關問題

　　《郭店‧語叢三》58「又眚又生虖生又△」，「△」字作：整理者僅

[1] 陳偉：《郭店竹書別釋》（武漢市：湖北教育出版社，2003 年 1 月）頁 66～67。

[2] 李守奎：《楚文字編》（上海市：華東師範大學，2003 年 12 月），頁 591。

[3] 見《出土文獻研究》第八輯（上海市：上海古籍出版社，2007 年 11 月），頁 1 圖版正面。

摹出形體，以為不識字，[1]態度是很審慎的。劉釗先生亦僅依形隸定。[2]李零
先生則認為「△」可能從月得聲，簡文讀為「有閱春秋」，「閱」是經歷的
意思。[3]

謹按：「△」字的偏旁「肖」與底下四字偏旁形體相同[4]：

（《上博五・競建內之》7）、（《上博六・天子建州》甲4）

（《上博六・天子建州》乙3）、（《上博（六）・用曰》簡

17）

而獨立的「肖」字則見於：[5]（《古璽彙編》2754）季師旭昇釋《競建內
之》7的字形為「蔳」，文例是「地不生蔳」。[6]劉洪濤先生釋《天子建州》
甲4、乙3的字形為「蔳」，文例同為「亡義大蔳」。[7]《用曰》17的字，學

---

[1] 荊門市博物館：《郭店楚墓竹簡》（北京市：文物出版社，1998年5月），頁212。

[2] 劉釗：《郭店楚簡校釋》（福州市：福建人民出版社，2003年12月），頁209。

[3] 李零：《郭店楚簡校讀記——增訂本》（北京市：北京大學出版社，2002年3月），頁148、
150、154。

[4] 附帶說明：本文於2008年3月12日寄給武漢大學「網帛網」，並於3月13日刊出。而
筆者於3月15日購得白於藍先生《簡牘帛書通假字字典》一書，閱讀之後發現在該書
頁364亦指出《語叢三》「△」字的偏旁亦同於《競建內之》簡7字形的偏旁。

[5] 黃德寬主編：《古文字譜系疏證》（北京市：商務印書館，2007年5月）第三冊，頁2418
以為從「山」月聲，不確。陳劍先生指出此字即是「肖」，可信，2008年6月11日覆信
內容。湯志彪：《三晉文字編》（長春市：吉林大學博士論文，2009年10月）頁33隸定
為「芀」，這當然是有道理的，但缺點是僅此一見，恐怕還是依楚文字理解為「肖」較好。
同時楚大師登編鐘第六鐘「余保胯楚王」之「胯」作 其「月」旁與「肖」相同。見周亞：
〈楚大師登編鐘及相關問題的認識〉《上海博物館集刊》第11期（上海書畫出版社，2008
年10月），頁160第23字。

[6] 季師旭昇：〈《上博五》芻議（上）〉，簡帛網，2006年2月18日。

[7] 劉洪濤：〈讀上博竹書《天子建州》箚記〉，2007年7月12日。

者也釋為「孽」，[1]說均可從。所以《語叢三》58「△」字亦可以讀為「孽」。至於《語叢三》簡文的讀法，李零先生的編聯是簡 58+20+21，讀作「有性有生，呼生。有閱【58】春秋，無不以其生也亡【20】耳【21】。」[2]劉釗先生的編聯方式相同。[3]但誠如劉釗先生所說：「此段後一句不解。（引按：指：「有△春秋」以下的句子。）」[4]筆者認為應該編聯作簡 58+38，[5]至於讀法有兩種可能，一是「有性有生虖，生有孽【58】，不膳（善）睪（擇），不為智【38】。」「生有孽」的讀法是參考《競建內之》7 的「地不生孽」。而且簡 71 下+72 下「有性有生者」，亦可與「有性有生虖」讀法呼應。另一種讀法是「有性有生，虖（呼）[6]生。有孽【58】，不膳（善）睪（擇），不為智【38】。」這是考慮到《語叢三》簡 68 下+69 下「有性有生虖名」的編聯讀法，裘錫圭先生按語說：「《語叢一》第九六號簡有『又生虖名』之語，此二簡據此繫聯。」[7]比較起來，後說的可能性大一些。《楚辭·天問》「革孽夏民」，蔣驥《注》：「孽，害也。」《孟子·公孫丑上》：「天作孽」，朱熹《集注》：「孽，禍也。」[8]《荀子·君道》：「好女之色，惡者之孽也」，王

---

[1] 參李銳：〈《用曰》新編（稿）〉，簡帛網，2007 年 7 月 13 日、蔣文：《《上海博物館藏戰國楚竹書（六）》文字編》（上海市：復旦大學中文系本科學位論文，2008 年）（指導教授：陳劍先生），頁 46。亦刊登於復旦網，2008 年 8 月 2 日。

[2] 李零：《郭店楚簡校讀記——增訂本》（北京市：北京大學出版社，2002 年 3 月），頁 148、150、154。

[3] 劉釗：《郭店楚簡校釋》（福州市：福建人民出版社，2003 年 12 月），頁 209。

[4] 劉釗：《郭店楚簡校釋》（福州市：福建人民出版社，2003 年 12 月），頁 219。

[5] 劉釗先生未將簡 38 與他簡編聯亦可以參考。

[6] 讀作「呼」參考李零、劉釗二先生的讀法，是「叫」或「稱呼」的意思。參劉釗：《郭店楚簡校釋》，頁 219。

[7] 荊門市博物館：《郭店楚墓竹簡》（北京市：文物出版社，1998 年 5 月），頁 214 注 14。又《語叢一》與《語叢三》關係本來就較為密切，參曹峰：〈《語叢》一、三兩篇所見「名」的研究〉，簡帛研究網，2007 年 4 月 12 日。

[8] 並見宗福邦、陳世鐃、蕭海波主編：《故訓匯纂》（北京市：商務印書館，2004 年 3 月初版），頁 556。

念孫曰：「孼，猶害也。」[1]簡文意思是說：有性命有生長，叫做「生」。對於有害「生」的事情，不善於選擇（亦即不會避開），是不智的行為。《荀子・王制》曰：「立身則輕楛，事行則蠲疑，進退貴賤則舉佞悅，之所以接下之人百姓者則好取侵奪，如是者危殆。……此五等者，不可不善擇也，王霸、安存、危殆、滅亡之具也。善擇者制人，不善擇者人制之；善擇之者王，不善擇之者亡。」有助於簡文的理解。

底下討論「肖」字形體來源與相關文字形體演變過程：

(a) 𠦳（刈／艾）：🖊《合》8315）🖊《合》18483）🖊《合》31267）[2]
謹案：裘錫圭先生指出：「丯」字之音如「孼」。「丯」是乂的初文，所以「𠦳」就是「艾」。又說：甲骨文丯字下部從刀，可知「丯」本象一種刀類工具。[3]根據裘先生的說明，則甲骨文的「丯」可能與《說文・刀部》：「劈，斷也。從刀，辥聲。」有關，符合從辥（孼）聲，形旁從刀的條件。或是說「劈」是「丯」的繁化寫法。其次，「丯」即「辛」，[4]其音讀如「孼」，例證如《說文・口部》：「䚇，語相訶岠也。從口岠辛。辛，惡聲也。讀若櫱[5]（二上12）。」甲骨文已有「䚇」字，讀為「孼」。[6]

---

[1] （清）王念孫：《讀書雜誌・荀子第四》（南京市：江蘇古籍出版社，2000 年 9 月），頁 690。

[2] 劉釗、洪颺、張新俊編纂：《新甲骨文編》（福州市：福建人民出版社，2009 年 5 月），頁 29。

[3] 裘錫圭：〈釋「𠦳」「秢」〉《古文字論集》（北京市：中華書局，1992 年 8 月）頁 35～36。

[4] 王國維：「蓋辛丯一字。」見〈釋辥下〉《定本觀堂集林》（臺北市：世界書局，1991 年 9 月），頁 281。

[5] 「櫱」是「櫱」的或體：《說文・木部》：「櫱，伐木餘也。從木獻聲。《商書》曰：『若顛木之有畠櫱。』櫱，櫱或從木辥聲。𣎴，古文櫱從木，無頭。𣏂，亦古文櫱。」

[6] 于省吾主編：《甲骨文字詁林》（北京市：中華書局，1996 年 5 月）第三冊，頁 2479。

（b）兂：（《合集》18255）（《合》18256）[1]

謹案：甲骨文從止從𠂤，「止」在「𠂤」上，故有「危高」之義。[2] 金文（毛公鼎）以及《說文・𠂤部》：「，危高也。从 𠂤 中聲。讀若臬。（14 上 21）」已訛變為從「中」。

（c-1）𨸤 辥 辪 （孽／嬖／乂）：（《合》11004）（《合》17412）（《合》1253 正）（《合》10131）（《合》9752）（《合補》5090）（《合》17464）（《合》22825）（《合》21739）[3] （辥，《合集》31071）[4] （辪，《合集》31910）[5]

（《集成》6014，㝬尊，自之𨸤民）

（《集成》2841B，毛公鼎，□辥厥辟）、（命女（汝）辥我邦）

---

[1] 劉釗、洪颺、張新俊編纂：《新甲骨文編》（福州市：福建人民出版社，2009 年 5 月），頁 753。

[2] 趙平安：〈釋古文字資料中的「𪗲」及相關諸字〉《中國文字研究》第二輯（南寧市：廣西教育出版社，2001 年 10 月），頁 84～85。這則材料承蒙陳劍先生指出，見 2008 年 6 月 11 日覆信內容。

[3] 以上諸字見劉釗、洪颺、張新俊編纂：《新甲骨文編》（福州市：福建人民出版社，2009 年 5 月），頁 784。

[4] 此字見高明、涂白奎編著：《古文字類編》增訂本（上海市：上海古籍出版社，2008 年 8 月）頁 1212，文例是「作辥」，亦讀為「孽」。

[5] 此字《新甲骨文編》頁 784 摹作 （《合》31910），不確。由文例來看「亡」，可能也是讀為「孽」。

（《集成》2836，克鼎，諫辥王家）、（保辥周邦）

（《新收》757-1 逑盤，諫辥四方）

（《集成》5428.1，叔趛父卣，敬辥乃身）

（《集成》5429.1，叔趛父卣，敬辥乃身）

（《集成》9698.2 宗婦郜嫛[1]壺，保辥郜國）

（《集成》4076，宗婦郜嫛簋蓋）

（《集成》4077，宗婦郜 嫛簋）

（楚大師登鐘第四鐘，楚大師登辥慎[2]）

（c-2）辥（薛）（辥（薛）庚，《璽彙》2261）（辥（薛）庚，《吉

---

[1] 此字一般釋為「嫛」，裘錫圭先生認為字形右上從「只」。原始寫法的「枳」見哀成叔枳（4650 ），無下面一豎筆，但旁邊有一橫或斜筆。裘先生懷疑由此變作蔡太史枳（10356 ）的寫法，為同「也」字區別，又加一飾筆，如宗婦簋（4077）「王子剌父之宗婦郜嫛」的「嫛」作 。見 2009 年 7 月 2 日〈介紹李家浩先生的《釋「濾」》──談與此有關的兩個問題〉，武漢大學第五屆簡帛論壇講座。這則材料蒙劉洪濤先生提供。

[2] 楚大師登編鐘「楚大師登辥慎」一句中，九個鐘中只有第四鐘寫作「辥」不從月，其餘各鐘銘文寫作「辥」從月。見周亞：〈楚大師登編鐘及相關問題的認識〉《上海博物館集刊》第 11 期（上海書畫出版社，2008 年 10 月），頁 156 第 13 字、日月：〈楚大師登編鐘淺說〉，復旦網，2009 年 2 月 27 日，http://www.gwz.fudan.edu.cn/SrcShow.asp?Src_ID=707。又根據朱鳳瀚先生指出以色列耶路撒冷國家博物館所藏的「楚大師編鎛」與「楚大師登編鐘」是同人所作，由於前者銘文是「楚大師鄧子辥慎＝」，朱先生認為器主是「鄧子辥」，是鄧國國君名「辥」者。見朱鳳瀚：〈關於以色列耶路撒冷國家博物館所藏楚大師編鎛〉《楚簡楚文化與先秦歷史文化國際學術研討會論文集（上）》（中國武漢，2011 年 10 月 29～30 日），頁 18～27。

林出土古代官印》200）[1] ⿰ （辥（薛），八年相邦薛君[2]）

（c-3）臂臂（乂）⿰（《集成》10342 晉公盆，整臂爾容）⿰（《集成》

2826 晉姜鼎，臂我萬民）⿰（楚大師登鐘第三鐘，楚大師登臂慎[3]）

（c-4）朙（乂）⿰（《祭公》07，保朙王家）⿰（《祭公》17，其皆自時

中⿰萬邦）

謹案：甲骨文⿰、⿰都用為「孼」。[4]《說文・子部》：「孼，庶子也。从子

辥聲。（14 下 12）」、《說文・辛部》：「辥，罪也。從辛⿰聲。（14 下 11）」。金

文則用為「嬖／乂」，《說文・辥部》：「嬖，治也。从辥乂聲。《虞書》曰：『有

能俾嬖。』（9 上 13）」王國維曰：

《說文》「嬖，治也。从辥乂聲。《虞書》曰：『有能俾嬖。』」是經

典乂字嬖中古文作嬖，此嬖字蓋辥字之訛。初以形近訛為辥，後人因

辥讀與辥不同，故又加乂以為聲。經典作乂作艾亦辥之假借。……

殷墟卜辭有⿰字（前六・四），其字从自从亏（即《說文》辛字），與

辥字从人从亏同意（古文辥字皆从人从亏，凡篆文從卪之字古文皆從

人），自者眾也。金文或加從止，蓋謂人有辛，自以止之，故訓為治，

或變止為中，與小篆同。中者，止之訛。……《說文》不知嬖為辥之

訛字，以辥之本義系於嬖下，復訓辥為辠，則又誤以辛之本誼為辥之

---

[1] 湯志彪：《三晉文字編》（長春市：吉林大學博士論文，2009 年 10 月），頁 27。

[2] 王輝等：〈八年相邦薛君、丞相殳漆豆考〉《考古與文物》2011 年 2 期，頁 63。

[3] 周亞：〈楚大師登編鐘及相關問題的認識〉《上海博物館集刊》第 11 期（上海市：上海
書畫出版社，2008 年 10 月），頁 156 第 13 字。

[4] 于省吾主編：《甲骨文字詁林》（北京市：中華書局，1996 年 5 月）第三冊，頁 2477～
2479。

本義矣。[1]

首先，對於「嬖」字馬敘倫也同意王國維的意見曰：「此从辟乃辭之譌。辭譌為辟，後人加又為聲。」[2]張富海先生也認為：「《說文》引《虞書》『有能俾嬖』，今本作『乂』，此義西周金文作『辭』。『嬖』所從的『辟』實『辭』之訛。」[3]但是「嬖」字的「辟」旁是否一定是「辭」之譌，似也未必。甲骨、西周金文的「辟」从「卩」从辛，戰國時期或从「卩」或从「尸」，請看：[4]

這種寫法與  差異很大，如何訛混？又如《說文・米部》既有「糪，牙米也。从米辭聲。」又有「糪，炊米者謂之糪。从米辟聲。」又如《說文・刀部》既有「劈，斷也。從刀，辭聲。」又有「劈，破也。从刀辟聲。」可見「辭」與「辟」在《說文》中也是分得很清楚的。秦漢時期「辟」與「辭」的確有形近的現象（詳下），但是《三體石經》已有「嬖」字古文作 圖，與《說文》小篆作 圖結構相同，可見「嬖」字寫法其來有自。況且西周金文的「辟」本有辟治、治理，如陳英傑先生指出：

牧簋（4343 西中）「令汝辟百寮」。《爾雅・釋言》：「辟，歷也。」郝

[1] 王國維：〈釋辭上〉《定本觀堂集林》（臺北市：世界書局，1991 年 9 月），頁 280。

[2] 馬敘倫：《說文解字六書疏證》卷十七，頁 60。

[3] 張富海：《漢人所謂古文之研究》（北京市：線裝書局，2008 年 7 月），頁 128，551 條。

[4] 林澐：〈珚生三器新釋〉，復旦網，2008 年 1 月 1 日。

懿行義疏：「歷者，麻之假借也。《說文》云：『麻，治也。』」《書・金縢》：「我之弗辟，我無以告我先王」陸德明《釋文》：「辟，治也。」《左傳・文公六年》：「宣子於是乎始為國政，制事典，正法罪，辟刑獄。」杜預注：「辟猶理也。」王引之云：「理亦治也。」（原注：王引之《經義述聞》卷 27，25 頁）[1]

則「斁」訓為「治也」，其所從的形旁「辟」相當於牧簋（4343 西中）「今汝辟百寮」的「辟」，嗣後再增添兼義聲符「又」，「又」也有治理的意思，樂郊先生指出：「『辥』所从之『辛1』與『又』實則皆為『丯』字。《爾雅・釋詁》：『又、亂、靖、神、弗、淈，治也。』『又』的治理之義應當是從治田刈獲的意義引申出來的。」[2]「辟百寮」與「皆」訓為治眾人的意義相近，可見「斁」不用牽合視為「辥」的訛字。

張世超先生分析「皆」為从「𦣞」「丯」聲字，字从「𦣞」（訓眾），則為治人之專字矣。毛公鼎所从丯訛為「辛」，「𦣞」上增「屮」，蓋从𦣞「𦬣（艾）」聲之遺形。克鼎又訛「屮」為「止」，然中有一畫橫貫，猶見從「又」之古誼。[3]與上述王國維之說正好相反，固然王說「金文或加从止，蓋謂人有辛，𦣞以止之」實屬牽強，但其指出的字形演變過程是合理的，趙平安先生認為演變過程是[4]：

（從止）→ （從止）→ （克鼎，從止）→ （毛公鼎，訛從屮）從甲骨到金文演變順暢，此說較為合理，應可信從。值得注意的是，（c-2）「辥」字也用為「薛」。前兩個是三晉系的寫法。三晉系目前未見從艸的「薛

---

[1] 陳英傑：《西周金文作器用途銘辭研究》（北京市：線裝書局，2009 年 1 月），下冊，頁 780。

[2] 樂郊：〈說「宰」〉，復旦網，2009 年 4 月 12 日，http://www.gwz.fudan.edu.cn/SrcShow.asp?Src_ID=748。

[3] 張世超等著：《金文形義通解》（京都：中文出版社，1996 年 3 月），頁 3430～3431。

[4] 趙平安：〈釋古文字資料中的「𡔴」及相關諸字〉《中國文字研究》第二輯（南寧市：廣西教育出版社，2001 年 10 月），頁 84～85。

（薛）」，都寫作「辥」。「八年相邦薛君」是戰國晚期秦豆豆盤上的文字。（c-4）兩「乂」字寫作兩「月」相對之形，[1]可以證明（c-3）晉公盆、晉姜鼎與楚大師登鐘的「辥」字添加「月」聲其來有自。

（d-1）胯（辥）：（《合》4209）、（《合》3611 正）、（《合》3983）、（《合》7544）、（《合》13688）、（《合補》1847 反乙）、（《屯》2273）、（《合》23710）、（《合》36422）、（《合補》1845）[2]

（d-2）胯（薛／辥／乂／乂）：（《集成》5928 薛尊）、（《集成》2377 薛侯鼎）[3]、（《集成》10133 薛侯盤）、（《集成》4546.2 薛子仲安簠）、（《集成》4547 薛子仲安簠）、（《集成》4556 走馬薛仲赤簠）、（《集成》10263 薛侯匜）、（《古陶文字徵》3.694）[4]、（《三德》14，辥）、（《清華壹・楚居》05），康／翔）、（楚大師登鐘第六鐘，余保胯楚王）[5]

---

[1] 復旦大學出土文獻與古文字研究中心研究生讀書會：〈清華簡《祭公之顧命》研讀札記〉，復旦網，2011 年 1 月 5 日，http://www.gwz.fudan.edu.cn/SrcShow.asp?Src_ID=1354。

[2] 劉釗、洪颺、張新俊編纂：《新甲骨文編》（福州市：福建人民出版社，2009 年 5 月），頁 788。

[3] 王恩田：〈陝西岐山新出薛器考釋〉《考古與文物叢刊第二號——古文字論集（一）》1983 年頁 43～47、李學勤：〈《仲虺之志》與薛國史氏〉《中國經學》第 4 輯。此引自《當代名家學術思想文庫——李學勤卷》（北京市：萬卷出版社，2010 年 11 月），頁 200。

[4] 高明、葛英會編者：《古陶文字徵》（北京市：中華書局，1991 年 2 月），頁 207。

[5] 周亞：〈楚大師登編鐘及相關問題的認識〉《上海博物館集刊》第 11 期（上海市：上海

（d-3）蔛（薛／蘗）：（《璽彙》2281）、（《璽彙》2282）、（《凡物流形》甲9）、（《凡物流形》乙7）

（d-4）肖（蘗）：（《吳命》4）

（d-5）肖（蘗）：（《競建內之》7）、（《天子建州》甲4）、（《天子建州》乙3）、（《用曰》簡17）、（《語叢三》58）、（《璽彙》2754）

（d-6）薛（，[1]《集成》10817薛戈，春秋）、（《吉林大學藏古璽印選》141）[2]、（薛令之印，《漢印文字徵》）、（薛邸閣督，《漢印文字徵》）[3]

謹案：（d-1）卜辭用作「辥（孽）」，乃災咎之義。[4]是以《新甲骨文編》歸在「辥」字下。甲骨文「」、「」詞例相同，都用為「辥（孽）」，很多學者都指出二者實為一字。[5]由於「自」「月」形近，加上「月」可成為「辥」

---

書畫出版社，2008年10月），頁160第23字。

[1] 摹本取自《古文字類編——增訂本》，頁922。

[2] 吉林大學歷史系文物陳列室編：《吉林大學藏古璽印選》（北京市：文物出版社，1987年9月），頁26。

[3] 羅隨祖主編：《羅福頤集——增訂漢印文字徵》（北京市：紫禁城出版社，2010年6月），頁24。

[4] 于省吾主編：《甲骨文字詁林》（北京市：中華書局，1996年5月）第三冊，頁2479。

[5] 于省吾主編：《甲骨文字詁林》（北京市：中華書局，1996年5月）第三冊，頁2479、王恩田：〈陝西岐山新出薛器考釋〉《考古與文物叢刊第二號——古文字論集（一）》1983年，頁43。

的聲符（詳下），將「」的「自」旁「變形音化」或是「聲化」為「月」便是「」字。（d-2）字形作「脖（胯）」者是繼承甲骨文而來，其讀法有三種：自「薛尊」至《古陶文字徵》的 都用為薛國或薛姓，其上不帶「艸」頭，相當於「嶭」字，與《說文・艸部》：「薛（薛），艸也。從艸辥聲。（1 下 6）」不同。方濬益曰：「從月從辛，當是薛之古文。」[1]王國維：「此薛國之本字也，其字所從之、即《說文》字，其音古讀如辥，此字從月聲，與薛字从艸辥聲同。」[2]王氏說「從月聲」並不精準，「薛」本是月部，「月」也是聲符，孫俊先生認為「」是兩聲字，「月」、「乂」皆聲（北大碩士學位論文 2005 年）無疑是對的。上述《祭公》「乂」作「」、「」；晉公盆與晉姜鼎的「辥」字添加「月」聲皆是明證。其次，《上博五・三德》14 文例是「是逢兇（朅－辥）」，[3]讀法與甲骨文一脈相承。

第三，《清華壹・楚居》05「至酓（朅）」，整理者李守奎先生認為：「『朅』是雙音符字，楚簡讀為「辥」。酓朅當即《楚世家》熊渠長子康，又稱毋康。《史記》所言熊渠、毋康（康）、摯紅（紅）、熊延之間的關係混亂，歷來紛紜莫辨。《索隱》：『熊渠卒，子熊翔立，卒，長子摯有疾，少子熊延立。』熊翔即熊康，亦即簡文中之酓朅。翔、康、朅古音並近。」[4]後來又著文補

[1] 古文字詁林編纂委員會：《古文字詁林》（上海市：上海教育出版社，2003 年 12 月）第一冊，頁 408。

[2] 王國維：〈釋脖〉《定本觀堂集林》（臺北市：世界書局，1991 年 9 月），頁 290。

[3] 季師旭昇：〈《上博五》芻議（下）〉，簡帛網，2006 年 2 月 18 日。

[4] 李學勤主編：《清華大學藏戰國竹簡（壹）》（上海市：中西書局，2010 年 12 月），頁 186 注 33。

充說明。[1]（d-3）寫作「䕒」，相當於加「艸」頭的「薛（薛）」字。🔲與🔲都用為「薛」姓之「薛」。《凡物流形》甲乙兩本文例相同：「十圍之木，其始生如🔲」，整理者隸定為「䕒」，認為「朔」旁從「屵」聲，故可讀為「蘖」。[2]復旦讀書會隸定為「薛」，讀為「蘖」，[3]其說可從。乙7尚接近「辛」形，甲9則已訛變為接近「屵」形。但由偏旁結構與偏旁制約來看，🔲與🔲顯然是一字，而且「薛」讀為「蘖」也是極為自然的。（d-4）《吳命》4「周之肖（蘖）子」，肖可能是🔲省簡「辛／🔲」所致。[4]（d-5）是我們討論的「肖」字，都讀為「蘖」。李家浩先生曾指出，此旁當是從金文🔲（薛）字演變而來，當釋為「薛」。「薛」是「蘖」字的聲符，所以可以讀為「蘖」。[5]後來劉洪濤先生又為李先生之說做了補充：「楚簡此旁是從以金文那個字（引按：指🔲字，底下為方便閱讀，逕自更改）為聲符的『薛』字演變而來的。楚簡此偏旁應分析為從『屮』『月』聲，也可以說是金文🔲字省聲。金文🔲字也見于甲骨文，右旁裘錫圭先生釋為『乂』字初文（《古文字論集》頁35），孫俊認為是兩聲字，『月』、『乂』皆聲（北大碩士學位論文2005年）。因此

---

[1] 李守奎：〈根據《楚居》解讀史書中熊渠至熊延世序之混亂〉《中國史研究》2011年1期頁81～85。

[2] 馬承源主編：《上海博物館藏戰國楚竹書（七）》（上海市：上海古籍出版社，2008年12月），頁240。

[3] 復旦大學出土文獻與古文字研究中心研究生讀書會：〈《上博（七）・凡物流形》重編釋文〉，復旦網，2008年12月31日，http://www.gwz.fudan.edu.cn/SrcShow.asp?Src_ID=581。

[4] 此說若可成立，則上述《祭公》用為「乂」的「🔲」、「🔲」，也可能是由《楚居》05「🔲（朔）」簡省「辛／🔲」旁，再重複「月」旁而來。

[5] 引自劉洪濤：〈讀上博竹書《天子建州》箚記〉，簡帛網，2007年7月12日，http://www.bsm.org.cn/show_article.php?id=612。

楚簡此字應該就是『辭』字的異體。『辭』字所從『辛』旁為『乂』初文訛變（參用王國維《釋辭》、裘錫圭先生上引文說），『辭』、『艾』古應同字，都是『刈』字異體。《三德》14 號簡『是奉（逢）兇朔』，李零疑朔為『朔』字。根據是上下文用韻。按此簡『伐』、『殺』、『朔』入韻，『伐』、『殺』都是月部字，『朔』是鐸部字，顯然不合韻。從上面的分析可以知道，這個字（引按：指朔）就是金文　字，也可釋作『辭』，讀作『孽』。『辭』是月部字，『兇』、『孽』義近，從音義兩方面看都很合適。」[1]陳劍先生也對「肖」字的構形提出看法，茲轉錄如下：

體會李家浩先生說的意思，應是講肖係由[卄／朔]省略而來，而朔是辭之異體，故[卄／朔]全字實即「薛」字異體。此說是有道理的。

本來，肖以「月聲」為說，已能通讀辭例，簡單地將其視為一個獨立形體，已無大的問題。但因其用法多跟「孽」相當，似非偶然，所以全字之形也要往跟「孽」有關的方向考慮。按《古璽彙編》2281「薛義」，是一方典型楚璽，「薛」字作　，即從「艸」從「朔／朔」聲。湯餘惠先生主編的《戰國文字編》第 27 頁收入「薛」字下甚是，李守奎先生《楚文字編》第 45 頁隸定作「萠」附在艸部之末，反不如《戰國文字編》的處理好。　省去「辛／丂」，「艸」變作「中」，即成「肖」形。[2]

另外，周鳳五先生在「新出戰國楚竹書研讀會」第五期第三次演說（2006

---

[1] 劉洪濤先生在簡帛論壇上「簡帛研讀」上的發言，2008 年 3 月 18 日，標題：關於楚簡「薛」，http://www.bsm.org.cn/forum/viewtopic.php?t=1398。

[2] 2008 年 6 月 11 日覆信內容。

年10月29日）指出，此字字形與《金文編》卷一「辥」字及《說文》訓為「危高也」「讀若臬」的「𡴎」字合，可釋為「孽」。[1]筆者傾向於李家浩、陳劍兩位先生的意見，「肖」字的形體來源可以考慮是由「𦹶」字的「艸」簡省為「屮」，再省掉「辛／」所致，或說由「𦣻」省簡而來。至於周鳳五先生的意見，亦有其參考的價值。原因在於「𨊉」、「辥」字通常讀為「乂」，但也可以讀為「辥」；而「𦡱」字除常讀為「辥」外，也可以讀為「艾」、「乂」。加上我們前面提到「𠂤」與「月」形體相近，所以「變形音化」為。所以「肖」由甲骨文「（𡴎）」演變而來也不能完全排除。當然也未必考慮形近的因素，將「𠂤」理解為替換聲符「月」也未嘗不可。

綜合以上，「肖」字形演變過程有如下幾種可能：

a. 【省簡「辛」旁】

b. （「止」訛變為「屮」）→【𠂤、月變形音化】

c. （晉璽）→【省簡「辛」旁】→【𠂤、月變形音化】

再看（d-6）也是用為「辥」姓。其「𠂤」旁訛變為類似「阜」。根據此現象，底下幾個字形一般也釋為「辥」：

（山東濰坊市博物館藏戰國記容陶罐）[2]

---

[1] 引自林志鵬：〈楚竹書《鮑叔牙與隰朋之諫》補釋〉，簡帛網，2007年7月13日，注13。

[2] 王天政：〈山東濰坊市博物館收藏的三件戰國記容陶罐〉《考古》1995年10期頁956～957、《戰國文字編》，頁27。

[圖]（《秦印彙編》）[1]

[圖]、[圖]、[圖]（《漢印文字徵》）[2]。

其實這些字形應該釋為「薜」，[3]可以比對秦漢文字的「辟」：[圖]（辟，《睡虎地》20.186）[圖]（辟，《孫臏》43）、[圖]（臂，《睡虎地》50.91）、[圖]（臂，《老子》甲二）。[4]後者多了「口」旁或「○」旁是比較明顯的差別。

　　最後，《祭公》20「[圖]伓（服）之」的「[圖]（[圖]）」字，整理者認為：「[圖]，『孽』字之省，通作『蠥』，《楚辭・天問》注：『憂也。』」[5]復旦讀書會：此字有可能是「辟省聲」。[6]復旦數據庫新釋文改隸定作「[圖]」。謹案：整理者釋為「孽」之省，今本相應處作「勖教誨之」，是說勉勵教誨天子，似乎也看不出釋為「孽」的必要性。同時根據本文所整理的楚竹書「孽」字皆有共同偏旁「月」，則「[圖]」是否一定是「孽」還有待檢驗。復旦讀書會僅依形隸定，不從整理者釋為「孽」是比較審慎的。甲骨文也有「[圖]」

---

[1] 許雄志：《秦印文字彙編》（鄭州市：河南美術出版社，2001年9月），頁10。

[2] 羅隨祖主編：《羅福頤集——增訂漢印文字徵》（北京市：紫禁城出版社，2010年6月），頁24。

[3] 施謝捷：〈《漢印文字徵》及其《補遺》校讀記（一）〉《出土文獻與古文字研究》第二輯（上海市：復旦大學出版社，2008年8月），頁298。

[4] 漢語大字典字形組編：《秦漢魏晉篆隸字形表》（成都市：四川辭書出版社，1985年），頁267、644。

[5] 清華大學出土文獻研究與保護中心編，李學勤主編：《清華大學藏戰國楚簡（壹）》（上海市：中西書局，2010年12月），下冊，頁178注53。

[6] 復旦大學出土文獻與古文字研究中心研究生讀書會：〈清華簡《祭公之顧命》研讀札記〉，復旦網，2011年1月5日，http://www.gwz.fudan.edu.cn/SrcShow.asp?Src_ID=1354。

字：「……十二月」（《合》20824），[1]文例也不能證明可釋為「孽」，如《甲骨文字詁林》便以為是不識字。[2]筆者以為讀書會前說釋為「辟省聲」或有可能，可以比對《景公瘧》簡9「璧」作（琦）的「辟」旁。西周金文有「辟先王」、「辟事天子」的說法，如師龢鼎「給辟前王」、癲鐘「用辟先王」、戎方鼎「萬年辟事天子」、師望鼎「用辟于先王」、盟盨「用辟我一人」，梁其鐘「虔夙夕辟天子」。[3]則簡文「辟服之」相當於金文的「辟事天子」。

## 三　《上博一・緇衣》簡22「杏」字考釋

《璽彙》0324是三晉璽，璽文讀作「△1丘稟穀[4]」，「△1」字作：李家浩先生將此字釋為「黍」。[5]他根據裘錫圭先生將下錄字：（《幣文》

---

[1] 姚孝遂：《殷墟甲骨刻辭類纂》（北京市：中華書局，1989年1月），上冊，頁204、沈建華、曹錦炎著：《甲骨文字字形表》（上海市：上海辭書出版社，2008年11月），頁41。

[2] 于省吾主編：《甲骨文字詁林》（北京市：中華書局，1996年5月）第一冊，頁550，字頭0595。又黃德寬主編：《古文字譜系疏證》（北京市：商務印書館，2007年5月）第三冊2653頁將甲骨文「」與中山器奼蜜壺的人名「奼」作「」都釋為「孽」，不可信。

[3] 陳英傑：《西周金文作器用途銘辭研究》下冊（北京市：線裝書局，2009年1月），頁781。

[4] 「穀」的讀法請參拙文：〈楚簡「刖」字及相關諸字考釋〉《中國文字》新卅四期。已收入本書。

[5] 湖北省文物考古研究所、北京大學中文系編：《九店楚簡》（北京市：中華書局，2000年5月），頁60注15、李家浩：〈戰國官印考釋三篇〉《出土文獻研究》第六輯（上海市：上海古籍出版社，2004年12月），頁16～17。陳劍先生在2008年3月3日覆筆者的信中亦贊同此說。

181 頁）釋為「秫」的基礎上，[1]認為「△1」應該分析為從「禾」從「」，釋為「黍」。同時還說：有人將「△1」釋為「秫」，顯然是混淆了「黍」、「秫」二字一個從「禾」、一個從「木」的區別，是錯誤的。[2]

　　謹案：《信陽》有「魝」字作：

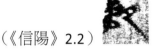

（《信陽》2.2）　　　（《信陽》2.3）　　　（《信陽》2.3）

簡 2 似從「禾」，簡 3 另二形則從「木」，所以對於「秫」字來說李家浩先生的分辨是不精準的。不過李先生所提「黍」從「禾」不從「木」的說法，目前在楚文字中倒是沒有出現反證，其說基本上是可信的，如《新蔡》零415 字，宋華強先生在「香」（伯狄簋「香」[3]字所從）字的基礎上釋為「黍」即為一例。[4]還有（《新蔡》甲三 414+412）、《楚居》簡 8 、簡 9 、簡 13 、簡 14 、 ；《蘭賦》簡 2 ，學者都認為是「黍」字，當然具體釋讀是不同的。[5]值得注意的是，《上博一‧緇衣》22「故君子之

---

1 裘先生文見：〈戰國貨幣考〉《古文字論集》頁 429。

2 李家浩：〈戰國官印考釋三篇〉《出土文獻研究》第六輯（上海市：上海古籍出版社，2004年 12 月），頁 17。

3 李學勤：〈伯狄青銅器與西周典祀〉「第一屆古文字與古代史討論會論文」（臺北市：中央研究院歷史語言研究所主辦，2006 年 9 月），後正式發表於《古文字與古代史》第一輯（臺北市：中央研究院歷史語言研究所，2007 年 9 月），頁 183、裘錫圭：〈狄簋銘補釋〉「第五屆國際中國古文字學研討會會議論文」（合肥市：安徽大學主辦，2008 年 4 月 8～10 日）。亦見於復旦網，2008 年 4 月 24 日。

4 宋華強：〈新蔡簡中的歲熟貞〉，簡帛網，2006 年 12 月 12 日。

5 宋華強：《新蔡葛陵楚簡初探》（武漢市：武漢大學出版社，2010 年 3 月），頁 449、單育辰：〈佔畢隨錄之十三〉，復旦網，2011 年 1 月 8 日 http://www.gwz.fudan.edu.cn/SrcShow.asp?Src_ID=1363、趙平安：〈試釋《楚居》中的一組地名〉《中國史研究》2011 年 1 期頁 77～78、復旦吉大古文字專業研究生聯合讀書會：〈上博八《蘭賦》校讀〉，復旦網，2011 年 7 月 17 日下評論第 1、9、11 樓。

友也有△2」,「△2」作:

《郭店・緇衣》42-43 作「故君子之友也【42】有向」,可見「△2」應讀為「向」。對於「△2」的構形,整理者隸定為 楉,無說。[1]李零先生釋為「向」,指出:「向,原作△2,疑是抄寫錯誤(把『向』字的上部繁化)。」[2]趙平安先生說:「我們推測,⿱林甘很可能是香字的異體。《說文・香部》:『香,芳也。從黍、從甘。』⿱林甘的下部和《汗簡》所引碧落碑香字所從相同,上部為林。漢印香字每從禾(《漢印徵》7.12),華山廟碑香從兩禾,古文字中木與禾往往通用(如西周金文穌、和或從木作),因此林可以理解為兩禾,⿱林甘可以理解為香的異寫。《玉篇・艸部》:『薌,穀氣,亦作香。』《儀禮・士虞禮》:『香合嘉薦。』《釋文》:『香,本又作薌。』是香可以讀為鄉。」[3]徐在國、黃德寬先生亦認為:「疑此字應分析為從『林』從『甘』,『香』字異體。『香』、『鄉』古音均為曉紐陽部,此蓋假『香』為『鄉』。」[4]馮勝君先生認為趙、黃等先生之說「似可信」。[5]顏世鉉先生以為上從二「木」,下從「目」,即

[1] 馬承源編:《上海博物館藏戰國楚竹書》(一),頁 197。

[2] 李零:《上博楚簡校讀記(之二)〈緇衣〉》,簡帛研究網,2002 年 1 月。

[3] 趙平安:〈上博藏〈緇衣〉簡字詁四篇〉《上博館藏戰國楚竹書研究》(上海市:上海書店出版社,2002 年 3 月),頁 442。

[4] 徐在國、黃德寬:〈上海博物館戰國楚竹書(一)〈緇衣〉〈性情論〉釋文補正〉《古籍整理研究學刊》2002 年 2 期,頁 1~6。亦載於黃德寬、何琳儀、徐在國合著:《新出楚簡文字考》(合肥市:安徽大學出版社,2007 年 9 月),頁 110。

[5] 馮勝君:《論郭店簡〈唐虞之道〉、〈忠信之道〉、〈語叢〉一~三以及上博簡〈緇衣〉為具有齊系文字特點的抄本》(北京市:北京大學博士後研究工作報告,2004 年 8 月),頁 287。

「相」字，讀為「嚮」或「向」。[1]冀小軍先生贊同整理者隸定作，分析為從「」得聲。並引劉樂賢先生之說「」、「麻」讀音相近，而「麻」可以讀為「鄉」。[2]筆者以為上述諸說似皆可商，試說如下：

楚簡的「」作：

（《郭店・緇衣》26）　　（《郭店・六德》28）

（《上博一・緇衣》14）　　（《新蔡》乙四53）

從「」旁的字形作：

（「散」[3]，《上博六・用曰》簡19）

（「経」，《郭店・成之聞之》08，下從「」）

看得出「」與「木」形體上是有差距的。「△2」的寫法比對《上博一・緇衣》23的「宋」字作，可以證明「△2」顯然是從二「木」，並不從「」。況且「麻」（明紐歌部）與「鄉」（曉紐陽部）聲韻關係本不密合，如何通讀不無疑問，可見整理者及冀小軍的說法有待商榷。其次，參照李家浩先生的說法，「柔」是不從「木」的，則趙平安、黃德寬等先生既將「△2」釋為「香」，又分析為從「林」就不能成立了。至於，白於藍先生隸定作「」，

[1] 顏世鉉：〈上博楚竹書散論（二）〉，簡帛研究網，2002年4月18日。

[2] 冀小軍：〈釋楚簡中的　字〉，簡帛研究網，2002年7月21日，
http://www.jianbo.org/Wssf/2002/jixiaojun01.htm。

[3] 季旭昇師：《說文新證》（上）（臺北市：藝文印書館，2002年10月），頁585：「林」可能是「散」的初文。

讀作「向」。[1]但是字形下部與「白」頗有距離，況且「替」要如何讀作「向」也未見說明。陳瓊所撰《上博一文字編》則隸作替，釋為「向」。[2]字形隸定近之，但同樣未見說明。《《上海博物館藏戰國楚竹書》（一～五）文字編》則列為「存疑字」，但在下面注釋說：「或疑為替（香）字。」[3]其誤同上。筆者認為「△2」可能是「杏」字，《說文》曰：「杏，杏果也。從木，可省聲。」段《注》改為「向省聲。」[4]可以證明「杏」、「向」的確音近。又段《注》還提到：「《六書故》云：『唐本曰從木從口』。」此說值得注意，古文字有如下的「杏」字[5]：

（《秦代陶文》473）[6]、　（《古文四聲韻》引義雲章）、　（《汗

簡》）[7]、　（《包山》95）、　（《包山》95）[8]、　（漆梬方框第

---

[1] 白於藍：《簡牘帛書通假字字典》（福州市：福建人民出版社，2008 年 1 月），頁 279。

[2] 陳瓊：《《上海博物館藏戰國楚竹書》（一）研究概況與文字編》（長春市：吉林大學碩士論文，2005 年 4 月，李守奎先生指導），頁 69。

[3] 李守奎、曲冰、孫偉龍編著：《《上海博物館藏戰國楚竹書》（一～五）文字編》（北京市：作家出版社，2007 年 12 月），頁 680。

[4] （清）段玉裁注：《說文解字注》（臺北市：漢京文化，1985 年 10 月），頁 239。

[5] 甲骨文有「杏」字，與「杏」字無關，金祥恒釋為「暮」字異體，參看于省吾主編：《甲骨文字詁林》頁 1341～1342、1346。宋華強：〈試說甲骨金文中一個可能讀為「臺」的字〉，簡帛網，2010 年 1 月 18 日。裘錫圭先生在 2009 年 7 月 2 日武漢大學簡研究中心「中國簡帛學國際論壇 2009」上的講座認為甲骨文中的「杏」可能是釋為「本」的。（此據程少軒先生轉述）

[6] 高明、葛英會編著：《古陶文字徵》（北京市：中華書局，1991 年 2 月），頁 125。

[7] 見徐在國：《傳鈔古文字編》中（北京市：線裝書局，2006 年 11 月），頁 554。

[8] 高智：〈《包山楚簡》文字考釋十四則〉《于省吾教授百年誕辰紀念文集》（長春市：吉林大學出版社，1996 年 9 月），頁 183。

一欄A邊）[1]

可以證明唐寫本《說文》是有根據的。依照上面的推論，「△2」字形上部
從二「木」應該是沒問題的。字形下部則有四種可能：

一是從「甘」，如：

（「旨」，《尊德義》26）、 （「晉」，《姑成家父》03） （「香」，

《汗簡》2.16 引「碧落碑」）、 （「香」，《籀韻》） （「香」，《古文

四聲韻》2.13 引「碧落碑」）[2] （《璽彙》3235） （「甘士」複姓合文，

《璽彙》1285）[3] （「苷」，《集成》11377 十四年武城令戈）[4]

二是從「首」，如：

---

[1] 拙文：〈荊門左塚楚墓漆梮字詞考釋五則〉《中國文字》新卅五期（臺北市：藝文印書館，
2010 年 6 月），頁 56〜57。已收入本書。

[2] 以上「香」字並見徐在國：《傳鈔古文字編》中（北京市：線裝書局，2006 年 11 月），
頁 694。

[3] 施謝捷：〈古璽複姓雜考（六則）──五、甘士〉《中國古璽印學國際研討會論文集》（香
港：香港中文大學文物館，2000 年），頁 41、徐在國：〈試說《說文》「籃」字古文〉《古
文字研究》26 輯（北京市：中華書局，2006 年 11 月），頁 496。

[4] 此字一般釋為「苫」，如《殷周金文集成修訂增補本》第七冊，頁 6133、秦曉華：《東周
晉系文字資料研究》（廣州市：中山大學博士論文，2008 年），頁 68、《三晉文字編》，
頁 34。但是此字與「白」作 、 （《三晉文字編》，頁 508）頗有距離，是以嚴志彬改
釋為「苷」，見氏著：《四版《金文編》校補》（長春市：吉林大學出版社，2001 年 8 月）
第 9 頁 65 號。謹案：釋為「苷」比釋為「苫」合理，但是字書上未見「苷」字，且「自」
通常做二橫筆為多，如 （《侯馬盟書》）。雖然《說文》記載了「自」可作「 」（四
上八），但戰國文字畢竟少見。比對「甘」字可作 ，筆者認為此字也不排除是「苷」
字的訛變。

（「變」，《古文四聲韻》引籀韻）[1]

此「變」是通假字，正字是「弁」。此字可以比對《唐虞之道》26「冠」作：

整理者以為字形下部是「目」之訛，所以釋為「冒」。[2]李天虹教授以為由《禮記・內則》、《禮記・曲禮上》來看，相應字作「冠」。分析作上部作「冠帽形」下部是「首」，可能是「冠」字的一種異體。[3]以此觀之，《籀韻》左上可能是「首」的訛變。

三是從「自」，如：

（《金文編》頁244）[4]

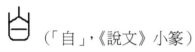（「自」，《說文》小篆）

甲骨文「自」字除作 ![]，亦作 ![]。[5]季師旭昇指出：「甲骨文『自』字中間的橫畫，或作二橫、或作一橫，因此《說文》以為『![]』即『自』的省體，可信。」[6]黃天樹先生引羅振玉的說法，亦認為卜辭中自字作![]，或作![]。[7]

[1] 徐在國：《傳鈔古文字編》上（北京市：線裝書局，2006年11月），頁307。

[2] 荊門市博物館：《郭店楚墓竹簡》（北京市：文物出版社，1998年5月），頁159注29。

[3] 李天虹：〈郭店竹簡與傳世文獻互證八則〉《江漢考古》2000年3期。亦載於氏著：《郭店竹簡《性自命出》研究》（武漢市：湖北教育出版社，2003年1月），頁247。

[4] 朱德熙：《朱德熙古文字論集》（北京市：中華書局，1995年2月），頁45。

[5] 于省吾主編：《甲骨文字詁林》第一冊（北京市：中華書局，1996年5月），頁672。

[6] 季旭昇師：《說文新證》上（臺北市：藝文印書館，2002年10月），頁261。

[7] 黃天樹：〈《說文》部首與甲骨文〉《黃天樹古文字論集》（北京市：學苑出版社，2006年8月），頁331。

四是從「目」，如：

（「親」，《汗簡》）[1]

黃錫全先生指出此字原應作 ，遂分析為從辛從目。[2]

　　從常見的古文字偏旁來看，「△2」理解為從「甘」顯然是比較被接受的，因為其他三者各有其表意的作用。而古文字「『口』、『甘』偏旁通用」，[3] 如沫司徒疑簋「沫」作 ，而與此簋同出的三件爵「沫」作 。[4] 又如「旨」除上引《尊德義》從「甘」外，亦可作 （《從政》甲9）、（越王者旨於賜劍一），[5] 從「口」。還有「周」作 （《曹沫之陣》1），亦作 （《包山》206）（《信陽》1.12）皆可為證。另外，「△2」還有一個現象值得留意，其下部的「甘」寫在左邊「木」的正下方，而右上角的的「木」又寫得不完整，似可以認為右上的「木」旁是不小心誤寫的，原本字形應該是從「木」從「甘」，即「杏」字。當然還有一種考慮是「木」繁化為「林」。前面提到幾位學者將「△2」釋為「香」，應當也是作這樣的理解。「向」，曉紐陽部；「杏」，匣紐陽部，二者音近可通。

## 四　《孔子見季桓子》「學」字構形分析

[1] 徐在國：《傳鈔古文字編》中（北京市：線裝書局，2006年11月），頁862。

[2] 黃錫全：《汗簡注釋》（武昌市：武漢大學出版社，1990年8月），頁490。

[3] 董蓮池：《金文編訂補》（長春市：東北師範大學，1995年9月)），頁35。

[4] 張桂光：〈沫司徒疑簋及其相關問題〉《古文字研究》24輯（北京市：中華書局，2002年7月)），頁66。

[5] 施謝捷：《吳越文字彙編》（南京市：江蘇教育出版社，1998年8月），頁69，字頭145號。

《上博六・孔子見季桓子》的「學」字共三見：

（簡 17）　（簡 16）　（簡 18）

後二者的字形顯然是比較特殊的，但也並非無跡可循。底下「興」字的演變正可為證：

1. （《楚帛書》乙 8.29）

2. （《包山》簡 159）

3. （《郭店・唐虞之道》簡 21）

4. （《上博二・昔者君老》簡 3）[1]

再看楚簡的「學」：

5. （《孔子見季桓子》簡 18）

6. （《郭店・語叢一》簡 61，「教學」合文）

7. （《郭店・老子乙》簡 3）

---

[1] 此字從何琳儀先生釋為「興」，見何琳儀：〈滬簡二冊選釋〉，簡帛研究網，2003 年 1 月 14 日。陳劍先生在《出土簡帛文獻與古代學術國際研討會》（臺北市：政治大學中文系，2005 年 12 月 2～3 日）亦曾發言表示如此的看法。

8. 　　　（《郭店・性自命出》簡 8）

9. （《上博三・仲弓》簡 23）、　　　（《上博六・孔子見季桓子》簡 17）

「興」與「學」上部本有共同的偏旁「爪」，所以也呈現出相同的類化演變。如上列字形 2 與 6；3 與 7；4 與 8 都有類化對應的偏旁筆畫，彼此演變過程完全相同。換言之，《孔子見季桓子》簡 16、18 的「學」字字形雖然是第一次看到，但可以對應「興」字第 1 形，完全是合理的演變。[1]同時未來若我們看到「興」寫作：

應該也不會覺得意外，因為可以對應「學」字第 9 形。

## 五　《郭店・五行》「肆」字考釋

《郭店・五行》簡 21 與簡 34 有如下兩段話：

簡 21：「不直不（△1），不（△2）不果。」

簡 34 作「直而遂之，（△3）也。（△4）而不畏強語（禦），果也。」

以上字形形體如下：

（△1）

（△2）

---

1　簡 16「學」字的「六」旁未省，接近原始的寫法。

（△3）

（△4）

對於上引「△1」～「△4」字形，整理者均隸定作「<img>」，並指出相當於《帛書本》的「迣」。[1]學者同意這樣的隸定，並進一步指出「△1」～「△4」應讀為「肆」，[2]《楚文字編》頁113亦隸定作「<img>」。但是陳劍先生指出：「郭店《五行》簡21、34兩見一個用作『肆』的字，作<img>、<img>形，一般隸定作『<img>』。它所從的聲符跟『帛』字形頗有距離，其是否確為『帛』，如不是，其來源又是什麼，尚有待進一步研究。」[3]

建洲按：陳劍先生指出獨立的「帛」字應即來源於甲骨金文常見的「叙」、「緯」字左半所从的「<img>」形。[4]而目前確定是「帛」字者有如下寫法：[5]

---

[1] 荊門市博物館：《郭店楚墓竹簡》（北京市：文物出版社，1998年5月），頁152注27、頁153注43。國家文物局古文獻研究室：《馬王堆漢墓帛書（壹）》（北京市：文物出版社，1980年3月），頁18，189、192行、頁20，236、257行、頁26注42。

[2] 李零：《郭店楚簡校讀記──增訂本》（北京市：北京大學出版社，2002年3月），頁81、沈培：〈說郭店楚簡中的「肆」之一「郭店楚簡《五行》中的『肆』〉《語言》（第二卷）（北京市：首都師範大學，2001年），頁302～310、孟蓬生：〈郭店楚簡字詞考釋（續）〉《簡帛語言文字研究》（第一輯）（成都市：巴蜀書社，2002年11月），頁30～32。

[3] 陳劍：〈金文「象」字考釋〉《甲骨金文考釋論集》（北京市：線裝書局，2007年4月），頁265～266。

[4] 陳劍：〈金文「象」字考釋〉《甲骨金文考釋論集》（北京市：線裝書局，2007年4月），頁265。

[5] 底下所引字形除個別註明外，皆取自陳劍：〈金文「象」字考釋〉《甲骨金文考釋論集》，

《古文四聲韻》去聲志韻「希」字引《古爾雅》

《說文》大徐本「希」字古文

《說文》小徐本「希」字古文

郭店《語叢二》簡 24「希（肆）」字[1]

《說文》「𢁛（肆）」字古文

三體石經《多士》「𢁛（肆）」字

《汗簡》卷四希部「肆」字下引《說文》

由以上字形來看，「△1」～「△4」的確不從「希」旁。筆者以為這個偏旁可能是「脊」字早期寫法的變體，試說如下：

張亞初先生曾指出：

字李學勤、劉釗等學者釋為脊字，很有見地。古璽文脊字作，秦簡文脊作，上面的形很明顯是從金文之省變來的。在商代，它是脊骨的象形字。發展到戰國時期，已演變成從脊骨形、從肉的會意字。……《說文》「脊，背也，從、從肉」，「，背呂也，

---

頁 264～265。此外，《上博五・弟子問》簡 16「寡見則」，李學勤先生釋為「𢁛（肆）」，見氏著：〈楚簡《弟子問》與𢁛字〉《出土文獻研究》第八輯（上海市：上海古籍出版社，2007 年 11 月），頁 1～3。按：由於此字與其他「希」字寫法並不完全相同，暫列於此，待考。

[1] 此句的理解參沈培：〈說郭店楚簡中的「肆」之一「郭店楚簡《五行》中的『肆』」〉《語言》（第二卷）（北京市：首都師範大學，2001 年），頁 302～310。

　　　象脅肋形。」「脅肋形」之說是大體正確。……金文中像形的脊字，
　　　李孝定說：「象魚脊之形，字不可識。」[1]

後來楊澤生先生對張說又作了進一步的闡釋，並對劉釗先生分析秦文字「脊」
為從肉「朿」聲之說提出批評。[2]吳振武先生曾向筆者指出：「楊澤生論脊
等字，有相當的合理性，不易否定。」[3]徐寶貴先生亦贊同這樣的看法。[4]看
得出來，圖像化的「脊」字形具備了頭（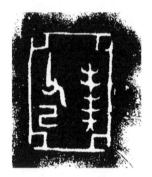）、脅肋（）之形，後來正
式書寫的「脊」字，其脅肋形的數目已有固定的現象。其次，《集成》6403
亞父己觶（如下），張亞初先生釋為「亞脊父己」，[5]

《殷周金文集成》修訂增補本亦作如此的釋文。[6]其上面頭部變為「屮」形，
這在下面金文可以見到：

（犬，犬鼎）

---

[1] 張亞初：〈金文考證例釋〉《第三屆國際中國古文字學研討會論文集》（香港：香港中文大
　　學，1997 年 10 月），頁 270～271。相關字形可見《金文編.》附錄上字頭 0375，頁 1116。

[2] 楊澤生：〈談出土秦漢文字「脊」和「責」的構形〉《古文字研究》24 輯（北京市：中華
　　書局，2002 年 7 月），頁 422～425。

[3] 2002 年 10 月 30 日覆信內容，時先生客座臺灣清華大學中文系。

[4] 徐寶貴：〈金文研究五則〉《古文字學論稿》（合肥市：安徽大學出版社，2008 年 4 月），
　　頁 96～97。

[5] 張亞初：《殷周金文集成引得》（北京市：中華書局，2001 年 7 月），頁 370。

[6] 中國社會科學院考古研究所編：《殷周金文集成（修訂增補本）》（北京市：中華書局，2007
　　年 4 月）第五冊，頁 3820。

（狽，元作父戊卣）

（狽，元作父戊卣）

（狽，父丁罍）

（魚，戍鼎）

另外，像「巂」字作，其旁是簡化的鳥冠形，合於《說文》所說「巂」字之「屮」形象其冠也，[1]這也可以比擬。而「屮」形只要再加一斜筆便類似「△1」～「△4」的上部形。而這種筆法在古文字是非常常見的，李家浩先生曾經指出：「戰國文字有在豎畫的頂端左側加一斜畫的情況」，如「陳」作（《璽彙》1453），亦作（《璽彙》1455）、「匋」作（麓伯簋），亦作（《古陶文字徵》頁187）等等。[2]又如「戥」作（鄾戥鼎），亦作（中山王壺），亦加一斜筆。[3]又如「民」作（《九店》56.41），又作（《上博（二）・從政》甲8）。而形同樣是象動物頭部之形，如：

（麤，秦公鎛）

---

[1] 程少軒：〈試說「巂」字及相關問題〉，復旦大學出土文獻與古文字研究中心網站，2008年3月20日。亦載於《出土文獻與古文字研究》第二輯（上海市：復旦大學出版社，2008年8月），頁134。

[2] 李家浩：〈傳遽鷹節銘文考釋——戰國符節銘文研究之二〉《海上論叢》第二輯（上海市：復旦大學出版社，1998年7月），頁24

[3] 董蓮池：《金文編校補》（長春市：東北師範大學出版社，1995年9月），頁462。

（泰（法），《上博（二）・從政》乙 2）

（邌的「豕」旁，應侯簋，《集成》7.3860.1）

（鮮，𧽅壺）

（櫓，晉侯櫓 鼎）[1]

（逸，𧽅壺）

（象，《上博（五）・鬼神之明》6）

上引「𣥂」字左下第一個犬字的頭部以及《從政》「泰（法）」字的「廌」旁的上部接近⇗形。而「邌」下從「豕」，[2]其頭部筆劃亦可參考。其他諸形則是有相同的筆勢。加上《馬王堆・足臂十一脈炙經》14「脊」作，其「」偏旁下面的筆法接近「△1」、「△2」⇗形之下的形；上引古璽文字「脊」作，其「」偏旁下面的筆法接近「△3」、「△4」⇗形之下的形，《睡虎地・法律答問》75「脊」作、《馬王堆・戰國縱橫家書》67「脊」作都可以參考。以上對字形部分作了梳理，底下再看聲韻的問題：《五行》「△1」～「△4」在簡文應讀為「肆」，已有多位學者指出。「肆」，心紐質部；「脊」，精紐錫部，聲紐同為精系字，韻部主要元音

---

[1] 嚴志斌：《四版《金文編》校補》（長春市：吉林大學出版社，2001 年 8 月），頁 84，754 號。

[2] 見陳劍：〈「邌」字補釋〉，復旦網，2008 年 1 月 23 日。

相同，有通轉的現象，如《詩・周頌・維天之命》：「假以溢我。」《左傳・襄公二十七年》引「溢」（錫部）作「恤」（質部）。[1]湖南大學嶽麓書院藏秦簡《占夢書》29／0015「夢井洫者，出財。」陳劍先生指出「洫」讀為「溢」。[2]孟蓬生先生也指出：「血（質）、益（錫）兩字音近可通。錫脂質多相通，伯益或伯翳（脂），是其證也。」[3]最明顯的例證是：《詩・小雅・常棣》：「脊令在原」，《經典釋文》：「脊，亦作即。」《左傳・昭公七年》引《詩》「脊令」作「鴒」，而「即」正是「質部」字。[4]可見「脊」字可與質部字相通。

綜上所述，《五行》「△1」～「△4」字形應分析為從「辶」「脊」聲。楚簡「脊」字以往未見，拙文之說若可成立，適可填補此缺環。另外，類似這種古老文字化石的遺留，陳劍先生在考釋楚簡的「琮」字也指出這種現象，[5]拙文若可成立，也是一個例證。[6]

此外，還有一種思考，可能就是「遲（徙）」字，請看底下諸字[7]：

（《九店》56.15）[8]　　（《新蔡》甲二 14、13）[9]　　（《上博四・

---

[1] 高亨、董治安編纂《古字通假會典》（濟南市：齊魯書社，1997 年 7 月），頁 450。

[2] 陳劍：〈嶽麓簡《占夢書》校讀札記三則〉，復旦網，2011 年 10 月 5 日，
http://www.gwz.fudan.edu.cn/SrcShow.asp?Src_ID=1677。

[3] 上文評論第一樓。

[4] 張儒、劉毓慶：《漢字通用聲素研究》（太原市：山西古籍出版社，2002 年 4 月），頁 533。

[5] 陳劍：〈釋「琮」及相關諸字〉《甲骨金文考釋論集》（北京市：線裝書局，2007 年 4 月），
頁 273～316。

[6] 本則曾請陳劍先生惠賜意見。陳劍先生指出《五行》諸字釋為從「脊」，字形不為無據，
但是聲音條件不好。陳先生認為這些字可能是「杀」字的變體，但是缺少關鍵的字形，
所以也不敢論定（2008 年 4 月 3 日覆信內容）。茲存此則俟考。

[7] 字形取自宋華強：〈曾侯乙墓竹簡考釋一則〉，簡帛網，2011 年 3 月 21 日，
http://www.bsm.org.cn/show_article.php?id=1419#_ednref14。

[8] 湖北省文物考古研究所、北京大學中文系編：《九店楚簡》，頁 70，注四八。

[9] 宋華強：《新蔡葛陵楚簡初探》（武昌市：武漢大學出版社，2010 年 3 月），頁 371 注 5。

昭王毀室》5）<sup>1</sup>

筆者以為「<img_char>」就是「尾」字的變體。楚文字長沙的「沙」可以寫作<sup>2</sup>：

（《集成》17.10914）　　（《集成》17.10915）

字形嚴格隸定是「鄝」，劉釗先生指出：「該『鄝』字右旁從『尾』從『尘』，『尘』字從『小』從『土』，『尘』所從之『小』字與尾字連寫在了一起，還因類化的緣故與上部的『尾』字筆劃寫成了一樣的形狀。該字中的『小』字也有借下部筆劃作『少』字用的可能，所以『尘』字可能應該隸作『坔』。」<sup>3</sup>

字形亦見於《周易》簡2作<img_char>，諸家隸定為「屖」。<sup>4</sup>則「<img_char>」即「尾」字，何琳儀先生認爲「尾」的省變過程如下：<sup>5</sup>

則「<img_char>」與「<img_char>」之別在於後者多了「∪」筆劃，這種演變正如同「列」字既作<img_char>（《金縢》簡14<img_char>（獲）偏旁）、<img_char>（《采風曲目》簡3），又作「<img_char>」（《鮑叔牙與隰朋之諫》簡4）。<sup>6</sup>古璽文字「脂」的「㫇」旁正常寫作<img_char>（《璽

---

1 馬承源主編：《上海博物館藏戰國楚竹書（四）》（上海市：上海古籍出版社，2004年12月），釋文考釋頁186。

2 何琳儀：〈古兵地名雜識〉《考古與文物》1996年第6期、何琳儀：《戰國古文字典》（北京市：中華書局，1998年9月），頁883。

3 劉釗：〈兵器銘文考釋（四則）〉，復旦網，2008年3月2日，
　http://www.gwz.fudan.edu.cn/SrcShow.asp?Src_ID=364。

4 李守奎、曲冰、孫偉龍編著：《《上海博物館藏戰國楚竹書》（一～五）文字編》（北京市：作家出版社，2007年12月），頁607。

5 何琳儀：〈古兵地名雜識〉《考古與文物》1996年第6期、何琳儀：《戰國古文字典》（北京市：中華書局，1998年9月），頁1230。

6 詳細字形演變過程請見拙文：〈《清華簡（壹）》考釋十一則——（三）《金縢》「獲」字考釋〉，已收入本書。

《彙》2973），但也寫作：

 （《璽彙》2970） （《璽彙》2971） （《璽彙》2972）

均由「⺀」形變為「⺁」形，可見「朱」理解為「尾」字變形是有可能的。還有一種分析是由於「徙（心紐歌部）」、「殺」（心紐月部）音近可通，如《曾侯》「 」有兩種用法，其中第二種用法表示的就是戟的刺，當讀為「鎩」，宋華強先生將此字隸定作「𧰟」，以為從「屖」聲。[1]而《五行》的「朱」（尾－屖）本來寫作「 」，由於文字糅合的作用，遂將字形上部改為形音相近的「杀（殺）」作「 」（《簡大王》簡 7）的上部，遂成為「朱」。所謂「尾」字實際上是「屖」之省寫，已有多位學者討論此種寫法的構形。[2]「屖」即《說文》「徙」（心紐歌部）字古文「 」，「 」從「沙」省聲。[3]「徙」、「沙」（同為心紐歌部）[4]、「殺」（心紐月部）與「迣」（書紐月部）

[1] 宋華強：〈曾侯乙墓竹簡考釋一則〉，簡帛網，2011 年 3 月 21 日。

[2] 參何琳儀：〈古兵地名雜識〉《考古與文物》1996 年第 6 期、何琳儀：《戰國古文字典》（北京市：中華書局，1998 年 9 月），頁 882、《九店楚簡》，頁 70 注四八、陳劍：〈《上博（六）・孔子見季桓子》重編新釋〉《出土文獻與古文字研究（第二輯）》（上海市：復旦大學出版社，2008 年 8 月），頁 170～171、李家浩：〈章子國戈小考〉，清華大學出土文獻研究與保護中心編《出土文獻》第一輯（上海市：中西書局，2010 年 8 月），頁 158～162。

[3] 見俞偉超著：《中國古代公社組織的考察——論先秦兩漢的單－僤－彈》（北京市：文物出版社，1988 年 10 月），頁 11～15 所引李家浩先生的考釋、裘錫圭：〈讀逨器銘文札記三則〉《文物》2003 年 6 期，頁 74～75、陳劍：《甲骨金文考釋論集》（北京市：線裝書局，2007 年 4 月），頁 101。

[4] 陳復華、何九盈：《古韻通曉》（北京市：中國社會科學出版社，1987 年 10 月），頁 184。

音近可通，而「世」、「肆」本來音近，上述沈培、孟蓬生先生已有論證，[1]
所以「徙」也可以讀為「肆」。

還有一種可能是：《五行》的「」可能就是（殺，《簡大王》簡
7）的左旁，只要該字左旁「」上面加一斜筆成為「」，便與「」很
接近，本文注釋提到陳劍先生認為這些字可能是「杀」字的變體是道理的。
「杀」與「肆」聲音很接近，通假沒有問題。如大家知道【杀與遂】、【遂
與肆】都有通假例證，[2]自然【杀與肆】通假是很自然的。


本文原刊登於《中正大學中文學術年刊》2008 年 2 期（總第 12 期）

2008 年 12 月

---

[1] 沈培：〈說郭店楚簡中的「肆」之一「郭店楚簡《五行》中的『肆』〉《語言》（第二卷）
（北京市：首都師範大學，2001 年），頁 302～310、孟蓬生：〈郭店楚簡字詞考釋（續）〉
《簡帛語言文字研究》（第一輯）（成都市：巴蜀書社，2002 年 11 月），頁 30～32。也
可參考劉雲：〈《為吏之道》與《為吏治官及黔首》對讀箚記〉，復旦網，2011 年 4 月 15
日，http://www.gwz.fudan.edu.cn/SrcShow.asp?Src_ID=1470。

[2] 參李家浩：〈齊國文字中的「遂」〉《著名中年語言學家自選集──李家浩卷》，頁 37～38、
孟蓬生：〈郭店楚簡字詞考釋（續）〉《簡帛語言文字研究》（第一輯）（成都市：巴蜀書
社，2002 年 11 月），頁 31。

# 釋《郭店・六德》簡 22「以守社稷」

《六德》21〜23「子也者，會[1]長材以事上，謂之義，上共下之義；以△1 社稷，謂之孝。故人則為口口（謂之）仁。仁者，子德也。」我們所討論 的是「以△1 社稷」一句，「社稷」二字由陳偉先生最先釋出，[2]其字形作， 筆者、何有祖、徐在國先生均曾分析其構形，[3]讀法應該可以確定下來。但

---

[1] 此字諸家說法紛紜，如李零先生讀為「墫」，字同「準」（見《周禮・天官・司裘》），李 零：《郭店楚簡校讀記——增訂本》（北京市：北京大學出版社，2002 年 3 月），頁 133。 劉釗先生亦釋為「墫」，讀為「敦」或「最」，劉釗：《郭店楚簡校釋》（福州市：福建人 民出版社，2003 年 12 月），頁 114。顏世鉉先生亦釋為「敦」，顏世鉉：〈郭店楚簡〈六 德〉箋釋〉《中央研究院歷史語言研究所集刊》72 卷 2 期（臺北市：中央研究院歷史語 言研究所，2001 年 6 月），頁 468。陳偉先生釋為「墉」，陳偉：《郭店竹書別釋》（武漢 市：湖北教育出版社，2003 年 1 月），頁 116。劉信芳先生讀為「惇」或「敦」，敦厚。 見氏著：〈郭店竹簡文字拾遺〉（《江漢考古》，2000 年卷 1 期）。林素清女士以為從「郭」 聲，讀「最」，訓為「聚」，見氏著：〈重編郭店楚簡《六德》〉《古墓新知——紀念郭店 楚簡出土十周年論文專輯》（國際炎黃文化出版社，2003 年 11 月），頁 15。

[2] 陳偉：〈郭店竹書《六德》「以奉社稷」補說〉，簡帛網，2006 年 2 月 26 日。

[3] 蘇建洲：〈《上博五・姑成家父》簡 3「稷」字考釋〉，簡帛網，2006 年 3 月 30 日，後發 表於《中國文字》新 32 期（臺北市：藝文印書館，2006 年 12 月），頁 81。又見拙文： 〈姑成家父》簡 3「社稷」字考釋〉《《上博楚竹書》文字及相關問題研究》（臺北市： 萬卷樓圖書公司，2008 年 1 月），頁 71〜72。何有祖：〈幣文「即」與楚簡「稷」字探

疑〉，簡帛網，2007 年 1 月 9 日。徐在國：〈上博五「禝（稷）」字補說〉《清華大學藏戰國竹簡（壹）》國際學術研討會論文集》（北京市：清華大學主辦，2011 年 6 月 28 日至 29 日），頁 188～190。謹按：「稷」字或認為從「鬼」，不可從。《說文・禾部》：「稷，齋也。五穀之長。從禾畟聲。𥝲，古文稷省。」《說文・夊部》：「畟，治稼畟畟進也。從田、人，從夊。《詩》曰：『畟畟良耜。』」丁佛言、陳偉均從戰國文字「稷」的形體來證實此說。上引徐在國先生全面分析楚文字的「稷」字後，也指出：「『禝（稷）』字從示、從田，會『田主』或『穀主』之意。因是『田主』，所以可以加『人』旁會意。也有另外一種可能，此字從『田』從「人」，會『田正』、『田官』之意。《左傳・昭公二十九年》：『稷，田正也。』孔穎達疏：『正，長也，稷是田官之長。』《國語・周語上》：『昔我先王世後稷，以服事虞夏。』韋昭注：『稷，官也。』假如從此說，從『示』從『田』之『禝』有可能是從『示』從『田』、『人』、『止』之『禝』的省形。總之，不管如何分析，『禝（稷）』字應該看作是一個會意字，它的構形非常清楚，從『示』或從『禾』，從『田』，或從『田』、『人』，或從『田』、『人』、『止』。」此說當可從。

　　不過，筆者也懷疑「禝」右旁的「畟」是否就是「畯」之省。即 ▨（《新蔡》甲三341）、▨（《新蔡》零 338）、▨（《清華一・祭公》13）、▨（中山王鼎）、▨（子禾子釜）右旁是「畯」作 ▨（南宮乎鐘）、▨（頌壺）、▨（秦公鎛）（以上見《金文編》2198 號）、▨（小篆），省掉「厶（台）」旁的結果。《說文》曰：「允，從人台聲。」其實「人」也與「允」聲音相近。如楚文字「允」可增添「身」聲作 ▨（《郭店・緇衣》5）；而人、身二者聲音相近，如「仁」作 ▨（《老子丙》03），從「身」聲，又作 ▨（《唐虞之道》07），從「人」聲；而「畯」從「允」聲。可見「允」、「夋」雖然省掉「厶（台）」旁，並不影響其表音作用。一個比較好的證據是《璽彙》0259 ▨ 字，徐在國隸定為「畕」，分析說身、田皆聲，讀為「田」，是齊國掌管農田的官員，見氏著：〈古陶文字釋叢〉《古文字研究》第二十三輯（北京市：中華書局，2002 年 6 月），頁 119、施謝捷《古璽彙考》43 頁也隸定為「畕」。李學勤進一步補充說：「這個字從田身聲，身為真部，真文兩韻有些字每每互通。長沙子彈庫楚帛書把『夋』字寫作從『允』從『身』，可知『畕』就是『畯』。左畯是田齊的農官。」見氏著：〈記黃賓虹《陶璽文字合證》〉《通向文明之路》（北京市：商務印書館，2010 年 4 月），頁 257。既然「畯」可以寫作從「身」聲，那自然也可以寫作從「人」聲，則上述「稷」作 ▨ 的右旁理解為從「畯」自然也是合理的。而且「稷」（精紐職部）、「畯」（精紐文部）二者雙聲，韻部通轉相近。之文二部常見相通，陳劍：〈甲骨金文舊釋「尤」之字及相關諸字新釋〉一文有集中論證，可以參看，所以職文相通自無問題。如李家浩先生說：「上古音『楚』、『蚡』屬並母文部，『焚』屬並母職部，三字聲母相同，韻部字音有關（參看楊樹達《積微居小學金石論叢（增訂本）・古音哈德部與痕部對轉證》），頗疑《楚居》楚冒徙居的『楚』應該讀為『焚』。」

是「△1」字作：

目前學者尚有異說如下：

（一）釋為「奔」：如整理者 [1]、《楚文字編》[2]。

（二）釋為「睦」：此說是在釋為「奔」的基礎上，進一步通讀為「睦」，
如顏世鉉先生。[3]

（三）釋為「奉」：如陳偉先生 [4]、劉釗先生 [5]。

筆者以為上述三說均有問題，試說如下：

首先，春秋戰國文字有幾個與「奔」相關的字形：

---

（氏著：〈談清華戰國竹簡《楚居》的「夷屯」及其他〉《清華大學藏戰國竹簡（壹）》國際學術研討會會議論文集》2011 年 6 月）。楚文字目前未見「畟」，將「襛」右旁理解為「畟」並不衝突。其次，《說文》：「畟，治稼畟畟進也。從田、人，從夊。」段注：「儿亦人字。田人者，農也。从夊。夊言其足之進，足進而耕亦進矣。」其中「夊言其足之進」，與《說文》：「夊，行夊夊也。」段注：「夊夊，行兒。」意思相同。「行」、「進」一也。至於段注所說「畟，田人者，農也。」以及「襛」是「田正」、「田官」之義也與「畟」意義相同。《說文》曰：「畟，農夫。从田，夊聲。」段《注》曰：「〈釋言〉曰：『畟，農夫也。』孫（按：指「孫炎」）云：『農夫，田官也。』《詩‧七月》：『田畟至喜』，《傳》曰：『畟，田大夫也。』《周禮‧篇章》：『以樂田畟』，《注》：『鄭司農云：田畟，古之先教田者。』按田畟，教田之官，亦謂之田。〈月令〉：『命田舍東郊』，鄭曰：『田謂田畟，主農之官也。』亦謂之農。〈郊特牲〉：『大蜡饗農』，鄭曰：『農，田畟也。』」《容成氏》28「乃立后稷以為田」，（「田」之釋見從張富海〈讀楚簡札記五則〉《古文字研究》25 輯），此「田」就是上引鄭玄所謂「田謂田畟」，「后稷」所任的職務就是「田畟」。總之，由以上論證來看，「畟」、「襛」與「畟」在形、音、義上都有密切關係，可

能不是偶然的。以上所論是否允當，尚有待新出材料檢驗。又甲骨文 （《合》14680）有學者認為是「稷」，見劉桓：〈卜辭社稷說〉《甲骨征史》（哈爾濱市：黑龍江教育出版社，2002 年），頁 158。《新甲骨文編》，頁 938～939 則列為附錄。

[1] 荊門市博物館：《郭店楚墓竹簡》（北京市：文物出版社，1998 年 5 月），頁 187。

[2] 李守奎：《楚文字編》（上海市：華東師範大學，2003 年 12 月），頁 158。

[3] 顏世鉉：〈郭店楚簡〈六德〉箋釋〉《中央研究院歷史語言研究所集刊》72 卷 2 期（臺北市：中央研究院歷史語言研究所，2001 年 6 月），頁 469。

[4] 陳偉：〈郭店楚簡〈六德〉諸篇零釋〉《武漢大學學報》1999 年 5 期、陳偉：〈郭店竹書《六德》「以奉社稷」補說〉，簡帛網，2006 年 2 月 26 日。

[5] 劉釗：《郭店楚簡校釋》（福州市：福建人民出版社，2003 年 12 月），頁 114。

（《璽彙》3502），諸家釋為「屮」，讀為「陸」，姓氏。[1]《說文》分析「屮」為從屮六聲（一下一）。

（《石鼓文・鑾車》）[2]，諸家釋為「奔」。[3]《說文》分析「奔」為從夭屮聲（三上二十）。

（坴，《上博五・競建內之》01），《說文》分析「坴」為從土屮聲（十三下七）。

（鞠，《古文四聲韻》5.4 引《崔希裕》[4]）

以上諸字《說文》的分析若可信，則「△1」釋為「奔」顯然不可從，因為字形並不從「六」。其次，以書寫習慣來看，楚文字的「坴」或「陸」大多簡化為從「六」聲，除上引的《競建內之》01 外，底下的「陸」字亦可為證：

（陸，《包山》62）　　　（陸，《包山》181）　　　（陸，

《周易》50）　　　（陸，《周易》39）

目前看到寫作從「屮」的「坴」或「陸」，多出現在西周金文及春秋、戰國

---

[1] 何琳儀：《戰國古文字典》（北京市：中華書局，1998 年 9 月），頁 225、湯餘惠主編：《戰國文字編》（福州市：福建人民出版社，2001 年 12 月），頁 23、黃德寬主編：《古文字譜系疏證》（北京市：北京商務印書館，2007 年 5 月），冊一，頁 637。

[2] 原拓本有闕，摹本取自徐寶貴：《石鼓文整理研究》上（北京市：中華書局，2008 年 1 月），頁 517。

[3] 參徐寶貴：《石鼓文整理研究》上（北京市：中華書局，2008 年 1 月），頁 840。

[4] 徐在國：《傳抄古文字編》（北京市：線裝書局，2006 年 11 月），頁 269。

秦文字，[1]此亦可證明「△1」釋為「奔」是不可信的。要說明的是，《上博一・緇衣》7「禹立三年，百姓以仁△2」，「△2」字作：

此字郭店簡《緇衣》作「道」，今本作「遂」。劉樂賢先生在諸家說法的基礎上，另提新說：

> 我們認為，如果相信《說文解字》的意見，這個字的分析還可以更為直接。《說文解字》說「牘」的聲符「𧶠」是從古文「睦」得聲，「睦」從「坴」得聲，而「坴」又從「圥」得聲。根據古文字的音近聲符通用規律，「牘」可以用「𧶠」或古文「睦」作聲符，也可以用「圥」作聲符。因此，《緇衣》該字左部的上「圥」下「牛」，完全可以看作「牘」的異寫。[2]

謹按：筆者並不否認「△2」與「牘」在字形上的關係（詳下），但劉先生說「△2」是「牘」的異寫，這是我們不能同意的。首先，「△2」左上並不從「六」，若按照《說文》的說法，「△2」左上無由釋為「圥」。其次，趙平安先生已經指出，秦漢篆隸中從「賣」之字與《說文》篆形皆不合，「賣」從「𡗕」形的寫法在古文字中實際上從未見到過。[3]陳劍先生也指出：《說文》對「賣」所從「𧶠」旁的分析實不可信。其以「賣」字上半的「𧴪」

---

1 參黃德寬主編：《古文字譜系疏證》（北京市：北京商務印書館，2007 年 5 月）冊一，頁 637～640。

2 劉樂賢：〈上博楚簡考釋三則〉《新出楚簡國際學術研討會・上博簡卷》（湖北：武漢大學等舉辦，2006 年 6 月 26 日），頁 148。後載於丁四新主編：《楚地簡帛思想研究》第三輯（武漢市：湖北教育出版社，2007 年 6 月），頁 193。附帶一提，黃錫全先生也懷疑是「牘」字，見〈楚簡續貂〉《簡帛研究》第三輯（南寧市：廣西教育出版社，1998 年 12 月）頁 77～82。史傑鵬先生亦持此說，並從音韻的角度論述「牘」與「道」、「遂」相通的理由，見〈幽、物相通現象暨相關問題〉，簡帛網，2010 年 4 月 19 日。

3 趙平安：《說文小篆研究》（南寧市：廣西教育出版社，1999 年 8 月），頁 18～20。

為「古文睦」，跟《火部》分析「尞」字上半的「昚」形為古文「慎」（昚）、《白部》分析「者」字上半為从「古文旅字」，其誤相同。並認為「賣（賣）」字所从的「人」形實來源於 凵（「屮／艸」的初文）。[1]目前對 字的分析都認為是訛寫，如黃錫全先生認為此字隸定為「頹」，分析為從頁賣聲，人與頁形義相近，可能為儥之或體，即今之覿字。[2]謹按：楚文字的「賣」旁目前有兩種寫法，一種是承西周金文而來作 （覿，《周易》52，從嗇旁）、 （瀆，《成王既邦》04，從嗇旁）；另一種作 （《包山》152，從峕旁）。[3] 的整體結構確實與 相似，加上「賣」，定紐屋部，與《郭店》本的「道」，定紐幽部，聲韻皆近，所以理解為「賣」的訛字有其道理。裘錫圭先生認為「△2」左旁不成字，是「道」字所從「辵」旁的誤摹。[4]禤健聰先生認為「△2」是䫞或頎的錯字，甚至可能是上博簡書者混「米」、「术」二形而寫訛，而本與今本「遂」字相通。[5]裘、禤二說也都有一定的道理。另外，

<hr>

[1] 陳劍：〈釋造〉《出土文獻與古文字研究（第一輯）》（上海市：復旦大學出版社，2006 年 12 月），頁 66、88。

[2] 黃錫全：〈楚簡續貂〉《簡帛研究》第三輯（南寧市：廣西教育出版社，1998 年 12 月）頁 78～79。

[3] 從「峕」與從「嗇」是不同來源的寫法，見上引陳劍：〈釋造〉頁 70 注 37。亦見李家浩：〈楚簡所記楚人祖先「妭（鬻）熊」與「穴熊」為一人說〉《文史》2010 年第 3 輯頁 27。

[4] 裘錫圭：〈談談上博簡和郭店簡中的錯別字〉《新出楚簡與儒學思想國際學術研討會論文集》（北京：清華大學出版社，2002 年 3 月）。此引自《中國出土古文獻十講》（上海市：復旦大學出版社，2004 年 12 月），頁 310。

[5] 禤健聰：《戰國楚簡字詞研究》（廣州市：中山大學中文系博士論文，2006 年 4 月），頁 38。

《郭店・緇衣》12「詩云:『有 （△3）德行,四方順之。』」「△3」字形
亦見於《上博一・緇衣》7,張富海先生指出:

> 此字上所從之黑圓點應與《唐虞之道》中 字所從之黑圓點同意,表
> 示一抽象之物。疑此字即「匊(今作掬)」的表意字。《說文・勹部》:
> 「匊,在手曰匊。」段注:「《唐風》『椒聊之實,蕃衍盈匊』,《小雅》
> 『終朝采綠,不盈一匊』,毛皆云『兩手曰匊』。此云『在手』,恐傳
> 寫之誤。」「匊」無疑是兩手盛物之義,而此字正象兩手盛物之形。
> 按之字音,「匊」、「梏」、「覺」的上古音皆為見母覺部,固可相通假。
> 又《說文・廾部》有「奉」字,其義為「兩手盛也」。《廣韻・屋韻》:
> 「奉,兩手捧物。《說文》音匊。」「奉」、「匊」應是異體關係,**簡文
> 此字與「奉」則是表意初文與後起形聲字的關係**。[1]

馮勝君先生也贊同這樣的說法。[2]但是「△3」與「△1」的字形畢竟尚有差
距,無法提供釋「△3」為「奉」的積極證據。總之,目前楚文字仍未看
到確切無疑的「尖」字可供比對,而將「△1」釋為「奉」也是不可從的。
至於第(二)說除了字形有問題外,本來讀為「睦里社」的文例,現在看
來也是可以排除了。

再看釋為「奉」的說法,陳偉先生指出:「『以』下一字,原亦缺釋。
此字下從『廾』,上部所從似是『丰』的變體。試將其與《老子》乙 17 號
簡中『奉』及《語叢一》103 號簡中的『奉(從宀)』字主體(即宀下部分)
比較,可見除『丰』之下端有所變異之外,彼此相同。恐亦當釋為『奉』。」
謹按:陳先生所舉兩字字形如下:

---

[1] 張富海:《郭店楚簡〈緇衣〉篇研究》(北京市:北京大學碩士學位論文,2002 年),頁
12～13。

[2] 馮勝君:《論郭店簡〈唐虞之道〉、〈忠信之道〉、〈語叢〉一～三以及上博簡〈緇衣〉為具
有齊系文字特點的抄本》,(北京大學博士後研究工作報告,2004 年 8 月),頁 241。

（《郭店・老子乙》17）    （《郭店・語叢一》103）

古書文獻上的確有「奉社稷」的說法，但是看的出來將「△1」釋為「奉」，字形尚有距離。

筆者以為「△1」應該分析為從廾，「老」省聲。試比對下列二字：

（「耆」，《上博一・緇衣》06）    （△1）

可見「△1」上部分析為從「老」是可以的，且按照一般從「廾」旁的字，「老」旁顯然是聲符。「△1」應該讀為「守」，書紐幽部；「老」，來紐幽部，疊韻，聲紐則同為舌音，是準旁紐。如「樂」是來紐藥部；從「樂」聲的鑠、爍是書紐藥部，彼此的聲韻關係正可比附。「守」本從「又」作，如 （《子羔》簡6），而「△1」下亦從「廾」，可能不是偶然。文獻常見「守社稷」的說法，如：

《子羔》1+6：「孔子曰：『昔者而弗世也，善與善相授也，故能治天下，平萬邦，使無有小大肥脆，使皆【一】得其社稷百姓而奉守之。』」[1]

《左傳・僖公二十八年》：「不有居者，誰守社稷？」

《左傳・昭公二十年》：「（衛侯）辭曰：『亡人不佞，失守社稷，越在草莽，吾子無所辱君命。』」

《左傳・定公四年》：「寡君失守社稷，越在草莽，使下臣告急……」。

《禮記・檀弓下》：「柳莊曰：『如皆守社稷，則孰執羈靮而從？如皆從，則孰守社稷？』」

《晏子春秋・景公登路寢臺不終不說晏子諫第十八》：「公曰：『善！寡人自知，誠費財勞民，以為無功，又從而怨之，是寡人之罪也！非夫子之教，豈得守社稷哉！』」

---

[1] 參裘錫圭：〈談談上博簡《子羔》篇的簡序〉《上博館藏戰國楚竹書研究續編》（上海市：上海書店出版社，2004年7月），頁8。

其次,「守社稷」可以既是「子之職」,又是盡「孝」的表現,如:

《左傳・閔公二年》:「里克諫曰:『太子奉冢祀、社稷之粢盛,以朝夕視君膳者也,故曰冢子。君行則守,有守則從。從曰撫軍,守曰監國,古之制也。』」

《孝經・諸侯章第三》:「富貴不離其身,然後能保其社稷,而和其民人,蓋諸侯之孝也。」(亦見於《呂氏春秋・先識覽・察微》)

《禮記・祭統》:「是故,明君在上,則諸臣服從;崇事宗廟社稷,則子孫順孝。」

《禮記・祭統》:「子孫之守宗廟社稷者,其先祖無美而稱之,是誣也。」

而最能吻合簡文文意者,是《呂覽・孝行覽・孝行》:「曾子曰:『父母生之,子弗敢殺。父母置之,子弗敢廢。父母全之,子弗敢闕。故舟而不游,道而不徑,能全支體,以守宗廟,可謂孝矣。』」國家、社稷、宗廟三者常並稱,如《管子・問》:「無亂社稷宗廟,則人有所宗;毋遺老忘親,則大臣不怨。」《管子・五輔》:「暴王之所以失國家,危社稷,覆宗廟,滅於天下,非失人者,未之嘗聞。」《荀子・子道》:「孔子曰:『小人哉!賜不識也。昔萬乘之國,有爭臣四人,則封疆不削;千乘之國,有爭臣三人,則社稷不危;百乘之家,有爭臣二人,則宗廟不毀。』」所以《呂覽・孝行覽・孝行》的「以守宗廟,可謂孝矣」,可以理解為「以守社稷,可謂孝矣。」上引《禮記・祭統》曰:「子孫之守宗廟社稷者」便是很好的證明,也正好呼應《六德》簡文讀作「子也者,……以守社稷,謂之孝。」

本文原刊登於《中國文字研究》2008 年第 2 輯(總第十一輯)

2008 年 12 月

# 再論《上博三・周易》簡 25「融」字及相關的幾個字

劉樂賢先生曾撰文指出：「在楚文字中從双『虫』得聲之字的字形分析方面，目前存在兩種意見，一種認為雙『虫』是三『虫』即『蟲』之省，另一種則認為双『虫』是由甲骨文『毓』的右部演變而來。我們認為，除『流』字以外，其餘從双『虫』得聲之字仍以前一種分析較為合適。本文對、的討論，也可以說是為此說提供了新的支援。」[1]劉先生文中列的後一種說法所加的注腳是筆者的文章。[2]筆者文中以為：楚簡「鬻」、「融」二字應分析為從「㐬」得聲。[3]最近看到《上博文字編》在「融」字條下也

---

[1] 劉樂賢：〈讀楚簡札記二則〉，簡帛研究網，2004 年 5 月 29 日，http://www.jianbo.org/admin3/list.asp?id=1207。後以〈讀楚簡札記（三則）——楚簡的「讒」與秦簡的「蠶」〉為題，發表於趙平安等主編：《中國古代文明研究與學術史——李學勤教授伉儷七十壽慶紀念文集》（保定市：河北大學出版社，2006 年 11 月），頁 112～113。

[2] 蘇建洲：〈試論《上博（三）‧周易》的「融」及相關的幾個字〉，「簡帛研究」網站，2004 年 5 月 8 日，http://www.jianbo.org/admin3/html/sujianzhou02.htm。後以〈楚簡文字考釋五則之五〉為題發表於《文字學學術研討會論文集》（臺北市：里仁書局，2005 年 11 月）。

[3] 【編按】：本文修訂時，讀到李家浩：〈楚簡所記楚人祖先「毓（鬻）熊」與「穴熊」為一人說〉《文史》2010 年第 3 輯頁 7 也提到㾓鐘、邾公鐘、長沙楚帛書等「融」字不從「蟲」而從「㐬」。不過李先生提出「㐬」有「流」、「毓」兩個來源，並認為「融」字所從的「㐬」是「流」（頁 11）。

注解指出：「按：『蚩』為『充』之變形音化。此字雙聲符，楚『祝融氏』之『融』。」[1]又說：「右側偏旁『蚩』、『蚩』等，皆『充』之訛變。」[2]與筆者看法相同。今在舊說的基礎上再補充新的材料論說「鬻」、「融」二字構形。

楚簡的「融」字一般作：

（《新蔡》甲三 188、197） （《鬼神之明 融師有成氏》簡 7）

當時之所以認為「融」字應分析為從「充（毓）」得聲，主要是因為右旁也寫作「充」，如：

（《新蔡》乙一：22） （《新蔡》乙一：24） （《新蔡》零：288）

這種寫法見於「充」，而與「蚩」明顯有所不同。何琳儀、劉釗、李天虹、曾憲通等先生以為「充」是由甲骨文「毓」右旁所從倒子之形演變而來，演變過程如下：[3]

（《甲》1760，「毓」所從）→ （毓且丁卣，「毓」所從）→ （中

1 李守奎、曲冰、孫偉龍編著：《《上海博物館藏戰國楚竹書》（一～五）文字編》（北京市：作家出版社，2007 年 12 月），頁 137。

2 李守奎、曲冰、孫偉龍編著：《《上海博物館藏戰國楚竹書》（一～五）文字編》（北京市：作家出版社，2007 年 12 月），頁 284。

3 何琳儀：《戰國古文字典》，頁 222、劉釗：〈讀郭店楚簡字詞札記〉《郭店楚簡國際學術研討會》（武漢市：武漢大學出版社，2000 年 5 月），頁 79、李天虹：〈上海簡書文字三題〉《上博館藏戰國楚竹書研究》（上海市：上海書店，2002 年 3 月），頁 380～381、曾憲通：〈「子」字族群的研究〉《第一屆中國語言文字國際學術研討會論文》。

山王壺，「流」所從）→ ⿱ （《性情論》19，「流」所從）→ ⿱ （《性自命出》31，「流」所從）

看得出來，「㐬」象倒「子」，所從的圓圈是倒子的頭部，其下為「羊水」。而圓圈脫離倒子，移位在旁，乃至脫落，就剩下上下兩個「虫」形相疊了。[1]換言之，「㐬」可以省「○」作「𧐐」形。反過來說，「𧐐」卻不能作 ⿱ 形。[2]

---

[1] 曾憲通：〈再說「𧐐」符〉《古文字研究》第 25 輯（北京市：中華書局，2004 年 10 月），頁 247。

[2] 【編按】：李家浩先生指出「㐬」有兩個來源，如下圖所示：

「流」字右旁：⿱ → ⿱ → ⿱ → ⿱ ┐

　　　　　　　　　　　　　　　　　├→ 㐬

「毓」字右旁：⿱ → ⿱ → ⿱ → ⿱ ┘

李先生認為「毓」所從倒「子」的頭，不可能可有可無、不可能不與身體部份的筆畫相連。「流」字的右旁，從上下二「虫」，是「蜉蝣」字。或在二「虫」之間加了一個「○」，即「圓」字初文，作聲旁，遂與「毓」字右旁逐漸合流。李家浩：〈楚簡所記楚人祖先「妭（鬻）熊」與「穴熊」為一人說〉《文史》2010 年第 3 輯頁 10～11、29。謹案：「毓」與「流」的「㐬」旁是否來源不同，恐怕還不能確定。首先，李先生認為「流」字的「㐬」從二「虫」之形是表示「蜉蝣」之形（頁 11），同時也認為「⿱（𧐐）」不能解釋為「蟲」字省寫或「䖵」（頁 7），但是由「蜉蝣」所從「虫」旁來看本來就是「蟲」類，請見《玉篇‧虫部》、《爾雅‧釋蟲》。也就是說「⿱」形體，既然不能為「蟲」字或「蟲」字省寫，但又理解為蟲類的「蜉蝣」之形，這似乎是自相矛盾了。其次，《凡物流形》甲乙兩本「流」字共 10 見，除甲 3 簡背作 ⿱ 外，餘皆作 ⿱ （甲 10）。看起來「流」字右旁似乎是從「虫」，所以《凡物流形》才會改寫為從「它」，但這應該是出於抄手誤解其表意作用。如同「夏」字訛變作 ⿱ （《上博‧緇衣》18），魏宜輝已指出「七」形原是代表人的手臂，與「虫」無關（見下）。《民之父母》03 作 ⿱ ，是抄手不知其表意作用，遂進一步改寫為從「它」。也就是說「流」的右旁不能排除本是「倒子形」，省去「○」形後訛變為二「虫」形作「⿱」，抄手不知其表意作用遂寫成「⿱」。第三，「毓」所從倒「子」的頭可以省略，可以參考「夏」字的演變。魏宜輝先生指出：金文中的「夏」

這種現象也見於楚先嚳熊之「鬻」作 [1]：

（《望山》1.121）　　（《包山》217）　　（《新蔡》甲三：188、197）

也應該理解為從「充（毓）」聲，可比對《楚居》02 （妦—毓）。「鬻」、

---

字，如 （邳伯罍），象人立於日下，以表現夏天的炎熱，所以「夏」應該是一個會意字。而寫作「頭」形的「夏」字進一步省減了表示人頭部的「頁」，就形成了「量」，如 （《上博・緇衣》18）。「夏」字作為會意字的兩個表意要素，一個是表示太陽的「日」，一個是人體。經過這種簡化之後，作為人體最為突出特徵的頭部（「頁」）被省去了，剩下的「」形雖然代表人的手臂，但畢竟訛變得很厲害，很難從字形上直接說明其為人體的一部分。從這個意義上說，「量」字雖然仍是「夏」字，但基本上已失去其表意的功能了。見魏宜輝：《楚系簡帛文字形體訛變分析》（南京：南京大學博士學位論文，2003 年），頁 77。亦可參考趙立偉：〈魏三體石經古文疏證（五則）之一〉《康樂集——曾憲通教授七十壽慶論文集》（廣州市：中山大學出版社，2006 年 1 月），頁 201。既然「夏」字的頭部在演變過程可以省略，則「毓」的「充」旁也可以如此理解。更重要的是，李先生文中既承認 （《望山》1.121）、（《新蔡》甲三：188、197）【文中稱為 A1、A2】是「毓」字異體（頁 10），緊接著又說「『融』、『流』二字所從 B，跟『毓』字所從『充』，當非一字」（頁 10）。並將「流」所從的「充」稱為「充1」，「毓」所從的「充」稱為「充2」（頁 11）。但在 16 頁又說「現已證明 A（、）不是從『蚰』得聲，而是從『充1』得聲。」這中間是有矛盾的地方。既然 、 是「毓」，其右旁應從倒子形，正可證明其倒「子」的頭可以省略。總之，筆者認為「流」、「毓」所從的「充」都可以寫作「」，似乎沒有必要分為兩個來源。

[1] 參李學勤：〈包山簡一楚先祖名〉《文物》1988 年 8 期，亦刊載於《李學勤學術文化隨筆》（北京市：中國青年出版社，1999 年 1 月），頁 331、陳偉：〈讀新蔡簡札記（三則）〉，簡帛研究網，2004 年 1 月 30 日、郭永秉：《帝系新研——楚地出土戰國文獻中的傳說時代古帝王系統研究》（北京市：北京大學出版社，2008 年 9 月），頁 180。

「毓」二字古音同為余紐覺部，通假自無問題。[1]郭永秉先生也指出：

> 我們知道，文獻中的『鬻熊』在楚簡中就經常寫作『娟熊』（『娟』有時也寫作『禮』，從『示』可能是要突出其為受祭先祖之義），『娟』其實就是從『毓』字演變而來。『毓』、『鬻』古音相同，都是余母覺部字，在表示生育的意義上，二字通用無別。……筆者懷疑『娟熊』之『娟（毓，鬻）』有可能與殷墟甲骨文的『毓』字相似，也可以讀為『戚』。[2]

陳劍先生亦贊同「鬻」從「毓」得聲，並舉出楚金文曾婗毓朱姬簠「毓」

或作：📷、📷（《和尚嶺與徐家嶺楚墓》183 頁，圖一七五：1、圖一七五：

2），正是由「毓」變為「娟」之中間環節。[3]學者將楚簡「鬻」、「融」釋為從「蟲」（定紐東部）聲，聲音自無問題，但是還是不及與「毓」的聲音密切。「融」，喻紐冬部；「㐬（毓）」，喻紐覺部，二者雙聲，韻部陽入對轉。況且字形上只能解釋為「原來的『蟲』形也會增益圓圈而變成帶圈的的『蟲』符。」[4]也就是將這些「📷」形體都解釋為增添飾符「○」，這在數量上不太合理，況且飾符添加的位置也很少見。1993 年晉侯墓地M64 發現 6 件楚公逆編鐘，鐘銘其中有字作📷（📷），董珊先生釋為「毓（？）」。[5]此說若可信，則西周時期楚文字便已出現了寫作「📷」形的「㐬（毓）」字的寫法。如此

---

[1] 蘇建洲：〈試論《上博（三）・周易》的「融」及相關的幾個字〉，「簡帛研究」網站，2004年 5 月 8 日。

[2] 郭永秉：《帝系新研——楚地出土戰國文獻中的傳說時代古帝王系統研究》（北京市：北京大學出版社，2008 年 9 月），頁 215～216。

[3] 2009 年 2 月 20 日覆信內容。

[4] 曾憲通：〈再說「蟲」符〉《古文字研究》第 25 輯（北京市：中華書局，2004 年 10 月），頁 243。

[5] 董珊：〈晉侯墓出土楚公逆鐘銘文新探〉《中國歷史文物》2006 年第 4 期，頁 67。

看來，西周中期㝬鐘的「蟲（融）」作 、，郑公鐘的「蟳」作 ，是否一定分析為從「蟲」聲就還有討論的空間。退一步說，從戰國楚簡的書寫情形來看，「融」字分析為從「㐬（毓）」聲在構形上還是合理的。保守一點講，可以認為戰國時期楚文字有將「蟲」聲替換為「㐬（毓）」的趨勢。

《上博三·周易》簡 25「六四：顛頤，吉，虎視融＝（眈眈），其獸攸＝（逐逐），亡咎」中的「融」字。此字原作：

整理者注釋說：「『蟲』，疑『蟳』字，與『眈』音近。」[1]孟蓬生先生認為：

> 此字實即蟲字，從臺，虫（蟲之省）聲。右上之口當為附加的裝飾符號。[2]

謹按：一般將楚簡的「融」字隸作「蟲」，由字形來看是合理的。所以《周易》該字字形左旁不應隸作「臺」，而仍應隸作「臺」。這種「臺」旁如曾侯乙鐘的「臺」作 ，裘錫圭、李家浩先生釋為「墉」。[3]何琳儀先生分析說是墉或郭之初文。[4]《楚文字編》亦同時歸於「郭」下與「墉」下。[5]又如《上博（一）·孔子詩論》28「牆」作 、《郭店·語叢四》2「牆」作 ，

[1] 馬承源主編：《上海博物館藏戰國楚竹書（三）》（上海市：上海古籍出版社，2003 年 12月），頁 171。

[2] 孟蓬生：〈上博竹書（三）字詞考釋〉，簡帛研究網，2004 年 4 月 26 日，http://www.jianbo.org/admin3/html/mengpengsheng01.htm。後以〈上博竹書《周易》字詞考釋——三蟲〉為題，發表於《華學》第八輯（北京市：紫禁城出版社，2006 年 8月），頁 122～123。

[3] 裘錫圭、李家浩：〈曾侯乙墓鐘、磬銘文釋文與考釋〉，《曾侯乙墓·附錄二》（北京市：文物出版社，1989 年 7 月），頁 559 注 21。

[4] 何琳儀：《戰國古文字典》（北京市：中華書局，1998 年 9 月），頁 492。

[5] 李守奎：《楚文字編》（上海市：華東師範大學，2003 年 12 月），頁 327、775。

季師旭昇已指出字應分析為從「臺」（郭、墉）片聲。[1]《上博（五）‧三德》

19「圖勿增」，季師旭昇讀作「牆勿增」。[2]《上博（四）‧曹沫之陣》18「城

圖」，無疑應讀作「城『郭』」[3]，而非「城『敦』」。[4]相似寫法亦見於「厚」

字偏旁，如圖（《孔子詩論》15）、圖（《郭店‧語叢一》7），馮勝君先生指

出形體下部所從就是「昌」字，可參看哀成叔鼎（《集成》2782 號）圖字

所從「臺」（墉）旁。[5]而「圖（融）」既从「臺（墉）」，則可以理解為《上

博文字編》所說的「此字雙聲符」。聞一多先生曾引《山海經‧東山經》「（獨

山）其中多螫蟲，其狀如黃蛇，魚翼，出入有光。見則其邑大旱」，認為邾

公鍾的「陸螽」和文獻中的「祝融」，就是《山海經》的「螫蟲」。《鄭語》

的「光照四海」與《東山經》「出入有光」合，火正與「見則其邑大旱」合。[6]

郭永秉先生認為聞氏之說應屬可信，可見祝融的得名應該和「光照」的關

係密切。[7]而由聞氏所說的「祝融」異文，亦可見「融」、「庸」的確音近可

通。其次，字形右旁的「口」孟蓬生先生以為是飾符，筆者則以為應分析

---

[1] 季師旭昇：〈讀郭店、上博簡五題：舜、河滸、紳而易、牆有茨、宛丘〉《中國文字》新
27 期，頁 120。

[2] 季師旭昇：〈上博五芻議（下）〉，簡帛網，2006 年 2 月 18 日。

[3] 馬承源主編：《上海博物館藏戰國楚竹書（四）》（上海市：上海古籍出版社，2004 年 12
月）頁 254。

[4] 以上例證可見拙作：《《上博楚竹書》文字及相關問題研究‧楚文字訛混現象舉例——臺
與臺》（臺北市：萬卷樓圖書公司，2008 年 1 月），頁 177～180。

[5] 馮勝君：《郭店簡與上博簡對比研究》（北京市：線裝書局，2007 年 4 月），頁 82～83。
亦參李守奎：〈楚簡文字四考〉《中國文字研究》第三輯（南寧市：廣西教育出版社，2002
年），頁 190～196、魏宜輝：〈讀上博簡文字札記〉《上博館藏戰國竹書研究》（上海市：
上海書店出版社，2002 年 3 月），頁 393。

[6] 聞一多：〈伏羲考〉《聞一多全集‧神話編‧詩經編上》，頁 92～93。

[7] 郭永秉：《帝系新研 1——楚地出土戰國文獻中的傳說時代古帝王系統研究》（北京市：
北京大學出版社，2008 年 9 月），頁 213。

為從「㐬（毓）」得聲，不過所從的「○」旁誤寫成「口」形。[1]今案：1995 年新出老簋銘文曰:「漁于大△」,「△」字作: 張光裕先生隸定作「滹」，將字形左下的偏旁釋為「号」，解釋說:「形，其上實從『口』，下半仍像兩手上張之形，與『子』之分別，僅『○』、『口』之異，倘『口』乃強調『子』之張口號叫，則正可以解釋該字構形之原意。」[2]李家浩先生則認為字應釋為「也」。並指出:「也」的初文象「子張口啼號之形，疑是嘑字的象形初文」，並說「因為早期寫法的『也』字與『子』形近，為了避免混淆，故把『也』的兩臂筆劃省去，以便區別。」[3]體會其意，寫作從「口」的子形也是有可能的，否則便不會與「也」有形混的可能。根據此觀點，筆者懷疑《上博三・周易》簡 25「融」字只是將「」旁的倒子頭部「○」形寫作「口」旁，或是說它所繼承的根本就是寫作「口」形的「子」，之後再位置移動，便成為形。換言之，《周易》「融」的寫法正好可以證明應該分析為從「㐬（毓）」聲，而不從「蟲（蟲）」聲。《清華簡（壹）・楚居》簡 5「酓」，今本作「熊艾」。整理者釋為「只」，認為楚文字「只」作「」，隸書「艾」形體與之相近，《史記》疑有訛誤（注釋 32）。李家浩先生則認為：

只、艾二字形、音有別，疑「只」是孑孓之「孓」的訛體。簡文把

---

[1] 蘇建洲:〈試論《上博（三）・周易》的「融」及相關的幾個字〉,「簡帛研究」網站，2004 年 5 月 8 日。編按：李家浩:〈楚簡所記楚人祖先「毓（鬻）熊」與「穴熊」為一人說〉《文史》2010 年第 3 輯頁 7、29 也有相同意見，不過李先生認為「㐬」是「流」旁，此「○」是添加「員」聲。

[2] 張光裕:〈新見老簋銘文及其年代〉《考古與文物 2005 年古文字學專輯》（西安市：陝西省考古研究所），頁 65。

[3] 李家浩:〈釋老簋銘文中的「滤」字〉《古文字研究》第 27 輯（北京市：中華書局，2008 年 9 月），頁 246～247。

「子」字頭寫作「口」字形,跟者婂罍「子」字頭寫作「口」字形同類(按:字作 ⺒)。上古音「子」屬見母月部,「艾」屬疑母月部,二字聲母都是喉音,韻部相同,當可通用。[1]

又如《合》22246「乳」字寫作 ▨(⺒),其「子」字的頭部也作開口之形。可知楚竹書的「子」字頭確實有寫作「口」字形的可能。

《郭店・老子甲》簡 21:「又(有)㹜(狀)𧕦成,先天墬(地)生。」

整理者認為 𧕦(蟲)是「蚰」之訛,「蚰」即昆蟲之「昆」的本字,簡文中用為「混」。[2]劉釗先生認為此字「可看作『蚰』字的繁體,字可讀為『混』。」[3]楊澤生先生則認為:「但『蟲』為『昆』的錯字只能是一種可能。我們懷疑簡文『蟲』應讀作『融』。《說文》『融』字籀文從『鬲』『蟲』聲,『融』是個從『蟲』省聲的字,因此『蟲』和『融』相通是沒問題的。……讀作「融」,熱氣蒸騰之狀態,與「混」意思相去不大。」[4]楊先生的意見是否會構成筆者上述說法的反證呢?所幸相同用法的「蟲」亦見於《上博五・三德》簡

14,簡文曰:「天材(災) ▨ =」,字形可以隸定作「繠」。范常喜先生指出:「『繠』字右部從三『蟲』,『蟲』亦見於《郭店楚墓竹簡・老子甲》簡21:『又(有)㹜(狀)蟲〈蚰〉(混)成,先天墬(地)生。』整理者認為『蟲』是『蚰』之訛,『蚰』即昆蟲之『昆』的本字,簡文中用為『混』。『繠』從『蟲』得聲,所以我們認為亦當讀作『混』。『混混』一詞文獻較為多見,亦作『渾渾』。用來表示水奔流不絕的樣子,亦用于其他事物的連續不斷。」[5]

---

[1] 李家浩:〈談清華戰國竹簡《楚居》的「夷屯」及其他〉《《清華大學藏戰國竹簡(壹)》國際學術研討會會議論文集》,2011 年 6 月,頁 139。

[2] 荊門市博物館:《郭店楚墓竹簡》(北京市:文物出版社,1998 年 5 月),頁 112、116,注 51。

[3] 劉釗:《郭店楚簡校釋》(福州市:福建人民出版社,2003 年 12 月),頁 17。

[4] 楊澤生:〈郭店簡幾個字詞的考釋〉《中國文字》新 27 期(臺北市:藝文印書館,2001 年 12 月),頁 166。

[5] 范常喜:〈《上博五・三德》札記三則〉,簡帛網,2006 年 2 月 24 日。

又《志書乃言》簡 4「蟲材以為獻」，陳劍先生讀「蟲」為「掄」，認為楚文字獨立的「蟲」字和作偏旁的「蟲」都有「蚰（昆）」音，「蚰（昆）」與掄材之「掄」沒有問題音近可通。[1]此二說皆正確可從，亦可反證上引《老子》仍應從帛書本、傳世本讀作「混」。至於《說文》籀文「融」寫作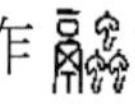從「蟲」，出土文字似未見，不排除是「」省作「」後，進而繁化為「蟲」。當然也有可能是「後來的抄寫者按照自己的書寫習慣改變了原來的寫法。」[2]

再回到一開頭劉樂賢先生所說的問題。《孔子詩論》的（讒）字李家浩先生引胡平生先生的意見認為字形右旁「虫」的右側有一個小的重文號，兩個「虫」再加上一個重文「虫」，正是「蟲」。[3]此說尚難完全肯定，所謂「小的重文號」並不清楚。李先生之所以提出此說法，當然是為了維護其所說：「」字未見可以解為「蟲」者。筆者以為此說確實是對的，這除前面所討論過的「（融）」與「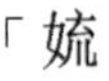」（或從「示」旁）外，《清華壹・祭公》15「（－辜）」，其聲符是「古」（見紐魚部），而「流」（來紐幽部）與「」（余紐覺部）都與「古」聲音相近，其中「流」聲更為接近。聲紐例證如「京」，古音見紐陽部，從「京」諸字如「諒」、「涼」、「椋」，古音來紐陽部。韻部例證可參李家浩先生論證「（鬻）熊」與「長琴」為一人，其中「長」是陽部，因此李先生特別提到「魚部和幽部字音有關」，並有詳實豐富的舉例，請讀者參看。[4]再看《祭公》03「（－魂）」，其「員」旁也顯然是聲符，「魂」、「員」皆是匣紐文部，與「流」（來紐幽部）、「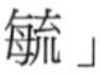」

---

[1] 陳劍：〈《上博（八）・王居》復原〉，復旦網，2011 年 7 月 20 日。附帶一提，「昆」與「掄」的通假例證，如《北大漢簡・老子》1981「有物綸（混）成」，可謂佳證。見韓巍：〈北大漢簡《老子》簡介〉《文物》2011 年 6 期，頁 69。

[2] 裘錫圭：《文字學概要》（北京市：商務印書館，1988 年 8 月），頁 50。

[3] 李家浩：〈楚簡所記楚人祖先「（鬻）熊」與「穴熊」為一人說〉《文史》2010 年第 3 輯頁 8。

[4] 同上，頁 38。

（余紐覺部）皆具備通假的條件，李家浩先生文章已經論証過了。[1]所以《孔子詩論》（讒）字所從的「蚤」自然也應該釋為「流」或「毓」聲。「讒」，從紐侵部，[2]李家浩先生曾論証過「逨」與「從」的聲韻關係，其中「逨」便是來紐，文中所舉例證請讀者參看。[3]至於韻部侵幽是對轉關係，裘錫圭先生已有討論。[4]如《孔子詩論》16「葛『（覃）』」，沈培先生分析說：「從尋從由，我們認為應是雙聲字，反映幽侵對轉的現象。」[5]可見分析為從「流」聲並無問題。我們還可以合理推測右旁應該還有「」的寫法，果如此，則更不能理解為從「蟲」了。至於《周家台秦簡》的（蠶），其偏旁分析為「蟲」聲是可以的。

本文原刊登於《周易研究》2009 年第 3 期（2009 年 6 月）

---

[1] 同上，頁 30。

[2] 陳復華、何九盈：《古韻通曉》頁 318。

[3] 李家浩：〈戰國竹簡《緇衣》中的「逨」〉，荊門郭店楚簡研究（國際）中心編：《古墓新知——紀念郭店楚簡出土十周年論文專輯》國際炎黃文化出版社，2003 年 11 月，頁 20。

[4] 裘錫圭：〈從殷墟卜辭的「王占曰」說到上古漢語的宵談對轉〉《中國語文》2002 年 1 月。亦見陳劍：〈釋「屮」〉《出土文獻與古文字研究（第三輯）》（上海市：復旦大學出版社，2010 年 7 月），頁 73。

[5] 沈培：〈上博簡《緇衣》篇「」字解〉《新出土文獻與古代文明研究》（上海市：上海大學出版社，2004 年 12 月），頁 136。

# 荊門左塚楚墓漆梮字詞考釋五則

一

　　漆梮方框第一欄D邊文字有一組文字作「虐（△）」，後一字整理者未釋。[1]陳偉武先生釋為「暴」，並說上博簡《從政》篇有「毋暴」、「毋虐」之語。《左傳・哀公十六年》：「子木暴虐於其私邑，邑人訴之。」[2]馮勝君先生也覆信告知筆者應釋為「暴」，馮先生曰：

> 那個字從辭例來看無疑以釋「暴」最為合適，戰國文字中的「暴」已多見，字形分析尚無定論。我理解竹簡文字中的「暴」與《說文》小篆相比，不從「米」，而上部多從「爻」聲（似乎只有曾侯乙簡不從「爻」），「日」旁（多已訛變）與「廾」旁之間的部分應如何理解尚不清楚。陳偉武先生討論的那個字雖與以前出現的「暴」字形不完全一樣，但總體來說還是比較接近的。[3]

謹案：誠如陳、馮二先生所說，文獻確實常見「暴虐」一詞，但是筆者以

---

[1] 湖北省文物考古研究所等編著：《荊門左冢楚墓》（北京市：文物出版社，2006年12月），頁181、230。

[2] 陳偉武：〈荊門左塚楚墓漆梮文字釋補〉，復旦大學出土文獻與古文字研究中心網站，2009年7月21日，http://www.gwz.fudan.edu.cn/SrcShow.asp?Src_ID=853。又刊登於《出土文獻與傳世典籍的詮釋——紀念譚樸森先生逝世兩周年國際學術研討會論文集》（上海市：上海古籍出版社，2010年10月），頁200。

[3] 2009年7月23日信件內容。

為將「△」釋為「暴」還有疑慮，試說如下：

目前所見楚簡的「暴」字及從「暴」諸字如下：[1]

（1）（《曾侯》04）　（《曾侯》58）[2]

（2）（《性自命出》64）　（《從政》甲15）　，《從

政》甲15）　（《景公瘧》12）

（3）（《鬼神之明》01）　（《鬼神之明》03）

（4）（《包山》102）　（《包山》102反）[3]　（《容

成氏》37）　（《尹至》02）

（5）（《彭祖》02）

看得出來，雖然「暴」字結構尚未可知，[4]但是寫法是相當固定的。對於比

---

[1] 《昭王與龔之脽》簡9「骨」，陳劍先生釋為「暴骨」，但就字形而言，並非楚文字暴
字，所以不入字形表。

[2] 張光裕、黃錫全、滕壬生主編：《曾侯乙墓竹簡文字編》（臺北市：藝文印書館，1997年
1月），頁48。

[3] 陳偉：〈包山102號簡解讀〉，簡帛網，2007年2月17日，
http://www.bsm.org.cn/show_article.php?id=524。

[4] 禤健聰先生認為楚簡的「暴」字其實就是「畢」字，他認為：「較之包山楚簡的『畢（畢）』，
上揭郭店、上博楚簡諸字，『田』變成圓形（非『口』字），『网』變形或省去；但其基

較奇特的第（5）種的寫法，徐在國先生指出：「（此字）由三部分組成，左旁是『糸』，沒什麼疑問。右旁從『衣』，也沒什麼疑問。關鍵是『衣』中的部分。『衣』中的部分應當是『暴』字的省體。楚文字中下列『暴』或從『暴』之字可以為證：G所從的『暴』與H、I相比，少了上部的兩叉和下部的雙手，省減得非常厲害，仍是『暴』沒什麼問題。如上所述，G應分析為從『糸』，『襏』聲，字不見於後世字書，疑是『襏』字繁體。字從『糸』

是贅加的義符。」[1]李家浩先生則指出：「下部所從『衣』是（《包山》102）下部的訛體。」[2]陳斯鵬先生指出：「按近年釋讀出楚簡中的『暴』字，主要是文例推勘的結果，如《從政》甲15『不修不武謂之必成則』，對應《論語・堯曰》『不戒視成謂之暴』，等等。字所從與其中部相同。儘管『暴』的構形問題還有待進一步研究，但這並不影響我們釋為『襏』。」[3]也就是說，第（5）形縱使形體奇特，但畢竟與（1）～（4）寫法有關。但是回到「△」字：卻找不到與上引「暴」字相對應的筆畫，可見釋為

---

本形符『』，有柄有網的意象並未改變。由『网』而成的錯畫（）或類似『大』字的，可能都是『爻』。」見氏著：〈上博楚簡釋字三則〉，簡帛研究網，2005 年 4 月 15 日，http://www.jianbo.org/admin3/2005/xuejiancong002.htm。亦見禤健聰：《戰國楚簡字詞研究》（廣州市：中山大學中文系博士論文，2006 年 4 月），頁 135～138。謹案：禤先生的字形分析比較勉強，特別是諸多「暴」字竟無一例上從「田」形，這不免對釋為「畢」的意見產生懷疑。而且畢，幫紐質部；暴，並紐藥部，韻部條件也不好，是以本文暫不從此說。

[1] 徐在國：〈上博竹書（三）札記二則〉，簡帛研究網，2004 年 4 月 26 日，http://www.jianbo.org/admin3/list.asp?id=11。後發表於《古文字研究》第 27 輯（北京市：中華書局，2008 年 9 月），頁 444。

[2] 引自徐在國：〈上博竹書（三）札記二則〉《古文字研究》第 27 輯（北京市：中華書局，2008 年 9 月），頁 444 的附記。

[3] 陳斯鵬：《簡帛文獻與文學考論》（廣州市：中山大學出版社，2007 年 12 月），頁 84～85。

「暴」實在可疑。

筆者以為「△」可以拆成兩部份：（△1）（△2）可

分析為從「火（△2）」，「△1」聲的構形。此類下為火旁，上為聲符的字在
楚文字中是非常常見的。[1]而《新蔡》甲三 322「鄨（沈）余毃之述𢧜（刬）
於溫父」，其中「溫」字作：賈連敏先生釋此字為「溫」。[2]宋華強先

生贊同此說，並說：「此『溫』字原形作，上部從『目』字形，當屬訛
變。」[3]《十四種》也釋為「溫」。[4]其實如果單看右旁，此字有可能是「盟」，
如《集成》126 越者汈鐘「盟（盟）」作。[5]但受到左旁水部的制約，釋為
「溫」是比較理想的意見。

本文曾在「復旦網」上首發，周波先生（網名：飛虎）曾給本文評論
說：

> 新蔡簡從「水」之字疑是「眽」字。馬王堆帛書《足臂十一脈灸經》
> 「足太陽脈」之「脈」寫作從「水」從「目」從「皿」。原整理者注
> 云此字從目從𠂢而略有省變，應即眽字，在本篇中讀為脈。又指出
> 此字也見於《古璽文字征》附錄所收戰國璽印，可能是戰國古文的

---

[1] 參《楚文字編》，頁 584～587。

[2] 河南省文物考古研究所編著：《新蔡葛陵楚墓》（鄭州市：大象出版社，2003 年 10 月），
頁 198。

[3] 宋華強：《新蔡楚簡的初步研究‧釋文》，（北京市：北京大學中國語言文學系博士學位論
文，2007 年 5 月）。不過在《新蔡葛陵簡初探》，（武昌市：武漢大學出版社，2010 年 3
月），頁 447 又以為是不識字。

[4] 陳偉等著：《楚地出土戰國簡冊【十四種】》（北京市：經濟科學出版社，2009 年 9 月），
頁 452。

[5] 董珊：〈越者汈鐘銘新論〉，復旦網，2008 年 3 月 1 日，
http://www.gwz.fudan.edu.cn/SrcShow.asp?Src_ID=363。

一種寫法（引者按：即《古璽文編》附錄 418 頁 818 號璽）。說當可信。[1]

按：周波先生所說字形如下：

（見《馬王堆簡帛文字編》頁 457、458，共 4 見。）

（《璽彙》0818，《戰編》758 頁隸作「溫」。）

《足臂十一脈灸經》（下稱《足臂》）之「脈」字寫法確實奇怪。依整理者分析為：「从目从派而略有省變」，則字形左旁所代表的形體實為「辰」，而非「水」。試看《馬王堆》竹簡帛書中的「辰」與「永」字：

（辰，《天下至道談》047）

（永，《周易》060）

二者寫法基本相同，只是底下方向相反。再看《陰陽十一脈灸經》甲本（下稱《陽甲》）「脈」字：

（《馬王堆簡帛文字編》頁 134）

《足臂》的「辰」旁顯然《陽甲》「脈」字的「辰」旁是相同的寫法，只是稍有變化。試將兩種「辰」旁演變關係示意如下：

→【筆劃斷裂】

而這種類似「水」形的「辰」可演變為（《陽乙》047），類似「川」形。劉釗先生曾指出在漢代簡牘帛書中，「辰」旁有時寫得同「分」字有些相像，

---

[1] 見拙文：〈荊門左塚楚墓漆梮字詞考釋四則〉，復旦網，2009 年 7 月 26 日，http://www.gwz.fudan.edu.cn/SrcShow.asp?Src_ID=857 下的評論。

很容易造成訛混。[1]現在可以加以補充說「辰」旁有時會寫得類似「水」或「川」形。退一步說,「辰」或「永」本皆象水長流之形,二者字形本相同,[2]則《足臂》的「脈」字,可能是用「水」旁替代了「辰」或「永」旁,由於有特定文例的限定,這樣的替代或許不至於誤認為「朢」或「盟」。反過來說,楚文字(或戰國文字)的「永」與「水」(或川)寫法明顯有別,又無特定文例的限制,則《新蔡》的字形釋為從「永」形的「脈」實在困難,同樣《璽彙》818能否釋為「脈」也不無疑問。總之,筆者以為《新蔡》的字形釋為「溫」仍是合理的,漆梮的「△1」旁寫法與《新蔡》「溫」的右旁同形,結合底下的「火」旁,則「△」應釋為「熅」。

　　「熅」(影紐文部)可讀為「昏」(曉紐文部),聲韻關係非常密切。卜辭有個從日「溫」聲的字作🌡,裘錫圭先生以為是「昏」字異體。[3]古籍也有輾轉通假的例證,如【熏與昏】、【熏與夗】、【朢與夗】等聲首均有通假的例證,[4]聲紐分布在影曉二紐,韻部則在文元二部之間。古書有「昏虐」一詞,如《逸周書・商誓》:「昏虐百姓」。《後漢書・西羌傳》:「時幽王昏虐,四夷交侵,遂廢申后而立褒姒。」則漆梮「虐昏」應讀為「昏虐」,如同將「△」釋為「暴」的學者也認為「虐暴」實即「暴虐」。另一種考慮是「熅」或可讀為「威」(影紐微部),孟蓬生先生替筆者指出「蘊」、「威」通假例證如下:「《左傳・昭公十年》:『蘊利生孽』,《大戴禮・四代》:『委利生孽』。《易・大有》六五:『厥孚交如威如。』《易・家人》:『有孚威如。』

1　劉釗:〈馬王堆漢墓簡帛文字考釋〉《語言學論叢》28輯(北京市:北京商務印書館,2003年)。又載於《古文字考釋叢稿》(長沙市:岳麓書社,2005年7月),頁343～344。此說亦見於劉釗:〈《馬王堆天文書考釋》注釋商兌〉《簡帛》第二輯(上海市:上海古籍出版社,2007年11月),頁504。

2　裘錫圭:《文字學概要》(北京市:北京商務印書館,1988年8月),頁150。

3　裘錫圭:〈殷墟甲骨文字考釋七篇〉《湖北大學學報》1990年第1期,頁54～55。

4　張儒、劉毓慶:《漢字通用聲素研究》(太原市:山西古籍出版社,2002年4月),頁752、970、971、974。

馬王堆帛書《周易》『威』並作『委』。[1]「虐威」，見於《尚書・呂刑》：「虐威庶戮」。又作「威虐」，如《續列女傳・雋不疑母》：「《詩》云：『昊天疾威，敷于下土』，言天道好生，疾威虐之行於下土也。」《續列女傳・王章妻女》：「言王為威虐之政，則無罪而遭咎也。」《墨子・明鬼下》：「威侮五行」，孫詒讓《閒詁》解釋說：「威虐侮慢五行」。[2]第三種考慮比較沒有把握，姑列於此供參考：讀作「淫」（余紐侵部），與「爁」聲韻關係均很近。如《尚書・伊訓》：「降之百殃」，《墨子・非樂上》引湯之官刑曰：「降之百殃」。[3]羊（喻紐）；央（影紐）。韻部侵文通假的例證如劉釗先生指出：金文「囚」（昷，影紐文部）可以用「㠯」（圅，匣紐侵部）來標示讀音。[4]可證「昷」字與侵部可通。又宋華強先生指出：楚昭王之名，古書中有兩類寫法：《左傳》昭公二十六年作「壬」，《太平御覽》卷一四七引作「任」，這是一類；《春秋經》哀公六年、《史記・伍子胥列傳》、《國語・楚語下》作「軫」，《史記・楚世家》、《十二諸侯年表》作「珍」，這是又一類。上古音「軫」屬章母文部，「珍」屬端母文部，「壬」、「任」屬日母侵部。[5]可見「爁」讀為「淫」是可以的。文獻常見「淫虐」一詞，如《史記・殷本紀》：「維王淫虐用自絕」；《新序・善謀》：「紂作淫虐」；《左傳・昭公元年》：「道以淫虐，弗可久已矣」，漆梮「虐淫」即「淫虐」。

最後，需要提出的是《上博一・性情論》27「濾欲淵而毋〇」，「〇」字李零先生摹作「<img>」，並說與郭店本簡64「怒欲盈而毋<img>」的最後一字

---

[1] 2009 年 7 月 25 日信件內容，筆者非常感謝！

[2] （清）孫詒讓：《墨子閒詁》（臺北市：華正書局，1995 年 9 月），頁 218。

[3] 高亨纂著、董治安整理：《古字通假會典》，頁 272。

[4] 劉釗：〈釋慍〉《容庚先生百年誕辰紀念文集》（廣州市：廣東人民出版社，1998 年 4 月），頁 481。又載於《古文字考釋叢稿》（長沙市：岳麓書社，2005 年 7 月），頁 151。不過裘錫圭先生則認為：「『囚（蘊）』寫作『囚』有可能是受到了『圅（報）』（參《金文編》頁 514）字的類化。」引自周波：《戰國時代各系文字間的用字差異現象研究》（上海市：復旦大學出土文獻與古文字研究中心博士論文，2008 年 4 月，指導教師：裘錫圭教授），頁 125 注 3。

[5] 宋華強：〈澳門崇源新見楚青銅器芻議〉，簡帛網，2008 年 1 月 1 日。
http://www.bsm.org.cn/show_article.php?id=768。

相近，並非「偽」字，也非「異」字。[1]若依照李零的說法，則「」就是「暴」字，且與漆桐「」形體相近。但是此字圖版作：

模糊難辨，無法印證李零的摹本。季師旭昇摹作，[2]馮勝君先生在《郭店簡與上博簡對比研究》248 頁釋文作「異（？）」。可見這條證據還不宜貿然接受。

二

漆桐方框第二欄 C 邊有字如：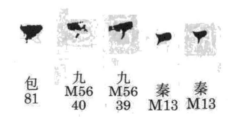 文例是「民△」，整理者未釋，筆者以為可能是「紅」字。《鄭子家喪》甲 5「■門而出」，復旦讀書會釋為「丁門而出」，又引了《楚文字編》的「丁」字如下：

並說：「上揭『丁』字都是先寫一個折筆，再用墨團填實，或者在轉折處直接頓出墨團。甲本的■左下角殘缺，乙本的■折筆比寫得其他『丁』字長，但是結構、筆順都是相同的。」[3]而「△」的右旁寫法與「丁」相同，

---

[1] 李零：《上博楚簡三篇校讀記》（北京市：中國人民大學出版社，2007 年 8 月），頁 63～64。

[2] 季師旭昇主編：《上海博物館藏戰國楚竹書（一）讀本》（臺北市：萬卷樓圖書公司，2004 年 6 月），頁 243。

[3] 復旦讀書會：〈《上博七・鄭子家喪》校讀〉，復旦網，2008 年 12 月 31 日，http://www.guwenzi.com/SrcShow.asp?Src_ID=584。

只是「丁」旁重複書寫而已。劉釗先生指出：「在古文字中，當一個字的整體筆畫偏少，或一個字的一個偏旁筆畫偏少，與另一個偏旁的筆畫多少相差較多因而造成疏密不均，或是兩個偏旁的長寬比例不協調時，偶爾會將整個字重複書寫或是常常重複書寫某一個偏旁，以造成字的整體看去方正豐滿及長寬比例的勻稱。」如：

1、文 2、訥 3、胎 4、胐 [1]

其中「訥」與「胎」便與「△」情況一樣。又如《孔子見季桓子》簡 7「（頌－容）（貌）」，陳劍先生說：「『頌（容）』字左半似係將『公』旁重複書寫而成。」[2]由以上可知「△」釋為「紅」是可以的。漆梮其他「民〇」幾為負面的意思，則「民紅」亦不例外。《玉篇》釋「紅」為「引也」、《集韻》釋為「絲繩緊直貌」，均不合漆梮的意思。頗疑「紅」（端紐耕部）應讀為「爭」（精紐耕部）。《戰國策・趙策》：「誠聽子割矣」，《新序・善謀》作「請聽子割矣」。《墨子・節葬下》：「中請將欲為仁義」，王念孫《讀書雜誌》：「請與誠同。」[3]則【青與成】聲首可以通假。而「成」從「丁」聲；「爭」、「青」聲韻關係密切，古籍有【崝與靜】、【崝與靖】、【綪與綪】的通假例證，[4]又如「靜」是雙聲字（參林義光《文源》）。則【丁與爭】自然可以通假。「民爭」常見於古籍，如《禮記・坊記》：「子云：『禮之先幣帛也，欲民之先事而後祿也。』先財而後禮，則民利；無辭而行情，則民爭。」《韓非子・五蠹》：「是以人民眾而貨財寡，事力勞而供養薄，故民爭，雖倍賞累罰而不免於亂。」

---

1 劉釗：〈「瘤」字源流考〉，復旦網，2009 年 5 月 8 日，
http://www.gwz.fudan.edu.cn/SrcShow.asp?Src_ID=783。

2 陳劍：〈《上博（六）・孔子見季桓子》重編新釋〉，復旦大學出土文獻與古文字研究中心網站，2008 年 3 月 22 日。又載於《出土文獻與古文字研究（第二輯）》（上海市：復旦大學出版社，2008 年 8 月）。

3 張儒、劉毓慶：《漢字通用聲素研究》（太原市：山西古籍出版社，2002 年 4 月），頁 558。

4 高亨纂著、董治安整理：《古字通假會典》，頁 66。

　　漆桐方框第二欄C邊四組文字分別是：「民患」、「民悉」、「民紅」、「民窮」。其中「民患」、「民悉」關係密切，如劉信芳先生說：「『悉』、『患』音、義皆近，然銘文『悉』、『患』既並見，知其含義各有側重。」[1]裘錫圭先生也說：「（漆桐）以『民悉』、『民患』並列。」[2]又《郭店・性自命出》62「憂患」，《性情論》31作「憂悉」。《相邦之道》簡1「牧其悉」，裘錫圭先生讀作「謀其患」。[3]則筆者釋「民紅」為「民爭」正可與「民窮」對應。

## 三

　　漆桐方框第二欄B邊有「民△」，字作： （摹本）高佑仁先生說：

> 其實這個字就是《容成氏》簡5之「」，其「肉」與「今」旁中間的「ᵛ」型符號，細審原字覺當非筆畫，乃殘存之斑點。《容成氏》簡「肣」字讀為『禽』，本處△字的具體讀法待考。[4]

謹案：高釋可從。「△」既能讀為「禽」，漆桐此處疑讀為「唫（噤）」。禽、唫（噤）均為群紐侵部。《墨子・親士》：「臣下重其爵位而不言，近臣則喑，遠臣則唫，怨結於民心，諂諛在側，善議障塞，則國危矣。」《史記・袁盎晁錯列傳》：「且臣恐天下之士噤口，不敢復言也」。

　　漆桐方框第二欄B邊四組文字分別是：「民悃」、「民昏」、「民肣」、「民啟」。劉信芳先生已指出「悃」亦見於《郭店・尊德義》簡16，《方言》卷十：「悃，惛也。」《玉篇》心部：「悃，惛也，亂也。」[5]可見「民悃」、「民

1　劉信芳：〈荊門左塚漆桐文字補釋〉《江漢考古》2005年1期，頁86。
2　裘錫圭：〈上博簡《相邦之道》1號簡考釋〉，中國文字學會主編：《中國文字學報》第1輯（北京市：商務印書館，2006年12月），頁70。
3　裘錫圭：〈上博簡《相邦之道》1號簡考釋〉，中國文字學會主編：《中國文字學報》第1輯（北京市：商務印書館，2006年12月），頁70。
4　高佑仁：〈《荊門左塚楚墓》漆棋局文字補釋〉，簡帛網，2007年11月24日。
5　劉信芳：〈荊門左塚漆桐文字補釋〉《江漢考古》2005年1期　頁86。

昏」意義相近。而「民啟」之「啟」可以理解為「啟齒」之意，如《莊子・徐無鬼》：「吾所以說吾君者，橫說之則以《詩》、《書》、《禮》、《樂》，從說之則以金板、六弢，奉事而大有功者不可為數，而吾君未嘗啟齒。」此正與筆者讀「民肷」為「民噤」意義相對，可以證明釋讀是正確的。

## 四

漆梮方框第一欄 A 邊有文字如下：

整理者釋為「杏羋」。[1]按：此隸定當屬可信。首字即「杏」字，參下列字形：

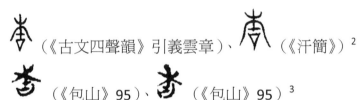（《古文四聲韻》引義雲章）、（《汗簡》）[2]

（《包山》95）、（《包山》95）[3]

由文義來看，應讀為「行」，二者同為匣紐陽部。古籍也有通假的例證，如《關雎》「參茨荇菜」，《經典釋文》：「荇，本亦作莕。」[4]次字應是「辛」，如「宰」字所從「辛」作「羋」（《金文編》頁 526）。[5]《包山》140 ，分析為從刀「辛」聲。又如《望山》2.38 字，李守奎先生釋為「棧」，[6]也

---

[1] 湖北省文物考古研究所等編著：《荊門左冢楚墓》（北京市：文物出版社，2006 年 12 月），頁 181。但頁 230 附錄六則依原形錄出，表示是未釋字。

[2] 見徐在國：《傳鈔古文字編》中（北京市：線裝書局，2006 年 11 月），頁 554。

[3] 高智：〈《包山楚簡》文字考釋十四則〉《于省吾教授百年誕辰紀念文集》（長春市：吉林大學出版社，1996 年 9 月），頁 183。

[4] 張儒、劉毓慶：《漢字通用聲素研究》（太原市：山西古籍出版社，2002 年 4 月），頁 486。

[5] 參樂郊：〈說「宰」〉，復旦大學出土文獻與古文字研究中心網站，2009 年 4 月 12 日，http://www.gwz.fudan.edu.cn/SrcShow.asp?Src_ID=748。

[6] 《楚文字編》，頁 350。

是理解為從「」聲的。這方面的問題劉釗先生已詳論過。[1]此字的字義應朝「察」、「竊」、「淺」等一系列詞來考量，筆者以為應讀為「察」。結合起來讀為「行察」，此詞組亦見於古籍，如《漢書・武五子傳》：「臣敞數遣丞吏行察」。另外，在十字線上第三欄有：

整理者釋為「事杏」。結合上面的考釋，應釋為「事杏」，即「事行」，古籍用法如下：《禮記・禮運》：「禮義以為器，故事行有考也」；《禮記・樂記》：「律小大之稱，比終始之序，以象事行。」但是此欄其它文字如「得音」、「取察」，皆為動賓結構，與「事行」或應讀為「行事」。裘錫圭先生在 2009年 7 月 2 日武漢大學簡帛研究中心「中國簡帛學國際論壇 2009」上的講座「介紹李家浩先生的《釋瀂》，談與此文有關的兩個問題」提到楚簡中有個從臼的本（按：如 （《成之聞之》10）），這個臼應該是從口變來的。甲骨文中的杏可能是釋為本的。[2]單育辰先生根據此意見，認為左塚漆桐「事杏」、「察杏」，也應讀為「事本」、「察本」。[3]此可備一說。

五

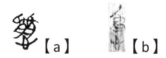【a】　【b】

　　漆桐方框第一欄D邊有組字作「溺a」，整理者及附錄六皆釋為「弱豫」。案：此釋有誤，《天子建州》乙 09「聚眾不語逸」，陳劍先生解釋說：「《天

---

[1]　劉釗：〈利用郭店楚簡字形考釋金文一例〉《古文字研究》第 24 輯（北京市：中華書局，2002 年 7 月）。

[2]　此據程少軒先生轉述。

[3]　單育辰：《楚地戰國簡帛與傳世文獻對讀之研究》（長春市：吉林大學博士論文，2010 年6 月），頁 65。

子建州》的『怨』字當分析為从『心』从『𢍆』省聲，是在假借字『𢍆』上加注意符『心』、又省去『爿』形而成的安逸、逸樂、逸豫之『逸』的本字。『聚眾不語逸』的『逸』，原注釋理解為『過失』，恐不準確。聚眾常為舉事，將有勞苦，故在此場合不言安逸、逸樂。」[1]其中「逸」作b，可見a也應該釋為「逸」。漆梮讀為「溺逸」，即沉溺於逸樂之事。

本文原刊登於《中國文字》新卅五期（2010 年 6 月）

---

[1] 陳劍：〈甲骨金文舊釋「𣦵」之字及相關諸字新釋〉《出土文獻與古文字研究（第二輯）》（上海市：復旦大學出版社，2008 年 8 月），頁 18。

# 上博竹書字詞考釋兩篇

## 一 《上博一・性情論》簡 38「絮」字釋讀

　　《上博一・性情論》38「人之△然可與和安者，不有夫奮猛之情則侮。」[1]
「△」在《郭店・性自命出》46 作「逃」，李零、李天虹二先生讀作「悅」，[2]
可從。「△」字形作：

劉信芳先生隸作「絑」，以為字形所從「兆」可見《包山》265「兆」字。「絑」，
古讀與「陶」近，陶有和樂之義。而《郭店》「逃」字可釋為「脫」，「脫」、
「陶」意近。[3]徐在國、黃德寬二先生則分析字形从 川（別）从羊，認為是
雙聲字，可讀為「悅」。[4]李天虹教授隸定作 絮。[1]馮勝君先生贊同李天虹教

1　以上釋讀見馮勝君：《郭店簡與上博簡對比研究》（北京市：線裝書局，2008 年 7 月），
　頁 235。

2　李零：《郭店楚簡校讀記——增訂本》（北京市：北京大學出版社，2002 年 3 月），頁 107、
　李天虹：《郭店竹簡《性自命出》研究》（武漢市：湖北教育出版社，2003 年 1 月），頁
　181。

3　劉信芳：〈關於上博藏楚簡的幾點討論意見〉《新出楚簡與儒學思想國際學術研討會論文
　集》（北京市：清華大學出版社，2002 年 3 月），頁 3。

4　黃德寬、徐在國：〈《上海博物館藏戰國楚竹書（一）緇衣・性情論》釋文補正〉《古籍整
　理研究學刊》2002 年 2 期，頁 6 第 18 條。又見黃德寬、何琳儀、徐在國合著：《新出

授之說，同時舉《包山》135「卯」作 為證，認為與「△」上部所從相同，並說：「此字含義當與『悅』相近，未知讀為何字。」[2]

謹按：李天虹、馮勝君二先生之說正確可從。上引劉信芳先生所說《包山》265 的「大〇之金器」字形作： 的確與「△」上部所從相同。整理者釋為「兆」，借作朓。《說文》：「祭也。」字亦作祧，《廣雅・釋天》：「祧，祭先祖也。」大朓，大祭。[3]陳偉先生則將「兆」讀為「晁」。晁通朝。[4]董珊先生說：「包山 2 號墓遣策稱墓葬前室為『大兆』，陳偉先生讀為『大朝』，極為正確。『大朝』是貴族家朝。」[5]以上釋字均有誤。劉國勝先生首先改釋為「卯」，可比對下列的「兆」與「卯」字：

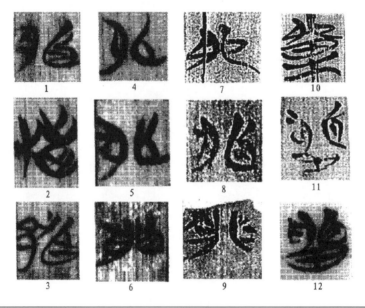

1　4　7　10

2　5　8　11

3　6　9　12

---

楚簡文字考》（合肥市：安徽大學出版社，2007 年 9 月），頁 117。

[1]　李天虹：《郭店竹簡《性自命出》研究》（武漢市：湖北教育出版社，2003 年 1 月），頁 217。

[2]　馮勝君：《郭店簡與上博簡對比研究》（北京市：線裝書局，2008 年 7 月），頁 237。

[3]　湖北省荊沙鐵路考古隊：《包山楚簡》（北京市：文物出版社，1991 年 10 月），頁 395。

[4]　陳偉：《包山楚簡初探》（武漢市：武漢大學出版社，1996 年 8 月），頁 196。

[5]　董珊：〈信陽楚墓遣策所記的陶壺和木壺〉，簡帛網，2007 年 6 月 20 日，http://www.bsm.org.cn/show_article.php?id=584。

1.包山 265 號簡「卯」　　　　　　7.新蔡零 220 號簡「卯」

2.包山 10 號簡「桃」　　　　　　　8.新蔡乙四 98 號簡「卯」

3 包山 1697 號簡「郯」　　　　　　9.新蔡零 108 號簡「卯」

4.包山 236 號簡「卯」　　　　　　10.新蔡簡 13 號簡「單」

5.包山 207 號簡「卯」　　　　　　11.新蔡甲三 314 號簡「留」

6.包山 120 號簡「卯」　　　　　　12.信陽 2-013 號簡「留」

看得出來，包山 265 號簡「卯」與《信陽》2.013「留」的「卯」旁最為接近。劉國勝先生原本讀作「大卯（牢）之金器」，[1]後改從李家浩先生的意見讀為「大卯（庖）之金器」。[2] 所以將「△」隸作「𥚪」絕無問題。史杰鵬先生認為：「『𥚪』在簡文中應該讀為『悅』。」[3]筆者以為可以讀為「㤞」。[4]「卯」，明紐幽部；「㤞」，滂紐侯部，聲紐同為脣音，韻部相通之例如：《尚書・舜典》：「放驩兜于崇山」。「驩兜」，《銀雀山・孫臏兵法・見威王》作「驩收」。[5]「收」（幽部）；「兜」（侯部）。《易・乾・象傳》：「大人造也。」《釋文》：「造，劉歆父子作聚。」《漢書・劉向傳》引「造」作「聚」。[6]「聚」，侯部；「造」，幽部。另外古籍亦有【付聲與卯聲】輾轉相通的例證，如：《說文》古文「飽」作𩜪、𩜸，第一形從《說文》古文「孚」得聲，第二形從

---

[1] 劉國勝：〈包山遣策「大牢」考〉「中國簡帛學國際論壇 2006」學術研討會論文，（武漢大學，2006 年 11 月），頁 166～168。

[2] 劉國勝：〈包山二號楚墓遣冊研究二則〉《考古》2010 年第 9 期，頁 67。又陳偉等著：《楚地出土戰國簡冊「十四種」》，頁 127：「此字與包山 120 號簡等處的『卯』字相近，恐當釋為『卯』。『大卯』，李家浩疑讀為『大庖』。這是李家浩當面告訴陳偉的意見。」

[3] 史杰鵬：〈由郭店《老子》的幾條簡文談幽、物相通現象暨相關問題〉，簡帛網，2010 年 4 月 19 日。

[4] 本文原始意見曾以〈《上博一・性情論》簡 38 釋詞一則〉為題，發表於復旦網，2008 年 11 月 25 日，http://www.gwz.fudan.edu.cn/SrcShow.asp?Src_ID=555。

[5] 李興斌等：《孫臏兵法新譯》（濟南市：齊魯書社，2002 年 7 月），頁 9。

[6] 高亨、董治安編纂《古字通假會典》（濟南市：齊魯書社，1997 年 7 月），頁 362。

「卯」聲，[1]可見【孚與卯】音近可通。[2]而《禮記‧聘義》：「孚尹旁達，信也。」鄭注：「孚或作娭。」[3]又如《說文》「稃」字或體作「粰」，可見「孚」與「付」音近可通，所以「卯」讀為「忨」應無問題。《方言》卷十二：「忨愉，悅也。」[4]《廣雅‧釋詁一》：「忨愉，喜也。」《廣雅‧釋詁三》：「忨愉，說也。」[5]《玉篇‧心部》：「忨，悅也。」《廣韻‧平聲‧虞韻》：「忨，悅也。」[6]與《郭店‧性自命出》46 的「逌（悅）」字意思相同，則簡文讀作「人之忨然可與和安者，不有夫奮猛之情則侮。」

　　本文審查意見指出：「『忨愉』在《方言》中似為『雙音詞』，文獻中似未見單用例。是否可以改讀為『陶』？金文中『鮑』氏作『𩰿』可以作為參考。」審查人所提意見，筆者亦曾考慮過。但是上引《玉篇》、《廣韻》等字書都說「忨」是喜悅之意，看來這個詞義當其來有自，而且也符合詞義的引申序列。蓋《說文》曰：「忨，思也。」而心思可引申出「喜」或「憂」的意思。如《廣雅‧卷二下‧釋詁》：「鬱悠，思也。」王念孫《疏證》曰：

　　鬱悠者，方言：「鬱悠，思也。」……鬱悠猶如鬱陶也。……念孫案：象曰鬱陶思君爾，則鬱陶乃思之意，非喜之意。言我鬱陶思君是以來見，非喜而思之辭也。孟子言象喜亦喜者，象見舜而偽喜，自述其鬱陶思舜之意，故舜亦誠信而喜之，非謂鬱陶為喜也。凡人相見而喜，必自道其相思之切，豈得即謂其相思之切為喜乎。趙注云：「我

1　張富海：《漢人所謂古文之研究》（北京市：線裝書局，2008 年 7 月），頁 91，323 條。

2　黃天樹：〈《說文》重文與正篆關係補論〉《黃天樹古文字論集》（北京市：學苑出版社，2006 年 8 月），頁 317。

3　（清）阮元刻本《十三經注疏‧禮記》（臺北市：藝文印書館，1997 年 8 月），頁 1031。高亨、董治安編纂：《古字通假會典》，頁 368「娭」誤作「忨」。

4　周祖謨校箋：《方言校箋》（北京市：中華書局，2004 年 11 月），頁 75。

5　（清）王念孫：《廣雅疏證》（南京市：江蘇古籍出版社，2000 年 9 月），頁 33、75。《故訓匯纂》，頁 778 誤作「忨，喜也。」、「忨，說也。」

6　宗福邦、陳世鐃、蕭海波主編：《故訓匯纂》（北京市：北京商務印書館，2004 年 3 月），頁 778。

鬱陶思君故來」是趙意亦不以鬱陶為喜。……則鬱陶為思其義甚明，與《爾雅》之訓為喜者不同。……閻氏必欲解鬱陶為喜，喜而思君爾甚為不辭，既不達於經義，且與《史記》及各傳注為非，慎矣。又案《爾雅》：「悠、傷、憂，思也。」悠傷憂三字同義，故鬱悠既訓為思，又訓為憂。……悠與陶古同聲，《詩・小雅・鐘鼓篇》：「憂心且妯」，《眾經音義》卷十二引《韓詩》作：「憂心且陶」，是陶為憂也。故《廣雅・釋言》云：「陶，憂也。」合言之則曰鬱陶。……凡一字兩訓而反覆旁通者，若亂之為治，故之為今，擾之為安，臭之為香，不可悉數。《爾雅》云：「鬱陶、繇，喜也。」又云：「繇，憂也。」則繇字即有憂喜二義，鬱陶亦猶是也，是故喜意未暢謂之鬱陶。[1]

可見「鬱陶」或「陶」由「思也」引申出「喜」或「憂」的意思，則「悆」自然也可以如此理解。錢繹《方言箋疏》曰：「《玉篇》：『悆，喜也，悅也，樂也。』《唐風・山有樞篇》：『他人是愉』，毛傳：『愉，樂也。』……重言之則曰『愉愉』。……連言之則曰『悆愉』。」[2] 可見「悆」單用為喜也、悅也，可說是非常合理的。

不過審查人讀為「陶」的意見，也極有可能是對的。《說文》分析「匋」為從「包」省聲，[3] 可見「匋」、「包」二者本音近，又如《說文》的「詢」字或體作「詎」、齊國銅器「鑰鎛」（《集成》271）：「齊辟鞄叔之孫」，楊樹達先生說「鞄叔」即「鮑叔」，[4] 而「鞄」從「匋」聲[5]；《上博（五）・競

---

[1] （清）王念孫：《廣雅疏證》（南京市：江蘇古籍出版社，2000 年 9 月），頁 64～65。

[2] 華學誠匯證、王智祥等協編：《揚雄方言校釋匯證》（北京市：中華書局，2006 年 9 月），上冊，頁 811。

[3] 「匋」從「包」省聲所反映的雙唇塞音與舌塞音相通的說明，請見孟蓬生：《上古漢語同源詞語音關係研究》（北京市：北京師範大學出版社，2001 年 6 月），頁 116～117。

[4] 楊樹達：《積微居金文說》（北京市：中華書局，1997 年 12 月），頁 81。

[5] 「鞄」作鞄，西周金文有相似字形作 金 （能匋尊）（《金文編》368 頁），一般也釋為「匋」。魏宜輝先生根據楚竹書的「匋」作 舍（《窮達以時》02）、 金（《容成氏》13）

認為「匋」本寫作從宀從缶，是會意字，「宀」表示燒制陶器的窯竈，「缶」代表窯竈中的陶器。同時認為戰國文字中出現的▨（陶彙3.427）、▨（陶彙3.71）、▨（陶彙3.425）、▨（璽彙92）、▨（璽彙2732）、▨（貨系360），被釋作匋，都是正確的。謹案：魏先生的出發點是否認《說文》分析「匋」為從「包」省聲，認為「定母和幫母兩聲紐遠隔，從音韻上看它們似乎不應該有互諧或通假的關係。」所以認為從「勹」的▨不是「匋」。雖然「匋」是否一定是「包」省聲還有待證據，但是「包」本從「勹」聲，則「匋」本與「勹」音近，應該是《說文》所要傳達的信息。上述孟先生《上古漢語同源詞語音關係研究》一書已舉證說明雙唇塞音與舌塞音相通的例證，但同時他也說：「匋字跟缶聲相通時，它的讀音可能是牙音。匋字讀入余紐或定紐是較晚的事情。」（頁117）。又在魏文評論第11樓說：「這種現象如何從音理上加以解釋，目前還不能有一致的意見。但事實不依賴于解釋而存在，就象我們不能完全解釋宇宙，而宇宙卻是客觀存在一樣。還是不要過高地估計我們目前的上古音知識對語言事實的解釋能力吧。」其次，▨（陶彙3.427）、▨（陶彙3.71）、▨（陶彙3.425）皆為齊系文字，從文例來看是讀為「匋」，但是這三個字形並不從「宀」是很清楚的，參見《齊文字編》頁201～211從「宀」、「穴」旁的字形。筆者認為金文▨仍應釋為「匋」，其「勹」、「缶」皆為聲符，類似▨寫法其上正從「勹」，請比對▨（匋，▨建鼎）與▨（陶彙3.71）；鮑子鼎▨作為人名使用，諸家釋為「匋」，其右下角添加一筆。也見於▨（「匋都鈢」，《古璽彙考》，頁51、《齊文字編》，頁35），此二「匋」字形體可以與▨（陶彙3.427）對應，後者左右均添加飾筆。而因為古文字中「勹」、「宀」二旁形體相近，時有相混之例，如田煒先生提到：「《漢印文字征補遺》七・五收錄了一個寫作▨的字，羅福頤先生將其隸定為『宼』，並錄其文例曰『宼奴』。從文字的風格判斷，該印當為秦至西漢早期之物。《馬王堆漢墓帛書・養生方》中『心胸』之『胸』從勹從兇作▨，可隸定為『匂』，是『匋』字之異體。上舉印文中的▨和▨很可能就是『匂』字，所從之▨和▨是『勹』旁的變體。在古文字中『勹』、『宀』二旁形體相近，時有相混之例。如楚簡『室』字或作▨（《包山》簡255），又如秦漢文字『軍』字作▨（《璽彙》5708），又作▨（《漢印文字徵》卷十四・七），皆其例。」田煒：〈略論古璽文字研究的重要性〉《出土文獻與古文字研究》第三輯（上海市：復旦大學，2010年7月），頁332。所以「匋」字也可以寫作▨，從「宀」旁。此外在上述田文頁332注釋3中還提到「從較早的古文字資料看，『軍』字本來是一個從車勻聲的字，大概從戰國時期開始，由於『勻』字的寫法出現了變化而與

建內之》簡1「鮑叔牙」之「鮑」字寫作「鞄」、《上博二・容成氏》09「而棄在四海之內」，「鞄」、「棄」均从「缶」聲，讀作「鮑」、「包」。可見「匋」、「包」、「缶」聲韻關係密切。[1]而上引《說文》古文「飽」作𩜪，正從「卯」聲。又《凡物流形》甲7、乙6「歓」亦讀為「飽」。[2]則本簡「𥧕」字自可讀為「陶」。《郭店・性自命出》34「喜斯慆（陶），慆（陶）斯奮」。亦見於《禮記・檀弓下》：「人喜則斯陶，陶斯詠。」鄭玄注：「陶，鬱陶也。」孔穎達疏曰：「鬱陶，心初悅而未暢之意也。」[3]此即上引王念孫所說：「是故喜意未暢謂之鬱陶」。《廣雅・釋言》：「陶，喜也。」[4]皆由「思」意引申而來。不過「陶」的本義是「再成丘也」（《說文》）或「治土器」、「作瓦器」一類的意思。[5]解為思、憂、喜之意是作為「悠」、「慆」、「繇（愮）」的假借字而來，而「悠」是余紐幽部，「慆」是透紐幽部，「繇（愮）」是余紐宵部，聲紐的分布有一定的範圍，但皆與唇音無涉，這是將「𥧕」字讀為「陶」尚有疑義之處。但是不能否認的是「匋」的讀音與唇音字有關，[6]金文常見

---

『勹』旁混同，《說文》『軍』字小篆作𤇾，即由此演變而來，許慎把它看成是一個从車从包省的會意字，是不對的。」此說值得注意，魏宜輝認為：「《說文》『匋』字所從之『𠂤』並非『包之省』，而是『宀』的變體」，現借鏡田煒的意見，可以說《說文》「匋」的「𠂤」是來自「勹」旁，正與𨮈一脈相承。

[1] 參拙著：《《上博楚竹書》文字及相關問題研究》（臺北市：萬卷樓圖書公司，2008年1月），頁207。

[2] 復旦大學出土文獻與古文字研究中心研究生讀書會（鄔可晶執筆）：〈《上博（七）・凡物流形》重編釋文〉，復旦網，2008年12月31日，
http://www.guwenzi.com/SrcShow.asp?Src_ID=581。

[3] 李學勤主編、龔抗雲整理：《禮記正義（上）》（北京市：北京大學出版社，1999年12月），頁283～284。

[4] （清）王念孫：《廣雅疏證》（南京市：江蘇古籍出版社，2000年9月），頁172。

[5] 並參宗福邦、陳世鐃、蕭海波主編：《故訓匯纂》（北京市：商務印書館，2004年3月），頁2428。

[6] 「匋」除了分析為「包」省聲外，一般認為「缶」也是聲符。參《說文》「匋」下引《史篇》：「讀與缶同。」亦見唐蘭：《西周青銅器銘文分代史徵》（北京市：中華書局，1986年），頁319。亦可參見上引《上古漢語同源詞語音關係研究》，頁116～117，以及孟先

「匋」讀為「寶」，如「匋（寶）器」、「匋（寶）盉」、「匋（寶）盤」亦可證明。[1]而由上面所列通假證據可知「包」、「孚」、「卯」、「付」幾個聲系音近可通，筆者懷疑「陶」代表喜悅之意時，有無可能也是「忩」的假借字呢？此說若可成立，就可以理解「忩」的「喜也，悅也，樂也」的意思明明存於字書，且符合詞意引申的序列，為何古書偏偏不見呢？其實就是用了假借字「陶」了。

## 二 《上博二・昔者君老》簡 1  釋讀

《上博二・昔者君老》1「太子昃（側）聽，庶△＝進。」「△」字作：

整理者陳佩芬先生認為此句可讀為「庶醅，醅進」，多次叩門而進宮門。「醅」，從酉、從言，口亦聲，讀作「叩」，「口」為基本聲符。「庶」，多次。「庶叩」，叩問多次。「叩進」，最後獲准入宮。或曰「醅」字讀為「謁」，其義可通，但字形未似。[2]黃錫全先生：此字有可能是從酉，從口，從告，即酷字。酷，溪母覺部。叩、口，溪母侯部。三字雙聲。酷從告聲，告或作叫。叫、敂均從丩聲，而敂為叩古文。[3]何有祖先生認為字形右旁從「言」，是「叩」的假借字。[4]林素清先生認為：「庶叩」、「叩進」古籍未見，讀來總覺不妥。……其實若直接視為謁字異寫，並非完全不可，因為古文字所見謁字寫法並不

生在魏宜輝先生：〈說「匋」〉，復旦網，2011 年 9 月 29 日，
http://www.gwz.fudan.edu.cn/SrcShow.asp?Src_ID=1668 下第 11 樓的評論，2011 年 9 月 30 0:06:26。

[1] 張亞初：《殷周金文集成引得》（北京市：中華書局，2001 年 7 月），頁 364、王輝：《古文字通假字典》（北京市：中華書局，2008 年 2 月），頁 218～219。

[2] 馬承源主編：《上海博物館藏戰國楚竹書（二）》（上海市：上海古籍出版社，2002 年 12 月），頁 243。

[3] 黃錫全：〈讀上博藏楚竹書（二）箚記（貳）〉，簡帛研究網，2003 年 3 月 6 日。

[4] 何有祖：〈上博簡《昔者君老》偶得〉，簡帛研究網，2003 年 8 月 7 日。

固定，例如：中山王壺渴字作 ，從這些訛變的字形，不難看出「曷」形

之多變，其與「」右旁頗相似。因此，可以直接釋作「謁」字。「謁＝」

可讀為「謁謁」重文，或「謁言」合文。讀作「庶謁，謁進」或「庶謁，

言進」，也許更合理些。太子希望謁進，透過傳命，得到「謁進」或「言進」

的指示，於是就謁見君王，因而有下文「前之」和「並聽君命」的動作。

這樣理解應比「庶叩，叩進」更文從字順。[1]後在另文看法又有不同：讀作

「庶謁，謁進」；上「謁」字為官名「謁者」省稱，下「謁」字為動詞，即

通報之意。《漢書・百官公卿表》「郎中令」屬官有「謁者」，其職「掌賓贊

受事」。國君臨終，太子入謁。經眾多謁者層層通報，然後得以入宮，這樣

理解似比「庶叩，叩進」更能文從字順，而且庶謁傳呼尤其可以想見其場

景之莊嚴肅穆。[2]《上博文字編》亦隸作「」，並說：「疑讀叩」。[3]

　　謹按：筆者贊同將「△」右旁釋為「言」，試比較：

（《上博一・緇衣》16）　　　（「△」右旁）

可見「△」字可隸定作「」。其次，李家浩先生曾指出：「在左右結構的

形聲字中，多數是左形右聲，但也有不少是右形左聲。以從『金』的字為

例，『銀』屬於前者，『錦』屬於後者。」而《包山》266「鈑」字是木器，

所以分析為從木金聲。[4]同理「」字由文意來看，是希望被引導晉見君王，

1 林素清：〈上博楚竹書《昔者君老》釋讀〉《第一屆應用出土資料國際學術研討會》（竹南
　市：育達商業技術學院，2003 年 4 月 23 日），頁 2。
2 林素清：〈上博楚竹書《昔者君老》新釋〉，2003 年 6 月 28 日臺大哲學系研讀小組公開
　演講。
3 李守奎、曲冰、孫偉龍編著：《《上海博物館藏戰國楚竹書》（一～五）文字編》（北京市：
　作家出版社，2007 年 12 月），頁 679。
4 李家浩：〈包山 266 號簡所記木器研究〉《著名中年語言學家自選集——李家浩卷》（合
　肥市：安徽教育出版社，2002 年 12 月），頁 234。

顯然跟言語有關，而不與酒相關，可見應分析為從言酉聲，可讀為「導」。酉，喻紐幽部；導，定紐幽部，疊韻，聲紐喻四古歸定，可見聲韻關係密切，通假自無問題。導，引導也，如《國語・周語中》：「敵國賓至，關尹以告，行理以節逆之，候人為導」，韋昭注：「導賓至於朝。」[1]《孟子・離婁下》：「諫行言聽，膏澤下於民，有故而去，則使人導之出疆」。[2]《晏子春秋・景公欲使楚巫致五帝以明德晏子諫第十四》：「楚巫微導裔款以見景公」，孫星衍曰：「導，引之也。」[3]更精確的說應是「被引導」，理解時可以添加語義介詞「於」，即「楚巫微導（於）裔款以見景公」。如《史記・陳涉世家》：「當此時，諸郡縣苦（於）秦吏者，皆刑其長吏，殺之以應陳涉。」《史記・張釋之馮唐列傳》：「下之化（於）上疾於景響」。[4]此說若可成立，則與《昔者君老》語境相同，可證讀為「導」應可成立。

另外，字形分析還有一種可能，即分析為右旁從「害」，如《鬼神之明》簡4作：

我們知道「言」上面的類似「立」形可省作「○」形，[5]如上引《緇衣》🔣字。《仲弓》12「讕」作🔣，其「言」旁亦然。又如《景公瘧》簡9「寵」作：

---

[1] 徐元誥：《國語集解》（北京市：中華書局，2002年6月），頁67。

[2] （清）焦循：《孟子正義》（北京市：中華書局，1998年12月），頁547。

[3] 宗福邦、陳世鐃、蕭海波主編：《故訓匯纂》（北京市：商務印書館，2004年3月），頁606義項2。不過本文審查意見指出此處的「導」意為「通過」。

[4] 楊伯峻、何樂士：《古漢語語法及其發展》（北京市：語文出版社，2003年1月），頁693。

[5] 參拙文：〈楚簡「刖」字及相關諸字考釋〉，《中國文字》新卅四期，（臺北市：藝文印書館，2008年12月）。已收入本書。

其「龍」旁上部類似「立」形亦省作「O」形。再看《曾侯》136「鬺」與越王差徐戈「髟（邊）」[1]分別作：

其右下亦是一作類似「立」形，一作「O」形。所以 昜 或可釋為「啻」，其中「口」旁共用上面的橫筆。字形演變如下：

所以「△」可分析為從酉「啻」（影紐職部）聲，可讀為「佑」（匣紐之部），二者音近可通。金文常見儐相右（佑）某人面見君王，接受冊命。[2]如頌壺（《集成》9731）：「宰引右（佑）頌入門，立中廷。」簡文內容雖非冊命，但是君之母弟為相，正可佑導太子面見君王。

　　總合以上，簡文可讀為「昔者君老，太子朝君＝（君，君）之母弟是相。太子昃（側）聽，庶醩＝（導，導）進。」其中「庶醩＝（導，導）進」一句或作「庶醩＝（佑，佑）進。」簡文「庶」應理解為希望、冀望，如漢許沖《說文解字後序》：「庶有達者，理而董之。」段注：「庶，冀也。」[3]《玄應音義》卷八：「庶得」，注曰：「庶，猶冀也，冀望得也。」[4]簡文大意是說：君老，太子朝見君王，君王母弟為儐相。太子傾耳等待，希望君

[1] 董珊：〈越王差徐戈考〉《故宮博物院院刊》2008 年卷 4 期，頁 24～39。

[2] 馬承源：《中國青銅器》（上海市：上海古籍出版社，2003 年 1 月），頁 353。

[3] （清）段玉裁注：《說文解字注》（臺北市：漢京文化，1985 年 10 月），頁 784。

[4] 宗福邦、陳世鐃、蕭海波主編：《故訓匯纂》（北京市：北京商務印書館，2004 年 3 月），頁 606、頁 699 義項 17、18。

之母弟佑導他見君王，（接著）君之母弟佑導他見君王。簡文底下內容便是佑導的過程：「太子前之母弟，母弟送，退，前之太子。再三，然后並聽之。」太子前進到君之母弟面前，君之母弟送太子往前之後，退下，太子不動，君之母弟又趨前至太子處。再三謙讓，然後一起並聽君命。[1]

本文原刊登於《簡帛研究 2007》（2010 年 4 月）

附記：拙文承蒙論文審查人惠賜寶貴意見，使筆者對相關問題能有進一步的思考，特此鳴謝。

---

[1] 此處句讀及翻譯參考了陳佩芬、李師旭昇、彭浩、曹峰等先生的意見，詳見曹峰：〈楚簡《昔者君老》新注〉《楚地簡帛思想研究（二）》（武漢市：湖北教育出版社，2005 年 4 月），頁 39～41。

# 《語叢二》、《保訓》、《凡物流形》考釋四篇

## 一 《郭店‧語叢二》簡 3「襄」字考

### （附論：《語叢一》90、《語叢二》44 兩個疑似「襄」字）

《語叢二》03「A1 生於敬，恥生於 A2」以上字形分別作：

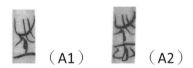

（A1）　　　（A2）

《郭店》整理者將A1 隸定為「㞷」，釋為「望」；將A2 隸定為「㤦」，亦釋為「望」。[1]黃德寬、徐在國二位先生則認為A1 形體與《郭店》「㞷」字字形不似，如 㞷（《窮達以時》04）、㞷（《語叢一》01）。而將A1 釋為「生」，讀為「狂」；A2 釋為「狂」。[2]劉釗先生同整理者釋為「望」。[3]李零先生亦

---

[1] 荊門市博物館：《郭店楚墓竹簡》（北京市：文物出版社，1998 年 5 月），頁 203。

[2] 黃德寬、徐在國：〈郭店楚簡文字考釋〉，載於吉林大學古籍整理研究所編：《吉林大學古籍整理研究所建所十五周年紀念文集》（長春市：吉林大學出版社，1998 年 12 月），頁 108。又見黃德寬、何琳儀、徐在國合著：《新出楚簡文字考》（合肥市：安徽大學出版社，2007 年 9 月），頁 13。

[3] 劉釗：《郭店楚簡校釋》（福州市：福建人民出版社，2003 年 12 月），頁 199。

釋為「望」，認為與「敬」含義相近，疑是景仰之義。[1]何琳儀先生舉了 （呈，《語叢一》01）、 （往，《語叢四》02）、 （毀，《語叢一》108）、 （兒，《語叢四》27）認為這些字的亡旁、之旁、臼旁與A1、A2「判然有別」，上述說法皆不確。他根據《古文四聲韻》下平二十八引《古老子》「兢」作 ，將A1釋為「兢」，訓為恐懼；A2從心從兢，應是兢的繁文。[2]但是「兢」作 （4466，酈比盨）、 （《說文》小篆），與 形體頗有距離，何先生自己也說：「兩者間的演變關係尚缺少中間環節」。張新俊先生也指出了這個問題：「郭店楚簡《語叢》中的B1、B2 兩個字【引案：即本文A1、A2】，雖然和上揭《古老子》『兢』字從形體上說有些接近，但是《古老子》中的『兢』字來歷不明，與我們現在所認識的古文中的『兢』缺乏必然的聯繫。所以，何琳儀先生把它們釋作『兢』，同樣顯得有些證據不足。」張先生認為A1是皇的異構，讀為畏；A2則釋為悍，認為是愧的異體字。[3]此說恐不可成立，可見何先生所舉字形例證。況且由《語叢二》其他文例如「情生於性，禮生於情；嚴生於禮，敬生於嚴」來看，A1、A2的解釋也應該一樣。《十四種》則均出原形，未作考釋。[4]

　　謹案：將A1字形釋為「呈」、「生」、「皇」、「兢」所存在的問題已如上述，恐皆不可信。筆者以為A1可能是繼承甲骨文、商金文「毀」作 、

---

[1] 李零：《郭店楚簡校讀記－增訂本》（北京市：北京大學出版社，2002年3月），頁169、172。

[2] 何琳儀：〈郭店簡古文二考〉《古籍整理研究學刊》2002年第5期，又見黃德寬、何琳儀、徐在國合著：《新出楚簡文字考》（合肥市：安徽大學出版社，2007年9月），頁68～71。

[3] 張新俊：《上博楚簡文字研究》（長春市：吉林大學古籍研究所博士學論文，2005年4月），頁144～145。

[4] 陳偉等著：《楚地出土戰國簡冊【十四種】》（北京市：經濟科學出版社，2009年9月），頁253。

〔字形〕 而來，[1]如：

〔字形〕 （襄，《合》28188，無名組）

〔字形〕 （襄，《合》28188，無名組）

〔字形〕 （襄，《懷》1147，無名組）[2]

〔字形〕 （殷，2648.1，小子〔字〕鼎，商晚）

〔字形〕 （殷，2648.2，小子〔字〕鼎，商晚）

人旁加土變成「壬」旁[3]後即與〔字形〕形體相近。則A1可釋為「襄」，A2是「懷」，
簡文均讀為「讓」。趙平安先生有相同的意見。[4]「讓生於敬，恥生於讓」，
意思是說有尊敬之心才懂得禮讓，懂得禮讓才會有廉恥之心或免於恥辱。
前者可舉《說苑・談叢》：「恭敬遜讓」為例，可見「敬」與「讓」自是關
係密切。後者是說懂禮讓，不會饕貪而無饜，自有廉恥之心不思貪多務得。
《鹽鐵論・國疾》：「昔者，商鞅相秦，後禮讓，先貪鄙」，可見「禮讓」與

---

[1] 李宗焜：《殷墟甲骨文字表》（北京市：北京大學博士論文，1995年6月），頁18；沈建
　華、曹錦炎著：《甲骨文字字形表》（上海市：上海辭書出版社，2008年11月），頁24。

[2] 于省吾主編：《甲骨文字詁林》0030、0031、0313號。劉釗、洪颺、張新俊編纂：《新甲
　骨文編》（福州市：福建人民出版社，2009年5月），頁606。

[3] 參見湯餘惠：〈略論戰國文字形體研究中的幾個問題〉《古文字研究》第十五輯（北京市：
　中華書局，1986年），頁37、黃德寬：〈曾姬無卹壺銘文新釋〉《古文字研究》第二十三
　輯（北京市：中華書局，2002年6月），頁102。

[4] 本文曾以〈《郭店・語叢二》簡3「襄」字考〉為題，發表在復旦網，2010年3月7日，
　http://www.gwz.fudan.edu.cn/SrcShow.asp?Src_ID=1100。後正式刊載於《彰化師大國文學
　誌》二十期（彰化市：彰化師大國文系，2010年6月）。趙平安先生在第18屆古文字
　年會（2010年10月）發表〈郭店簡《語叢二》第三簡補釋〉一文，其主要結論與本文
　相同，請讀者參看。

「貪鄙」是相對的概念。又如《銀雀山漢墓竹簡・君臣答問・文王與太公》1353～1354：「文王問大（太）公曰：『何謂止道起道？』大（太）公【曰】：『……肦（貪）而廉，龍而敬，弱而強，柔而【剛】』，起道也。」[1]所謂「貪而廉」亦可見二者是相反的概念。而《史記・滑稽列傳》：「因歌曰：『山居耕田苦，難以得食。起而為吏，身貪鄙者餘財，不顧恥辱。……』」《鹽鐵論・毀學》：「孔子曰：『人無遠慮，必有近憂。』今之在位者，見利不虞害，貪得不顧恥，以利易身，以財易死。」更可見貪鄙必然不顧恥辱，足見「恥生於讓」的說法是可以成立的。

此外，《語叢一》93「仁義為之B」，字形作：或認為A1、A2 與B是不同字，如《郭店》整理者將B隸定作「桯」，沒有解釋。[2]劉釗先生亦將A隸定作「桯」，讀為「臬」，是以「仁義為準的」的意思。[3]李零先生亦隸作「桯」，先是懷疑B是「圭臬」的「臬」，後又認為聲旁同於 108 號簡的「毀」字，或可讀為「歸」。[4]另一派是認為A1、A2 與B是同字，如上引黃德寬、徐在國二位先生將B分析為從木從生，應釋為「枉」。何琳儀先生分析B為從木從競，字書所無，應是「梔」之異文。張新俊先生在釋「A1」為「皇」的基礎上，同意劉釗先生對B字的考釋。筆者以為B未見與A1、A2 一樣有兩突出的斜筆，其整體字形確實近乎「臼」形，可能是「皇」旁的錯字。或以為右旁有「木」，所以將突出的斜筆省減了。但由A1、A2 的寫法來看，這兩斜筆有其固定的寫法，似不能輕易省略。退一步說，若B與A1、A2 確實是同字，則B就是「楻」，《廣韻・平聲・陽韻》：「楻，楻木，皮中有

---

[1] 銀雀山漢墓竹簡整理小組編：《銀雀山漢墓竹簡（貳）》（北京市：文物出版社，2010 年 1 月），頁 174。

[2] 荊門市博物館：《郭店楚墓竹簡》（北京市：文物出版社，1998 年 5 月），頁 198。

[3] 劉釗：《郭店楚簡校釋》（福州市：福建人民出版社，2003 年 12 月），頁 186。

[4] 李零：〈郭店楚簡校讀記〉《道家文化研究》17 輯（北京市：三聯書店，1999 年 8 月），頁 536、《郭店楚簡校讀記——增訂本》（北京市：北京大學出版社，2002 年 3 月），頁 164。

如白米屑，擣之可為麵。」B在簡文中顯然不是這個意思。由於沒有上下文，簡文頗難解讀，或可能讀為「攘」，《莊子・胠篋》有「攘棄仁義」的說法，則簡文「仁義為之攘」是指仁義被攘棄掉了。

最後要說明的是，楚文字自有「毀」作：

（《包山》103） （《成之聞之》18） （《成之聞之》29）

（《語叢四》23） （《容成氏》10） （讓，《子羔》06）

寫法可說很固定。但是其他楚竹書中亦存在文字不寫楚系寫法，卻遠承甲骨文而來的例證，與 A1、A2 的情況若合符節者，如《周易》簡 26：

六二：欽亓![字]，凶，尻吉。

九三：欽亓![字]，執亓隨，吝。

「![字]」字，可以隸定作「腎」，今本作「腓」。整理者提出三種可能：臀、股、腎，均與形體相差太遠。季師旭昇指出：

> 我們認為△字的上部可能應該看成「發」，裘錫圭先生〈釋勿發〉一文指出甲骨時代「發」字有很多寫法，其中四期卜辭中有一種寫法即是從「弓」從「攴」（北京中華書局《古文字論集》頁 78），△字上部所從應該就是這一種寫法的「發」字，因此「△」字應該視為從「肉」、「發」聲的形聲字，可能是「腓」的異體字。「𢏗（發）」字的上古音屬非紐月部，「腓」字從「非」聲，「非」字的上古音屬非紐微部，二字聲紐相同，韻部則屬於旁對轉（宋玉〈舞賦〉以絕、蜿、列、悅為韻，參陳新雄師《古音學發微》，頁 1080），因此從肉𢏗聲的「△」字可以作為從肉非聲的「腓」字的異體。或者二者不是異體字的關係，至少也可以是通假字的關係。馬王堆帛書《周易》

此字從「肥（奉紐微部）」得聲，與「發」、「非」也都聲音相近。[1]
徐寶貴先生亦有相同的見解：

> 楚墓竹簡《周易》中的「膌」字所從的「癹」跟裘先生文中所舉《殷
> 契粹編》（P123）第593片的「癹」字結構是完全相同的，**應該說是
> 甲骨文流傳下來的文字形體**。[2]

楚文字「發」作如下之形：

1. （《包山》268）　（《保訓》02）

2. （《老子甲》7）　（《忠信之道》2）　（《柬大王泊旱》16）

3. （《包山》80）　（《包山》141）　（《包山》172）

（《競建內之》03）

《說文》曰：「癹，以足踏夷草。《春秋傳》曰：『癹夷蘊崇之。』」1形作「」，
李守奎先生以為是《說文》的「𣥠」。[3]後來認為中間從「十」形，從上下
兩個「𣥠」，可以隸作「癶」，是「𣥠」的繁體。又說「癶」是「以足蹋夷
草」的除草方式的表意字，中間的「十」字疑是「乂」變形。字形表示眾
人足上綁刀，共同除草之義。[4]2形作「𤼲（發）」。[5] 3形從「癹」，「𣥠（𣥠）」

聲，就是《說文》卷十二下的「發」。[6]「膌」字以及「3」形所從「癹」實

---

[1] 李師旭昇：〈上博三周易簡26「欽其腓」說〉，簡帛研究網，2004年5月16日，
http://www.jianbo.org/admin3/html/jixusheng06.htm。

[2] 徐寶貴：〈楚墓竹簡文字考釋〉《清華大學學報》2005年3期，頁75。

[3] 《楚文字編》，頁87。

[4] 李守奎：〈《鮑叔牙與隰朋之諫》補釋〉《楚地簡帛思想研究》第三輯（武漢市：湖北教育
出版社，2007年6月），頁36。

[5] 《楚文字編》，頁87。

[6] 陳英傑先生有〈說發〉一文，請讀者參看。陳文載氏著：《文字與文獻研究叢稿》（北京

直承自甲骨文而來，亦見於春秋金文作𣥂（簷平鐘）。其它遠承甲骨文而來的戰國文字例證如《說文》古文「封」作𡉈，張富海先生指出：甲骨文作𡴀（《甲骨文編》，頁281），二十一年啟封令戈（《集成》17.11306）「封」作𡉈，從田丰聲。商承祚據甲骨文指出此《說文》古文所從的「之」是「丰」之訛。[1] 又《說文》古文「瑟」作𤨒，徐寶貴先生認為與「瑟」字《花園莊》130作𤨒、372作𤨒𤨒形體十分接近。《說文》古文無疑是甲骨文的訛變形體。[2]

《清華壹・尹至》簡1「惟尹自夏徂亳，㿝至在湯」，「㿝」字郭永秉先生指出：「『㿝』字在清華簡《尹至》篇中的用怯，有兩點可說。一是『㿝』的夜問時稱意義，除了殷墟甲骨文之外，不見於任何文獻，可以說明《尹至》篇的內容相當古老。二是《尹至》表夜間時稱這個意義所使用的字，就是『㿝』這個本字，而『㿝』字在古文字中除了殷城甲骨文和楚文字之外，似尚未見他例，這種情況和楚文字在一定程度上保留了以跪坐人形跟立人形區別『見』與『視』二字的早期古文字現象的情況，是十分相類的，值得重視。」[3] 趙平安先生也曾指出：「季連娶妣隹，反映了楚文化與商文化的融合。我們知道，商文化討楚文化有深刻影響。譬如，跟西周金文比起來，楚文字保留了比較多的商代文字的寫法，也說明這一點。」[4]《語叢》

---

市：社會科學文獻出版社，2011年6月），頁87～89。

[1] 張富海：《漢人所謂古文研究》（北京市：北京大學中國語言文學系博士學位論文，2005年4月），頁103。

[2] 徐寶貴：〈殷商文字研究兩篇〉《出土文獻與古文字研究》第一輯（上海市：復旦大學，2006年12月），頁158。

[3] 郭永秉：〈清華簡《尹至》「㿝至在湯」〉《《清華大學藏戰國竹簡（壹）》國際學術研討會論文集》（北京市：清華大學主辦，2011年6月28～29日），頁27。

[4] 趙平安：〈妣隹、妣㜏考〉《《清華大學藏戰國竹簡（壹）》國際學術研討會論文集》（北京市：清華大學主辦，2011年6月28～29日），頁171。

「殷」作 、 與甲骨文相似，可以反映這種現象。

附帶討論《語叢一》90、《語叢二》44 兩個疑似「褻」字：《語叢一》90「C，不盡也。」《語叢二》44「名 D 也遊（由）綿生。」C、D 分別作：

對於C字，整理者釋為「褻」，裘錫圭先生按語說：「此條疑當讀為『數，不盡也。』」[1]劉釗先生也認為說：「『數』疑指名數之數，意為數是沒有窮盡的。」[2]《十四種》釋文作「褻（數）」。[3]對於D字，整理者也釋為「褻」，[4]李零先生同意此說，並將簡文斷讀為「名數也」，並列為首簡且以篇首語「名數」作為篇題。[5]劉釗先生也同意此說，以為「名數」一詞在戰國常用為「戶籍名簿」的意思。但其本義當如字面所示，即是「名稱數量」之意。所以「名數」其實就是指「名目」或「種類」。[6]《十四種》釋文作「名，褻（數）也」。[7]李家浩先生所作的〈《語叢二》注釋〉也將D字釋為「褻」，他指出：

「褻」字原文作。按「褻」字《語叢一》【95/90】號簡作，《汗簡》卷下之一引《義雲章》作，本簡「褻」上部分中間「囟」字

[1] 荊門市博物館：《郭店楚墓竹簡》（北京市：文物出版社，1998 年 5 月），頁 200 注 19。

[2] 劉釗：《郭店楚簡校釋》（福州市：福建人民出版社，2003 年 12 月），頁 197。

[3] 陳偉等著：《楚地出土戰國簡冊【十四種】》（北京市：經濟科學出版社，2009 年 9 月），頁 247。

[4] 荊門市博物館：《郭店楚墓竹簡》（北京市：文物出版社，1998 年 5 月），頁 205。

[5] 李零：《郭店楚簡校讀記－增訂本》（北京市：北京大學出版社，2002 年 3 月），頁 169。

[6] 劉釗：〈郭店楚簡〈語叢二〉箋釋〉《古墓新知──紀念郭店楚簡出土十周年論文專輯》（香港：國際炎黃文化出版社，2003 年 11 月），頁 247。

[7] 陳偉等著：《楚地出土戰國簡冊【十四種】》（北京市：經濟科學出版社，2009 年 9 月），頁 253。

形訛作「占」字形，與《語叢一》近似，下部分左右各加兩斜畫，與《義雲章》相同。……按「名婁」如果確實向李零所說讀為「名數」，指「某生於某」各句，也不能把此簡放在篇首，只能於在「某生於某」各句之末，它是總結「某生於某」各句的「名數」是「由繇生」的。[1]

李先生文中還對《語叢二》44 的「」字提出解釋：

劉釗《校釋》（206）釋為「鼻」，可從。《五行》【45／45】號簡「鼻」字作。疑即的訛體。將「自」寫作「」，跟上注所說《語叢一》【95／90】號簡「婁」將「囟」字形寫作「」同類。「鼻繇」，其義待考。

謹案：西周金文「鄭」作（《集成》4113井伯南簋）[2]、《汗簡》卷下之一引《義雲章》「婁」作[3]、《三德》10「謱」作、《新蔡》甲三 294「婁」作，「𦥑」之內從「囟」。還有一種寫法是「𦥑」旁之內從「角」

[1] 李文承蒙劉洪濤先生惠賜，筆者非常感謝！

[2] 此字或釋為「鄭」，見嚴志斌：《四版〈金文編〉校補》，吉林大學出版社 2001 年，第 74 頁。郭永秉先生說：「從《說文》古文及秦簡『要』字寫法看，嚴說並非全無道理，但未得到承認；從古文字多見『鄭』而未見『鄭』看，其字似確應釋『鄭』，但也不能排除當時已有這種法的『要』字（此字可能是『婁』旁與『要』旁形混）。」見氏著：〈談古文字中的「要」字和從「要」之字〉《古文字研究》28 輯（北京市：中華書局，2010 年 10 月），頁 111。又載於氏著：《古文字與古文獻論集》（上海市：上海古籍出版社，2011 年 6 月），頁 198。

[3] 徐在國：《傳抄古文字編》下冊，頁 1253。

聲，[1]如西周金文如　（伯婁簋，3537）、　（是婁簋，3910.2）[2]、

　（《石經》古文「婁」）[3]、　（《曹沫之陣》25，譻－數）。「角」旁或訛

作　（婁，《包山》05），省簡其中間二橫筆，即成為　（婁，《包山》

103）、　（婁－數，《君人者何必安哉》甲 4）。「臼」旁之內的「角」或

省減為「人」形，如　（譻－數，《性自命出》22）；以上字形在「卹」

或「𦥔」之上添加了「一」或「二」形的飾筆，寫作「譻」、「曾」、「婁」、

「譻」等字。　（《包山》103）、　（《君人者何必安哉》甲 4）一類字形，

上部形體（丫）類似「辛」形，只比標準寫法（丫）少一橫畫，所以便會出

現　（《景公瘧》10）、　（《彭祖》02），「臼」旁內訛從「辛」的寫法。

既訛從「辛」，則自然可能進一步訛變類化形成「言」或「音」，遂變成「　」

（《上博八・鶹鷅》簡 1）。還有一種可能是《包山》簡5「婁」字，其「臼」

旁內本類似「言」形，所以進一步訛變類化形成「言」或「音」也是可以

理解的。[4]回頭來看C、D兩字，「臼」旁之內均從「占」形，C字的「占」旁

可以參考　（《程寤》02）、　（砧，《凡物流形》甲 10），與上引古

---

[1] 張政烺：〈中山王壺及鼎銘考釋〉《古文字研究》第一輯（北京市：中華書局，1979 年 8
月），頁 228。

[2] 嚴志斌：《四版〈金文編〉校補》，吉林大學出版社 2001 年，頁 137。

[3] 徐在國：《傳抄古文字編》下冊，頁 1253。

[4] 詳見拙文：〈《上博三・仲弓》簡 20「數」字解兼論秦漢文字的「婁」〉，已收入本書。

文字的「妻」形體不合，可見將C、D釋為「妻」確實啟人疑竇。[1]上述李家浩先生只說C、D兩字的「占」旁是由所從的「囟」字形訛而來，可惜未見進一步說明。同時字所從的「㠯（自）」如何寫作「占（所從）」？且二者演變與「囟」寫作「占」的關係是什麼，也未見詳細論證。劉洪濤先生告訴我，他認為這是筆畫裂變的現象，[2]如君夫人鼎「貞（鼎）」字作：

《集成》2106.2　　　　　　《集成》2106.1

根據「貞（鼎）」字上部的變化，可以推論「㠯（自）」變成「占」的過程是：

至於「囟」寫作「占」則是：

但是這樣的推測並不能讓人毫無疑問的接受。首先，君夫人鼎「貞（鼎）」字形體變化也可以單純理解為「卜」旁往左邊移動，屬於「偏旁移動」的現象。即便是筆畫裂變，也是指上面的「卜」形，這與「㠯（自）」字裂變後的「⌣」形還要變成「∪」形，最後正好巧妙的變成「占」形有所

---

[1] 筆者起初認為非「妻」字，還有一個原因是C、D兩字下從「人」旁加「女」形，這顯然是由古文字常見的「人」形下的「止」旁訛變而來，也就是說C、D兩字其下本從「人」，這跟「妻」字下從「女」不同。但是《石經》古文「妻」作（《傳抄古文字編》下冊，頁1253），其下與C、D兩字寫法相同，則筆者的懷疑是不能成立的。

[2] 2011年4月16日通信內容。底下內容已綜合了劉先生的意見，如有理解錯誤之處，概由本人負責。

不同，畢竟相關演變的平行例證沒有見過。至於「囪」字演變為「占」也是一樣的困境，「囪」字筆畫裂變後的「凶」形如何變成「口」形呢？更重要的是，以目前的文例來看，釋為「婁」也不是一錘定音了，是以筆者以為C、D兩字容或有別的解釋。[1]筆者以為此二字可能是「襄」字，請看下列傳抄古文[2]：

（襄，《說文》古文）

（襄，石經古文）

（讓，《古文四聲韻》卷四引《古孝經》）

（讓，《集篆古文韻海》卷四）

（讓，《集篆古文韻海》卷四）

對《說文》古文，徐在國先生分析說：

字鄂君　節作、（《金》頁587），燕文字作、（並纕字所從，《朱集》頁74～75）。所從的當由、訛變，所從之與與同。即字，假為襄。[3]

張富海先生也指出：

鄂君啓舟節地名「襄陵」之「襄」作，車節作。此古文的上

---

[1] 劉洪濤先生與筆者均提到若真要筆畫裂變，大概（婁，《包山》05）演變為字是比較接近的例證。不過「二」形變成「卜」形同樣未見平行例證，此例也只能存查。

[2] 徐在國：《傳抄古文字編》（北京市：線裝書局，2006年11月），頁242。

[3] 徐在國：《隸定古文疏證》（合肥市：安徽大學出版社，2002年6月），頁179。

部即由 形訛變而來，下「人」形變為「女」形，又左右各加兩筆飾劃。[1]

二說皆可從。這些傳抄古文寫法基本相同，對比C、D兩字，不同之處僅在於傳抄古文從「古」，C、D兩字從「占」。古、占二旁常見相混，如《子羔》1號簡有瞽瞍之名「　瞍」，學者已指出「」的「占」旁實為「古」之訛。[2] 又如顧史考先生懷疑《左傳・昭公二十年》「齊侯疥，遂痁」（《晏子春秋》外篇「齊侯」作「景公」）的「痁」字為「痁」字之訛；《晏子春秋》內篇「景公疥且瘧」之「瘧」字乃該書整理者誤認「虒」為「虐」所致，原本大概與《上博六・競公瘧》簡1一樣寫作「瘒」，讀為「痁（痁）」，意為「景公久病」。[3] 至於C、D兩字下半部是由類似「」的寫法的「人」旁加「止」形，「止」再訛變為「女」形所致，與上舉燕文字「纕」字偏旁作 、 相同，也見於「纕」作 （《璽彙》2240）（《璽彙》2237），可見確實可以釋為「襄」。《語叢一》90疑讀為「讓，不盡也。」意思是說禮讓、退讓，不完全獨佔或享用。《禮記・坊記》：「子云：『君子不盡利，以遺民。』」鄭注：「不與民爭利也。」[4] 而「讓」即不爭，可見「讓」即「不盡」也。又《廣雅・釋詁三》：「遺，予也。」（《故訓匯纂》頁2312）《呂氏春秋・行論》：「堯以天下讓舜」，高誘《注》：「讓，猶予也。」（《故訓匯纂》頁2156）。則《禮記・坊記》自然也可以說是：「君子不盡利，以讓民。」

可見「不盡」與「讓」辭義相關。至於《語叢二》44「名D也遾（由）

---

[1] 張富海：《漢人所謂古文之研究》（北京市：線裝書局，2008年7月），頁122，512條。

[2] 見施謝捷先生在國學研究網2003年5月14日的發言，http://bbs.guoxue.com/viewthread.php?tid=132557。亦可參見劉洪濤：〈郭店竹簡《唐虞之道》「瞽瞍」補釋〉，簡帛網，2010年4月30日，http://www.bsm.org.cn/show_article.php?id=1248。

[3] 顧史考：〈楚文「唬」字之雙重用法：說「競公『瘒』」及苗民「五『號』」之刑〉《古文字研究》第二十七輯（北京市：中華書局，2008年9月），頁388～389。

[4] 《禮記正義》下（北京市：北京大學出版社），頁1416。

緜生。」由於  字尚不能確識，簡文中的讀法更難確定，待考。最後要說

明的是，我們前面將《語叢二》 字考釋為「襄」字，現在又認為 、

也是「襄」字，這也是讓人不放心的。不過此二種寫法各有所承，前者是

遠承甲骨文的古老寫法，後者的寫法是由傳抄古文 而來，此為「同詞異

字」的現象。[1]

## 二 《清華簡・保訓》簡 2「壸」字考

清華簡《保訓》簡 2、3：「王若曰：『發，朕疾△甚，恐不女及訓。』」[2]

「△」原形如下：

（處理前） （處理後）[3] （示意圖）[4]

孟蓬生先生認為此字與上博簡《周易》第 14 簡 為一字，並讀為「漸」。

簡文「疾漸甚」與《尚書・顧命》「疾大漸」語意尤近。[5]清華大學的整理

者先將此字釋為「壸」，[6]《保訓》整理者李守奎先生後來著文指出：「『止』

旁上部所從，疑為陳劍先生釋為『琮』字初文的那個形體。若此推測不誤，

或許可以改讀為『重』。『朕疾重甚』與第三支簡『朕疾允病』相應，很是

---

1 參本書所載：〈《姑成家父》簡 9「人」字考兼論出土文獻「同詞異字」的現象〉。

2 清華大學出土文獻研究與保護中心：〈清華大學藏戰國竹簡《保訓》釋文〉，《文物》2006
　年第 6 期，頁 73。

3 此為孟蓬生先生處理，見〈《保訓》「疾壸甚」試解〉，復旦大學出土文獻與古文字研究
　中心網站，2009 年 7 月 10 日，http://www.gwz.fudan.edu.cn/SrcShow.asp?Src_ID=844。

4 此為蕭毅先生（小刀客）的示意圖，見上引孟先生文後的跟帖。

5 孟蓬生：〈《保訓》「疾壸甚」試解〉，復旦大學出土文獻與古文字研究中心網站，2009
　年 7 月 10 日，http://www.gwz.fudan.edu.cn/SrcShow.asp?Src_ID=844。底下所引孟先生意
　見皆見此文，不再注出。

6 清華大學出土文獻研究與保護中心：〈清華大學藏戰國竹簡《保訓》釋文〉，《文物》2009
　年第 6 期，頁 73。

順暢。此字雖然在字形和字音上可以進一步討論。但意思大致不誤。」[1]《清華簡（壹）》正式出版後，又改隸定為「𡘡」。[2]

　　謹案：孟先生將「△」讀為「漸」，文意順暢，確實令人頗受啟發。但對於字形的分析，筆者還有疑慮。筆者認為「△」上部應是「帝」字，試說如下：

　　楚簡有不少與𡘡為一系列的字，陳劍先生曾做過很好的分類，並認為這些字源自金文的「琮」[3]：

A1、　　郭店《緇衣》簡 16　A2、　　新蔡簡零：189　A3、　　新

蔡簡零：484　A4、　　新蔡簡零：300

B1、　　《上博（三）·周易》簡 14　B2、　　《上博（五）·鬼神

之明、融師有成氏》簡 8

C、　　《上博（一）·緇衣》簡 9

看得出來，這些字形的共同特徵是中間二橫筆上未見豎筆，陳劍先生在《甲骨金文考釋論集》，頁 278 也特別標出此現象，唯有如此才能與金文「琮」字連上關係。孟先生也是意識到此現象，所以說：「清華簡下部所從『止』字中有一筆侵入中部。」也就是認為中間一豎實乃「止」形的筆劃。但是細察字形，此豎筆看起來是二橫筆本來的筆畫，與下面的形體（匕）形並

---

[1] 李守奎：〈保訓二題〉《出土文獻》第一輯（上海市：中西書局，2010 年 8 月），頁 78 注 3。

[2] 李學勤主編：《清華大學藏戰國竹簡（壹）》（上海市：中西書局，2010 年 12 月）下冊，頁 143。

[3] 陳劍：〈釋「琮」及相關諸字〉《甲骨金文考釋論集》（北京市：線裝書局，2007 年 4 月），頁 273～316。

無關係。由蕭毅先生的摹本來看尤為清楚。所以「△」能否釋為「琮」就不無疑問了。

筆者以為「△」字上部應為「帝」字。[1]可參看下列璽印文字：

（1.1）（蒂垧《璽彙》3116）

（1.2）（蒂疧《璽彙》3114）

（蒂□《璽彙》3115）

（2.1）（王帚《璽彙》0397[2]）

（2.2）（奇帚《璽彙》1682）　（尤噬帚《璽彙》2294）

（1.1）「蒂」及（2.1）「帚」的「帝」旁是常見的寫法，楚簡一般也是這樣寫的。而 上部正與（1.2）及（2.2）的「帝」旁寫法相同，如下：

---

[1] 筆者於 7 月 2 日復旦網站論壇上曾提出此說，見
http://www.gwz.fudan.edu.cn/ShowPost.asp?PageIndex=2&ThreadID=1659 第 34 樓。後孟蓬生先生於 2009 年 7 月 14 日在信件中告知筆者：「昨天跟董珊先生通電話，他認為那個字的上部可能就是『帝』字之省（當然只是感覺而已）。」

[2] 《陶文圖錄》5.20.4 有字作　　，徐在國先生指出元圖倒置，應作　　，並引劉釗先生的意見將此字分析為從日，從帝。文見：〈說「喜」兼論古陶文著錄中的倒置〉《安徽大學學報》2008 年第 5 期，頁 89。此釋若可信，則與《璽印》「帚」為一字，同時陶文的「帝」旁有所省簡，值得關注。

（《周易》33）

二者只爭最上面一橫筆，無關整體構形。[1]而「△」下面的「匕」形，施謝捷先生指出：「止、匕形混同，可參看戰國文字的畏、老等字。」[2]說可信。則「△」應隸定作「𧗢」，分析為從止，帝聲。《包山》173 有「𧗢」字，《溫縣盟書》有「 (𧗢)」字，[3]可見《保訓》「𧗢」字並非首見。筆者以為「𧗢」應讀為「瘠」，請看下列文獻：《呂氏春秋・孟春紀・貴公》：「管仲有病，桓公往問之，曰：『仲父之病矣，瘠甚，國人弗諱，寡人將誰屬國？』」高誘注：「瘠，亦病也。按《公羊傳》曰：『大眚者何？大瘠也』。」[4]《公羊傳・莊公二十年》：「夏，齊大災。大災者何？大瘠也。」何休《解詁》曰：「瘠，病也。齊人語也。以加大，知非火災也。」《釋文》曰：「大瘠，在亦反，病也；本或作瘠，才細反；一本作瘠，才賜反，鄭注《曲禮》引此同。」[5]《禮記・曲禮下》：「四足曰漬」，鄭玄注：「漬謂相瀸汙而死也。《春秋傳》曰：『大災者何？大瘠也。』」《孔疏》曰：「『四足曰漬』者，牛馬之屬也。若一箇死，則餘者更相染漬而死。今云其漬，則知死也異於人耳。『《春秋傳》曰：大災者何？大瘠也。』《公羊》莊二十年，『夏，齊大災。大災者何？大瘠也。大瘠者何？㾄也。』注云：『㾄者，民疾疫也。』然此云漬，彼云瘠，字異而意同者也。」[6]陳劍先生也指出：「古書中表示

---

[1] 此種帝字的說明，可參吳振武：《古璽文編校訂》（長春市：吉林大學博士論文，1984 年），頁 488，655 條。

[2] 見上引孟先生文後的跟帖。

[3] 見艾蘭、邢文編：《新出簡帛研究－新出簡帛國際學術研討會文集（2000 年 8 月）》（北京市：文物出版社，2004 年 12 月）圖版五。

[4] 陳奇猷：《呂氏春秋校釋》（臺北市：華正書局，1988 年 7 月），頁 49。

[5] 李學勤主編、浦衛忠整理：《春秋公羊傳注疏》（北京市：北京大學出版社，1999 年 12 月），頁 160。

[6] 李學勤主編、龔抗雲整理：《禮記正義（上）》（北京市：北京大學出版社，1999 年 12 月），

『人和鳥獸屍體的殘骨』義之字有骴、骶、髊、瀆、𦙾、瘠和胔等多種寫法。」[1]而「病重」、「傳染病疫而死」、「屍體的殘骨」等義項，彼此顯然是有引申關係序列的。可見《呂覽・貴公》的「瀆」是表示｛骴、骶、髊、瀆、𦙾、瘠、胔和瘽｝等詞的一種寫法。

回到《保訓》簡文，「王若曰：『發，朕疾帝甚，恐不女及訓。』」對比《呂覽・貴公》：「仲父之病矣，瀆甚」來看，「帝」顯然應讀為「瀆」。「帝」，端紐錫部；「瀆」，從紐錫部，二者音近可通。孟先生也告知筆者二者從音理來看相通是可以的。[2]《郭店・尊德義》24「猶所（御）之無𝘮（策）也。」「𝘮」讀為「策」，是陳劍先生的意見。[3]白于藍先生也指出：《說文》說帝從朿聲，就楚簡材料看是可行的。[4]而「責」本從「朿」聲，則「帝」讀為「瀆」是可以的。同時，「帝」可能亦是｛骴、骶、髊、瀆、𦙾、瘠、胔和瘽｝等詞的寫法之一。除了上論【帝與責】二聲首音近可通外，又如【氐與帝】【氐與此】有通假例證，[5]則【帝與此】二聲首亦音近可通。[6]最後，上引何休說：「瘠，病也。齊人語也。」此說若可信，則對探討《保訓》的文本來源或有助益。此外，《晏子春秋・內篇諫上・景公病久不愈欲誅祝史

---

頁 160。

[1] 陳劍：〈《上博（五）》的竹簡分篇、拼合與編聯問題〉，簡帛網，2006 年 2 月 19 日 http://www.bsm.org.cn/show_article.php?id=204。亦見張儒、劉毓慶：《漢字通用聲素研究》（太原市：山西古籍出版社，2002 年 4 月），頁 510【朿與此】、頁 533【𦙾與朿】、【𦙾與此】條下的通假証據。

[2] 2009 年 7 月 14 日覆信內容。

[3] 陳劍：〈郭店簡《尊德義》和《成之聞之》的簡背數字與其簡序關係的考察〉《簡帛》第二輯（上海市：上海古籍出版社，2007 年 11 月），頁 217。

[4] 白於藍：〈包山楚簡補釋〉《中國文字》新 27 期（臺北市：藝文印書館，2001 年 12 月），頁 158。

[5] 張儒、劉毓慶：《漢字通用聲素研究》（太原市：山西古籍出版社，2002 年 4 月）頁 764-765。

[6] 最近看到林志鵬先生贊同筆者的考釋，但認為簡文「帝」應讀為「疢」，疢有病重不治之意。見氏著：〈清華大學藏戰國竹書《保訓》校釋〉，簡帛網，2010 年 4 月 9 日，http://www.bsm.org.cn/show_article.php?id=1241#_ftnref41。

以謝晏子諫》「公疥且瘧，期年不已。召會譴、梁丘據、晏子而問焉，曰：『寡人之病病矣，使史固與祝佗巡山川宗廟，犧牲珪璧，莫不備具，數其常多先君桓公，桓公一則寡人再。病不已，滋甚，予欲殺二子者以說于上帝，其可乎？』」乍看之下「病不已，滋甚」似乎與上引《呂覽・貴公》：「仲父之病矣，漬甚」相近，實則「滋」與「漬」在文意與聲韻都有距離，二者不能合觀。附帶一提，周鳳五、梁濤先生贊同本文分析為從帝從止，讀為「漬」的意見，且有後續的解讀，請讀者參看。[1]又孟蓬生先生對此問題還有最新的意見，重點是讀為「漸」與「漬」一也，古音談支亦或相通，「漸」、「漬」音轉可通，請見本書孟先生的序文。

## 三　《清華簡・保訓》簡4「鬲茅」釋讀

《保訓》簡4「昔舜舊作小人，親耕于鬲（歷）茅」，清華大學的整理者先是在《文物》注釋說：「茅，或以為『苗』字之誤，字當即『苗』，古音見母之部，在此讀為溪母之部的『丘』。上海博物館簡《容成氏》：『昔舜耕于歷丘。』」[2]後來《清華簡（壹）》正式出版，釋文為「親耕于鬲（歷）茅（丘）」，李守奎先生注釋說「茅、丘音近可通。」[3]筆者當初看到〈清華大學藏戰國竹簡《保訓》釋文〉一文時，即在復旦網討論區提出「茅」應讀為「丘」，[4]後來以〈《保訓》字詞考釋二則〉為題，發表在復旦網站。[1]看

---

[1] 周鳳五：〈清華簡〈保訓〉重探〉，《先秦文本與思想國際學術研討會論文》（臺北市：臺大中文系主辦，2010年8月），頁3～4。又發表於第18屆古文字年會（2010年10月）論文，頁4～5。梁濤：〈清華簡《保訓》的「中」為中道說〉《清華大學藏戰國竹簡（壹）》國際學術研討會論文集》（北京市：清華大學主辦，2011年6月28-29日），頁58注3。

[2] 清華大學出土文獻研究與保護中心：〈清華大學藏戰國竹簡《保訓》釋文〉，《文物》2009年第6期，頁73。

[3] 李學勤主編：《清華大學藏戰國竹簡（壹）》（上海市：中西書局，2010年12月）下冊，頁145注14。

[4] 見復旦網討論區「《文物》第6期出版清華簡上市嘍」，2009年7月2日，41樓，http://www.gwz.fudan.edu.cn/AddPost.asp?ThreadID=1659&PostID=16448。

得出來，李守奎先生的意見與筆者相同。今將拙文〈《保訓》字詞考釋二則
－之二〉的內容揭示如下，請學者專家指正：

「敊」的聲符是「烎」，如 （《集成》6474，敊作父癸觶）、（《集成》2841，毛公鼎）；（《集成》9735，中山王<img>方壺）。若「茅」讀為「敊」，則「茅」下的「矛」旁應理解為「烎」省聲。「烎」當然可省為「矛」，如《容成氏》53：「至約諸侯，絕種<img>（侮）姓」的「侮」，上本從「烎」聲，卻省為「矛」。[2]但是《保訓》的「茅」字有「艸」旁的制約，則應該理解為從艸「矛」聲的構形。筆者以為「茅」可以讀為「丘」。[3]郭店《老子》甲本簡33「骨弱筋<img>而握固」，今本第五十五章作「骨弱筋柔而握固」，可見「犿」應讀為「柔」。孟蓬生先生分析「犿」為從矛求聲，而求聲、九聲、柔聲可相通。則犿之與柔猶厹（仇）之與内（蹂）。[4]陳劍先生進一步指出：「『柔』字本從『矛』聲，郭店《五行》簡41以『矛』為『柔』，犿或即在『矛』字上加注『求』聲而成，（趙彤：《戰國楚方言音系》，頁53，中國戲劇出版社，2006年5月。）或係在『柔』字上加注『求』聲、同時又替換了其義符『木』而成，（廖名春：《郭店楚簡老子校釋》，頁326，清華大學出版社，2003年6月。）總之當是一個雙聲字。」[5]則【求與矛】可通假。而甲骨文「旬有求」即「旬有咎」，裘錫圭先生先生說：「求與咎都是群母字，上古

---

1 拙文：〈《保訓》字詞考釋二則〉，復旦網，2009年7月15日，

　http://www.gwz.fudan.edu.cn/SrcShow.asp?Src_ID=849。

2 參周波：〈「侮」字歸部及其相關問題考論〉，復旦大學出土文獻與古文字研究中心網站，

　2008年12月23日。

3 此意見先發表於復旦網論壇，2009年7月2日，

　http://www.gwz.fudan.edu.cn/ShowPost.asp?PageIndex=3&ThreadID=1659 41樓。

4 孟蓬生：〈郭店楚簡字詞考釋〉之「一、犿」《古文字研究》第二十四輯（北京市：中華

　書局，2002年7月），頁404。

5 陳劍：〈金文零釋四則〉《古文字學論稿》（合肥市：安徽大學出版社，2008年4月），頁

　145～146。

音都屬幽部，所以求可讀為咎。」[1]則【求與矛與咎】皆音近可通。最後，
《子羔》39「遊於玄丘之內」，玄「丘」可讀為玄「咎」。[2]則《保訓》簡文
「茅」可以讀為「丘」。以上內容曾請孟蓬生先生指正，孟先生告知我：「關
于『鬲茅』當讀為『鬲丘』，兄所言甚是，我完全同意。日前李銳先生曾來
函求証，也曾提出相同的看法，適與鄙見不謀而合。看來我們三個想到一
處了，真可謂『閉門造車，出而合轍』也。」[3]此外，《山海經・西山經》：
「鳥多尸鳩」，郭璞注：「鳩或作丘。」[4]而前引孟蓬先生已指出九聲、柔聲
可相通，如厹（仇）之與內（蹂）。則「柔（矛）」聲與「丘」聲相通假自
然也是可以的。[5]

## 四　《凡物流形》甲 27「齊聲好色」試解

　　《凡物流形》甲 27 後半段曰：「和 [6]尻 [7]和氣△聖好色 [8]」，其中「△」
作：

---

[1] 裘錫圭：《古文字論集》（北京市：中華書局，1992 年 8 月），頁 67。

[2] 參白於藍：〈釋「玄咎」〉，簡帛研究網，2003 年 1 月 19 日，
http://www.bamboosilk.org/Wssf/2003/baiyulan01.htm。

[3] 2009 年 7 月 14 日覆信內容。

[4] 高亨、董治安編纂：《古字通假會典》（濟南市：齊魯書社，1997 年 7 月），頁 730。

[5] 周鳳五先生贊同本文將「鬲茅」讀為「歷丘」，參氏著：〈清華簡〈保訓〉重探〉，頁 7。
孟蓬生先生也認為「我覺得結論十分可信」，2010 年 11 月 21 日電子郵件。

[6] 宋華強：〈《上博（七）・凡物流形》散札〉，簡帛網，2009 年 1 月 6 日。

[7] 何有祖：〈《凡物流形》札記〉，簡帛網，2009 年 1 月 1 日、單育辰：〈佔畢隨錄之九〉，
簡帛網，2009 年 1 月 19 日。

[8] 「色」字是沈培先生的意見，見〈《上博（七）》殘字辨識兩則〉，復旦網，2009 年 1 月
2 日，http://www.gwz.fudan.edu.cn/SrcShow.asp?Src_ID=598。

整理者釋為「向」，[1]復旦讀書會釋為「室」，[2]諸家多從後說。[3]或改釋為「窒」，讀為「令」。[4]但是如同范常喜先生所說：「同篇常見『至』字，與此字下部所從差異較為明顯。」除了范先生所舉《凡物流形》的「至」字外，也可舉「室」字為證：

 《天子建州》甲 01　　 《天子建州》乙 01　　 《用曰》10

皆可見楚文字「至」、「室」下部均是作 𝄚 或 𝄚 ，寫法固定沒有例外，[5]可見將「△」釋為「室」的確是有問題的。但是范先生釋為「窒」，舉下列字形為證：

（上博五・弟附簡）　　（楚王酓忎鼎）　　（郭・緇 26）

但是這些字形下部仍是作 𝄚 或 𝄚 ，所以范說恐也不可從。筆者以為「△」應釋為「齊」，字形可參：

[1]　馬承源主編：《上海博物館藏戰國楚竹書（七）》（上海市：上海古籍出版社，2008 年 12 月），頁 268。

[2]　復旦大學出土文獻與古文字研究中心研究生讀書會（鄔可晶執筆）：〈《上博（七）・凡物流形》重編釋文〉，復旦大學出土文獻與古文字研究中心網站，2008 年 12 月 31 日，（http://www.guwenzi.com/SrcShow.asp?Src_ID=581）。下引復旦讀書會意見皆見此文，不再注出。

[3]　請見范常喜：〈《上博七・凡物流行》「令」字小議〉，簡帛網，2009 年 1 月 5 日所列諸家的說法。

[4]　范常喜：〈《上博七・凡物流行》「令」字小議〉，簡帛網，2009 年 1 月 5 日。下引范先生意見皆見此文，不再注出。

[5]　其他字形見李守奎：《楚文字編》（上海市：華東師範大學，2003 年 12 月），頁 450～451；李守奎、曲冰、孫偉龍編著：《《上海博物館藏戰國楚竹書》（一～五）文字編》（北京市：作家出版社，2007 年 12 月），頁 364～365。

（《鮑叔牙》07）  （《鮑叔牙》08）  （《鮑叔牙》08）

 （《成王既邦》04）  （△）

看得出來「△」與《鮑叔牙》) 07、08 字形非常相似，只是筆劃稍有簡省，所以「△」釋為「齊」應無問題。古籍常見「齊聖」一詞，如：

> 《詩・小雅・小宛》：「人之齊聖，飲酒溫克。」

> 《左傳・文公二年》：「子雖齊聖，不先父食久矣，故禹不先鯀，湯不先契」。

> 《左傳・文公十八年》：「昔高陽氏有才子八人，蒼舒，隤敳，檮戭，大臨，尨降，庭堅，仲容，叔達，齊、聖、廣、淵、明、允、篤、誠，天下之民，謂之八愷。」

> 《尚書・微子之命》：「嗚呼！乃祖成湯克齊聖廣淵，皇天眷佑，誕受厥命。」

> 《尚書・冏命》：「昔在文、武，聰明齊聖，小大之臣，咸懷忠良。」

「齊聖」一般從王引之的說法，釋為「聰明睿智之稱。」[1]楊伯峻先生也說：

> 齊聖，古人常用語，《詩・小雅・小宛》「人之齊聖」，文十八年《傳》「齊聖溫（引證：應為「廣」之誤）淵」可證。王引之《詩經述聞》云：「齊者，知慮之敏也。」則齊聖猶言聰明聖哲。俞樾《平議》謂「齊猶精明也，齊聖猶言明聖耳」，亦通。[2]

但是「齊聖」的「聰明睿智」或是「聰明聖哲」之意與簡文的「好色」顯然不能對應。「聲」、「色」相對古籍常見，所以「聖」仍應從復旦讀書會讀為「聲」，簡文可讀為「齊聲好色」。季師旭昇曾解「好色」為「保持和悅

---

[1] （清）王引之：《經義述聞》（南京市：江蘇古籍出版社，2000 年 9 月），頁 151。

[2] 楊伯峻：《春秋左傳注》（臺北市：洪葉書局，1993 年 5 月），頁 524。

的臉色」,[1]即將「好」讀上聲,有美好的意思。而「齊」,《廣韻・齊韻》下曰:「齊,整也;中也;莊也;好也;疾也;等也,亦州名。」[2]正好也有「好」的意思。考慮到簡文前一句曰:「和尻和氣」,所以「齊聲好色」也可以理解為「好聲好色」,意思大概是「美好的聲音與顏色」。《呂氏春秋・重己》:「其為聲色音樂也,足以安性自娛而已矣。……聖王之所以養性也,非好儉而惡費也,節乎性也。」高誘注:「聲,五音宮商角徵羽也;色,青黃赤白黑也。」《漢語大辭典》則釋為「美好的聲音與顏色」。[3]可供簡文釋讀參考。

還有一種思考的角度:《詩・大雅・皇矣》:「帝謂文王:予懷明德,不大聲以色,不長夏以革。」「不大聲以色」者,毛傳:「不大聲見於色。」鄭箋:「不虛廣言語,以外作容貌。」孔疏:「不大其聲以見於顏色而加人。」[4]戴震《考證》曰:「聲與色,謂言貌。」[5]又《禮記・中庸》:「《詩》曰:『予懷明德,不大聲以色。』子曰:『聲色之於以化民,末也。』」「聲色」即後世所謂疾言厲色或聲色俱厲,[6]二者在容貌情態方面可謂二而一的事情。其次,古籍又有「齊色」、「齊顏色」一詞,如:

> 《禮記・冠義》:「禮義之始,在於正容體、**齊顏色**、順辭令。」
> 《韓詩外傳・卷一・第十六章》:「入則撞蕤賓,而左五鐘皆應之,以治容貌。容貌得則**顏色齊**,顏色齊則肌膚安。」[7]

---

[1] 季師旭昇:〈上博七芻議(二):凡物流形〉,簡帛網,2008 年 1 月 2 日,http://www.bsm.org.cn/show_article.php?id=934。

[2] (宋)陳彭年等重修:《宋本廣韻》(臺北市:黎明出版社,1995 年 3 月),頁 86。

[3] 漢語大詞典編輯委員會:《漢語大詞典》(上海市:漢語大詞典出版社,1995 年 11 月)第八冊,頁 686。

[4] 李學勤主編、龔抗雲等整理:《毛詩正義(下)》(北京市:北京大學出版社,1999 年 12 月),頁 1032～1033。

[5] 引自向熹:《詩經詞典》(成都市:四川人民出版社,1997 年 7 月),頁 562。

[6] 參王文錦:《禮記譯解》下(北京市:中華書局,2001 年 9 月),頁 800。

[7] 許維遹校釋:《韓詩外傳集釋》(北京市:中華書局,1980 年 6 月),頁 16。

《大戴禮記‧曾子事父母》：「若夫坐如尸，立如齊，**弗訊不言，言
必齊色**，此成人之善者也，未得為人子之道也。」

盧辯曰：「齊色，嚴敬其色。」俞樾《群經平議‧大戴禮記二‧曾子事父母》：
「言必齊色者，言必正色也。《詩‧小宛篇》：『人之齊聖。』毛傳曰：『齊，
正也。』《周易‧繫辭上傳》：『齊大小者存乎卦』，王肅注曰：『齊猶正也。』
是其義也。盧但訓為嚴敬，於義未盡。」[1]「言必齊色」意思是說「說話必
定是容色莊嚴端正」，於此亦可見「言（聲）」、「色」的關係密切。疑簡文
「齊聲好色」是說容貌、言語的端正和悅。與成語「疾言厲色」、「疾聲厲
色」結構相同，而意思相反。

　　最後總結本文的意見：本文內容計有四篇：首先，《語叢二》簡3「🦌」
字，學界多有異說，筆者認為釋「麋」為是，字形是承自甲骨文而來的寫
法。其次，清華簡《保訓》簡2、3：「王若曰：『發，朕疾𢝔甚，恐不女及
訓。』」整理者將此字釋為「𢝔」，學者或認為此字與上博簡《周易》第14
簡𤳉為一字。經過字形分析，筆者認為字形應該隸作「𡧢」字，可讀為「瘣」。
第三，《保訓》簡4「昔舜舊作小人，親耕于鬲（歷）茅」，筆者列舉古文字
通假例證，認為「茅」應讀為「丘」。第四，考釋《凡物流形》甲27「齊聲
好色」的「齊」字，「齊聲好色」可以理解為「好聲好色」，意思大概是「美
好的聲音與顏色」。「齊聲好色」另一種考慮是說容貌、言語的端正和悅。
與成語「疾言厲色」、「疾聲厲色」結構相同，而意思相反。


　　　　　　本文原發表於《彰化師大國文學誌》第二十期（2010年6月）


附記：拙文第二、三篇寫作，得力於孟蓬生先生甚多。全文復蒙兩位審查
委員惠賜寶貴意見，在此一併鳴謝。

---

[1] 並引自黃懷信等：《大戴禮記彙校集注》上（西安市：三秦出版社，2005年1月），頁
547。

# 《上博楚竹書七》考釋六題

## 一 釋《吳命》「玫亡爾社稷」

《上博七・吳命》簡 5 下：「余必玫芒（亡）爾社稷，以廣東海之表」，其中「玫芒（亡）爾社稷」一句，復旦大學出土文獻與古文字研究中心研究生讀書會考釋云：

> 簡 5 此句當能與《國語・越語上》「吾將殘汝社稷滅汝宗廟」句對讀。

> 因此「芒」可讀為「亡」，訓為「滅」。「玫芒」疑與「殘亡」同義。

> 《墨子・所染》：「國家殘亡，身為刑戮，宗廟破滅，絕無後類。」[1]

林文華先生則認為《吳命》此「玫」字應讀為「搴」，乃拔取之意，「玫（搴）亡」則可釋為拔取滅亡也，「玫（搴）亡爾社稷」乃拔取、滅亡你們國家之意。或是或可讀作同從「干」聲的「刊」，「刊」乃砍削、斫除之意。《說文・刀部》：「刊，剟也。」段注：「凡有所削去謂之刊。」《禮記・雜記上》：「刊其柄與末」，鄭玄注：「刊，猶削也。」《禮記・曲禮上》：「為天子削瓜者副之」，孔穎達疏：「削，刊也。」因此，「刊」意可通「削」，「削」有侵奪、滅除之意，如《孟子・告子下》：「魯之削也滋甚」，朱熹《集注》：「削，地見侵奪也。」《郭店・語叢四》：「君有謀臣，則壤地不削。」又如《荀子・

---

[1] 程少軒執筆，復旦大學出土文獻與古文字研究中心研究生讀書會（下簡稱「復旦讀書會」）：《〈上博七・吳命〉校讀》，復旦大學出土文獻與古文字研究中心網，2008 年 12 月 30 日，http://www.gwz.fudan.edu.cn/SrcShow.asp?Src_ID=577。

君道》：「敵至而求無危削、不滅亡，不可得也。危削滅亡之情，舉積此矣。」
《荀子・王霸》：「如是，則敵國輕之，與國疑之，權謀日行，而國不免危
削，綦之而亡。」此處「削」、「亡」連言，與簡文「攻（刊）亡」相近。
因此，簡文「攻」可通「刊」、「削」，乃侵奪、滅除之意，「攻（刊）亡爾
社稷」乃侵奪、滅亡你們國家的意思。[1]李銳先生同意釋為「刊」。[2]

謹按：「刊」所繼承的是「削」的削去山、木、果實之類的意思，如《禮
記・雜記上》：「刊其柄與末」，鄭玄注：「刊，猶削也。」《禮記・曲禮上》：
「為天子削瓜者副之」，孔穎達疏：「削，刊也。」與「削」的所謂「侵奪、
滅除」義並無關係，我們從古籍中似未見「刊」有「侵奪國家疆土」之意。[3]
筆者以為復旦讀書會的意見還是有道理的，但是可以進一步認為「攻芒」
就讀作「殘亡」，[4]試說明如下：

陳劍先生曾指出：

> 甲骨金文中絕大部分「𢦏」……將其釋讀為古書中常訓為「滅」的
> 「翦」、「踐」和「殘」等字，似更好。訓為「滅」的「翦」即大家
> 所熟悉的《左傳・成公二年》「余姑翦滅此而朝食」之「翦」，古書
> 和出土文獻中又有「踐」、「殘」、「戩」、「剗」和「淺」等多種寫法，
> 用例很多，其所表示的當是同一個詞，或至少是音義都極為接近的
> 親屬詞。用「踐」、「殘」、「戩」和「淺」的例子下文將會舉到，用
> 「剗」的如《說苑・正諫》云：「齊桓公謂鮑叔曰：『……吾北伐孤
> 竹，剗令支而反者，武也……』詛楚文云「欲剗伐我社稷，伐威（滅）

---

[1] 林文華：〈《吳命》「攻亡爾社稷」解〉，簡帛網，2009 年 1 月 4 日，
http://www.bsm.org.cn/show_article.php?id=949。

[2] 李銳：〈讀《吳命》札記〉，清華大學簡帛研究，2009 年 1 月 11 日，
http://www.confucius2000.com/admin/list.asp?id=3901。

[3] 宗福邦、陳世鐃、蕭海波主編：《故訓匯纂》（北京市：北京商務印書館，2004 年 3 月），
頁 220。

[4] 本文最初以〈也說《吳命》「攻亡爾社稷」〉為題，發表於簡帛網，2009 年 1 月 5 日。後
見單育辰先生〈佔畢隨錄之九〉一文，簡帛網，2009 年 1 月 19 日亦贊同讀為「殘」。

我百姓」。《小爾雅・廣詁》:「劏,滅也。」 [1]

可見將「攻」讀為「翦」、「踐」、「殘」、「戩」、「劏」和「淺」等一系列從「戔」得聲或精系元部的字是妥切的。考慮到文獻中常見「殘亡」及「殘社稷」的用法,如:

> 《國語・吳語・句踐滅吳夫差自殺》:「吳國為不道,求殘我社稷宗廟,以為平原,弗使血食。」

> 《國語・越語上・句踐滅吳》:「吾將殘汝社稷,滅汝宗廟。」

> 《呂氏春秋・重己》:「以此治國,必殘必亡。夫死殃殘亡,非自至也,惑召之也。」

> 《呂氏春秋・當染》:「此六君者所染不當,故國皆殘亡,身或死辱」。

> 《呂氏春秋・明理》:「上帝降禍,凶災必亟。其殘亡死喪,殄絕無類,流散循饑無日矣。」

> 《呂氏春秋・遇合》:「三者弗能,國必殘亡,群孽大至,身必死殃」。

> 《淮南子・精神訓》:「夫人主之所以殘亡其國家,損棄其社稷」。

所以將簡文「攻」讀為「殘」可說是非常合適的。

再看聲韻的問題。「攻」從「干」聲,見紐元部;「殘」是從紐元部。疊韻,聲紐看起來似遠,但可以加以疏通。王志平先生曾指出:「精系字與見系字也頗有淵源」,如「斯」(心)從「其」(群)得聲。[2] 陳劍先生也指出:

> 有一些精組字跟見系字是有密切關係的。從諧聲系統來看,以精母字「井」為聲符的「耕」(見母)、「刑、邢、形」(匣母)等字在見系;從「及」(見母)得聲的字聲母大多在見系,而「鈒、設、靸、馺」是心母字;「僉」是清母字,以之為聲符之字聲母或為精系,如

---

[1] 陳劍:〈甲骨金文「𢦏」字補釋〉《古文字研究》第 25 輯(北京市:中華書局,2004 年 10 月),頁 41。

[2] 王志平:〈《詩論》發微〉《華學》第六輯(北京市:紫禁城出版社,2003 年 6 月),頁 64。

「憸」字，大多聲母在見系，如「檢、劍」（見母）、「廢」（溪母）、「儉」（羣母）等。從古文字的分化演變來看，已見於甲骨文的「叔」字，分化為《說文》的「叔」字（章母），以之為聲符的「叔」等字為清母。三體石經《春秋・僖公》「介葛盧」之「介」（見母）作「叔」，即「叔」之異體。「叔」字簡體後世分化為「奈」和「祟」（心母）兩字，「款」（溪母）字以之為聲符。「戔」字本身就有證據反映出其聲母與見系有關。《說文》卷十二下戈部：「戔，絕也。一曰：田器。从从、持戈。古文讀若咸。讀若《詩》云：攕攕女手。」說文學家或疑「古文」下有脫文（嚴可均《說文校議》），或疑「古文」為衍文（王筠《說文句讀》、《說文釋例》）。小徐本「从从、持戈」在「一曰」之前，段注從之，遂將「古文」連上讀為「一曰：田器古文」。均不必。「古文讀若某」之例《說文》僅此一見，當與《說文》「古文以為某字」同例。「咸」古可用為「翦除」、「滅絕」義。《尚書・君奭》有「咸劉厥敵」，王引之云：（原注：王引之：《經義述聞》，頁100卷四《尚書》「咸劉厥敵」條，江蘇古籍出版社，2000年9月。又參看卷十七，頁419～420《左傳》「克減侯宣多、咸黜不端」條。）咸者，滅絕之名。《說文》曰：戔，絕也。讀若咸。聲同而義亦相近。故《君奭》曰：誕將天威，咸劉厥敵。咸、劉皆滅也，猶言過劉、虔劉也（原注：《周頌・武》篇曰『勝殷遏劉』，成十三年《左傳》『虔劉我邊垂』杜注曰：『虔、劉皆殺也。』）。《逸周書・世俘篇》及《漢書・律厤志》引《武成篇》並云『咸劉商王紂』，與此同。解者訓咸為皆，失其義也。咸與減古字通。文十七年《左傳》曰『克減侯宣多』，昭二十六年《傳》曰『則有晉鄭，咸黜不端』，正義曰：『咸，諸本或作減。』《史記・趙世家》曰『帝令主君減二卿』，皆謂滅絕也。」「戔」字殷墟甲骨文已見，字形本象以戈殲滅眾人之形。它最初的讀音一定是跟訓為「滅絕」的「咸」很接近的，

所以古文曾用「𢦏」為「翦除」、「滅絕」義的「戩」。[1]

如同陳劍先生所說，「𢦏」以戈殲滅眾人，以𢦏為聲符的字多為精系，但其古音卻與「戩」接近。而「戩」是匣紐，與從「干」得聲的「旱」等字是匣紐相同，這或許不是偶然的。也就是說表示「翦除」、「滅絕」意思的詞，其讀音曾有讀喉牙音、齒音的現象。其實，「戔」與「干」亦有輾轉通假的例證：

劉雲先生指出：

> 「屯」與「肩」可通在文獻中也是有跡可尋的：「屯」與「全」可通，（原注：「朱德熙先生認為許多從屯聲的字和從全聲的字音近義通，大概是從共同的語源分化出來的，李家浩老師更是找到了全直接讀為屯的例子，可以參看朱先生的《說屯（純）、鎮、衛》，《朱德熙古文字論集》，中華書局，1995 年 2 月，頁 173～184。」）從「全」聲的「輇」與從「巠」聲的「輕」可通，（原注：《古字通假會典》，頁 55【輕與輇】條。）從「巠」聲的「䡓」與從「肩」聲的「顅」可通。（原注：《古字通假會典》，頁 55【䡓與顅】條）。[2]

其次，李家浩先生曾論證楚銅貝上的字為「巽」，應讀為「錢」。[3]而《說文》曰：「銓讀若饌」，可見「全」與「戔」聲系可通。陳劍先生亦有論證「全與泉」、「全與錢」音近可通的現象，亦可參考。[4]《淮南子‧齊俗》：「縣之乎銓衡」，《群書治要》引「銓」作「權」。「權」是見系群紐，可見「全」

[1] 陳劍：〈甲骨文舊釋「智」和「𢏗」的兩個字〉《出土文獻與古文字研究》第一輯（上海市：復旦大學，2006 年 12 月），頁 143～144、又見氏著：《甲骨金文考釋論集》（北京市：線裝書局，2007 年 4 月），頁 223。

[2] 劉雲：〈說上博簡中的從「屯」之字〉，復旦網，2009 年 1 月 5 日，http://www.gwz.fudan.edu.cn/SrcShow.asp?Src_ID=618。

[3] 李家浩：〈戰國貨幣文字中𢏗與比〉《中國語文》1980 年第 5 期。亦參吳良寶：《中國東周時期金屬貨幣研究》（北京市：社會科學文獻出版社，2005 年 10 月），頁 272。

[4] 陳劍：〈關於「宅陽四鈴」等「布權」的一點意見〉《古文字研究》26 輯（北京市：中華書局，2006 年 11 月），頁 383。

聲與見系亦有關聯，[1]則「戔」聲與「干」聲相通是可以的。而且古籍既然有【輕與輊】、【輊與顧】互通的現象，「至」是見紐，而「肩」更是與「攷」同為見紐元部，可見「攷」可以讀為同從「戔」聲的「殘」。所以簡文「余必攷芒爾社稷」即「余必殘亡爾社稷」。

另外，還有一種可能讀法。上引陳劍先生文提到王引之認為「咸」、「劉」皆滅也，而「咸劉」猶言「虔劉」，可見「咸」、「虔」、「劉」三者意思相去不遠，「虔」亦有殺、翦除、滅絕的意思。

《方言・卷一》：「虔、劉、慘、𭂿，殺也。秦晉宋衛之間謂殺曰劉，晉之北鄙亦曰劉。秦晉之北鄙，燕之北郊，翟縣之郊，謂賊為虔。晉魏河內之北謂𭂿曰殘，楚謂之貪。南楚江湘之間謂之欺。」周祖謨先生引王念孫《校方言疏證》云：「河內之北謂𢘽曰殘，當作河內之北謂殘曰𢘽。賊與殘意相因，故云秦晉之北鄙，燕之北郊，翟縣之郊，謂賊為虔。晉魏河內之北謂殘曰𢘽。」[2]

《詩・商頌・殷武》：「是斷是遷、方斵是虔。」馬瑞辰《毛詩傳箋通釋》：「虔，猶伐也，刈也。」

《左傳・成公十三年》：「虔劉我邊垂」。杜注曰：「虔、劉皆殺也。」

《後漢書・光武帝紀下》：「英威既振，新都自焚。虔劉庸、代。」

「虔」，群紐元部，與「攷」同為見紐元部聲韻關係非常接近，「攷」讀為「虔」可能也是合適的。綜上，簡文可讀作「余必虔亡爾社稷，以廣東海之表。」還有一種讀法是「割」。趙鵬女士說：「虫」亦用於戰爭類卜辭中，例如：

（1a）貞：𠂤屮（有）虫（蛓，害）[3] 罘。一

---

[1] 劉洪濤、劉建民：〈上博竹書《慎子曰恭儉》校讀〉《簡帛》第三輯（上海市：上海古籍出版社，2008年10月），頁110。

[2] 周祖謨校箋：《方言校箋》（北京市：中華書局，2004年11月），頁5～6。

[3] 參見趙鵬：〈𠂤組肥筆類卜辭中的「王」字補釋〉，載李雪山、郭旭東、郭勝強主編：《甲骨學110年：回顧與展望——王宇信教授師友國際學術研討會論文集》（北京市：中國

（1b）壬子貞：**囗**亡虫（蚩，害）罘。二《屯南》　　643[白肥筆]

（2）癸卯卜，**宁**，貞：惠甫呼令沚虫（害）羌方。七月。　　6623[賓三]

（3）囗隹西方虫（害）我。　　33094[歷無名]

（1）應該是卜問王是否要施害于罘，（2）卜問讓甫呼令沚去施害于羌方嗎，應該就是讓沚發動對於羌方的軍事戰爭嗎。（3）卜問西方的國族是否會施害于我，即向我們發動戰爭。趙鵬女士引黃天樹先生的意見認為這裡的「害」應該讀為《尚書・多士》「今惟我周王丕靈承帝事，有命曰割殷」中的「割」，《戰國策・齊策》注曰「取也」，即有攻取、伐取之義。[1]冀小軍先生也指出：「卜辭言『虫（害）羌方』，《尚書》屢言『割（害）某國』，而〈多士〉：『有命曰：割（害）殷』，與卜辭『呼令沚虫（害）羌方』語例尤為相似。由此可知，『害某方國』乃是商周時人固有之語。」[2]謹按：二說皆可從。所謂「割殷」、「割羌方」與本簡「玟芒（亡）爾社稷」語境相似，則「玟」也可以考慮讀為「割」。前者是見紐元部，後者是見紐月部，音近可通。石經古文「割」作「**剑**」（剑），張富海先生認為：「此『倉』旁可能由『寒』字訛變而來。『寒』與『割』聲母相近，韻部對轉，可以作『割』的聲符。上博簡《柬大王泊旱》1號簡有『滄』字，但用為『汗』，（原注：陳劍：《上博竹書〈昭王與龔之脽〉和〈柬大王泊旱〉讀後記》，簡帛研究網，2005年2月15日。）情況相類。」[3]此為割與干聲通假的例證。我們在考釋《尹

社會科學出版社，2009年11月），頁102～106。亦見於復旦網，2009年5月21日，http://www.guwenzi.com/SrcShow.asp?Src_ID=795。

[1] 趙鵬：〈讀契箚記五則〉復旦大學出土文獻與古文字研究中心網站，2010年7月5日 http://www.gwz.fudan.edu.cn/srcshow.asp?src_id=1207。亦見黃天樹：〈商代甲骨金文中的同義詞連用〉《古文字研究》第28輯（北京市：中華書局，2010年10月），頁101。

[2] 冀小軍：〈〈湯誓〉「舍我穡事而割正夏」辨正〉，載於中國人民大學中文系編《語言論集》第四輯，頁288～295，中央民族大學出版社，1999年10月。後重新訂補，發表於復旦網，2011年10月10日，http://www.gwz.fudan.edu.cn/SrcShow.asp?Src_ID=1679。

[3] 張富海：《漢人所謂古文之研究》（北京市：線裝書局，2008年7月），頁80 第265條。

誥》簡 1「頤（夏）自蒸亓（其）又（有）民」的「蒸」時，認為可讀為「虔」或「害」，並認為這些都是聲近義通的同源詞。[1]以及筆者將《吳命》簡 9「吳𧊒（害）陳」讀為「吳捍陳」也是相同的例證。[2]則本簡「玫」讀為「虔」、「割」，甚至是「殘」自然也不意外了。

## 二　釋《君人者何必安哉》「先君霝王乾谿云菌」[3]以及「爾」、「菌」形混現象的再檢討

《君人者何必安哉》甲 9：「先君霝王乾谿[4]云△1 君人者何必安哉」，「△1」整理者釋為「薾」，屬下讀為「爾君人者何必安哉」。[5]復旦讀書會將「△1」改屬上讀，認為「云薾」當讀為「云爾」。[6]何有祖先生斷句從整理者，並說：「云，讀作殞，損毀、死亡義。」[7]陳偉先生則斷句從復旦讀書會，並說：「今按：云疑讀為『隕』，喪失義。薾疑讀為『璽』，表示權力。《韓非子・五蠹》：『獻國則地削，效璽則名卑。』《呂氏春秋・執一》：『今日釋璽辭官，其主安輕。』《文選・張衡〈西京賦〉》：『降尊就卑，懷璽藏綬。』

---

[1] 參看拙文：〈《清華簡（壹）》考釋十一則——（四）《尹誥》簡 1「蒸」字考釋〉，已收入本書。

[2] 拙文：〈《上博七・吳命》簡 9「吳害陳」段釋讀〉，已收入本書。

[3] 本文原以：〈也說《君人者何必安哉》「先君霝王乾谿云菌」〉為題，發表於簡帛網，2009年 1 月 10 日。

[4]「乾谿」從復旦讀書會、何有祖先生讀。見何文見：〈上博七《君人者何必安哉》校讀〉，簡帛網，2008 年 12 月 31 日，http://www.bsm.org.cn/show_article.php?id=918。

[5] 馬承源主編：《上海博物館藏戰國楚竹書（七）》（上海市：上海古籍出版社，2008 年 12 月），頁 206、213。

[6] 復旦大學出土文獻與古文字研究中心研究生讀書會（程少軒執筆）：《〈上博七・君人者何必安哉〉校讀》，復旦大學出土文獻與古文字研究中心網站，2008 年 12 月 31 日 http://www.guwenzi.com/SrcShow.asp?Src_ID=580。

[7] 何有祖：〈上博七《君人者何必安哉》校讀〉，簡帛網，2008 年 12 月 31 日。

可參看。」[1]（陳偉先生後來改從「茜」之說，詳下。）羅小華先生則認為：「此字包山、新蔡等簡均見。字當隸為『茜』。我們認為『乾谿』、『云茜』均為地名。『云茜』的確切地望待考。」[2]劉信芳先生從之，並讀為「稟」，訓為祿，謂「隕稟」是殞命的委婉語。[3]單育辰先生亦同意釋為「茜」。[4]凡國棟先生則猶疑於二者之間，認同字形釋為「茜」，但應釋為「爾」，理由是「『茜』從『尔』得聲，讀『爾』亦無大礙。」[5]

　　謹按：「△1」字形分別作

（甲9）　　　（乙9）

筆者以為羅小華先生釋為「茜」應可從，但解為地名則如劉信芳先生所說不成句，則不可信。楚文字常見以「」（△2）為偏旁的字，如《包山》150字作𦾔、𦾔，劉釗先生釋為「茜」。[6]另外，「△2」旁亦見於《九店》56.53，字形作𦾔，李家浩先生亦釋為「茜」，[7]李守奎先生則釋為「爾」，[8]「爾」之說並不可信（詳下）。《郭店・老子甲》30「而民㗊叛」與今本對

[1] 陳偉：〈《君人者何必安哉》初讀〉，簡帛網，2008年12月31日。

[2] 羅小華：〈《鄭子家喪》、《君人者何必安哉》選釋三則〉，簡帛網，2008年12月31日。

[3] 劉信芳：〈竹書《君人者何必安哉》試說（之二）〉，復旦網，2009年1月6日。

[4] 單育辰：〈佔畢隨錄之七〉，復旦網，2009年1月1日，http://www.gwz.fudan.edu.cn/SrcShow.asp?Src_ID=590。作者說發表該文時，尚未見《上博七》圖版。不過1月7日作者在文章跟帖的補充說明中並未更正此意見，似乎應該是同意釋為「茜」的。

[5] 凡國棟：〈上博七校讀雜記〉，簡帛網，2009年1月8日。

[6] 劉釗：〈包山楚簡文字考釋〉，中國古文字研究學第九屆學術討論會論文，1992年。又刊載於《東方文化》（香港：香港大學出版）1998年第一、二期合訂本，頁62第116條。

[7] 湖北省文物考古研究所、北京大學中文系編：《九店楚簡》（北京市：中華書局，2000年5月），頁118注213同。

[8] 李守奎：〈《九店楚簡》相宅篇殘簡補釋〉《新出土文獻與古代文明研究國際學術研討會會議論文》2002年7月，頁3。亦見《楚文字編》，頁278。

照，可知應釋為「爾」，讀作「彌」。但是《上博（四）・曹沫之陣》簡2「今邦 小而鐘愈大」，李零先生隸「」作「愿」，讀作「彌」，正確可從。[1]「」與「」字形雖近，但下部並不相同，所以何琳儀先生認為字從「宣」，「宣」聲系同「林」聲系。戰國文字「離」或從「林」聲，所以簡文讀作「離叛」。[2]《新蔡》甲一：12「□【衛筵】[3]為君貞：將逾取，還返尚毋有咎。」「」，整理者賈連敏先生隸作「茴」，讀作「稟」。[4]陳偉先生亦將該字釋為「稟」。[5]晏昌貴先生專文討論《葛陵》甲一：12「將逾取，還返尚毋有咎。」他也將釋為「稟」，並與《香港簡・奴婢稟食粟出入簿》聯繫起來，認為是平夜君發放口糧的記錄。[6]袁金平先生則辨析「宣」、「爾」的不同，支持釋「茴」。[7]宋華強先生不同意晏先生對簡文的解釋，同時根據葛陵簡乙四9「茴」字和乙四30、32「爾」字同出現於祝禱簡，筆跡相同，當是一人書寫，但是下部形體明顯有別，指出整理者釋「茴」不誤。並說：「取茴」疑讀為「叢林」，這段話大概和《左傳・宣公十二年》欒武子稱說楚國先人「若敖、蚡冒篳路藍縷，以啟山林」有關，說的也是楚國先輩艱辛立國之事。[8]邴尚白先生亦認為晏說不可信，不過他釋為「爾」，

---

[1] 馬承源主編：《上海博物館藏戰國楚竹書（四）》（上海市：上海古籍出版社，2004年12月），頁244。

[2] 何琳儀：〈郭店竹簡選釋〉《簡帛研究二○○一》（桂林市：廣西師範大學出版社，2001年9月），頁160。

[3] 此二字依「乙一：26、2」擬補。本簡內容亦見於「乙一：26、2」，二者可互相發明。

[4] 賈連敏：《新蔡葛陵楚墓出土竹簡釋文》，河南省文物考古研究所編著：《新蔡葛陵楚墓》（鄭州市：大象出版社，2003年10月），頁187。

[5] 陳偉：〈葛陵楚簡所見的卜筮與禱祠〉《出土文獻研究》第六輯（上海市：上海古籍出版社，2004年12月），頁35。

[6] 晏昌貴：〈新蔡葛陵楚簡「上逾取稟」之試解〉《新出楚簡國際學術研討會論文》（武漢市：武漢大學，2006年6月26日），頁282。

[7] 袁金平：《新蔡葛陵楚簡字詞研究》（安徽大學博士學位論文，2007年4月），頁46～47。

[8] 宋華強：〈新蔡簡中的祝號簡研究（連載二）〉，簡帛網，2006年12月9日。亦見宋華強：《新蔡楚簡的初步研究・第五章》（北京市：北京大學中文系博士學位論文，2007年5

並說「將逾取薾」可能是指將要順流而下去收取某種物品「薾」的意思。[1]
按：《新蔡》中內容屬於「逾取🔲」者，僅有四簡，分別是（1）甲三 240
＋甲二 16＋甲三 229；（2）乙一 16＋甲一 12；（3）乙一 26、2＋零 169；（4）
乙四 9。[2]但是對於簡文文意目前並無正詁，我們實無法從文意來判斷應釋
為「薾」或「茴」。筆者曾於 2006 年 9 月 2 日去函請問陳劍先生對此現象
的意見，陳劍先生回信如下：

> 就文中所舉材料來看，我感覺恐怕還是要注意從形體訛混的角度立
> 論，方不失平實公允。郭店《老子》和上博《曹沫之陳》之字無疑
> 分別是「爾（彌）」和「懇（彌）」，但由此並不能必然得出相近的九
> 店、新蔡、包山簡諸字所從皆只能為「爾」而不能是「向」的結論。
> 九店簡之字，我是相信《九店楚簡》注釋之說的。原簡文「……必
> 肉飤（食）以飤（食）。箇（廩）尻（居）西北，不吉」云云，原注
> 釋引「秦簡《日書》甲種相宅之書有『困居宇西北匠（陋），不利』
> 之語（一四背肆）」為說，我覺得是有相當說服力的，恐難否定。在
> 《江陵九店東周墓》出版以後、《九店楚簡》出版以前，劉信芳先生、
> 陳偉先生已有此說，見劉信芳：《九店楚簡日書與秦簡日書比較研究》，
> 《第三屆國際中國古文字研討會論文集》，頁 533，香港中文大學中
> 國文化研究所、中國語言及文學系，1997 年 10 月。陳偉：《九店楚
> 日書校讀及相關問題》，《人文論叢》（1998 年卷），頁 151～164，武
> 漢大學出版社，1998 年 10 月。李守奎先生之說，文意難通，簡文的
> 斷句也有問題（簡文後一「飤（食）」字之下有一明顯的墨點，應是
> 表示讀斷的符號，據此除非另有強證不能將此「飤（食）」字與下「箇」
> 字連讀），恐不可從。以我們現在對戰國文字中不同來源的、本來寫

---

月）、宋華強：《新蔡葛陵楚簡初探》，武漢大學出版社，2010 年 3 月，頁 69～70。

[1] 邴尚白：《葛陵楚簡研究》（臺北市：臺灣大學中國文學研究所博士論文，2007 年 1 月），
頁 123、236～237。

[2] 參宋華強：《新蔡楚簡的初步研究》（北京市：北京大學中文系博士學位論文，2007 年 5
月），頁 50～53。前三者宋先生歸於「卜筮簡」，末者則歸於「祝禱簡」。

法不同的偏旁的訛混情況的嚴重的認識,「爾」、「㪅」兩偏旁在楚文字中寫得很接近,實在不足為奇。包山簡兩形為同一人名,其所從到底是「爾」還是「㪅」難定。新蔡簡之字,晏昌貴先生在武大會議上的新文章我還沒有讀到……對此沒有什麼確定的看法。[1]

陳劍先生所說可信,《九店》從文意來看應從李家浩先生釋為「㽞(廩)」。雖然「㪅」與「爾」乍看似乎形近,但是二者不同處還是很清楚的,請看以下例證:

（1）　　　（2）　　　（3）　　　（4）　　　（5）　　　（6）

（7）　　　（8）　　　（9）

（1）《曹沫之陣》2「㦗（彌）」

（2）《新蔡》乙四 30、32「爾」

（3）《包山》100「爾」[2]

（4）《郭店・老子甲》30「爾（彌）」

（5）《九店》「㽞」

（6）、（7）《包山》150

（8）《新蔡》甲一：12

（9）《天星觀》

其中（5）原簡字形模糊,此採用李守奎先生的摹本(《楚文字編》,頁 278)。
（6）、（7）、（8）雖然從文意尚無法確定是「爾」或「㽞」,但仔細分辨,其與（1）～（3）「爾」字不同之處有二:【一】「㽞」下有封口;「爾」則沒有;【二】「㽞」下部大約作「X」形;「爾」字下則作「※」形。以此觀之,（6）、（7）劉釗先生釋為「㽞」可從,（8）也應該釋為「㽞」。（9）《天

---

星觀》「樊（返）[1]▨，享荐祆一佩玉環」，▨字由字形來看顯然「㐭」，地名。《楚系簡帛文字編增訂本》將此字既歸於「繭」下（頁 63），又歸於「㐭」下（頁 75），顯然自相矛盾。至於（4）雖然下面是密封狀，但裡面的筆劃較接近「※」形，所以仍可以判斷為「爾」字。[2]退一步說，上引何琳儀先生認為字從「㐭」，讀為「離」，簡文讀作「離叛」也不是完全不可能的。在金文中也是相同的情形，如：

（從「㐭」諸字，《金文編》，頁 411）

（《集成》4293 六年琱生簋「稟」[3]）

（爾，《金文編》，頁 231、812、850）

二者除了「亼」頭相同外，下部寫法差異較大。可見正常情況下「㐭」與「爾」是可以分別清楚的。有此認識後，我們來看「△1」顯然應該釋為「㐭」，尤其「△1」形體非常接近上引（5）、（8）的字形，也增強釋為「㐭」的可能。凡國棟先生亦同意字形應釋為「㐭」，但卻讀為「爾」。他認為：「『㐭』從『爾』得聲，讀『爾』亦無大礙。」[4]但是一般分析「㐭」為象倉廩之形，[1]

---

[1] 李守奎：〈《楚居》中的樊字及出土楚文獻中與樊相關文例的釋讀〉《文物》2011 年第 3 期，頁 77。

[2] 以上內容參見拙著：《《上博楚竹書》文字及相關問題研究》（臺北市：萬卷樓圖書公司，2008 年 1 月），頁 180～184。宋華強先生贊同筆者的分析，見〈清華簡《皇門》箚記一則〉，簡帛網，2011 年 2 月 2 日， http://www.bsm.org.cn/show_article.php?id=1397、〈清華簡《皇門》札記一則〉補正〉，簡帛網，2011 年 2 月 28 日，http://www.bsm.org.cn/show_article.php?id=1406。

[3] 此字的釋讀參林澐：〈琱生三器新釋〉，復旦網，2008 年 1 月 1 日。金文「㐭」旁的字可以參見《金文編》，頁 411。

[4] 凡國棟：〈上博七校讀雜記〉，簡帛網，2009 年 1 月 8 日。

與「爾」完全不相干，凡氏之說是不能成立的。

再看一個問題：《皇門》有如下的字形：

簡3　　　　簡13

這三字如何釋讀引起學者熱烈的討論。[2]陳劍、劉洪濤二先生根據下列字形推斷出「向」與「爾」已經相混，[3]所以《皇門》三字應該隸定為「」：

郭店《老子》甲30

上博《君人者何必安哉》乙本9號

上博《君人者何必安哉》甲本9號

《陶文圖錄》4.29.2號

謹案：這些例證不確定性很高，未必是過硬證據。劉洪濤先生認為：「前三字是『爾』訛作『向』的例子，後一字是『向』訛作『爾』的例子。」按：第一字我們已經辨析過，請參考；第二、三兩字更不能作為從「爾」的代表，此派學者將簡文讀為「云爾」，並非是壓倒性的意見，釋為「苫」也有不少份量重的學者（詳後）。第四字是劉洪濤先生所提的，文例為「左序△」，是一個人名。劉先生曾私下跟我討論過，他是根據《金文編》1032號的「啚」字作，二者上旁相同，從文字系統的制約性考慮，只能是「啚」。如果是

---

1　吳振武：〈戰國稟字考察〉《考古與文物》1984年4期、何琳儀：《戰國古文字典》（北京市：中華書局，1998年9期），頁1412～1413、季師旭昇：《說文新證》上（臺北市：藝文印書館，2002年10期），頁460。

2　請見陳劍：〈清華簡《皇門》「」字補說〉，復旦網，2011年2月4日，http://www.gwz.fudan.edu.cn/SrcShow.asp?Src_ID=1397引諸家的說法。

3　陳劍意見見上文，劉文見〈清華簡補釋四則〉，復旦網，2011年4月27日，http://www.gwz.fudan.edu.cn/SrcShow.asp?Src_ID=1479。底下不再注出。

「爾」，就不成字了。[1]筆者以為此說也不一定，此字可以有三種解釋：一是何琳儀先生所說「從人，尒聲。上加厶為疊加音符。伱之繁文。《類篇》：『儞，與伱同。』《正字通》：『伱，汝也，俗作你。』」[2]可見釋為「儞」字見於字書，是「你」的異體，若解為「僪」反而是未曾見過的字形了。二是可以比對《包山》100「爾」作，如果將上面「网」旁的兩豎筆省掉即是的上部。正好劉先生在討論字時，講到「《璽匯》之字下旁的下部作『又』字形，當是把『网』字形的左右兩豎筆省掉的結果」可以呼應比對。三是我們前面說過從金文開始「亩」、「爾」上部寫法已有混同的現象，其分別在於下部的寫法，而從下部來看，顯然應該釋為從「爾」。所以從以上四個字形都得不出「亩」、「爾」已經完全混同的結果。

陳、劉兩位先生都以底下字形來解釋《皇門》三字下部從「爾」：

、《古璽彙編》5357、5358（皆單字璽）

但這兩個字形是單字璽，字形比較奇特，又沒有文例可參看，但因為字形上部從「貝」，所以陳、劉兩位先生都認為可以與《皇門》三字並觀。劉先生分析說：「下旁也應當是『爾』字。睡虎地秦簡《為吏之道》33 號有『璽』字：所從『爾』的下部作『网』字形。《璽匯》之字下旁的下部作『又』字形，當是把『网』字形的左右兩豎筆省掉的結果。因此，《璽匯》之字也應釋為『繭』。」按：如同劉先生所說，此字下部如果要釋為「爾」，大概只能比附秦文字，但是秦文字或是其他古文字「爾」一般作形體，較少

[1] 2011 年 2 月 20 日信件內容。

[2] 何琳儀：《戰國古文字典》（北京市：中華書局，1998 年 9 月），頁 1253。亦參見徐在國：〈《戰國古文字典》所錄陶文研究〉《中國文字學報》第三輯（北京市：北京商務印書館，2010 年 11 月），頁 96。

寫作「网」形，[1]這不能不引人懷疑。筆者曾引 ▢▢▢▢ 四年皋奴戈（「醫」，《集成》11341A、11341B）來說明《皇門》三字應釋為「醫」，[2]不過劉洪濤先生卻仍認為 ▢ 應釋為「闗」。其說不可從，蓋三晉系的「𣇪」與「爾」未見相混的現象，參看湯志彪《三晉文字編》780 頁「璽」都作 ▢、327 頁「𣇪」都作 ▢，二者壁壘分明，無由相混。如果承認 ▢ 也是《皇門》三字這一系列的字形，那顯然《皇門》三字只能理解為「醫」了。如同金滕先生指出：▢、▢、▢、▢、▢ 這些尋常从「𣇪」的字竟全部是「爾」的形混，這未免太不可思議了。[3]更重要的是《皇門》三字如果依照陳劍先生的釋讀，也不需要將 ▢ 釋為「闗」。陳、劉兩位先生釋讀的關鍵字 ▢（「銳」，郭店《老子》甲本簡 27），金滕先生指出 ▢ 對應《古老子》「閱」作 ▢，從心「𧶠」聲，則 ▢ 字上部並非一定是「爾」，▢ 上部構形完全可以用劉雲先

---

[1] 如 ▢ 睡為簡三三伍・1 ▢ 睡答簡一四六・7 ▢ 睡日乙簡一九四・23 ▢ 睡日甲簡二五背貳・6 ▢ 睡日乙簡一九五壹・16，方勇：《秦簡牘文字彙編》（長春市：吉林大學博士論文，2010 年 6 月），頁 306、漢語大字典字形組編：《秦漢魏晉篆隸字形表》（成都市：四川辭書出版社，1985 年），頁 970、羅隨祖主編：《羅福頤集——增訂漢印文字徵》（北京市：紫禁城出版社，2010 年 6 月），頁 604。

[2] 沈培：〈清華簡字詞考釋二則〉，復旦網，2011 年 1 月 9 日，http://www.gwz.fudan.edu.cn/Srcshow.asp?Src_ID=1367 下的評論（2011-1-11 11:57:57）。

[3] 陳劍：〈清華簡《皇門》「闗」字補說〉，復旦大學出土文獻與古文字研究中心網，2011 年 2 月 4 日，http://www.gwz.fudan.edu.cn/SrcShow.asp?Src_ID=1397 下的評論（2011-2-25 9:09:57）。

生所說 （「壇」，《清華簡（壹）・金縢》簡 2）字的「向」旁省簡為「亣」

的現象來解釋。[1]同時 字分析為從「覞（銳）」聲，其下同樣未必釋為「爾」。

宋華強先生也有一個說法值得注意，他說：

> 葛陵簡甲一 12「茼」字所從「向」旁內部是作五筆書寫，和包山簡
> 不同。更值得注意的是，「醫」字所從「向」旁內部也是五筆，作 、
> 、 形，這種寫法大概是從早期「向」字下部作 形變來的
> （參看上舉《金文編》諸例），而又加上一筆，大概是有意使其與楚
> 系「凡」字同形，如：（郭店《語叢四》5 號）（包山 137）
> 如此則屬於變形音化現象。「凡」、「向」都是侵部字，聲母亦近，「凡」
> 屬並母，從「向」聲的「稟」字屬幫母，都是唇音。[2]

其說可參。總之，筆者以為「向」與「爾」完全相混的命題需要有更堅強
的證據才能下此斷語。

回頭來看「△1」的釋讀。目前將「△1」釋為「爾」者有兩種讀法，
其一「先君需王乾谿云爾」；另一種是何有祖先生讀為「先君需王乾谿云（殞），
爾君人者何必安哉」。先討論第一種讀法。舉凡國棟先生意見為代表：「云
爾」疑當作虛詞來看待，常用于語尾，表示如此而已之意。如《論語・述而》：
「子曰：『女奚不曰，其為人也，發憤忘食，樂以忘憂，不知老之將至云爾。』」
《穀梁傳》隱公元年：「于鄢，遠也。猶曰取之其母之懷中而殺之云爾。」
《孟子・滕文公下》：「不行王政云爾；苟行王政，四海之內，皆舉首望之，
欲以為君。」《孟子・離婁下》：「薄乎云爾，惡得無罪？」我們認為此處的
「云爾」也當作如是用。這篇簡文是范乘勸諫楚王之辭，從前面的簡文可
以看出范乘是一位嫻於辭令的臣子，其用語非常巧妙。若直接將楚之先王
與桀紂幽厲等史上著名的暴王相提並論，恐有忤逆之嫌，亦不當是辭令高

---

[1] 同上。

[2] 宋華強：〈清華簡《皇門》劄記一則〉，簡帛網，2011 年 2 月 2 日，
   http://www.bsm.org.cn/show_article.php?id=1397

手所為。而若將「云爾」解釋作虛詞，則既能達到勸諫的目的，又為楚先王有所諱。[1]但是「先君靈王乾谿云爾」句子中完全沒有動詞，與凡先生文中所引「云爾」的例句皆有動詞並不相同，前者句法是有問題的。上引陳偉先生不讀「云爾」，而讀為「隕璽」不知是否也是如此的考量？另外，周波先生（網名飛虎）在「復旦讀書會」文章跟帖中也認為：「甲9當讀作『先君靈王乾谿殞爾』。『云』讀為『殞』從何有祖先生《上博七〈君人者何必安哉〉校讀》（簡帛網首發）。『爾』，句末語氣詞。」[2]應該也是著眼於句中沒有動詞所以不贊同「云爾」的讀法。

再看第二種讀法。學者曾指出：「女（汝）」在上古漢語中往往帶卑稱的意味；爾汝者，有輕賤的意思。[3]《孟子・盡心下》：「人能充無受爾汝之實，無所往而不為義也。」趙岐《章句》：「『爾汝』之實，德行可輕賤人所『爾汝』者也。即不見輕賤，不為人所『爾汝』，能充大而以自行，所至皆可以為義也。」焦循《正義》：「爾汝，為尊於卑上於下之通稱。卑下者自安而受之，所謂實也。無德行者為有德行者所輕賤，亦自安而受之，亦所謂實也。蓋假借『爾汝』為輕賤，受『爾汝』之實，即受輕賤之實，故云『德行可輕賤人所爾汝者也』。非謂德行可輕賤專在稱謂之『爾汝』也。」[4]清梁玉繩《瞥記》曰：「爾汝者，賤簡之稱也。」[5]何樂士先生也認為：「比較隨便而親暱，不太尊敬甚或有責難、咒罵等意味的場合，多用『女』」。[6]於另文也說：「孔子學生卻不敢對孔子稱『爾』、『汝』。這不過表明『爾』、『汝』不是尊敬之稱罷了。但孟子時代，『爾』和『汝』已經被看作輕賤的

[1] 凡國棟：〈上博七校讀雜記〉，簡帛網，2009年1月8日。

[2] 2008年12月31日，http://www.guwenzi.com/SrcShow.asp?Src_ID=580。

[3] 李若暉：〈《論語》辯難〉《語言文獻論衡》（成都市：巴蜀書社，2005年12月），頁176、178。

[4] （清）焦循：《孟子正義》下（北京市：中華書局，1998年12月），頁1008。

[5] （清）梁玉繩：《瞥記》，載《清經解》（上海市：上海書店，1988年）冊6，頁760。

[6] 何樂士：〈《左傳》的人稱代詞〉《古漢語研究論文集》（二）（北京市：北京出版社，1984年），頁126。

稱呼。」¹此說有其道理，如《左傳‧哀公十一年》：「吳子呼叔孫曰：『而事何也？』對曰：『從司馬。』王賜之甲、劍鈹，曰：『奉爾君事，敬無廢命！』」這是吳王對臣下的談話。又如《公羊傳‧僖公十年》：「惠公曰：『爾既殺夫二孺子矣，又將圖寡人，為爾君者，不亦病乎？』」這是晉惠公對里克說的話。值得注意的是，李家浩先生指出：

> 在對稱之詞中，「君」是尊稱；至於「爾」、「汝」，據語言學家研究，本是一般稱呼之詞，後來逐漸演變為親昵的稱呼，到了戰國時代的《孟子》一書裡，已用來表示賤稱。不過在戰國時代的楚國方言裡，「爾」、「汝」似乎還不用來表示賤稱。《楚辭‧九歌》的《大司命》、《少司命》、《河伯》等，對稱之詞既有用「君」、「子」的，又有用「女（汝）」的。上引《楚辭‧離騷》中的「女（汝）」、「爾」，也不是表示賤稱。這些例子都是很好的說明。簡文（引按：指《九店楚簡》）「爾」、「汝」、「君」來稱呼「武夷」，與此情況是一致的。²

惟李家浩先生所稱的內容是鬼神，並非今王。《君人者何必安哉》由內容來看是雖講楚國的事情，作者也可能是楚人，當然不排除有楚國的方言，但是臣下對當今的君王說：「你這個君王何必如此啊！」頗難想像。換言之，由字形及文義來看，將「△1」釋為「爾」應該不可從。

筆者認為「△1」應釋為「崗」，分析為從「㐭」得聲，讀為「殲」（精紐談部）與「㐭」（來紐侵部）聲韻關係密切。聲紐來精可通，如毛公鼎「爵勤大命」，唐蘭先生說：「爵當讀如勞，勞與爵音近。」³王輝先生同意此說，

---

1 楊伯峻、何樂士：《古漢語語法及其發展》上（北京市：語文出版社，2003 年 1 月），頁120。

2 李家浩：〈九店楚簡「告武夷」研究〉《著名中年語言學家自選集──李家浩卷》（合肥市：安徽教育出版社，2002 年 12 月），頁 328。

3 唐蘭：《西周青銅器銘文分代史徵‧柯尊》（北京市：中華書局，1986 年），頁 76 注 19。又見氏著：〈柯尊銘文解釋〉《文物》1976 年 1 期。收錄於《唐蘭先生金文論集》（北京市：紫禁城出版社，1995 年 10 月），頁 192 注 12。

並有進一步論證。[1] 爵是精紐；勞是來紐。而韻部侵談旁轉音近可通。其實「卣」與「㱯」有輾轉通假的例證：如「卣」與「林」聲韻關係密切，已見上引裘先生文，而古籍亦有【卣與林】通假例證。[2]而【嬐與傔】、【嶮與訧】（《會典》頁255）、【寢與沈】（《會典》頁235）、【鍐與鑯】、【緵與纖】（《會典》頁235）有通假例證，而且二者中古皆為開口呼三等韻，可見「薔」讀為「㱯」應無問題。《文選・班固・幽通賦》：「東鄰虐而殲仁兮」，李周翰注：「殲，殺也。」《慧琳音義》卷九十三「殲」注引何休注《公羊》曰：「殲，死也，滅絕也。」《玉篇》：「殲，死也。」[3]值得注意的是，前引《說文》卷十二下戈部：「戔，絕也。一曰：田器。从从、持戈。古文讀若咸。讀若《詩》云：攕攕女手。」則「咸」、「鐵」音近可通。又陳劍先生也說：「『戔』字殷墟甲骨文已見，字形本象以戈殲滅眾人之形。它最初的讀音一定是跟訓為『滅絕』的『咸』很接近的，所以古文曾用『戔』為『翦除』、『滅絕』義的『咸』。」由上可知「咸」、「㱯」顯然古音相通，而且意義也皆為「滅絕」之義，則簡文可讀為「先君靈王乾谿云（殞）薔（㱯），君人者何必安哉！」

還有一種讀法是可以讀為「顛」。「卣」，來紐侵部；「顛」，端紐真部。聲紐同為端系，韻部則裘錫圭先生指出：

> 「𣪘」字，《金文編》亦收入「薔」字條，見頁411。兔簋及兔簋（《金文編》稱「兔簋二」）之「𣪘」，為器主兔所「司」之對象，郭沫若釋讀為「林」（注18所引書，頁3878），于省吾釋讀為「廩」（同上，3878～3879頁）。大簋「余弗敢薔／𣪘」之「薔／𣪘」，郭沫若讀為「婪」，又謂「如僅依聲紐讀為各字亦可」（同上，頁3871）。楊樹達從孫詒讓初說釋讀為「遴」（同上，頁3875）。「各」、「遴」音義皆近。

[1] 王輝：《商周金文》（北京市：文物出版社，2006年1月），頁43注13、204注3。

[2] 高亨、董治安編纂：《古字通假會典》（濟南市：齊魯書社，1997年7月），頁241。

[3] 宗福邦、陳世鐃、蕭海波主編：《故訓匯纂》（北京市：北京商務印書館，2004年3月），頁1196。

「吝」屬文部,「遴」屬真部,「林」、「卣」屬侵部。侵部與真、文存在通轉可能。[1]

依此說,則「卣」字可與真部通轉,則讀為「顛」應該是可以的。其次,筆者贊同何有祖先生將「云」讀為「殞」。古籍有「顛殞」一詞,如《鄧析子・轉辭》:「今之為君者,無堯舜之才而慕堯舜之治,故終顛殞乎混冥之中,而事不覺於昭明之術,是以虛慕欲治之名,無益亂世之理也。」所以簡文可讀作「先君靈王乾谿云(殞)卣(顛),君人者何必安哉!」[2]

本文原以〈也說《君人者何必安哉》「先君靁王乾谿云卣」〉發表於武漢大學簡帛網,2009 年 1 月 10 日。後見李天虹教授亦著文將「△1」釋為「卣」,讀為「崩」,其說:

單純從字形看,❖應隸定為「藟」或者「卣」殊難判斷。(原注:參看蘇建洲:《也說〈君人者何必安哉〉「先君靁王乾溪云卣」》,簡帛網 2009 年 1 月 10 日。)從文意考慮,我傾向於隸定為「卣」,或可讀為「崩」。九店簡「簹」用為「廩」。傳世文獻中「廩」與「馮」、「憑」有通用之例;「朋」及從「朋」聲之字則多見與「馮」、「憑」通用者。(原注:參《古字通假會典》頁 45、46、44)「崩」傳統用於稱帝王之死。春秋戰國之際,諸侯死大概亦可稱「崩」。《戰國策・楚策四》「楚考烈王無子」章載「後十七日,楚考烈王崩」,又有「楚王崩」、「君王崩」之語,可與此「先君靈王殞崩」互徵。[3]

換言之,李教授亦是贊同將「△1」釋為代表楚王死亡的詞,與筆者的想法相同。釋為「崩」文意也很好,但是「卣」是來紐侵部;「崩」是幫紐蒸部,韻部雖可通,聲紐畢竟遠了些。況且「卣」中古是三等韻;「崩」是一等韻

---

[1] 裘錫圭:〈獄𥛸銘補釋〉注 23,復旦網,2008 年 4 月 25 日。

[2] 史傑鵬先生同意筆者讀為「顛」,但認為字形是「藟」。見氏著:〈由《君人者何必安哉》中的「云藟」談《說文》中的「珍」和「化」〉,簡帛網,2009 年 5 月 30 日,http://www.bsm.org.cn/show_article.php?id=1060。

[3] 李天虹:〈《君人者何必安哉》補說〉,簡帛網,2009 年 1 月 21 日。

並不相同。此存其說以俟考。

【編按】：後來陸續有學者對簡文的釋讀發表意見，茲撮舉如下：沈培先生認為讀為「殞身」或「殞命」更好。[1]宋華強先生說：《上博七・君人者何必安哉》甲乙本 9 號簡「先君靈王乾溪云薔」的「薔」字，羅小華先生改釋為「薔」，據蘇建洲等先生和我們的討論，羅先生改釋當可信。陳偉、何有祖先生都把「云」讀為「隕」，其說亦可信。如果上文關於「薔」讀為「屏」、「伻」的意見可信，我們懷疑此處的「薔」可能當讀為「命」，「命」也是唇音耕部字，和「屏」、「伻」讀音相近。「殞命」見于古書（「隕」或作「殞」），如《左傳》成公十三年「天誘其衷，成王隕命」，昭公三年「則又無祿，早世隕命」，皆可參照。[2]陳偉先生也從「爾」之說改從「薔」，並認為宜當讀為「隕零」或「隕命」。[3]

## 三　釋《君人者何必安哉》「人以君王為所以囂」

《君人者何必安哉》簡 6～7 曰：「先王為此，人謂之安邦，謂之利民。今君王盡去耳目之欲，人以君王為▨（底下以「△」表示）以戤。」[4]對於最末一句已有諸位學者提出很好的看法，[5]本文將在學者研究的基礎上，對「△」字構形提出己見，並嘗試釋讀簡文。「△」目前看來應以復旦讀書會的分析最為近實，其說：

---

[1] 沈培：〈清華簡字詞考釋二則〉，復旦網，2011 年 1 月 9 日，
　　http://www.gwz.fudan.edu.cn/Srcshow.asp?Src_ID=1367 下的評論（2011-1-10 19:54:49）。

[2] 宋華強：〈〈清華簡《皇門》札記一則〉補正〉，簡帛網，2011 年 2 月 28 日，
　　http://www.bsm.org.cn/show_article.php?id=1406。

[3] 陳偉：〈《君人者何必安哉》新研〉《第三屆古文字與古代史國際學術研討會論文》（臺北市：中研院史語所，2011 年 3 月），頁 275。

[4] 馬承源主編：《上海博物館藏戰國楚竹書（七）》（上海市：上海古籍出版社，2008 年 12月），圖版頁 58～59、70～71。

[5] 詳見張新俊：〈「人以君王為所以囂」別釋〉，復旦網，2008 年 1 月 8 日，
　　http://www.gwz.fudan.edu.cn/SrcShow.asp?Src_ID=640。

「△」又見於《尊德義》簡 24，形作 ，劉樂賢、陳斯鵬二位先生已經指出該字為「所」之異體。（劉樂賢：《讀楚簡札記二則》，簡帛研究網站http://www.jianbo.org/admin3/list.asp?id=1207，2004 年 5 月 29 日；陳斯鵬：《郭店楚簡解讀四則》，《古文字研究》第 24 輯，頁 409〜412，中華書局，2002 年。）[1]

對此，張新俊先生說：

我們認為這個意見是正確的。△字「人」形上面的部分，跟楚文字中常見的「所」多少有些不同，但是拿它與郭店楚簡《成之聞之》中的「所」字相比較：

 簡 3

 簡 19

 簡 19

 簡 34

不難發現，這種寫法的「所」與△字上部基本相同，讀書會的隸定是完全正確的。[2]

而對於《尊德義》24「為邦而不㠯（以）豊（禮），猶 之亡 也」，陳劍先生指出：

綜合以上眾多研究者意見中的合理部分，疑「猶 之亡 也」可釋讀為「猶御之無策也」。「厃」或即「所」字之繁體，其證據如劉樂

---

[1] 復旦大學出土文獻與古文字研究中心研究生讀書會（程少軒執筆）：《〈上博七・君人者何必安哉〉校讀》，復旦網， http://www.guwenzi.com/SrcShow.asp?Src_ID=580，2008 年 12 月 31 日。

[2] 張新俊：〈「人以君王為所以囂」別釋〉，復旦網，2009 年 1 月 8 日，http://www.gwz.fudan.edu.cn/SrcShow.asp?Src_ID=640。

賢 2004 所指出的曾侯乙墓竹簡「所」字多作「」。但其下部所從恐怕不是「勺」，更很難說成是「所」的疊加聲符。李銳讀「所」為「御」可從。其相通之證，除《會典》頁 852 所舉《周易・漸》九三「利禦寇」馬王堆漢墓帛書本「禦」作「所」之外，又如《上博（三）・周易》第 4 號簡《訟》初六爻辭「不出御事」，「御」字今本及馬王堆漢墓帛書本作「所」；御馬之「御」字的異體「馭」楚簡或作從「午」聲，而《詩經・小雅・伐木》「伐木許許」，《說文》十四上斤部「所」字下引「許」作「所」。[1]

張新俊先生也指出：

> 所以，字能否看成是所、勺皆聲的雙聲字（原注：「陳斯鵬：《郭店楚簡解讀四則》，《古文字研究》第 24 輯，中華書局，2002 年，頁 409～412」），以及、、之下所從的部分如何作出合理的解釋，還有待今後進一步的研究。

謹按：以上張、陳二先生之說對筆者頗有啟發。「△」字作：

筆者以為此字上部從「所」應無問題。「△」右上的「刃」形有兩種解釋的方法：首先，《包山》84 的「漸」作：

可以隸定為「𣂤」，[2]其「斤」旁訛為「勿」。而「勿」、「刀」、「刃」古文字

---

[1] 此為 2007 年 6 月 28 日陳劍先生給筆者的覆信內容。原文是陳劍先生對《尊德義》的釋文注釋，待刊稿。又見陳劍：〈郭店簡《尊德義》和《成之聞之》的簡背數字與其簡序關係的考察〉《簡帛》第二輯（上海市：上海古籍出版社，2007 年 11 月），頁 217。

[2] 李守奎：《楚文字編》（上海市：華東師範大學，2003 年 12 月），頁 635、滕壬生：《楚系簡帛文字編（增訂本）》（武漢市：湖北教育出版社，2008 年 10 月），頁 939。

常見形近訛混，[1]所以「△」的「斤」旁訛為「刀」、「刃」自然不意外。

其次，裘錫圭先生曾指出：

> 古文字作 [字形]、[字形] 形的「折」字「象以斤砍斷樹木」，作 [字形]、[字形] 形的「制」字「所象的應該是以刀截割木材」，其左半之形與上引「折」字兩形左半有關。「制」、「折」二字不但形義相近，而且上古音極為接近。……總之，「制」、「折」二字形音義的關係是十分密切的。它們所代表的詞很可能有親屬關係。[2]

依此說，則「斤」、「刀」二旁可以義近通用，則本簡「所」寫作從「刃」也是可以理解的。以上內容曾以網名「海天」跟帖在張新俊先生文章之後，[3]後見孟蓬生先生贊同筆者的第二種分析方式，茲引其文如下：

> 海天先生所說極是。昨天在所里就此字跟王志平先生作過討論，已經得出跟海天先生相同的認識，正準備修改拙稿呢。不過讀書會似乎只是把所謂「刃（刀）」看成了「斤」的變體。如《上博七》有個分明是從「刀」從「石」的字也被隸定為「斫（視）」字。純粹從字形的角度看，根據義近形旁互換的條例，該字隸定成「斫」可能并不錯，并且可以和這個「所」字看作平行的現象，這就給「所」字的構形多提供了一條內證。但由于其字形并不從「斤」，所以無論如何也不能跟「視」字掛起鈎來。[4]

根據孟先生所補充的證據，「△」字上從「所」應該是可以確定下來了。至於下部所從是「人」形，已見於上引陳劍先生文，所以「△」可以隸作「厎」。

其次，討論簡文的讀法。「厎」應分析為從「所」聲，可以讀為「忤」，

---

[1] 參看李守奎：《楚文字編》，頁 264～265「利」、頁 266～267「則」。

[2] 裘錫圭：《古文字論集・說字小記》之「3、說制」（北京市：中華書局，1992 年 8 月），頁 641～642。

[3] 2009 年 1 月 9 日，http://www.gwz.fudan.edu.cn/SrcShow.asp?Src_ID=640。

[4] 2009 年 1 月 9 日，http://www.gwz.fudan.edu.cn/SrcShow.asp?Src_ID=640。

古籍【許與所】有通用之例。[1]再考慮上引《尊德義》「△」讀為「御」,而楚簡「御」或從「午」聲,[2]則本簡「△」讀為「忤」是可以的。《漢書・東方朔傳》:「忤於邪主之心」,顏師古注:「忤,逆也。」《漢書・蕭望之傳》:「絲是大與高、恭、顯忤」,顏師古注:「忤,謂相違逆也。」[3]《後漢書・班彪列傳下》:「及其歸舍,口雖不言,而仰屋竊歎,莫不知其多冤,無敢牾陛下者。臣今所陳,誠死無悔。」「牾」即「忤」。《淮南子・齊俗訓》:「是故入其國者從其俗,入其家者避其諱,不犯禁而入,不忤逆而進」。《漢書・敘傳上》:「夫啾發投曲,感耳之聲,合之律度,淫麴而不可聽者,非韶、夏之樂也;因勢合變,偶時之會,風移俗易,乖忤而不可通者,非君子之法也。」可見「忤」可以指違逆君王或是平素的風俗習慣。所以「△」讀為「忤」,指楚昭王悖忤先王的聽鼓鐘之樂、御幸女色、極目遊觀的作為。[4]本文寫畢之後,[5]又見李天虹教授說:

> 孟蓬生先生謂「所以戲」的「以」為並列連詞,與「且」用法略同;以音求之,「所」可讀為「姻」,吝惜之義。……今按,受孟說啟發,我懷疑「所」可讀為「固」。《論語・述而》子曰:「奢則不孫,儉則固。與其不孫也,寧固。」《集解》引孔曰:「俱失之。奢不如儉,奢則僭上,儉不及禮。固,陋也。」君王「不聽鼓鐘之聲」,「侯子三人」,不可謂不儉,所以或可稱為「固」。戲,疑可從孟說讀為「矯」。「矯」除常見的矯情、矯詐等義外,還有訓拂逆之說,如《淮南子・俶真》「賢人之所以矯世俗者,聖人未嘗觀焉」高誘注:「矯,拂也。」又有謂「行非先王之法曰矯」,見《經籍籑詁》篠韻所記《華嚴經音義

---

[1] 高亨、董治安編纂:《古字通假會典》(濟南市:齊魯書社,1997 年 7 月),頁 850。

[2] 白於藍:《簡牘帛書通假字字典》(福州市:福建人民出版社,2008 年 1 月),頁 104～105。

[3] 宗福邦、陳世鐃、蕭海波主編:《故訓匯纂》(北京市:北京商務印書館,2004 年 3 月),頁 776。

[4] 張新俊:〈「人以君王為所以戲」別釋〉,復旦網,2009 年 1 月 8 日。

[5] 拙文:〈也說《君人者何必安哉》「人以君王為所以戲」〉,復旦網,2009 年 1 月 10 日。

上》引《國語》貫注。結合上文「先王為此」，而「今君王盡去耳目之欲」來看，將「矯」理解為「行非先王之法」或者最貼合文意。[1]

謹案：李教授將「所」讀為「固」似可商。以用字習慣來說，楚文字「固」常見，[2]從未見以「所」來替代「固」。不過李教授將下一字「戲」釋為「矯」，理解為「行非先王之法曰矯」，顯然與筆者釋為「忤」意思相同，且可提供釋為「忤」的證據。因為簡文「炇以戲」的「以」既然是個並列連詞，則不論是將「炇」或是「戲」理解為「行非先王之法」（忤）的意思，這個短句的意思並沒有差別。換言之，將「炇」釋為「忤」在簡文文意上是「最貼合文意」。

再看「戲」字，筆者以為可以讀為「夭」。《三德》簡 5：「變常易俗，土地乃坼，民乃囂死。」李天虹教授認為「囂死」當讀為「夭死」，引《大戴禮記・易本命》「人民夭死，五穀不滋，六畜不蕃息」，孔家坡漢簡日書《歲》篇「民多疾病，五穀夭死」為證。[3]單育辰先生亦釋為「夭」，[4]不過將「夭年」釋為「長年」，筆者則認為應釋為「望年」（詳下）。孟蓬生先生指出：

> 甲本簡 6、簡 7：「君王唯不夭（望）年，可也。戊行年亇=（七十）矣，言（然）不敢睪（釋）身，君人者可（何）必炏（然）才（哉）！」「望年」即「希望長壽」之義，猶如「望歲」是「希望豐收」一樣。「擇（釋）身」猶言「放棄養身之道」，「不敢睪（釋）身」實際上是說「不敢放棄耳目之欲」。兩個詞的組合往往要大于兩個詞的字面意思，不能直譯，這是理解「望年」和「釋身」時需要加以注意的。

---

[1] 李天虹：〈《君人者何必安哉》補說〉，簡帛網，2009 年 1 月 21 日。

[2] 李守奎：《楚文字編》，頁 379、李守奎編著：《《上海博物館藏戰國楚竹書》（一～五）文字編》，頁 330、502。

[3] 李天虹：〈《上博（五）》零識三則〉，簡帛網，2006 年 2 月 26 日。

[4] 見單育辰：〈佔畢隨錄之七〉的補充貼文，復旦網，2009 年 1 月 1 日，
http://www.gwz.fudan.edu.cn/SrcShow.asp?Src_ID=590。跟帖發表時間是 2009 年 1 月 7 日。

> 這段話的大意是：君王如果不追求長壽，固然可以如此（言外之義是如果追求長壽就不應放棄耳目之欲）。我雖然已經七十歲了，但是還不敢放棄養身之道（言外之義是不想放棄耳目之欲）。君臨百姓的人為什麼一定要如此呢？[1]

依此說，可見人民以為昭王的作為是不盡天年的作為，《戰國策・秦策三・蔡澤見逐於趙》：「蔡澤復曰：『復歸顯榮，成理萬物萬物各得其所；生命壽長，終其年而不夭傷』」。

綜合以上，簡文讀作「先王為此，人謂之安邦，謂之利民。今君王盡去耳目之欲，人以君王為炁（忤）以戩（夭）。」「以」為為並列連詞，與「且」字用法略同。[2]意思大約是說：先王的作為，人民以為是安邦利民。現在君王盡去耳目之欲，人民以為這是悖逆先君而且不利於天年的。「忤」是呼應「先王……」、「今君王……」；「夭」是起下文「君王唯不望年，何也。」

附帶一提，甲8「🔲」字或釋為「長」或釋為從「亡」得聲，讀為「望」。

其實看乙本簡7的🔲，比對同簡「亡」作🔲，可知甲本「🔲」理解為從「亡」得聲是合理的。或認為是「長」字訛誤，但正如高佑仁先生所指出：「釋『長』之說與本簡字形有距離，訛字楚簡常見，但該字兩位書手都一起寫錯，這種可能性較低。」[3]侯乃峰先生討論《鄭子家喪》「天」、「而」二字形混時也指出相同概念：「可以想見，若是抄寫者想寫成『而』字，似乎不應該兩個抄本（且兩個當非同一抄手所為）都寫作近似『天』字形的。」[4]不過此

---

[1] 孟蓬生：〈《君人者何必安哉》〉騰義摭拾〉，復旦網，2009 年 1 月 4 日，
http://www.gwz.fudan.edu.cn/SrcShow.asp?Src_ID=611。

[2] 同上。

[3] 高佑仁：〈也談《君人者何必安哉》的「望」字〉，復旦網，2009 年 1 月 15 日。

[4] 侯乃峰：〈《上博（七）・鄭子家喪》「天后（厚）楚邦」小考〉，復旦網，2009 年 1 月 6 日。

字之所以會釋為「長」，有一部分原因是因為⬚、⬚其下「人」形寫法與「長」

所從「人」形接近（見《上博文字編》，頁 395 所錄《曹沫之陣》的「倀」

字），其右邊的撇筆是向右撇，與一般「人」形右筆向左寫的有不同。但事

實上，這種「人」的寫法亦可以參見《郭店・老子甲》15「敓」字所從「人」

形就很接近⬚的寫法。又如《凡物流行》甲 8「先」作⬚亦可以比附。另外，

《景公瘧》02「望」字作「⬚」，亦可參考。可見從字形來看，此字釋為「望」

還是比較合理的。

## 四　《凡物流形》「問日」章試讀

甲本 10～11 有段關於「問日」的內容：

日之（始）出，可（何）古（故）大而不𤑔（炎）？亓（其）人（日）

【10】审（中），𣆶（奚）古（故）少（小）「△」暲敳？

「𤑔」讀為「耀」是整理者曹錦炎先生的意見，[1] 宋華強先生讀為「炎」，[2]

復旦讀書會同以此說。[3] 其次，「人」字之釋也是曹先生的意見，解釋說：

「人」，此處當作「入」，「人」、「入」字形相近易訛。「入」，進入，

到達。……「其入中」，日到中午時候，猶言「日中」，即正午。《易・

豐》：「日中則昃，月盈則食。」《左傳・昭公元年》：「叔孫歸，曾天

---

[1] 馬承源主編：《上海博物館藏戰國楚竹書（七）》（上海市：上海古籍出版社，2008 年 12

　月），頁 244。又曹錦炎：〈楚竹書〈問日〉章與《列子・湯問》「小兒辯日」故事〉《古

　文字研究》第二十七輯（北京市：中華書局，2008 年 9 月），頁 494～497。

[2] 宋華強：〈上博竹書《凡物流形》釋讀札記（六則）〉《簡帛》第五輯（上海市：上海古籍

　出版社，2010 年 10 月），頁 269。

[3] 復旦大學出土文獻與古文字研究中心研究生讀書會：《〈上博（七）・凡物流形〉重編釋

　文》，復旦大學出土文獻與古文字研究中心編《出土文獻與古文字研究》第三輯（上海

　市：復旦大學，2010 年 7 月），頁 275。

御季孫以勞之。旦及日中不出。」漢簡所見時稱名，稱中午為「日中」，或稱「日中入」，也可旁證。[1]

字形釋為「人」可從，但是理解為「入」之誤肯定不對。楚文字「入（內）」、「人」字形差異頗大，學者已指出二者相混是秦漢以後才出現的情況。[2]宋華強先生認為「人」讀為「日」，[3]筆者以為這意見是正確的（詳下）。但宋先生後來改讀為「至」，[4]楊澤生先生從此說。後又認為此字是「刀」之形近誤字，讀作「到」，訓「至」，「到中」與甲骨文中的「羞中」類似。[5]但李守奎先生指出：「『到』字目前僅見於秦漢簡。楚國是否也用『到』這個詞還很可疑。」[6]張新俊先生也指出：「因為在目前所能見到的楚文字中，似乎還沒有確定無疑的『到』或者讀作『到』的字出現。再者是宋文所引唐代王建《宮詞》『每到日中重掠鬢』，書證也顯得過晚。」[7]張玉金先生普查戰國出土文獻後，也說：「『到』共出現 53 次，都出現在秦簡之中，沒有例外。」[8]張新俊先生認為此字仍應從曹先生釋為「人」，「人中」應該讀作「及中」，指太陽在正午前後的一段時間。簡文中「及中」相當於文獻中的「及日中」。謹案：所謂「人」字字形作：

---

1 同上。

2 黃文杰：《秦至漢初簡帛文字研究》（北京市：北京商務印書館，2008 年 2 月），頁 133～135、楊澤生：〈楚竹書〈問日〉章新釋〉《古文字研究》第二十八輯（北京市：中華書局，2010 年 10 月），頁 457～460。

3 宋華強：〈上博竹書《問》篇偶識〉，簡帛網，2008 年 10 月 21 日。

4 宋華強〈《凡物流形》「五音才人」試解〉，簡帛網，2009 年 6 月 30 日。

5 宋華強：〈上博竹書《凡物流形》釋讀札記（六則）〉《簡帛》第五輯（上海市：上海古籍出版社，2010 年 10 月），頁 269。

6 李守奎：〈《楚居》中的樊字及出土楚文獻中與樊相關文例的釋讀〉《文物》2011 年第 3 期，頁 77。

7 張新俊：〈釋上博簡《凡物流形》中的「及」〉，簡帛網，2011 年 4 月 14 日，http://www.bsm.org.cn/show_article.php?id=1450。下引張先生文章皆出自此文，不再注出。

8 張玉金：《出土戰國文獻虛詞研究》（北京市：人民出版社，2011 年 3 月），頁 135。

甲本作　　　乙本作

根據甲本，筆者認為釋為「人」可從。張新俊先生認為「人」（日母真部）
讀為「及」（群母緝部），雖然張先生進行了論證，但畢竟聲韻稍隔，此其
一。張先生讀為「及」的根據是比對今本《列子・湯問》篇中的「兩小兒
辯日」一段故事而來。為討論方便，我們把該段文字抄錄於下：

> 孔子東游，見兩小兒辯鬥，問其故。一兒曰：「我以日始出時去人近，
> 而日中時遠也。」一兒以日初出遠，而日中時近也。一兒曰：「日初
> 出大如車蓋，**及日中**則如盤盂，此不為遠者小而近者大乎？」一兒
> 曰：「日初出蒼蒼涼涼，**及其日中**如探湯，此不為近者熱而遠者涼乎？」
> 孔子不能決也。

張先生將簡文「亓（其）人【10】审（中）」比對今本的「及其日中」，所
以認為「人」可讀為「及」，「中」是時稱「日中」之省。但張先生所舉例
如《禮記・聘義》：「聘、射之禮，至大禮也。質明而始行事，日幾中而後
禮成。」但「日幾中」其實也是「日中」。另外，《三國志》卷六十三：「問
其期，曰：『明日日中。』權立表下漏，以待之。及中不至，權問其故。」
那是承上省略，故可曰「及中」。可見「日中」是否可省為「中」，不無疑
問，此其二。第三，簡文「亓（其）人【10】中」比對今本「及其日中」，
則「人」（日母真部）顯然可以讀為「日」（日紐質部），聲韻也非常接近。
「日中」，指正午一段時間[1]至於陳偉先生讀「人」為「仞」，「仞」有充滿
之意，[2]可備一說。

---

[1] 參見張新俊文注 11：作為時稱的「日中」，學術界有不同的理解。大致有三種意見：1.
為正午一段時間；2.一日之中；3.正午時分。參看沈剛《居延漢簡語詞彙釋》，頁 31，科
學出版社 2008 年 12 月。《洪範五行傳》「日之中」註謂「隅中至日昳為日之中」。參看
宗福邦等編《故訓匯纂》（北京市：北京商務印書館，2003 年 7 月），頁 25。

[2] 陳偉：〈《凡物流行》「人中」試說〉，簡帛網，2011 年 4 月 17 日，
http://www.bsm.org.cn/show_article.php?id=1457。

其次，文中「△」字作：

曹錦炎先生釋為「雁」。[1]李銳則認為應釋為「疑為『佳』字，似當讀為『益』。」[2]

謹按：古文字「雁」作：

均應分析為從鳥彥省聲，與「△」形體頗有差距。且若將「△」理解為從「隹」，那也只能釋為「應」，也不能釋為「雁」，[3]但是其字形又顯然與「隹」是不相同的。筆者以為「△」字主體正是甲4、乙4讀為「封」的「佳」，《容成氏》18「封」寫法亦可參考：

（甲4）（乙4）（《容成氏》18）（△）

看得出來「△」只是將「土」旁寫在「丰」的下面罷了。由於字形左邊有無筆畫不甚明顯，筆者認為是「厂（广）」；復旦讀書會也同意字形中間隸定作「佳」，但認為上部所從「二」字形筆畫是贅加羨畫。[4]由於字形左側

---

[1] 馬承源主編：《上海博物館藏戰國楚竹書（七）》（上海市：上海古籍出版社，2008年12月），頁245。

[2] 李銳：〈《凡物流形》釋文新編（稿）〉，清華大學簡帛網，2008年12月31日，http://www.confucius2000.com/qhjb/fwlx1.htm。

[3] 參李守奎：〈讀《上海博物館藏戰國楚竹書（二）》雜識〉《上海博物館藏戰國楚竹書研究續編》（上海市：上海書店出版社，2004年7月），頁479～480。

[4] 復旦大學出土文獻與古文字研究中心研究生讀書會：〈《上博（七）•凡物流形》重編釋文〉，復旦大學出土文獻與古文字研究中心編《出土文獻與古文字研究》第三輯，頁275。劉洪濤：〈上博竹簡《凡物流形》釋字二則〉《簡帛》第六輯亦舉有相關例證，請讀者參看。

是否有撇筆不能確定，讀書會的意見自然有可能性，但是結合本文將「△」讀為「反」來看（詳下），則分析從「厂（广）」應該是更好的。楊澤生先生同意字形分析為從「厂（广）」，「丰」聲，讀為「更」。筆者曾以為讀為「方」。封，幫紐東部；方，幫紐陽部，雙聲，韻部東陽楚國方言常見相通。[1]《凡物流形》甲本簡 5-6 亦是東陽通押可以參考。[2]且古籍中【邦與方】有通假的例證。[3]楊樹達先生也說：「方者，殷周稱邦國之辭。」[4]由簡文上下文對照來看，「方」對應「而」，顯然只能作虛詞解，《古代漢語虛詞詞典》說：「方，副詞。用在複合句的後一分句，表示主體確認前後兩事有條件關係，可譯為才、這才。」[5]現在認為讀為「反」更好，是表示轉折語氣的關聯副詞，[6]可以與前一句子的「而」，表示轉折連詞的意思相對應。「反」，幫紐元部；「封」，幫紐東部，雙聲，韻部可通如「童」是定母東部，而《詩・小雅・大東》「町『疃』鹿場」，《釋文》：「疃，他短反」，古音是透母元部。《莊子・養生主》「導大窾」之「窾」，《釋文》「徐苦管反，又苦禾反。……向音空」。[7]「窾」是元部，向秀認為讀為「空」是東部。《周禮・地官司徒下・遂人》：「大喪，帥六遂之役而致之，掌其政令。及葬，帥而屬六綍。及窆，陳役。」注云：「鄭司農云：『窆，謂下棺時。遂人主陳役也。《禮記》

---

[1] 董同龢：〈與高本漢先生商榷「自由押韻」說兼論上古楚方音特色〉，載丁邦新編：《董同龢先生語言學論文選集》（臺北市：食貨出版社，1981 年 9 月），頁 9。

[2] 陳志向：〈《凡物流形》韻讀〉，復旦網，2009 年 1 月 10 日，http://www.gwz.fudan.edu.cn/SrcShow.asp?Src_ID=645。

[3] 高亨、董治安纂：《古字通假會典》（濟南市：齊魯書社，1997 年 7 月），頁 26。

[4] 楊樹達：《積微居小學述林全編》（上海市：上海古籍出版社，2007 年 8 月），頁 330。

[5] 中國社會科學院語言研究所古代漢語研究室編：《古代漢語虛詞詞典》（北京市：北京商務印書館，2000 年 1 月），頁 134。

[6] 「關聯副詞」見何樂士編：《古代漢語虛詞詞典》（北京市：語文出版社，2006 年 2 月），頁 115。

[7] （清）郭慶藩：《莊子集釋》（臺北市：貫雅文化，1991 年 9 月），頁 121。

謂之封，《春秋》謂之堋。」《釋文》曰：「之封，彼驗反，或如字。」[1]「封」一音「彼驗反」，「驗」是談部，元談二部關係密切，如賈誼〈過秦論〉：「然後踐華為城」，《史記‧秦始皇本紀》作「然後斬華為城」。蕭旭先生認為本字應做「塹」，指「掘華山為長城。」[2]又《虎溪山漢簡‧閻氏五勝》簡2「金之數勝木，一斧之力不能陵（斬）一山之林。」釋為「陵」，讀為「斬」是白於藍先生的意見。[3]陵、踐，元部；斬、塹，談部。「封」之於談部，猶如「封」之於元部。程少軒先生指出：「古音學家將歌月元三部合口部分的主元音構擬為[o]，重要的原因之一是他們發現元部合口部分與侯東部關係密切。雅洪托夫舉了『短用豆作聲旁』，『蕞、最用取作聲旁』、『瞳用重作聲旁』、『寇用完作聲旁』四個例子（原注：雅洪托夫著，唐作藩、胡雙寶選編：《漢語史論集》，北京大學出版社，1986年，頁66）。[4]董珊先生引用張富海先生的觀點，認為『上古音原來讀如東部的某些字，在後來有讀如合口元部音的』，如『竅』與『孔』是一組同源詞（原注：董珊：《任鼎新探——兼說亢鼎》，載《黃盛璋先生八秩華誕紀念文集》，中國教育文化出版社，2005年，頁163～172。）。目前看到的能與侯屋東三部產生聯繫的元部字，的確都是合口字。包山簡中，人名『李瑞』（包山簡22）又寫作『李逗』（包山簡24）。此例可以看作歌月元三部合口字主元音與侯部主元音（一般構擬為[o]）相近的強證。」[5]還有《爾雅‧釋草》：「釐，蔓華。」

[1] 李學勤主編、趙伯雄整理、王文錦審定：《周禮注疏》上（北京市：北京大學出版社，1999年12月），頁395。另參沈建民：《《經典釋文》音切研究》（北京市：中華書局，2007年5月），頁156。

[2] 蕭旭：〈〈過秦論〉校箋〉《唐山師範學院學報》2007年2期。又收入氏著：《群書校補》（揚州市：廣陵書社，2011年7月）第四冊，頁1218。

[3] 白於藍：〈虎溪山漢簡《閻氏五勝》校讀二記〉，復旦大學出土文獻與古文字研究中心編：《出土文獻與古文字研究》第三輯（上海市：復旦大學，2010年7月），頁342。

[4] 程少軒先生指出：「這些例子有的不準確，瞳的聲旁是童而非重，寇並非从完得聲。」

[5] 程少軒：〈試說戰國楚地出土文獻中歌月元部的一些音韻現象〉，復旦網，2009年6月10日，http://www.gwz.fudan.edu.cn/SrcShow.asp?Src_ID=811。

郭璞注：「一名蒙華。」[1]「蔓」是元部合口；「蒙」是東部。以上都可以證明本簡「封」可以讀為「反」，也是元部合口。至於通假例證如【分與封】、【分與般】、【般與反】均有通假例證，可知【封與反】是可以通假的。[2]此說若可成立，則⿰的寫法可能是把本是表意字的「反」作⿰（《內禮》06）改為形聲字。[3]其次，「暲」字筆者同意李銳、楊澤生先生釋為「彰」，「攴」則同楊澤生先生讀為「著」，則「彰著」是明亮的意思。[4]新出《上博八・成王既邦》簡5「安（焉）不曰日章（彰）而冰澡（消）虘（乎）？」[5]也可佐證《凡物流形》的「暲」讀為「彰」。[6]綜合以上，簡文讀作：日之始出，何故大而不㿈（炎）？其日中，奚故小反彰著？可以翻譯為：「日剛昇起的時候，為何大而不炎熱？等到正中午時，為何日變小，反而很明亮？（比喻炎熱）」

## 五　釋《凡物流行》「一言而力不窮」

甲20+29「聞之曰：一[7]言而△不㿈（窮），一言而有衆，【20】〔衆〕[8]

---

[1] 高亨、董治安編纂：《古字通假會典》（濟南市：齊魯書社，1997年7月），頁29。

[2] 張儒、劉毓慶：《漢字通用聲素研究》（太原市：山西古籍出版社，2002年4月），頁664、924～925。

[3] 「反」，甲骨文從厂從又，厂者山石崖巖，謂人以手攀崖也。即扳之本字，義同攀。參見楊樹達《積微居小學述林・釋反》67頁、季師旭昇：《說文新證》（福州市：福建人民出版社，2010年12月），頁206～207。

[4] 李銳：〈《凡物流形》釋文新編（稿）〉，清華大學簡帛網，2008年12月31日，http://www.confucius2000.com/qhjb/fwlx1.htm、楊澤生：〈楚竹書〈問日〉章新釋〉《古文字研究》第二十八輯（北京市：中華書局，2010年10月），頁459。

[5] 釋文依照復旦吉大古文字專業研究生聯合讀書會：〈上博八《成王既邦》校讀〉，復旦網，2011年7月17日，http://www.gwz.fudan.edu.cn/SrcShow.asp?Src_ID=1593。

[6] 參見上文劉洪濤先生第12樓的評論。

[7] 釋為一，是沈培先生的意見。沈培：〈略說《上博（七）》新見的「一」字〉，復旦網，2008年12月31日。

[8] 此「衆」為誤抄衍文，見復旦大學出土文獻與古文字研究中心研究生讀書會（鄔可晶執

一言而萬民之利，一言而為天堲（地）旨（稽）。」[1]其中「△」作：

（甲 20） （乙 14）

整理者釋為「禾」。[2]復旦讀書會本以為是「夂」的錯字，讀為「終」。後更正意見說：「能否釋為『禾』，看作『夂（終）』之訛字，當存疑。」[3]宋華強先生贊同釋為「禾」，讀為「和」，應和之意。簡文「和不窮」即應言而不窮。[4]禤健聰先生則認為：「楚簡『禾』或從『禾』之字屢見，從無作此形者，試比較同篇甲本簡 29『利』字的寫法即可明瞭。」所以禤先生釋為《說文》釋為「木之曲頭，止不能上也」的「禾」字，讀為「藜」。[5]

謹按：釋為「禾」就如禤先生所說形體不似，尤其乙本 14 差別就更明顯了。但是禤先生釋為「禾」，恐亦有問題。劉釗先生指出：「在古文字及後世典籍中，從未見『禾』字單獨使用的例子，也就是說『禾』字很可能並不是一個可以獨立的形體。《說文》設立『禾』部，不過是因為『稽』字等字無法統屬的緣故。」[6]況且釋為「禾」讀為「藜」，還必須配合下一字斂改釋為「躬」讀為「苞」，不確定因素較大。筆者以為「△」字應該是「力」

---

筆），《〈上博（七）·凡物流形〉重編釋文》，復旦大學出土文獻與古文字研究中心網站，2008 年 12 月 31 日，http://www.guwenzi.com/SrcShow.asp?Src_ID=581。

[1] 編聯及釋文參照復旦讀書會。又「旨」讀為「稽」，參李銳：《凡物流形》釋文新編（稿），清華大學簡帛研究，2008 年 12 月 31 日，http://www.confucius2000.com/qhjb/fwlx1.htm。

[2] 馬承源主編：《上海博物館藏戰國楚竹書（七）》（上海市：上海古籍出版社，2008 年 12 月），頁 259。

[3] 復旦大學出土文獻與古文字研究中心研究生讀書會：《〈上博（七）·凡物流形〉重編釋文》，復旦大學出土文獻與古文字研究中心編《出土文獻與古文字研究》第三輯頁 278 注 6。

[4] 宋華強：〈《上博（七）·凡物流形》散札〉，簡帛網，2009 年 1 月 6 日，http://www.bsm.org.cn/show_article.php?id=958。底下不再注出。

[5] 禤健聰：〈上博（七）零箚三則〉，簡帛網，2009 年 1 月 14 日，http://www.bsm.org.cn/show_article.php?id=970。

[6] 劉釗：《古文字考釋叢稿》（長沙市：岳麓書社，2005 年 7 月），頁 357。

字，《容成氏》28 的「劦（飭）」[1]字作：

　　其「力」旁作：　摹本：

還有《說文》古文「虎」作：

宋華強先生認為此形體是由《新蔡》的「劮」字演變來的。他說：

> 把「力」旁第二筆的起筆寫在靠上一些，與第一筆的起筆齊平，整
>
> 個形體再寫得瘦長一些，就有可能訛變為類似上揭古文下部中間「人」
>
> 那樣的形體。戰國璽印文字中的「力」旁有的就已經和「人」很相
>
> 近了，例如：（《璽彙》3168）。[2]

換言之，宋華強先生認為 人 形是「力」旁。再將相關「力」字羅列如下供
比較：

（《容成氏》）（《說文》古文「虎」旁）（甲 20）（乙 14）

看得出來乙本 14 很似「力」字，甲本則是筆法稍有訛變，但還是偏向「力」
形。這如同曹錦炎先生所說：「據乙本，簡文有抄漏、抄錯的現象。（甲本）

---

1 何琳儀：〈滬簡二冊選釋〉，簡帛研究網，2003 年 1 月 14 日、陳劍：〈上博楚簡《容成氏》
　與古史傳說〉《中國南方文明學術研討會論文》（臺北市：中央研究院歷史語言研究所，
　2003 年 12 月 19 日），頁 19 注 37。

2 宋華強：〈釋新蔡簡中的一個祭牲名〉，簡帛網，2006 年 5 月 24 日。亦見《古文字研究》
　27 輯，頁 503。

書法疏朗，未及乙本工整。」[1]顧史考先生也指出：「若細看此篇甲、乙兩本的情況，可推測甲本原來是一五一十地從乙本嚴格抄錄下來的。之所以知是甲抄乙而不是乙抄甲，是因為甲本偶爾明顯出現一兩字衍文（如簡 29 首字『眾』）、漏文（如簡 24『![戠]同』二字）或誤抄（如 16、26 兩簡誤『先』為『之』）之處。」[2]還可以補充復旦讀書會所指出甲 2、16「![尻]」抄成「![尻]」；沈培先生所指出甲 21「三生四」的「四」被物抄成「女」。[3]照《漢語大辭典》解釋說：「（力）本指制法成治之功，後泛指功勞。」如：《周禮・夏官・司勳》：「事功曰勞，治功曰力。」《晏子春秋・諫上十二》：「昔吾先君桓公，以管子為有力，邑狐與穀，以共宗廟之鮮」，張純一注：「力，功也。」《漢書・王商傳》：「擁佑太子，頗有力焉。」[4]亦可參《故訓匯纂》「力」字下義項（28-29）「治功」、（30-36）「功也」。[5]簡文的「力」也是偏向這個意思。至於「![殆]」，筆者贊同復旦讀書會及宋華強先生釋為「窮」。所以簡文讀作「一言而力不窮」，意思是說「一言而功效不窮」。《說苑・談叢》：「百行之本，一言也。一言而適，可以卻敵；一言而得，可以保國。」[6]簡文曰：「一言而力不窮，一言而有眾，【20】一言而萬民之利，一言而為天地稽。」「一言」既可「卻敵」、「保國」，自然可以「有眾」、也是「萬民之利」，所以說「一言」乃「力不窮」，即「功不窮」。相似句型可參考《老子》曰：「大盈若沖，其用不窮。」《管子・小匡》：「出言必信，則令不窮矣。」

---

[1] 馬承源主編：《上海博物館藏戰國楚竹書（七）》（上海市：上海古籍出版社，2008 年 12 月），頁 221。

[2] 顧史考：〈上博七《凡物流形》簡序及韻讀小補〉，簡帛網，2009 年 2 月 23 日，http://www.bsm.org.cn/show_article.php?id=994。

[3] 沈培：〈《上博（七）》校讀拾補〉《古道照顏色——先秦兩漢古籍國際學術研討會論文》（香港：香港中文大學主辦，2009 年），頁 3。

[4] 以上見《漢語大詞典》（上海市：漢語大詞典出版社，1995 年 11 月），第 2 冊，頁 761。

[5] 宗福邦、陳世鐃、蕭海波主編：《故訓匯纂》（北京市：北京商務印書館，2004 年 3 月），頁 242～243。

[6] 向宗魯：《說苑校證》（北京市：中華書局，2000 年 3 月），頁 403～404。

## 六 釋《凡物流形》「通於四海」

《凡物流形》甲 15「起而用之，△於四海」，「△」字作：

整理者曹錦炎先生隸「△」字為「練」，讀為「陳」，指軍隊行列，即軍隊作戰時的戰鬥隊形，也就是陣法。簡文之「陳」指布陣。《書·武成》:「癸亥，陳于商郊，俟天休命。」「陳」字用法同。[1]復旦大學讀書會、陳志向先生從之。[2]季師旭昇亦同意字形從「東」。[3]宋華強先生則認為：

C作：（圖），整理者釋為從「糸」、「東」聲，讀為「陳」。疑當釋為「綪」字。包山簡牘「郙」字所從「甫」旁或作：（圖）（簡 228）、（圖）（牘 1），可以和C左旁參照。傳抄古文「薄」字或作：（圖），所從「甫」旁下部亦與C左旁相似，可以參照。「綪」字見于漢印，《集韵》收為「補」字或體。「綪」在簡文中可以讀為「敷」或「布」。整理者已經引用

　　古文《尚書·大禹謨》「文命敷于四海」。按，《文選·勸進表》李善注引《尹文子》曰：「堯德化布于四海。」可知今傳《大禹謨》雖

---

[1] 馬承源主編：《上海博物館藏戰國楚竹書（七）》（上海市：上海古籍出版社，2008 年 12 月），頁 251～252。

[2] 復旦大學出土文獻與古文字研究中心研究生讀書會（鄔可晶執筆），《〈上博（七）·凡物流形〉重編釋文》，復旦大學出土文獻與古文字研究中心網站，2008 年 12 月 31 日，http://www.guwenzi.com/SrcShow.asp?Src_ID=581、陳志向：〈《凡物流形》韻讀〉，復旦大學出土文獻與古文字研究中心網站，2009 年 1 月 10 日，http://www.gwz.fudan.edu.cn/SrcShow.asp?Src_ID=645。

[3] 季師旭昇：〈上博七芻議（二）：凡物流形〉，簡帛網，2009 年 1 月 2 日，http://www.bsm.org.cn/show_article.php?id=934。

是偽古文，「敷于四海」之言未必無所傳承。《益稷》有「外薄四海」之語，「薄」、「敷」通用，亦可參證。[1]

李銳原同意宋先生之說，[2]後改從整理者之說，而讀為「通」。[3]

　　謹按：將「△」分析從「甫」可商。「甫」作：

（《天子建州》甲6）（輔，中山王方壺）　　　　（尃，《彭祖》02）

《凡物》甲29、乙22的「尃」亦可證明字形從「父」聲。宋先生文中所舉《包山》228、牘1的例子也是很明顯的從父聲，與「△」左上顯然不同。曹錦炎先生將「△」分析為從「東」是很對的，但釋為「陳」則可商。楚文字目前所見「陳」字用法及寫法可以找到規律性：

（1）凡是當姓氏或地名用者，其下皆有「土」旁作「墜」，似沒有例外。[4]

（2）當陳列或軍陳（陣）者則多從「申」旁，如：

　2.1《容成氏》簡53：「武王素甲以申（陳）於殷郊」。

　2.2《郭店・性自命出》簡7：「雁生而戕」。黃德寬、徐在國二先生讀為

1　宋華強：〈《上博（七）・凡物流形》札記四則〉，簡帛網，2009年1月3日，http://www.bsm.org.cn/show_article.php?id=938。

2　李銳：〈《凡物流形》釋讀札記（再續）（修訂版）〉，清華大學簡帛網，2009年1月3日，http://www.confucius2000.com/admin/list.asp?id=3885。

3　李銳：〈《凡物流形》釋讀札記（三續）〉，清華大學簡帛網，2009年1月8日，http://www.confucius2000.com/admin/list.asp?id=3888。李氏結論與拙文：〈釋《凡物流形》甲15「通於四海」〉（復旦網2009年1月14日）相同，可謂不謀而合。當時失察李文，蒙高佑仁先生提醒，謹致謝忱。考慮到李文沒有討論字形，拙文就權作李文的補充。

4　李守奎：《楚文字編》（上海市：華東師範大學，2003年12月），頁825、李守奎、曲冰、孫偉龍編著：《《上海博物館藏戰國楚竹書》（一～五）文字編》（北京市：作家出版社，2007年12月），頁627、張新俊、張勝波《葛陵楚簡文字編》（成都市：巴蜀書社，2008年8月），頁213、滕壬生：《楚系簡帛文字編（增訂本）》（武漢市：湖北教育出版社，2008年10月），頁1193～1194。

「陣」。¹白於藍先生亦指出：「戋」當讀為「陳」。從楚簡中的普遍用法來看，「戋」可能就是「陳」之異構。雁生而戋（陳），是說雁生來就會排成陳列。古代有「雁陳」一詞，指排成陳列的雁群。²

2.3《曹沫之陳》多見軍陳（陣）寫作「戋」。³

（2）《凡物流形》簡 24「氏（是）古（故）陳為新」，「陳」為陳舊之意。可見將「△」解為軍陳不合楚文字的用字習慣，而且古籍似無「陳于四海」的說法。「△」應分析為從糸「東」聲，隸作「練」。「東」旁可參：

（墜，《昭王毀室》簡 3）　　陳（陳，《璽彙》1455）

比對「陳」作陳（《璽彙》1453），前者豎畫的頂端左側加一斜畫。⁴筆者以為「練」可讀為「通」。「東」，端紐東部；「通」，透紐東部，音近可通。《說文》：「鐘或作銿。」可見「東」聲與「甬」聲確實音近可通。又如《郭店・語叢三》41「迵（踊），哀也，三迵（踊），文也。」⁵而古籍亦有【鍾與同】、【童與同】通假的例證，⁶亦可證明「東」、「通」確實可以通假。古籍有「通於四海」的說法：

《荀子・儒效》：「此若⁷義信乎人矣，**通於四海**，則天下應之如讙。」

《新序・雜事五》：「若義信乎人矣，**通於四海**，則天下之外，應之

¹ 黃德寬、徐在國：〈郭店楚簡文字考釋〉《吉林大學古籍整理研究所建所十五週年紀念文集》（長春市：吉林大學出版社，1998 年 12 月），頁 110。又載於黃德寬、何琳儀、徐在國合著：《新出楚簡文字考》（合肥市：安徽大學出版社，2007 年 9 月），頁 15。

² 白於藍：《簡牘帛書通假字字典》（福州市：福建人民出版社，2008 年 1 月），頁 334。

³ 白於藍：《簡牘帛書通假字字典》（福州市：福建人民出版社，2008 年 1 月），頁 334。

⁴ 李家浩：〈傳遽鷹節銘文考釋—戰國符節銘文研究之二〉《海上論叢》第二輯（上海市：復旦大學出版社，1998 年 7 月），頁 24

⁵ 劉釗：《郭店楚簡校釋》（福州市：福建人民出版社，2003 年 12 月），頁 209。

⁶ 高亨、董治安編纂：《古字通假會典》（濟南市：齊魯書社，1997 年 7 月），頁 17、18。

⁷ 從王念孫改為「若」，見（清）王先謙《荀子集解》（北京市：中華書局，1997 年 10 月），頁 120。

而懷之，是何也？」

《穀梁傳・僖公九年》：「天子之宰，**通於四海**。」

《穀梁傳・僖公三十年》：「天子之宰，**通於四海**。」

綜合以上，簡文應讀作「起而用之，練（通）於四海」。

本文原刊登於《出土文獻與古文字研究（第三輯）》（2010 年 7 月）

# 《孔子見季桓子》、《吳命》字詞考釋二則 *

## 一　釋《孔子見季桓子》簡 13「色不察」

《上博六・孔子見季桓子》簡 13 曰：

邑（色）[1] 不△，出言不忞（忌）[2]；見（見）於君子，大為毋㮣（懾？攝？）[3]；此與（邪）民[也。□□][4]

---

* 本文為「楚系簡帛字典編纂計畫」的研究成果之一，並獲得國家科學發展委員會的資助（計畫編號 NSC99-2410-H-018-032），特此致謝。

[1] 「邑（色）」依李銳說，見氏著：《〈孔子見季桓子〉重編》，簡帛網，2007 年 8 月 22 日，http://www.bsm.org.cn/show_article.php?id=703。底下所引李銳意見皆見此文，不再注出。

[2] 「忞」字之釋從陳偉：〈讀《上博六》條記之二〉，簡帛網，2007 年 7 月 10 日，http://www.bsm.org.cn/show_article.php?id=602。「忞」讀為「忌」則是李銳之說，見上引文。

[3] 見陳劍：〈《上博（六）・孔子見季桓子》重編新釋〉，《出土文獻與古文字研究（第二輯）》（上海市：復旦大學出版社，2008 年 8 月），頁 167。

[4] 見陳劍：〈《上博（六）・孔子見季桓子》重編新釋〉，《出土文獻與古文字研究（第二輯）》（上海市：復旦大學出版社，2008 年 8 月），頁 167。底下所引陳劍意見皆見此文，不再注出。

可見「色不△，出言不忌」是邪民的作為。「△」字作：整理者將字形釋為「僕」，[1]李銳先生讀為「樸」，陳劍先生從之。

謹案：「△」釋為「僕」可疑。首先，楚簡目前確定釋為「僕」者，皆作「僼」形。[2]或替換聲符作「𦣑」，[3]如《包山》135 反「或（又）𦥻（執）𦣑（僕）之𨻗（兄）𡉫（狌）」，底下皆有個「臣」旁。不過，《上博三・極先[4]》

簡 1 有字作：廖名春先生隸作𡘺，讀為「樸」。[5]《上博文字編》、邢文先生從之。[6]李零先生指出：「（此字）乃楚簡察、竊、質、淺、帶等字的聲旁，字形隸定還值得研究……疑讀為質。」[7]季師旭昇、裘錫圭先生均同

意其說。[8]又《上博七・吳命》簡 7 亦有相近字作：曹錦炎先生釋為「羹」，

---

[1] 馬承源主編：《上海博物館藏戰國楚竹書（六）》（上海市：上海古籍出版社，2007 年 7 月），頁 211。

[2] 李守奎：《楚文字編》，頁 156～157；李守奎、曲冰、孫偉龍編著：《《上海博物館藏戰國楚竹書》（一～五）文字編》，頁 36、129。

[3] 李守奎：《楚文字編》，頁 191。

[4] 「恆先」改讀為「極先」，參裘錫圭：〈是「恆先」還是「極先」〉《「2007 年中國簡帛學國際論壇」論文》（臺北市：臺灣大學中文系主辦，2007 年 11 月 10～11 日），頁 5。

[5] 廖名春：〈上博藏楚竹書《恆先》簡釋〉，清華簡帛網，2004 年 4 月 16 日，
http://www.confucius2000.com/qhjb/sbcczshxjs.htm。

[6] 李守奎、曲冰、孫偉龍編著：《《上海博物館藏戰國楚竹書》（一～五）文字編》，頁 443、邢文：〈釋「樸」〉《出土文獻與傳世典籍的詮釋——紀念譚樸森先生逝世兩周年國際學術研討會論文集》（上海市：上海古籍出版社，2010 年 10 月），頁 169～172。

[7] 馬承源主編：《上海博物館藏戰國楚竹書（三）》（上海市：上海古籍出版社，2003 年 12 月），頁 288。

[8] 季旭昇主編：《上海博物館藏戰國楚竹書（三）讀本》（臺北市：萬卷樓圖書公司，2005 年 10 月），頁 206～208。

讀為「僕」。[1]趙平安先生改釋為「業」，讀為「寡君之業」。[2]應該是對的。可見「△」釋為「僕」恐不能成立。[3]

其次，「△」字右旁形體亦見於下列字形：

（《上博六·用曰》簡 20）　　（《郭店·語叢一》68）

（《包山》183）　　（《珍秦齋藏印·戰國篇》140 號）

（《包山》145）　　（《上博五·融師有成》[4]簡 6）

《用曰》20：「有但（祖）之深，而有弔[5]之『淺』」，由文例來看《用曰》

---

[1] 馬承源主編：《上海博物館藏戰國楚竹書（七）》（上海市：上海古籍出版社，2008 年 12月），頁 319〜321。

[2] 趙平安：〈釋《吳命》7 號簡「業」字〉，復旦網，2009 年 1 月 16 日，
http://www.gwz.fudan.edu.cn/SrcShow.asp?Src_ID=662。

[3] 不過西周金文與秦文字「僕」、「癹」寫法確實會相混，如幾父壺「僕」作，右半偏旁與馭鐘：「　伐厥都」之　（翦）左半偏旁寫法相同，參顏世鉉〈出土文獻與傳世典籍校讀二題〉，復旦網，2009 年 6 月 29 日。又如秦漢文字的「業」旁：《石鼓文·車工》：「吾毆其樸，其來遠=」、《睡虎地·秦律十八種·金布律》：「小官毋（無）嗇夫者，以此鼠（予）僕、車牛」、漢印徵「大僕丞印」，這些寫法也與劉釗先生改釋甲骨、西周金文「撲伐」為「翦伐」的「翦」相同。董珊先生以「一形多讀」來解釋這種現象，見氏著：〈試論周公廟龜甲卜辭及其相關問題〉，載北京大學中國考古學研究中心、北京大學震旦古代文明研究中心編：《古代文明》第 5 卷，文物出版社，2006 年 12 月，頁 243〜269，注釋 5。

[4] 原篇名是《融師有成氏》，此依單育辰說改為《融師有成》。見氏著：〈上博五短札（三則）〉，簡帛網，2006 年 4 月 30 日，http://www.bsm.org.cn/show_article.php?id=333。後以〈上博竹書研究三題〉發表於《簡帛研究二〇〇五》（桂林市：廣西師範大學出版社，2008年 9 月），頁 47〜48。

[5] 「祖」、「弔」參何有祖：〈讀《上博六》札記〉，簡帛網，2007 年 7 月 9 日，
http://www.bsm.org.cn/show_article.php?id=596。

該字形釋為「淺」絕無問題。其次,《語叢一》68 張光裕先生曾隸定作「譏」,[1]其誤釋同「△」字。裘錫圭先生按語指出:「此簡第一字(引案:指⿰言并字),與《五行》當讀為『察』之從『言』之字基本相同。不過右旁下部有從『又』從『廾』之別,疑亦當讀為『察』。」[2]今由《用曰》簡 20 的「淺」來看,下部從「廾」者也是「察」一系列的字,李守奎先生釋為「諓」近之,[3]簡文可讀為「『察』天道以化民氣」。[4]第三,李守奎先生釋《包山》183 為⿰奠邑。[5]吳良寶先生贊同其說,進一步認為應讀為「蔡」,文例是楚地名「蔡陽」。[6]由《用曰》的字形來看,李、吳二先生之說可信。此地名亦見於第四例楚國璽印,原整理者釋為「鄭」,讀為「濮」。[7]現在看來應讀為「蔡陽信璽」。第五,李守奎先生釋《包山》145 為「美」,底下附註說:「此字也可能與戔相關,並非美字。」[8]後說無疑是對的,此字應該釋為「戔」,文例是「郚客⿰坒土困『戔』」,是人名。第六,整理者曹錦炎先生釋為「美」,讀為「蹼」。[9]《上博文字編》從之,[10]其誤釋同「△」字。禤健聰先生改釋為「察」,[1]字

---

[1] 張光裕主編:《郭店楚簡研究——第一卷—文字編》(臺北市:藝文印書館,1999 年 1 月),頁 716。

[2] 荊門市博物館:《郭店楚墓竹簡》(北京市:文物出版社,1998 年 5 月),頁 200 注 15。

[3] 李守奎:《楚文字編》,頁 145。

[4] 陳偉武先生以為此句句義亦見於《大戴禮記・曾子天圓》:「(聖人)和五聲以導民氣。」又《五帝德》:「治氣以教民。」參氏著〈試論簡帛文獻中的格言資料〉「中國簡帛學國際論壇 2008」論文,芝加哥,2008 年 10 月 31 日至 11 月 2 日。

[5] 李守奎:《楚文字編》,頁 408。

[6] 吳良寶:〈楚地「鄭昜」新考〉《古文字學論稿》(合肥市:安徽大學出版社,2008 年 4 月),頁 430。

[7] 蕭春源輯:《珍秦齋藏印・戰國篇》(澳門:澳門基金會,2001 年),頁 99。

[8] 李守奎:《楚文字編》頁 156。滕壬生:《楚系簡帛文字編(增訂本)》(武漢市:湖北教育出版社,2008 年 10 月),頁 233 亦釋為「美」,不確。

[9] 馬承源主編:《上海博物館藏戰國楚竹書(五)》(上海市:上海古籍出版社,2005 年 12 月),頁 324～325。

[10] 李守奎、曲冰、孫偉龍編著:《《上海博物館藏戰國楚竹書》(一～五)文字編》(北京市:作家出版社,2007 年 12 月),頁 129。

形上是可信的。但是簡文恰好在殘斷處，曹錦炎先生的拼合尚有疑義，[2]簡文文義如何釋讀待考。

綜合以上，「△」不能釋為「僕」，依其形體可以暫時隸定作「僗」，左旁「人」形較為特殊，陳劍先生已有討論。則上列六形亦可依序隸定作：「潩」[3]、「譯」、「鄴」、「鄴」、「羕」、「羕」。當然若將「△」直接釋為「俴」也未嘗不可。

再看文義：「樸」或「質樸」似未見比喻人的顏色容貌，而多用來形容人之性情，如：

《白虎通德論・三教》：「民有質樸，不教而成」。

《春秋繁露・實性》：「非情性質樸之能至也」。

《漢書・元帝紀》：「詔丞相、御史舉質樸敦厚遜讓有行者」。

《漢書・董仲舒傳》：「質樸之謂性，性非教化不成」。

古籍惟有「色莊」、「顏色齊」、「顏色和」等等的說法，可見就文義來看釋為「樸」亦有疑問。「△」的釋讀應該往「察」、「竊」、「質」、「戔」等一系列詞來思考，筆者以為「△」應讀為「察」。古籍有「察言觀色」、「察色」、「察顏色」、「觀察顏色」的說法，如：

《論語・顏淵》：「子曰：『夫達也者：質直而好義，察言而觀色，慮以下人，在邦必達，在家必達。』」

《韓非子・八姦》：「凡人臣之所道成姦者有八術：……二曰在旁。何謂在旁？曰：優笑侏儒，左右近習，此人主未命而唯唯，未使而

1 禤健聰：〈上博楚簡（五）零札（二）〉，簡帛網，2006 年 2 月 26 日 http://www.bsm.org.cn/show_article.php?id=238#_ftnref11。

2 參劉洪濤說，2007 年 8 月 10 日，http://www.bsm.org.cn/forum/viewtopic.php?t=1030&postdays=0&postorder=asc&start=0

3 參蔣文：《《上海博物館藏戰國楚竹書（六）》文字編》（上海市：復旦大學中文系本科學位論文，2008 年）（指導教授：陳劍先生）。亦刊登於復旦大學出土文獻與古文字研究中心網站，2008 年 8 月 2 日。

諾諾，先意承旨，**觀貌察色**，以先主心者也。」

《東觀漢紀・傳一・和熹鄧皇后》：「太后念欲下掖庭考問之，恐有無辜僵仆者，乃親自臨見宮人，一一閱問，**察其顏色**，開示恩信。」

《後漢書・皇后紀上》：「乃親閱宮人，**觀察顏色**，即時首服。」

《後漢書・張法滕馮度楊列傳》：「雄每行部，錄囚徒，**察顏色**，多得情偽，長吏不奉法者皆解印綬去。」

既然文獻有「察色」的說法，則簡文讀為「色不察」是可以的。如同文獻常見「變色」（《說苑・臣術》、《說苑・敬慎》、《說苑・奉使》、《韓詩外傳・卷四》）一詞，又有「顏色不變」的說法（如：《莊子・大宗師》、《鶡冠子・世兵》、《管子・小問》、《淮南子・精神訓》、《韓詩外傳・卷十》）。簡文「色不察」者，指邪民不會察顏觀色。

而善於觀察顏色來作相應的事情一般而言是正面的，除上面《論語・顏淵》所記的「達者」外，又如：

《論語・季氏》：「孔子曰：『侍於君子有三愆：言未及之而言謂之躁，言及之而不言謂之隱，**未見顏色而言謂之瞽**。』」

《漢書・東方朔傳》：「朔雖詼笑，然時**觀察顏色**，直言切諫，上常用之。自公卿在位，朔皆敖弄，無所為屈。」

《白虎通德論・諫諍》：「窺諫者，禮也，**視君顏色，不悅且卻，悅則復前**，以禮進退，此禮之性也。」

《呂氏春秋・不苟論・自知》：「魏文侯燕飲，皆令諸大夫論己，或言君之智也。至於任座，任座曰：「君不肖君也，得中山不以封君之弟，而以封君之子，是以知君之不肖也。」**文侯不說，知於顏色。任座趨而出。**次及翟黃，翟黃曰：「君賢君也。臣聞其主賢者，其臣之言直。今者任座之言直，是以知君之賢也。」

《韓非子・外儲說左下》：「跀危曰：『吾斷足也，固吾罪當之，不可奈何。然方公之獄治臣也，公傾側法令，先後臣以言，欲臣之免也甚，而臣知之。**及獄決罪定，公憱然不悅，形於顏色，臣見又知之。**非私臣而然也，夫天性仁心固然也，此臣之所以悅而德公也。』」

其次，簡文下一句讀為「出言不忈（忌）」正確可從。「其」聲讀為「忌」，楚簡材料已有。[1]另外亦可參見：配兒鉤鑃（《集成》00426）「卲龔威㦷」即郘公華鐘（《集成》00245）、郘公輕鐘（《集成》00149-00152）的「畢龔威忌」。[2]郭永秉先生也指出：

> 從用字習慣考慮，「無期」、「不㦷」之「期（或㦷）」，似更可能讀為「忌」。春秋金文多見「畏忌」一詞，王子午鼎（《集成》1828、1892、1894～1897）、王孫遺者鐘（《集成》261）、配兒鉤鑃（《集成》426、427）「畏忌」之「忌」皆作「期（或㦷）」，應該是較早時代用字習慣的遺留。湖北襄陽王坡春秋墓地出土鄧公孫無㦷鼎（《新收殷周青銅器銘文暨器影彙編》－下簡稱「《新收》」－1231 號）、鄧子仲無忌戈（《新收》1232、1233、1234 號），學者已指出「無㦷」、「無忌」皆應讀「無忌」。《集成》2606 號曾孫無期鼎的「無期」與上舉諸人同名，也應讀「無忌」。《集成》16482 號子可期戈，「子」是男子的美稱，「可期」之「期」舊多讀為「期」，疑亦應讀為「忌」，「可（何）期（忌）」與戰國時代梁伯可忌豆的「可（何）忌」（《近出》543）同名。「何忌」猶「無忌」、「弗忌」（與人名「何傷」、「奚傷」、「胡傷」猶「無傷」同例），是古代習見的人名（春秋時魯有仲孫何忌，齊有苑何忌，楚有司馬公子何忌）。古代以「無忌」為名者很多，晉韓厥之子名無忌，楚有費無忌。𣪘比盨銘文所見「內史無忌」，似是目前所見最早以「無忌」為名的人。[3]

簡文「色不察，出言不忌」是說邪民不會察言觀色，說話無所忌諱，講話時機不恰當，正與《論語‧季氏》：「未見顏色而言謂之瞽」意思相同，也

---

[1] 白於藍：《簡牘帛書通假字字典》（福州市：福建人民出版社，2008 年 1 月），頁 25～26。

[2] （清）孫詒讓：《古籀拾遺》（北京市：中華書局，2005 年 1 月），卷中，頁 11、《金文形義通解》，頁 934。

[3] 郭永秉：〈商周金文所見人名補釋五則〉，復旦網，2009 年 4 月 2 日，http://www.gwz.fudan.edu.cn/SrcShow.asp?Src_ID=741。又載於氏著：《古文字與古文獻論集》（上海市：上海古籍出版社，2011 年 6 月），頁 27。

與上引《漢書・東方朔傳》、《白虎通德論・諫諍》所說正好相反，可以證明我們的釋讀是可以成立的。《郭店・語叢四》27「視厇而內」，林素清教授讀作「視貌而納」。據《郭簡・語叢一》第 20 號簡「至（致）容厇（貌）」、第 63 號簡「厇（貌）谷（欲）壯（莊）而毋拔（伐）」則「厇」可讀為「貌」。「納」訓為「致」。「聽言而答，視貌而納」是說「遊說者要傾聽對方的問話，然後作答；細觀對方的表情，然後進言，也就是要能觀言察色之意。」[1]亦可以本簡釋讀的佐證。此外，《論語・顏淵》：「子曰：『夫達也者：質直而好義，察言而觀色，慮以下人，在邦必達，在家必達。』」何晏《集解》引馬融說：「常有謙退之志，察言語，觀顏色，知其所欲，其念慮常欲下於人。」劉寶楠《論語正義》曰：「『察言而觀色，慮以下人』者，言心存敬畏，不敢忤慢人也。」[2]可見善於察言觀色的人也是謙退之人，自然說話不會肆無忌憚。此亦可說明「色不察，出言不忌」是邪民的行為。又郭永秉先生與筆者交流時，提出或可讀為「質」。「質」是誠信、老實的意思，《國語・楚語下》：「容貌之崇，忠信之質，禋絜之服，而敬恭明神者，以為之祝。」韋昭 注：「質，誠也。」陳劍先生《說慎》一文考釋史密簋銘文「不質」時曾指出：「『質』在古書中常用為質地、本性一類意思，由此引伸出樸實、樸素、淳樸、質樸等意。這一類意義大致可以用『安於本性』和『安守本分』來概括。本銘說諸夷人『不質』，大概就是不安分的意思，猶今語所謂『不老實』。」則「色不質」是說邪人不老實。[3]其說有理，可備一說。

## 二　《吳命》簡 4「桃迗」試解

　　《吳命》簡 4 曰：

---

[1] 林素清：〈郭店竹簡《語叢四》箋釋〉《郭店楚簡國際學術研討會論文集》（武漢市：湖北人民出版社，2000 年 5 月），頁 395。

[2] 二說並見黃懷信主撰：《論語彙校集釋》（上海市：上海古籍出版社，2008 年 8 月）下冊，頁 1125～1127。

[3] 2011 年 2 月 23 日信件內容。

孤吏（使）[1] 一介吏（使），慹（親）於桃△袋（勞）亓（其）大夫，

且請亓（其）行。

其中「△」字作：整理者釋為「逆」，[2] 諸家未見異詞。這大概主要是

因為古籍有「逆勞」一詞，如《周禮・秋官・小行人》：「凡諸侯入王，則

逆勞于畿；及郊勞、視館、將幣，為承而擯。」「畿」是王邦的疆界，離王

城五百里。[3]《左傳・定公五年》：「子洩為費宰，逆勞於郊，桓子敬之。」

可見逆、勞之事是發生於郊。又如《左傳・宣公三年》：「楚子伐陸渾之戎，

遂至於雒，觀兵于周疆。定王使王孫滿勞楚子。」《史記・楚世家》則記作：

「八年，伐陸渾戎，遂至洛，觀兵於周郊。周定王使王孫滿勞楚王。」可

見「周疆」即是「周郊」。又如《簡大王泊旱》15-16：「王許諾。攸（修）

四蒿（郊）。【15】……癹（發）駐（駔）逜（蹠）四＝疆＝（四疆，四

疆）皆箮（熟）。【16】」前說「四郊」，後說「四疆」，亦可見「郊」即「疆」。

但如復旦讀書會指出：「簡4『桃』字，整理者認為是地名。文獻中有『郊

勞』之禮，逆、勞之事定當發生於郊。頗疑『桃』也當讀為『郊』。（讀書

會中也有學者指出，『桃』、『郊』聲母遠隔，或許此意見只能存疑待考。）」

換言之，若「桃」釋為「郊」的意見無法確定，則「△」是否一定釋為「逆」

也值得考慮了。

其次，陳劍先生指出：

---

[1] 讀為「使」，依復旦讀書會。見程少軒先生執筆，復旦大學出土文獻與古文字研究中心研
究生讀書會（下簡稱「復旦讀書會」）：《《上博七・吳命》校讀》，復旦大學出土文獻與
古文字研究中心網，2008 年 12 月 30 日，
http://www.gwz.fudan.edu.cn/SrcShow.asp?Src_ID=577。底下所引「復旦讀書會」意見皆
見此文，不再注出。

[2] 馬承源主編：《上海博物館藏戰國楚竹書（七）》（上海市：上海古籍出版社，2008 年 12
月）頁 311～312。

[3] 錢玄、錢興奇、王華寶、謝秉洪注釋：《周禮》（長沙市：岳麓書社，2001 年 7 月），頁
367。

在楚系文字中，「屰」旁寫法與以上諸形（引案：指晉系文字）有很大不同。這一點似尚未引起大家足夠的重視，所以我們不厭其煩，儘可能多地將楚系文字中从「屰」旁的字列舉如下：

朔：《古璽彙編》3558　《古璽彙編》3185　包山簡 63

包山簡 63　包山簡 98

逆：鄂君啟車節　鄂君啟舟節　包山簡 75　包山簡 71　楚帛書甲篇第 7 行　曾侯乙墓簡 13　郭店簡《性自命出》10　郭店簡《性自命出》11　郭店簡《性自命出》17　郭店簡《成之聞之》32　上博簡《容成氏》8　上博簡《性情論》4　上博簡《性情論》5[1]

除陳劍先生所舉例外，還可補充下例从「屰」旁的字：

（逆，《容成氏》52）　（逆，《三德》06）

而有爭議性的如下字形，或釋為「逆」或釋為「迋」：

《隨縣》13[2]　《季庚子問於孔子》17[1]　《武王踐阼》15[2]

---

[1] 陳劍：〈釋上博竹書《昭王毀室》的「幸」字〉《漢字研究》（第一輯）（北京市：學苑出版社，2005 年 6 月），頁 458。又見于武漢大學簡帛網，2005 年 12 月 16 日，http://www.bsm.org.cn/show_article.php?id=134。

[2] 李守奎：《楚文字編》（上海市：華東師範大學，2003 年 12 月），頁 110、滕壬生：《楚系簡帛文字編（增訂本）》（武漢市：湖北教育出版社，2008 年 10 月），頁 171、蕭聖中：

看得出來，楚文字的「屰」，其上作「Ｙ」形或理解為豎筆上的橫筆皆為三筆，顯然與「△」作兩筆並不相同。仔細觀察，此字實為從「毛」，試比較：

（《吳命》簡5「表」）　　（《上博一‧緇衣》14「髦」）

（《包山》185「雹－雪」[3]）　　（△）

學者已指出《吳命》與《上博一‧緇衣》、《彭祖》、《景公瘧》是同一書手，[4]則「△」釋為從「毛」旁是非常合理的，可見「△」應該隸定作「迗」。「迗」字亦見於《郭店》殘簡9作　。[5]

　　曹錦炎先生認為「桃」為地名是值得重視的意見。[6]《昭王與龏之脾》簡5-6「昭王逜（蹠）【5】逃珕」，「逃珕」，陳劍先生指出是地名，簡文意為「楚昭王要到逃珕這個地方去」。[7]單育辰先生亦認為是地名，讀為「逃

---

《曾侯乙墓竹簡釋文補正暨車馬制度研究》（武漢市：武漢大學博士學位論文，2005年5月）頁23皆釋為「迗」。但李零：〈讀《楚系簡帛文字編》〉《出土文獻》第五集（北京市：科學出版社，1999年8月），頁159補遺第11及上引陳劍先生文則釋為「逆」。

[1] 一般釋為「逆」，楊澤生先生則釋為「迗」，見楊澤生：〈《上博五》零釋十二則〉，簡帛網，2006年3月20日。

[2] 一般釋為「逆」，楊澤生先生則釋為「迗」，見氏著：〈《上博七》補說〉，復旦大學出土文獻與古文字研究中心網，2009年1月14日。

[3] 張新俊：《上博楚簡文字研究》（長春：吉林大學古籍研究所博士學位論文，2005年4月），頁25。又「雹」即「雪」字，見《楚居》06「舍雹雹（雪）」。

[4] 見「復旦讀書會」下的跟帖，http://www.gwz.fudan.edu.cn/SrcShow.asp?Src_ID=577。

[5] 李守奎：《楚文字編》（上海市：華東師範大學，2003年12月），頁110、滕壬生：《楚系簡帛文字編（增訂本）》（武漢市：湖北教育出版社，2008年10月），頁171。

[6] 馬承源主編：《上海博物館藏戰國楚竹書（七）》（上海市：上海古籍出版社，2008年12月），頁312。

[7] 陳劍：〈上博竹書《昭王與龏之脾》和《東大王泊旱》讀後記〉，簡帛研究網，2005年2月15日，http://www.jianbo.org/admin3/2005/chenjian002.htm。亦見陳劍：〈楚簡「羿」字試解〉，「中國簡帛學國際論壇2008」論文，芝加哥，2008年10月31日至11月2日。

寶」。[1]筆者懷疑《吳命》的「桃迕」可能就是「逃珤」。「桃」讀為「逃」
自無問題。「毛」，明紐宵部；「缶」，幫紐幽部，音近可通。古籍亦有通假
例證：《說文》曰：「表，上衣也。從衣從毛。古者衣裘以毛為表。」（八上
十八）段玉裁則認為：「毛亦聲也。」[2]馬敘倫、何琳儀、李家浩、季師旭
昇、白於藍等先生皆認同此意見。[3]《九店》36：「製衣裳，表紕。」「表紕」，
秦簡《日書》甲種楚除秀日占辭作「服帶」。李家浩先生認為可以讀為「表
識」或是「服飾」，而以後說更符合原義。[4]又如《容成氏》簡21-22「裝表」，
白於藍先生讀為「製服」。[5]可見「表」、「服」二字相通自無問題。而古書
中【服與保】常見通假，[6]可見「毛」與「保」可通假。「保」、「缶」雙聲
疊韻，皆為「寶」的聲符。[7]可見「毛」與「缶」、「寶」通假皆無問題。古
籍又有【冒與芼】（《會典》頁772）、【包與冒】（《會典》頁763）、【抱與褓】
（《會典》頁764）的通假例證，此亦為「毛」與「保」可通假之例證。我
們認為竹書的「迕」、「珤」有可能就讀為「保」（詳下）。

---

[1] 單育辰：〈佔畢隨錄之六〉，簡帛網，2008年8月5日，
http://www.bsm.org.cn/show_article.php?id=860。

[2] （清）段玉裁注：《說文解字注》（臺北市：漢京文化，1985年10月），頁389。

[3] 馬敘倫之說見古文字詁林編纂委員會：《古文字詁林》第7冊（上海市：上海教育出版社，
2002年12月），頁570。何琳儀說見《戰國古文字典》（北京市：中華書局，1998年9
月），頁329。李家浩說見〈包山遣冊考釋（四篇）〉《古籍整理研究學刊》2003年第5
期 頁5。季師說見《說文新證》下冊（臺北市：藝文印書館，2004年11月），頁30。
白於藍說見《簡牘帛書通假字字典》（福州市：福建人民出版社，2008年1月），頁60
將「表」歸於「毛」字聲系下。

[4] 湖北省文物考古研究所、北京大學中文系編：《九店楚簡》（北京市：中華書局，2000年
5月）考釋138條，頁98～99。

[5] 白於藍：〈《容成氏》編連問題補議〉《第四屆國際中國古文字學研討會論文集——新世紀
的古文字學與經典詮釋》（香港：香港中文大學中國語言及文學系，2003年10月），頁
301～308。

[6] 高亨、董治安編纂：《古字通假會典》（濟南市：齊魯書社，1997年7月），頁440、張
儒、劉毓慶：《漢字通用聲素研究》（太原市：山西古籍出版社，2002年4月），頁54。

[7] 李守奎、曲冰、孫偉龍編著：《《上海博物館藏戰國楚竹書》（一～五）文字編》（北京市：
作家出版社，2007年12月），頁369。

　　經由以上的討論，可見《吳命》的「桃迻」即《昭王與龔之脽》的「逃」，皆為地名。同時亦可知「桃迻」的位置或許就如同「州來」，也是吳楚間地。陳偉先生說：「州來是吳楚間地，二國曾在此爭奪、拉鋸。《漢書·地理志上》沛郡下蔡縣下自注云：『故州來國，為楚所滅，後吳取之，至夫差遷昭侯于此。後四世侯齊竟為楚所滅。』」[1]如此才能符合楚昭王所到之處及吳國的邊疆這兩個條件。沈培先生贊同拙說，並懷疑作為地名的「珤」、「迻」似乎可以讀為「阜」，如著名的「堂阜」就在齊國邊境。[2]沈培先生此說頗有道理，確可成立。阜、缶通假例證如《石鼓文·車工》：「避（吾）馬既駜」的「駜」，徐寶貴先生考釋說：「駜，《詩·秦風·駟鐵》及《小雅·車攻》作阜。駜當為本字，阜為假借字。」[3]

　　此外，筆者還想提出一種可能：地名「迻」、「珤」似乎與解為「小城」的「保」相關。《左傳·襄公八年》：「焚我郊保，馮陵我城郭。」杜預注：「郭外曰郊。保，守也。」《左傳·襄公九年》：「九年春，宋災，樂喜為司城以為政，使伯氏司里。……使華臣具正徒，令隧正納郊保，奔火所。」杜預注：「隧正，官名也。五縣為隧。納聚郊野保守之民，使隨火所起往救之。」王引之引王念孫說認為杜預解「保」之說不可信，應從鄭玄所說「保」為「縣邑小城」。王念孫曰：「郊保與城郭相對為文，保謂小城也。保與城同類，故言焚。成十三年《傳》曰：『伐我保城』是也。襄九年《傳》：『令隧正納郊保，奔火所』亦謂納國外及縣邑小城之民，使奔救火也。〈檀弓〉：『遇負杖入保者息。』鄭注曰：『保，縣邑小城。』〈月令〉：『四鄙入保』。〈晉語〉：『抑為保障乎。』鄭韋注並曰：『小城曰保。』」[4]此外，《珍秦齋藏印·戰國篇》亦有楚官印「迷（遂）保之璽」，吳振武先生解釋說：「『迷』，讀作鄉遂之遂；『保』謂城堡。《左傳·襄公八年》：『焚我郊保。』遂保猶

[1] 陳偉：〈讀《吳命》小札〉，武漢大學簡帛網，2009 年 1 月 2 日，
http://www.bsm.org.cn/show_article.php?id=936。

[2] 2009 年 2 月 17 日覆信內容。

[3] 徐寶貴：《石鼓文整理研究》上（北京市：中華書局，2008 年 1 月），頁 824。

[4] （清）王引之：《經義述聞》（南京市：江蘇古籍出版社，2000 年 9 月），頁 432。

此效保（引按：應為郊保之誤）。楚璽。」[1]由以上文例可以看出「保」的設置多在「郊」、「鄙」（鄭玄注：「鄙，界上邑。」）、「縣」、「遂」上。《周禮》把周天子直接統治的王畿劃分為「國」、「野」兩大區域：郊以內是「國中及四郊」，郊以外即是「野」。都以外、郊以內為「國」，設「六鄉」；在「郊」以外及「野」以內，分設有「六遂」。就「野」的廣義而言，是指「郊」外所有的地區，包括「六遂」和「都鄙」等。[2]又依照《周禮・地官・遂人》云：「五家為鄰，五鄰為里，四里為酇，五酇為鄙，五鄙為縣，五縣為遂。」亦可知「縣」是「六遂」的居民組織之一。總之，「保城」的位置是位於「郊」及「郊」以外的區域，與簡文「桃讬」、「逃珤」位置相去不遠，則「讬」、「珤」是可以釋為「保」的，即桃（逃）地的「保」。

茲將本文內容總結如下：（一）《上博六・孔子見季桓子》簡 13「⿱㠯色（色）不，出言不⿱亓心（忌）」，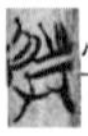字以往被誤釋為「僕（樸）」。本文從字形與文義來證明釋為「僕」，讀為「樸」是可疑的。筆者認為「」字與《用曰》20：「有但（祖）之深，而有弔之『淺』」的「淺」字字形相同，應隸定作「⿰亻⿱丵廾」，而讀為「察」。古籍有「察言觀色」、「察色」、「察顏色」、「觀察顏色」的說法，簡文「色不察」者是其相反義。而「色不察，出言不忌」正與《論語・季氏》：「未見顏色而言謂之瞽。」文義密合。同時在本則我們考釋了幾個以往被誤釋為「僕」的字形。（二）《上博七・吳命》簡 4「孤吏（使）一介吏（使），⿱新心（親）於桃褮（勞）丌（其）大夫」，字或釋為「逆」。本文認為由字形與讀音來看釋為「逆」可疑。由相同書手的《上

---

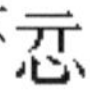

1 蕭春源輯：《珍秦齋藏印・戰國篇》（澳門市：澳門基金會，2001 年），頁 15。亦見施謝捷：《古璽匯考》（合肥市：安徽大學博士學位論文，2006 年 5 月），頁 177～178。

2 參看楊寬：《西周史》（臺北市：臺灣商務印書館，1999 年 4 月），頁 374、宋華強：〈釋新蔡簡中的「述」和「丘」〉，簡帛網，2007 年 1 月 9 日，http://www.bsm.org.cn/show_article.php?id=501、吳良寶：〈野王方足布幣考〉《江蘇錢幣》2008 年 1 期，頁 3。

博一‧緇衣》所寫的「毛」旁來看，字形應該釋為「迗」。頗疑簡文「桃迗」是地名，就是見於《昭王與龔之脾》的地名「逃珤」。同時亦可知「桃迗」的位置或許就如同「州來」，也是吳楚間地。如此才能符合楚昭王所到之處及吳國的邊疆這兩個條件。沈培先生同意拙說，並向筆者指出並作為地名的「珤」、「迗」似乎可以讀為「阜」，如著名的「堂阜」就在齊國邊境。另外，《珍秦齋藏印‧戰國篇》有楚官印「迖（遂）保之璽」，由古籍可知「保」的設置多在「郊」、「鄙」（鄭玄注：「鄙，界上邑。」）、「縣」、「遂」上，即「郊」及「郊」以外的區域。與簡文「桃迗」、「逃珤」位置相去不遠，則「迗」、「珤」或許與解為「小城」的「保」相關。

本文原刊登於《中國文字學報》第三輯（2010 年 11 月）

# 金文考釋五篇 *

## 一　邢叔采鐘「寏」字小考

　　1984 年陝西省長安縣灃西張家坡 163 號墓（M163：34、M163：35）出土了邢叔采鐘，著錄於《集成》356 及 357。其銘文曰：「用祈福△、多 [1] 壽、■魯」。「△」字作：

（《集成》356）

（《集成》357）

原發掘報告釋為「霖」。[2]《集成釋文》釋為「祿」。[1]張亞初先生、《殷周金

———————————————

\* 本文為「楚系簡帛字典編纂計畫」的研究成果之一，並獲得國家科學發展委員會的資助（計畫編號 NSC99-2410-H-018-032），特此致謝。

[1] 「多」字據《集成》357 號補。

[2] 中國社會科學院考古研究所灃西發掘隊：《長安張家坡西周井叔墓發掘簡報》，《考古》1986 年第 1 期，頁 26。

文集成修訂增補本》直接隸定作「霥」。[2]《金文引得》隸釋為「霝（靈）」。[3]《金文形義通解》摹作 ，釋為「霢（霧）」，分析字形為從雨，矛聲，並與下「壽」字連讀，解釋為用如「眉壽」之「眉」。[4] 吳鎮烽先生所編的《商周金文資料通鑒》隸作「霖」，讀為「祿」。[5] 陳英傑先生亦釋為「祿」，但是提到說：郭店楚簡《語叢三》31 簡有「霥」字，或以為「寡」字。金文中「寡」字參見《金文編》頁 529。就現有材料，還很難把楚簡字與鐘銘此字拉上關係。[6] 陳劍先生則認為：

> 前舉 2.0357 下所從之形右向，與段（？）仲盤之形的左半方向相同。其下端正象「人著履形」，與很多偏旁中人形下端所加「橫寫的止形」並不相同。2.0356 之形下端正當近鉦處，其腳上所著之「履形」有殘泐。2.0357 銘文多被釋為「多壽」，或以為「356 奪『多』字」。按所謂「多」字實係割裂、誤認「履」字「頁」形的下端（加上其泐痕）再加「履形」而成。「履」字顯然當分析為從「雨」、「履」聲。……「履」字與「福（福）」連用，顯然當讀為「履」，意為「福祿」。……

---

[1] 中國社會科學院考古研究所編：《殷周金文集成釋文》（香港：香港中文大學，2001 年 10 月）。

[2] 張亞初：《殷周金文集成引得》（北京市：中華書局，2001 年 7 月），頁 18、中國社會科學院考古研究所編：《殷周金文集成修訂增補本》（北京市：中華書局，2007 年 4 月），頁 497～498。

[3] 華東師範大學中國文字研究與應用中心編：《金文引得（殷商西周卷）》（廣西教育出版社，2001 年 10 月），頁 6 第 0073 號（即 2.0356），頁 5 第 0062 號重出（引《考古》1986 年 1 期，頁 25 圖五，按即 2.0356），又釋為「彔（祿）」。

[4] 張世超、孫凌安、金國泰、馬如森撰著：《金文形義通解》（京都：中文出版社，1996 年 3 月），頁 2688～2689 第 2068 號。

[5] 引自陳英傑：《西周金文作器用途銘辭研究》上（北京市：線裝書局，2009 年 1 月），頁 406 注 1。

[6] 陳英傑：《西周金文作器用途銘辭研究》上（北京市：線裝書局，2009 年 1 月），頁 406 注 1。

義為「福」的「履」字除《詩經》外先秦古書似不見其它用例，此

銘「福（福）履（履）」亦可為西周金文與古書詞義互證之一例。[1]

謹案：「△」字下部明顯從「頁」，與「彔」[2]、「矛」、「靈」字毫無關係，

可以不論。陳劍先生的意見，無疑是極具啟發性的，不過 0356 之形下端無

法確定是否有「履形」。而對於圖一（0357）的字形，陳劍先生告訴我：字

形下部形右邊明顯作封閉形，正是人腳上穿鞋之形，其既不同於「舟」

又不同於「止」的特別之處，正是「履」。[3]

（圖一）　　　（圖二）

但是做為另一種可能，可比對下列的「履」字：

（《集成》2831 九年衛鼎）　　（《集成》2832 五祀衛鼎）

字形「頁」下有「止」形，「履」形在其下方。[4]圖一（0357）形更接近

「頁」下的「止」形，而非「履」形，則這個字就未必是「履」字了。圖

[1] 陳劍：〈金文字詞零釋（四則）〉，復旦網，2008 年 2 月 5 日，
http://www.guwenzi.com/SrcShow.asp?Src_ID=335。亦載於《古文字學論稿》（合肥市：安徽大學出版社，2008 年 4 月），頁 136～138。

[2] 「彔」字見《金文編》，頁 498 第 1156 號。

[3] 陳劍先生 2009 年 9 月 18 日覆信內容。

[4] 參見裘錫圭：〈應侯視工簋補釋〉《文物》2002 年 7 期，頁 72。

二是 0357 左欒的部份拓片，看得出來將圖一的字形釋為「履」，在大小比例上恐也有問題，圖一應該是分屬兩個字的。最後，如同陳劍先生所指出：「義為『福』的『履』字除《詩經》外先秦古書似不見其它用例。」所以筆者以為「△」應該還可以有不同的思考。陳英傑先生將「△」字與《語叢三》「賣」字拉上關係是很正確的，可惜仍釋為「祿」。這大概是因為金文有「追福祿」的用法，如《集成》9718 史殿壺「用追福祿」，同時又因為「賣」與西周金文常見「寡」字寫法不同。但是「△」字下部明顯從「頁」，不可能是「彔」字，筆者以為「寡」字寫作「賣」應該是聲化的現象，而這種寫法被齊系文字繼承下來（詳下），「△」釋為「寡」實不用多慮。

　　《郭店・語叢三》31「智𢼄者賣愗」，整理者讀作「智𢼄者寡謀」，裘錫圭先生按語說：「𢼄疑讀為治」、「如愗上一字確為寡字，愗似應讀為悔。」[1]李零先生讀作「智𢼄者寡悔」。[2]劉釗先生讀作「智治者寡悔」，並解釋說：「『賣』從文意看應為『寡』字的訛變之體。……此句簡文說用智慧來統治者就會避免後悔。」[3]白於藍先生讀作「智𢼄者寡謀」。[4]裘、李、劉三先生之說可從。首先，「𢼄」亦見於《弟子問》簡 10「士𢼄以力則俎」，何有祖先生已指出：「原簡當從司從戈，讀作『治』。此指士治事以力。『力』與上文『勞』相呼應。」[5]其次，諸家都同意「賣」應釋為「寡」，字形作：

這種寫法亦見於：

[1] 荊門市博物館：《郭店楚墓竹簡》（北京市：文物出版社，1998 年 5 月），頁 213。

[2] 李零：《郭店楚簡校讀記——增訂本》（北京市：北京大學出版社，2002 年 3 月），頁 149。

[3] 劉釗：《郭店楚簡校釋》（福州市：福建人民出版社，2003 年 12 月），頁 217。

[4] 白於藍：《簡牘帛書通假字字典》（福州市：福建人民出版社，2008 年 1 月），頁 4。

[5] 何有祖：〈上博五《弟子問》試讀三則〉，簡帛網，2005 年 2 月 20 日，http://www.bsm.org.cn/show_article.php?id=209。亦可參見拙文：〈《上博五・弟子問》研究〉《中研院史語所集刊》（待刊）。

（《隸續》引《石經》）　　（《汗簡》引《石經》）　　（《古文四聲韻》引《石經》）

「寡」，金文一般作（父辛卣）、（毛公鼎），中山王器作（並見《金文編》，頁529），《郭店・緇衣》22號簡等作。而對字的演變過程，何琳儀先生指出：「寡，金文從宀，從頁，會意不明。……戰國文字或省宀旁加四飾點，或重疊宀下偏旁。或四點上移與宀旁相結合作，似從雨旁。又疑其從雨旁有聲化趨勢，寡與雨均屬魚部。」[1]趙立偉先生也指出：「寡」字從「雨」，當是「頁」形兩側飾筆上移與「宀」旁結合後訛變的結果。[2]周波先生贊同趙氏之說，並指出：

> 齊文字用「霓」表示｛寡｝。「霓」字從「雨」從「頁」，是「寡」字的訛體。《隸續》、《汗簡》、《古文四聲韻》所錄石經古文、《古文四聲韻》引《古孝經》「寡」皆作「霓」。郭店《語叢三》31號簡「寡」字亦作「霓」。[3]

由《語叢三》及《石經》文字來看，「寡」寫作「霓」顯然是一種其來有自且固定的寫法，並不是偶然的訛誤現象，所以解釋為飾筆上移頗為牽強。最重要的一點是：戰國文字增添四點的「寡」字，其上皆無「宀」旁，[4]又

---

[1] 黃德寬主編：《古文字譜系疏證》第二冊（北京市：商務印書館，2007年5月），頁1350。據第四冊後記所示，魚部是何琳儀先生所寫。

[2] 趙立偉：〈新材料與三體石經古文合證〉，中國文字學會、河北大學漢字研究中心編：《漢字研究》第1輯（北京市：學苑出版社，2005年），頁294。亦見氏著：《魏三體石經古文輯證》（北京市：社會科學文獻出版社，2007年9月），頁300～301。

[3] 周波：《戰國時代各系文字間的用字差異現象研究》（上海市：復旦大學出土文獻与古文字研究中心博士論文，2008年4月，指導教師：裘錫圭教授），頁88。

[4] 李守奎：《楚文字編》（上海市：華東師範大學，2003年12月），頁457～458、530；李守奎、曲冰、孫偉龍編著：《《上海博物館藏戰國楚竹書》（一～五）文字編》（北京市：作家出版社，2007年12月），頁371～372、426、431；《天子建州》甲7、乙6-7；《用曰》簡5；《吳命》簡8；湯餘惠：《戰國銘文選》（長春市：吉林大學出版社，1994年），

如何能飾筆上移為「雨」旁呢？況且「宀」旁之上從無作橫筆者，即便飾筆上移，也不會變成「雨」形。如「寠（錯）」作：

　《集成》4419 伯多父盨）

　（《集成》3571 姜林母簋）

很明顯地「宀」與「雨」寫法並不相同。值得注意的是，黃德寬先生曾經指出「寡」的早期寫法如 ![](（父辛卣，商晚）、![](（寡子卣，西中）比較突出頭部和眼睛。父辛卣所從的 ![]，正像回首顧視之狀，正是「顧」的本字。所以此二字可以分析為從「宀」，「顧」聲。而因「寡」的聲符「![]（顧）」與「頁」形近，西周晚期以後又加兩撇（西周晚期）或四撇（戰國時期）為飾，並起區分作用。又說「古代漢字形體的歷史發展，漢字形體的符號化程度逐步增強，使這個字形原來賴以區別的特徵逐漸消失，並與『頁』同化，西周晚期以後『寡』之省形從『八』，正是在這個過程中新增的區別要素。」[1]《上博文字編》也說：「頁旁兩側的筆劃，當係區別符號。」[2]此亦可證明將戰國文字「寡」所從的四筆理解為單純的飾筆是不可行的。筆者以為何琳儀先生解釋為聲化是合理的，「寡」，見紐魚部合口；「雨」，匣紐魚部合口，古籍亦有【戶通寡】、【羽通戶】、【羽通雨】的通假例證，[3]可

---

頁 503。

[1] 黃德寬：〈關於古代漢字字際關係的確定——以「顧」及相關字為例〉《中國文字研究》第四輯（2003 年）。亦載於氏著：《漢字理論叢稿》（北京市：商務印書館，2006 年 12 月），頁 168、173。

[2] 李守奎、曲冰、孫偉龍編著：《《上海博物館藏戰國楚竹書》（一～五）文字編》，頁 372。

[3] 張儒、劉毓慶：《漢字通用聲素研究》（太原市：山西古籍出版社，2002 年 4 月），頁 403、406、407。

見「雨」當作寡字的聲符是可以的，這或許也是一種區別於「頁」字的方法。而這種寫法遠自西周金文「△」字就開始了，後來被《語叢三》等齊系文字所繼承下來，只是在《石經》中上面訛變為類似「宀」的寫法。

底下再看「△」字的讀法，文例是「用祈福寡、多壽、🔲（繁？）[1]魯」，筆者認為「寡」可以讀為「祜」。祜，匣紐魚部，與寡（見紐魚部）音近可通。古籍亦有通假例證，如《淮南子・說山》：「被羊裘而賃，固其事也。」《意林》引「顧」作「固」。[2]又《楚辭・九章》：「夫惟黨人鄙固兮。」《考異》：「夫黨人之鄙妒兮。」[3]寡、顧關係密切已如前述，[4]此外《禮記・緇衣》：「故君子寡言而行，以成其信」，鄭玄注曰：「寡當為顧，聲之誤也。」《郭店・緇衣》簡 34 異文裴錫圭先生按語即認為應釋為「顧」。顧、妒均從戶聲，皆可與固通假，則「寡」自然也可以與同從古聲的「祜」通假。《說文》：「祜，上諱。臣鉉等曰此漢安帝名也。福也，當從示古聲。候古切。」段玉裁《注》曰：「祜訓福，則當與祿禠等為類。」可見銘文讀為「用祈福祜」意思相當於「用祈福祿」，也就是前面所引史殿壺的「用追福祿」。其次，「福祜」一詞古籍並不少見，《文選》所載揚雄〈長楊賦〉曰：「聽廟中之雍雍，受神人之福祜」，李善注云：「《毛詩》曰：『雍雍在宮，肅肅在廟。』又曰：『受天之祜。』《爾雅》曰：『祜，福也』，音怙。」[5]《潛夫論・志氏姓》：「御史大夫張湯，增定律令，以防姦惡，有利於民，又好薦達賢士，故受福祐。」汪繼培曰：「『祐』疑『祜』。《詩・信南山》、《桑扈》、《下武》並

---

1 此字嚴志斌《四版〈金文編〉校補》隸作從每從口，新立字頭收在「口」部下。嚴志斌：《四版〈金文編〉校補》（長春：吉林大學出版社，2001 年），頁 12。

2 高亨、董治安編纂：《古字通假會典》（濟南市：齊魯書社，1997 年 7 月），頁 864。

3 高亨、董治安編纂：《古字通假會典》（濟南市：齊魯書社，1997 年 7 月），頁 859。

4 或認為「顧」本應從「頁」，戰國中山王器「顧」字變形音化從寡聲，說恐不確。見葉玉英：《古文字構形與上古音研究》（廈門市：廈門大學出版社，2009 年 11 月），頁 330 第 22 條、頁 338。

5 （梁）蕭統編：《文選》（臺北市：藝文印書館，1991 年 12 月），頁 411。亦參（漢）班固撰：《漢書・揚雄傳》（臺北市：鼎文書局，1976 年 10 月），頁 3564。

云：『受天之祜』，鄭箋：『祜，福也。』《漢書・揚雄傳・長楊賦》云：『受神人之福祜』。」[1]《列女傳・卷之一・有虞二妃》：「元始二妃，帝堯之女，嬪列有虞，承舜於下，以尊事卑，終能勞苦，瞽叟和寧，卒享福祜。」其中「受天之祜」、「受神人之福祜」所用動詞「受」正與銘文「用祈福祜」的「祈」屬於同一類。如《集成》4331 乖伯簋：「用祈屯彔、永命、魯壽、子孫」；《集成》263 秦公鐘：「以受大福、屯魯」。所以邢叔釆鐘讀為「用祈福祜」可以理解為「用受福祜」。更重要的是，銘文常見「永祜福」套語，如《集成》687 黃子鬲：「黃子作黃甫（夫）人行器，則永祜福，霝終霝後。」同銘亦見《集成》9445 黃子盉、9663 黃子壺、9966 黃子鑪、2566 黃子鼎、4687 黃子豆等等。《集成》4528 曾子𪔃簋「曾子𪔃作行器，則永祜福。」楊樹達先生《積微居金文說・曾子△簋跋》：「余按古音則與載同，則永祜福即載永祜福也。祜通訓為福，祜福同義連文，義自可通。然賈子《新書・禮篇》云：『祜，大福也。』然則祜福蓋即大福也。……銘文之『則永祜福』即《儀禮》之『永受胡福』也。」[2]2002 年發掘的棗陽郭家廟曾國銅器曾孟嬴剈簋「曾孟嬴剈自作行簠，則永祜福。」黃錫全先生贊同楊樹達後說，指出：「祜福」同「胡福」，意即大福。[3]陳英傑先生認為楊氏二說皆可並存，並提出「永祜福」這種套語可以上推到西周中期。[4]其說誠是，「祜福」即「福祜」，所謂「同義複詞，詞序倒正無別。」[5]同時邢叔釆鐘為西周中期器，出現「用祈福祜」也可說是相當正常的。最後，銘文「🀫（繁？）魯」，

[1] （漢）王符著、（清）汪繼培箋、彭鐸校正：《潛夫論校正》（北京市：中華書局，1985年 9 月），頁 455。

[2] 楊樹達：《積微居金文說（增訂本）》（北京市：中華書局，1997 年 12 月），頁 130。

[3] 黃錫全：〈棗陽郭家廟曾國墓地出土銅器銘文考釋〉《古文字與古貨幣文集》（北京市：文物出版社，2009 年 5 月），頁 119～120。

[4] 陳英傑：《西周金文作器用途銘辭研究》下（北京市：線裝書局，2009 年 1 月），頁 649注 1。

[5] 黃德寬：〈關於古代漢字字際關係的確定——以「顧」及相關字為例〉《漢字理論叢稿》（北京市：商務印書館，2006 年 12 月），頁 170。

孟蓬生先生向筆者指出「魯」應讀為「嘏」，訓為「福」。[1]這是非常合理的。但會不會成為寡讀為祜的反證呢？其實這種現象在銘文嘏辭並不少見，所謂「連類重言」（孟先生提示），如秦公鐘（263）：「以受大福，屯魯多釐，大壽萬年」；叔向父禹簋（4242）：「降余多福繁釐」，福、釐意思相近且同時出現在銘文中。又如毛公鼎「恪夙夕，敬念王威不易」，于省吾先生說：若「恪」也訓為敬，如何能講得通？[2]但是述鐘銘文正作「虔夙夕敬乎死事」，虔亦敬也。再看小臣謎鼎（2581）：「小臣謎即事于西。休，中賜謎。揚中皇，作寶鼎。」（斷句依陳劍）。陳夢家說：「皇與休同用」引《爾雅・釋詁》：「皇、休，美也。」[3]總之，邢叔釆鐘銘文讀為：「用祈福寡（祜）、多壽、（繁？）魯（嘏）」是沒有問題的。

另外，上引《儀禮》「永受胡福」一般將「胡」解為「大」也，今由邢叔釆鐘來看，是否也可能理解為「永受祜福」。祜、胡同從古聲，自可相通。同時，叔多父盤（《總集》6786，《集成》未見著錄）銘文亦有：「受害福」一句，孫詒讓讀「害福」為「介福」（《古籀餘論》卷三十四下），[4]楊樹達同意其說，並指出：介，大也。「介福」即《周易・晉六二》：「受茲介福于其王母。」[5]李學勤先生亦同意此說。[6]我們知道古文字材料中【害與古】聲首常見通假，如《集成》11102～11104武王戈「武王之童瑚（胡）」，董珊先生指出：釋文中的「胡」字原寫法從「夫」、從「害」，「夫」與「害」皆

---

[1] 2009 年 9 月 6 日覆信內容。亦見孟蓬生：〈說「櫓」──兼論「古」字的構形本意〉（《中國文字研究》2007 年第二輯（總第九卷），頁 93。

[2] 于省吾：〈牆盤銘文十二解〉《古文字研究》第五輯，頁 6。

[3] 參見陳劍：《甲骨金文考釋論集》（北京市：線裝書局，2007 年 4 月），頁 292。

[4] （清）孫詒讓：《古籀拾遺・古籀餘論》（北京市：中華書局，1989 年 9 月），頁 26。

[5] 楊樹達：《積微居金文說（增訂本）》（北京市：中華書局，1997 年 12 月），頁 65。

[6] 李學勤：〈叔多父盤與《洪範》〉《華學》第五輯（廣州市：中山大學出版社，2001 年 12 月）。亦載於氏著：《中國古代文明研究》（上海市：華東師範大學，2005 年 4 月），頁 104。

聲符。[1]又如青銅器簠之「簠」的自名用字常從「古」聲，或以從「古」得聲的字為聲符，其中最常見的是「㠱」字，[2]正是文獻常見胡簠之「胡」。而《集成》4572 季宮父簠，簠作![字形]，從「㾓」；4533□諆[3]簠，簠作![字形]，從害。陳秉新先生主張「害」字本為胡簠之「胡」的本字，古音屬匣紐魚部。[4]陳英傑先生亦說「害」為簠之象形。[5]王輝先生亦有相關論述可以參考。[6]所以叔多父盤「受害福」亦有可能讀為「受祜福」。

## 二 徐家嶺十號墓玄鏐戟「鏐」字小考

河南淅川徐家嶺十號墓出土一「玄鏐戟」，分別見於M10：56、M10：57、M10：58、M10：57、M10：132，整理者所寫的釋文是「玄鏐之用戟」，[7]黃盛璋先生[8]、《新出殷周青銅器銘文暨器影匯編》[9]、《楚系金文彙編》釋文皆同。[10]其中諸「鏐」字均作：

---

[1] 董珊：〈出土文獻所見「以謚為族」的楚王族——附說《左傳》「諸侯以字為謚因以為族」的讀法〉，復旦網，2008 年 2 月 17 日。亦載於《出土文獻與古文字研究（第二輯）》（上海市：復旦大學出版社，2008 年 8 月），頁 122。

[2] 李學勤：〈青銅器中的簠與鋪〉《中國古代文明研究》（上海市：華東師範大學，2005 年 4 月），頁 78。

[3] 董珊先生釋此字為「諆」，見 http://www.gwz.fudan.edu.cn/ShowPost.asp?ThreadID=3154（2010 年 4 月 29 日）第七樓「戰國時代（網名）」的發言。

[4] 陳秉新：〈害即胡簠之胡本字說〉《考古與文物》1990 年第 1 期，頁 80～83。

[5] 陳英傑：《西周金文作器用途銘辭研究》上（北京市：線裝書局，2009 年 1 月），頁 172。

[6] 王輝：〈讀扶風縣五郡村窖藏銅器銘文小記〉《考古與文物》2007 年第 4 期，頁 14。

[7] 河南省文物考古研究所編著：《淅川和尚嶺與徐家嶺楚墓》（鄭州市：大象出版社，2004 年 10 月），頁 309～311。

[8] 黃盛璋：〈楚銘刻兵器分國、斷代和有關制度（舉要）〉《紀念中國古文字研究會成立三十周年國際學術研討會論文集》（長春市：吉林大學古籍所，2008 年 10 月），頁 87。

[9] 鍾柏生等編：《新出殷周青銅器銘文暨器影匯編》第一冊（臺北市：藝文印書館，2006 年 4 月）器號 535-539。

[10] 劉彬徽、劉長武：《楚系金文彙編》（武漢市：湖北教育出版社，2009 年 5 月），頁 700。

謹案：金文常見「玄鏐」一詞，或作「鉉鏐」、「玄翏」，如：

《集成》00149 邾公釛鐘「玄鏐膚（鏞）呂（鋁）」

《集成》00172 筥叔之仲子平鐘「玄鏐鎬鏞（鋁）」

《集成》00225 邵鸞鐘「玄鏐鏞鋁」

《集成》00245 邾公華鐘「玄鏐赤鏞（鋁）」

《集成》00426 配兒鉤鑃「鉉鏐鏞鋁」

《集成》00429 九里墩鼓座「玄鏐鈍呂（鋁）」

《集成》10910 玄翏戈「玄翏（鏐）」

《集成》11163 玄翏戈「玄翏（鏐）夫（鏞）呂（鋁）之用」

《集成》11696 少虞劍「乍（作）為元用，玄鏐。」

《爾雅・釋器》：「黃金謂之璗，其美者謂之鏐。」郭璞注：「鏐即紫磨金。」黃盛璋先生說：「銅器之『鏐』用為鑄器主要材料，則『鏐』最初指銅，後來才用以專指黃金。『鏐』皆冠以『玄』，稱『玄鏐』，尚未見他色，案『玄』乃黑色中帶赤，而吳王光鑑以『玄銑白銑』合劑鑄鑑，玄礦與鏐相當，則當指含銅量較多的銅，其色赤而近紫，故一般稱為紫銅色，深紫則赤而帶黑色即所謂『玄』。」[1]總之，「玄鏐」是指「玄色之美銅。」[2]或說「玄鏐」可能是指「錫鉛合金」。[3]所以從文例來看，此字釋為「鏐」是對的，但是

---

[1] 黃盛璋：〈「敄（撟）齋（齊）」及其和兵器鑄造關係新考〉《古文字研究》15 輯（北京市：中華書局，1986 年 6 月），頁 263。

[2] 曹錦炎、張光裕主編：《東周鳥篆文字編・緒言》（香港：翰墨軒出版有限公司，1994 年 9 月），頁 4。

[3] 易德生：〈金文「玄鏐」所指金屬原料小議〉，簡帛網，2011 年 5 月 19 日，http://www.bsm.org.cn/show_article.php?id=1478。

字形右旁（△）與古文字「翏」有很大的差異，比較如下：

（△）　（翏，玄翏戈《集成》10910）　（翏，《包山》169）

（翏，《窮達以時》09）　（翏，《孔子詩論》26）

（鏐，少虞劍《集成》11696）　（瘳，《天星觀》）

所以此字釋為「鏐」顯然是不正確的。筆者以為「△」就是「奉」字，金文「奉」字字形作：（孟爵）、（王臣簋）、（枲伯簋）、（申文王之孫州奉簠），[1] 而與「△」字一樣中間帶橫筆者，如：

拜（4266 趞簋）（4225.1 無異簋）（4225.2 無異簋）（9899.1 鳌方彝）

饒（4441 魯司徒仲齊盨盨）（4623 邿太宰簠）（4624 邿太宰簠）

嫙（邿友父鬲）[2]　（00717 邿友父鬲）

---

[1] 詳見《金文編》頁 357、706～707、774～776。黃錫全：〈申文王之孫州奉簠銘文及相關問題〉《古文字研究》25 輯（北京市：中華書局，2004 年 10 月），頁 189～193、李學勤：〈楚國申氏兩簠釋讀〉《江漢考古》2010 年 2 期，頁 117～118。

[2] 李光雨、張雲：〈山東棗莊春秋時期小邿國墓地的發掘〉《中國歷史文物》2003 年第 5 期。

其中趞簋「拜」字的「茻」旁與「△」形體最接近，差別在於「△」下部筆劃寫得較為參差，不若前者的左右對齊。所以由字形來看，「△」釋為「茻」是可以的。

其次，看音讀的問題。《說文》曰：「茻，疾也。從市卉聲。𢱢從此。」[1]、「𢱢，首至手也。從手茻，茻音忽。」[2]、「饡，脩飯也。從食茻聲。𩜾，饡或從貴。𩛙，饡或從奔。」[3]可見「茻」的音讀有四：一、音卉；二、與𢱢相同或相近；三、與貴、奔相同或相近；四、音忽。但究竟如何釋讀，學者看法卻很分歧。[4]現在結合「△」字來看，冀小軍先生的說法最值得注意。冀先生說：事實上，對源於《說文》的茻字傳統讀音，在古文字中是曾出現過反證的，這就是西周春秋金文中邿國「曹」姓的𡭤寫作從茻得聲的嫽。但《說文》傳統的讀音與金文中應讀為「曹」的聲韻相差太遠，《說文》的「茻」弄錯形聲。所以他引孫詒讓的說法，「疑古自有𡴋字……應從市得聲」，小篆「茻」作「茻」，應分析為從卉市聲，讀為「禱」。[5]宋華強先生也指出：「古文字材料中假借他字以表示『禱』的例子甚多，如甲骨金

---

此拓片又見於棗莊市政協、臺港澳僑民族宗教委員會、棗莊市博物館：《小邿國遺珍》（北京市：中國文史出版社，2006 年 6 月），頁 30。亦可參見林澐：〈棗莊市東江墓地青銅器銘文部分人名的考釋〉《古文字研究》第二十六輯（北京市：中華書局，2006 年 11 月），頁 206。

[1] （漢）許慎著、（清）段玉裁注：《說文解字注》（臺北市：漢京，1985 年 10 月），頁 497。

[2] （漢）許慎著、（清）段玉裁注：《說文解字注》（臺北市：漢京，1985 年 10 月），頁 595。「又音忽」三字據《大徐本》增補，見（漢）許慎著：《說文解字》（北京市：中華書局，1992 年 4 月），頁 251。

[3] （漢）許慎著、（清）段玉裁注：《說文解字注》（臺北市：漢京出版社，1985 年 10 月），頁 218。

[4] 諸家說法見陳英傑：《西周金文作器用途銘辭研究》上（北京市：線裝書局，2009 年 1 月），頁 467～468。

[5] 冀小軍：〈說甲骨金文中表祈求義的茻字——兼談茻字在金文車飾名稱中的用法〉《湖北大學學報》1991 年第 1 期，頁 38～40。

文多假『𡥀』為『禱』,(原注:冀小軍:《說甲骨金文中表祈求義的𡥀字》,《湖北大學學報》1991 年第 1 期。)似不見用「禱」字。而戰國楚地所出古書類竹簡中「禱」字也非常少見,在已經公開發表的材料中似只有《上博二・子羔》12 號簡一例而已,尚無所謂用字習慣問題。即便是「禱」字至為多見的卜筮祭禱簡,也偶有假借他字之例。如葛陵簡甲三 212、199-3 有『餗祭』,董珊先生在給筆者的信中指出『餗』當讀為『禱』,其說可信。」[1] 陳劍先生也贊同冀小軍先生讀為「禱」的說法,並指出:「從讀音看,『』在金文中表示『仇』這個詞,『𡥀』在甲骨金文中大多表示『禱』這個詞。『仇』和『禱』都是幽部字。就聲母而論,仇是見系群母字,禱是端系端母字。……研究古韻的學者普遍認為這種現象反映出照三系字、端系字和見系字的聲母應該有一個共同的上古來源。……我們認為『(仇)』和『𡥀(禱)』的聲母關係應該也是屬於這種情況。也就是說,『』與『𡥀』最初應該聲韻都很接近,後來音讀發生變化,聲母分入見系與端系。……從字形與讀音兩方面推測應是從『𡥀』分化出的一個字。從現有材料看,及從之字在篆隸中應已遭到淘汰。我們猜想這可能是被『求』聲字兼併了的結果。」[2]值得注意的是,從「翏」的字,古音有來紐覺部(如𥟖、穋)、來紐幽部(如廖、嫪)、透紐幽部(如瘳)與見紐幽部(如膠)、群紐幽部(如璆)。韻部是幽覺部,聲紐也正好分布在端系字與見系字,與「禱」、「仇」的聲韻關係正好吻合,同時「翏」、「求」關係也非常密切,如《說

[1] 宋華強:〈《君人者何必安哉》「卅徒之樂」試解〉,簡帛網,2009 年 6 月 16 日,http://www.bsm.org.cn/show_article.php?id=1088。

[2] 陳劍:〈據郭店簡釋讀西周金文一例〉《甲骨金文考釋論集》(北京市:線裝書局,2007 年 4 月),頁 31、33~34。亦可參見林澐:〈棗莊市東江墓地青銅器銘文部分人名的考釋〉《古文字研究》第 26 輯(北京市:中華書局,2006 年 11 月),頁 206。

文》指出「球」也作「璆」。可見徐家嶺十號墓玄鏐戟 ▮ 字應隸定作「鏻」，分析為從金「奉（禱）」聲，讀為「鏐」。

最後，做個大膽的推論，▮ 字現在已消失了，▮ 字有無可能就是後來的「銶」字呢？「銶」字先秦已有，《詩經‧豳風‧破斧》：「既破我斧，又缺我銶。周公東征，四國是遒。」《毛傳》：「銶，木屬。」陸德明《釋文》：「《韓詩》云：『（銶）鑿屬也。』一解云：『今之獨頭斧。』」。[1]馬瑞辰曰：「《釋文》引《韓詩》曰：『鑿屬。』《說文》有梂無銶，梂字注：『一曰鑿首。』鑿首謂鑿柄也。……鑿柄以木為之，故《傳》云木屬。……蓋鑿首謂之梂，其柄別為一器，亦謂之梂，猶矛戈之柄曰矜，而杖亦曰矜也。」[2]高亨則認為「銶」就是「厹」，矛屬，三面有鋒，又名酋矛。[3]

謹案：看得出來《毛傳》（木屬）與《韓詩》（鑿屬）對「銶」的解釋是正好相反的。這由二者對《豳風》上一句「既破我斧，又缺我錡」的「錡」之解釋可以看的出來：《毛傳》曰：「鑿屬」；陸德明《釋文》引《韓詩》云：「（錡）木屬也。」但馬瑞辰為調和兩者，故將《韓詩》所說的「鑿屬」解釋為「鑿首」，也就是「鑿柄」，是木頭製做的，等同於《毛傳》所解釋的「木屬」。其說顯然不可信，也就是說「鑿屬」並不等於「木屬」，也就是說不等於「鑿首」，當然也未必與「梂」有關。段玉裁曰：「金部無銶，許所據詩然也。（「梂」字下注）」《說文》之所以有「梂」沒有「銶」，段玉裁認為許慎是根據《韓詩》、《毛傳》的解釋，銶是鑿屬，而鑿屬所指為「鑿首」，木製，故不從金。也就是認為「銶」就是「梂」，與馬瑞辰的說法相近，同樣也是不可信的。《詩經‧豳風‧破斧》是「東征之士美周公成弔民伐罪大業且自慶助成此功之詩」，[4]則將「銶」解釋為「鑿首」、「鑿柄」是

[1] 李學勤主編、龔抗雲等整理：《毛詩正義（下）》（北京市：北京大學出版社，1999 年 12 月），頁 529。

[2] （清）馬瑞辰：《毛詩傳箋通釋》上（北京市：中華書局，1989 年 3 月），頁 485～486。

[3] 高亨：《詩經今注》（臺北市：里仁書局，1981 年 10 月），頁 211～212。

[4] 余師培林：《詩經正詁》上冊（臺北市：三民書局，1993 年 10 月），頁 445。其它若高

無法理解的。蓋「鑿」本非兵器，且強調敵人「殘破我的鑿柄」顯然不合理。筆者以為上引高亨先生的思路是正確的，「斧」本來就是兵器，甲骨文「兵」寫作從廾從斤，「斤」就是斧頭。錢耀鵬先生指出：「從新石器时代開始，石斧即經常作為戰爭兵器使用。從《世本・作篇》記載及臨沂吳白莊漢畫像石墓的相關內容來看，蚩尤所發明的五兵就包括斧類兵器。」[1]孫機先生也指出：「斧除了在儀仗與行刑中使用外，也用於戰鬥，畫像石中出現過執戰斧的武士」，[2]則詩文中與「斧」並列的「銶」理當往兵器的角度思考。結合義訓與音讀來看，高亨先生所認為的「厹」，確實是比較合理的說法。我們可以推論這字本作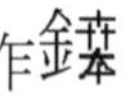，到西漢由於「桒」與「求」形近，如《戰國縱橫家書》238「不『救』寡人」作。基於形體與聲音皆近，所以後人傳鈔時就將「桒」旁改成了較為常見的「求」旁，而變成了「銶」字，其來源與「梂」無關。陳英傑先生也指出：「『桒』字雖然在後世消失，但作為語言中的詞還在被人使用，不過也分化為兩條道路，一條即被『求』、『棗』及從之得聲的字所代替」，[3]我們認為是合理的。「銶」同樣可以讀為「鏐」，就如前面所說「球」也作「璆」。

## 三　十一年令少曲慎彔戈「郘」字小考

張光裕、吳振武二先生曾撰有〈武陵新見古兵三十六器集錄〉一文[4]，其中25號三晉系「十一年令少曲慎彔戈」，如下圖：

---

亨：《詩經今注》、陳子展：《詩三百解題》（上海市：復旦大學出版社，2001年10月），頁586也有相同看法。

1 錢耀鵬：〈中國古代斧鉞制度的初步研究〉《考古學報》2009年1期，頁2。

2 孫機：《漢代物質文化資料圖說》（上海市：上海古籍出版社，2008年5月），頁150。

3 陳英傑：《西周金文作器用途銘辭研究》上（北京市：線裝書局，2009年1月），頁474。

4 張光裕、吳振武：〈武陵新見古兵三十六器集錄〉《中國文化研究所學報》新第6期，香港中文大學1997年。又載於張光裕：《雪齋學術論文二集》（臺北市：藝文印書館，2004年12月），頁79～127。

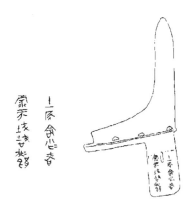

原釋文曰：「十一年，命（令）少曲慎彔工帀（師）□□冶鵑」，並指出「少曲」應在「命（令）」之前，「慎彔」乃少曲令之姓名。如同《商周金文錄遺》579 號戈銘曰云：「四年，令韓神，宜陽，工師播熹，冶」，地名「宜陽」，即刻於「令韓神」之後。[1] 其說可從。釋文中的兩個不識字，《三晉文字編》依形隸定作坺、悐。[2]

　　謹案：看的出來，悐是從坺得聲的字。坺字可以有兩種解釋的角度：首先，比對《包山》木牘1「戠」以及《集成》11271 七年得工戠「戠」作：

《包山》　　（　　）《集成》

「坺」是從土「戠」聲的字，這「戠」字的戈旁與丰旁有共筆的現象，可讀為晉國常見的姓氏「郤」。或是直接分析為從土丰聲，讀為「郤」，可以參照《姑成家父》常見的常見的「郤」氏作[3]：

[1] 張光裕、吳振武：〈武陵新見古兵三十六器集錄〉：《雪齋學術論文二集》（臺北市：藝文印書館，2004 年 12 月），頁 87～88。

[2] 湯志彪：《三晉文字編》（長春市：吉林大學博士論文，2009 年 10 月），頁 663、785。

[3] 李守奎、曲冰、孫偉龍編著：《《上海博物館藏戰國楚竹書》（一～五）文字編》（北京市：作家出版社，2007 年 12 月），頁 605。

由於「垬」字少了戈旁右上的短斜筆，可見後者字形分析比較合理。總之，

此工師之名是「郤戟」。其實，三晉文字「郤」氏之字寫作「垬」出現很早，

如：《集成》11687 三年相邦建信君鈹「工師反⌐範」，相同文例亦見董珊先

生所刊布〈新見戰國兵器七種〉，字形作⊡。[1]《集成》修訂增補本釋為「塚」

顯然不確，《三晉文字編》947 頁 121 號列為附錄。[2]董珊先生在未見到《姑

成家父》的資料，已釋為「郤」，可謂卓識。[3]也可以說明《姑成家父》「郤」

字寫法其來有自，對底本國別的鑑定提供了幫助。至於其他三晉系的「郤」

氏寫法，周波先生做了總結：「三晉文字既可以寫作『郤』，（原注：見郤氏

左戈（劉雨、盧岩：《近出殷周金文集錄》1117，中華書局，2004 年【引案：

字作 ⊡ 】。馬王堆帛書《戰國縱橫家書》189 行有『𧮰』字【引案：字作 ⊡ 】，

從『晉』『谷』聲，讀為『郤』。陳劍先生懷疑此字從『晉』可能與三晉郤

氏有關。）也可以寫作『垺』、『邦』。（原注：釋讀從施謝捷先生、董珊先

生。見《璽匯》2043-2049【引案：⊡2043】、2571-2572【引案：⊡2571】、

3331，蕭春源：《珍秦齋藏印・戰國篇》86、122、129，澳門市政廳 2001

---

[1] 董珊：〈新見戰國兵器七種〉《中國古文字研究》第一輯（長春市：吉林大學出版社，1998
年 12 月），頁 198、205。

[2] 《三晉文字編》，頁 958 附錄 300 號「邦」亦為「郤」字。

[3] 董珊：《戰國題銘與工官制度》（北京市：北京大學中國語言文學系博士論文，2002 年 5
月），頁 24～25。

年。）」[1]其說可從。

## 四　淅川下寺楚墓「佣之用矛」之「矛」字考

　　劉雨、盧岩編著：《近出殷周金文集錄》1207 號收錄河南淅川下寺M2：88 出土的「佣之用矛」，[2]銘文線圖如下：

其中「矛」字作上圖右，諸家逕釋為「矛」。[3]我們知道「矛」形的原始寫法是在「脊」的兩旁寫上左右不對稱的刃、葉，[4]楚簡也是如此的寫法，如《程寤》的「敄」作 （簡 6）、（簡 8），[5]可見兵器此字確實不能釋為

「矛」。其實這個字形應釋為「弔」，如 （弔丁父簋）、（鄭登伯鬲），「弔」可讀為「淑」，如《左傳・哀公十六年》：「昊天不弔」，鄭玄注《周禮・春官・大祝》：「六曰誄」下引作「閔天不淑」。[6]寡子卣 3：「以敦不弔」，

---

[1] 周波：〈戰國文字中的「許」縣和「許」氏〉，復旦網，2009 年 1 月 5 日，
http://www.guwenzi.com/srcshow.asp?src_id=1048。

[2] 亦著錄於劉彬徽、劉長武：《楚系金文彙編》（武漢市：湖北教育出版社，2009 年 5 月）33-8 號，頁 107。

[3] 除上述二家外，鍾柏生等編：《新收殷周青銅器銘文暨器影彙編》（臺北市：藝文印書館，2006 年），頁 338，0470 號也是釋為「矛」。

[4] 林澐：〈琱生三器新釋〉，復旦網，2008 年 1 月 1 日，
http://www.gwz.fudan.edu.cn/SrcShow.asp?Src_ID=284。

[5] 其他「矛」旁寫法參看李守奎：《楚文字編》36、231、347、495、612、812-813 頁、《《上海博物館藏戰國楚竹書》（一～五）文字編》頁 119、167、486、511、519、612、621。

[6] 張儒、劉毓慶：《漢字通用聲素研究》（太原市：山西古籍出版社，2002 年 4 月），頁 215。

強運開釋「弔」為「叔」，讀為「俶」。[1]《清華壹・耆夜》簡2「周公弔（叔）旦為宅（主）」。再看《汗簡》諸字：

（豉－技，《汗簡》3.38引《林罕集字》）

（《古文四聲韻》4.4引《汗簡》）

（宋－寂，《汗簡3.38》引《義雲章》）

（淑，《汗簡》3.38引《古孝經》）[2]

傳抄古文亦從「弔」，讀為從「尗」諸字。「弔」旁與銘文的寫法完全相同。「尗」，書紐覺部，與「柔」，日紐幽部，聲紐同為正齒音，韻部對轉。而「柔」字，《說文》曰：「从木矛聲」，所以「弔」可以讀為「矛」。總之，「倗之用矛」銘文應釋為「倗之用弔（尗－矛）」。

## 五　翼城大河口墓地M2002所出「气盉」器主名小考

白軍鵬、黃錦前兩位先生分別撰寫文章考釋翼城大河口墓地出土的一件鳥尊形盉，[3]筆者拜讀之後學習很多，十分感謝。但對於銘文首句：

（与）誓曰

---

[1] 張世超等著：《金文形義通解》（京都：中文出版社，1996年3月），頁2027。

[2] 徐在國：《傳抄古文字編》（北京市：線裝書局，2006年11月）中冊，頁706、713；下冊，頁1100。

[3] 白軍鵬：〈翼城大河口墓地M2002所出鳥形盉銘文解釋〉，復旦網，2011年5月4日，http://www.gwz.fudan.edu.cn/SrcShow.asp?Src_ID=1488、黃錦前：〈大河口墓地所出鳥尊形盉銘文略考〉，簡帛網，2011年5月4日，http://www.bsm.org.cn/show_article.php?id=1472。

白軍鵬先生認為：「首字構形極為詭譎，作，為之前所未見，似乎筆劃有漏鑄，如果此銘是單獨成篇的，則這個字應該就是器主，即宣誓者。」黃錦前先生也認為：「是作器者自名」。兩位先生都沒有指出「」字的讀法。

謹案：「」應該就是「气」字，請比對底下字形：

（气（汔），《上博（三）・周易》44）　　　（圪，《曹沫之陳》46）

（氣，《性情論》01）　　　（气（乞），《集成》11266 四年右庫戈）

四年右庫戈的「气」也是作人名用，而且與鳥尊形盉「」字寫法完全相同，可知後者應該釋為「气」，[1]則此件鳥型尊可以定名為「气盉」。

附記：本則內容曾發表於復旦網，2011 年 5 月 5 日，

http://www.gwz.fudan.edu.cn/SrcShow.asp?Src_ID=1491。最近看到李學勤先生〈試釋翼城大河口鳥形盉銘文〉一文也將「」釋為「乞」，認為是器主名。李文見《文博》2011 年 4 期（8 月）。

最後總結本文內容。首先考釋邢叔采鐘「用祈福」的讀法，本文認為「」就是見於郭店楚簡《語叢三》31 簡「霣」字，也就是「寡」字，

---

[1] 這種寫法馮勝君先生認為應釋為「」，可通讀為「气（乞）」，見《郭店簡與上博簡對比研究》，頁 212～213。不過施謝捷先生〈說「（台 台 台）」及相關諸字〉《出土文獻與傳世典籍的詮釋——紀念譚樸森先生逝世兩周年國際學術研討會論文集》（上海市：上海古籍出版社，2010 年 10 月），頁 57～58 歸納了「」的 10 種寫法，但未見「」寫法，是以本文仍從「气（乞）」之說。

在銘文中應讀為「祜」。同時對「霽」字的演變做了釐清，並認為《儀禮》「永受胡福」可能也應理解為「永受祜福」；叔多父盤「受害福」亦有可能讀為「受祜福」。第二篇是考釋河南淅川徐家嶺十號墓所出土「玄鏐戟」的「𩰣」字。本文認為此字直接釋為「鏐」是不正確的，應該隸定作「鐏」，分析為從金「夆（禱）」聲，讀為「鏐」，並推測「鐏」可能就是後世的「錸」。第三篇是根據《姑成家父》「郤」字的寫法，來考釋「十一年令少曲慎𡙫戈」工師姓氏為「郤」，是三晉文字常見的姓氏。第四篇認為「佣之用矛」的「矛」實為「𢎥」字，可讀為「矛」。第五篇認為大河口鳥形盉可易名為「气（乞）盉」。

本文前兩篇刊登於《中國文字研究》第十三輯（2010 年 10 月）

附記：本文第一篇曾與孟蓬生先生、陳劍先生往返書信討論，多受啟發。孟先生並指出「應該承認這可能是目前能做出的最好選擇了」（2009 年 9 月 8 日覆信內容）。程少軒先生也提供了很大的幫助，在此一併鳴謝。

# 《天子建州》「臨城不言毀」章試解 *

《上博六・天子建州》甲本 11-12 簡、乙 12 簡有如下一段文字：

> 甲本：臨城不【言】毀，觀邦不言喪，故見 而為之暫，見窔而為之內。

> 乙本：臨城不言毀，觀邦不言喪，故見 而為之暫，【見窔而為之內】。

甲乙本的內容可以互校補足缺字。由文義來看，筆者同意淺野裕一、何有祖兩位先生將這四句話歸為一章的意見。[1]底下按句序加以解釋說明：

## 一　臨城不言毀

整理者云：「臨」，居上視下，此處指登臨。「城」，城垣，都邑四周用作防守的牆垣。「毀」，壞。《禮記・曲禮上》：「登城不指，城上不呼」，陳澔注：「城，人所以恃為安固者。有所指，則惑見者；有所呼，則駭聽

---

* 本文為「楚系簡帛字典編纂計畫」的研究成果之一，並獲得國家科學發展委員會的資助（計畫編號 NSC99-2410-H-018-032），特此致謝。

[1] 淺野裕一：〈上博楚簡《天子建州》における北斗と日月〉，「2007 中國簡帛學國際論壇」論文，臺北臺灣大學中文系 2007 年；何有祖：《上博簡〈天子建州〉的初步研究》（武漢市：武漢大學博士學位論文，2009 年 5 月），頁 8。

者。」(《禮記集說》)陳注恰可為此作解。[1]楊澤生先生認為「臨」也可解作觀臨,就是由上看下,居高面低,如《荀子・勸學》:「不臨深谿,不知地之厚也。」[2]

## 二　觀邦不言喪

整理者云:「觀」,觀察。「邦」,國。「觀邦」猶「觀國」。「喪」,《說文》謂:「亡也。」[3]楊華先生說:「喪邦」見於《尚書・多士》(「凡四方小大邦喪」)、《論語・子路》(「一言而喪邦」)等文獻。這兩句是說,登城不能說與墮毀有關的話,觀國不能說與喪國有關的話。[4]楊澤生先生指出:「觀邦」、「觀國」均見於先秦古籍。「觀邦言喪」大概比咒人死亡更為嚴重。[5]何有祖先生說:「簡文『觀邦不言喪』,這裏的『喪』就『邦』而言,楊華老師說可從。」[6]

謹案:臨本是「臨近」、「面臨」、「面對」的意思,如同上文的「臨食不語惡,臨兆不言亂」的「臨」。「臨城不言毀,觀邦不言喪」應該理解為對有關係的特定人們來說,城牆惡其毀壞,國家惡其滅亡,故忌諱臨城牆而說毀、觀國家而言亡。[7]曹建墩先生認為這是周代容禮中的「言容」。[8]

---

[1] 馬承源主編:《上海博物館藏戰國楚竹書(六)》(上海市:上海古籍出版社 2007 年),頁 330。

[2] 楊澤生:〈上博藏簡《天子建州》中有關言語的禁忌禮俗〉《文化遺產》2009 年第 4 期。

[3] 馬承源主編:《上海博物館藏戰國楚竹書(六)》,頁 331。

[4] 楊華:〈《天子建州》禮疏〉,「2007 中國簡帛學國際論壇」論文,臺北市:臺灣大學中文系 2007 年。

[5] 楊澤生:〈上博藏簡《天子建州》中有關言語的禁忌禮俗〉《文化遺產》2009 年第 4 期。

[6] 何有祖:《上博簡〈天子建州〉的初步研究》,頁 65。「喪」字之釋還可參見禤健聰:〈楚簡「喪」字補釋〉《中國文字學報》第三輯(北京市:商務印書館,2010 年 10 月),頁 127～136。

[7] 此為陳劍先生提示,2010 年 12 月 10 日信件內容。

[8] 曹建墩:《先秦禮制探賾》(天津市:天津人民出版社,2010 年 10 月),頁 197。

## 三　故見△而為之<sup>暂</sup>

「△」，簡文的字形如下：

（甲本）　　（乙本）

整理者云：「見」，遇見。並將「△」隸作「傷」，解釋說「傷」讀為「禓」。《說文》：「禓，道上祭。」《急就篇》：「謁禓塞禱鬼神寵。」顏師古注：「禓，道上之祭也。」「暂」，「祈」字繁構，是在「祈」字上加注「臼」聲。《說文》謂：「求福也。」[1]淺野裕一先生贊同整理的的分析，並翻譯作：「若路上看到祭祀，停而祈其神。」[2]楊華先生認為字當從昜，不從易，其與本篇簡文「文陰武陽」之「陽」的右邊不同，說明此字不能釋為「禓」，也不能理解為《說文》中的「道上祭」。「禓」見於《禮記・郊特牲》「鄉人禓，孔子朝服立于阼，存室神也。」鄭玄注：「禓，強鬼也。……禓，或為獻，或為儺。」根據鄭注的讀音，段玉裁早已指出此字當是禓，與禓不能通用。認為《禮記・郊特牲》是說孔子看到鄉人驅逐強鬼，便趕緊穿上祭服（朝服）立於廟之阼階，準備祭禱自己的家廟神主。簡文「見禓而為之祈」，與此完全相合。[3]張崇禮先生認為「傷」讀作「蕩」，「祈」讀為「祁」，皆訓為「大」。[4]小墉（郭永秉）先生曾指出：「原釋為『傷』讀為『禓』，似非。楚文字中的『易』無寫作此形者，同篇 5 號簡的『易』字亦可證此字所從非『易』。」[5]何有祖先生認為：

---

[1] 馬承源主編：《上海博物館藏戰國楚竹書（六）》，頁 331。

[2] 淺野裕一：〈上博楚簡《天子建州》における北斗と日月〉，「2007 中國簡帛學國際論壇」論文，臺北市：臺灣大學中文系 2007 年。

[3] 楊華：〈《天子建州》禮疏〉，「2007 中國簡帛學國際論壇」論文，臺北市：臺灣大學中文系 2007 年。

[4] 張崇禮：〈讀《天子建州》札記〉，簡帛研究網，2007 年 10 月 9 日。

[5] 小墉：〈說《容成氏》的「墼為丹宮」〉，復旦網，2008 年 4 月 27 日。本文作者「小墉」是郭永秉先生筆名，此文後以《上博簡〈容成氏〉所記桀紂故事考釋兩篇》為題，發表

字甲本作 ，乙本作 ，楚簡「易」字多見，如 （《語叢二》23）、（《語叢一》36），也有從易的「賜」作 （《包山》138）、（《包山》141），「勿」上的筆劃向「日」形靠攏。至於「易」也有類似的變化，如 （《包山》130）、（《包山》265），「勿」上之形即寫作「日」，「日」下一短橫漸漸與勿的筆劃重合，當是在正常寫法如 （《太一生水》5）上省減而成。易、易相混之趨勢已現。我們知道，漢隸易、易多混作，如《易・乾・九三》：「君子終日乾乾，夕惕若厲。」漢帛書本惕作湯；《易・小畜・六四》：「有孚，血去惕出，無咎。」漢帛書本惕作湯；《易・渙・上九》：「渙其血，去逖出，無咎。」漢帛書本逖作湯。《易・師・九二》：「王三錫命。」漢帛書本錫作湯。此外，《秦漢魏晉篆隸字形表》「易」字條下也收錄有「易」、「易」兩體。（原注：漢語大字典字形組編：《秦漢魏晉篆隸字形表》四川辭書出版社，1985 年，頁 674）《郊特牲》「鄉人禓」可以看作禓之混。因為簡文 、 在字形更接近於從「易」，所以我們還是傾向於隸作傷，所從易看作易的訛寫，從楊華老師讀作禓。[1]

謹案：「禓」字徐鉉音與章切，徐鍇《說文解字篆韻譜》同。朱翺音移章切。《廣韻・陽韻》「禓」有兩個讀音，與章切：「禓，道上祭。一曰道神。」又式羊切：「禓，道上祭也。」《玉篇・示部》：「禓，與章、書羊二切。道祭、強鬼。」《集韻》余章切：「禓，《說文》：道上祭。」又尸羊切：「禓，

---

於《簡帛》第五輯（上海市：上海古籍出版社，2010 年），頁 225～228。又載於氏著：《古文字與古文獻論集》（上海市：上海古籍出版社，2011 年 6 月），頁 155～160。

[1] 何有祖：《上博簡〈天子建州〉的初步研究》，頁 66。

強鬼也。一曰祭名。」蔡夢麒先生認為「禓」兩個讀音意義區分並不明顯，似乎可以合併。[1]其中義項為「強鬼」者，《禮記·郊特牲》鄭玄注曰：「或為獻，或為儺」，段玉裁指出：「凡云或為者此彼音讀有相通之理。易聲與獻儺音理遠隔。《記》當本是『禓』，從示易聲，則與獻儺差近。」[2]王國維認為：「段說甚佳，古音獻有莎音，儺有那音，以寒部字對轉入歌，與禓之在支部者相會。」[3]不過蔣禮鴻、何九盈二先生均認為段說不確。如何先生說：「段氏以易聲與獻儺音遠，易聲與獻儺音近，事實正好相反，……易與獻儺主元音相同，可以通轉（陽元歌通轉）。易與獻、儺主元音不同，錫部與元部歌部不通。另外，不僅《說文》無『禓』字，《玉篇》、《廣韻》亦無此字。」[4]同時楚文字「易」字寫法與「△」字右旁頗有距離，這由何有祖先生文章所舉例證可以看出，此所以何先生說「△」形體更接近從「易」。以上均可見釋「△」為「禓」是有問題的。而何先生為彌合二者，遂以為「易」是「易」的訛混，仍可讀為「禓」。但如同何先生所說易、易相混是發生在漢隸中，[5]楚簡文字中二者還是壁壘分明的。而將「△」隸定為從「易」則必須理解為「日」下一短橫與「勿」筆劃重合，但是上述何先生所舉「集公」（《包山》130）、「一　　（湯）鼎」都不是「易」字，並不能作為證據。前者可能是「尋」字（詳下），後者在「日」與「勿」之間其實是有一短橫筆劃的，只是寫的比較短小而已。[6]這種情況如《孔子詩論》17「湯（揚）」

---

[1] 蔡夢麒：《《說文解字》字音注釋研究》（濟南市：齊魯書社，2007 年）下冊，頁 446。

[2] 《說文解字注》（臺北市：漢京文化，1985 年），頁 8。

[3] 古文字詁林編纂委員會：《古文字詁林》第 1 冊（上海市：上海教育出版社，2003 年 12 月），頁 190。

[4] 何九盈：《語言叢稿》（北京市：商務印書館，2006 年 4 月），頁 169～170。

[5] 如《長沙東牌樓東漢簡牘》三五《侈與督郵書》正面第 2 行「督郵侍前：別鬲（隔）易〈易〉邁忽尔」，「易」為「易」之訛。參見劉樂賢：〈東牌樓漢簡《侈與督郵書》補釋〉《甘肅省第二屆簡牘學國際學術研討會論文集》（蘭州市：2011 年 8 月 25-26 日），頁 766。

[6] 《包山》265 以及底下舉到的《孔子詩論》17「湯（揚）」皆蒙郭永秉先生向我指出，並

作、《成王既邦》簡 12「遏」作，可見「△」不能理解為從「易」旁。況且《天子建州》本有「易」作（甲本 5 簡）、（乙本 4 簡），此所以有學者反對釋為「禓」。最後，由簡文文義來看，「故見△而為之」顯然應該與「臨城不言毀，觀邦不言喪」意思相關。這由甲本簡 11 文例相同的「臨兆：不言亂，不言侵，不言滅（？）[1]，不言拔，不言耑，故龜有五忌。」可以得證。但「△」不管解為「強鬼」或「道上祭」，都看不出與「臨城不言毀，觀邦不言喪」的聯繫。看來「△」的字形結構分析還得從別處入手。

《郭店・尊德義》簡 16「教以權謀，則民惃遠禮無親仁。」這個「」字，整理者原釋文作「湯（？）」。[2]黃德寬、徐在國二先生釋為「湯」，讀為「易」。[3]但比對其右旁，與易、易皆有別。李家浩先生比對《古文四聲韻》2.26 引《古老子》「淫」作，發現字形十分接近，所以認為「」也應釋為「淫」，簡文「教以權謀，則民淫惃遠禮無親仁」是說教以權謀，那麼人的思想就會迷惑惛亂，遠離禮而不親近仁。[4]另一相近字形亦見於《郭店・成之聞之》簡 34「君子席之上，讓而授幼」。陳斯鵬先生認為「」字「竹」下所從很可能和上舉「淫」所從的那個字有關，這裏讀為「衽」，這樣正好對應《禮記・坊記》「衽席之上讓而坐下」的「衽席」，這也從另一面證明了李家浩先生所說可信。[5]單育辰先生指出：

> 馮勝君告訴筆者，如果追尋這些字字形來源的話，郭店的「」左下所從即是「尋」，（原注：參看李學勤：《續釋「尋」字》，《故宮博物

---

轉告廣瀨勳雄先生也有相同的意見。2011 年 7 月 25 日信件內容。

[1] 此字一般釋為「滅」，但筆者懷疑應釋為「戕」，詳另文。

[2] 荊門市博物館：《郭店楚墓竹簡》（北京市：文物出版社，1998 年 5 月），頁 173。

[3] 黃德寬、徐在國：〈郭店楚簡文字續考〉《江漢考古》1999 年第 2 期。

[4] 李家浩：〈楚墓竹簡中的「昆」字及從「昆」之字〉《中國文字》新 25 期（臺北市：藝文印書館，1999 年 12 月），頁 142；又載氏著：《著名中年語言學家自選集——李家浩卷》（合肥市：安徽教育出版社，2002 年 12 月），頁 310～311。

[5] 陳斯鵬：〈郭店楚簡研究綜述〉《華學》第五輯（廣州市：中山大學出版社，2001 年 12 月），頁 243。

院院刊》2000 年第 6 期，頁 8～11。）「尋」，邪紐侵部，「淫」，喻
紐侵部，二字可通；而「」右所從即「尋」之變體，「衽」，日紐侵
部，與「尋」亦可通；同理，傳抄古文的「」右所從也是「尋」
的變體。[1]

馮勝君先生的說法很有道理。李零先生在《郭店楚簡校讀記》也曾認為「」
右旁從「尋」讀為「淫」。[2]再看《成之聞之》24，隸定為「」，通讀為
「審」。[3]。值得注意的是，這幾個字形的「尋」旁與「△」字右旁很接近，
茲排列如下：

（甲本）

（乙本）

（《成之聞之》34）

（《尊德義》16）

（《成之聞之》24）

（《古老子》）

「△」右上乍看類似「日」形，其實只要《成之聞之》34「尋」旁的 形，
寫作如同《尊德義》、《成之聞之》24「尋」旁的 形筆法，即將末筆往上
勾，便與「日」形近了，圖示如下：

---

1 單育辰：《楚地戰國簡帛與傳世文獻對讀之研究》（長春市：吉林大學博士論文，2010 年
6 月），頁 32。

2 李零：〈郭店楚簡校讀記〉《道家文化研究》第 17 輯（「郭店楚簡」專號）（北京市：三
聯書店，1999 年），頁 525。這條資料蒙劉洪濤先生向我指出。

3 陳劍：〈郭店簡《尊德義》和《成之聞之》的簡背數字與其簡序關係的考察〉《簡帛》第
二輯（上海市：上海古籍出版社，2007 年 11 月），頁 215。

「△」正是過渡的寫法。此外,《上博(二)‧容成氏》簡 41「謸(徵)」
字作:

其「彐」旁也作類似「曰」形。[1]這跟大家熟知的楚文字「彐」形部件常類
化成「幺」形是一樣的道理,如（娙／嫩－美,《上博(五)‧三德》簡
8),又作（娙／嫩－美,《上博(四)‧逸詩》簡 3),後者的「」旁即
是末筆往上收兩次所致。「彐」之於「」（類似「曰」形),如同「」
之於「」。所以「△」可以隸定作「伊」。同時,上述「集公」(《包
山》130),徐少華先生釋為「集易」讀為「稷陽」,在今河南唐河縣境,但
吳良寶先生卻認為地望待考。[2]則「」也不能排除是「尋」字。其次,「䏿」

---

[1] 《清華簡‧祭公》01「余多寺(時)懲」,整理者釋為「叚」,讀為「假」,訓「大」。
見李學勤主編:《清華大學藏戰國竹簡(壹)》(上海市:中西書局,2010 年 12 月),頁
175 注 5。謹案:可摹作,若釋為「叚」可信,比對「叚」作（《保訓》08),
右旁似可能是「刀」旁末筆往上勾所致,即→,與《天子建州》演變情
形相同。「刀」旁的寫法可以參考「邵」作（《中國歷代貨幣大系‧先秦貨幣》630),
又作（《先秦貨幣》628),後者末筆往上勾便與相近。《陶文圖錄》3.656.4「劕(剔)」
作,王恩田先生分析說:「刀旁或訛作口」,見王恩田編著:《陶文字典》(濟南市:
齊魯書社,2007 年 1 月),頁 103,0354 號。其「刀」旁的演變過程正與相似。
[2] 吳良寶:《戰國楚簡地名輯證》(武昌市:武漢大學出版社,2010 年 3 月),頁 265。

作🖼（甲本 12 簡）、🖼（乙本 11 簡）。郭永秉先生已指出此字亦見於《容

成氏》38「🖼為丹宮」，分析為從祈聲，讀為「塈」，意為塗飾，其說正確

可從。[1]不過《天子建州》的「晳」筆者仍從整理者讀為「祈」（詳下）。至

此，簡文可釋寫為「故見俣而為之祈」。「俣」可讀為「祲」。尋，邪紐侵部

開口三等；祲，精紐侵部開口三等，二者音近可通。古書關於「祲」有如

下的記載：

> （1）《說文》曰：「精氣感祥也。從示，侵省聲。《春秋傳》曰：『見
> 赤黑之祲』是。」段玉裁《注》曰：「《左氏傳・昭公十五年》。
> 梓慎知為喪氛。」[2]
>
> （2）《周禮・春官宗伯・保章氏》：「以五雲之物辨吉兇、水旱降、
> 豐荒之祲象。」鄭玄注：「物，色也。視日旁雲氣之色。」賈公
> 彥《疏》：「鄭知『視日旁雲氣之色』者，以其《視祲職》十者
> 皆視日旁雲氣之色，此云祲象，故知所視五雲亦視日旁雲氣之
> 色也。」[3]
>
> （3）《楚辭・九章・守志》：「障覆天兮祲氛」，舊注：「祲，惡氣貌。」[4]
>
> （4）《左傳・昭公十五年》：「十五年，春，將禘于武公，戒百官。
> 梓慎曰：『禘之日其有咎乎！吾見赤墨之祲，非祭祥也，喪氛也。
> 其在涖事乎！』」「赤黑之祲」者，杜預注：「妖氣也。」[5]後來
> 涖事者叔弓果然應言而卒。
>
> （5）《左傳・昭公十八年》：「夏，五月，火始昏見。丙子，風。梓
> 慎曰：『是謂融風，火之始也，七日，其火作乎！』戊寅，風甚。

---

[1] 郭永秉：《上博簡〈容成氏〉所記桀紂故事考釋兩篇》《簡帛》第五輯，頁 225～228。又
載於氏著：《古文字與古文獻論集》（上海市：上海古籍出版社，2011 年 6 月），頁 157。

[2] 《說文解字注》，頁 8。

[3] 李學勤主編、趙伯雄整理、王文錦審定：《周禮注疏（下）》，頁 708。

[4] 宗福邦、陳世鐃、蕭海波主編：《故訓匯纂》，頁 1605～1606。

[5] 楊伯峻：《春秋左傳注》，頁 1369。

壬午，大甚。宋、衛、陳、鄭皆火，梓慎登大庭氏之庫以望之，曰：『宋、衛、陳、鄭也』，數日皆來告火。...鄭之未災也，里析告子產曰：『將有大祥，民震動，國幾亡，吾身泯焉，弗良及也，國遷，其可乎？』」杜預注：「大庭氏，古國名，在魯城內，魯於其處作庫，高顯，故登以望氣。」[1]這是預示國家將有大災異。

（6）《左傳・昭公二十年》：「梓慎望氛，曰，『今茲宋有亂，國幾亡，三年而後弭，蔡有大喪。』」杜預注：「氛，氣也。」楊伯峻注：「《墨子・迎敵祠篇》、《史記・文帝紀》皆言望氣以覘吉凶。梓慎，魯之日官，故登台望氣。」[2]

（7）《國語 晉語一》：「獻公田，見翟柤之氛，歸寢不寐。」韋昭《注》：「氛，祲氛，凶象也。凶曰氛，吉曰祥。」[3]

（8）《墨子・迎敵祠》：「凡望氣，有大將氣，有小將氣，有往氣，有來氣，有敗氣，能得明此者可知成敗、吉凶。」

（9）《馬王堆帛書・天文氣象雜占》：「大水，亡一邦。」（1／22）劉樂賢先生說這是以雲之顏色為占，北方冬水為黑，看到此雲氣會「亡一邦」。[4]又「在城上，不拔。」（1／29）劉樂賢先生疏證說：「此條所繪圖象為虎。大意是說，若有雲氣如虎形，則城不會被攻克。」[5]又「出，所邦有喪。」（1／35）「出，所之邦有兵。」（1／36）劉樂賢先生疏證說：「以上兩條的圖像大體一致，但下部的顏色不同，前者為黑色，後者為紅色。」[6]可見望雲氣可以預測城邦毀喪與否。

---

[1] 楊伯峻：《春秋左傳注》，頁 1395。

[2] 楊伯峻：《春秋左傳注》，頁 1407。

[3] 徐元誥：《國語集解》（北京市：中華書局，2002 年 6 月），頁 258。

[4] 劉樂賢：《馬王堆天文書考釋》（廣州市：中山大學出版社，2004 年 5 月），頁 104。

[5] 劉樂賢：《馬王堆天文書考釋》，頁 105。

[6] 劉樂賢：《馬王堆天文書考釋》，頁 106。

（10）《文選・五十七卷・謝希逸宋孝武宣貴妃誄》亦云：「視朔書
　　　氛，觀臺告祲。」注云：「《左氏傳》曰：『公既視朔，遂登觀臺
　　　以望而書，禮也。』《周禮》曰：『眡祲，掌十煇之法。』鄭玄
　　　曰：『陰陽氣相侵，漸以成災也。』」[1]

（11）《張家山・蓋廬》30「日望其氣，夕望其埃，清以如雲者，未
　　　可軍也。」[2]

（12）《銀雀山漢墓竹簡（貳）・占書》2088～2089：「是故**聖**（聖）
　　　**人慎觀侵**（祲）**恙**（祥），未見其徵，不發其，[3]隨時而動，
　　　因毀而伐，【2088】是以有功而除害。」[4]

以上可知本簡的「祲」可理解為雲氣所顯示的喪氛與惡氣，這預示著災異
的發生同時也預示著城邦的毀喪。而面對這些徵兆要加以攘除，如：

（1）《左傳・哀公六年》：「是歲也，有雲如眾赤鳥，夾日以飛三日。
　　　楚子使問諸周大史。周大史曰：『**其當王身乎，若榮之，可移
　　　於令尹，司馬。**』」所謂「有雲如眾赤鳥」可參考下列文獻：[5]《春
　　　官・視祲》：「掌十煇之法，以觀妖祥，辨吉凶。一曰祲，二曰
　　　象」，鄭司農云：「祲，陰陽氣相侵；**象者，如赤鳥也。**」賈公
　　　彥疏：「云『象者，如赤鳥也』，楚有雲，如眾赤鳥在日旁者也。」
　　　《晉書・天文志》亦曰：「周禮，眡祲氏掌十煇之法，以觀妖祥，
　　　辨吉凶。……二曰象，謂雲氣成形象，如赤鳥夾日以飛之類是
　　　也。」「象」亦見於《春官・大卜》：「以邦事作龜之八命，一曰
　　　征，二曰象」，鄭司農云：「象謂災變雲物，如眾赤鳥之屬有所

---

[1] 《文選》（臺北市：藝文印書館，1991 年），頁 809。

[2] 張家山二四七號漢墓竹簡整理小組：《張家山漢墓竹簡【二四七號墓】（釋文修訂本）》（北
京市：文物出版社，2006 年 5 月），頁 165。

[3] 「其」下抄脫一字。

[4] 銀雀山漢墓竹簡整理小組編：《銀雀山漢墓竹簡（貳）》（北京市：文物出版社，2010 年
1 月），頁 242。

[5] 楊伯峻：《春秋左傳注》，頁 1635。

象似。」¹這是對楚王身體有影響的雲氣，但透過禳禜可解。

（2）《周禮‧春官宗伯‧視祲》：「視祲掌十輝之法，以觀妖祥，辨
吉兇。……掌安宅敘降。正歲，則行事；歲終，則弊其事。」
所謂「安宅敘降」，鄭玄注：「宅，居也；降，下也。人見妖祥
則不安，主安其居處也。次序其兇禍所下，**謂禳移之**。」孔穎
達疏：「此官主安居者，人見妖祥則意不安，主安居其處，不使
不安，故次叙其凶禍所下之地，**禳移之，其心則安**。」孫詒讓
亦曰：「次序之者，謂見妖祥，則以方位日辰占法，次序推其凶
禍所下之地，可禳者禳卻之，不可禳者則令移徙以就吉。」²

（3）張衡〈東京賦〉曰：「**馮相觀祲，祈禬禳災**。」³

以上正可與簡文「故見祲而為之祈」對應。蓋《周禮‧春官‧大祝》：「掌
六祈以同鬼神示，一曰類，二曰造，三曰禬，四曰禜，五曰攻，六曰說。」
鄭玄對「祈」的解釋是：「祈，嘄也。謂為有災變，號呼告於神，以求福。
天神人鬼地祇不和，則六癘作見，故以祈禮同之。」「祲」是災變惡徵，故
須告於神以求福，同時這六祈中正有「禜」也可以與上引《左傳‧哀公六
年》「禜之」呼應。其他的「禬」、「攻」、「說（敓）」⁴也都有攘奪之義。

## 四 見窔而為之內

整理者認為「窔」，指室之東南角。「內」，入。室中東南角靠近門戶，為門
戶所遮掩，光線較弱，入室居窔表示謙讓。室中西南角為尊位，稱「奧」（見
《爾雅‧釋宮》）。《禮記‧曲禮上》：「為人子者，居不中奧。」意思與此相

---

¹（清）孫詒讓：《周禮正義》（北京市：中華書局，2000 年 3 月）第七冊，頁 1935、1980。

²《周禮正義》第七冊，頁 1984。

³《文選》，頁 57。

⁴「說（敓）」之意參見沈培：〈從戰國簡看古人占卜的「蔽志」──兼論「移祟」說〉《古
文字與古代史》第一輯（臺北市：中央研究院歷史語言研究所，2007 年 9 月），頁 413
～417。

似。[1]淺野裕一贊同整理者之說，並翻譯做「在訪問他人時，（需要刻意避由正面進門）由東南角進門。」[2]楊華先生認為「窔」是平時收集、暫存垃圾的地方。「見窔而為之入」，是指當看到舊奠撤到窔處時，便立即把新奠端進去。本句強調要讓先人鬼魂時時得到安寧。[3]何有祖先生說：「楊說可參。」[4]

謹案：由上下文來看，「窔」對應「祲」，恐不能如字讀，筆者以為應讀為「妖」。[5]妖，影紐宵部；交，見紐宵部，音近可通。《史記・司馬相如列傳》：「巖突洞房」，《文選・上林賦》「突」作「窔」。[6]古籍還有【夭與狡】、【妖與狡】的通假例證，[7]此外《集韻・巧韻》「姣」或作「妖」，[8]均為明證。「妖」蓋呼應前句的「祲」，前引《周禮・春官・眡祲》：「掌十煇之法，以觀妖祥，辨吉凶。一曰祲⋯⋯」，鄭玄注：「妖祥，善惡之徵」，賈公彥疏：「祥是善之徵，妖是惡之徵，故言善惡之徵。此妖祥相對。若散文，祥亦是惡徵，『亳有祥桑』之類是也。」[9]前引「赤黑之祲」者，杜預注：「妖氛也。」《楚辭・九章・守志》：「障覆天兮祲氛」，「祲」是「惡氣貌」均可為證。其次，「內」對應「祈」，詞義顯然是一種祈禱禳除的行為。古籍「內」字的讀法比較複雜，陳復華、何九盈先生討論「內」聲的歸部時，認為從「內」得聲的字有三套，在上古分屬月部、物部、緝部，所以「內」聲緝、

---

[1] 馬承源主編：《上海博物館藏戰國楚竹書（六）》，頁331。

[2] 淺野裕一：〈上博楚簡《天子建州》における北斗と日月〉，「2007中國簡帛學國際論壇」論文，臺北市：臺灣大學中文系2007年。

[3] 楊華：〈《天子建州》禮疏〉，「2007中國簡帛學國際論壇」論文，臺北市：臺灣大學中文系2007年。

[4] 何有祖：《上博簡〈天子建州〉的初步研究》，頁66。

[5] 孟蓬生、程少軒二先生也均指出「窔」應讀為「妖」，見2010年6月11日覆信內容。

[6] 《文選》，頁128。

[7] 高亨、董治安編纂：《古字通假會典》，頁785～786。

[8] 此例蒙孟蓬生先生提示。

[9] 李學勤主編、趙伯雄整理、王文錦審定：《周禮注疏（下）》，頁656。

物兼收是必要的。[1]以此觀之，簡文的「內」可以讀為「禬」。從「內」聲的芮汭柄蚋笍均為月部，而「禬」亦是月部，故得相通。其實，「會」與「合」古籍常見相通，[2]而「合」正是緝部，與「內」的一種讀音相同。又如《包山》260「夬昷」，李家浩先生認為應讀為「芮溫」，[3]而【膾與快】、【噲與快】有通假的例證，[4]可見「內」與「夬」聲、「會」聲皆可通假，則簡文「內」可以為「禬」。孟蓬生先生看過拙文後，認為讀為「禬」可從，並為補證如下：

> 拙文《郭店楚簡字詞考釋（續）》（《簡帛語言文字研究（第一輯）》，張顯成主編，巴蜀書社，2002 年）中曾舉到的一個內聲和出聲相通的例子：《性自命出》簡 61：「句（苟）毋（無）大害，少枉內（入）之可也，已則勿復言也。」整理者無說。今按：「枉內」當讀「枉訕（屈）」，枉訕（屈）為同義連文。《說文・言部》：「訕，詰訕也。一曰屈褱，從言，出聲。詘，或從屈。」《呂氏春秋・壅塞》：「宋王因怒而訕殺之。」注：「訕，枉也。」出聲與內聲古音相通。《爾雅・釋獸》：「貀，無前足。」《經典釋文》：「貀，本又作豽。」《集韻・黠韻》：「貀，獸名。《說文》：『漢律，能捕豺貀購百錢。』或作豽。」以上是拙作原文。今又核《古字通假會典》，知傳世典籍中還有〔屈與訥〕一例（頁 523），亦可補入。……大致說來，「內」之于「屈」，猶「內」之於「禬」也。古音次濁音字如餘、來、泥、日等紐往往與牙音有關係，故內聲可與牙音之屈聲、會聲相通。又古音物月相近，故出聲、會聲往往在物月之間遊移，不可執著（方言中更是如此）。出聲字一般歸物部，而屈與厥聲、夬聲相通，厥聲、夬聲字一般以為在月部；會聲字一般歸月部，而會聲與貴聲相通，貴聲字

---

[1] 陳復華、何九盈：《古韻通曉》，頁 363。

[2] 李家浩：〈楚簡中的袷衣〉《著名中年語言學家自選集——李家浩卷》，頁 296。

[3] 李家浩：〈楚簡中的袷衣〉，頁 299～300。

[4] 高亨、董治安編纂：《古字通假會典》，頁 621。

一般以為在物部。[1]

除《性自命出》簡 61 的斷句及「內」讀為「詘」還有疑義外，[2]孟先生所舉其他證據已能說明「內」聲與「會」聲的關係。《周禮・春官・女祝》：「掌以時招、梗、禬、禳之事，以除疾殃。」鄭玄注：「除災害曰禬，禬猶刮去也。」[3]《周禮・春官・神仕》：「以冬日至致天神人鬼，以夏日至致地示物魅，以禬國之兇荒、民之札喪。」杜子春云：「禬，除也。」[4]「禬」是「六祈」之一，正可以與簡文上一句「見祓而為之祈」的「祈」呼應。此外，「內」還可能讀為「退」。《說文》云：「退」或體作「徎」。《易・巽・初六》：「進退利武人之貞。」《馬王堆帛書・周易》「退」作「內」。又《老子》曰：「功遂身退」，《馬王堆帛書・老子》甲本「退」作「芮」。[5]《景公瘧》簡 9「公退武夫，亞聖人」，李天虹先生認為：「簡文『退』恐不能如字讀，疑當讀為『內』或『納』。」[6]其說可從。又《璽彙》3617 ，何琳儀先生釋為「迠」，以為「退」之異文。[7]《張家山・蓋廬》29：「與其進芮（退）」。[8]《嶽麓書院藏秦簡（壹）・占夢書》簡 19 正下欄「夢蛇則（戴？）[9]蜂蠆螫之，有芮者。」整理者讀「芮」為「退」。[10]皆可為證。可見本簡「內」讀為「退」

---

[1] 2010 年 6 月 12 日覆信內容。

[2] 參裘錫圭：〈北京大學中國古文獻研究中心郭店楚墓竹簡研究專案介紹〉《出土文獻研究》第六輯（上海市：上海古籍出版社，2004 年 12 月），頁 8。

[3] 李學勤主編、趙伯雄整理、王文錦審定：《周禮注疏（上）》，頁 197。

[4] 李學勤主編、趙伯雄整理、王文錦審定：《周禮注疏（下）》，頁 740。

[5] 高亨、董治安編纂：《古字通假會典》，頁 546～547。

[6] 李天虹：〈《景公瘧》校讀二則〉，簡帛網，2007 年 7 月 26 日。

[7] 何琳儀：《戰國古文字典》，頁 1259；蕭毅：《楚簡文字研究》（武漢市：武漢大學出版社，2010 年 3 月），頁 203。

[8] 張家山二四七號漢墓竹簡整理小組：《張家山漢墓竹簡【二四七號墓】（釋文修訂本）》（北京市：文物出版社，2006 年 5 月），頁 165。

[9] 「則」讀為「戴」是陳劍先生的意見，見氏著：〈嶽麓簡《占夢書》校讀札記三則〉，復旦網，2011 年 10 月 5 日。

[10] 朱漢民、陳松長主編：《嶽麓書院藏秦簡（壹）》（上海市：上海辭書出版社，2010 年 12

並無問題。唐李師政《內德論·通命二》有「退妖星於天際」的說法。同時，沈培先生也提示筆者說：

> 「退」即「卻」的意思。《漢書·五行志》：「故能攘木鳥之妖，致百年之壽。」顏師古注曰：「攘，卻也，音人羊反。」再看李白〈送張秀才謁高中丞〉詩：「高公鎮淮海，談笑卻妖氛。」[1]

結合上下文來看，《天子建州》「臨城不言毀，觀邦不言喪，故見禕（祲）而為之酯（祈），見窔（妖）而為之內（禬或退）。」可以理解為臨城牆忌諱說毀壞，觀國家不可言喪亡，所以當見到祲氣妖氛（預測國家有毀喪之兆時），要加以祈禱禬退。

　　附帶討論《上博八》兩個「尋」字。《顏淵》「彔（祿）不足則青（請），又（有）余（餘）【12B】則訇（辭），所㠯（以）𢇛信也。【05】」[2]整理者釋為「岩」，讀為「瑞」。[3]讀書會已指出其誤，並認為：「『𢇛信』應是明信、取信、求信一類的意思。蘇建洲在一篇待刊稿中將這種寫法的字釋為『尋』。『尋』有求義，然古書中常見『求信』而似未見『尋信』之例。又疑𢇛或為『明』之訛寫。待考。」[4]劉雲、宋華強、陳偉先生都以為此字是「易」的誤寫，讀為「揚信」或「彰信」。[5]

　　謹按：經由上面的討論，可知《顏淵》的𢇛字確實是「尋」字。「尋」

---

　月），頁 159。

[1] 2010 年 6 月 13 日覆信內容。

[2] 復旦吉大古文字專業研究生聯合讀書會：〈《上博八·顏淵問於孔子》校讀〉，復旦網，2011 年 7 月 17 日，http://www.gwz.fudan.edu.cn/SrcShow.asp?Src_ID=1592。

[3] 馬承源主編：《上海博物館藏戰國楚竹書（八）》（上海市：上海古籍出版社，2011 年 5 月），頁 145。

[4] 復旦吉大古文字專業研究生聯合讀書會：〈《上博八·顏淵問於孔子》校讀〉，復旦網，2011 年 7 月 17 日，http://www.gwz.fudan.edu.cn/SrcShow.asp?Src_ID=1592。。

[5] 宋華強（網名：jiaguwen1899）：〈上博八《顏淵問于孔子》「易信」一解〉，武漢大學簡帛網論壇，2011 年 7 月 20 日（http://www.bsm.org.cn/bbs/read.php?tid=2772）、陳偉：〈《顏淵問於孔子》內事、內教二章校讀〉，武漢大學簡帛網，2011 年 7 月 22 日，http://www.bsm.org.cn/show_article.php?id=1521。

（邪紐侵部）可以讀為「申」（書紐真部）。聲紐是准旁紐，可以相通。至於韻部真侵，楚文字資料非常常見，如裘錫圭先生分析「慎」（真部）應分析為從「針」聲（侵部）或「十」聲（緝）。[1]至於通假例證如下：古書有【勝與申】的通假例證，[2]所以《仲弓》11+13「緩施而夰餝之」，馮勝君先生讀「夰」為「申」。[3]又有【朕與覃】的通假例證。[4]而【尋與覃】關係更是密切，如《孔子詩論》16「葛『䖒』」，從「尋」聲讀為「覃」。至此我們可以知道「尋」確實可以讀為「申」，則簡文可讀為「彔（祿）不足則青（請），又（有）余（餘）[12B]則訇（辭），所㠯（以）尋（申）信也。」「申信」古籍常見，如《禮記・郊特牲》：「大夫執圭而使，所以申信也。」《漢書・武五子傳》：「上既傷太子，乃下詔曰：『蓋行疑賞，所以申信也。其封李壽為邗侯，張富昌為題侯。』」

另一個字形是《王居》簡1「彭徒羿（樊－返）▨閙（關）至（致）命」，對於「▨」字原整理者釋為「諹（惕）」。[5]復吉讀書會指出按：「此字右旁與楚簡『易』字有別，原釋非是。《上博（六）・天子建州》甲本簡12、乙本簡11有『惕』字，其右半與此字右半為一字。蘇建洲先生在一篇待刊稿中釋為『尋』旁。若此，簡文此字也許可以釋為『譚』，讀為『鄩』。」[6]

---

[1] 裘錫圭：〈釋郭店《緇衣》「出言有▨，黎民所▨」〉《古墓新知——郭店楚簡出土十週年論文專輯》（國際炎黃文化出版社，2003年11月），頁4～5。

[2] 高亨、董治安編纂：《古字通假會典》（濟南市：齊魯書社，1997年7月），頁41。張儒、劉毓慶：《漢字通用聲素研究》（太原市：山西古籍出版社，2002年4月），頁996。

[3] 馮勝君：《郭店簡與上博簡對比研究》（北京市：線裝書局，2007年4月），頁75。

[4] 張儒、劉毓慶：《漢字通用聲素研究》（太原市：山西古籍出版社，2002年4月），頁997。

[5] 馬承源主編：《上海博物館藏戰國楚竹書（八）》（上海市：上海古籍出版社，2011年5月），頁206。

[6] 復旦吉大古文字專業研究生聯合讀書會：〈上博八《王居》、《志書乃言》校讀〉，復旦網，2011年7月17日，http://www.gwz.fudan.edu.cn/SrcShow.asp?Src_ID=1595。

沈培先生也同意釋為「諿」。[1]周波先生則認為：「《王居》簡1『關』前一字我曾指出即上博《容成氏》簡36『強弱不辭諹』之『諹』字。此處『諹關』疑當讀為『陽關』。」[2]

謹案：由於《王居》的辭例是地名，比較難確定。周波先生的想法，筆者也曾如此考慮過，這是因為經由偏旁、辭例制約，確實可能訛混。但反過來說，古地名不確定性本來就較大，如上述「集公」，以及《昭王與龔之脾》的「逃珤」確實地點仍然未知。況且楚地名名「鄩」者多見，[3]學者就認為《新蔡》甲一：3的「鄩郢」，「當與『鄩』地有關。」[4]則《王居》的「諿關」焉知與「鄩」地無關？總之，由字形角度出發，此二字釋為「尋」應當是首選。

本文原刊登於《簡帛》第六輯（2011年10月）

附記：本文承蒙馮勝君、孟蓬生、沈培、陳劍、郭永秉、程少軒、劉洪濤諸位先生審閱賜教，筆者非常感謝！馮先生在信中告知他對「」字的分析與「故見（祋）而為之暫（祈）」句的釋讀與筆者完全相同，古人有云：「閉門造車，出則合轍」，信不誣也！

---

[1] 見陳劍：〈《上博（八）・王居》復原〉，復旦網，2011年7月20日下評論第20樓。

[2] 見陳劍：〈《上博（八）・王居》復原〉，復旦網，2011年7月20日下評論第1樓。

[3] 吳良寶：《戰國楚簡地名輯證》（武昌市：武漢大學出版社，2010年3月），頁263。

[4] 同上。

# 說《武王踐阼》簡 3「矩」字 *

《上博七・武王踐阼》簡 2-3 有段文字曰：

币（師）上（尚）父【2】［曰］：「夫先王之箸（書），不异（與）北面。」武王西面而行，△折而南，東面而立。[1]

今本作：

師尚父曰：「先王之道，不北面。」王行西，折而南，東面而立。[2]

看得出來簡文「△折而南」是對應今本「折而南」的。簡文疑難字「△」作：

整理者釋此字為「柚」，分析為从木，曲聲，讀作「曲」。《廣雅・釋詁》：「曲，折也。」「曲折」，謂彎曲迴轉。此句意為：武王向西面行走，轉至南面，到東面而立。[3]復旦讀書會從之。[1]劉雲先生將此字分析為從木從声從屯，認

---

* 本文為「楚系簡帛字典編纂計畫」的研究成果之一，並獲得國家科學發展委員會的資助（計畫編號 NSC99-2410-H-018-032），特此致謝。

[1] 馬承源主編：《上海博物館藏戰國楚竹書（七）》（上海市：上海古籍出版社，2008 年 12 月），頁 17。

[2] （清）王聘珍撰，王文錦點校：《大戴禮記解詁》（北京市：中華書局，1998 年 12 月四刷），頁 104。

[3] 馬承源主編：《上海博物館藏戰國楚竹書（七）》（上海市：上海古籍出版社，2008 年 12

為此字很可能就是「磬」字，簡文「磬折」可能有兩種意思：一種表示人身體彎曲的狀態。這樣「磬折而南」的表面意思就是彎著身子向南走，深層的意思就是畢恭畢敬地向南走。一種表示拐了個像磬的形體一樣的彎。這樣「磬折而南」的意思就是拐了個像磬的形體一樣的彎向南走。這樣理解能和《大戴禮記・武王踐阼》中對應的語句「折而南」有個統一的解釋。[2] 張崇禮先生認為此字右旁所從為「巨」，字形即是「柜」字，可釋為「矩」，是畫直角或方形用的曲尺。《禮記・玉藻》認為古之君子應當「周還中規，折還中矩」。簡文「武王西面而行，矩折而南，東面而立」，一方面武王正好轉了一個九十度的直角，另一方面武王的動作合乎古之君子的行動規範，也反映了他態度的莊重和嚴肅。[3] 侯乃峰先生則認為字形右部有可能是「臣」字的減省寫法。字形即是「栢」，在簡文中當可以讀為「頤」。「頤折」一詞，在簡文中似也可以視為狀語，解釋為頭前傾故而頤曲，表示武王行走疾速。[4] 劉洪濤先生釋為「柜（？矩？）」[5]。許文獻先生釋為「柩」。[6]

　　謹按：就文意來看，張崇禮先生所舉「周還中規，折還中矩」的證據

---

月），頁 153～154。

[1] 復旦大學出土文獻與古文字研究中心研究生讀書會：〈《上博七・武王踐阼》校讀〉，復旦大學出土文獻與古文字研究中心網站，2008 年 12 月 30 日，http://www.gwz.fudan.edu.cn/SrcShow.asp? Src_ID=576。底下簡稱「復旦讀書會」，並不再注出。

[2] 劉雲：〈說上博簡中的從「屯」之字〉，復旦大學出土文獻與古文字研究中心網站，2009 年 1 月 5 日，http://www.guwenzi.com/SrcShow.asp?Src_ID=618。

[3] 張崇禮：〈釋《武王踐阼》的「矩折」〉，復旦網，2009 年 1 月 5 日，http://www.guwenzi.com/SrcShow.asp?Src_ID=620。

[4] 侯乃峰：〈上博（七）字詞雜記六則〉，復旦網，2009 年 1 月 16 日，http://www.gwz.fudan.edu.cn/SrcShow.asp?Src_ID=665。

[5] 劉洪濤：〈用簡本校讀傳本《武王踐阼》〉，簡帛網，2009 年 3 月 3 日，http://www.bsm.org.cn/show_article.php?id=997。

[6] 許文獻：〈上博七釋字札記——《武王踐祚》「柩」字試釋〉，2009 年 3 月 28 日，http://www.bsm.org.cn/show_article.php?id=1008。

最值得注意：

《孟子・盡心下》：「動容周旋中禮者，盛德之至也。」

《禮記・玉藻》：「古之君子必佩玉，右徵、角，左宮、羽。趨以〈采齊〉，行以〈肆夏〉，周還中規，折還中矩，進則揖之，退則揚之，然後玉鏘鳴也。」鄭玄注「周還中規，折還中矩」曰：「反行也宜圓，曲行也宜方。」孔疏：「反行，謂到行反而行，假令從北向南或從南向北。曲行，謂屈曲而行，假令從北向南行，曲折而東向西向也。」[1]

《大戴禮記・保傅》：「行以〈采茨〉，趨以〈肆夏〉，步環中規，折還中矩，進則揖之，退則揚之，然后玉鏘鳴也。」孔廣森曰：「步環尚圓，若般避時也。折還尚方，若揖曲時也。」朱子曰：「折旋，是直去了復橫去，如曲尺相似，其橫轉處欲其方如矩也。」[2]曹建墩先生也指出：「左右轉身時，所旋之形有一定的弧度，呈優美的曲線。」[3]簡文所描寫的正是周武王折旋的神態，所以「△」讀為「矩」是合適的。

再看字形的問題：張先生將「△」釋為「柜」，古文字「巨」字寫法固定，一般作[4]：

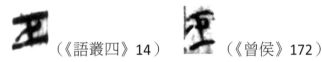

（《語叢四》14）　　　　　　（《曾侯》172）

可以理解為兩橫筆中間有交叉的直筆，「△」右旁「」並不符合此條件。不過，我們注意到《昭王毀室》簡 1「死」作，其「歹」旁與《子羔》1「殊」偏旁對比如下：

---

[1] 李學勤主編、龔抗雲整理：《禮記正義（中）》（北京市：北京大學出版社，1999 年 12 月），頁 914。

[2] 並見黃懷信主撰：《大戴禮記彙校集注》（西安市：三秦出版社，2005 年 1 月），頁 414～415。

[3] 曹建墩：《先秦禮制探賾》（天津市：天津人民出版社，2010 年 10 月），頁 209。

[4] 黃德寬主編：《古文字譜系疏證（二）》（北京市：商務印書館，2007 年 5 月），頁 1388～1394。

前者交叉的兩直筆也可以寫作「一直筆」與「з」形筆畫，正可以比對：

似乎可以證明「△」就是「柜」，自然可以讀為「矩」。不過「ᄐ」畢竟與尋常所見的「巨」有所不同，作為一種可能，整理者釋為「柚」值得關注，這種「曲」字寫法常見於璽印文字，如：

 （《璽彙》2238）

 （《璽彙》0907）

 （《璽彙 3417》）

第一方《古璽彙編》釋為「邱郇守」，吳振武、何琳儀先生將「邱」改釋為「郵」，[1]《戰國文字編》、施謝捷先生、沈培先生釋文相同。[2]第二方《彙編》釋為「私圶（璽）」，吳振武、何琳儀先生釋為「曲圶（璽）」，[3]施謝捷先生同之。[4]第三方璽印末二字吳振武、何琳儀先生亦釋為「曲圶（璽）」。[5]何琳儀先生後來負責撰寫的《古文字譜系疏證──侯部》下仍將這些璽印字形

[1] 吳振武：〈談戰國貨幣銘文中的「曲」字〉《中國錢幣》1993 年 2 期，頁 20、21 注 30；何琳儀：《戰國古文字典》（北京市：中華書局，1998 年 9 月），頁 349。

[2] 湯餘惠主編：《戰國文字編》（福州市：福建人民出版社，2001 年 12 月），頁 431、施謝捷：《古璽彙考》（合肥市：安徽大學博士學位論文，2006 年 5 月），頁 123、沈培（網名：尚賢）：〈談談清華簡用為「五行相勝」的「勝」字〉，復旦網，2010 年 12 月 24 日，http://www.gwz.fudan.edu.cn/SrcShow.asp?Src_ID=1336。

[3] 吳振武：〈談戰國貨幣銘文中的「曲」字〉《中國錢幣》1993 年 2 期，頁 20、21 注 30；何琳儀：《戰國古文字典》（北京市：中華書局，1998 年 9 月），頁 349。

[4] 施謝捷：《古璽彙考》（合肥市：安徽大學博士學位論文，2006 年 5 月），頁 212。

[5] 何琳儀：《戰國古文字典》，頁 349。

釋為「曲」。他解釋這些形體來源說：「曲，象彎曲之形。或雙鈎、或單鈎，或於雙鈎內加飾筆。單鈎作Ｌ者，可演變為乚形。參區之甲骨文作區形，區本從曲得聲。雙鈎者由乚而匚，與單鈎者由Ｌ而乚，演變軌跡完全吻合。至于秦文字作㲼者，乃六國文字匚之側置而已。」[1]其說可從。吳振武先生亦將「匚」釋為「曲」。又如《溫縣盟書》WT1 K14：572「總」作緦、上皋落戈「少曲」的「曲」作㇄。[2]筆者為這種現象再補充一個例證，如下列傳鈔古文「乃」[3]：

（乃，《汗簡》6.83）　（乃，《古文四聲韻》3.13 引雲台碑）

（《集古文韻上聲卷第三》引《籀韻》）

又作：

（乃，《汗簡》6.82）　（乃，《古文四聲韻》3.13 引古尚書）

（《集古文韻上聲卷第三》引《古尚書》）

演變方法如出一轍。可見楚竹書「曲」字雖作：

（《季庚子問孔子》23）　（《弟子問》13）

但可以演變為如下的字形：

---

[1] 黃德寬主編：《古文字譜系疏證（二）》，頁 950～952。

[2] 湯志彪：《三晉文字編》（長春市：吉林大學博士論文，2009 年 10 月）頁 762、903。

[3] 徐在國：《傳鈔古文字編》中（北京市：線裝書局，2006 年 11 月），頁 475～476。

總之，「△」釋為「柚」應該是可以成立的。

「柚」正可以讀為「矩」。「曲」，溪紐屋部合口三等；「矩」，見紐魚部合口三等，音近可通。韻部魚屋可通，王力先生認為「濾」（魚部）「漉」（屋部）是同源詞。[1]陳偉武先生指出《孫臏兵法・官一》、《六韜》五、《十問》都有魚屋合韻的例證，並指出：「于豪亮先生在討論魚侯二部的關係時說：『在《詩經》中侯部字有時同魚部字押韻。……到了戰國時期，侯部字同魚部字叶韻更為普遍。……李星橋先生認為戰國至漢魚、侯二部仍有分立的界限，但也承認二部通押大量存在的事實。』」[2]「屋」部是侯部的入聲，所以魚屋聲韻的關係可以對比魚侯二部的關係。[3]更直接的例子是「曲」、「矩」古籍有通假例證，如：《爾雅・釋木》：「下句曰朻」，《詩・周南・樛木》：「南有樛木」下《毛傳》曰：「木下曲曰樛。」[4]則【句和曲】可通假。[5]另外，《莊子・田子方》：「履句屨者，知地形」，《經典釋文》：「句，音矩。」[6]可見「曲」與「矩」通假是沒有問題的。簡文讀作「武王西面而行，矩折而南，東面而立」，上引朱子的話將「矩折」的動作形容得很傳神，可以參考想像。

本文初稿發表於國科會九十七年度研究計畫

「楚系簡帛文字字典編纂計畫基礎工程論文集」，2009 年 6 月 27 日

---

[1] 王力：《同源字典》（北京市：商務印書館，1999 年 9 月），頁 152。

[2] 陳偉武：《簡帛兵學文獻探論》（廣州市：中山大學出版社，1999 年 11 月），頁 167、195～196。

[3] 更多例證請見拙文：〈《上博八》考釋十四則——（五）由《王居》簡 7 的「辻」字重新分析相關字形〉，已收入本書。

[4] 李學勤主編、龔抗雲等整理：《毛詩正義（上）》（北京市：北京大學出版社，1999 年 12 月），頁 41。

[5] 高亨、董治安編纂：《古字通假會典》（濟南市：齊魯書社，1997 年 7 月），頁 336。

[6] （清）郭慶藩：《莊子集釋》（臺北市：貫雅文化，1991 年 9 月），頁 718。

# 《弟子問》簡 1「文乎其膺」試釋 *

　　陳劍先生將簡 2、簡 1 相聯並調整順序，陳先生解釋說：「『雁』字原釋為『所』。從小圖版可以直觀地看得很清楚，將簡 2 往右方平移，正好可以跟簡 1 上端相拼合上。簡文有幾個字詞未能準確釋讀，據『浴（俗）』和『雁（膺）』猜想，當與吳人『斷髮文身』、『祝髮文身』之俗有關。」[1]何有祖先生認為陳劍先生之說甚是，並指出：⬚原釋為㕤。細審圖版，字右部與郭店《忠信之道》簡 2 ⬚ 同。可分析為從人從民，隸作「㑤」，讀作「文」。此處當作「動（墼？）散（？）㑤（文）乎雁（膺）」。《左傳》哀公六年：「仲雍嗣之，斷髮文身，裸以為飾」。《山海經・南山經》：「丹水出焉，而南流注於渤海。有鳥焉，其狀如雞，五采而文，名曰鳳皇，首文曰德，翼文曰義，背文曰禮，膺文曰仁，腹文曰信。是鳥也，飲食自然，自歌自舞，見則天下安寧。」「動（墼？）散（？）」當是最能體現吳人風俗特徵的物事。[2]范常喜先生則別出心裁，將簡文與季札讓位事蹟拉上關係。[3]筆者以為

* 本文為「楚系簡帛字典編纂計畫」的研究成果之一，並獲得國家科學發展委員會的資助（計畫編號 NSC99-2410-H-018-032），特此致謝。

1 陳劍：〈《上博（五）》的竹簡分篇、拼合與編聯問題〉，本節下引陳先生意見皆出此文，不再注出。

2 何有祖：《上博五〈弟子問〉試讀三則》，本則下引何先生意見皆出此文，不再注出。

3 范常喜：〈《上博五・弟子問》1、2 號簡殘字補說〉，簡帛網，2006 年 5 月 21 日，http://www.bsm.org.cn/show_article.php?id=349。本則下引范先生意見皆出此文，不再注出。

陳、何二先生對文意的把握是正確的，這段簡文可釋寫如下：

> 子曰：「脡（延）陸（陵）季子，丌（其）天民也啻（乎）？生而不
> 因丌（其）浴（俗）。吳人生七 年？【2】而鼗（墊—祒）敆（散—
> —祖） 啻（乎）丌（其）雁（膺），脡（延）陸（陵）季＝（季子）
> 僑（矯）而弗受。脡（延）陸（陵）季子，丌（其）天民也啻（乎）？」
> 子贛（貢）……【1】

相關考釋請詳另文，[1]本節嘗試討論疑難字 。

　　《弟子問》此段聯繫上下來看是指吳越地方的風俗，古籍有如下的記載：

> 甲、《史記・吳太伯世家》：「吳太伯，太伯弟仲雍，皆周太王之子，而王
> 季歷之兄也。季歷賢，而有聖子昌，太王欲立季歷以及昌，於是太
> 伯、仲雍二人乃奔荊蠻，**文身斷髮**，示不可用，以避季歷。季歷果
> 立，是為王季，而昌為文王。太伯之奔荊蠻，自號句吳。荊蠻義之，
> 從而歸之千餘家，立為吳太伯。」

> 乙、《論衡・四諱》：「昔太伯見王季有聖子文王，知太王意欲立之，入吳
> 采藥，**斷髮文身**，以隨吳俗。太王薨，太伯還，王季辟主。太伯再
> 讓，王季不聽。三讓，曰：『吾之吳、越，吳、越之俗，**斷髮文身**。
> 吾刑餘之人，不可為宗廟社稷之主。』」

> 丙、《左傳・哀公七年》：「大伯端委以治周禮，仲雍嗣之，**斷髮文身**，臝
> 以為飾，豈禮也哉，有由然也。」

> 丁、《史記・趙世家》：「夫翦髮文身，錯臂左衽，甌越之民也。黑齒雕題，
> 卻冠秫絀，大吳之國也。」《索隱》：「錯臂亦文身，謂以丹青錯畫其
> 臂。孔衍作『右臂左衽』，謂右祖其臂也。」[2]

---

[1] 拙文：〈《上博五・弟子問》研究〉《中央研究院歷史語言研究所集刊》83 本，待刊。

[2] （漢）司馬遷，《史記》，（北京市：中華書局，1964 年）第六冊，頁 1808。

戊、《淮南子‧齊俗訓》:「越王勾踐劗髮文身,無皮弁搢笏之服,拘罷拒折之容,然而勝夫差於五湖,南面而霸天下,泗上十二諸侯皆率九夷以朝。」

己、《論衡‧問孔》:「禹入躶國,躶入衣出,衣服之制不通於夷狄也。禹不能教　國衣服,孔子何能使九夷為君子?」黃暉先生校釋曰:「見《呂氏春秋‧貴因篇》、《淮南‧原道篇》。御覽六九六引《風俗通》曰:「禹入裸國,欣起而解裳。俗說:『禹治洪水,乃播入裸國,君子入俗,不改其恆,於是欣然而解裳也。』原其所以,當言『皆裳』。裸國,今吳郡是也。被髮文身,裸以為飾,蓋正朔所不及也。猥見大聖之君,悅禹文德,欣然皆著衣裳也。」[1]

以上可見吳越地方風俗是斷(翦或劗)髮文身,裸以為飾,錯臂左衽,黑齒雕題,卻冠秫絀,這可以提供考釋 字的證據。陳劍先生隸作「俑(?)」,何有祖先生隸作「低」,讀作「文」,范常喜先生釋為「倗」字,待考。謹案:由文意來看,何說最好。由字形來看,右旁主體似乎從「用」形,所以陳劍先生隸作「俑(?)」是有道理的。筆者則以為此字應該是「備」,字形可復原如下:

下半「用」形可以參考「郙」作 (《包山》249)、「莆」作 (《侯馬》)、「酺」作 (曾侯乙編鐘565.9);上部寫法可以參考:「補」作 (《老子丙》13)、 (《太一生水》01)、 (《太一生水》03)、 (《命》04)。

---

[1] 黃暉:《論衡校釋》(北京市:中華書局,1996年)第二冊,頁417。

而「甫」（幫紐魚部）聲可以讀為「文」（明紐文部），聲紐同為唇音，韻部也有關係，如《郭店・語叢三》45「難」作，可以隸定作「雖」，李守奎先生分析為從「壴」聲。則「壴」可為「難」的聲符。而「難」的小篆作，即鸛，《說文》分析從「堇」聲。古文有三形，分別作、、，前二形也從「堇」聲，第三形則與《語叢三》45同形，從「壴」聲。「壴」是魚部，「堇」是文部。[1]又如《左傳・成公十三年》人名曹公子「欣時」，《公羊傳・成公十六年》作「喜時」。而楚文字的「喜」往往寫作（《包山》165），從「壴」聲；「欣」是文部。古籍通假例證中，之部與魚部；之部與文部都有大量的相通證據，則魚部可與文部相通應該是合乎音理的。至於通假例證可疏証如下：《說文》曰：「俌，輔也。從人甫聲，讀若撫。」[2]《周禮・夏官司馬・弁師》：「諸公之繅九就，瑉玉三采，其餘如王之事。」鄭玄《注》云：「故書瑉作珷。……鄭司農云：『珷，惡玉名』。」《釋文》曰：「瑉本又作珉，亡貧反。」孔《疏》曰：「云『珷，惡玉名者』，按許氏《說文》：『珷，三采玉，從玉無聲。』以其三采，又非瓀珉，故云惡玉名也。說文又云：『珉，石之美者，從玉民聲。』如是《經》云『瑉玉三采』當以珷為正，故先鄭從珷為惡玉名也。」[3]虞萬里先生也認為此處「珷」與「瑉」是通假關係。[4]還有一個平行例證是《老子》十四章：「搏之不得名曰微」，《馬王堆帛書》甲本116、乙本229上「搏」作「捪」，[5]而「搏」從「甫」

---

[1] 李守奎：〈郭店楚簡「雖」字蠡測〉《古文字研究》26 輯（北京市：中華書局，2006 年 11 月），頁 297～301。

[2] （清）段玉裁注：《說文解字注》（臺北市：漢京文化，1985 年 10 月），頁 372。

[3] 李學勤主編、趙伯雄整理、王文錦審定：《周禮注疏》下（北京市：北京大學出版社，1999 年 12 月），頁 837～838。

[4] 虞萬里：〈《三禮》漢讀異文及其古音系統〉《榆枋齋學術論集》（南京市：江蘇古籍出版社，2001 年 8 月），頁 152。

[5] 高明：《帛書老子校注》（北京市：中華書局，1996 年 5 月），頁 283；高亨、董治安編

聲，可知【甫與無與昏與民】存在通假的可能。而【昏與文】古籍常見通假，例不勝舉，[1]如《爾雅・釋詁上》：「閔，病也。」據清代郝懿行疏，這個意義的「閔」古書通作「文」、「憫」、「愍」、「潣」、「惽」、「痻」、「瘠」等。[2]又如《說文》「珉」字下段注曰：「〈聘義〉注曰：『碈或作玟』。凡文聲昏聲同部。瑉碈字皆玟之或體，不與珉同字，其訛亂久矣。」[3]總和以上，可知【甫與文】通假應無問題，則簡文「俌」自然可以讀為「文」，文身之意。

本文原是〈《上博五・弟子問》「延陵季子章」新釋〉的一部分，宣讀於「2010簡帛資料文哲研讀會成果發表暨全國簡帛資料研討會」，臺灣師範大學國文系，2010 年 12 月 4 日。後來正式發表時將釋為「俌」，讀為「文」的意見刪除，見〈《上博五・弟子問》研究〉《中央研究院歷史語言研究所集刊》83 本，待刊中。今將舊說重新整理，請讀者批評指正。

纂：《古字通假會典》（濟南市：齊魯書社，1997 年 7 月），頁 154。

[1] 張儒、劉毓慶：《漢字通用聲素研究》（太原市：山西古籍出版社，2002 年 4 月），頁 970。

[2] （清）郝懿行：《爾雅義疏》（上海市：上海古籍出版社影印本，1983 年 6 月），頁 155～156、陳劍：〈甲骨金文舊釋「尤」之字及相關諸字新釋〉《北京大學古文獻研究中心集刊》第四輯（北京市：北京大學出版社，2004 年 10 月），頁 91。

[3] （清）段玉裁注：《說文解字注》（臺北市：漢京文化，1985 年 10 月），頁 17。

# 《上博三・中弓》簡 20「攼析」
# 試論 *

　　《上博三・中弓》簡 20：仲弓曰：「今之君子＝（君子），孚過攼斦（析），
難以納諫。」（非討論的字形以通行字表示）

　　其中「孚過攼斦（析）」，整理者說「義不詳，待考。」[1]已有許多學者
對此句的訓讀發表過高見：陳劍先生說：「『孚』聲字與『复』聲字常通，『孚』
讀為『愎』，『愎過』見《呂氏春秋・似順》又《誣徒》等，意為堅持過失。
《似順》云『世主之患，恥不知而矜自用，好愎過而惡聽諫，以至於危。』
與簡文尤相近。『析』字從原釋文，大概是以其形為『斦』。『攼析』如何解
釋待考。」[2]侯乃峰先生認為「析」指「析言」，「當指戰國時代名家者流如
公孫龍等人的花言巧語、詭辯異說、華而不實、無異於治之辭。」[3]楊懷源
先生讀「孚過」為「保過」；讀「攼析」為「扞婕」，認為「是抵制，排斥
剛直之臣（言）的意思。」[4]許子濱先生說：「『攼析』之『攼』」用作『捍』，

*本文為「楚系簡帛字典編纂計畫」的研究成果之一，並獲得國家科學發展委員會的資助
　（計畫編號 NSC99-2410-H-018-032），特此致謝。

[1] 馬承源主編：《上海博物館藏戰國楚竹書（三）》（上海市：上海古籍出版社，2003 年 12
　月），頁 278。

[2] 陳劍：〈上博竹書《仲弓》篇新編釋文（稿）〉，簡帛研究網，2004 年 4 月 18 日。

[3] 侯乃峰：〈《仲弓》篇「攼析」試解〉簡帛研究網，2004 年 5 月 3 日。

[4] 楊懷源：〈上博仲弓簡箚記四則〉簡帛研究網，2004 年 8 月 7 日。

此字亦見上博簡《曹沫之陳》，同作『』形。李零即釋作捍。至於『析』字，學者認為即『析言』，指『言詞荒謬』，似尚可商榷，但此字帶有負面的意思則可斷言。因此，『愎過捍析』作為『今之君子』的貶詞，是非常明顯的。」[1]晁福林先生則認為：「簡文『愎過悍析』當讀若愎（剛愎）、過（誇大）、悍（強悍）、析（詭辯），是仲弓眼中那些號稱『君子』者的四種不良態度。」[2]史傑鵬先生對上述諸說提出評論，也提出釋讀意見：

> 「孚過攼析」一句，李朝遠先生注曰：「義不詳，待考。」陳劍先生認為「孚過」應當讀為「愎過」，他說「愎過」見《呂氏春秋・似順》和《誣徒》等，意為「堅持過失」。又引《似順》云「世主之患，恥不知而矜自用，好愎過而惡聽諫，以至於危。」他的看法基本是對的，但說「愎過」的意思是「堅持過失」，卻值得商榷。至於「攼析」，陳劍先生說待考，楊懷源先生說「析當讀為婡」，「『攼析』就是『扞婡』，是抵制，排斥剛直之臣（言）的意思」，我們覺得不大確切，這句話和「愎過」相對，都應該是文過飾非一類的意思，和排斥剛直之臣沒有什麼關係。頗疑「攼析」讀為「捍責」，意思是「抵拒責備」。「捍」有「抗拒抵禦」的意思，《禮記・祭法》：「能禦大災則祀之，能捍大患則祀之。」上古音「責」是莊母錫部字，「析」為心母錫部字，聲母韻部俱近，可以通假。《淮南子・兵略》：「淅米而儲之。」《文子・上議》「淅」作「漬」，可以為證。「捍責」既然是抵拒責備，那「愎過」也應當是相似的意思，「愎」在古書中作「抵拒、乖戾」講是常訓，「過」也有「責備」的意思，《呂氏春秋・適威》：「煩為教而過不識。」高誘注：「過，責。」「愎過捍責」是一個聯合片語，「愎過」和「捍責」兩者是並列關係，意思相同，陳劍先生說是「堅持過失」的意思，恐怕不太確切。[3]

---

[1] 許子濱：〈上博簡《仲弓》「害近矣」解〉，簡帛研究網，2005 年 6 月 21 日。

[2] 晁福林：〈上博簡《仲弓》疏證〉《孔子研究》2005 年 2 期，頁 14。

[3] 史傑鵬：〈上博竹簡（三）注釋補正〉，簡帛研究網，2005 年 7 月 16 日。

謹案：筆者贊同陳劍先生所說「孚過」應當讀為「愎過」，同時由文獻例證如「好愎過而惡聽諫」來看，「過」顯然只能解釋為「過失」，史先生解釋為「責備」恐不可取。「愎過」，即堅持過失。[1]其次，「捍」雖有抵禦、抗拒的意思，但所接的受詞多為具體的人物或事項，如：

《左傳・僖公二十四年》：「扞禦侮者，莫如親親，故以親屏周」

《左傳・成公十二年》：「此公侯之所以扞城其民也」

《禮記・祭法》：「能御大菑則祀之，能捍大患則祀之」

《荀子・君道》：「然而應薄扞患，足以持社稷」

《商君書・賞刑》：「千乘之國，不敢捍城。」

《呂氏春秋・恃君》：「凡人之性，爪牙不足以自守衛，肌膚不足以扞寒暑」

《史記・齊太公世家》：「夏，楚王使屈完將兵捍齊，齊師退次召陵。」

《史記・楚世家》：「楚封之以捍吳」

《史記・三王世家》：「康叔后捍祿父之難」

《史記・司馬穰苴列傳》：「將兵捍燕晉之師」

《淮南子・原道訓》：「所謂其事強者，遭變應卒，排患扞難，力無不勝，敵無不凌，應化揆時，莫能害之。」

《新書・益壤》：「如臣計，梁足以捍齊、趙」

《新書・階級》：「守衛捍敵之臣」

《新序・雜事三》：「若手足之捍頭目而覆胸腹也。」

《鹽鐵論・未通》：「民相傚傲田地日蕪，租賦不入，抵扞縣官。」

似未見「捍責」（抵拒責備）的說法。筆者以為「扴析」似可以讀為「掩錯」或「掩差（佐）」，即掩蔽、掩飾謬錯或差錯的意思，試說如下：

「扴」字諸家均理解為「扴」，正確可從。攴、戈二旁作為偏旁可以義近通用，如楚文字{誅}既作「戜」（《語叢四》08），又作「敄」（《景公瘧》

---

[1] 見漢語大詞典編輯委員會：《漢語大詞典》（上海市：漢語大詞典出版社，1995 年 11 月）第七冊，頁 661【愎過】條下。

02）。又如《武王踐阼》15「敗」寫作從戈。「攺」即「敆」的異體字（見《集韻・翰韻》）。《說文》曰：「敆，止也。」「攺」已多次見於楚文字材料，如《楚帛書》甲 5.74 讀為「捍」[1]，上引《曹沫之陣》16 亦讀為「捍」；《子羔》簡 12 讀為「搴」[2]；《吳命》簡 5 讀為「殘」或「虔」或「割」。[3]而《中弓》的「攺」疑可讀為「掩」。攺，見紐元部；掩，影紐談部，二者音近可通。古音月談、元談二部字音有關，如《左傳・昭公八年》所記地名「商奄」，《墨子・耕柱》、《韓非子・說林上》作「商蓋」。又《左傳・昭公二十二年》所記吳公子「掩餘」，《史記・吳太伯世家》作「蓋餘」。「奄」、「掩」屬談部，「蓋」為月部。[4]也可說明【掩與蓋】音近可通。至於元談二部如《孔子見季桓子》簡 20「夫視人不 ▨ 」，末字應釋為「厭」。[5]字形右旁從

「女」形，與「女」作 ▨ （《璽彙》3580）及《競建內之》04 ▨ （安）的「女」旁同形，另參同簡 13 的「毋」字亦可知。可見字應釋為「娟」，影紐元部，可音近讀為「厭」，影紐談部。聲韻關係如同楚簡常見從「𦣝」旁可讀為「厭」（影談）或「怨」（影元）。[6]又如《武王踐阼》簡 7：「□諫不遠」，「諫」字對應今本「所監不遠，視爾所代」的「監」字。復旦讀書會指出：「『諫』為元部字，『監／鑒』則為談部字。不過，古書元、談相通不乏其例，此處所表示之詞祇能是『監／鑒』（其聲母又正好完全相同），可能此種通假現

---

[1] 曾憲通：《長沙楚帛書文字編》（北京市：中華書局，1993 年 2 月），頁 34，第 96 號。

[2] 張富海：〈上博簡《子羔》篇「后稷之母」節考釋〉，簡帛研究網，2003 年 1 月 17 日。

[3] 參拙文：〈《上博楚竹書七》考釋六題——（一）釋《吳命》「攺亡爾社稷」〉《出土文獻與古文字研究（第三輯）》，已收入本書。

[4] 李家浩：〈南越王墓車馹虎節銘文考釋〉《容庚先生百年誕辰紀念文集》（廣東市：廣東人民出版社，1998 年 4 月），頁 665。

[5] 陳偉：〈讀《上博六》條記〉，簡帛網，2007 年 7 月 9 日。

[6] 參李銳：〈上博楚簡續箚〉《上博館藏戰國楚竹書研究續編》（上海市：上海書店出版社，2004 年 7 月），頁 537。亦見劉釗《古文字構形學》（福州市：福建人民出版社，2006 年 1 月），頁 119。

象正是反映楚方音的可貴資料。」[1]《信陽》2.13「二紡絹，帛裏，組緣。一友齊繡之袷，帛裏，組緣。」劉國勝先生將「絹」釋為「厭」（影紐談部），讀為「冠」（見紐元部）。[2]田河先生認為可備一說。[3]尤其【干與奄】二聲有輾轉通假的例證。如《說文》「鴠，渴鴠也。」段注曰：「〈月令〉曰曷旦，〈坊記〉作盍旦，鄭云：『夜鳴求旦之鳥也。』《方言》作鴋鴠、鶡鴠，《廣志》作侃旦，皆一語之轉。此渴旦當同〈月令〉作曷旦，淺人改之。」[4]可見【旱、曷、盍】音近可通。又《禮記・內則》：「皆有軒」，鄭玄注：「軒，讀為憲。」《禮記・樂記》：「〈武〉坐致右『憲』左」，《孔子家語》作「〈武〉坐致右而『軒』左」。《集韻・上聲・阮韻》：「忓，許偃切，張繒車上為幰。或從軒省文」。而「憲」，《說文》曰：「害省聲」。《睡虎地・秦律十八種・內史雜》193「憲盜」，《法律答問》1號簡作「害盜」。[5]可見【干與害】音近可通。《簡大王泊旱》13+15「君王毋敢戴害（掩）【13】罙（蓋）」，陳偉先生讀「害」為「掩」。[6]前面也有舉證說明【掩與蓋】的通假例證。總結以上，可知「干」與「曷、蓋、害、掩」等聲首有普遍的通假現象。換言之，本簡「玫」讀為「掩」是可以的。

「掩」有掩飾、掩蔽、文飾的意思，常見與「過」、「邪」、「謗」、「美」、「善」等詞彙合用，如：

《左傳・文公十八年》：「昔帝鴻氏有不才子，『掩義隱賊』，好行凶德，醜類惡物，頑嚚不友，是與比周，天下之民，謂之渾敦。」

《左傳・昭公二十年》：「仁者殺人以『掩謗』，猶弗為也」。

[1] 復旦大學出土文獻與古文字研究中心研究生讀書會：〈《上博七・武王踐阼》校讀〉，復旦網，2008年12月30日。
[2] 劉國勝：《楚喪葬簡牘集釋》（武漢市：武漢大學博士學位論文，2005修訂本），頁50。
[3] 田河：《出土戰國遣冊所記名物分類匯釋》（長春市：吉林大學博士論文，2007年6月），頁179。
[4]（清）段玉裁注：《說文解字注》（臺北市：漢京文化，1985年10月），頁150。
[5] 睡虎地秦墓整理小組：《睡虎地秦墓竹簡》（北京市：文物出版社，2001年12月），頁63。
[6] 陳偉：〈《簡大王泊旱》新研〉，簡帛網，2006年11月22日。

《吳越春秋・闔閭三年》:「蓋聞仁者殺人以『掩謗』者,猶弗為也。」

《逸周書・諡法》:「彰義掩過曰堅」

《六韜・文韜・上賢》:「七害者:二曰:有名無實,出入異言;『掩善揚惡』,進退為巧,王者慎勿與謀。」

《淮南子・氾論訓》:「今以人之小過,『掩其大美』,則天下無聖王賢相矣。」

《史記・曹相國世家》:「參見人之有細過,專『掩匿覆蓋』之,府中無事。」

《漢書・魏相丙吉傳》:「於官屬掾史,務『掩過揚善』。」

《漢書・酷吏傳・楊僕》:「將軍能率眾以『掩過』不?」

《周易 繫辭下》:「故惡積而不可掩,罪大而不可解」

尤其底下三則與簡文的文意特別接近:

《晏子春秋・內篇・景公問忠臣之行何如晏子對以不與君行邪》:「不掩君過,諫乎前,不華乎外。」

《戰國策・燕策三・燕王喜使栗腹以百金為趙孝成王壽》:「世有『掩寡人之邪』,救寡人之過,非君心所望之?今君厚受位於先王以成尊,輕棄寡人以快心,則『掩邪救過』,難得於君矣。」

《說苑・君道》:「昔者晏子辭賞以正君,故『過失不掩』,今諸臣諂諛以干利,故出質而唱善如出一口,今所輔於君,未見眾而受若魚,是反晏子之義而順諂諛之欲也,固辭魚不受。」

再看「斦」字,字從半木從斤,即「析」,古文字常見。[1]簡文「析」可以讀為「錯」。「析」,心紐錫部;「昔」心紐鐸部;「錯」,清紐鐸部,聲韻關係密切。韻部相通的例證,楊澤生先生曾經舉證過:

魚部的入聲韻鐸部跟錫部也很接近,比如「亦」字屬余母鐸部,而以它作為聲旁的「迹」屬精母錫部[2],這是諧聲字的例子;再如《儀

---

[1] 裘錫圭:《文字學概要》(臺北市:萬卷樓圖書公司,1999年1月),頁157。

[2] 劉洪濤先生指出:「此例無效,『亦』為『束』之訛。」見2010年2月26日信件內容。

禮·公食大夫禮》:「簠有蓋幂。」鄭玄注:「『幂』今文或作『幕』。」
《禮記・檀弓上》:「布幕,衛也。」《經典釋文》:「『幕』本又作『幂』。」
《禮記・禮器》:「犧尊疏布鼏。」鄭玄注:「『鼏』或作『幂』。」(高
亨,1989:74)「幂」和「鼏」屬明母錫部,而「幕」屬明母鐸部,
這是異文的例子;《論語・述而》:「五十而學《易》,可以無大過矣。」
《經典釋文》:「魯讀『易』為『亦』。」(高亨,1989:467)「易」
屬餘母錫部,而「亦」屬餘母鐸部,這是異讀的例子。[1]

而且【析與昔】亦有直接的通假例證,如《史記・田敬仲完世家》:「淳于
髡曰:『弓膠昔幹,所以為合也,然而不能傳合疏罅。』」《索隱》曰:「(昔
幹)《考工記》作『析幹』,則析昔音相近。」[2]《廣韻》曰:「枂」俗「析」
字。[3]而「錯」從「昔」聲,可見「析」可以讀為「錯」。「錯」為錯謬、錯
誤的意思,王力《古漢語字典》頁 1532「錯」字條下(何九盈先生撰寫):
義項三

> 錯,通遣。交錯。《詩・小雅・楚茨》「獻醻交錯。」毛傳:「東西為
> 交,邪行為錯。」……由交錯又引申為錯雜。《詩・周南・漢廣》:「翹
> 翹錯薪,言刈其楚。」由錯雜引申為不合,不同。《漢書・五行志上》:
> 「劉向治《穀梁春秋》,數其禍福,傳以〈洪範〉,與仲舒錯。」由
> 不合引申為乖謬,錯誤。《漢書・于定國傳》:「何以錯謬至是?」唐
> 韓愈〈張中丞傳後敘〉:「盡卷不錯一字。」

其它文獻例證如:

> 《列女傳・節義・楚成鄭瞀》:「王不明察,遂辜無罪。是白黑顛倒,
> 上下錯謬也。」

> 《漢書・武五子傳》:「江充,布衣之人,閭閻之隸臣耳,陛下顯而
> 用之,銜至尊之命以迫蹴皇太子,造飾姦詐,群邪『錯謬』,是以親

---

[1] 楊澤生:〈《上博七》補說〉,復旦網,2009 年 1 月 14 日。

[2] (漢)司馬遷:《史記》(北京市:中華書局,1964 年 4 月)第六冊,頁 1891。

[3] 亦參(清)顧藹吉編撰:《隸辨》(北京市:中華書局,1984 年 4 月)卷五,頁 184。

戚之路鬲塞而不通。」

《後漢書・王充王符仲長統列傳》：「殺之則甚重，髡之則甚輕。不制中刑以稱其罪，則法令安得不參差，殺生安得不『過謬』乎？」

《後漢書・律曆中》：「章帝知其謬錯，以問史官，雖知不合，而不能易，故召治曆編訢、李梵等綜校其狀。」

《甘谷漢簡》42：「意悉惑不曉，施行繆錯，令上恩偏鬲。」[1]

看的出來，「錯謬」亦作「過謬」，可見過、錯意思相近。雖然目前看來，「錯」解釋為錯誤、乖謬的年代稍微晚一些，但從上引何九盈先生的看法，可以知道這種義項的出現是極其自然的。則簡文「攷析」讀為「掩錯」，即掩飾過錯。

另一種可能是讀為「差」或「佐」，過差，差錯也。「差」，初紐歌部；「佐」，精紐歌部，與「析」（心紐錫部）聲韻均近。韻部歌、錫相通之例如【易與也】二聲常見相通（《會典》，頁 467～468），易（錫部）；也（歌部）。又【邂與迦】可通（《會典》，頁 452），「邂」（錫部）；「迦」（歌部）。而【析與差】亦有通假例證：《說文》「膌」古文作「瘠」，分析為從疒朿，朿亦聲。《君子為禮》03「吾子何其膪」，「膪」陳劍先生讀為「瘠」，並已指出差聲、此聲和朿聲字多可相通。[2]而「策」的異體作「筴」，[3]可見【析與朿】聲系相通。所以本簡「析」亦可讀為「差」。又《爾雅・釋詁下》：「差，擇也。」郝懿行《義疏》：「差聲近斯。左氏襄十四年傳：庾公差。《孟子》作庾公斯。」[4]而【斯與蜤】【析與斯】可以通假。（《會典》，頁 476～477），可見「析」與「差」確實音近。同時，《廣雅・卷三上》：「摡、差、錯，磨也。」王念孫曰：「摡、差、錯一聲之轉，故皆訓為磨。《爾雅》：『爽，差也；爽，忒也。』郭注云：『皆謂用心差錯不專一。』爽與差錯同義，故「摡

---

[1] 李均明、何雙全編：《散見簡牘合輯》（北京市：文物出版社，1990 年），頁 7。

[2] 陳劍：〈《上博（五）》的竹簡分篇、拼合與編聯問題〉，武漢大學簡帛網，2006 年 2 月 19 日，http://www.bsm.org.cn/show_article.php?id=204。

[3] 裘錫圭：《文字學概要》（臺北市：萬卷樓圖書公司，1999 年 1 月），頁 157。

[4] （清）郝懿行《足本爾雅郭注義疏》（臺北市：鼎文書局，1972 年 4 月），頁 36～37。

與差錯亦同義。」[1]可見將「析」讀為「差」或「錯」在聲音上是可以的。

《爾雅·釋言》:「逸、愆,過也。」郝懿行《義疏》:「過者,說文云:『度也。』《玉篇》云:『越也。』因度越之義又為失,因失之義又為誤也、謬也,皆展轉相生。《爾雅》此義則主於謬失也。」[2]《爾雅·釋言》:「爽,差也;爽,忒也。」郭璞《注》:「皆謂用心差錯不專一。」郝懿行《義疏》:「《詩》『女也不爽』、『其德不爽』,《傳》並云:『爽,差也。』《方言》云:『爽,過也。』過亦差。」[3]《楚辭·哀時命》:「執權衡而無私兮,稱輕重而不差。」王逸《注》:「差,過也。言己如得執持權衡,能無私阿,稱量賢愚,必不過差。」[4]《尚書·洛誥》:「惟事其爽侮」,孔《傳》云:「惟政事其差錯侮慢不可治理。」[5]《詩·大雅·下武》:「於萬斯年,不遐有佐」,林義光《詩經通解》:「佐,讀為差。」裘錫圭先生認為:「『佐』當從林義光《詩經通解》讀為『差』,或讀為『左』亦通。」「不遐有佐」即不會有差錯。[6]《詩·邶·二子乘舟》:「願言思子,不瑕有害」,《鄭箋》:「瑕猶過也。我思念此二子之事,於行無過差,有何不可而不去也?」[7]雖然鄭玄對「瑕」的解釋有誤,[8]但反映出當時已有「過差」一詞(亦見於上引王逸《注》),

---

[1] (清)王念孫:《廣雅疏證》(南京市:江蘇古籍出版社,2000 年 9 月),頁 77。

[2] (清)郝懿行:《足本爾雅郭注義疏》(臺北市:鼎文書局,1972 年 4 月),頁 93。

[3] (清)郝懿行:《足本爾雅郭注義疏》(臺北市:鼎文書局,1972 年 4 月),頁 96。

[4] (漢)王逸注(宋)洪興祖補注:《楚辭章句補注》(長春市:吉林人民出版社,1999 年 9 月),頁 263。

[5] 李學勤主編、廖名春整理:《尚書正義》(北京市:北京大學出版社,1999 年 12 月),頁 410。

[6] 裘錫圭:〈戎生編鐘銘文考釋〉《保利藏金——保利藝術博物館精品選》,(廣州市:嶺南美術出版社,1999 年 9 月),頁 369。

[7] 李學勤主編、龔抗雲等整理:《毛詩正義(上)》(北京市:北京大學出版社,1999 年 12 月),頁 178。

[8] 參孟蓬生:〈師袁簋「弗叚組」新解〉,復旦網,2009 年 2 月 25 日,http://www.gwz.fudan.edu.cn/SrcShow.asp?Src_ID=705;沈培:〈再談西周金文「叚」表示情態的用法〉,中國古代青銅器國際研討會論文,香港中文大學中國文化研究所文物館主辦,2009 年 4 月 17～18 日。

可與簡文「愎過掩差」參看。

總結以上討論，簡文可讀為：仲弓曰：「今之君子，孚（愎）過攼（掩）析（錯或差），難以納諫。」意思是說：當今的上位者堅持己過、掩飾錯誤（或差錯），難以採納勸諫。

本文曾請孟蓬生先生指正，孟先生同意筆者的思路，「兄謂『孚過』有『掩錯』義，甚有理致，余頗受啟發。」不過孟先生看完筆者上引通假例證，指出「文中似已悟出『攼忻』與『幰（幵）』之關係，極為難得，惜未曾深入開掘也。」並提示我「干聲字自古有蔽義」：

> 《廣雅》：「幨（音攙）謂之幰（音險）。」王念孫：「幰之言捍蔽也。」《慧琳音義》：「幰，車蓋也。」《左傳・成公十二年》：「此公侯之所以扞城其民也。」杜預注：「扞，蔽也。」《荀子・議兵》：「百姓有扞其賊。」楊倞注：「謂為賊之扞蔽也。」《後漢書・宦者傳・孫程》：「程等留守省遮扞內外。」《詩・周南・兔置》：「公侯干城。」陸德明釋文引孫炎曰「干，盾，所以自蔽扞也。」是干聲字自古有蔽義，似不煩假道于「掩」而后乃訓「蔽」也。[1]

孟先生之說很有道理，筆者一度想刪去讀為「掩」之說，但考慮到聲音的通假有其道理，也有文獻上的例證，所以仍存釋「掩」之說，[2]同時謹書孟先生之說以俟後考。此外，「析」除讀為「錯」、「差」外，孟先生還指出：「就音近之字而言，似『疵』字可在考慮之列，然亦未敢遽定也。」[3]

本文初稿發表於臺北東吳大學第二十一屆中國文字學國際學術研討會，

2010 年 4 月 30 日

附記：拙文承蒙季師旭昇、孟蓬生、陳松長、劉洪濤諸位先生審閱指正，筆者非常感謝。

---

[1] 2010 年 2 月 21 日覆信內容。

[2] 劉洪濤先生於 2010 年 2 月 26 日的信件中向筆者指出：「兄把『攼』讀為掩蔽之『掩』，從文意和語音上來看，我認為是目前最好的說法。」

[3] 2010 年 2 月 21 日覆信內容。

# 《東大王泊旱》簡 18「軒轅」
# 試論 *

　　《上博四·東大王泊旱》18「必三軍有大事，邦家以軒轅，社稷以逬（危）[1]
歟？」「軒轅」一詞，整理者讀為「軒輊」，解釋說：

　　　「轅」，疑是《說文》「鞤」字，《說文·車部》：「鞤，抵也，從車，
　　　執　聲，陟利切。」《說文》無「輊」字，《詩·小雅·六月》：「戎
　　　車既安，如輊如軒」，「輊」應即「鞤」字。……車輿前高後低（前輕
　　　後重）稱「軒」，前低後高（前重後輕）稱「輊」，引申為輕重、高
　　　低、平衡、掌握等意。[2]

陳劍先生讀為「杌隉」，並解釋說：

　　　杌隉，危而不安也。《尚書·秦誓》：「邦之杌隉，曰由一人。」「軒」
　　　之可與「杌」通，猶「元」之與「兀」本為一字分化。「隉（隉）」
　　　之基本聲符實為「日」字，從「執」得聲的「摯」、「贄」和「鷙」
　　　是章母脂部字（中古音「脂利切」，與「至」同音），與「日」聲韻
　　　皆近；「執」與「卒」本為一字，《說文·卒部》云「卒」「讀若簡」，

---

* 本文為「楚系簡帛字典編纂計畫」的研究成果之一，並獲得國家科學發展委員會的資助（計
　畫編號 NSC99-2410-H-018-032），特此致謝。

[1] 讀為「危」，參陳劍：〈上博竹書《昭王與龔之脽》和《東大王泊旱》讀後記〉，簡帛研究
　　網，2005 年 2 月 15 日，http://www.jianbo.org/admin3/2005/chenjian002.htm。

[2] 馬承源主編：《上海博物館藏戰國楚竹書（四）》（上海市：上海古籍出版社，2004 年 12
　　月），頁 211。

「繭」之聲符「爾」與「日」讀音更近。此皆可作為「軒輊」之可讀為「扤隉」之證。[1]

白於藍先生、張繼凌小姐贊同此說。[2]陳偉先生同意整理者的釋讀，並補充說：

> 輊，原從車從埶，濮茅左疑是《說文》「鞊」字[3]，通作「輊」。今按，濮說當是。《玉篇》卷十八車部「輊」同「鞊」。《集韵》卷七·六至：「鞊、輊、軽、樺、轞，《說文》抵也，或作輊、軽、樺、轞。通作摯。」《詩·小雅·六月》：「戎車既安，如輊如軒。」朱熹集傳云：「輊，車之覆而前也；軒，車之却而後也。凡車從後視之如輊，從前視之如軒，然後適調也。」《淮南子·人間》：「道者，置之前而不鞊，錯之後而不軒，內之尋常而不塞，布之天下而不窕。」《太平御覽》卷七七三引服虔通俗文云：「後重曰軒，前重曰輊」。雖然「如輊如軒」在《詩經》中形容戎車之安，但輊、軒的上述義涵，使得二字複合之詞，可以有失衡、傾覆之意，從而與上下文中的「大事」、「危」對應。【原注：《儀禮·士昏禮》：「贊啓會，却于敦南。」賈公彥疏：「却，仰也，謂仰于地也。」朱子所說的「却」，很可能是指仰。在傳世古書中，軒輊的翻覆義出現比較晚。《漢語大詞典》給出的例證是杜甫《送從弟亞赴河西判官》「青海天軒輊」。實際上，《淮南子》之語指的正是傾覆，而《六月》之詩中「如軒如輊」的「如」有可能本作「毋」。在這種情形下，先秦秦漢時「軒輊」或許只有不安一義。】濮氏說軒輊「引申為輕重、高低、平衡、掌握等意」，與竹書語境不合，以至論者未敢信從。[4]

---

[1] 陳劍：〈上博竹書《昭王與龔之脽》和《柬大王泊旱》讀後記〉，簡帛研究網，2005 年 2 月 15 日，http://www.jianbo.org/admin3/2005/chenjian002.htm。

[2] 白於藍：《簡牘帛書通假字字典》（福州市：福建人民出版社，2008 年 1 月），頁 236、316。李師旭昇主編：《上海博物館藏戰國楚竹書（四）》讀本》（臺北市：萬卷樓圖書公司，2007 年 3 月）頁 91。

[3] 原文誤作鞊，今正。

[4] 陳偉：〈《簡大王泊旱》新研〉，簡帛網，2006 年 11 月 22 日，

謹案：裘錫圭先生曾指出小篆的「兀」有兩個來源，一是「元」的變體，如「髡」或做「髡」。另一種是讀為「五忽切」的「兀」，亦即通常所用的「兀」，應該是由刖足人形訛變的。（刖根據中古韻書亦有「五忽切」的讀法。）《莊子·德充符》數稱刖足者為「兀者」，正是用的兀的本義。兀者既失去了腳，就不能像常人那樣安穩。「兀」及從「兀」之字大都有危義或動搖不定之意，也許正是從刖足之義引申而來。[1]可見「阢隉」的「阢」是讀為「五忽切」一系的，與「元」的讀音並不密合。換言之，簡文「軒」恐不能讀為「杭」，進一步讀為「杭隉」自然就不能成立了。[2]其次，對於陳偉先生所引《淮南子·人間》「道者，置之前而不軭，錯之後而不軒」一句，楊樹達先生《淮南子證聞》曰：

> 《說文車部》云：「軭，抵也。從車，埶聲。」王引之〈春秋名字解詁〉云：「抵即今低字。」是也。《詩》云：「如輊如軒。」毛傳云：「輊，軭也。」〈考工記〉云：「軒輊之任。」輊蓋軭之或作，埶則同音假借也。《詩》、〈考工記〉與此文並以軭與軒為對文。又按：軒無高舉之意，字蓋假為掀。《說文手部》云：「掀，舉出也，從手，欣聲。」欣字古音在痕部，痕部、寒部古多通用。《玉篇》云：「掀，許言切，舉也。」按從欣聲而讀入寒部，故古書多假寒部之軒字為之耳。[3]

---

http://www.bsm.org.cn/show_article.php?id=466。亦載於《簡帛》第二輯（上海市：上海古籍出版社，2007 年 11 月），頁 265～266。

[1] 裘錫圭：〈甲骨文中所見的商代五刑——並釋「凡」「剄」〉《古文字論集》（北京市：中華書局，1992 年 8 月），頁 211。

[2] 我曾將以上想法請陳劍先生指教，陳先生覆信告訴我：「『兀』與『元』之問題誠如兄所言。另『埶』聲字之讀為『隉』也很玄。當時小文匆匆寫就，說話未免隨意，因感覺說為『杭隉』文意最好，就不免在讀音上硬講了。後來我感到此兩字之釋實在難說，『杭隉』固未可必，所謂『軒輊』云云亦實難讀通。但我也未再找到更好的可聯繫考慮的資料，亦另無確定見解。」（2009 年 9 月 19 日）

[3] 引自張雙棣：《淮南子校釋》（北京市：北京大學出版社，1997 年 8 月），下冊，頁 1833～1834 注六。

馬宗霍《淮南子參證》曰：

> 輊軒本言車之低昂。低昂由於輕重，故輊又言車重，軒又言車輕。凡
> 車前重則後輕，重則輊，輕則軒。《廣韻・六至》云「輊，車前重也。」
> 是也。《淮南》此文蓋以車為喻，言道之為物，置之前不見其輊，置
> 之後不見其軒，亦即無重無輕，不低不昂，自然均平調適之意。[1]

《漢語大辭典》「軒輊」條下解釋說：「車前高後低叫軒，前低後高叫輊。
引申為高低、輕重、優劣。語出《詩・小雅・六月》：『戎車既安，如輊如
軒。』」[2]由以上諸家的說法，可見先秦時期「軒輊」一詞可能並無傾覆的
意思，至少我們並未見到先秦古籍有相同用法的例證。雖然如此，陳偉先
生在文意的掌握上還是很有啟發的，古籍確實常見邦家或社稷傾覆的說法，
如：

> 《論語・陽貨》：「惡利口之覆邦家」。
>
> 《左傳・成公十三年》：「闕翦我公室，傾覆我社稷。」
>
> 《大戴禮記・曾子立事》：「復而不改，殞身覆家，大者傾覆社稷。」
>
> 《晉書・陸機孫拯列傳》：「廣州之亂，禍有愈乎向時之難，而邦家
> 顛覆，宗廟為墟。」
>
> 《睡虎地・秦律十八種・司空》126 簡：「不攻間車，車空失」，整理
> 者解釋說：「攻間，意為修繕。空失，疑讀為控跌，意為傾覆。」[3]

筆者以為簡文「輗」就是《睡虎地》「車空失」的「失」，可能就是楚簡表
示車子傾跌翻覆義的專字。【失與執】音近可通，如《王家台秦簡》建除十
二名之一的「失」對應《睡虎地日書》甲種「秦除」簡 19 正貳「摯（執）」

---

[1] 引自張雙棣：《淮南子校釋》（北京市：北京大學出版社，1997 年 8 月），下冊，頁 1834
注六。

[2] 漢語大詞典編輯委員會：《漢語大詞典》（上海市：漢語大詞典出版社，1995 年 11 月）
第九冊，頁 1220。

[3] 睡虎地秦墓整理小組：《睡虎地秦墓竹簡》（北京市：文物出版社，1990 年 9 月），頁 49
注釋三、四。

與《孔家坡日書》18 簡的「執」、《放馬灘日書》甲種 18 簡的「執」，[1]可見失、執通假自無問題。「失」是質部，而《鄭子家喪》05：「鄭人命以子良為執」，「執」讀為「質」，[2]此亦為一證。筆者曾認為《東大王》的「軒輮」應該對應《睡虎地》「空失」一詞，「空」，溪紐東部；「軒」，曉紐元部，聲音還算接近，但是程少軒先生指出：

> 古音學家將歌月元三部合口部分的主元音構擬為[o]，重要的原因之一是他們發現元部合口部分與侯東部關係密切。雅洪托夫舉了「短用豆作聲旁」，「叢、最用取作聲旁」、「瞳用重作聲旁」、「寇用完作聲旁」四個例子（這些例子有的不準確，瞳的聲旁是童而非重，寇並非從完得聲。）。董珊先生引用張富海先生的觀點，認為「上古音原來讀如東部的某些字，在後來有讀如合口元部音的」，如「窾」與「孔」是一組同源詞【原注：董珊：〈任鼎新探──兼說元鼎〉，載《黃盛璋先生八秩華誕紀念文集》，中國教育文化出版社，2005 年，頁 163～172。】目前看到的能與侯屋東三部產生聯繫的元部字，的確都是合口字。包山簡中，人名「李瑞」（包山簡 22）又寫作「李逗」（包山簡 24）。此例可以看作歌月元三部合口字主元音與侯部主元音（一般構擬為[o]）相近的強證。[3]

「軒」是元部開口字，依照上述的研究成果來看，空與軒二字大概是不能通假的，[4]而且讀為「空」文意也不好說。作為一種可能是讀為「俄」。「軒」，

---

[1] 王明欽：〈王家臺秦墓竹簡概述〉《新出簡帛研究》（北京市：文物出版社，2004 年 12 月），頁 43、湖北省文物考古研究所、隨州市考古隊：《隨州孔家坡漢墓簡牘》（北京市：文物出版社，2006 年 6 月），頁 129、甘肅文物考古研究所編：《天水放馬灘秦簡》（北京市：中華書局，2009 年 8 月），頁 84。

[2] 陳偉：〈《鄭子家喪》通釋〉，簡帛網，2009 年 1 月 10 日，http://www.bsm.org.cn/show_article.php?id=964、李天虹：〈《鄭子家喪》補釋〉，簡帛網，2009 年 1 月 12 日，http://www.bsm.org.cn/show_article.php?id=967#_ftnref8。

[3] 程少軒：〈試說戰國楚地出土文獻中歌月元部的一些音韻現象〉，2009 簡帛論壇論文。又見復旦網站，2009 年 6 月 10 日，http://www.gwz.fudan.edu.cn/SrcShow.asp?Src_ID=811。

[4] 不過，《會典》，頁 25 有【綜與線】的通假例證，「綜」是冬部，與東部關係密切。「線」

曉紐元部;「俄」,疑紐歌部,聲韻皆近,通假自無問題。如【獻與儀】、【獻與岸】均可通假,[1]「儀」從「義」聲,而「義」從「我」聲,如郭店《語叢一》將「子絕四」的「毋我」寫作「亡義」。而「岸」從「干」聲。可見「軒」與「俄」通假自無問題。《說文》曰:「俄,行頃也。」段玉裁改為「頃也。」並說:「〈小雅・賓之初筵〉箋云:『俄,傾貌。』《廣雅》:『俄,衺也』皆本義也。」[2]《詩・小雅・賓之初筵》:「側弁之俄」,鄭箋:「傾貌。」《文選・揚雄〈羽獵賦〉》:「俄軒冕」,張銑注:「俄,傾也。」《文選・張衡〈歸田賦〉》:「于時曜靈俄景」,李善注:「俄,斜也。」[3]此外,《合集》10405 正[典賓]:「甲午王往逐兕,小臣甾車（⬛），馬硪,弙王車,子央亦顛。」方稚松先生解釋說:

> 《合》10405 正中的驗辭部分,極為生動形象地描述了商王打獵過程中的一次意外。這次意外是這樣的:小臣甾的車軸斷了（由此處車的字形可知）,馬硪,硪,李學勤先生《論「婦好」墓的年代及有關問題》讀為俄,義為斜（原注:《文物》1977 年 11 期,收入《新出青銅器研究》北京市:文物出版社,1990 年 6 月,頁 18～25。）可從,**即馬倒下之義**。弙,李先生認為從「丂」得聲,可讀為「考」,意為「擊」。我們認為李先生將「弙」訓為「擊」是可從的,不過應讀為從「弙」得聲的「薄」。卜辭意為小臣甾的馬歪倒迫擊到王的車,子央也摔了下來。《楚辭・九歌》「車錯轂兮短兵接」,王逸《楚辭章句》:「錯,交也,短兵,刀劍也。言戎車相迫,輪轂交錯,長兵不施,故用刀劍,以相接擊也。」這種「戎車相迫」中「迫」字用法 與甲骨文中的「薄王車」之「薄」是一樣的,表示撞擊之義。[4]

---

則是元部開口的字。

[1] 高亨、董治安編纂:《古字通假會典》（濟南市:齊魯書社,1997 年 7 月）頁 179。

[2] （清）段玉裁注:《說文解字注》（臺北市:漢京文化,1985 年 10 月）,頁 380。

[3] 以上並見宗福邦、陳世鐃、蕭海波主編:《故訓匯纂》（北京市:商務印書館,2004 年 3 月）,頁 122。

[4] 方稚松:〈甲骨文字考釋四則〉,復旦網,2009 年 5 月 1 日,

則簡文「軒」讀為「俄」，也可以指車子或邦家的傾覆。簡文「邦家以俄跌」，
「俄跌」意思相當於「傾跌」，傾倒翻覆的意思，如：

> 《論語・鄉黨》「攝齊升堂，鞠躬如也，屏氣似不息者。」

> 朱熹《集注》：「禮，將升堂，兩手摳衣，使去地尺，恐躡之而**傾跌**
> 失容也。」[1]

另一種可能是「軒轅」讀為「隕失」。「隕」，匣紐文部；「軒」，曉紐元部，
聲紐同為喉音，韻部文元關係密切，如朱德熙先生指出「許多從『屯』（文
部）聲的字和從『全』（元部）聲的字音近義通，大概是從共同的語源分化
出來的。」[2]又如文部的「蘊」與元部的「怨」可以相通（《會典》頁 111），
文部的「昆」與元部的「犬」、「畎」、「串」可以相通。（《會典》頁 122）《上
博・緇衣》簡 6「怨」作 ，馮勝君先生指出：「 形與『令』字形體實在
太相近了，所以為了避免混淆，人們又在 形上加注聲符○，就變成了 這
種形體。○（圓），匣紐文部；夗，影紐元部，二字古音相近，如元部字的
『袁』就从『○（圓）』得聲。」[3]此例正可證明「員」聲字可與元部字通
假。而【干與員】亦有通假例證，如《莊子・秋水》：「還虷蟹與科斗，莫
吾能若也。」成玄英《疏》云：「虷，井中赤蟲也。」《釋文》：「虷，音寒，
井中赤蟲也。一名蜎。《爾雅》云：『蜎，蠉。』」[4]郝懿行在《爾雅・釋魚》：
「蜎，蠉。」下曰：「虷與蠉同。」[5]可見【干與睘與肙】音近可通，而「睘」
可分析為從「袁」聲，而「袁」本從「圓」聲[6]；楚簡常見從「肙」旁可讀

---

http://www.gwz.fudan.edu.cn/SrcShow.asp?Src_ID=778。

[1] 黃懷信主撰：《論語彙校集釋》（上海市：上海古籍出版社，2008 年 8 月）下冊，頁 862。

[2] 朱德熙：〈說「屯（純）、鎮、衛」〉《朱德熙古文字論集》（北京市：中華書局，1995 年 2 月），頁 178。

[3] 馮勝君：《郭店簡與上博簡對比研究》（北京市：線裝書局，2007 年 4 月），頁 104。

[4] （清）郭慶藩：《莊子集釋》（臺北市：貫雅文化事業有限公司，1991 年 9 月），頁 599。

[5] （清）郝懿行：《足本爾雅郭注義疏》（臺北市：鼎文書局，1972 年 4 月），頁 308。

[6] 裘錫圭：〈釋殷墟甲骨文裏的「遠」「𤞤」（邇）及有關諸字〉《古文字研究》12 輯，1985。

為「怨」，而「怨」字如上所述可增添「圓」聲。可見【干與員】通假實無問題。「隕社稷」古籍常見，如《荀子・議兵》：「禮者、治辨之極也，強固之本也，威行之道也，功名之總也，王公由之所以得天下也，不由所以隕社稷也。」而國家、社稷、宗廟三者常並稱，都是國家的代稱，如《管子・問》：「無亂社稷宗廟，則人有所宗；毋遺老忘親，則大臣不怨。」《荀子・子道》：「孔子曰：『小人哉！賜不識也。昔萬乘之國，有爭臣四人，則封疆不削；千乘之國，有爭臣三人，則社稷不危；百乘之家，有爭臣二人，則宗廟不毀。』」所以「隕社稷」可以說就是「隕邦家」。尤其《荀子・臣道》：「君有過謀過事，將危國家隕社稷之懼也。」《管子・五輔》：「暴王之所以失國家，危社稷，覆宗廟，滅於天下，非失人者，未之嘗聞。」此二句正好「危」與「隕」、「失」並言，與簡文「邦家以軒（隕）軼（失），社稷以逴（危）」情況相同，同時說明「隕」、「失」可以與邦家連用。此外，《鹽鐵論・論誹》：「此秦所以失天下而殞社稷也」亦可以參照。其實古籍亦見「隕失」一詞，且亦與國家、社稷連用。如《晏子春秋・內篇問上・景公問古者離散其民如何晏子對以今聞公令如寇讎第二十五》：「景公問晏子曰：『古者離散其民，而隕失其國者，其常行何如？』」又《墨子・法儀》：「暴王桀紂幽厲，兼惡天下之百姓，率以詬天侮鬼，其賊人多，故天禍之，使遂失其國家」，孫詒讓《閒詁》曰：「遂與隊通。《易》：『震遂泥』，《釋文》云：『遂，荀本作隊』俗作墜，義同。《淮南子・天文訓》高注云『隊，隕也。』」[1]

本文結論如下：《柬大王泊旱》簡 18「邦家以軒軼」，「軒軼」舊有「軒輊」及「杭隉」兩種說法，但都存在一些問題。筆者認為簡文「軼」就是《睡虎地》「車空失」的「失」，可能就是楚簡表示車子傾跌翻覆義的專字。「軒軼」應該讀為「俄跌」，意思相當於「傾跌」，傾倒翻覆的意思。另一種可能是「軒軼」讀為「隕失」。古籍亦見「隕失」一詞，且常與國家、社稷連用。

---

又載於《古文字論集》，頁 2～3。

[1] （清）孫詒讓：《墨子閒詁》（臺北市：華正書局，1995 年 9 月），頁 21。

本文原發表於復旦網，2009 年 12 月 9 日，

http://www.gwz.fudan.edu.cn/SrcShow.asp?Src_ID=1010

# 《葛陵楚簡》甲三 324「函」字考釋 *

　　《葛陵》甲三 324：「屈九之迷刱（刳）於郘△，二羜（豤）☒」，[1]其中「△」作：

徐在國先生指出：

> 最後一字作者認為囊中從「木」從「辛」，不確。諦審簡文照片，似乎從倒矢。矢在皮囊中，應釋為「箙」。此字繁體見於曾侯乙墓竹簡中，詳參《楚系簡帛文字編》，頁 360。《說文》「箙，弩矢箙也。」《周禮・夏官・司弓矢》「中秋獻矢箙。」鄭玄注「箙，盛矢器也，以獸皮為之。」此字在簡文中用為人名。[2]

宋華強、邴尚白先生[3]、《十四種》皆贊同此說。張新俊、張勝波先生則直

---

\* 本文為「楚系簡帛字典編纂計畫」的研究成果之一，並獲得國家科學發展委員會的資助（計畫編號 NSC99-2410-H-018-032），特此致謝。

[1] 釋文見宋華強：《新蔡楚簡的初步研究・釋文》（北京市：北京大學中國語言文學系博士學位論文，2007 年 5 月），頁 51、陳偉等著：《楚地出土戰國簡冊【十四種】》（北京市：經濟科學出版社，2009 年 9 月），頁 451。

[2] 徐在國：《新蔡葛陵楚簡箚記》，簡帛研究網，2003 年 12 月 7 日；又載《中國文字研究》第五輯（南寧市：廣西教育出版社，2004 年 11 月），頁 156。

[3] 邴尚白：《葛陵楚簡研究》（臺北市：臺灣大學中國文學研究所博士論文，2007 年 1 月），

接隸定作 。[1]

謹案：王國維曾說：

> 象倒矢在函中，小篆 字由此訛變， 殆即古文函字。古者盛矢之器有二種，皆倒載之。射時所用者為箙，**矢栝與笴之半皆露於外**，以便於抽矢， 諸字象之。**藏矢所用者為函，則全矢皆藏於其中**， 字象之……函本藏矢之器，引申而為他容器之名。《周禮・伊耆氏》：「共其杖咸」，鄭注：「咸讀為函。」故函者，含也。[2]

裘錫圭先生補充說：

> 王國維認為「函」的本義是「盛矢之器」，近人皆從之。殷墟所出小臣牆骨板所記戰爭俘獲中，有如下數項：「車二丙、櫓八十三、函五十、矢……」函列於矢前，顯然指盛矢之器，用的正是本義。……依此說（引案：指上引王國維說法），似乎古人作戰時隨身所帶盛矢之器必為箙而非函。但小臣牆骨板所記之函是戰爭中的虜獲物，與列於其前的櫓都應是作戰者隨身之物。故知「射時所用」的盛矢器也可以是函，王氏之說過於絕對。函應有蓋一類的東西，如將函打開，即可在射時使用。[3]

「函」與「箙」皆可做「射時所用」的盛矢器，如漢簡有盛弦之函，《合校》35：14「第十二隧長徐忠。弦函破，□二不事用。」[4]可見王國維強作分辨

---

頁 327。

[1] 張新俊、張勝波先生編著：《葛陵楚簡文字編》（成都市：巴蜀書社，2008 年 8 月），頁 123

[2] 王國維：〈不[嬰]敦蓋銘考釋〉《王國維遺書》。引自《古文字詁林》第六冊（上海市：上海教育出版社，2003 年 12 月），頁 543。

[3] 裘錫圭：〈說「揜函」〉《華學》第一期（廣州市：中山大學出版社，1995 年）頁 61。

[4] 參李均明：〈尹灣漢墓出土「武庫永始四年兵車器集簿」初探〉《尹灣漢墓簡牘綜論》（北京市：科學出版社，1999 年 2 月），頁 99。

過於絕對。但是他分析「箙」的構形顯然是可信的。《新甲骨文編》、《金文編》所收「箙」字皆作凸或凹形。[1]裘錫圭先生說：「『箙』的初文是凸（象盛矢器，後來訛變為『甫』），二者在字形上毫無聯繫，但是『箙』並不是直接用『竹』旁和『服』旁構成的。古代多借『服』為『甫』（《詩・小雅・采薇》：『象弭魚服』，魚服即一種魚皮做的矢箙），『箙』應該是在假借字『服』上加注『竹』旁而成的分化字。」[2]楚文字的「箙」字沒有例外皆從甫旁：

（《曾侯》05）　　（《曾侯》19）　　（《曾侯》62）　　　（天策）[3]

《天星觀》的「箙」可分析為從革甫聲。《曾侯》的字形李守奎、滕壬生先生皆隸定作甫。[4]《曾侯》甫（箙）字計六十一見，[5]皆從「甫」旁，沒有例外。但是《新蔡》的「　」字並不從「甫」旁，可見釋為「箙」是不合文字演變及楚文字寫法的。其次，裘錫圭、李家浩先生分析《曾侯》的「箙」說：「簡文『箙』原文作『　』，從『　』『甫』聲。『甫』即『箙』字的初文，故釋文徑將『　』寫作『箙』。」[6]李守奎先生進一步說：「甫即箙之初文，外加囊形，會箙意。」[7]筆者以為《曾侯》寫作從「囊」形的「　」應是受

[1] 劉釗、洪颺、張新俊編纂：《新甲骨文編》（福州市：福建人民出版社，2009 年 5 月），頁 208、273；《金文編》，頁 302。

[2] 裘錫圭：《文字學概要》（北京市：商務印書館，1988 年 8 月），頁 156。

[3] 李守奎：《楚文字編》（上海市：華東師範大學，2003 年 12 月），頁 168。滕壬生：《楚系簡帛文字編（增訂本）》（武漢市：湖北教育出版社，2008 年 10 月），頁 249 摹作

[4] 李守奎：《楚文字編》，頁 278、滕壬生：《楚系簡帛文字編（增訂本）》，頁 438。

[5] 張光裕、黃錫全、滕壬生主編：《曾侯乙墓竹簡文字編》（臺北市：藝文印書館，1997 年 1 月），頁 93～95。

[6] 中國社會科學院考古研究所編：《曾侯乙墓・附錄一曾侯乙墓竹簡釋文與考釋》（北京市：文物出版社，1989 年 7 月），頁 503 注 16。

[7] 李守奎：《楚文字編》，頁 278、滕壬生：《楚系簡帛文字編（增訂本）》，頁 438。

到同簡「報」字作🐛（《曾侯》01）類化的影響（「報」字解釋詳下），並非楚系文字「箙」字的標準寫法。所謂「外加囊形，會箙意」的說法顯與甲骨金文本作「⛳」，矢栝與笴之半皆露於外的構意不同。可以出土實物來說明：《包山》277「苛郙受（授）：一管，豹韋之盾，二十矢」，李家浩先生認為管應釋為「箘」，《儀禮・既夕禮》鄭玄注：「箘，矢箙。」此箘可對應《包山楚墓》南室出土的一件「竹箙」，內裝有二十支箭，與簡文所記相合。竹箙由箙座，前後壁板，左、右擋板構成。箙座及前、後壁板是木質，左、右擋板是竹質。後壁板比前壁板長，從《包山》的線圖看，它們的比例約為四比一，[1]如圖一。[2]其次，《楚文物圖典》介紹了四件矢箙，其中一件是1954年湖南長沙市左家公山第四中學校內15號墓出土的箭與木矢箙，其圖形如圖二[3]。第三，荊門左冢楚墓也有矢箙出土，「由箙座、後壁板及左右擋版組成。……前壁板短，後壁板長」，[4]如圖三。第四，馬王堆三號漢墓出土一件木質矢箙（圖四），雖是明器，[5]但形制可以參考：

---

1　李家浩：〈包山遣冊考釋（四篇）〉《古籍整理研究學刊》2003年第5期，頁6～7、李家浩：〈仰天湖楚簡剩義〉《簡帛》第二輯（上海市：上海古籍出版社，2007年11月），頁37。

2　湖北省荊沙鐵路考古隊：《包山楚墓》（北京市：文物出版社，1991年10月）下冊，圖版六四：4「矢箙2：265」。竹箙介紹見《包山楚墓》上冊，頁212及圖一三六。

3　高至喜主編：《楚文物圖典》（武漢市：湖北教育出版社，2000年1月），頁340。

4　湖北省文物考古研究所等編著：《荊門左冢楚墓》（北京市：文物出版社，2006年12月），頁89～90、頁91圖六十。

5　湖南省博物館、湖南省文物考古研究所編著，何介鈞主編：《長沙馬王堆二、三號漢墓第一卷田野考古發掘報告》（北京市：文物出版社，2004年），頁207、209。

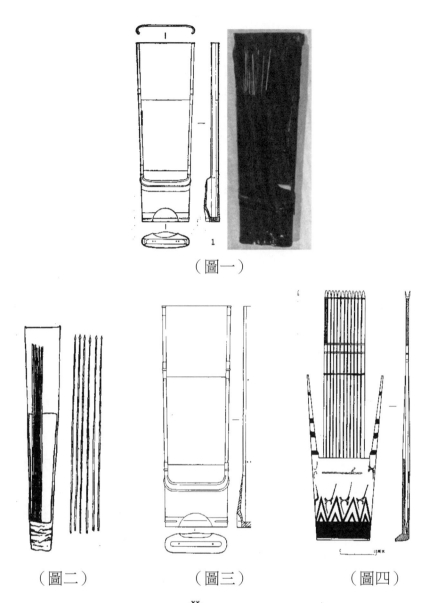

（圖一）

（圖二）　　　　（圖三）　　　　（圖四）

以上圖一至圖四矢箙形制顯然與 凷 形體相似。換言之，《曾侯》寫作從「囊」

形的「𥴽」不能拿來判斷字形是否為「箙」，將 🔣 釋為「箙」也就失去根據

了。筆者以為「🔣」應釋為「圅（函）」，試說如下：

　　先看「報」字。金文作 🔲（2831，九年衛鼎）🔲（4326，番生簋蓋），

楚文字作：

（《曾侯》01）　　（天策）　　（《望山》2.8）

劉信芳先生曾分析「𩎟」字為从夾从弜从茻，並說「字所以贅加夾者，亦取矢房垂掛之意。」[1]其說不可從。《曾侯》的字形，裘錫圭、李家浩先生分析說：

> 「韔」字原文作「𩎟」，此字亦見於望山二號墓竹簡，從「𦥯」從「長」。「𦥯」象囊一類東西之形，「長」是聲符，故釋為訓作弓囊之「韔」。毛公鼎、番生簋、牧簋等銘文所記車馬器中有⟨img⟩（《金文編》1985 年版頁 514，原書誤釋為「宏」），象弓藏韔中，當是「韔」字的初文（參看楊樹達《積微居金文說》，頁 274），舊釋為「靫」，非是。簡文「𦥯」旁即由金文「弜」旁演變而成，又省「弓」而加注聲符「長」，變會意字為形聲字。[2]

《望山楚簡》也解釋說：「《說文》：『韔，弓衣也。』簡文此字作『⟨img⟩』，『⟨img⟩』象囊形，『長』為聲符，故釋為訓弓囊之『韔』字。」[3]《曾侯》韔字雖改從「囊」旁，但仍遺留有「弜」旁的半圈「提把」[4]之形，正可說明由「弜」

---

[1] 劉信芳：〈從夾之字匯釋〉《容庚先生百年誕辰文集》（廣東市：廣東人民出版社，1998年 4 月），頁 609。

[2] 中國社會科學院考古研究所編：《曾侯乙墓・附錄一曾侯乙墓竹簡釋文與考釋》（北京市：文物出版社，1989 年 7 月），頁 502～503 注 14。上引金文釋為「韔」亦見劉釗：〈釋慍〉《古文字考釋叢稿》（長沙市：岳麓書社，2005 年 7 月），頁 150、劉釗：《古文字構形學》（福州市：福建人民出版社，2006 年 1 月），頁 266、施謝捷〈楚簡文字中的「橐」字〉《楚文化研究論集》第 5 集（黃山書社，2003 年 6 月），頁 336、田河：《出土戰國遺冊所記名物分類匯釋》（長春市：吉林大學博士論文，2007 年 6 月），頁 159。

[3] 湖北省文物考古研究所、北京大學中文系編：《望山楚簡》（北京市：中華書局，1995 年 6 月），頁 118 注 34。

[4] 「提把」用董蓮池先生的說法，見《說文解字考正》（北京市：作家出版社，2005 年 1 月），頁 272。劉釗先生則說是「用於懸掛的環。」見氏著：《古文字構形學》（福州市：福建人民出版社，2006 年 1 月），頁 120。陳劍先生說是「矢函的把手」，見陳劍：《甲骨金文考釋論集》（北京市：線裝書局，2007 年 4 月），頁 431。

演變為「囊」的過程，與「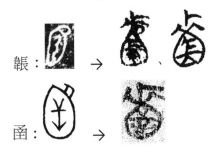」釋為「函」的變化如出一轍：

報：

順便說明「囊」字的字形演變：「囊」本從「橐」，[1]而從「橐」旁諸字寫法如：

（賣，《集成》4144 辇作父乙簋）

（橐，2841 毛公鼎）

（橐，《信陽》2.3）

（橐，《上博三・周易》40）

（鄭，《新蔡》乙四76）

與「報」、「函」字形上面相比，差別在於由 變成 或 ，陳劍

先生指出：「按西周春秋古文字中含有『 』、『 』形的字，到戰國

文字中『 』、『 』形演變為『 』、『 』形的情況是屢見不鮮

的。」[2]相同的演變可以比對「奉」、「每」等字：

---

[1] 裘錫圭：《文字學概要》（北京市：商務印書館，1988 年 8 月），頁 164～165。

[2] 陳劍：〈據郭店簡釋讀西周金文一例〉《甲骨金文論集》（北京市：線裝書局，2007 年 4 月），頁 23。

（拜，吳方彝）→ （拜，師虎簋） （饒[1]，《新蔡》甲三

212、199-3）

（每，4261，朕簋）[2] → （每，《侯馬盟書（增訂本）》頁 325》、

（繁，晉戎生鐘）、（繁，繁陽之金劍）、（每，郭店《語叢
一》簡 34）[3]

以上皆可作為「囊」字演變的平行例證。又《曾侯》116 號「一  ，
三矢」，蕭聖中先生釋為「一卤箙」。[4]「箙」之釋並不可信，如同上述「箙」
皆從「茻」， 顯然不從「茻」。宋華強先生也不从蕭氏之說，並分析說  其
內從「乇」聲，疑是「橐」字異體。 從「弓」，以「橐」字異體為聲符，
疑當讀為「弩」。[5] 宋氏之說相對來說較為合理，若  如其說真是「橐」字，

---

[1] 宋華強：〈《君人者何必安哉》「州徒之樂」試解〉，簡帛網，2009 年 6 月 16 日，
http://www.bsm.org.cn/show_article.php?id=1088。也可參見拙文：〈金文考釋五篇──（二）
徐家嶺十號墓玄鏐戟「鏐」字小考〉，已收入本書。

[2] 舊稱天亡簋、大豐簋，此稱「朕簋」見陳劍：〈甲骨金文舊釋「尤」之字及相關諸字新釋〉
《北京大學古文獻研究中心集刊》第四輯（北京市：北京大學出版社，2004 年 10 月），
頁 78。

[3] 參周波：〈中山器銘文補釋〉，復旦網，2009 年 9 月 8 日，
http://www.gwz.fudan.edu.cn/SrcShow.asp?Src_ID=899。

[4] 蕭聖中：〈曾侯乙墓竹簡殘泐字三補（六則）〉，簡帛網，2011 年 1 月 3 日，
http://www.bsm.org.cn/show_article.php?id=1361。

[5] 宋華強：〈釋曾侯乙墓竹簡的「弩」〉，簡帛網，2011 年 1 月 7 日，

則其上部的變化正可以符合陳劍先生所說： → → 。

其次，《說文》曰：「函，舌也，象形。舌體弓弓。從弓，弓亦聲。肣俗函，從肉今。」其釋形義皆有誤。[1]《詩・周頌・載芟》：「播厥百穀，實函斯活。」鄭箋曰：「函，含也。」《正義》曰：「函者，容藏之義，故轉為含，猶人口含之也。」[2]《正義》所謂「人口含之」之說並不精確，但是認為「函」有包含、容藏的意思則是對的。「函」並不罕見，甲骨文、金文皆有，[3] 如 （《合》18469）、（《合》27930）、（《花東》106）；（函交仲匜）、（不嬰簋）、（函皇父匜），從凵從矢，像裝有箭矢的袋子。[4] 齊國陶文作 （《陶文圖錄》2.104.4）也是相同的構形。《楚文字編》頁 435「函」字收錄有《包山》222 及《望山》1：125 。至於《上博文字編》頁 355「函」字下是收錄《容成氏》05「肣」。但是這三字都不是「函」。《包山》222 字李零先生釋為「因」，[5] 句子讀為「殤（殤）因丌（其）裳（常）生（牲）」，陳偉先生指出：「『因其常牲』就是因仍常規的犧牲，不作損益」，[6] 文意非常順暢，可見《包山》此字不能釋為「函」。《望山》的文例作「瑿（舉）禱

http://www.bsm.org.cn/show_article.php?id=1367。

[1] 董蓮池：《說文解字考正》（北京市：作家出版社，2005 年 1 月），頁 272～273。

[2] 李學勤主編、龔抗雲等整理：《毛詩正義（下）》（北京市：北京大學出版社，1999 年 12 月），頁 1358。

[3] 《新甲骨文編》，頁 406、604；《金文編》，頁 486。

[4] 劉釗：〈「小臣墻刻辭」新釋〉，復旦網，2009 年 1 月 2 日、陳劍：《甲骨金文考釋論集》（北京市：線裝書局，2007 年 4 月），頁 430～431。

[5] 李零：〈包山楚簡研究（占卜類）〉《中國典籍與文化論叢》第一輯（北京市：中華書局，1993 年 9 月），頁 428。

[6] 陳偉：《包山楚簡初探》（武漢市：武漢大學出版社，1996 年 8 月），頁 178。

北（別）宗[1]各一環[2]，塦（舉）禱逨[3]一殺。社□亓古」，末字整理者隸

定作「胎」，沒有說解。[4]陳斯鵬先生考釋《望山》1.52「」指出：「『臁』

字原作，舊釋為『胸』，非是。『禽』字西周金文作（不其簋），楚簡

省作、（《周易 10、28》），『臁』為『禽』增『肉』旁而成，當是禽

獸之『禽』的專造字。字或省作『肣』，見《容成氏》16，或因聲符『今』

繁化而作『胎』，見望山 1-125，俱為禽獸字。《說文》：『禽，走獸總名。』

《周禮・夏官・大司馬》：『獻禽以祭社。』」[5]陳先生之說是有道理的。[6]

不過也要指出「肣」並非只能解為「禽」，除《容成氏》05讀為「禽」外，

左塚楚墓漆梮方框第二欄B邊有「民」，讀為「民噤（噤）」。[7]此字亦

---

[1] 宋華強：〈由楚簡「北子」「北宗」說到甲骨金文「丁宗」「帝宗」〉《簡帛》第四輯（上
海市：上海古籍出版社，2009 年 10 月），頁 123～134。

[2] 附帶一提，據此文例可補《葛陵》零 476「☐北宗各一☐☐」，□可補「環」字，原簡
左旁似還留有「玉」旁的筆畫。

[3] 又見於《望山》1.124 作逨。陳斯鵬先生指出：「未詳所指，以其從『土』看，似應為一
地祇名。」並引陳偉武先生意見說：「陳偉武師審閱本文初稿時批註：『可否讀里，指里
神？』。」見陳斯鵬：《簡帛文獻與文學考論》（廣州市：中山大學博士論文，2005 年），
頁 39 及注 3。

[4] 湖北省文物考古研究所等編：《望山楚簡》（北京市：中華書局，1995 年 6 月），頁 79。

[5] 陳斯鵬：《簡帛文獻與文學考論》（廣州市：中山大學出版社，2007 年 12 月），頁 111、
129 注 2。

[6] 在陳斯鵬先生解為「禽」的基礎上，筆者以為《望山》此段簡文可讀為「社薦（？）亓
古（故）禽」，「故」字的理解可參考《鮑叔牙》03「犧牲珪璧必全如蒿（故）」、《東大
王泊旱》5+7「楚邦有常古（故），焉敢殺祭？」，也可與上引《包山》222「殤（殤）因
亓（其）棠（常）生（牲）」的「常牲」（恆定的規格）參看。而「薦」的用法可參考《管
子・五行》：「睹庚子，金行御，天子出令，**命祝宗選禽獸之禁**，五穀之先熟者，而**薦
之祖廟與五祀**，鬼神饗其氣焉，君子食其味焉。」

[7] 拙著：〈荊門左塚楚墓漆梮字詞考釋五則〉《中國文字》新三十五期（臺北市：藝文印書

見於新出版《銀雀山漢墓竹簡・君臣答問・文王與太公》1353～1354：「文王問大（太）公曰：『何謂止道起道？』大（太）公【曰】：『……肣（貪）而廉，龍而敬，弱而強，柔而【剛】』，起道也。」[1]皆理解為從今得聲的字。可見《望山》、《容成氏》者皆是因《說文》「函」俗體作「肣」，故權宜收錄在「函」下，實際上「肣」字形與字義與「函」都沒有關係。[2]換言之，數量龐大的楚文字竟未見「函」字，[3]這的確是很奇怪的。《曾侯》02「韓」字，白於藍先生認為：此字當與弓箭兵器有關。循其音義以推求，以為此字當釋為「函」。韓從㐱聲，上古音㐱為影母侵部字，函為匣母談部字，兩字聲母同為喉音，韻亦很近。《曾侯》簡文中已有「箙」字，從這一方面來考慮，將「韓」釋為「函」也是合理的。「韓」字從韋表義，蓋因古時盛矢之「函」本由皮革製作而成。[4]謹按：白先生的說法自有其道理，但韓釋為「函」在文例上也不是可以說死的。縱使將韓釋為「函」，也是形聲結

---

館，2009 年 12 月），已收入本書。

[1] 銀雀山漢墓竹簡整理小組編：《銀雀山漢墓竹簡（貳）》（北京市：文物出版社，2010 年 1 月），頁 174。

[2] 黃天樹先生指出二者關係是：「正篆『函』本義是『箭函』，當『舌頭』講是假借。而重文『肣』是後起本字。」見黃天樹：〈《說文》重文與正篆關係補論〉《黃天樹古文字論集》（北京市：學苑出版社，2006 年 8 月），頁 322。

[3] 《望山》2.9「䇂」，程燕小姐從整理者認為是兩個字，並解釋說囵即「𠙶」，應讀「函」。簡文「兩馬皆又（有）囵」，蓋謂兩匹馬都有馬甲。氏著：〈望山楚簡考釋六則〉《江漢考古》，2003 年 3 期（總 88 期），頁 86～87。謹按：由於此二字（按：「又（有）」、「囵」二字）原文寫得很近，也有學者認為這是一個字，如劉信芳先生認為是上「止」下「首」的字形，〈望山楚簡校讀記〉《簡帛研究》第三輯（南寧市：廣西教育出版社，1998 年 12 月），頁 38。田河先生也認為是上「之」下「首」的字形，讀為「胄」。氏著：《出土戰國遣冊所記名物分類匯釋》（長春市：吉林大學博士論文，2007 年 6 月），頁 168。其次，囵能否隸定為「𠙶」也有待斟酌，其「匚」內所從偏旁更接近「肉」形，如「組」作䋲（《望山》2.10），其「且」旁訛為「肉」形，參拙文：〈《上博五・弟子問》研究〉《中央研究院歷史語言所集刊》，待刊。既然如此，則囵能否釋為「函」尚有疑問。

[4] 白於藍：〈曾侯乙墓竹簡考釋（四篇）〉《中國文字》新三十期（臺北市：藝文印書館，2005 年 11 月），頁 193～202。

構，並不妨害將表意字「△」釋為「圅」。最後，《璽彙》5269 單字璽，

釋文釋為「圅」。何琳儀先生以為是楚璽，並分析說：「或於箭袋上提手上加

三飾筆。」[1]此璽是否是楚璽尚未能確定。[2]值得注意的是，比對上引從「橐」

旁諸字，上面有三筆，並不是飾筆，比對上引從「橐」旁諸字，可知字

形正表示從「囊」，這也是「圅」字可從「囊」旁的例證。黃天樹先生解釋

「圅」的構形說：「象其中裝有矢的箭囊或箭盒。」[3]季師旭昇曰：「圅，納

矢的皮囊」，[4]箭囊、皮囊之說也可以呼應上述「圅」字從「囊」旁的寫法。

此外，《甲骨文編》「圅」字收有（《林》2.19.4）字，[5]看起來是從囊從倒

矢形，季師旭昇亦收錄在《說文新證》上冊頁 559「圅」字。李孝定先生曾

提到「圅」是囊橐之屬，與同意。[6]結合本文對「」的考釋，李先生

的說法是有道理的。綜合以上，《新蔡》「」字應釋為「圅」，「邔生圅」是

地名，位置待考。同時也可知沿襲自甲金文的「圅」字寫法確實存在於楚

文字中。

　　最後，附帶討論一下《包山》277「苛郚受（授）：一笰，豹韋之盾，

二十矢」之「豹韋之盾」，李家浩先生本來解釋說：「『笰』上防止矢向外傾

斜、散亂的橫皮帶，其名為『盾』，猶建築物橫的欄杆叫『楯』。」[7]後改釋

---

[1] 何琳儀：《戰國古文字典》（北京市：中華書局，1998 年 9 月），頁 1403。

[2] 《戰國文字編》474 頁亦釋為「圅」，但以為國別未知。文炳淳《先秦楚璽文字研究》（臺北市：臺灣大學中文所博士論文，2002 年 6 月）則未收此璽、陳光田：《戰國璽印分域研究》（湖南市：岳麓書社，2009 年 5 月）也未見討論。

[3] 黃天樹：〈《說文》重文與正篆關係補論〉《黃天樹古文字論集》（北京市：學苑出版社，2006 年 8 月），頁 322。

[4] 季旭昇：《說文新證》（臺北市：藝文印書館，2002 年 10 月），上冊，頁 560。

[5] 孫海波編：《甲骨文編》（北京市：中華書局，1996 年 9 月），頁 300。

[6] 李孝定：《甲骨文字集釋》，2296 頁。引自于省吾主編：《甲骨文字詁林》（北京市：中華書局，1996 年 5 月），第三冊，頁 2559。

[7] 李家浩：〈包山遣冊考釋（四篇）〉《古籍整理研究學刊》2003 年第 5 期，頁 6～7。

為「帾」，並說「豹韋之帾」是豹皮作的裝『笒』的袋子。[1]案：筆者以為李先生前說為是。「帾」，《說文》曰：「載米𧝳也。」伊強先生指出：「帾多見於漢代簡牘，如居延漢簡『具弩一，有帾』，『☐弩帾一，完』，……研究者多認為漢代簡牘中的『帾』為盛弩器。」[2]可見「帾」本為盛弩之器，與「笒」的功能重複。若真是裝笒的袋子，簡文應該是「苛郚受（授）：一筈（笒），二十矢，豹韋之盾（帾）」，「帾」應該把矢與笒一起包裝起來，因為由實物（圖一）來看二十支箭是裝在笒（矢箙）內的。可以比對馬王堆 3 號墓遣冊簡 34 文例：「角弩一具，象幾一，遊豹盾（帾），緹裏，繢緣」，[3]「遊豹帾」同時盛裝角弩與象幾，二者是弩的主體與零件。反過來說，《說文》曰：「韋，獸皮之韋，可以束枉戾相違背，故借以為皮韋。」所以「豹韋」就是豹皮做的熟皮帶可用來束箭。李先生引用南北朝出土的負箭箙的武士俑，其箭箙的上部都有一較寬的帶狀物以約束箭桿來作為釋為「帾」的證據。其實在 1971 年湖南長沙市瀏城橋一號墓出土的戰國早期雲紋竹矢箙其上亦有「繩將箭捆緊，故矢箙下端無底板。」[4]還有上述馬王堆 3 號墓所出的矢箙，「扁盒上部鑽孔 12 個，並穿繩，作為固定箭桿之用。」[5]以上均可做為釋「盾」為「帾」的補充證據。

---

[1] 李家浩：〈仰天湖楚簡剩義〉《簡帛》第二輯（上海市：上海古籍出版社，2007 年 11 月），頁 38。

[2] 伊強：〈馬王堆三號漢墓遣策文字考釋〉《出土文獻與古文字研究》第一輯（上海市：復旦大學，2006 年 12 月），頁 342。

[3] 伊強：《談《長沙馬王堆二、三號漢墓》遣策釋文和注釋中存在的問題》，（北京市：北京大學中國語言文學系碩士學位論文，2005 年 5 月），頁 48。

[4] 高至喜主編：《楚文物圖典》（武漢市：湖北教育出版社，2000 年 1 月），頁 340。

[5] 湖南省博物館、湖南省文物考古研究所編著，何介鈞主編：《長沙馬王堆二、三號漢墓第一卷田野考古發掘報告》（北京市：文物出版社，2004 年），頁 207。

本文原以〈《新蔡簡》「函」字考釋〉為題，發表於復旦網，2010 年 1 月 26
日，http://www.gwz.fudan.edu.cn/SrcShow.asp?Src_ID=1067。後宣讀於臺南
嘉南藥理科技大學「2010 經典與簡帛」學術研討會，2010 年 5 月 7 日。正
式發表於《出土文獻與古文字研究（第四輯）》（2011 年 12 月）。

# 望山楚簡「述瘀」考釋 *

　　《望山》1 號墓 150 簡，《望山楚簡》釋文作「述癢（瘀），**逨**賽之**逨**癢（瘀）。☑」[1]「**逨**」字依照目前的認識，可釋為「速」。張光裕先生編著的《望山楚簡校錄》釋文斷讀相同。[2]陳斯鵬先生釋文則作「述瘀，速賽之，速瘀。」[3]許道勝先生釋文相同。[4]「速賽之」、「速瘀」常見於楚國卜筮祭禱簡，文義不難理解。但是「述瘀」如何解釋，上引諸家均未作說明。中山大學古文字研究室楚簡整理小組釋為「遂」，引金文「遂」作 （盂鼎）、 （小臣謎簋）、 （魚鼎匕）為證，[5]袁國華先生亦讀為「遂」，以為「遂瘀」（望山簡 150、151）猶言「（疾病）終於痊癒」。[6]

　　謹案：「述瘀」辭例亦見 1.151，兩「述」字分別作：

---

* 本文為「楚系簡帛字典編纂計畫」的研究成果之一，並獲得國家科學發展委員會的資助（計畫編號 NSC99-2410-H-018-032），特此致謝。

1 湖北省文物考古研究所、北京大學中文系編：《望山楚簡》（北京市：中華書局，1995 年 6 月），頁 81。

2 張光裕編著、袁國華合著：《望山楚簡校錄》（臺北市：藝文印書館，2004 年 12 月），頁 204。

3 陳斯鵬：《簡帛文獻與文學考論》（廣州市：中山大學出版社，2007 年 12 月），頁 111。

4 陳偉等著：《楚地出土戰國簡冊【十四種】》（北京市：經濟科學出版社，2009 年 9 月），頁 276。

5 中山大學古文字研究室楚簡整理小組：《戰國楚簡研究》（三）【油印本】，頁 22。

6 袁國華：〈楚簡疾病及相關問題初探——以包山楚簡、望山楚簡為例〉《「中國南方文明」學術研討會論文》（南港：中央研究院歷史語言研究所，2003 年 12 月 19～20 日），頁 17。

（1.150） （1.151）

可見釋為「述」是沒問題的。[1]「述」字若如字讀，無法通讀簡文。但是釋為「遂」，理解為「終於」恐也有問題。如同陳斯鵬先生所指出：「『述瘥，速賽之，速瘥』的含義和性質，均與例（1）『志事速得，皆速賽之』【引案：指《包山》簡 199-200】相類，也應是預設的祝禱之辭。從同出其他簡文可知，望山一號墓墓主悼固因病多次問卜，並得出『疾少遲瘥』的占斷（參 45、61、63、64、65 等號簡）。所以希望禱請于鬼神，使其速愈。」[2]可見悼固的病情顯然沒有「終於痊癒」，否則同簡文祈求「速瘥」就沒辦法解釋。這也可由《葛陵》簡得到證明：

☐句（苟）思（使）坪夜君城窒（慆）瘳速癒（瘥），敢不速☐」（零 87 ＋零 570＋零 300＋零 85＋零 593）

☐窒（慆）塞（賽）☐（零 484）[3]

馮勝君先生指出，上引簡零：484「簡文雖然殘缺，但推想可能就是見於包山祭禱簡的『皆速賽之』（200 號簡）一類話的殘文」。[4]同時比對《望山》116「☐蒇陵君，肥豕，酉（酒）飤（食）。遷（舉）禱北（別）子[5]，肥豢，酉（酒）飤（食）。速瘥，賽之。」的文例，可見零 593「敢不速」之後可以補上「賽」。簡文謂如果使坪夜君城身體趕快康復，那敢不立即賽禱還願。[6]可知坪夜君城身體是不豫欠安的，文例相近的《望山》150 簡中悼固的病況

---

[1] 李守奎：《楚文字編》（上海市：華東師範大學出版社，2003 年 12 月），頁 96。

[2] 陳斯鵬：《簡帛文獻與文學考論》（廣州市：中山大學出版社，2007 年 12 月），頁 111。

[3] 參看宋華強：《新蔡楚簡的初步研究・釋文》，（北京市：北京大學中國語言文學系博士學位論文，2007 年 5 月）、陳劍：〈釋「琮」及相關諸字〉《甲骨金文考釋論集》（北京市：線裝書局，2007 年 4 月），頁 276～277。

[4] 馮勝君：《郭店簡與上博簡對比研究》（北京市：線裝書局，2007 年 4 月），頁 130。

[5] 宋華強：〈由楚簡「北子」「北宗」說到甲骨金文「丁宗」「啻宗」〉《簡帛》第四輯（上海市：上海古籍出版社，2009 年 10 月），頁 123～134。

[6] 參考宋華強：《新蔡葛陵簡初探》（武昌市：武漢大學出版社，2010 年 3 月），頁 274。

也應該如此理解。[1]

其次，除了「疾速瘥」外，楚簡還有「疾少遲瘥」（《望山》1.45）、「疾遲瘥」（《望山》1.61）、「病良瘥」（《包山》218）、「病遲瘥」（《包山》243）、「久不瘥」（《包山》236）、「背膺悶心之疾速瘳速瘥」（《葛陵》甲三 22、59）、「少遲悳（蠲）[2]瘥」（《葛陵》乙二 3、4）、「至荊夷之月安良瘥」（《天星觀》）[3] 等等的辭例，「速」、「遲」、「久」是時間副詞[4]；「良」是表示甚也、程度高的程度副詞、[5]「少」則是稍微、程度輕微的程度副詞。[6]「不」是否定副詞。可見「迷」確實要從副詞的角度去思考。

筆者以為「迷」應讀為「率」。宋華強先生主張《葛陵》簡「某人之迷刉於某地」的「迷」應讀為「率」，茲將其通讀證據引全如下：

> 「迷」是船母物部字，「率」是生母物部字。韻部相同，聲母一屬齒音莊組，一屬舌音章組，可以相通。例如「終」與「崇」通。《老子》二十三章「飄風不終朝，驟雨不終日」，傅奕本、范應元本「終」作「崇」；《尚書・君奭》「其終出於不祥」，陸德明《釋文》引馬融本「終」作「崇」，「終」屬章組章母，「崇」屬莊組崇母。「迷」和「率」也有間接相通的例子。《廣雅・釋言》「律，率也」，王念孫《廣雅疏證》云：「……《周官・典同》注云：『律，述氣者也。』『述』與『率』

---

[1] 袁先生此意見並未反映在所合著後出的《望山楚簡校錄》中，不知是否表示已放棄「（疾病）終於瘥癒」的說法。

[2] 張新俊：〈新蔡葛陵楚墓竹簡文字補正〉，簡帛研究網，2004 年 2 月 22 日。後刊登於《中原文物》2005 年 4 期，頁 84。

[3] 晏昌貴：〈天星觀「卜筮祭禱」簡釋文輯校（修訂稿）〉，簡帛網，2005 年 11 月 2 日，http://www.bsm.org.cn/show_article.php?id=31。

[4] 何樂士編：《古代漢語虛詞詞典》（北京市：語文出版社，2006 年 2 月），頁 250、381；楊伯峻、何樂士：《古漢語語法及其發展》（北京市：語文出版社，2003 年 1 月），頁 253。

[5] 楊伯峻、何樂士：《古漢語語法及其發展》（北京市：語文出版社，2003 年 1 月），頁 261、273、275；姚萱：《殷墟花園莊東地甲骨卜辭的初步研究》（北京市：線裝書局，2006 年 11 月），頁 209。

[6] 楊伯峻、何樂士：《古漢語語法及其發展》（北京市：語文出版社，2003 年 1 月），頁 284。

通。《中庸》『上律天時』，注亦云：『律，述也。』」[1]

再補個間接通假例證：古書中「聿」和「率」可以通假，[2]《集成》718 郜季鬲「遹鬲」，陳英傑先生認為應讀為「律鬲」，「義即可以作為法度、標準的器物，大概女性受器以此為標準之義，不能僭越。」[3]而古籍【术與聿】也常見通假，如《詩・大雅・文王》：「聿脩厥德」，「聿」，《漢書・東平思王宇傳》引作「述」。[4]可見《望山》的「述」讀為「率」是沒問題的。「率」是範圍副詞，義同皆、悉。金祥恒先生謂：「其率之義猶《大盂鼎》之『雩殷正百辟，率肄於酒』之率。率，皆也，悉也」。姚孝遂先生說：「卜辭『率』用作副詞者，金祥恒以為『悉皆之意』，其說可從。」[5]沈培先生也是將「率」與「皆、亦、咸、卒」一起視為範圍副詞的。[6]詹鄞鑫先生更詳細地指出：

> 「率」字既是修飾動詞的副詞，其所修飾的動詞的受事者又都是群體或複 數詞，據此推斷，「率」字只能是範圍副詞。「率」的意義應當與文言範圍副詞「悉」、「咸」、「皆」、「俱」等相似。……「率」之訓悉，並非出於偶然。從古音看，「率」「悉」雙聲鄰紐，雙聲連綿詞有「蟋蟀」，意味著「悉」與「率」是互相連帶發出的語音。音近故義通。《古今韻會舉要・質韻》：「率，皆也。」這種用法自商周以來歷代文獻中都有例可循。西周用例如金文《盂鼎》：「雩殷正百辟率肄於酒」此「率」字陳初生釋為「希、盡、大都」。戰國用例如

---

[1] 宋華強：《新蔡楚簡的初步研究・第六章》，（北京市：北京大學中國語言文學系博士學位論文，2007 年 5 月），頁 213。亦見宋華強：《新蔡葛陵簡初探》，（武昌市：武漢大學出版社，2010 年 3 月），頁 330。

[2] 高亨纂著、董志安整理：《古字通假會典》，頁 535【律與率】條。

[3] 陳英傑：《西周金文作器用途銘辭研究》上（北京市：線裝書局，2009 年 1 月），頁 134 注 4。

[4] 張儒、劉毓慶：《漢字通用聲素研究》（太原市：山西古籍出版社，2002 年 4 月），頁 913。

[5] 于省吾主編：《甲骨文字詁林》（北京市：中華書局，1996 年 5 月）第四冊，頁 3183～3184。亦可參見姚萱：《殷墟花園莊東地甲骨卜辭的初步研究》（北京市：線裝書局，2006 年 11 月），頁 86～87。

[6] 沈培：《殷墟甲骨卜辭語序研究》（臺北市：文津出版社，1992 年 11 月），頁 161。

《禮記・祭義》:「古之獻繭者,其率用此與?」漢代文獻如《史記・老子韓非列傳》:「故其著書十餘萬言,大抵率寓言也。」……歷代文獻中的「率」字作副詞時還往往表示大抵、通常、大概、大多等義,顯然是由皆悉義引申而來的。[1]

則簡文「【疾】述(率)瘥」就是「疾皆瘥」或「疾悉瘥」的意思,這種用法古籍並不少見。同時《方言・卷三》:「差、間、知,愈也。南楚病愈者謂之差,或謂之間,或謂之知。知,通語也。或謂之慧,或謂之憭,或謂之瘳,或謂之蠲,或謂之除。」《說文》:「瘥,瘉也。」所以古籍也有「皆瘥」、「皆愈(癒)」、「皆瘳」、「悉瘥」、「悉愈(癒)」的說法:

《論衡・福虛》:「楚惠王食寒葅而得蛭,因遂吞之,腹有疾而不能食。……是夕也,惠王之後而蛭出,及久患心腹之積皆愈。故天之視聽[2]也,可謂不察乎?」(此事亦見於《新書・春秋篇》、《新序・雜事篇》。)

《後漢書・光武帝紀》:「是夏,京師醴泉涌出,**飲之者固疾皆愈**,惟眇、寒者不瘳。」

《東觀漢紀・世祖光武皇帝》:「是時醴泉出於京師,郡國飲醴泉者,**痼疾皆愈**,獨眇寒者不差。」

《後漢書・方術列傳第七十二下・華陀》:「阿善針術。凡醫咸言背及匈藏之閒不可妄針,針之不可過四分,而阿針背入一二寸,巨闕匈藏乃五六寸,而**病皆瘳**。」

《黃帝內經・素問・異法方宜論》:「故聖人雜合以治,各得其所宜,故治所以異而**病皆愈者**,得病之情,知治之大體也。」

《普濟方・卷六十一・咽喉門二》:「如冬月無濕花。可浸乾者。濃

---

[1] 詹鄞鑫:〈釋卜辭中的範圍副詞「率」──兼論詩書中「率」的用法〉《華東師範大學學報》1995 年 6 期,頁 174～180。又載於《華夏考──詹鄞鑫文字訓詁論集》(北京市:中華書局,2006 年 12 月),頁 248～249。

[2] 「視聽」原作「親德」,依黃暉校改。黃暉:《論衡校釋》(北京市:中華書局,1996 年 11 月),頁 262。

絞取汁。如前服之。極驗。但咽喉閉塞。服之**皆瘥**。」

《普濟方・卷一百四十七・傷寒門二十七》:「藥主解毒氣。服後。胸中熱。及咽喉痛。**皆瘥**。」

《普濟方・卷二百三十八・尸疰門二》:「此藥所為。如湯沃雪。手下**皆癒**。方宜秘之。非賢不傳也。」

《本草綱目・穀部・二十五卷》:「患腳人,常將漬酒飲之,以滓傅腳,**皆瘥**。」

《齊民要術・卷六》:「研芥子塗之,差。六畜疥,**悉愈**。」

《周書・列傳第三十九・姚僧垣》:「僧垣知其可差,即為處方,勸使急服。便即氣通,更服一劑,**諸患悉愈**。」

《醫心方・卷八》:「盡劑者,萬毒萬病廿八種風邪**悉癒**。」

《普濟方・卷二百九十五・痔漏門二》:「八日後膿血盡。鼠乳**悉瘥**。」

加上《望山》1號墓簡提到悼固所患的疾病有:

既瘥,以悶心,不內食,尚毋為大蚤(簡9)

既瘥,以心□然,不可以復[1],思遷身韠。(簡13)

既心悶以塞,善歕☐(簡17)

☐以不能飤(食),以心悶,以歕,脑(胸)臄(脅)疾,尚☐(簡37)

☐以心悶,不能飤(食),以聚歕,足骨疾☐(簡38)

☐聚歕,足骨疾,尚毋死。(簡39)

☐首疾,尚毋☐(簡41)

可見罹病種類繁多,病況確實嚴重,所以簡13才說「不可以復」,是說悼固的身體無法恢復到之前健康的狀況。這種說法亦見於秦駰玉版背1「已吾腹心以至于足骭之病,能自復如故。」背4「苟令小子駰之病日復。」[2]還

---

[1] 整理者釋為「迿(動)」。許道勝先生指出:「看紅外影像,字當釋為『逗』,即『復』字」,釋文作「不可以復思遷身韠」,見陳偉等著:《楚地出土戰國簡冊【十四種】》(北京市:經濟科學出版社,2009年9月),頁279注20。今據文義在「復」後點斷。

[2] 李家浩:〈秦駰玉版銘文研究〉《北京大學古文獻研究中心集刊(二)》(北京市:燕山出

有《包山》238「甶（思）左尹逡（遷）返（復）尻（處）」，陳斯鵬先生解釋說：「『復』指恢復、康復。……意謂：讓左尹舵恢復如常，保持原來的安康。」[1]正因為悼固所患疾病不只一種，所以簡文才會祝禱「疾率瘥」，也符合上引詹先生所說「（率）其所修飾的動詞的受事者又都是群體或複數詞。」可見簡文讀為「【疾】率瘥」不為無據。補足文義後，「【苟使疾】述（率）瘥，速賽之，速瘥」，也就是「【苟使疾】述（率）瘥速瘥，速賽之」，句式如同《葛陵》「窒（琮－憯）瘳速瘕（瘥），敢不速【賽】☐」（零87＋零570＋零300＋零85＋零593）。只是前者更希望病體能既快速又能全部康復如初，不要只是「病少痊」（《莊子・徐無鬼》）、「病少愈」（《史記・孝武本紀》）。

本文初稿發表於復旦網，2010 年 4 月 20 日，
http://www.gwz.fudan.edu.cn/SrcShow.asp?Src_ID=1132。

附記：拙文承蒙陳斯鵬先生審閱指正，筆者非常感謝。

---

版社，2001 年 4 月），頁 100～101。

[1] 陳斯鵬：〈論周原甲骨和楚系簡帛中的「囪」與「思」——兼論卜辭命辭的性質〉《第四屆國際中國古文字學研討會論文》（香港：香港中文大學，2003 年 10 月 15 日），頁 403～404。

# 論《鄭子家喪》甲1「就」字的釋讀 *

　　《上博七・鄭子家喪[1]》甲1「臧（莊）王臱（就）夫＝（大夫）而與之言曰……」，這句話基本上沒有難字，但是「就」字如何釋讀學者尚有爭議。整理者直接讀為「就」，無說。陳偉先生認為「（就）應是使動用法，是讓大夫前來的意思。」[2]李天虹教授則認為「筆者在《〈鄭子家喪〉補釋》（簡帛網 2009 年 1 月 12 日）一文中說：簡文『莊王就大夫而與之言曰』的『就』字，目前主要有兩種解釋，一種訓為『召見』，一種訓為『造訪』，筆者傾向於第二種詮釋。此後在讀書過程中，發現同樣用法的『就』字，其實見於傳世文獻。《禮記・祭義》：『是故朝廷同爵則尚齒。七十杖於朝，君問則席；八十不俟朝，君問則就之，而弟達乎朝廷矣。』鄭注：『就之，就其家也。』孔疏：『若君有事問之，則就其室。』可証造訪之說可以成立。」[3]

* 本文為「楚系簡帛字典編纂計畫」的研究成果之一，並獲得國家科學發展委員會的資助（計畫編號 NSC99-2410-H-018-032），特此致謝。

1 「喪」字作🖐，或釋為「喪」，或釋為「亡」，本文贊同釋為「喪」的意見。因與考釋主題無關，在此不準備展開討論。關於楚文字「喪」、「亡」比較新的意見，可參看何有祖：《上博簡《天子建州》的初步研究》（武漢市：武漢大學博士學位論文：2009 年 5 月），頁 43、禤健聰：〈楚簡「喪」字補釋〉「福建武夷山中國文字學會第五屆學術年會論文」，2009 年 8 月。

2 陳偉：〈《鄭子家喪》通釋〉，簡帛網，2009 年 1 月 10 日，
http://www.bsm.org.cn/show_article.php?id=964。

3 李天虹：〈《鄭子家喪》補釋〉，簡帛網，2009 年 1 月 12 日，

巫雪如小姐指出「訓為『即』的『就』在先秦是一個必須帶處所論元的及物動詞，因此不太可能出現使動用法。事實上，在現存的先秦文獻中也沒有『就』作使動詞的例子。」同時她也提出「在這段簡文中，大夫並不是單指一個人，這一點從簡 6 的『大夫皆進』就可以證明。如果說『莊王就大夫』是莊王親自去造訪每位大夫的家，這恐怕與事實不合，因為當時莊王應該是同時對著眾位大夫說話的。因此，在這個句子中『就』不能訓為『造訪』了。」最後她主張「就」應訓作「趨近」，可反映楚莊王紆尊降貴的態度。[1]宋華強先生認同巫小姐所指出的「就」字理解為使動用法和訓為「造訪」的疑點。但是他也認為巫小姐解讀為「趨近」其實與「造訪」沒有本質的區別。宋先生認為「就」應讀為「肅」、「宿」或「速」，表示恭敬地「邀請」之義。[2]

謹案：目前學者認為「就」字有兩種解釋，一為「造訪」，一為「召見」。前者是常訓，但是如同宋華強先生所說：「因為『造訪』就是趨近其處而訪問的意思。根據上引諸學者所提到的文獻，君王如果『就』臣下而咨詢，通常都是因為臣下年邁或地位特殊、聲望隆盛而特予優渥，而兩篇簡文中並看不出有這種背景。」[3]這是有道理的。林清源先生也認為：「由《鄭子家喪》甲本簡 6『大夫皆進』一語可知，簡 1 的『大夫』應是泛稱詞，指在座所有的楚國大夫。由簡文所述情境推測，楚莊王接獲『鄭子家亡』情資不久，即召集群臣會商伐鄭事宜。此一場合的性質，大概類似今日的國安會議，群臣在會議中各司其職本是份內之事，此時君王沒有必要、也不太可能逐一造訪每位大夫，恭敬地邀請他們出席會議。據此可知，《鄭子家喪》

---

http://www.bsm.org.cn/show_article.php?id=967#_ftnref8、李天虹：〈《君人者何必安哉》補說〉，簡帛網，2009 年 1 月 21 日，http://www.bsm.org.cn/show_article.php?id=980。

[1] 巫雪如：〈楚簡考釋中的相關語法問題試探〉，簡帛網，2009 年 6 月 14 日，http://www.bsm.org.cn/show_article.php?id=1093。

[2] 宋華強：〈《鄭子家喪》《平王問鄭壽》「就」字試讀〉，簡帛網，2009 年 7 月 15 日，http://www.bsm.org.cn/show_article.php?id=1118。

[3] 同上文。

的「就」字不能訓作『趨近』、『造訪』或『邀請』。」[1]至於高佑仁先生說：「『就』本身即屬於主動趨向的動作，卑者可以就尊，尊者亦可就卑⋯⋯楚莊王是位善於聽取臣下意見的人（古籍中莊王廣納雅言的事蹟很多），他主動與大夫討論，很符合他在古籍中的形象。巫雪如先生理解成一一拜訪大夫們，其實也無必要，也可以是大夫已聚集於某處，王再前往就之。大夫已聚集於某處，王再前往就之，所以解釋為一一拜訪大夫們，其實也無必要。」[2]案：所謂「就」可以表示「尊者就卑」，李天虹、巫雪如二先生文章已舉出文獻例證，也就是「造訪」或「趨近」的意思，此說不成立可見上引宋、林兩位先生的意見。再說《鄭子家喪》文中也無證據證明有「大夫已聚集於某處」的情況。即便有也不太可能出現王前往臣下聚集的場合諮詢國是，一方面不合朝儀，君臣之禮，楚王的威嚴會蕩然不存，二方面也不符合文獻所載優待少數特殊身分大臣的特例。《清華簡壹・皇門》簡 1「惟正〔月〕庚午，公格在者門」，整理者李均明先生解釋「者」字說：「者字從老，古聲，見母魚部，讀為溪母魚部之『庫』。『者門』即『庫門』。周制天子五門，自南數為皋、庫、雉、應、路門。庫門為第二門，庫門外皋門內為天子外朝。此句今本作『周公格左閎門會群門』。孔晁注：『路寢左門曰皇門。閎，音皇。』」[3]對此解釋，王志平先生認為：「但是清華簡的整理者認為，『庫門外皋門內為外朝所在，周公組織之集會在此進行甚合理。』其實『天子五門』說禮學家本身亦有爭議，這一點暫且不論，不妨認為『天子五門』說也有文獻根據。但既然『治朝（正朝）』為每日所視之朝，依《周禮・司士》，『朝儀之位』其明。鄭玄注也明確說『王日視朝事于路向外』。可是按照整理者的說法，周公會群臣既不在正殿路寢，又不在治朝（正朝）的路門，反而來到了外朝的『庫門』——既然是『周公組織之集會』，有什麼大事非要周公如此屈尊枉駕，不合朝儀地跑到外朝『庫門』去會群臣

[1] 林清源：〈《上博七・鄭子家喪》通解〉，待刊稿。

[2] 見 2010 年 5 月 1 日評論，http://www.gwz.fudan.edu.cn/SrcShow.asp?Src_ID=1138。

[3] 李學勤主編：《清華大學藏戰國竹簡（壹）》（上海市：中西書局，2010 年 12 月），下冊，頁 165 注 2。

呢？」[1]王志平先生的思考角度正可以借鏡。又如《孟子・梁惠王下》:「齊宣王見孟子於雪宮」,楊伯峻先生解釋說:「雪宮是齊宣王的離宮,離宮相當於現今的別墅。這一句有兩個說法,一說是齊宣王在雪宮接見孟子,一說是齊宣王招待孟子于雪宮而自己去看他。譯文取前說。」[2]楊伯峻先生贊同是孟子來見齊宣王,與本文的論點相同。至於「就」訓為使動用法的「召見」,所謂「讓大夫前來」亦不可行。李佐丰先生曾將及物動詞分為真他動詞與准他動詞,「真他動詞」是典型的及物動詞,其特點是「經常帶並且只帶直接賓語」,「就」就是真他動詞。[3]而「直接賓語不可以無條件地變換為主語。根據這個特點,可以把直接賓語和使動賓語區分開來。」[4]而在動詞分類中,將「就」歸為具體動詞中的「運動動詞」的B1組,並說此類動詞「不可以帶『于』字補語,B1動詞屬於真他動詞,表示到某處去。它們通常只帶處所賓語,不帶處所補語。」[5]可見「就」字是沒有使動用法的。《王力語言學詞典》也說:「使動用法,古代漢語詞在句子裡的臨時職務(一般稱為『詞類活用』)中的一類。指不及物動詞、形容詞以及名詞在句中臨時具有及物動詞的性質,後面可以帶賓語,表示『使賓語怎麼樣』的意思。」[6]由以上的論述,可見《鄭子家喪》「就」字不能以本字解,這已經提示我們簡文的「就」應該是個通假字。宋華強先生將「就」理解為通假字,方向是對的,但是讀為「肅」、「宿」或「速」在聲音及文義上尚有斟酌的空間。筆者雖不同意將「就」直接訓為「召見」,但衡諸文義及古書例證來看,「召見」義顯然又是最好的選擇,文獻多見「召大夫」的說法:

《韓詩外傳・卷八》:「梁山崩,晉君召大夫伯宗,道逢輂者,以其

1 王志平:〈清華簡「皇門」異文與周代的朝儀制度〉《《清華大學藏戰國竹簡(壹)》國際學術研討會論文集》(北京市:清華大學主辦,2011年6月28日至29日),頁111。

2 楊伯峻譯注:《孟子譯注》(北京市:中華書局,2003年4月),頁35注1。

3 李佐丰:《先秦漢語實詞》(北京市:北京廣播學院出版社,2003年1月),頁36～37。

4 同上書,頁33～34。

5 同上書,頁67、73。

6 馮春田、梁苑、楊淑敏撰稿:《王力語言學詞典》(濟南市:山東教育出版社,1995年3月),頁518。

輦服其道，伯宗使其右下，欲鞭之。」

《國語・晉語二》：「秦穆公許諾，反使者，乃召大夫子明及公孫枝，曰：……」

《國語・楚語上》：「恭王有疾，召大夫曰：……」

《吳越春秋・夫差內傳》：「吳王召大夫被離問曰：……」

此所以陳偉先生將「就」訓為「召見」。可見若「就」可讀為「召」，則上述的問題就不存在了。

先看聲韻的問題：「就」，從紐幽部開口三等韻；「召」有兩種音讀：「召集」義讀為「章紐宵部開口三等」；「呼」義讀為「定紐宵部開口三等」，[1]均與「就」聲韻皆近。先看聲紐，《石鼓文・作原》：「道迄我嗣」，「迄」董珊先生釋為「遒」，並說：「『帚』與『就』聲音相近，埽，心母幽部，帚，章母幽部；就，從母幽部。」[2]可見「就」字可與「章」紐相通。此外，石經古文「就」作 從，張富海先生已經指出：「此字就是西周金文屢見的 從（參《金文編》，頁 109）。陳劍《據郭店簡釋讀西周金文一例》對這個字作了深入的研究，指出它在西周金文中應該讀為『仇匹』之『仇』（ 古書中又作『逑』），其除去『辵』旁以外的部分即由殷墟卜辭中應讀為『禱』的『夆』分化而來。（原注：《北京大學中國古文獻研究中心集刊 2》北京燕山出版社，2001 年，頁 378～396。）其說均確不可移。」[3]其中「禱」正是定母字，可見「就」字與定紐亦有關係。再看韻部，幽宵旁轉相通相當常見，[4]如「慅」字古文作

---

[1] 陳復華、何九盈：《古韻通曉》（北京市：中國社會科學出版社，1987 年 10 月），頁 150、152。

[2] 董珊：〈石鼓文考證〉，復旦網，2009 年 4 月 29 日，http://www.gwz.fudan.edu.cn/SrcShow.asp?Src_ID=776。

[3] 張富海：《漢人所謂古文研究》（北京市：北京大學中國語言文學系博士學位論文，2005 年 4 月），頁 93，337 條。

[4] 參見李家浩：〈攻敔王姑義䤔劍銘文及其所反映的歷史〉「第一屆古文字與古代史學術討論會」論文（臺北市：中央研究院歷史語言研究所，2006 年 9 月），頁 306。

〔圖〕、「颷」字古文作〔圖〕。[1]「槈」是宵部，「𢝕」是幽部；「秀」是幽部字，從「秀」得聲的「誘」、「莠」都是宵部字；《窮達以時》簡 3 的「𠷎繇」就是古籍的「皋陶」，繇是宵部，陶是幽部；[2]《馬王堆帛書・雜療方》13 行「去陵槄」，整理者認為「陵槄」當即「陵藁」。據《名醫別錄》系甘遂別名。[3]高是宵部，咎是幽部。陳劍先生曾指出：「『蕘』、『柔』、『㺜』古音並相近。『柔』是日母幽部字，『蕘』是日母宵部字，兩字中古音都是開口三等；『㺜』是泥母宵部字，與蕘同從『堯』聲的撓、橈、鐃和譊等字也是泥母字。」[4]宋華強先生也指出：「『嘐』與『叫』古音聲母相同，韻部宵幽旁轉，音義皆近，大概是一對同源詞。」[5]《郭店・老子甲》38「喬」作〔圖〕，已有學者指出字形所從的九與高都是聲符，「九」，古音見紐幽部，與群紐宵部的「喬」音近。[6]《用曰》簡 13 也有幽宵合韻的例證。[7]此外，若依鄭張尚芳先生的韻部分類來看，幽覺部的 1、2 組和宵藥的 1、2 組之間仍確定可以相通。[8]其中「就」屬覺 1，「召」屬宵 2。[1]相同例證如文獻有【穆與

---

[1] 徐在國：《傳鈔古文字編》（北京市：線裝書局，2006 年 11 月）下冊，頁 1064、1348。

[2] 黃德寬、徐在國：〈郭店楚簡文字考釋〉《吉林大學古籍整理研究所建所十五週年紀念文集》（長春市：吉林大學出版社，1998 年 12 月）。又見《新出楚簡文字考》（合肥市：安徽大學出版社，2007 年 9 月），頁 7～8。

[3] 馬王堆漢墓帛書整理小組編：《馬王堆漢墓帛書》（四）（北京市：文物出版社，1985 年 3 月），頁 124。

[4] 陳劍：〈郭店簡《六德》用為「柔」之字考釋〉《中國文字學報（第二輯）》（北京市：商務印書館，2007 年 12 月），頁 61。

[5] 宋華強：《新蔡葛陵簡初探》（武昌市：武漢大學出版社，2010 年 3 月），頁 265。

[6] 何琳儀：《戰國古文字典》（北京市：中華書局，1998 年 9 月），頁 294、葉玉英：《古文字構形與上古音研究》（廈門市：廈門大學出版社，2009 年 11 月），頁 416、曲冰：《《上海博物館藏戰國楚竹書》（1-5）佚書詞語研究》（長春市：吉林大學博士論文，2010 年 4 月），頁 61。

[7] 顧史考：〈楚簡韻文分類探析〉《先秦文本與思想國際學術研討會論文》（臺北市：臺灣大學中文系主辦，2010 年 8 月 7 日），頁 29。

[8] 此蒙程少軒先生指點，2010 年 5 月 4 日覆信內容。

敦】的通假例證。[2]，而「穆」是覺 1；「敦」是宵 2。[3]又如文獻中有【票與孚】的通假例證，[4]而「票」是宵 2，「孚」是幽 1。[5]【鏢與苞】可以通假，[6]而「鏢」是宵 2，「苞」是幽 1。[7]以上是從音理証明「就」與「召」音近可通。其實【就與召】也有輾轉相通的通假證據。如《左傳・昭公二十五年經》：「蔡朝吳奔鄭」，《公羊傳》：「朝吳」作「昭吳」。[8]《管子・四處》：「辟若野獸無所朝處」，《冊府元龜》二四二引「朝」作「就」。[9]可見【昭與就】音近可通，自然【就與召】也是可以相通的。若擴大來看，如【召與兆】、【攸與兆】、【酋與就】、【酋與攸】聲首均有相通的例證，[10]「召兆攸酋」聲首本來就常見相通，是一個通假的集團，而「就」與「酋」又有通假例證，

---

1 鄭張尚芳：《上古音系》（上海市：上海教育出版社，2003 年 12 月），頁 254。此蒙程少軒先生指示。

2 張儒、劉毓慶：《漢字通用聲素研究》（太原市：山西古籍出版社，2002 年 4 月），頁 178；高亨、董治安編纂：《古字通假會典》，頁 770。

3 鄭張尚芳：《上古音系》，頁 253～254。

4 高亨、董治安編纂：《古字通假會典》（濟南市：齊魯書社，1997 年 7 月），頁 820、767。

5 鄭張尚芳：《上古音系》，頁 432、321。

6 張儒、劉毓慶：《漢字通用聲素研究》，頁 209。

7 鄭張尚芳：《上古音系》，頁 278、269。

8 高亨、董治安編纂：《古字通假會典》，頁 755。

9 高亨、董治安編纂：《古字通假會典》，頁 737。有人會說《冊府元龜》是宋代的著作，未必適合與《左傳》、《公羊傳》等先秦典籍對照。其實這種說法是沒有根據的，《冊府元龜》是類書，具有輯佚的功能，它並不是宋朝人的作品，所以沒有上述的問題。我們知道《冊府元龜》、《太平御覽》或《藝文類聚》所記錄字詞「異文」或歷史佚事，對出土文獻的考釋有極大的作用。最有名的例子，如：《信陽竹書》墨子佚文的考訂，就是根據《太平御覽》與《藝文類聚》上的佚文而考釋出來的，詳見李學勤：〈長臺關竹簡中的《墨子》佚篇〉一文。況且這條通假例證，不少學者使用過，如董珊：〈試論周公廟龜甲卜辭及其相關問題〉，復旦網，2009 年 5 月 4 日有段話說：「『廟』是唇音明母宵部字，據《說文》，『廟』從『朝』聲，『朝』屬舌音定母，又能跟屬於齒音從母的『就』字相通假。（參看《古字通假會典》，頁 737『就與朝』條。）」可見這條通假例證有相當程度的可靠性。

10 高亨、董治安編纂：《古字通假會典》，頁 720【酋與就】、頁 721【猶與悠】、頁 739【悠與宄】、頁 810【謟與饕】。張儒、劉毓慶：《漢字通用聲素研究》，頁 122、219。

自然也可以歸入這通假的集團。還有越王差徐戈「臺（就）差郤（徐）之
為王」，孟蓬生先生指出：「在『至』或『到』的意義上，出土文獻中的『臺』、
『遭』與傳世文獻中『造』、『俶』（chù）、『摵』（sù）等字記錄的實際是一
個詞。『臺』和『摵』應當看作假借字，而『遭』、『造』、『俶』（chù）均可
以看作本字。」[1]依孟先生之說則【就與叔】可通，[2]而【攸與叔】亦有通假
例證，[3]結合【攸與昭】的關係來看，顯然【就與召】通假並無問題。蔣禮
鴻先生曾說：「《荀子・富國篇》：『墨子之言，昭昭然為天下憂不足。』……
昭昭者，悵恨不足之意。昭讀為怊。《玉篇》：『怊，悵恨也。』《莊子・徐
無鬼篇》：『武侯超然不對。』司馬彪注：『超然，猶悵然。』昭、超與怊聲
同義通。字又與惆通。怊悵與惆悵同。召聲字屬宵部，周聲字屬幽部，而
召聲字或通於幽。《廣雅・釋詁》二下：『弨，短也。』王氏《疏證》引《釋
名》：『船三百斛曰艇，艑，貂也；貂，短也。』……謂周與弨聲近義同。
皆其證也。抑由召聲字之通於幽部，則又知昭昭之昭與造、蹴、戚亦聲近
而義通，此三字皆幽部字也。……至造又為慥，蹴又為憱，戚又為慼為戚，
固無以列舉為也。」[4]是很有道理的。蒿耳（網名）先生也指出：「受建洲
先生啟發，這兩天一直在琢磨『就』聲跟『召』聲的關係。金文表示『繼
續（繼承）』義的字中有兩個字可能記錄的是同一個詞，一是『就』字，常
見組合為『申就』；一個是『豿』（方便的隸定）外加『口』（墻盤有『 🔲 饟』），
就聲跟舟聲都是幽部字。而『豿』或釋『貂』（張政烺、曾憲通、陳秉新），
墻盤有『 🔲 饟』，或釋『紹續』（高亨、孟蓬生、陳秉新）。稍晚的銘文中
有『卲（从攴）申』的說法（陳侯因齊敦），『卲（从攴）』即『紹』。『豿夙
夕』或讀『劭夙夕』（孟蓬生、陳秉新）。『豿（貂）』字字形中象形的部分，
一些學者認為跟『繇』（與『由』同音）字有關係（王輝、曾憲通、陳秉新）。

---

[1] 孟蓬生：〈越王差徐戈銘文「就」字補釋〉，復旦網，2008 年 12 月 9 日。

[2] 《古字通假會典》，頁 737 亦有多例。

[3] 《古字通假會典》，頁 740【倏與叔】、頁 741【儵與蹴】。

[4] 蔣禮鴻：《義府續貂》【增訂本】（北京市：中華書局，1987 年 9 月），頁 128～129。

這些資料也許有助于我們理解『就』聲跟『召』聲的密切關係。」[1]蒿耳先生是著名的聲韻、訓詁學家，他的舉例為簡文「就」讀為「召」增添了過硬的證據。或曰「就」讀為「召」看不到傳世文獻的例證，而懷疑其可靠性。其實在楚簡的釋讀過程，這種情況並不少見。如《老子》甲簡27：「閟亓逃，寶亓門，和亓光，迥亓訢，剉亓龤，觡亓紛」。今本作：「塞其兌，閉其門，挫其銳，解其紛，和其光，同其塵」。「訢」即楚文字的「慎」字，禪紐真部；「塵」，定紐真部，二字古音相近，故楚文字得假「慎」為「塵」，但在傳世文獻中，卻無「慎」、「塵」相通的例子。[2]又如《曹沫》56「三者盡用不皆（棄）」，「皆」讀為「棄」也無傳世文獻的例子。總之，結合以上證據來看，簡文可以讀作「莊王就（召）夫=（大夫）而與之言曰……。」文意順暢。還有一種可能是讀為「聚」，《曹沫之陣》27+23A「復敗戰有道乎？【46A】……君如親率【27】，必聚群有司而告之：『二三子勉之，過不在子在【23A】寡人。』」[3]所謂「（君）聚群有司而告之」文例與本簡「莊王就大夫而與之言曰……」相近，特別是簡文「大夫」是複數，正與「群有司」緊密相關。可見「就」（從紐幽部）可以讀為「聚」（從紐侯部）。前引宋華強先生文章已提到：幽、侯古書多有相通之例（參看高亨纂著、董治安整理：《古字通假會典》，頁350「注與鑄」、頁352「誅與討」、「越與壽」、「趚與儔」等條）。此外，「造」亦是從紐幽部，而典籍有「造」、「聚」通假之例，如《易・乾・象傳》：「大人造也。」《釋文》：「造，劉歆父子作聚。」《漢書・劉向傳》引「造」作「聚」。[4]可見「就」與「聚」通假並無

---

[1] 見蒿耳先生 2010 年 5 月 11 日的評論發言，
http://www.gwz.fudan.edu.cn/SrcShow.asp?Src_ID=1138。蒿耳先生所言金文「𤞤」字諸家說法，詳見陳英傑：《西周金文作器用途銘辭研究》下（北京市：線裝書局，2009 年 1 月），頁 850～852。

[2] 單育辰：《楚地戰國簡帛與傳世文獻對讀之研究》（長春市：吉林大學博士論文，2010 年 6 月），頁 13。

[3] 編聯白於藍：〈《曹沫之陳》新編釋文及相關問題探討〉《中國文字》31 期（臺北市：藝文印書館，2006 年 11 月），頁 120～121。

[4] 高亨、董治安編纂《古字通假會典》（濟南市：齊魯書社，1997 年 7 月），頁 362。

問題。

　　至於《平王問鄭壽》簡 1「競平王就鄭壽，訊 ¹ 之於尿廟。」前一句看起來與《鄭子家喪》文例相同。不過沈培先生指出：「聯繫後面『訊之於尸廟』就可以知道，競平王『就』鄭壽，是在『尸廟』裏論事。或許可以推測，這次會見大概正是在尸祭的時候進行的。由此也可以推想，鄭壽或許就是做過『尸』的人，或許因為其職責跟宗廟祭祀有關，因此平王才到宗廟去見他。」² 依此說，則「競平王就鄭壽」的「就」字可以如字解。這是一種可能。但是我們注意到《競建內之》簡 2：「昔高宗祭，有雉雛於彝前。詔（召）祖己而問焉，……」此即《尚書・高宗肜日》的內容，既然高宗肜祭，則地點是在宗廟，則文例與《平王問鄭壽》相似，「就」對應「召」；「訊」對應「問」。前者是通假，後者是同義。可見《平王問鄭壽》讀為「競平王就（召）鄭壽訊之於尿廟」，也不是說完全不可能的。又如《尚書大傳》：「狄人將攻太王亶甫，亶甫召耆老而問焉」、《上博八・成王既邦》簡 2「……王在鎬，召周公旦曰……」³、《柬大王泊旱》簡 9-11 云：「王夢三閭未□，以告相徙與中舍：『今夕不穀【9】夢若此，何？』相徙、中舍答：『君王尚（當）以問太宰晉侯，彼聖人之子孫，將必【10】……。鼓而涉之，此可（何）？』太宰進，答：『此所謂之旱毋，帝將命之攸（修）諸侯之君之不【11】能治者。……。』」此文例也是楚王「問」太宰晉侯，結果是「太宰進，答」，可見是楚王召之而進。又如《相邦之道》簡 4：「孔子退，告子贛

---

¹ 郭永秉：〈釋上博楚簡《平王問鄭壽》的「訊」字〉《古文字研究》第 27 輯（北京市：中華書局，2008 年 9 月），頁 489～491。又載於氏著：《古文字與古文獻論集》（上海市：上海古籍出版社，2011 年 6 月），頁 174～180。不過，白於藍先生認為：《平王問鄭壽》簡 1「景平王就鄭壽，僭之於尿廟」中的「僭」，當理解為從「係」得聲，讀為「稽（卟）」，訓為「卜問」。2011 年 6 月 26 日在復旦大學出土文獻與古文字研究中心的講座，http://www.gwz.fudan.edu.cn/srcShow_NewsStyle.asp?Src_ID=1566。後以〈釋「僭」、「尿」〉為題，發表於《古漢語研究》2011 年第 3 期，頁 33～36。

² 沈培：〈關於古文字材料中所見古人祭祀用尸的考察〉，「第三屆古文字與古代史學術討論會」論文（臺北市：中央研究院歷史語言研究所，2011 年 3 月），頁 55。

³ 馬承源主編：《上海博物館藏戰國楚竹書（八）》（上海市：上海古籍出版社，2011 年 5 月），圖版頁 40，釋文頁 174。

曰:『吾見於君,不問有邦之道,而問相邦之道,不亦謙(?)唐(乎)?』」
可見也是君王召見孔子問相邦之道,問完之後,孔子退,再告子貢。《景公
瘧》03「公內(入)晏子而告之,若其告高子」,「入」也是「召見」的意
思。上引《孟子・梁惠王下》:「齊宣王見孟子於雪宮」,楊伯峻先生解釋「見」
為「接見」,而非齊王自己去見孟子,也是相同的道理。《史記・廉頗藺相
如列傳》:「秦王坐章臺,見相如。」此「見」也是「接見」的意思。以上
均可見君上召見臣下問事是常態,即使崇高如周公旦、孔子、祖已皆是如
此,同時也可見「就」讀為「召」,理解為「召見」義是有根據的。其次,
沈先生又於注腳 76 說:「《上博(七)・鄭子家喪》有『莊王就大夫』的說
法,似也可作如是觀,或許王見諸大夫的地點是在宗廟。《漢書・韓安國傳》
有『古之人君謀事必就祖』之說,顏師古注:『祖,祖廟也。』」謹按:《鄭
子家喪》簡 1 曰:「鄭子家喪,邊人來告。莊王就夫=(大夫)而與之言曰:……」
楚莊王就諸大夫的前提是「邊人來告」鄭國發生了「鄭子家喪」的大事,
所以楚王召集相關職掌的大夫們開會討論相關情勢與因應之道,這與《平
王問鄭壽》背景可能是「尸祭」,鄭壽「職責跟宗廟祭祀有關」並不相同,
二者實不能並觀。既然「諸大夫」的職掌不一,他們原本必然不待在祖廟。
「古之人君謀事必就祖廟」,既然人君「就祖廟」了,當然人臣們肯定也必
須聽人君的「召集」到祖廟集結。新出《上博八・王居》簡 5「其明日,令
尹子春觟。王豪之曰:『夫彭徒一勞,為【王居 5】吾詖(蔽)之。』令尹
答:『命須其僆(儘-?)。』……王邊【王居 6】令尹:『少進於此。……」[1]
此處緊聯的兩簡既有「豪」又有「邊」,意思應有所不同。如同《老子甲》
27-28「閔(閉)其逧(兌),塞其門,和其光,週(同)其塵,挫其銳,解
其紛,【27】是謂玄同。」兩個代表「同」這個詞的寫法不同,顏世鉉先生
認為這是「同詞異字」的現象,所代表的詞義並不完全相同,彼此之間是

---

[1] 馬承源主編:《上海博物館藏戰國楚竹書(八)》(上海市:上海古籍出版社,2011 年 5
月),圖版頁 76,釋文頁 210。此處編聯及文意參陳劍:〈《上博(八)・王居》復原〉,
復旦網,2011 年 7 月 20 日。

引申滋衍的關係。以不同的字來表示字義的細微差別。「逈（同）」是動詞，「同」後者是名詞。[1]筆者以為「臮」應讀「召」，召見也。「邎」則讀為「就」，靠近也。「𦥘」即「猒」字，筆者讀為攝、狎或謁。[2]以讀為「謁」來說，簡文意思是說隔天令尹子春謁見楚王，王召見（臮）他說：彭徒甚為勞苦，你為我考察一下他的功績。但令尹子春並不從命（命須其儘），所以王才會靠近（邎）令尹說：「我稍微進一步說吧」。[3]相當俗話所說「我說得更白一點」。如此理解文從字順，此說若可成立，則可為前述「臮」應讀「召」提供很好的證據。

　　茲將本文結論簡單述說如下：《上博七・鄭子家喪》甲1「莊王就大夫而與之言曰……」，「就」字以往直接訓為「造訪」或「召見」，皆有待商榷。本文同意「召見」義是合理的，但是「就」字本身並無此義項，「就」應讀為「召」。同時認為文例相同的《平王問鄭壽》「競平王就鄭壽，訊之於𡩋廟」的「就」亦可以如此理解。此外，由於《鄭子家喪》簡文中的「大夫」是複數，則可以比對《曹沫之陣》27+23A「君如親率【27】，必聚群有司而告之：『二三子勉之，過不在子在【23A】寡人。』」則「就」亦可能讀為「聚」。

本文初稿發表於復旦網，2010 年 5 月 1 日，
http://www.gwz.fudan.edu.cn/SrcShow.asp?Src_ID=1138。

附記：拙文蒙孟蓬生先生審閱賜教，同時林清源先生在其大作〈上博七《鄭子家喪》文本問題檢討〉「第三屆古文字與古代史學術討論會」論文（臺北

---

[1] 顏世鉉：〈郭店竹書校勘與考釋問題舉隅〉一文中所討論的「上下文異字同義例」等現象，見《中央研究院歷史語言研究所集刊》74 卷 4 期（臺北市：中央研究院歷史語言研究所，2003 年 12 月），頁 635～639。

[2] 此字考釋參拙文：〈《上博八》考釋十四則——（六）《王居》簡5「猒」字解〉，已收入本書。

[3] 這是陳劍先生的翻譯，見陳劍：〈《上博（八）・王居》復原〉，復旦網，2011 年 07 月 20 日，評論第 14 樓。

市：中央研究院歷史語言研究所，2011 年 3 月），頁 280 注 4，對簡 1「就」字的解釋採納了筆者的說法，在此謹向他們表示感謝。

# 《上博七・吳命》簡 9「吳害陳」段釋讀[*]

先依復旦讀書會的意見，[1]將簡 9「吳害陳」段簡文釋寫如下，個別不同處再標示出來：

> 隹（惟）[2]三夫=（大夫）亓（其）辱昏（問）之，今日隹（雖）[3]不悊（敏）既犯（犯）矣，[4]自暒（明）[5]日㠯（以）逞（往），必（比）[6]

---

[*] 本文為「《清華大學藏戰國竹簡（壹）》字詞關係研究」的研究成果之一，獲得國家科學發展委員會的資助（計畫編號 NSC100-2410-H-018-019），特此致謝。

[1] 復旦大學出土文獻與古文字研究中心研究生讀書會：〈《上博七・吳命》校讀〉，復旦大學出土文獻與古文字研究中心網，2008 年 12 月 30 日，
http://www.gwz.fudan.edu.cn/SrcShow.asp?Src_ID=577。亦見《出土文獻與古文字研究（第三輯）》（上海市：復旦大學出版社，2010 年 7 月），頁 265。

[2] 依文意讀為「惟」。

[3] 原讀為「唯」，今改讀為「雖」。亦參見單育辰：〈上博七《凡物流形》、《吳命》札記（修訂）〉，簡帛網，2009 年 6 月 5 日，http://www.bsm.org.cn/show_article.php?id=1065。單文亦見《簡帛》第五輯（上海市：上海古籍出版社，2010 年 10 月），頁 281。

[4] 原標為句號，此依文意改為逗號。亦參見上引單文。

[5] 此句釋讀詳後。

[6] 陳偉：〈讀《吳命》小札〉，簡帛網，2009 年 1 月 2 日，
http://www.bsm.org.cn/show_article.php?id=936、沈培：〈《上博（七）》字詞補說二則〉，復旦大學出土文獻與古文字研究中心網站，2009 年 1 月 3 日，
http://www.gwz.fudan.edu.cn/SrcShow.asp?Src_ID=605、郭永秉（署名大丙）：〈《吳命》篇「暑日」補說〉，復旦網，2009 年 1 月 5 日，

五六日，皆畜（敝）邑之昇（期）也。吳𧰼（害）[1]陞（陳）。▬
看得出來這是文意完整的段落。簡 9 中的「三大夫」應是楚國使者，可比
對簡 7 提到「酓（答）曰：三夫＝（大夫）辱命於募（寡）君之僕（僕）。▬」
可見「三大夫」與「寡君」相對，而簡 8 下「募（寡）君昏（問）左右：笞
（孰）為帀（師）徒，戔（踐）履陞（陳）堕（地），吕（以）墜（陳）邦
非它也，先王姑姊 [2]大姬之邑☐」可見「寡君」是指吳國君主，「帀（師）
徒」是指楚國軍隊。周波先生（網名：飛虎）曾提到：「或以為簡 1、簡 3、
簡 8 下段、簡 9（「吳走陳」以上的內容）可能與魯哀公十年（西元前 485
年）冬楚因陳叛楚即吳而命子期伐陳，吳延州來季子救陳一事有關（林文
華曾指出 1 號簡、3 號簡可能與魯哀公十年楚伐吳一事有關），惜不得確證，
僅錄此以備考。」[3]筆者同意簡 8 下段、簡 9 的確可能就是記載《春秋經・
哀公十年》：「冬，楚公子結帥師伐陳。吳救陳。」以及《左傳・哀公十年》：
「冬，楚子期伐陳，吳延州來季子救陳，謂子期曰：『二君不務德，而力爭
諸侯，民何罪焉？我請退，以為子名，務德而安民。』乃還。」這件事情。
有此認識則可以知道簡 9「吳𧰼（害）陳」一段是一篇約戰的辭令，與《左
傳・成公二年》一段文字非常相似：

　　　師從齊師于莘。六月壬申，師至于靡笄之下。齊侯使請戰，曰：「子

---

http://www.gwz.fudan.edu.cn/SrcShow.asp?Src_ID=622。後以〈楚竹書字詞考釋三篇－二、
《吳命》篇「暑日」解釋〉刊登於《中國文字研究》第十三輯（鄭州市：大象出版社，
2010 年 10 月），頁 67～69。又載於氏著：《古文字與古文獻論集》（上海市：上海古籍
出版社，2011 年 6 月），頁 79～83。

[1] 此句釋讀詳後。

[2] 「姑姊」之釋見宋華強：〈《上博（七）・吳命》「姑姊大姬」小考〉，簡帛網，2009 年 1
月 1 日， http://www.bsm.org.cn/show_article.php?id=930。或參見復旦大學出土文獻與
古文字研究中心網網站論壇上的討論：
http://www.gwz.fudan.edu.cn/ShowPost.asp?ThreadID=3788。侯乃峰：〈上博藏楚竹書《吳
命》「先王姑姝大妃」考辨〉一文，載《中國史研究》2010 年 3 期頁 5～12 對文意亦有
很好的闡發，可以一併參看。

[3] 復旦大學出土文獻與古文字研究中心研究生讀書會：〈《上博七・吳命》校讀〉一文下的
評論（2009-1-12 16:57:57）。

以君師辱於敝邑，不腆敝賦，詰朝請見。」對曰：「晉與魯衛，兄弟
也，來告曰：『大國朝夕釋憾於敝邑之地』，寡君不忍，使群臣請於
大國，無令興師淹於君地，能進不能退，君無所辱命。」齊侯曰：「大
夫之許，寡人之願也，若其不許，亦將見也。」

看得出來這約戰辭令有婉約其詞、隱約其說的意涵。「子以君師辱於敝邑」
相當於簡文「隹（惟）三夫＝（大夫）丌（其）辱昏（問）之」；「不腆敝
賦」相當於簡文「今日隹（雖）不忨（敏）既汜（犯）矣」，意思是說雖然
我國軍隊不強，但已經做好攻打（楚國）的準備。可見整理者將簡文「忨」
讀為「敏」就用字習慣（詳下）及文意來說都是適合的。[1]至於「詰朝請見」
則相當於簡文「自暀（明）日己（以）斋（往），必（比）五六日，皆斋（敝）
邑之异（期）也」。「詰朝」，杜預注：「詰朝，平旦。」楊伯峻先生說：「詰
朝，次日早晨。」[2]《左傳・成公十六年》：「王怒曰：『大辱國，詰朝爾射，
死藝。」杜預注：「詰朝猶明朝是戰日。」《左傳・僖公二十八年》：「晉侯
使欒枝對曰：寡君聞命矣。楚君之惠，未之敢忘，是以在此。為大夫退，
其敢當君乎？既不獲命矣，敢煩大夫，謂二三子：『戒爾車乘，敬爾君事，
詰朝將見。』」楊伯峻先生說：「詰朝，明日之晨。」[3]可見「詰朝」，即「明
日之晨」，是常見的約戰時間。《吳命》簡文「暀」字作⿰，馮勝君先生認
為：「從字形分析的角度看，⿰應分析為从『日』，『㟴』聲，隸定為『暀』。
此字所從的『㟴』旁可與本篇 2 號簡『望』字所從相對比：⿱（2 號簡『望』
所從）；⿱（9 號簡『暀』所從）。因為『暀』字是上下結構，『日』旁在
『㟴』旁的上部。為了使整個字形結構更加緊湊，將『㟴』所從『亡』逆時

---

[1] 馬承源主編：《上海博物館藏戰國楚竹書（七）》（上海市：上海古籍出版社，2008 年 12
月），頁 324。而劉雲先生讀「忨」為「悔」；單育辰先生讀為「謀」，解釋「今日唯不
謀既犯矣」說現在沒料想到已經侵犯到您了，現在看來都是沒有必要的。見劉雲：〈說
《上博七・吳命》中所謂的「走」字〉，復旦網，2009 年 1 月 16 日，
http://www.gwz.fudan.edu.cn/SrcShow.asp?Src_ID=663。單育辰：〈上博七《凡物流形》、《吳
命》札記（修訂）〉《簡帛》第五輯（上海市：上海古籍出版社，2010 年 10 月），頁 281。

[2] 楊伯峻：《春秋左傳注》（臺北市：洪葉文化事業有限公司，1993 年 5 月），頁 790。

[3] 楊伯峻：《春秋左傳注》（臺北市：洪葉文化事業有限公司，1993 年 5 月），頁 460。

針旋轉了 90 度，這樣就降低了『宔』旁的高度，為上面的『日』旁留出了足夠的空間。『暀』與『望』均從『宔』聲，意符分別為日、月，二者當是異體的關係。也有可能『暀』是從『望』字分化出來，專門用來表示天象詞『月望』之『望』的。在簡文中『暀』與『望』雖然都讀為『望』，但表示的詞不同，所以在字形上有所區別，這是可以理解的。」[1]李詠健先生贊同字形釋為「望」，但認為「馮氏逕以『暀』為表『月望』之『望』的專字，則有可商。設若『望』專表『月望』之『望』，何以此字不從月，反從日？這點頗有疑問。」並進而認為「暀」應通讀為「明」。[2]

謹案：**𢓕**字從从的**𢓕**，其上部確實與「止」形形近，所以學者會分析為上從「止」下從「壬」的「者」字。但由偏旁組合來看，如同馮先生所說：「確定無疑的『者』字形體中，由『止』形和『壬』組合而成的一例也沒有」。[3]所以「**𢓕**」的確應隸定為「宔」。這種「止」、「亡」形混的情況有一個很好的例子可以說明：《六德》31-32「仁類**𣀩**（柔）[4]而速（束），義類**𣀩**而絕」，「**𣀩**」由文意來看應讀為「剛」，但一般將此字隸定為「𣀩」，如陳劍先生指出：「『𣀩』字尚不能確識。它有可能當分析為從『止』得聲，

---

[1] 馮勝君：〈上博七《吳命》9 號簡「望日」補說〉《古文字研究》第 28 輯（北京市：中華書局，2010 年 10 月），頁 462。

[2] 李詠健：〈《上博七・吳命》「明日」考〉，簡帛網，2011 年 4 月 15 日，
http://www.bsm.org.cn/show_article.php?id=1452。

[3] 馮勝君：〈上博七《吳命》9 號簡「望日」補說〉《古文字研究》第 28 輯（北京市：中華書局，2010 年 10 月），頁 462。

[4] 陳劍先生指出此字相當於《郭店・五行》31～33 的「柔字」，並認為「𦵮」字下半所從的聲符「刌」就是《周禮・考工記》和《墨子・雜守》中用為「腦」的「剒」和「茆」字。「刌」的字形象以刀斷草，是「芻蕘」之「蕘」的表意初文。「蕘」、「腦」、「柔」並音近可通。見氏著：〈郭店簡《六德》用為「柔」之字考釋〉《中國文字學報》第二輯（北京市：商務印書館，2008 年 12 月），頁 61。李家浩先生則認為《六德》**𣀩**A1、**𣀩**A2，當是殘簡**𣀩**「荳」的訛體。「荳」讀為柔。見氏著：〈關於郭店竹書《六德》「仁類荳而速」一段文字的釋讀〉，《出土文獻研究（十）》（北京市：中華書局，2011 年 12 月）。

研究者據此有讀為『止』(廖名春 2000a，頁 81；又廖名春 2000b)、讀為『持』(陳偉 2000，頁 67；又顏世鉉 2001，頁 479)、讀為『職』(劉信芳 2000，頁 215)、讀為『等』(陳偉 2002a，頁 397)、讀為『志(識)』(陳偉 2002b，頁 127)和讀為『齒』(林素清 2003，頁 74)等說，從文意上看都不是很好。『義類弗而絕』的『弗』跟『仁類蔥而速』的『蔥』相對，下文要談到，『蔥』當釋讀為『柔』，則『弗』的意義應該跟『剛』、『強』或『堅』一類詞接近。」[1] 李家浩先生認為這是「亡」、「止」二形形混的現象，他說：「『弗』顯然是『剛』這個詞的另一種寫法。《說文》說『剛』從『岡』聲，『岡』從『网』聲，『网』字異體『罔』從『亡』聲。戰國文字『亡』或作『止』字形，如下文『害亡不以也』之『亡』，(原著：參看滕壬生：《楚系簡帛文字編(增訂本)》，頁 1065～1068。)【引案：作】與「止」字字形十分相似【引案：作六德 26】。頗疑簡文『弗』所從聲旁『止』是『亡』之誤，在此讀為『剛』。不過需要指出的是，『弗』字是從整理者的釋寫，原文所從『止』右上方向左下方的斜畫並不清楚，很可能就是像『𠃊』樣寫法的『亡』。(原著：參看滕壬生：《楚系簡帛文字編【增訂本】》，頁 1068～1069。)若此，此字本應該釋寫作『亓』，從「亡」聲，並非從「止」。」[2]今與《吳命》「(室)」比對，《六德》「」上部顯然與之同形，是以可以隸定為「亓」，讀為「剛」。

其次，就李詠健先生所提的「專字」的問題來說，他的質疑應無必要。《三德》01「朔望」的「望」作，但是依照楚簡的用字習慣，「望」本來就不侷限於代表「月望」這個詞，如《用曰》簡 20「民亦弗能(望)」「望」

---

[1] 陳劍：〈郭店簡《六德》用為「柔」之字考釋〉《中國文字學報》第二輯(北京市：商務印書館，2008 年 12 月)，頁 59 注 5。

[2] 李家浩：〈關於郭店竹書《六德》「仁類蔥而速」一段文字的釋讀〉,《出土文獻研究(十)》(北京市：中華書局，2011 年 12 月)。

與《吳命》簡 2「唯君是 ▨（望）」寫法相同，皆從「月」。也就是說「朔望」之「望」之前並不存在專字，自然新出現的「暒」是有條件成為其專字的。不過，楚簡的「望」字確實沒有寫作從「日」者，雖然劉釗先生指出「古文字中日、月二字在用做表意偏旁時可以通用」[1]，但若與文獻對讀，則李先生將「暒」讀為「明」應該更為合理，古籍中【氓與萌】、【虻與萌】、【妄與孟】、【芒與孟】、【望與孟】、【明與孟】、【明與望】、【盟與孟】均有通假例證。[2]則簡文「暒（明）日」就是文獻的「詰朝」。郭永秉先生雖然將「暒」釋為「曙」，但他指出「曙日」意即「旦日」，就是明天的意思，將簡文「自曙日以往必（比）五六日」翻譯作「從明天開始連續五六天」的意思。[3]沈培先生也贊成「明天」的意見。[4]孟蓬生先生也翻譯作「從明天開始，直到（其後）五六天為止，都是是敝邑（可以交戰）日子。」[5]雖然對「必」的理解不同，但是他們都將「明天」這個時間點點出來了，無疑是很有道理的。

對於「今日隹（雖）不恕既犯（犯）矣」的讀法，我們還想提出一種

---

[1] 劉釗：《古文字構形學》（福州市：福建人民出版社，2006 年），頁 336。

[2] 高亨、董治安編纂：《古字通假會典》（濟南市：齊魯書社，1997 年 7 月），頁 317～322。

[3] 郭永秉（署名大丙）：〈《吳命》篇「暑日」補說〉，復旦大學出土文獻與古文字研究中心網站，2009 年 1 月 5 日，http://www.gwz.fudan.edu.cn/SrcShow.asp?Src_ID=622。後以〈楚竹書字詞考釋三篇——二、《吳命》篇「暑日」解釋〉刊登於《中國文字研究》第十三輯（鄭州：大象出版社，2010 年 10 月），頁 67～69。又載於氏著：《古文字與古文獻論集》（上海市：上海古籍出版社，2011 年 6 月），頁 83。

[4] 沈培：〈《上博（七）》校讀拾補〉，頁 7，「古道照顏色——先秦兩漢古籍國際學術研討會論文」，香港中文大學中國語言及文學系、中國文化研究所、中國古籍研究中心主辦，2009 年 1 月 16～18 日。

[5] 孟蓬生：〈《吳問》一得〉，復旦網，2009 年 1 月 16 日，http://www.gwz.fudan.edu.cn/SrcShow.asp?Src_ID=661。

可能：「愍」字簡文作：

楚簡確定的「敏」字寫作：

 （《子羔》04，敏以好詩 [1]）

 （《仲弓》04，雍也不敏）

 （《彭祖》08，朕孳不敏）

 （《君子為禮》01，回不敏）

可見簡文「愍」讀為「敏」是可以的。不過相同字形亦見於《孔子見季桓子》簡 25「民嚚（岷）不可愍（侮）」的「侮」字作：

陳劍先生認為：

　　「愍」整理者原釋讀為「悔」，梁靜（2008）讀為「誨」，文意均不合適。「愍」字有用為「侮」之例，如馬王堆漢墓帛書《春

[1] 安徽大學古文字研究室：〈上海楚竹書（二）研讀記〉，簡帛研究網，2003 年 1 月 13 日引何琳儀說、郭永秉：〈說《子羔》簡 4 的「敏以好詩」〉《出土文獻與古文字研究》第一輯（上海市：復旦大學，2006 年 12 月），頁 326～330，又載於氏著：《古文字與古文獻論集》（上海市：上海古籍出版社，2011 年 6 月），頁 181～186。不過，魏宜輝先生認為此字是「繇」的省體，讀為「辯」。見氏著：〈論戰國楚系文字中省體之「絲」字及相關問題〉《古文字研究》28 輯（北京市：中華書局，2010 年 10 月），頁 537。

秋事語・十五・魯莊公有疾章》「惡德詐（詐）惌（怨）」之「惡」，
裘錫圭（2004 年，頁 93 注 12）已指出當讀為「侮」。周波（2007）
指出，「秦、西漢前期的『侮』字本寫作從『毋』」，「『侮』字本
以『侯』部的『㲋』、『毋』為聲符，上古當屬侯部。……『侮』
并不以之部的『每』、『母』為聲符」。簡文此字上所從正作「毋」
形而非「母」形，當非偶然。[1]

此說為「惡」釋為「侮」提供了很好的證據，簡文「不侮」的意思接近《詩・
大雅・行葦》：「序賓以不侮」的「不侮」，高亨先生解釋說：「此句指評定
賓客射箭的成績，以有禮貌，不輕侮任何人為原則，就是說對於射不中的
人，不得以輕侮的態度對待。」[2]則簡文可以讀為「今日隹（雖）不惡（侮），
既犯（犯）矣，自暀（明）日㠯（以）逞（往），必（比）五六日，皆𣸪（敝）
邑之异（期）也」，意思是說：「我們雖然不輕侮任何人，但（楚國）既然
侵犯陳國了，從明日以後五、六日都是敝邑可以交戰的日子。」這樣理解
文意上也是很順暢的。

　　其次，討論「吳壹陞（陳）」的讀法。「壹」字作：

字亦見於簡 1，整理者皆釋為「走」。後來劉雲、禤健聰兩位先生同時釋出
此字應理解為「壹」，即「害」字，在簡 1 中讀為「駭」。[3]但是在簡 9 的讀

[1] 陳劍：〈《上博（六）・孔子見季桓子》重編新釋〉，復旦大學出土文獻與古文字研究中心
網，2008 年 3 月 22 日。亦見《出土文獻與古文字研究（第二輯）》（上海市：復旦大
學出版社，2008 年 8 月），頁 182。

[2] 高亨：《詩經今注》（臺北市：里仁書局，1981 年 10 月），頁 407。

[3] 劉雲：〈說《上博七・吳命》中所謂的「走」字〉，復旦大學出土文獻與古文字研究中心
網，2009 年 1 月 16 日，http://www.gwz.fudan.edu.cn/SrcShow.asp?Src_ID=663。禤健聰：
〈說《吳命》簡 1 的「駭」〉，簡帛網，2009 年 1 月 16 日，
http://www.bsm.org.cn/show_article.php?id=973。禤文後以〈說上博《吳命》「先人」之
言並論楚簡「害」字〉為題，刊登於《古文字研究》28 輯（北京市：中華書局，2010

法，禤健聰先生認為待考。劉雲先生則認為：「整理者釋A為『走』，認為：『走，去，離開。『吳走陳』，吳軍離開了陳地。』如果此處果真如整理者所言是『吳軍離開了陳地』的意思，那麼A可能應讀為『遁』、『退』，兩詞都可以表示從陳地離開的意思。」宋華強先生（網名：jiaguwen1899）在劉文後評論說：「『走陳』不能表示『離開陳』，整理者的意見自不可從。『害』聲與『遁』、『退』讀音不近，恐亦難相通。而且這樣讀的話，『陳』上須有一『自』類的介詞才行。我懷疑『陳』上之字可以讀為『朅』，與『害』聲近韻同。《說文》：『朅，去也。』也就是『離開』。《九辯》『車既駕兮朅而歸』。『去』表示『離開』義時其下可以直接賓語，『朅』既與『去』同義，大概也是可以這樣用的，只是我尚未在古書中尋見此類用例。大概也是一個方言詞，在傳世古書中留下的用例有限。」可見簡 9「叀」字的釋讀仍有考慮的空間。筆者以為「叀」即「害」，匣紐月部，中古一等開口，應讀為「捍」，見紐元部，中古一等開口。典籍中也有通假例證，如《禮記・內則》：「皆有軒」，鄭玄注：「軒，讀為憲。」《禮記・樂記》：「〈武〉坐致右『憲』左」，《孔子家語》作「〈武〉坐致右而『軒』左」。《集韻・上聲・阮韻》：「軒，許偃切，張繒車上為幰。或從軒省文」。而「憲」，《說文》曰：「害省聲」。《睡虎地・秦律十八種・內史雜》193「憲盜」，《法律答問》1 號簡作「害盜」。[1]可見【干與害】音近可通。[2]又如《三德》05「邦失旟常」，「旟常」孟蓬生先生讀為「憲常」亦為一證。[3]此外，筆者將《上博七・吳命》簡 5 下：「余必孜芒（亡）爾社稷」的「孜」讀為「割」也是相同的例

---

年 10 月），頁 464～470。

[1] 睡虎地秦墓整理小組：《睡虎地秦墓竹簡》（北京市：文物出版社，2001 年 12 月），頁 63。

[2] 參拙文：〈《上博三・中弓》簡 20「孜析」試論〉，已收入本書。

[3] 孟蓬生：〈《三德》零詁（二則）〉，簡帛網，2006 年 2 月 28 日，http://www.bsm.org.cn/show_article.php?id=247。

證。[1]「捍」有抵禦、抗拒的意思。如：

《左傳・僖公二十四年》：「扞禦侮者，莫如親親，故以親屏周」

《禮記・祭法》：「能御大菑則祀之，能捍大患則祀之」

《荀子・君道》：「然而應薄扞患，足以持社稷」

《呂氏春秋・恃君》：「凡人之性，爪牙不足以自守衛，肌膚不足以扞寒暑」

《史記・齊太公世家》：「夏，楚王使屈完將兵捍齊，齊師退次召陵。」

《史記・楚世家》：「楚封之以捍吳」

《史記・三王世家》：「康叔后捍祿父之難」

《史記・司馬穰苴列傳》：「將兵捍燕晉之師」

「捍」亦作「扞」，也有捍衛之意，如：

《荀子・議兵》：「弟之事兄，若手臂之扞頭目而覆胸腹也」

《書・文侯之命》：「汝多修，扞我于艱」，孫星衍《注疏》曰：「杜預注《左傳》云：『衛也。』……言汝戰功甚長，衛我于艱難，如汝者，予嘉美之。」[2]

《詩・周南・兔置》：「赳赳武夫，公侯干城。」毛傳：「干，扞也。」鄭箋：「干也，城也，皆以禦難也。」朱熹《集傳》：「一說，捍衛保護。干，通『扞』。」陳奐《毛詩傳疏》：「言武夫之能為公侯扞城其民也。」[3]

所謂「扞頭目」、「扞我」、「扞城其民」的「頭目」、「我」、「民」是保護的對象，也就是簡文的「吳」，所以「吳𧗠（捍）陳」，即吳國捍衛陳國之意，也就是《春秋經・哀公十年》所說的「吳救陳」。

還有一種可能是「吳𧗠（害）陳」可能就直接讀為「吳救陳」。「害」，

---

[1] 拙文：〈《上博楚竹書七》考釋六題——（一）釋《吳命》「攼亡爾社稷」〉，已收入本書。

[2] （清）孫星衍撰，陳抗、盛冬鈴點校：《尚書今古文注疏》（北京市：中華書局，2004年2月二版），頁547。

[3] 向熹編：《詩經詞典（修訂本）》（成都市：四川人民出版社，1997年7月），頁176。

匣紐月部；「救」，見紐幽部。聲紐牙喉音關係密切，如「咸」是匣紐，「緘」
是見紐。韻部幽、月二部可通，如《郭店‧緇衣》18-19「執我（仇仇）」，
上博本簡 10「仇」（幽部）作「」（從各聲，鐸部），即「載」（鐸部）字
異體。而古文字「載」可增添「犎」為聲，「犎」便是月部。可見幽月可以
通假。此外史傑鵬先生曾提出大量例證說明「幽物」二部的關係，並說「從
以上的種種情況看來，幽、物兩部讀音確實相近，可以通假。知道了這點，
就很好理解『敘緫』為什麼可以讀為『寂寥』，雖然『敘』本身是月部字，
但它既然能和物部的『沕』通假，說明它的讀音和物部是非常接近的。古
音學家一般也認為物、月兩部讀音相近。幽、月通假，和幽、物通假，可
以看成是一回事。」[1]最後，我們也注意到劉雲先生文中曾提到甲骨文：

（《甲骨文合集》67 正）

劉雲先生認為「壴」字有可能是其流變。[2]甲骨文中的這個字，于省吾先生
釋為「途」，[3]趙平安先生改釋為「達」，[4]劉桓先生認為此字從止害聲，應釋
為「遣（遏）」。[5]與劉先生幾乎同時，朱鳳瀚先生也指出此字應理解為從止
害聲，隸定作壴，加止是表示與行動有關的動詞。但他認為此字在卜辭大
部分應讀為「會」，即《說文解字》所云：「會，合也」之「會」。會與害聲

---

[1] 史傑鵬：〈由郭店《老子》的幾條簡文談幽、物相通現象暨相關問題〉，簡帛網，2010 年 4 月 19 日，http://www.bsm.org.cn/show_article.php?id=1245。史文亦見《簡帛》第五輯 （上海市：上海古籍出版社，2010 年 10 月），頁 128。

[2] 劉雲：〈說《上博七‧吳命》中所謂的「走」字〉，復旦網，2009 年 1 月 16 日， http://www.gwz.fudan.edu.cn/SrcShow.asp?Src_ID=663。

[3] 于省吾：《雙劍誃殷契駢枝三編》二十三葉，1944 年石印本。

[4] 趙平安：〈『達』字兩系說──兼釋甲骨文所謂『途』和齊金文中所謂『造』〉，《中國文字》 新 27 期（臺北市：藝文印書館，2001 年 12 月），頁 51～64。

[5] 劉桓：〈釋甲骨文「遣」、「遏」〉《古文字研究》第 27 輯（北京市：中華書局，2008 年 9 月），頁 96～99。

韻並同。[1]朱先生說「會」與「害」音近可通，顯然是對的，《晏子春秋・內篇諫上》第十二章人名「會譴」，《上博六・競公瘧》作「割瘙」，[2]即是明證。則本簡 ![圖] （叀）可以讀為「會」，而有會合的意思。從另一角度看，楚簡中與甲骨文 ![圖] 形體直接相關者如《新蔡》乙四 30、32「□臨爾産，毋遠爾□」的「遠」作 ![圖] ，差別只在於一從辶，一從止。此外，《新蔡》中還有一種寫法作 ![圖] 即「邁」，如「□□少（小）臣成奉（逢）邁（害）戲（虐）□（甲三 64）」， ![圖] 顯然是與 ![圖] （叀）同一系的寫法。《新蔡》二字用法看不出明顯的差別，則本簡「叀」字自然可能繼承甲骨文「會合」的用法。朱先生指出卜辭有「叀某方」的說法，如：

　　丁未貞，王令卯叀危方。（《合集》32897）

　　庚辰貞，令乘望叀危方。（《合集》32899）

解釋說因為同組卜辭中可見危方曾向商王貢獻牛用作祭牲，因此卜問是否要令卯、乘望（應即望乘）會危方，可能是會迎來送祭牲的危方之人。又指出「叀虎方」的文例，但是能否讀為「會」難以判定。如虎方此時與商人為敵，則「叀」也可能讀如「害」，創傷之意。或讀為「遏」，訓作止。[3]依

---

1　朱鳳瀚：〈再讀殷墟卜辭中的「眾」〉《古文字與古代史》第二輯（臺北市：中央研究院歷史語言研究所，2009 年 12 月），頁 14～17、頁 14 注 19 的說明。不過裘錫圭：〈關於商代的宗族組織與貴族和平民兩個階級的初步研究〉《古代文史研究新探》（南京市：江蘇古籍出版社，1992 年 6 月），頁 326。已指出此字很可能是表示「迎」、「會」一類意義的動詞，讀為「屠」不一定妥當。亦參看單育辰：〈楚地戰國簡帛與傳世文獻對讀之研究〉，吉林大學古籍研究所博士論文，（指導教師：吳振武教授）2010 年 4 月，頁 65 注 2。

2　馬承源主編：《上海博物館藏戰國楚竹書（六）》（上海市：上海古籍出版社，2007 年 7 月），圖版頁 17、26、30，釋文考釋頁 164、184、188。

3　朱鳳瀚：〈再讀殷墟卜辭中的「眾」〉《古文字與古代史》第二輯（臺北市：中央研究院歷史語言研究所，2009 年 12 月），頁 16。

此說，可以理解為若雙方非敵對關係，則讀為「會」是合理的。《左傳・哀公二年》：「陽虎曰：『吾車少，以兵車之旆，與罕、駟兵車先陳。罕、駟自後隨而從之，彼見吾貌，必有懼心，於是乎會之，必大敗之。」杜預注：「會，合戰。」則簡文「吳蠚（會）陳」即吳人會合陳人戰鬥之意。三說中以「捍」、「救」文意更為妥帖。

最後，總結本文結論：本文肯定《吳命》「吳蠚陳」一段歷史背景是哀公十年的「吳救陳」，其性質是春秋時的約戰辭令。其次，認為簡文「忞」可讀為「敏」或「侮」；「蠚」即「害」，可讀為「捍」、「救」、「會」，而以前二者文意更為妥帖。

本文初稿發表於復旦網，2010 年 11 月 24 日
http://www.gwz.fudan.edu.cn/SrcShow.asp?Src_ID=1309。
後刊登於《中國文字》新三十七期，2011 年 12 月

# 《平王問鄭壽》簡 7「瞻」字構形考 *

　　簡 7 曰：「喪。溫 [1] 恭淑惠 [2]，民是 [3] 瞻望」，沈培先生已指出：「《平王問鄭壽》第七簡，其字體與內容皆與此篇無關，究竟應當屬於哪一篇，有待進一步研究」[4] 本文要討論的「瞻」字作：

整理者隸定作「䚔」，讀為「觀」。[5] 陳劍先生不同意此說，並指出：

---

* 本文為「《清華大學藏戰國竹簡（壹）》字詞關係研究」的研究成果之一，獲得國家科學發展委員會的資助（計畫編號 NSC100-2410-H-018-019），特此致謝。

[1] 釋為「溫」，見何有祖：〈讀《上博六》札記〉，簡帛網，2007 年 7 月 9 日，
　　http://www.bsm.org.cn/show_article.php?id=596。

[2] 釋為「惠」，見何有祖：〈讀《上博六》札記〉，簡帛網，2007 年 7 月 9 日，
　　http://www.bsm.org.cn/show_article.php?id=596。

[3] 此處從整理者釋為「是」，讀為「民是瞻望」，或從沈培先生讀為「寔」，參沈培：〈《上博（七）》字詞補說二則〉，復旦網，2009 年 1 月 3 日，
　　http://www.gwz.fudan.edu.cn/SrcShow.asp?Src_ID=605。詳細討論見《上博八》考釋十四則──（十四）談《志書乃言》兩個特殊的「是」字寫法〉，已收入本書。

[4] 沈培：〈《上博（六）》中〈平王問鄭壽〉和〈平王與王子木〉應是連續抄寫的兩篇〉，簡帛網，2007 年 7 月 12 日。

[5] 馬承源主編：《上海博物館藏戰國楚竹書（六）》（上海市：上海古籍出版社，2007 年 7

「望」上之字，其右半所从與「尚」和「甚」都不完全相同。將其字形結合文意考慮，此字只能釋讀為「瞻」，即《詩經・小雅・節南山》「赫赫師尹，民具爾瞻」之瞻，意為仰視。「瞻望」古書多見。簡文意為具有溫恭淑惠之德的君子，下民仰望依賴他。字形分析方面有兩種可能。其一是將其右半看作「甚」之寫訛隸作「䚘」，甚、瞻讀音相差不遠，「䚘」就是楚簡「賭（瞻）」字改換聲旁的異體。此說的好處是字形比較接近，但繞了一個彎。其二是此字就是「賭（瞻）」字之寫訛，郭店《緇衣》簡 16「賭（瞻）」字作 。此說的好處是釋字較為直接，但字形距離稍遠。跟此字右半完全相同的字形，見於郭店簡《忠信之道》簡 3：「大舊（久）而不俞（渝），忠之至也。窑而者 ，信之至也。」所在句子字義多不明，字之釋讀難以進一步討論。同樣的字形又見於司馬成公權，作 （《殷周金文集成》16.10385），董珊先生分析為上从「关」、下从「石」，認為或即「權衡」之「權」的本字。獨立的此字看樣子與此處簡文之字右半所从當無關。[1]

董珊先生則認為司馬成公權「權」作 與 有關，他說：「但在《平王問鄭壽》簡 7 的『』字中，因為要讀為『瞻』，其右旁就應當分析為從『權』、「石（音擔）」聲，這樣自然可以讀為「瞻望」之「瞻」。」[2] 劉釗先生贊同「瞻」字之說，他認為：「『』所從之『詹』從『厂』作，但與國差𦉜『』

---

月），頁 263。

[1] 陳劍：〈讀《上博（六）》短札五則〉，簡帛網，2007 年 7 月 20 日，
http://www.bsm.org.cn/show_article.php?id=643。

[2] 董珊：〈讀《上博六》雜記（續四）〉，簡帛網，2007 年 7 月 21 日，
http://www.bsm.org.cn/show_article.php?id=649。

字所從『詹』旁不同的是，其『厂』旁寫到了『』字的『』和『』的中間。換個角度說，就是如果將國差𦉢的『』字所從的『』旁寫到『厂』旁的上邊，再將『厂』下邊的『言』旁改寫成『口』，就會變成：形。所以從字形分析上看，陳劍先生將『』釋為『瞻』無疑是正確的。」[1]此二說的問題點，孟蓬生先生已有討論，請參看。孟先生贊同釋為從「甚」之說，他分析說：

> 我們認為字構形的分析，終當以陳劍先生第一說為勝，即从見，甚聲。從現有的古文字材料出發，楚簡中「甚」字的演變序列可以作如下推測：1——2——3——4——5（1《郭店楚墓竹簡・唐虞之道》第 24 簡；2《郭店楚墓竹簡・老子甲》第 36 簡；3《上博簡・用曰》第 19 號簡；4《上博簡・用曰》第 19 號簡；5《郭店楚簡・忠信之道》第 3 簡）
>
> 將 1 中八和口調換一下位置，便成為 2；在 2 形的八字下加一短橫便成為 3；再將 3 的下部反轉，即成為 4；最後將 4 右下一筆先至左邊便成為 5，也就是上博簡《用曰》19 號簡瞻字所从的偏旁。當然從 3 到 5 也有可能是直接演變，即將左下一筆向相反方向折筆而成。[2]

謹案：將字釋為「甚」是有問題的。關鍵在於字左下一撇的寫法是往左「外撇」，呈現「厂」形形體，但是正常的「甚」只能往右「內」寫，是「匸」形形體，如：——————。《上博七・武王踐阼》出版後，我們注意到簡 2 對應今本「堂」字者作：

---

[1] 劉釗：〈《上博五・君子為禮》釋字一則〉，簡帛網，2007 年 7 月 23 日，
http://www.bsm.org.cn/show_article.php?id=654#_ednref8。

[2] 孟蓬生：〈「瞻」字異構補釋〉，簡帛網，2007 年 8 月 6 日，
http://www.bsm.org.cn/show_article.php?id=687。

整理者隸定作「壴」，讀為「堂」。[1]李銳先生撰文指出「壴」與《平王問鄭壽》「🖼」形體有關聯，他說：

> 陳先生讀「🖼」為「瞻」，合乎《詩經》，確實是比較好的選擇。不過此字亦或可能從左半的「見」得聲（古音見紐元部），讀為「仰」（疑紐陽部）。此字右部，或可能為「尚」之省（原整理者即隸定右半為「尚」），也可能讀為「仰」（尚為禪紐陽部字，但是它也與見紐陽部的字相通，如棠棣亦作唐棣），此字或可能是一個雙聲字。《孟子・離婁下》篇末「齊人有一妻一妾者章」中，妻就對妾說：「良人者，所仰望而終身也。」[2]

李銳先生的聯繫顯然是對的。楚竹書類似「冂」形簡化為「厂」形的現象並不少見，除上述《忠信之道》簡3「🖼」外，《上博六・莊王既成》01「春秋之棠（嘗）」的「棠」作🖼其上「尚」旁亦為一證。更好的證據是《上博八・命》簡10「🖼」字。李零先生在《簡帛古書與學術源流》中曾介紹記載楚惠王事的《王居蘇瀨之事》三種，分別是《王居蘇瀨之事》、《葉公子高之子見令尹子春》、《謙恭淑德》，三篇合抄。[3]前兩篇現在知道就是《上博八》中的《王居》與《命》，至於《謙恭淑德》郭永秉先生已指出就是《平

---

[1] 馬承源主編：《上海博物館藏戰國楚竹書（七）》（上海市：上海古籍出版社，2008年12月），頁152。

[2] 李銳：〈《武王踐阼》研讀箚記〉，清華大學簡帛網，2008年12月31日，http://www.confucius2000.com/admin/list.asp?id=3861。

[3] 李零：《簡帛古書與學術源流》，（北京市：生活・讀書・新知三聯書店，2004年4月），頁274。

王問鄭壽》簡 7，[1]則《謙恭淑德》與《王居》、《命》的字體、形制亦一致。[2]《命》簡 10「善」，整理者讀為：「尚（當）善」，不確。[3]應讀為「甚善」，復旦吉大古文字專業研究生聯合讀書會指出「字作，確為『尚』字，然於文義不通，字當為『甚』字之訛。楚簡『甚』字或訛作『尚』，如《上博（六）・競公虐》簡 2『甚然』之『甚』亦訛作『尚』：。」[4]可見讀書會也是認為本該是「尚」字，筆者也是相同意見，差別在於讀書會認為尚、甚有訛寫的現象，筆者則是認為尚、甚二者古音相通，不必用寫訛的角度理解（詳下）。既然《平王問鄭壽》簡 7 與《命》字體相同，且的「」偏旁也確實與寫法相同，則完全可以證實「」正是從「尚」旁，可見《平王問鄭壽》的整理者陳佩芬教授隸定「」為「覘」是對的。又如《上博七・鄭子家喪》簡 1「以邦之病」，簡 3「雖邦之病」，甲、乙兩本「病」字作：

甲本：　　（簡 1）、　　（簡 3）

[1] 郭永秉：〈讀《平王問鄭壽》篇小記二則〉，簡帛網，2007 年 8 月 30 日。

[2] 參復旦吉大古文字專業研究生聯合讀書會：〈上博八《王居》、《志書乃言》校讀〉注 14，復旦網，2011 年 7 月 17 日。

[3] 馬承源主編：《上海博物館藏戰國楚竹書（八）》（上海市：上海古籍出版社，2011 年 5 月）釋文，頁 201。

[4] 復旦吉大古文字專業研究生聯合讀書會：〈上博八《命》校讀〉注 20。

乙本：（簡 2）、（簡 3）

復旦大學出土文獻與古文字研究中心讀書會將字隸定作「恖（怲——病）」，[1]郭永秉先生有更深入的分析，[2]說皆可從。而比對楚簡常見的「恖」或「㝝」，如：

（猛，《從政甲》簡 8）（恖，《包山》146）（病，《保訓》簡 3）

可知《鄭子家喪》的「病」字變化有二：一是「大」旁訛為「矢」旁。眾所周知，戰國文字中「矢」形、「大」形常互作，如「因」字作（郭店《成之聞之》簡 18，從「大」）或（郭店《六德》簡 14；从「矢」）。「殹」（殹），《孔子見季桓子》簡 14 作，《上博（二）・魯邦大旱》簡 3 作。[3]二是「冂」形簡化為「厂」形[4]。《競公虐》簡 10「病」作，高佑仁先生解析其外部形體為「」，可從。[5]其中「」形也當是「冂」形之省，字形

---

[1] 復旦大學出土文獻與古文字研究中心研究生讀書會：〈《上博七・鄭子家喪》校讀〉，復旦網，2008 年 12 月 31 日。

[2] 郭永秉：〈《競公瘧》篇「病」字小考〉，復旦網，2009 年 1 月 23 日。後以〈楚竹書字詞考釋三篇——一、釋《競公瘧》篇「病」字〉為題收入《中國文字研究》第 13 輯（鄭州市：大象出版社，2010 年 10 月），頁 67～69，又載於氏著：《古文字與古文獻論集》（上海市：上海古籍出版社，2011 年 6 月），頁 74～79。

[3] 陳劍：〈《上博（六）・孔子見季桓子》重編新釋〉《出土文獻與古文字研究（第二輯）》（上海市：復旦大學出版社，2008 年 8 月），頁 176。

[4] 劉釗：〈談新發現的敖伯匜〉《古文字考釋叢稿》（長沙市：岳麓書社，2005 年 7 月），頁 116。

[5] 高佑仁：〈〈鄭子家喪〉、〈競公瘧〉諸「病」字的構形考察（增訂稿）〉，臺南市：嘉南藥

可以隸定作牀。[1]還有「固」除作![圖]（《曹沫之陣》56）外，亦作![圖]（《從政》甲 5，「固三制」）、《莊王既成》簡 2「沈尹臣（固）辭，王臣（固）問之」。包山簡 120「周客監臣蹠楚之歲」，亦見於 124 簡「甘臣之歲爨月」。「監（甘）臣」又作「甘固」（簡 125、129）。「臣」字楚文字常見，或理解為從「古」聲進行通讀，如《新蔡》量器「臣」，宋華強先生分析說「臣」從「古」聲，可讀為「鬴（釜）」。[2]作為一種可能，「臣」不妨考慮為「固」字的省簡筆畫，如上述《包山》120「監臣」，吳良寶先生便直接釋為「監固」。[3]此外，「亳」作![圖]（《陶匯》3·6），從高省，「乇」聲。而《語叢一》03 作![圖]，似乎也不能排除視為「冂」形省為「厂」形。[4]其實這種現象並不特別，應該類似常見的從宀之字或從广作，如「宕」作![圖]，又作![圖]（《金文編》頁 532）；或從厂作，如安作![圖]，又作![圖]（《金文編》頁 515）。「廟」作![圖]，又作![圖]（《金文編》頁 659）。廣作![圖]、![圖]、![圖]（《金文編》頁 658）。[5]又如「容」一般作![圖]（《郭店・語叢二》24），從宀公聲，而《上博一・緇衣》9 作![圖]。

回頭來看「![圖]」字的釋讀。李銳先生認為「![圖]」從「見」聲讀為「仰」恐有問題。按照一般文字形構來看，「![圖]」應該是從「![圖]（尚）」聲。而「尚」（禪紐陽部）正可讀為「瞻」（章紐談部）。孟蓬生先生曾指出：「詹聲在上

---

理科技大學「2010 經典與簡帛」學術研討會，2010 年 5 月 7 日。

[1] 筆者在上引高佑仁先生論文發表會會場對《鄭子家喪》、《競公瘧》的「病」字提出以上的看法。

[2] 宋華強，《新蔡葛陵簡初探》，頁 308～309。

[3] 吳良寶：《戰國楚簡地名輯證》（武昌市：武漢大學出版社，2010 年 3 月），頁 15。

[4] 詳細請見〈利用《清華簡（壹）》字形考釋楚簡疑難字——之（四）論楚竹書「尾」字構形〉，已收入本書。

[5] 陳英杰：〈金文字際關係辨正五則〉《語言科學》2010 年 5 期，頁 532～541。又收入氏著：《文字與文獻研究叢稿》（北京市：社會科學文獻出版社，2011 年 6 月），頁 62。

古或讀入陽部，與章聲相通。《詩經・邶風・燕燕》：『遠於將之，瞻望弗及。』阜陽漢簡《詩經》作『章望』。（原著：胡平生、韓自強：《阜陽漢簡詩經研究》上海市：上海古籍出版社，1988 年，頁 4，S022。）《詩經・小雅・桑柔》：『維此惠君，民人所瞻（談）。秉心宣猶，考慎其相（陽）。維彼不順，自獨俾臧（陽）。自有肺腸（陽），俾民卒狂（陽）。』『瞻』字與『相』、『臧』、『腸』、『狂』韻，已讀入陽部無疑。東漢《校官碑》：『永世支百，民人所彰（陽）。』『民人所彰』無疑就是『民人所瞻』。《韓非子・外儲說左上》：『中牟有士曰章胥己者。』《呂氏春秋・知度》作『瞻胥己』。』[1]還有通假的例證如：「甚」（禪紐侵部）與「瞻」音近可通，孟先生〈「瞻」字異構補釋〉一文已做過論證。而我們知道《景公瘧》02「尚（禪紐陽部）然」應讀為「甚（禪紐侵部）然」，二者雙聲，韻部如孟先生所說：「大家知道，侵談部字往往跟陽部字發生關係。《周易・豫卦》：『朋盍簪。』《釋文》：『簪，馬作臧。』『簪』侵部字，『臧』，陽部字。《詩經・大雅・殷武》：『天命降監（談），下民有嚴（談）。不僭不濫（談），不敢怠遑（陽）。』《急就篇》：『曹富貴、尹李桑（陽），蕭彭祖、屈宗談（談），樊愛君、崔孝讓（陽）。』《左傳》人名『公冉務人』，馬王堆漢墓帛書《春秋事語》作『公襄目人』，又作『（公）襄負人』。（原著：馬王堆漢墓帛書整理小組：《馬王堆漢墓帛書（三）》『圖版』頁 3，『釋文注釋』文物出版社 1983 年，頁 6。）《戰國策・楚策四》：『冉子，親姻也。』馬王堆漢墓帛書《戰國縱橫家書》作『襄子，親因（姻）也』。（原著：馬王堆漢墓帛書整理小組：《馬王堆漢墓帛書（三）》「圖版」頁 21，「釋文注釋」文物出版社 1983 年，頁 73。）[2]此外，《清華簡・祭公》簡 2「不淑疾甚」，「甚」作 ▨（▨），「匚」形內從 ▨，與《祭公》簡 3「尚」作 ▨同形，可見此字從「尚」

---

[1] 孟蓬生：〈「出言又（有）丨，利（黎）民所訨」音釋——談魚通轉例說之四〉，簡帛網，2010 年 9 月 10 日，http://www.bsm.org.cn/show_article.php?id=1296。

[2] 孟蓬生：〈「出言又（有）丨，利（黎）民所訨」音釋——談魚通轉例說之四〉，簡帛網，2010 年 9 月 10 日，http://www.bsm.org.cn/show_article.php?id=1296。

得聲。或認為其實就是「甚」字的訛變，但是綜觀古文字的「甚」，從沒見過寫作從旁的「甚」字，是以我們認為是「甚」字聲化從「尚」旁的一種寫法。既然「尚」、「甚」可通則「尚」自然也可以讀為「瞻」。而與寫法完全相同的（忠信之道 03）也應該釋為「尚」。簡文「匐而者尚，信之至也」，目前有三種說法：李銳先生解釋說：「疑當讀為『陶而著常，信之至也』。《忠信之道》開篇的『不譌不陶，忠之至也』中，『譌』、『陶』均為變化之義。不變為忠；雖變化而有常，則為信。」[1]「匐」或如董珊先生所說讀為「蹈」，「蹈」的詞義是對諾言的踐履。《說文》「蹈，踐也。」《廣雅》：「蹈，履也。」而《孔子家語・弟子行》：「蹈忠而行信」的說法，頗吻合《忠信之道》的意旨，可見「匐」讀為「蹈」是有可能的。則「蹈而者（諸）尚（常）」是說踐履（諾言）而至於固定不變，堅持到底，是「信」的極致。[2]或是如陳斯鵬先生將「匐」釋為「遙」，[3]陳偉先生將「者」讀為「處」，[4]「遙而處常」對應前一句「舊（久）而不渝」。本文暫從「遙而處常」之說。至於司馬成公權「權」作（），筆者同意陳劍先生的意見，與不相關。一則「權」是群紐元部，與「尚」古音有距離。況且董先生分析說：「『』在司馬成公權當是表示『石權』的意思。此外，《集成》16·10382

---

1　李銳：〈《武王踐祚》研讀箚記〉，清華大學簡帛網，2008 年 12 月 31 日，
　　http://www.confucius2000.com/admin/list.asp?id=3861。

2　董珊：〈讀《上博六》雜記（續四）〉，簡帛網，2007 年 7 月 21 日，
　　http://www.bsm.org.cn/show_article.php?id=649。

3　陳斯鵬：〈郭店楚墓竹簡考釋補正〉《華學》第四輯（北京市：紫禁城出版社，2000 年 8 月），頁 80。此二字可通，參考《窮達以時》03「（皋）繇（陶）」。

4　陳偉：《郭店竹書別釋》（武漢市：湖北教育出版社，2002 年），頁 76。「者」、「處」二字可通，還可以參考鄔可晶：〈談《上博（七）・凡物流形》甲乙本編聯及相關問題〉注 19，復旦網，2009 年 1 月 7 日。

著錄一枚銘文為『古（固）川侯興肘（鑄）』的銅權，其器名之字當視為『关』，即『卷』字之省，讀為『權』。這可以證明我們對司馬成公權銘文的釋讀不誤。司馬成公權屬趙，固川侯權屬魏，這兩個例子都是三晉的。」[1]

而我們已經知道 是「尚」，其上不從「关（卷）」，其下不從「石」，自然

與「」不是一字。這種情形如同《璽彙》3203：

「小（少）師疲」，「小（少）師」作 是複姓，[2]其「小」的寫法與「关」相同，皆屬形混的現象。


附記：本文曾以〈論《平王問鄭壽》簡 7「民是瞻望」的兩個問題──（二）「瞻」字構形考〉為題，發表於「【簡帛・經典・古史】國際論壇」，香港浸會大學，2011 年 11 月 29 日～12 月 3 日。

---

[1] 同上。

[2] 施謝捷：《古璽彙考》（合肥市：安徽大學博士學位論文，2006 年 5 月），頁 293。

# 《楚居》簡 9「壴」字及相關諸字考釋 *

　　《楚居》簡 9「至壴嚻（敖）自福丘遷（徙）袞（襲）箬（都）郢。」
整理者注釋說：[1]

　　壴（堵）嚻，即堵敖熊囏。《左傳》莊公十四年：「楚子如息，以食
　　入享，遂滅息。以錫嬀歸，生堵敖及成王焉。」「壴」古書作「堵」、
　　「杜」、「壯」、「莊」等，古音皆近，當是所本不同。「壴」從土聲，
　　疑為「堵」字或體。袞，衣上加衣，為「襲」字之表意字。字又見於
　　上博簡《互先》（參見《上海博物館藏楚竹書一──五文字編》，作
　　家出版社，頁 412）。簡文中「襲」義為因襲，《小爾雅・廣詁》：「襲，
　　因也。」徙襲意即因襲前王之郢而居之。箬郢，即若敖所居之箬。

其中「壴」字作：

---

\* 本文為「《清華大學藏戰國竹簡（壹）》字詞關係研究」的研究成果之一，獲得國家科學
　發展委員會的資助（計畫編號 NSC100-2410-H-018-019），特此致謝。

[1] 李學勤主編：《清華大學藏戰國竹簡（壹）》（上海市：中西書局，2010 年 12 月），下冊，
　頁 188 注 47。

復旦讀書會認為：[1]

> 叀字作⬚。整理者釋叀為堵，同時指出「叀嚻」即文獻所見之「莊敖」。按，叀是否釋為堵似可存疑，然叀與莊的聯繫可以確定。上博簡《從政》：「小人先=（先人）則⬚戠（敬—禦）之，[遂（後）人]【甲17】則暴（？）毀之。」疑⬚與⬚為一字。若然，則為我們解讀「⬚戠」提供了新的思路。

劉雲先生在讀書會文章後發表評論說：

> 《楚居》中用為「莊」的字，可能是個從「土」，以「筐」的初文為聲旁的一個字，讀為「莊」。《從政》中那個與該字字形相近的字，當是該字的訛體。「筐」的初文在古文字中屢見，不過多見於偏旁。以其為偏旁的字或讀為「莊」。

劉雲先生所指的字形，如：[2]

⬚（璽彙3087）、⬚（庚壺）、⬚（毛公鼎）、⬚（虢季子白盤）、⬚（趞師鼎）、⬚（璽彙176）、⬚（璽彙1529）、⬚（《郭店・語叢三》簡9）、⬚（旂鼎）、⬚（靜簋）、⬚（令鼎）、⬚（合集6812）。

蔣玉斌先生也認為所謂的筐形之字，還可再上溯至殷墟黃組卜辭中「△正／戔（某方）」之字，作⬚⬚⬚⬚，舊多釋「甾」，非是。蔣氏的看法跟劉雲一樣，覺得該字為「筐」之象形初文。[3]

謹案：劉、蔣二位先生所提的偏旁，學者一般釋為「甾」。《新甲骨文

---

[1] 復旦大學出土文獻與古文字研究中心研究生讀書會：〈清華簡《楚居》研讀札記〉，復旦網，2011年1月5日，http://www.gwz.fudan.edu.cn/srcshow.asp?src_id=1353。

[2] 任攀、程少軒整理：〈網摘・《清華一》專輯〉，復旦網，2011年2月2日，http://www.gwz.fudan.edu.cn/SrcShow.asp?Src_ID=1393。

[3] 同上注。

編》頁 706 將 屮 與 ⿱屮田 同歸於「甾」下；《新甲骨文編》頁 433 還收錄有「宙」
作 ⿱宀田（《合》21966）。陳劍先生認為 屮 應釋為「由」，但認同 ⿱屮田 等字釋為「甾」。[1]
春秋中期趞亥鼎（《集成》2588）中宋莊公的「莊」作「」，《金文形義通
解》分析為從「甾」從口爿聲，並指出《說文》古文「莊」  的 卣 當即 ⿱屮田 形
之訛。[2]馮勝君先生有相同意見[3]：

> 《說文・艸部》：「莊，上諱。㠭，古文莊。」由於上引《說文》古
> 文從「歹」，所以趙平安先生認為很可能是「葬」字的異體（原注：
> 「趙平安：《〈說文〉古文考辨（五篇）》，《河北大學學報》第 23 卷
> 第 1 期（1998 年 3 月）。」）。但陳劍先生指出，在《說文》古文系統
> 中，**類似「歹」旁的形體有可能是來源於「甾」[4]旁的**，如《說文》
> 「妻」字古文寫作 ⿱屮女，上部所從與「歹」旁類似的偏旁就是由「甾」
> 旁演變而來的，這正好跟古文字中讀為「莊」的字（原注：「下引趞
> 亥鼎之字在銘文中讀為『莊』。」）構成平行的形體演變序列：

農卣，金文編 1956 號　　　　包山 91

趞亥鼎，集成 2588　　　　語叢 3-9

---

[1] 陳劍：〈釋「屮」〉《出土文獻與古文字研究（第三輯）》（上海市：復旦大學出版社，2010
年 7 月），頁 4。「⿱屮田」字文例可以參看《類纂》上冊，頁 259，《合集》36347、36348、
36512、36514、36515、36535。

[2] 張世超等著：《金文形義通解》（京都：中文出版社，1996 年 3 月），頁 76。

[3] 馮勝君：《郭店簡與上博簡對比研究》（北京市：線裝書局，2007 年 4 月），頁 305。

[4] 引案：此處不知是否是筆誤？蓋甾與㽕二者迥別，後者分析為從田巛聲。而由演變字
形來看只能是「甾」。參見（清）朱駿聲：《說文通訓定聲》（北京市：中華書局，1984
年 6 月），頁 167、195。再案：馮勝君先生告知筆者此處確實是筆誤，2011 年 3 月 20
日覆信內容。

我們認為這種說法比上引趙平安先生的意見似更合理，那麼《說文》「莊」字的古文應該就是《語叢三》那種形體的訛變。

周波先生也指出[1]：

> 春秋中期趞亥鼎（5.2588）用「𤳈」為宋莊公之｛莊｝。齊文字用「𤳈（或从臧聲）」表示莊王、莊氏之｛莊｝，見齊璽「𤳈（莊）這信璽」（《璽彙》3087。）、庚壺（15.9733）：「獻之于𤳈（莊）公之所」，郭店《語叢三》簡9用為｛莊｝之字作，从「甾」「丌」「爿」聲，《說文》「莊」字古文即其訛體。當是「𤳈」字異體。

又

> 用「牆」為｛將｝見齊璽「武關牆（將）璽」（《璽彙》176）。[2]

謹案：𤳈亥鼎的「」當源自（毛公鼎）、（虢季子白盤），[3]這種寫法也見於《璽彙》1529。筆者受到劉雲先生說法的啟發，曾有一個思考認為：《詩・周南・卷耳》：「采采卷耳，不盈頃筐。」毛傳：「頃筐，畚屬。」[4]《左傳・宣公二年》：「宰夫胹熊蹯不熟，殺之，寘諸畚，使婦人載以過朝」，杜預注：「畚以草索為之，筥屬。」《正義》曰：「畚可以盛糧盛菜，以草索為之。今人猶有此器形制似筥，故為筥屬。」《說文》十二下「甾」部下「畚」（即「畚」）字，曰：「畚，䈂屬，蒲器也，所以盛穜。从甾弁聲。」（十二

---

[1] 周波：《戰國時代各系文字間的用字差異現象研究》（上海市：復旦大學出土文獻與古文字研究中心博士論文，2008年4月，指導教師：裘錫圭教授），頁28～29「012莊字條」。附帶一提，何琳儀先生也曾提出為「𤳈」字異體，見黃德寬主編：《古文字譜系疏證》第二冊（北京市：商務印書館，2007年5月），頁1918～1919。

[2] 周波：《戰國時代各系文字間的用字差異現象研究》（上海市：復旦大學出土文獻與古文字研究中心博士論文，2008年4月，指導教師：裘錫圭教授），頁53「082將字條」。

[3] 黃德寬主編：《古文字譜系疏證》（北京市：商務印書館，2007年5月），第二冊，頁1918將這些字形同置於「𤳈」下是有道理的。

[4] 《毛詩正義（上）》（北京市：北京大學出版社，1999年12月），頁37。

下二十一）《儀禮・士昏禮》：「婦執笲棗、栗，自門入。」鄭玄注：「笲，竹器而衣者，其形蓋如今之筥。」《急就篇・卷三》：「筵篸箕帚筐篋簍」，顏師古《注》曰：「筐亦筥屬，筥圓而筐方。」[1]此外，《漢語大辭典》解釋「簣」說是「盛土的竹筐」。[2]於此均可見筐、畚、笲、甾、簣在功用上的重疊性，且可能均曾以「」形體來表示，既然「」所代表的詞並不固定，則我們是否可以懷疑說的「甾」形所代表的是「筐」這個詞。或說本從「筐」的初文，再增添聲符「丬」，後來為了避免字形混淆，才改為從「匚」坒聲的寫法。《說文》曰：「匚，受物之器。」段注曰：「此其器蓋正方。文如此作者，橫視之耳。直者其底，橫者其四圍，右其口也。」[3]如同「笲」除作「」外（詳下），字書還有異體作匲（《玉篇》、《廣韻》、《集韻》），其情況正與我們推測「匩（筐）」本作「」形，後來有異體作「匩（筐）」的演變相同。但是陳劍先生提示我：

> 所謂「甾」又為「筐」字初文之說，也實在看不出有多大的必然性和非如此講不可的理由；其據「丬」聲為說，「丬」與「筐」之聲母亦不密合（關鍵還在於「丬」與「筐」之本身——我們觀察分別跟「匚／坒／王」聲和「丬」聲諸字發生關係的系列，即可體會出「丬」與「筐」關係之疏遠；又金文中以「匚／羊」為聲符用為「將」者，舊或以為從「匚」聲，《古研》24輯黃德寬先生文已辨其不可信）。[4]

陳先生之說可從。「臧／莊」與「筐」聲紐存在齒音牙音之別，並不密合。同時，字本來是代表「杜」或「堵」這個詞，讀為「莊」是後來的訛變所致（詳下），「杜」或「堵」與「筐」的聲韻距離就更遠了，可見上面並不從「筐」聲。筆者認為字上部還是依照傳統觀點分析為從「甾」較

---

[1] （漢）史游撰，曾仲珊校點：《急就篇》（長沙市：岳麓書社，1989年1月），頁168。

[2] 漢語大詞典編輯委員會：《漢語大詞典》（上海市：漢語大詞典出版社，1995年11月）第8冊，頁1244。

[3] （清）段玉裁注：《說文解字注》（臺北市：漢京文化，1985年10月），頁637。

[4] 2011年3月23日覆信內容。

為合理，試說如下：

《說文》十二下：「㪔，東楚名缶曰㪔。側詞切」，形體上確實與㪙相近。季師旭昇指出甲骨文「㪙」應象某種器物之形，與《說文》「東楚名缶曰㪔」未必相關，並贊同戴侗《六書故》所說的「竹器」，[1]其說應較為公允。但是《說文》所揭示的音讀卻是有所根據的，古文字材料中確實可與「側詞切」（精紐之部）[2]的「㪔」字對應上關係的，如：

（1）《集成》3585 嬴霝德簋（）是「」的異文，其左上顯然只能從「㪔」聲方可與「才」（從紐之部）聲替換。[3]又如春秋銅器《集成》2285「子陝□之孫鼎」的文例「行」，《金文編》頁 847 曰：「行㪔乃鼎之別名。」周法高先生曰：「此假㪔為鼎也。」[4]《金文形義通解》曰：「彝銘習見『行鼎』之語，此『行㪔』與之同意。」[5]陳新先生說：「按，金文常見『行鼎』、『行鬲』、『行壺』、『行盤』、『行盂』、『行器』等詞，『㪔』當即某種青銅器名，以聲求之，疑即《殷周金文集成》4.2261『王乍康季寶尊鼎』的『鼎』，周法高先生已有此說（原注：「參見《金文詁林》卷十二㪔字條」）。」[6]張富海先生也指出：金文「㪔」字作、、（《金文編》頁 847），與《說文》「東楚名缶曰㪔」的「㪔」作，彼此繼承關係也

---

[1] 季師旭昇：《說文新證》下冊（臺北市：藝文印書館，2004 年 11 月），頁 209、《說文新證》（福州市：福建人民出版社，2010 年 12 月），頁 916。

[2] 陳復華、何九盈：《古韻通曉》（北京市：中國社會科學出版社，1987 年 10 月），頁 134。本文所據古韻皆依此書，不再注出。

[3] 詳見于省吾：《甲骨文字釋林・釋㪔》（北京市：中華書局，1993 年 4 月），頁 69、于省吾主編：《甲骨文字詁林》第一冊（北京市：中華書局，1996 年 5 月），頁 699～706。

[4] 《金文詁林》，頁 7158。

[5] 張世超等著：《金文形義通解》（京都：中文出版社，1996 年 3 月），頁 3025。

[6] 陳新：〈利用古文字知識校讀《尚書・盤庚》「由蘗」一詞〉，復旦網，2008 年 6 月 16 日，http://www.gwz.fudan.edu.cn/SrcShow.asp?Src_ID=458。

很明顯。[1]

（2）《說文・三上・廾部》「🀅，舉也。从廾，由聲。《春秋傳》曰：『晉人或以廣隊，楚人畀之。』黃顥說：廣車陷，楚人為舉之，杜林㠯為麒麟字。」段注本三上三十六將字形改為「🀅」，分析為從廾「㽕」聲，並注釋曰：「各本作由聲，誤。或从鬼頭之由，亦非也。**此从東楚名缶之㽕。故《左傳》作畀。今左作惎。**糸部緥从畀聲，或字作綦。㽕聲、其聲皆在一部也。」此字亦見於西周金文，[2]如 🀅（師酉簋）、🀅、🀅、🀅、🀅（《保利藏金》頁 93、《新收》1621，伯敢畀盨）。也見於秦漢文字，如：🀅（睡虎地秦簡《封診式》簡五九）、🀅（緥（綦）君□）。[3]裘錫圭先生已指出上述二例就是《說文》「緥」字（《段注本》13 上 16），為「綦」字正篆，从「畀」聲。[4]趙平安先生認為 🀅 是「弁」字，[5]恐不可從。[6]

而與「皀」形形體相關者除上面所列外，還有：

[1] 張富海：《漢人所謂古文之研究》（北京市：線裝書局，2008 年 7 月），頁 162，753 條「皀」字下。

[2] 張世超等著：《金文形義通解》（京都：中文出版社，1996 年 3 月），頁 547 贊同段注的意見。

[3] 漢語大字典字形組編：《秦漢魏晉篆隸字形表》（成都市：四川辭書出版社，1985 年），頁 932、羅隨祖主編：《羅福頤集——增訂漢印文字徵》（北京市：紫禁城出版社，2010 年 6 月），頁 586。

[4] 裘錫圭：〈《秦漢魏晉篆隸字形表》讀後記〉《古文字論集》（北京市：中華書局，1992 年 8 月），頁 514。亦參看讀方勇：〈讀秦簡劄記一則〉，復旦網，2011 年 10 月 10 日，http://www.gwz.fudan.edu.cn/SrcShow.asp?Src_ID=1680。

[5] 趙平安：《新出簡帛與古文字古文獻研究》（北京市：商務印書館，2009 年 12 月），頁 14～15、17。

[6] 參董蓮池：〈談談師酉簋🀅字的釋讀〉《中國文字研究》第十四輯（鄭州：大象出版社，2011 年 3 月），頁 5～7。

（1）《郭店・老子乙》12「大音聖（聲）」，裘錫圭先生指出：[1]

「聲」上一字疑是作兩「卤」相抵形的「祗」字古文的訛形（參見
《金文編》頁一〇「祗」字條所收者沪鐘及中山王器之「祗」字），
今本此字作「希」，「祗」「希」音近。

陳劍先生指出：「所謂『祗』字古文指見於三體石經《尚書・君奭》的，

西周金文作（六年琱生簋，舊稱召伯簋）等形，皆用為祗敬之『祗』。
郭沫若將其字形解釋為兩『卤』相抵，得到研究者的公認。（原注：郭沫若：
〈由壽縣蔡器論到蔡墓的年代〉，《考古學報》1956 年第 1 期）」[2]其「卤」

旁寫法也是一證，特別是字上部的寫法與字上部旁相同，很值
得注意。

（2）再看齊文字的「莊」字：李家浩先生將《集成》9733-2B 庚壺「獻

之于（莊）公之所」的隸定作「臧」，字形又見《璽彙》3087：

首字李先生摹作，分析為從「卤」，從古文「臧」聲。[3]此字字形模糊，
施謝捷先生以為左下從「馬」，是「臧馬」合文，屬於「以地為氏」。[4]孫剛

---

[1] 荊門市博物館編：《郭店楚墓竹簡》（北京市：文物出版社，1998 年 5 月），頁 119 所引
「裘按」。

[2] 陳劍：〈上博竹書《周易》異文選釋六則〉《出土簡帛文獻與古代學術國際研討會》（臺北
市：政治大學中文系，2005 年 12 月 2～3 日），頁 54。

[3] 李家浩：〈庚壺銘文及其年代〉《古文字研究》19 輯（北京市：中華書局，1992 年 8 月），
頁 93、95。

[4] 施謝捷：《古璽彙考》（合肥市：安徽大學博士學位論文，2006 年 5 月），頁 309。

先生碩士論文《齊文字編》起先也歸在「臧馬」合文之下，[1]後來正式出版時改從李家浩先生之說，讀為「莊」。[2]李先生所作摹本「畱」的寫法與 相同。與當是趙亥鼎（《集成》2588）「莊」作「」的異體，這種寫法也見於《璽彙》0176 。、的「口」旁省簡為「二」形，即是、。[3]

（3）「僕」字甲骨文作（《合》17961），象人奉箕給事之形。[4]西周金文旂鼎作、史僕壺作，或認為「箕」訛為「畱」，[5]或認為「易從其為從畱」[6]。字（《合集》6812），唐蘭先生釋為「璞」，分析說：「象兩手舉辛（或省為一手），撲玉於畱。」[7]此字是否釋為「璞」尚有爭議，[8]但認為

---

1 孫剛：《齊文字編》（長春市：吉林大學碩士論文，2008年4月），頁307。

2 孫剛：《齊文字編》（福州市：福建人民出版社，2010年1月），頁329、544。

3 參拙文：〈利用《清華簡（壹）》字形考釋楚簡疑難字——（六）《性情論》簡33「膲」字考兼論「膲」與「敬」字訛混的現象〉，已收入本書。

4 張世超等著：《金文形義通解》（京都：中文出版社，1996年3月），頁540。

5 李師旭昇：《說文新證》上冊（臺北市：藝文印書館，2004年11月），頁160、張世超等著：《金文形義通解》，頁540。

6 黃德寬主編：《古文字譜系疏證》（北京市：商務印書館，2007年5月）第二冊，頁1083。

7 唐蘭：《殷墟文字記》（北京市：中華書局，1981年），頁46。

8 劉釗：〈利用郭店楚簡字形考釋金文一例〉《古文字研究》第24輯（北京市：中華書局，2002年7月），頁281認為是「翦」。黃德寬主編：《古文字譜系疏證》（北京市：商務印書館，2007年5月）第二冊，頁1085則是釋為，顯然是贊同唐蘭的說法。董珊先生則認為：「唐蘭先生所釋甲骨文『璞周』之『璞』是表示『開採璞玉』意的表意字，這個字就其所表示的動作『開採』來講，讀『翦』、『殘』一類的讀音；就『璞玉』的意思來講，讀『璞』、『僕』這類讀音。這類現象在早期文字中屢見不鮮，林先生自己也講過古文字的『一形多讀』現象，請參看《林澐學術論文集》，頁22～29、35～43，中國大百科全書出版社，1998年。」見氏著：〈試論周公廟龜甲卜辭及其相關問題〉北京大

右下從「甾」確實是合理的，《列子‧湯問》：「叩石墾壤，箕『畚』運於渤海之尾。」而「畚」本是「甾」屬，見《說文》十二下「甾」部下「𤲃」（即「畚」）。《集成》10161 免盤「令作冊內史賜免鹵百▨」，字形右旁象手持「甾」形物，應該盛裝鹽鹵之容器。

（4）李家浩先生曾考證《侯馬盟書》「弁」作🔲、🔲，並從朱德熙先生之說，認為🔲字左旁就是《說文》訓為「冠也」的「覍」字。[1]徐在國先生也認為「🔲」象冠冕。[2]筆者以為趙平安先生的意見值得注意，他認為甲骨文的🔲就是後來的🔲、🔲，並說「把字音和字形綜合起來看，🔲很可能是筓的本字。《儀禮‧士昏禮》：『婦執笲棗、栗，自門入。』鄭玄注：『笲，竹器而衣者，其形蓋如今之筥。』《禮記‧昏義》：『贊見婦于舅姑，執笲棗、栗、段脩以見。』陸德明釋文：『笲，器名，以葦若竹為之，其形如莒，衣之以青繒，以盛棗、栗、腶脩之屬。』包山楚簡遣策有『檮脯一笲』、『一笲🔲』、『庶鷄一笲』、『四笲飤』、『☐一栗又笲』、『一緟笲』等語，笲所顯示的用法比從前訓詁學者解釋的要寬。這是因為古人注書往往隨文而注，泥于具體用例，不能恰當地提升到一般。」[3]雖然甲骨文🔲字的本義尚有爭議，[4]但就🔲形體來說，理解為盛物的竹器無疑是合理的，「🔲」與

---

學中國考古學研究中心、北京大學震旦古代文明研究中心編：《古代文明》（第 5 卷）（北京市：文物出版社，2006 年 12 月），頁 243～269。又刊載於復旦網，2009 年 5 月 4 日，http://www.gwz.fudan.edu.cn/SrcShow.asp?Src_ID=779。

[1] 李家浩：〈釋弁〉《古文字研究》第一輯（北京市：中華書局，1979 年 8 月），頁 391～392。

[2] 黃德寬主編：《古文字譜系疏證》第三冊（北京市：商務印書館，2007 年 5 月），頁 2814。

[3] 趙平安：〈釋甲骨文中的「🔲」和「🔲」〉《文物》2000 年第 8 期。又載於趙平安：《新出簡帛與古文字古文獻研究》（北京市：商務印書館，2009 年 12 月），頁 9。

[4] 參徐寶貴：〈甲骨文「犁」字及相關問題研究〉復旦網，2010 年 4 月 8 日，

「畚」在聲音與表意作用上顯然有密切的關係,《說文》十二下「㽕」部下「畚」(即「畚」)字,曰:「畚,䈰屬,蒲器也,所以盛種。从㽕弁聲。」(十二下二十一)二者既是盛物的竹器,又皆音「弁」。陳劍先生也認為:「將『弁』等字上所從的『㽕』形說為『畚/畚』之象形初文亦無不可,從文字關係上來講甚至更好(『㽕』加『弁』聲而成『畚』,二者關係更為直接密切)。對於『覓』等字上所從之『㽕』形來說,首先流行的所謂像『冠冕』、『冠弁』形之說極為勉強(其上開口——對比『巢』字上所像之『鳥巢[1]』形——此點不合;此跟本從『由』聲之『冑』字被誤解為上像冑形同例);其次其字下或從『人』,或從『又』,上半可以看作聲符,而其用為『弁/辨/變/偏』等,其聲跟『笲』、『畚/畚』讀音密合;再結合『粤』字,除了講為亦以之為聲符(偏旁單複無別),也難有更好的解釋(二者讀音亦可稱密合,其證不煩詳舉)。凡此均係導致將『覓』等字上所從之『㽕』形講為『畚』之象形初文的『文字學上的證據』的理由。」[2]其說可從。總之,《侯馬盟書》的「弁」作 ![字形], 其 ![字形] 旁就是「畚/畚」,作聲符用。

(5)《集成》10385 司馬成公權「以 ![字形]=(禾秝) 粤(平)石」[3],其中「粤」字作 ![字形]( ![字形])。[4]由於此字原拓下上結構鬆散,黃盛璋先生誤為兩字而將 ![字形] 釋為「㽕」,以為是「盛糧器」。同持分析三晉常見的璽印文字

---

http://www.gwz.fudan.edu.cn/SrcShow.asp?Src_ID=1125。

[1] 「巢」作 ![字形](《周原甲骨》H1：110,《新甲骨文編》頁 370)、「灌」作 、

 (《新甲骨文編》,頁 607)。《望山》1.89 訛變為 ![字形]。

[2] 2011 年 3 月 23 日覆信內容。

[3] 釋文參照董珊:《戰國題銘與工官制度》(北京市:北京大學中國語言文學系博士論文,2002 年 5 月),頁 49。

[4] 黃德寬主編:《古文字譜系疏證》(北京市:商務印書館,2007 年 5 月)第三冊,頁 2209 以為「粤」與「平」共用「丂」旁。

「」為從「䛼」從「平」以及《三代》12.6.1（按：即《集成》9542

「君壺」）為從「䛼」從「石」。[1]張富海先生解釋三體石經「粤」作時，

也有相同意見：

> 此石經古文用為「聘」。西周金文此字作、（《金文編》，頁
>
> 320），上從二「䛼」。毛公鼎（用為「將」），虢季子白盤作（用
>
> 為「壯」），郭店《語叢三》9 號簡「莊」作，其中「䛼」的變化與
>
> 此石經古文相同。篆文變從「由」，是字形相混。《說文》沒有獨體
>
> 的「由」字，實際上《說文》所謂「東楚名缶」之「䛼」就是同時
>
> 兼作「由」字的。詳 753「䛼」字條。此石經古文下部繁化，與古文
>
> 「平」字相似。晉系文字「粤」作（如《璽彙》2949），（原注：參
>
> 看《戰國古文字典》，上冊頁 827。）下從「平」，是聲化。包山 201
>
> 號簡等「粤」作，從「口」，同上舉金文第二形，用為「聘」，同
>
> 石經古文。[2]

鍾柏生先生也認為「粤」字所從的「䛼」旁是一種「盛物的編織器」。[3]以

上是一種意見。另一種思考是陳劍先生所指出上所從之「䛼」形是「畬

---

[1] 黃盛璋：〈三晉銅器的國別、年代與相關制度〉《古文字研究》第十七輯（北京市：中華
書局，1989 年 6 月），頁 28。按：《殷周金文集成修訂增補本》第六冊，頁 4999、《三
晉文字編》，頁 1127 都將此字釋為「聘」。

[2] 張富海：《漢人所謂古文之研究》（北京市：線裝書局，2008 年 7 月），頁 87。附帶一提，
徐在國先生認為當源於，見黃德寬主編：《古文字譜系疏證》（北京市：商務印書
館，2007 年 5 月）第三冊，頁 2209。

[3] 鍾柏生：〈釋「」「」及其相關問題〉《中國文字》新 24 期（臺北市：藝文印書館，
1998 年 12 月），頁 14。

／畚」之象形初文，作聲符使用。「粤」，滂紐耕部；「弁」，並紐元部，聲紐同為唇音，韻部可通如「睘」是群母耕部字，從「睘」聲的「還」、「嬛」是匣母元部字，可見「畚」確實可以作為「粤」的聲符。由於傳統分析「粤」為從甾從丂，會意不明，本文認為「粤」是形聲字，其上所從的「甾」形實為「畚」，作聲符用。值得注意的是《命》簡4「嵤」作 ，其上「畚／畚」旁的寫法非常關鍵，有助於了解《楚居》 字的構形（詳下）。

（6）再看「貴」字：《老子甲》12號簡「貴」作 ，其上的 形體，李守奎先生以為「臼」是某種器物，即「有荷臾而過孔氏之門」之「臾」（即「蕢」）的本字。[1]張富海先生認為所謂《說文》古文「蕢」作 （臾）其實就是見於金文「遺」作 、 、 （《金文編》頁101～102）以及楚簡文字如郭店《緇衣》46號簡「遺」作 ，除去「辵」旁後剩下部分所變，本象雙手持物而有所遺漏之形，大概就是「遺漏」之「遺」的初文，而「遺」、「蕢」音近，古文用為「蕢」。[2]周波先生、葉玉英女士均贊同其說。[3]徐寶貴先生也指出了 就是由 訛變來的，其與「貴」字寫作 形者是兩個系統，並分析 說：

[1] 李守奎：〈《說文》古文與楚文字互證三則——三、貴與遺〉《古文字研究》24輯（北京市：中華書局，2002年7月），頁471。

[2] 張富海：《漢人所謂古文之研究》（北京市：線裝書局，2008年7月），頁32～33，037條「蕢」字下。

[3] 周波：《戰國時代各系文字間的用字差異現象研究》（上海市：復旦大學出土文與古文字研究中心博士論文，2008年4月，指導教師：裘錫圭教授），頁183：「用 （遺？）為蕢」、葉玉英：《古文字構形與上古音研究》（廈門市：廈門大學出版社，2009年11月），頁239。

此字來源於殷商甲骨文和西周青銅器銘文的「甾」字。商代甲骨文

作如下形體：（《甲骨文編》12.21）。西周時期

銅器銘文作如下形體：（子鼎）、（旬鼎）。形無疑是

把較早形體的中間直畫的下部縮到上邊之形。……《說

文》所說「東楚名缶曰甾」，未必就是缶。所以，我們探討此字的

本義時不能受到《說文》說解的干擾。從的形體上

看，此字倒像「簣」的象形字。「甾」與「簣」當是同物異名，我們

從東周東方諸國文字「貴」字以此字為聲符這一點即可得到證明。[1]

謹案：徐寶貴先生引古籍註解如「簣，盛土器」、「簣，土籠也」、「蕢，草

器」證明「簣」與「甾」的功用相同，皆可盛土石，以此證明「甾」與「簣」

當是同物異名，這是合理的。其次，（貴）所從的按照形體演變的例

證確實可以合理的推斷說是從「」形演變過來的，再結合李守奎、徐寶

貴二先生的意見，則「貴」所從的應該就是「簣」之形，它與「甾」功

用相同，但並非一字。《左傳・宣公九年》：「陳畚挶」，杜預《注》曰：「畚，

簣籠。」《正義》曰：「其器可以盛糧，又可以盛土也。《論語》稱『為山用

簣』，是簣為盛土之器，故以畚為簣籠也。」[2]「畚」是「甾」屬，其功用

又與「簣」相同，便是很好的說明。雖然「」可能是「甾」，也可能是「簣」，

但後者必須有「貝」旁的制約才能如此解釋。所以上引字徐寶貴先生認

---

[1] 徐寶貴：〈金文研究五則〉《古文字學論稿》（合肥市：安徽大學出版社，2008 年 4 月），頁 99。

[2] 《左傳正義（中）》（北京市：北京大學出版社，1999 年 12 月），頁 862。

為從「簀」應該是沒有必要的。

　　綜合以上，■字可以分析為：（一）從畱從土（二）從畚從土，即《說文》的「坌」，「埽除也。從土弁聲，讀若糞。（十三下九）」。（三）從「壴」（簀）省，從土。第（二）說讀為「糞」與「堵」、「杜」聲韻有距離，不可從。至於從「貴」旁諸字一般是聲符，但「貴」也與「堵」、「杜」聲韻不近，所以第（三）說也不可從。筆者以為分析為「從畱從土」應該是最合理的，可以隸定為「塁」。《說文》「畱」部下的字，如疄、畬、䰜、盧，「畱」皆為形旁，而分別從聿、弁、并、虍聲（十二下二十一），則■字可分析為從「畱」「土」聲，[1]是為上形下聲的形聲結構，[2]自然可以與典籍「堵敖」、「杜敖」的「堵」、「杜」對讀。「土」、「杜」、「者」音近，如江陵鳳凰山漢墓群出土遣冊所記陪葬物屢見「薄土」，或作「溥土」。裘錫圭先生指出「薄土」是車上鋪墊用的一種東西，與泥土毫無關係。「杜」從「土」聲，《急就篇》的「薄社」跟遣冊的「薄土」無疑是一回事。[3]又如《雜療方》有藥名「杜虞」，劉建民先生指出：「我們認為此方的『杜虞』應讀為『薯蕷』。上古音『杜』屬定母魚部，『薯』屬禪母魚部，二字韻部相同，定母與禪母極為接近，相通應該是沒有問題的。『杜』從『土』聲，『薯』從『署』聲，『署』又從『者』聲，文獻中有許多從『土』聲與從『者』聲之字相通的例子。（原注：高亨：《古字通假會典》，頁890）」[4]當然寫作■也不排除是從畱從土會意，同時讀為「土」聲。陳劍先生也贊同從「土」聲之說，他指出[5]：

---

[1] 徐在國先生亦贊同分析為從畱土聲，2011年3月28日覆信內容。

[2] 裘錫圭：《文字學概要》（北京市：商務印書館，1988年8月），頁166。

[3] 裘錫圭：〈說「薄土」〉《古文字論集》（北京市：中華書局，1992年8月），頁564。

[4] 劉建民：〈《雜療方》藥名小考二則〉，復旦網，2010年1月31日，

　　http://www.guwenzi.com/SrcShow.asp?Src_ID=1070。

[5] 2011年3月21日覆信內容。

我初讀《楚居》時，對簡9之【字】的感覺是，此字所提供的與「堵／杜」或「壯／莊」對應的定點，實首先有助於解決《上博（五）・三德》簡17【字】字的釋讀問題。該字所在文句云「敬天之敁（敬），舉（興）坔（地）之歫（矩），死（亙一恆）道必【字】」，我舊曾在《〈三德〉竹簡編聯的一處補正》文中認為此字「當是一個好字眼，但不能確識，從韻腳推測亦當為魚部字」；顧史考先生《上博竹書〈三德〉篇逐章淺釋》一文釋為從「土」聲、讀為「著」。現在看來，據《楚居》可用為「堵／杜」之【字】形（其字形關係參下），顧說確實應該是正確的（讀為「著」文意亦好）。我後又曾在《〈上博（六）・孔子見季桓子〉重編新釋》文中對【字】附帶略提過一筆云「頗疑當釋為『呈』」，反應非是。又《新蔡》甲三346-2、384的【字】、乙四94的【字】，亦確以大作所說將其下半與《楚居》之【字】認同、說為以「土」作基本聲符為是。

對於【字】與【字】的關係，陳先生進一步說：

由此觀之，【字】形上半恐怕其原始之形亦應並無「卜」形，加「卜」之【字】係由其繁化。這樣一來，大作所論及之「畱」、「弁」、「古文簣」諸形，跟【字】上半的認同就都成問題了，因「畱」、「弁」、「古文簣」諸形，似未見到有將「卜」形筆劃完全省去的（但「呈」之由【字】之右半再變為【字】、【字】，其「甘」形旁邊再加筆劃，則確可視作又受「畱」、

「弁」、「古文簀」諸形類化而成）。【引者案：■等字的討論請詳下】

謹案：筆者以為陳先生將■與■二字連繫起來在音義上確實很有道理，至

於二者上部的演變，本文初稿認為可以引用上述徐寶貴先生所指出的：「■

形無疑是把較早形體■、■、■的中間直畫的下部縮到上邊之形」，關於

這現象可以再補充一個例子：齊系文字的「弁」作■（盼[1]，《陶文圖錄》

2.662.2）、■（盼，《陶彙》3.136），也作■（弁，弁（偏）[2]將軍信節）。

既然■中間直畫可以上縮，則可以推測可以進一步省簡變成「■」寫法，

即豎筆完全省簡，示意如下：■→■→■，則「■」也可以分析為從甾

土聲。值得注意的是，新出《上博八·命》簡4「冑」作■，其上的「畜／

畚」旁的寫法正是作「■」形體，省簡上面所從的「卜」形，印證了筆者

當初的猜想。由於「畜／畚」與「甾」本同形，基於文字類化的現象，「甾」

當然也可以由「■」寫作「■」形體。如此可以確定■與■確實是一字，

均為從「土」得聲的字，只是前者將「■」的兩斜筆往下移動而已。但是

■與■隸定為「皇」，相當於後世那一個字尚有待考証。附帶一提，《楚帛

---

[1] 「盼」是何琳儀先生所釋，何琳儀：〈古陶雜識〉《考古與文物》1992 年第 4 期，頁 77
～78、《戰國古文字典》，頁 1065～1066。

[2] 見李家浩：〈貴將軍虎節與辟大夫虎節〉《中國歷史博物館館刊》1993 年 2 期，頁 50。「弁」
字李先生釋為「貴」，此從裘錫圭先生釋為「弁」，讀為「偏」。見裘錫圭：〈推動古文字
學發展的當務之急〉《學術史與方法學的省思──中央研究院歷史語言研究所七十周年
研討會論文集》，中央研究院歷史語言研究所，2000 年 12 月。又刊登於復旦網，2007
年 12 月 16 日，http://www.gwz.fudan.edu.cn/SrcShow.asp?Src_ID=210。

書》甲篇第 2 行「女 」，一般認為相當於「女媧」，但是「」字如何分析尚無共識。仔細觀察，此字上從「出」，下部形體與「」相同，這樣的分析是否正確，暫列於此以俟後考。

《史記・十二諸侯年表》：「楚堵敖囏」，《索隱》曰：「楚杜敖囏，音艱。系家作『莊敖』，劉音壯，此作『杜敖』。劉氏云亦作『堵』。堵、杜聲相近，與系家乖，不詳其由也。元年」[1]「堵（杜）敖」是熊囏的號。《史記・楚世家》作「莊敖」。《楚居》整理者李守奎先生認為「莊」（精紐陽部）與「杜」（定紐魚部）、「堵」（端紐魚部）是音近的關係。此說不一定正確，蓋二者聲紐有舌齒之別。𡎆，從「土」聲，應該是代表「堵」、「杜」這個詞，後來「杜」因形近而訛變為「壯」，再音訛為「莊」。[2]更重要的是，如上所討論，古文字的「壯／莊」多寫作從「爿」聲的「臧」等字形，如《楚居》10 楚莊王之「莊」即寫作「𢼒（臧）」，所以𡎆不太可能本來讀為「莊」。

根據《楚居》𡎆字，我們可以重新釋讀楚文字相關材料：

《新蔡》甲三 346-2、384「墜無龍之述剅（刳）於△丘」、乙四 94「△丘之囗」，[3]兩「△」字分別作：

艸旁之下顯然與𡎆為一字，應該隸定為「葷」。「葷丘」是地名，徐在國先生分析為從「艸」、「弁」聲，讀為「繁」，繁丘在今河南襄城縣南。[4]何有

---

1 （漢）司馬遷《史記》（北京市：中華書局，1964 年 4 月）第二冊，頁 573～574。

2 孟蓬生、陳劍先生都有相同的意見。

3 釋文依照宋華強：《新蔡葛陵簡初探》，（武昌市：武漢大學出版社，2010 年 3 月），頁 444、447。

4 徐在國：〈《新蔡葛陵楚簡》劄記（二）〉，簡帛研究網，2003 年 12 月 17 日。

祖先生也從此說，並對字形作了詳細論證。[1]大西克也先生則認為「繁丘是較大的行政單位，不應在述中」，認為讀為「繁丘」很可疑。[2]宋華強先生起先分析「」字中間所從為「貴」省，隸定為「蕢」，認為「蕢」疑是「荷蕢」之「蕢」的異體，[3]正是我們所提到的第三種分析方法。後來認為「」字與《說文》「𡊟」（糞）字相關，應分析為從艸𡊟聲。[4]謹案：由𡈼字讀為「杜」（定紐魚部）、「堵」（端紐魚部）來看，「蕈丘」可以讀為見於鄂君車節的地名「𨺭丘」。「𨺭」，喻紐陽部，與「杜」、「堵」同為端系字，[5]韻部對轉。譚其驤先生認為：「陽丘，當即漢代的堵陽縣，故治在今河南方城縣東六里。堵陽本秦陽城，見《漢書‧曹參傳》注引應劭曰；王莽又改曰陽城。」[6]吳良寶先生贊同此說。[7]「陽丘」即「堵陽」，不知與「𡈼」讀為「堵」有無關係？此外，甲一25「☐○公子虢命彭定以少（小）宼（尨）瞵（繹）為君貞：既伓（背）☐」、甲二5「☐昏=（之日），○公子虢命彭定以少（小）宼（尨）瞵（繹）為君貞：既伓（背）☐」，其中「○」宋華強先生隸定作「椬」，[8]此二字作：

1 何有祖：〈《新蔡簡釋讀箚記》〉，簡帛網，2007年1月14日，
　 http://www.bsm.org.cn/show_article.php?id=502。

2 大西克也：〈試論新蔡楚簡的「述（遂）字」〉《古文字研究》26輯（北京市：中華書局，
　 2006年11月），頁273。

3 宋華強：〈釋新蔡簡中的「述」和「丘」〉注釋八，簡帛網，2007年1月9日，
　 http://www.bsm.org.cn/show_article.php?id=501。

4 宋華強：《新蔡葛陵簡初探》（武昌市：武漢大學出版社，2010年3月），頁444。

5 陳復華、何九盈：《古韻通曉》（北京市：中國社會科學出版社，1987年10月），頁275。

6 譚其驤：〈鄂君啟節銘文釋地〉《中華文史論叢》第2輯，頁181。

7 吳良寶：《戰國楚簡地名輯證》（武昌市：武漢大學出版社，2010年3月），頁274。

8 宋華強：《新蔡葛陵簡初探》（武昌市：武漢大學出版社，2010年3月），頁382。

但字形模糊難認，看起來應該與不同字。

其次，前引復旦讀書會曾指出與《上博二・從政》甲 17 的為一字，此前筆者亦從此說，並認為簡文「小人先人則敂」讀為「小人先人則佻佢」，可以與《荀子・不苟篇》：「小人能則倨傲僻違以驕溢人」對讀。「佻」、「佢」意思相近，在較晚的文獻可以見到「佻佢」連文，如〈昭勇將軍錦衣衛指揮使孫公墓誌銘〉：「雖貴富而所處益謙無一毫佻佢之態」。「佻佢」與「益謙」對文，可見正是表示「倨傲僻違以驕溢人」。現在看來這個意見是有問題的。這原因在於我們已經分析從「土」聲，但字從「壬」不從土，顯然不能與並觀，[1]是以陳劍先生的釋文以為不識字是嚴謹的。[2]後來陳劍先生告訴我，他懷疑有可能是「呈」字的訛變（詳下），讀為「鎮」，「呈敂（禦／圉）」即「鎮禦／圉」。[3]類似《從政》寫法的字形還見於《包山》牘 1：「一紛正車：鞁（鞘－犍）牛之韗（韃），絑絹（絹）之純。元（其）移紛，脉（秋）之緽，經（纘）純。」所謂「緽」字作：

此段內容亦見於簡 271「一犇（乘）正車：鞁（鞘－犍）牛之革韃，絑（生）

---

[1] 陳劍、馮勝君、程少軒三位先生都指出這點了。

[2] 釋文參照陳劍：〈上博簡《子羔》、《從政》篇的拼合與編連問題〉，簡帛研究網，2003 年 1 月 8 日，http://www.bamboosilk.org/Wssf/2003/chenjian01.htm、陳劍：〈上海博物館藏戰國楚竹書《從政》篇研究（三題）〉2004 年 4 月 23 日至 4 月 25 日美國 Mount Holyoke College 召開的「Confucianism Resurrected：第三屆中國出土文獻國際研討會」會議論文。後刊登於《簡帛研究二〇〇五》（桂林市：廣西師範大學出版社，2008 年 9 月），頁 36。又載於「復旦網」，2008 年 2 月 28 日。

[3] 2011 年 3 月 21 日覆信內容。

絹（絹）之純。夗（多－移）鞏，繐（繡）經（經），經（纘－纂）純。」
比對可知「絉（秋）之緷」相對於「繐（繡）經（經）」，「絉（秋）」與「繐
（繡）」是通假關係，如「緅」屢見於楚簡，是常見的織物名，劉國勝先生
認為讀為「繡」。[1] 其次，「緷」與「經」的關係最直接的分析就是形體訛變，
此二形分別作：

「口」旁變成「甘」形；「土」旁加一撇筆變成「壬」。字所增添的「卜」
旁可以理解為增添飾符，[2] 或是說受到「肙」字或作「肎」的類化影響，如
《郭店‧緇衣》簡46「猒（厭）」字作；《孔子詩論》18「怨」作，03
作；《望山》2.21「絹」作。[3] 最後，見於《信陽》2.28「一（墨）
□□□」的字與上面《從政》、《包山》是一字，但簡文殘缺，難以釋讀，
或是單位詞？

本文曾發表於「楚簡‧楚文化與先秦歷史文化國際學術研討會」，湖北武漢大學，

2011 年 10 月 29～30 日

---

[1] 劉國勝：〈楚簡文字中的「綉」和「緅」〉《江漢考古》2007 年第 4 期，頁 76～78。

[2] 何琳儀：《戰國文字通論訂補》（南京市：江蘇教育出版社，2003 年 1 月），頁 219～220。

[3] 參拙文：〈楚簡文字考釋五則〉《文字學學術研討會論文集》（臺中市：東海大學，2004
年 3 月 13 日）。對「經」與「緷」的形體訛變現象，劉洪濤、陳劍二先生都認為受到
「肙」字或作「肎」的類化影響。又季師旭昇：〈由上博詩論「小宛」談楚簡中幾個特殊
的從肙的字〉《漢學研究》第 20 卷第 2 期，2002 年 12 月，頁 393～394 也提到李家浩先
生 2002 年 3 月 1 日的信函有相似的意見。

附記：本文承蒙季師旭昇、孟蓬生、徐在國、陳劍、馮勝君、劉洪濤、程少軒幾位先生惠賜高見，筆者非常感謝！

# 《清華簡（壹）》考釋十一則 [*]

## 一　《金縢》「縢」字考釋

《金縢》的「縢」字在簡文中兩見：

（簡 6）　　　　（簡 10）

整理者隸定為「紿」，認為讀為「縢」。[1]謹案：整理者說法可從，但是「紿」
未見於字書，筆者以為這個字就是「綾」。《包山》153「東與莐君佢（距）
疆」，此文例又見《包山》154「東與莐君莢（逕）疆」，兩字形分別作：

《包山》153　　　　《包山》154

可見「莐」就是「莢」，《14 種》將兩個字都釋為「陵（從艸）」[2]，施謝捷
先生《包山》釋文逕釋為「菱」字則更加直接明瞭。學者根據這種異文現

[*] 本文為「《清華大學藏戰國竹簡（壹）》字詞關係研究」的研究成果之一，獲得國家科學
　發展委員會的資助（計畫編號 NSC100-2410-H-018-019），特此致謝。

[1] 李學勤主編：《清華大學藏戰國竹簡（壹）》下冊（上海市：中西書局，2010 年 12 月），
　頁 160 注 14。
[2] 陳偉等著：《楚地出土戰國簡冊【十四種】》（北京市：經濟科學出版社，2009 年 9 月），
　頁 56。

象將《尊德義》簡 14：

釋為「陵」自然也是合理的。[1]我們可以注意到《尊德義》簡 14「陵」字與上引兩「紁」字的「夊」旁顯然是相同的，是以筆者以為這個字就是「綾」。其次，《說文》11 下「朕」曰：「夊出也。從夊朕聲。詩曰：『納于朕陰』。凌，朕或從夌。」《段注》曰：「夌聲也。」（11 下 8）關於《說文》這條資料，筆者翻閱諸家說法，未見有人提出反對意見。如《古文字詁林》9 冊頁307、《說文解字詁林》頁 11308～11310、《說文解字考正》頁 454、《說文解字字音注釋研究》頁 758[2]、何九盈〈《說文》段注音辨〉[3]。所以可以證明【朕與夌】可以通假，自然簡文「綾」可以讀為讀為今本的「滕」。至於是否將「紁」釋為「滕」的異體字，若比對《祭公之顧命》「滕」字作：

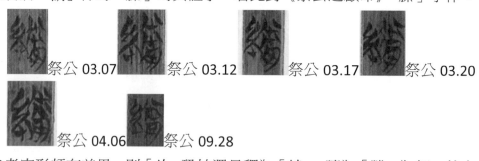

祭公 03.07　　祭公 03.12　　祭公 03.17　　祭公 03.20

祭公 04.06　　祭公 09.28

二者字形頗有差異，則「紁」恐怕還是釋為「綾」，讀為「滕」為好。其次，《包山》20「鄭司敗（敗）李（李）○」，相同文例亦見於簡 47「顥司敗（敗）李（李）○」，此二「○」字是人名，字形分別作：

黃錫全先生分析為從耳從口，以為即古之「聽」字。[4]《十四種》沒有

[1] 黃德寬、徐在國先生：〈郭店楚簡文字考釋〉《吉林大學古籍整理研究所建所十五周年紀念文集》（吉林大學出版社，1998 年 12 月），頁 105。

[2] 蔡夢麒：《《說文解字》字音注釋研究》（濟南市：齊魯書社，2007 年 6 月），頁 758。

[3] 何九盈：《語言叢稿》（北京市：商務印書館，2006 年 4 月），頁 205。

[4] 黃錫全：〈《包山楚簡》部分釋文校釋〉《湖北出土商周文字輯證》（武漢市：武漢大學出

考釋。[1]謹案：字比對上引《金縢》的、《尊德義》的，可知右旁從「夌」。右旁是類似「（夌）」的寫法，只是「夊」與「耳」旁上部橫筆有共筆的現象。此二字可分析為從耳「夌」聲，讀為「聆」。夌，來紐蒸部；聆，來紐真部，[2]音近可通。楚簡目前未見「聆」字，所以寫法上也沒有衝突。

## 二　《金縢》簡1「王不瘳（豫）又尼（遲）」釋讀

《金縢》簡1「王不瘳（豫）又尼（遲）」，整理者讀為「王不瘳（豫）又（有）尼（遲）」解釋說：「不瘳，亦見於清華簡《保訓》。瘳，今本作『豫』，字或作『忬』（《釋文》引或本）、『悆』（《說文》），或云『不懌』（《書・顧命》）。懌，孔傳釋為悅懌。尼，《說文》『遲』字或體『迡』所從，《廣韻》：『久也。』」[3]廖名春先生：「『尼』通『屖』，而『屖』亦作『犀』。因而簡文的『尼』可讀作『瘈』。《說文・疒部》：『瘈，寒病也。』」[4]宋華強先生指出：「『王不豫』和『又遲』是兩句話，主語、謂語各不相同，應該斷開。『又』似如字讀即可，不必讀為『有』，『又』表示遞進，相當於『而且』。『王不豫，又遲』是說：武王生病，而且遷延日久。」[5]

版社，1992年10月），頁192。

[1] 陳偉等著：《楚地出土戰國簡冊【十四種】》（北京市：經濟科學出版社，2009年9月），頁15、17。

[2] 陳復華、何九盈：《古韻通曉》（北京市：中國社會科學出版社，1987年10月），頁260、304。

[3] 李學勤主編：《清華大學藏戰國竹簡（壹）》下冊（上海市：中西書局，2010年12月）頁158～159注2。

[4] 廖名春：〈清華簡《金縢》篇補釋〉，簡帛研究網，2011年1月4日，http://www.jianbo.org/admin3/2011/liaomingchun001.htm。

[5] 宋華強：〈清華簡《金縢》校讀〉，簡帛網，2011年1月8日，http://www.bsm.org.cn/show_article.php?id=1370#_ednref29。又見於氏著：〈清華簡《金縢》補釋〉《清華大學學報》2011年第4期（第26卷），頁24～25。

　　謹案：廖名春先生之說與楚文字用字習慣不同，恐不可信。筆者以為簡文斷讀為「王不瘳（豫）又㠯（遲）」或「王不瘳（豫），又㠯（遲）」皆可，只是文意有所不同。若是後者，則應該讀為「王不瘳（豫），又（有）㠯（遲）」，可以比對《包山》239-240「占之：惡（恆）貞（貞）吉，疾【239】夏（弁），又（有）賡（續），遞（遲）瘥（瘥）。」或是《新蔡》乙三 39：「☐無咎，疾迖（遲）瘥（瘥），又（有）賡（續）。」《金縢》的「又（有）㠯（遲）」相當於「又（有）賡（續）」。若是前者，則應該讀為「王不瘳（豫）又㠯（遲）」，「又」字的解釋採用宋華強先生之說理解為「而且」的意思。有一個證據可以說明：顧史考先生指出《左傳・昭公二十年》「齊侯疥，遂痁」（《晏子春秋》外篇「齊侯」作「景公」）的「痁」字為「痁」字之訛；《晏子春秋》內篇「景公疥且瘧」之「瘧」字乃該書整理者誤認「虍」為「虐」所致，原本大概與《上博六・競公瘧》簡 1 一樣寫作「瘧」，讀為「痁（痼）」，意為「景公久病」。[1]劉嬌女士同意此說，他說：「整理者指出：關於齊景公的病，傳世文獻的記載有兩種：《左傳》和《晏子春秋》外篇作『景公疥遂痁』，《晏子春秋》內篇作『景公疥且瘧』。歷史上有兩種解釋：一取直解，說齊景公是『疥』和『瘧』同患，『疥』是皮膚病，『瘧』是瘧疾，前兩種文獻所說的『痁』是『大瘧』，包括在『瘧』中。一說『疥』讀為『痎』，『痎』是小瘧，兩日一發；『痁』是大瘧，一日一發。由『痎』到『痁』即由小瘧到大瘧，是病情加重的過程。竹書篇題為『景公瘧』，而不是『景公疥且瘧』，印證了第二種說法。第一種說法之誤不言自明。顧史考疑《左傳》及《晏子春秋》外篇之『痁』字為『痁』字之訛，《晏子春秋》內篇之『瘧』字乃該書整理者誤認『虍』為『虐』所致，原本大概與簡文同，實即『瘧』字而讀為『痁（痼）』，意為『景公久病』。我們認為顧說有理。」[2]可見《競

---

[1] 顧史考：〈楚文「虖」字之雙重用法：說「競公『痼』」及苗民「五『虩』」之刑〉《古文字研究》第二十七輯（北京市：中華書局，2008 年 9 月），頁 388～389。

[2] 劉嬌：《西漢以前古籍中相同或類似內容重複出現現象的研究──以出土簡帛古籍為中心》

公瘠》「齊景公疥且瘧（痼）」的「且瘧（痼）」正相當於《金縢》「王不豫
又遲」的「又遲」，都是指病況加重，延遲好轉。

## 三　《金縢》「獲」字考釋

《金縢》簡9「是歲也▆，秋大熟▆，未△1。」簡14「歲大有年，秋
【13】則大△2乚。」「△1」、「△2」對應今本「穫」字，字形分別作：

整理者隸定作「」，並注釋說：

> 字不識，今本作「穫」。左半又見上博簡《采風曲目》「□也
> 遺夬」，又《鮑叔牙與隰朋之諫》「□民獵樂」。疑「」即「叡」
> 字，叡，曉母鐸部，讀為母匣母鐸部之「穫」。[1]

何有祖先生根據「△1」、「△2」的寫法，認為□很有可能是「獲」字。[2]但
是「△1」、「△2」釋為「獲」的理據是什麼，未見何先生說明。宋華強先
生根據筆者與陳劍先生釋□為「列」，認為「△1」、「△2」皆是「列」字，
可以讀為「獲」。[3]謹案：先將筆者考釋□為「列」的原文迻錄如下：

（上海市：復旦大學中國語言文學系博士論文，2009 年 4 月，指導教師：裘錫圭教授），
　頁 162〜163。

[1] 李學勤主編：《清華大學藏戰國竹簡（壹）》下冊（上海市：中西書局，2010 年 12 月），
　頁 161 注 22。

[2] 何有祖：〈清華大學藏簡《金縢》補釋一則〉，簡帛網，2011 年 1 月 5 日，
　http://www.bsm.org.cn/show_article.php?id=1362。

[3] 宋華強：〈清華簡《金縢》讀為「穫」之字解說〉，簡帛網，2011 年 1 月 14 日，
　http://www.bsm.org.cn/show_article.php?id=1388#_edn18

《郭店・性自命出》31「濬」作，[1]《上博（一）・性情論》19 相應

字作。[2]值得注意的是《上博（一）・性情論》19 字形上部的「卢」旁作，

與「」的上部作完全同形，可見應釋為「卢」。學者未對、的

演變作分析，筆者嘗試分析如下：首先討論「卢」旁上部「」形的演變

過程。楚文字「卢」旁的寫法大致有四種：（一）（（《郭店・窮達以時》

簡 2「殜」偏旁）、（二）（《郭店・性自命出》44「死」偏旁）、（三）（《郭

店・窮達以時》9「死」偏旁）、（四）（《上博（二）・子羔》1「殜」偏

旁），可以看得出（二）、（三）、（四）種寫法是第（一）種寫法的進一步變

化。[3]所以我們只須就第（一）種構形的變化加以討論即可，意即有字形上

的例證證明可由「卜」形演變成「」形。

（△5）　（△6）　（△7）

---

[1] 字形摹自編輯組編：《簡帛書法選：郭店楚墓竹簡──性自命出》（北京市：文物出版社，
2002 年 12 月），頁 31。

[2] 劉釗：〈讀郭店楚簡字詞札記〉《郭店楚簡國際學術研討會》（武漢市：武漢大學出版社，
2000 年 5 月），頁 78、陳偉：〈郭店簡書〈性自命出〉校釋〉《新出土文獻與古代文明研
究國際學術研討會會議論文》2002 年 7 月、李天虹：《郭店竹簡《性自命出》研究》（武
漢市：湖北教育出版社，2003 年 1 月），頁 208。

[3] 由甲骨文、金文來看，形體亦多接近第一種寫法，可證第一種寫法的確是較為原始的。
參季師旭昇：《說文新證》（上）頁 324～326。編按：如《老子甲》13「貞」作，又作
（《君人者何必然哉》4）。「真」作（《貨系》341），又作（《上博六・用曰》簡 3）、
（《上博六・用曰》簡 5）。

　　我們看「祗」字，蔡侯申盤作△5、《三體石經・君奭》作△6，而在《郭店・老子乙》12 中則作△7，其演變過程正符合這個現象。若深入討論這種演變的由來，就必須結合第（二）種寫法來看。我們注意到《上博（二）・容成氏》簡 31「陞（登）高山」，「陞」作 、簡 39「陞（徵）賢」之「陞」作 ，可以看出上作二筆。而《包山》137 反「諲（證）」作 、138 反作 ，上從三筆。[1] 又如「廈（文）」，《郭店・尊德義》17 作 ，上從三筆；《語叢一》60 作 ，上作二筆。另外，像「弋」旁既寫作 ，又作 。[2] 甲骨文「木」形還可作「屮」形，進而省作「 」形。[3] 亦見「苣」字，既作 （《甲》795），又作 （《佚》370）。《說文》解釋「苣」為「束葦燒」，則其所從的「葦」亦或作二筆，或作三筆。[4] 又如「彭」既作 （《陶彙》3.737），又作 （《璽彙》3513）。[5] 特別是《曹沫之陣》簡 12「蔑」作 ；《柬大王泊旱》08「夢」作 。《馬王堆》M1 遣策簡 258「蔑」作「 （戳）」，其「蔑」頭作「屮」，[6] 這些字形的「屮」頭形變化與本簡頗為接近。依此

---

1　參拙文：〈《郭店》、《上博（二）》考釋五則〉《中國文字》新廿九期（臺北市：藝文印書館，2003 年 12 月），頁 214。

2　裘錫圭：《古文字論集》（北京市：中華書局，1992 年 8 月），頁 33 注 49。

3　裘錫圭：《古文字論集》（北京市：中華書局，1992 年 8 月），頁 183。

4　參陳劍：《殷墟卜辭斷代對甲骨文考釋的重要性》（北京市：北京大學中文系博士論文，2001 年 5 月）。收入《甲骨金文考釋論集》（北京市：線裝書局，2007 年 4 月），頁 402。

5　劉釗：〈璽印文字釋叢（二）〉《古文字考釋叢稿》，（長沙市：岳麓書社，2005 年 07 月），頁 191。

6　朱德熙：《朱德熙古文字論集》（北京市：中華書局，1995 年 2 月），頁 133、伊強：《談《長沙馬王堆二、三號漢墓》遣策釋文和注釋中存在的問題》，（北京市：北京大學中國

觀點，我們似乎可以推測楚簡「卣」字可能還存在著 ![字] 的寫法。而由 ![字] 演變為 ![字] 就很好理解了。李家浩先生曾經指出：「戰國文字有在豎畫的頂端左側加一斜畫的情況」，如「陳」作 ![字]（《璽彙》1453），亦作 ![字]（《璽彙》1455）、「匋」作 ![字]（麓伯簠），亦作 ![字]（《古陶文字徵》頁187）等等。[1] 又如「斁」作 ![字]（鄆斁鼎），亦作 ![字]（中山王壺），亦加一斜筆。[2] 又如「殺」可作 ![字]（《簡大王》07）同簡又作 ![字]。至於整個字形演變過程可以參考：「民」，![字]（《郭店・忠信之道》簡2）、![字]（《九店》56.41）→ ![字]（《上博（二）・從政》甲8），完全吻合這個現象的。其次，![字]字下部乍看似乎從「尹」或「目」形，事實上本是由「卣」形的下半訛變而來的。[3] 如《上博（三）・周易》簡28、29「斁」作 ![字] 便是明證。換言之，「![字]」應該隸作「![字]」，即「列」字，可依陳劍先生讀為「厲」。[4]

看的出來，若根據上面的證據，尚難完全肯定「△1」、「△2」是「列」字，原因在於未見「卣」上部從一豎筆者，今舉證如下：上面提到「廌（文）」，《郭店・尊德義》17作 ![字]，上從三筆；《語叢一》60作 ![字]，上作二筆。也就是鹿角的數目並不固定。相同情形亦見於「鷹」字：《上博六・天子建州

---

語言文學系碩士學位論文，2005年5月），頁25。

[1] 李家浩：〈傳遽鷹節銘文考釋——戰國符節銘文研究之二〉《海上論叢》第二輯（上海市：復旦大學出版社，1998年7月），頁24。

[2] 董蓮池：《金文編校補》（長春：東北師範大學出版社，1995年9月），頁462。

[3] 參拙文：〈《郭店》、《上博（二）》考釋五則〉《中國文字》新廿九期（臺北市：藝文印書館，2003年12月），頁225。

[4] 以上見拙文：〈上博楚簡（五）考釋五則〉《中國文字》新卅二期（臺北市：藝文印書館，2006年12月），頁76～77。又載於《《上博楚竹書》文字及相關問題研究》（臺北市：萬卷樓圖書公司，2008年1月），頁64～66。

甲》簡 8 作[圖]，上從三筆；《上博七・凡物流形》甲本簡 26 和乙本簡 19 作

[圖]、[圖]，上作二筆。[1]值得注意的是，《郭店・老子甲》34 號簡「未知牝戊

（牡）之合[圖]怒，精之至也。[2]」，劉釗先生認為「[圖]」字讀為「朘」無疑。[3]

郭永秉先生認為「[圖]」字應該就是「虒」字之變體，其頭部與《凡物流形》

「虒」字只爭一筆，也在戰國文字變化的情理之中。「朘」字是精母文部字

正與「薦」，精母文部雙聲疊韻。[4]此說可信，新出《上博八・志書乃言》

簡 7「瀍」作[圖]，其「虒」旁正作一筆。依照前文所舉的類化理論，既然

「虒」字上部可以有[圖]；[圖]；[圖]、[圖]的變化，則「卜」也應該有著[圖]、[圖]、

[圖]的變化，「[圖]」即「[圖]」，之後在豎畫的頂端左側加一斜畫，便成為[圖]、

[圖]。當然也有可能是由[圖]的上部「[圖]」省簡一橫筆而來，如同甲骨文「玉」

作「[圖]」（《合》10171 正），[5]而在《集成》3940 商代銅器亞嵩作祖丁簋「玉

---

[1] 馬承源主編：《上海博物館藏戰國楚竹書（七）》（上海市：上海古籍出版社，2008 年 12 月），圖版頁 103、頁 129。復旦大學出土文獻與古文字研究中心研究生讀書會：《〈上博（七）・凡物流形〉重編釋文》，復旦大學出土文獻與古文字研究中心網站，2008 年 12 月 31 日。

[2] 荊門市博物館：《郭店楚墓竹簡》，文物出版社 1998 年 5 月，圖版頁 5，釋文注釋頁 113。

[3] 劉釗：《郭店楚簡校釋》（福州市：福建人民出版社，2003 年 12 月），頁 24。

[4] 郭永秉：〈由《凡物流形》「虒」字寫法推測與郭店《老子》甲組與「朘」相當之字應為「虒」字變體〉，復旦網，2008 年 12 月 31 日。後以〈楚竹書字詞考釋三篇──三、釋《老子》甲組的「虒」字變體〉為題收入《中國文字研究》第 13 輯（鄭州市：大象出版社，2010 年 10 月），頁 69～71，又載於氏著：《古文字與古文獻論集》（上海市：上海古籍出版社，2011 年 6 月），頁 83～86。

[5] 劉釗、洪颺、張新俊編纂：《新甲骨文編》（福州市：福建人民出版社，2009 年 5 月），頁 21。

十」中，「」也是「玉」字，[1]由「」而「」的演變，正如同由

「」而「」。還有一種可能是：由於「」上部筆劃類似「人」形，而

古文字「人」形又可以變化作類似「」形體。如古璽文字「脂」的「㕣」

旁上從「人」，常寫作（《璽彙》2973），但也寫作：

（《璽彙》2970） （《璽彙》2971） （《璽彙》2972）

裘錫圭先生指出這些都是「人」的變形。[2]或受此現象影響，遂將「」字

也類化寫作「」。

附帶一提，上引「」形演變成「屮、」的變化，可參《清華簡・

皇門》03「蕙（惠）」作，新出《上博八・有皇將起》簡1「惠」作，

不過《有皇將起》簡1「惠」也作，其上的演變正可以參考。[3]

## 四　《尹誥》簡1「蕙」字考釋

《尹誥》簡1「顕（夏）自蕙亓（其）又（有）民」，所謂「蕙」字作：

---

[1] 李孝定：《甲骨文字集釋》（臺北市：中央研究院歷史語言研究所專刊之五十，1965年），頁131～132、李師旭昇：《說文新證》（臺北市：藝文印書館，2002年10月），上冊，頁353。按：字形與「丰」相似，「丰」與「玉」的關係是什麼，還有待研究。

[2] 裘錫圭：《古文字論集》（北京市：中華書局，1992年8月），頁470。

[3] 馬承源主編：《上海博物館藏戰國楚竹書（八）》（上海市：上海古籍出版社，2011年5月）圖版，頁105，釋文，頁272、復旦吉大古文字專業研究生聯合讀書會：〈上博八《有皇將起》校讀〉，復旦網，2011年7月17日下鄔可晶第14、16樓的評論。

整理者釋為「絶」。張新俊先生與筆者同時指出此字中間所從是「弦」，[1]不過張先生認為讀為「捐」，捐者，棄也。

謹案：楚簡「弦」如下：

（弦，《包山》192）　　　　　《三德》01　　　《用曰》12

右旁與《包山》、《三德》同形，左旁弓訛變為尸形古文字常見，所以此字應該隸定為「慈」。《說文・心部》有「慈」字，「急也。從心，從弦，弦亦聲。」則「慈」自然是從「弦」聲。《史記・夏本紀》：「桀不務德而武傷百姓，百姓弗堪。」或認為這段記載有附會之嫌，但是《容成氏》簡53提到「紂為無道，昏者（屠）百姓，至（桎）約諸侯，絶種侮姓，土玉水酒，天將誅焉，吾勵天威之。」其中「昏者（屠）百姓」云云可與《史記》「武傷百姓」對照。則「弦」，匣紐真部或可讀為「虔」，群紐元部。《說文》曰：「虔，虎行貌，從虍文聲。讀若矜。」「矜」從「令」聲，【令與臤】、【玄與臤】；【令與民】、【玄與民】古籍都有通假例證，[2]可見【弦與虔】通假沒有問題。值得注意的是，鄔可晶先生也同意釋為「弦」之說，他說：「『夏自A其有民』的A是從『弦』聲之字，前面幾位學者已經指出來了。若此，疑可讀為『殄』。《禮記・月令》『乘玄路』鄭玄注：『今《月令》曰：乘軫路，似當為軫字之誤也。』是從『玄』聲字與從『㐱』聲字相通之證。《左傳・宣公二年》『敗國殄民』，《尚書・召誥》『亦敢殄戮用乂民』。不過《皇門》篇以『吝』為『殄』，與此用字不合，故聊備一說耳。」[3]其說很有參

---

[1] 復旦大學出土文獻與古文字研究中心研究生讀書會：〈清華簡《尹至》、《尹誥》研讀札記（附：《尹至》、《尹誥》、《程寤》釋文）〉，復旦網，2011年1月5日 http://www.gwz.fudan.edu.cn/SrcShow.asp?Src_ID=1352 後面的評論。

[2] 張儒、劉毓慶：《漢字通用聲素研究》（太原市：山西古籍出版社，2002年4月），頁858、頁861。

[3] 復旦大學出土文獻與古文字研究中心研究生讀書會：〈清華簡《尹至》、《尹誥》研讀札記（附：《尹至》、《尹誥》、《程寤》釋文）〉，復旦網，2011年1月5日

考價值，既然【玄與多】可以通假，且《皇門》篇 12 以「吝」為「殄」，則【文與玄與多】聲系諸字自然存在通假的關係，而我們前面已經論証過「虔」可讀為「弦」，可見《說文》「虔」字分析從虍「文」聲是對的，高鴻縉也分析「虔」為從虎省文聲。[1] 徐鉉（五上十七）、段玉裁（五上四十二）都認為「虔」的「文」旁非聲，現在看來並不可從。王引之曰：「戩者，滅絕之名。《說文》曰：𢦏，絕也。讀若戩。聲同而義亦相近。故《君奭》曰：誕將天威，咸劉厥敵。咸、劉皆滅也，猶言遏劉、虔劉也。《逸周書・世俘篇》、《漢書・律厤志》引《武成篇》並云『咸劉商王紂』」[2] 王引之認為「咸」、「劉」皆滅也，而「咸劉」猶言「虔劉」，可見「咸」、「虔」、「劉」三者意思相去不遠。而「殄」也是絕、滅的意思。[3] 換言之，「虔」與「殄」聲義皆近，是同源的關係。則簡文讀為「顋（夏）自慈（虔或殄）亓（其）又（有）民」，「虔或殄」相當於《史記・夏本紀》的「武傷」，考慮到用字習慣的問題，或許讀為「虔」是較好的選擇，廖名春先生亦贊同讀為「虔」。[4] 最近，馬楠小姐認為《尹誥》「顋（夏）自慈亓（其）又（有）民」對應今本《緇衣》「自周有終，相亦惟終」，認為「終」讀為「眾」，而「周」對應「慈」。再根據《緇衣》引《君奭》曰：「昔在上帝，周田觀文王之德，其集大命于厥躬」的「周」是「害」之訛，遂認為「慈」應讀為「害」，訓為「割害」。[5] 謹案：雖然作者論證過程稍嫌跳躍，而降低其可信度，但考量

---

http://www.gwz.fudan.edu.cn/SrcShow.asp?Src_ID=1352 後面的評論。

[1] 《金文詁林》，頁 3123。

[2] 王引之：《經義述聞》卷四《尚書》「咸劉厥敵」條（南京市：江蘇古籍出版社，2000 年 9 月），頁 100。

[3] 宗福邦、陳世鐃、蕭海波主編：《故訓匯纂》（北京市：商務印書館，2004 年 3 月初版），頁 1189。

[4] 廖名春：〈清華簡《尹誥》篇的內容與思想〉《清華大學藏戰國竹簡（壹）》國際學術研討會論文集》（北京市：清華大學主辦，2011 年 6 月 28 日至 29 日），頁 22、廖名春：〈清華簡《尹誥》研究〉《史學史研究》2011 年 2 期，頁 111。

[5] 馬楠：〈清華簡第一冊補釋四則〉《中國史研究》2011 年 1 期，頁 93～94。

「慈」與「害」聲韻確實接近，而且文意上也很好，確實可備一說。我們在討論《上博七・吳命》簡 5 下：「余必玫芒（亡）爾社稷」的「玫」字讀法時，曾列舉了「虔」、「割」等等的可能性，[1]由此角度來看，既然《尹誥》「慈」可讀為「虔」，則讀為「害」自然也不意外了，這些都是聲近義通的同源詞。又近承李銳先生惠賜其大作，文中將「慈」讀為「倦」，認為「夏自倦其有民」，與《湯誓》「有眾率怠弗協」相應，與《緇衣》所引《尹誥》的「自竭有眾」文義接近，[2]說亦有理有據，可備一說。

## 五　論《清華簡（壹）》兩個「糅合」的例子

　　本則討論兩個「糅合」的例子。吳振武先生指出：文字的糅合是指將讀音相近的兩個文字的某一部分揉合在一起或是說將兩個經常通假的字糅合成一字。[3]吳先生一共舉了三個例子：首先，「獻」一般作 ，《侯馬盟書》67：45「獻」作 ，吳振武先生認為可能是揉合「獻」、「鮮」二字。在聲音上，「獻」、「鮮」兩字經常通假，且盟書「獻」字的「鬲」旁在形體上與魚旁相似，且「鮮」字有不少是將「羊」旁寫在上面。[4]其次，《上博一・孔子詩論》簡 7 、簡 10 ，是揉合「蠆」、「害」二字而成，「蠆」、「害」經常通假。其中間的「」，既可以看作「害」字頂部，也可以看作「蠆」字中部。[5]第三，吳先生還指出新鄭兵器銘文中的「造」字作 、者，

---

[1] 參看拙文：〈《上博楚竹書七》考釋六題——（一）《吳命》「玫亡爾社稷」〉，已收入本書。

[2] 李銳：〈《緇衣》引《尹誥》「自周有終，相亦惟終」與清華簡異文合解〉，待刊稿。

[3] 吳振武：〈古璽姓氏考（複姓十五篇）〉《出土文獻研究》第三輯（北京市：中華書局，1998 年）頁 84 、〈戰國文字中值得注意的一種構形方式〉，《姜亮夫、蔣禮鴻、郭在貽紀念文集》（上海市：上海教育出版社，2003 年 5 月），頁 92～93。

[4] 吳振武：〈古璽姓氏考（複姓十五篇）〉《出土文獻研究》第三輯（北京市：中華書局，1998 年 10 月），頁 84。

[5] 馮勝君：〈讀上博簡《孔子詩論》札記〉《古籍整理研究學刊》2002 年第 2 期，頁 12～

是揉合「造」的兩系寫法：⿰散、⿰散、⿰散｜（⿰散）；⿰散、⿰散（⿰散）而來。[1]張新俊先生也舉了三個例子來說明：⿰（《性情論》簡38）、⿰（《周易》簡50）、⿰（《交交鳴鷖》簡1）。[2]不過這三個例子是否屬於文字糅合的構形尚有爭議。[3]還有一種糅合是文字異體間的糅合，也就是將兩個或幾個異體字之間的不同部件糅合成一個新的異體字，[4]如裘錫圭先生曾指出《說文》大徐本訓為「車軸耑鍵」的⿰，在《四部叢刊》影印的《說文解字繫傳》的影宋鈔本中作⿰，後者似是糅合睡虎地秦簡「⿱」及其異體「⿱」而成。[5]又如《天星觀》有字作⿰，蕭毅先生分析其構形有三種可能，其中第二種是：「從虎、從卒的字或為上下結構（如⿰（《包山》1號牘）），或為左右結構（⿰（《包山》42）），把這兩種結構的形體糅合在一起，就可以得到⿰形體。」[6]我們這裡所談的「糅合」是指吳振武先生所提的現象，吳先生曾說這種現象很少見，本文擬再舉出兩例：《祭公之顧命》簡7、14兩個「商」字作：

---

13、吳振武：〈戰國文字中值得注意的一種構形方式〉，《姜亮夫、蔣禮鴻、郭在貽紀念文集》（上海市：上海教育出版社，2000年5月），頁92～93。

[1] 吳振武：〈新見十八年冢子韓矰戈研究〉《古文字與古代史（第一輯）》（臺北市：中央研究院歷史語言研究所，2007年9月），頁320。

[2] 張新俊：《上博楚簡文字研究》（長春市：吉林大學古籍研究所博士學論文，2005年4月），頁18～23。

[3] 參禤健聰：〈說上博《吳命》「先人」之言並論楚簡「害」字〉《古文字研究》28輯（北京市：中華書局，2010年10月），頁470注20。

[4] 參江學旺：〈淺談古文字異體糅合〉《古漢語研究》2004年第1期、孫偉龍：〈「幾」、「散」二字異同考辨〉《古文字研究》28輯（北京市：中華書局，2010年10月），頁544。

[5] 裘錫圭：〈釋「⿱」〉《古文字論集》（北京市：中華書局，1992年8月），頁13。

[6] 蕭毅：〈楚璽考釋二則〉《古文字研究》28輯（北京市：中華書局，2010年10月），頁367。

（簡 7） （簡 14）

此字下部明顯從「嘼（單）」，整理者直接釋為「商」並不精準。[1]值得注意的是《民之父母》08「商」字寫法與《祭公之顧命》簡 7、14 相近，其字形作：

何有祖先生指出[2]：

> 「商」，陳斯鵬先生釋為「嘼（單）」。（原注：陳斯鵬：《上博楚簡（二）釋字二則》，《上博館藏戰國楚竹書研究續編》頁 520～522，上海古籍出版社 2004 年。）甚是。簡文「商」作，楚文字中類似的寫法除了陳先生所舉例子，還可舉數例，如郭店簡《窮達以時》簡 4、《曹沫之陳》「戰」字、《天子建洲》乙本簡 9「戰」字、《用曰》14 號簡「趨」（原注：陳劍：《讀〈上博（六）〉短札五則》，簡帛網 2007 年 7 月 20 日。）但未作訓解。陳文已指出即「嘼」字，是單字繁體，我們認為單在文中當讀作「商」。上古音單在元部端紐，商在陽部書紐，韻為對轉，聲則同屬舌音，音近可通。「賞」上古音屬陽部書紐，與「商」音同，典籍可見「賞」與從「單」之字通作，如「賞」可與「殫」通，《禮記・祭法》：「堯能賞均刑法以義終。」《周禮・春官・大司樂》鄭注引賞作殫，（原注：《古字通假會典》，頁 206）可為「單」通作「商」之證。」

我們不贊同將釋為「嘼（單）」，但是何文中所舉出的「商」、「嘼（單）」

---

[1] 李學勤主編：《清華大學藏戰國竹簡（壹）》（上海市：中西書局，2010 年 12 月）下冊，頁 174。

[2] 何有祖：〈楚簡校讀四則〉，簡帛網，2008 年 3 月 11 日，http://www.bsm.org.cn/show_article.php?id=800。

音近的證據值得注意。其次，《說文》古文「商」作 ；石經古文作 ，張富海先生指出：[1]

> 《說文》古文第一形小徐本作 ，大徐本字形有誤。《說文》古文第二形與小篆的區別在於豎筆下部多出一短橫飾筆，六國文字的「商」字絕大多數有此短橫。（原注：參看《戰國古文字典》，上冊 651〜652頁。）庚壺（《集成》15.9733.1）「商」作 ，齊璽「商」作 （《璽彙》3213），（原注：參看《戰國古文字典》，上冊，頁 651。）江陵雨臺山 21 號墓律管「商」作 （《文物》1988 年第 5 期，圖板五），上部都從兩個圈形，石經古文字形與之相合。《說文》古文第一形圈形訛變為「口」形。上博簡《民之父母》8 號簡「商」作 ，上從三個圈形，中間的圈形係由原來的三角形變來。

劉洪濤先生也認為《民之父母》8 號簡 字是「商」，他舉《汗簡》卷上之一高部引《說文》古文「商」作 為證，認為二者形近。並贊同張富海所說 上面中間的「口」形是由三體石經古文 所從的「辛」訛變而來。[2]

　　謹案：由張、劉兩位先生的意見，已經可以明白「」字上部與「商」的關係。但是此字下部與兩位學者所舉諸「商」字有較大差別，而接近「嘼（單）」字，此所以陳斯鵬、何有祖兩位先生會將「」改釋為「嘼（單）」。至此，我們可以知道原來「」是一種文字糅合的構形，將音近的「商」、「嘼（單）」兩字糅合在一起。回頭來看《祭公之顧命》「商」字作 ，其上部與 （庚壺）、（《說文》古文）、（齊，《陶文圖錄》2.4.1）[3] 同

---

[1] 張富海：《漢人所謂古文之研究》（北京市：線裝書局，2008 年 7 月），頁 54，126 條。

[2] 劉洪濤：《上博竹書《民之父母》研究》（北京市：北京大學中國語言文學系碩士論文，2008 年 5 月），頁 15。

[3] 朱德熙：〈戰國陶文和璽印文字中的「者」字〉《朱德熙古文字論集》（北京市：中華書局，

形，下部則是標準的「嘼（單）」，顯然也是文字糅合的現象。

第二個例子是《金縢》簡 5「尔（爾）之訥（許）我」、「尔不我訥（許）」，兩「訥」字作：[1]

、

陳劍先生指出 [2]：

> 「訥」在本篇簡 5 即兩見，皆用為「許」，字應即「許」之繁體。但其聲符部分實為「御」字簡體，且《皇門》（引按：實為《祭公》之誤寫）簡 16「    」字應即「許」之繁構而用為「嬖御」之「御」，可見當時「許」、「御」多通，「御」字曾在有的本子中寫作「   」（訥）完全可能。

謹案：由陳劍先生的說明已經知道「許」、「御」二字可通假，則「訥」字應該也是文字糅合的構形，即揉合了：    （誛，《祭公》16）、    （誛，《民之父母》9）與    （御，《郭店・緇衣》23）。如同《曹沫之陣》42    （馭），金俊秀先生指出糅合了    與    （馭《昭王與龔之脽》06）。[3]「訥」與「馭」二者正好是平行例證。附帶一提，由《祭公》16「女（汝）母（毋）以俾（嬖）    （誛／許－御）息（疾）尔（爾）臧（莊）句（后）」的「誛－御」

---

1995 年 2 月），頁 111～112 注 7 分析為「從貝，商省聲」。

[1] 李學勤主編：《清華大學藏戰國竹簡（壹）》下冊（上海市：中西書局，2010 年 12 月），頁 158。

[2] 網摘《清華一》專輯，復旦網，2011 年 2 月 2 日，
http://www.gwz.fudan.edu.cn/SrcShow.asp?Src_ID=1393。

[3] 金俊秀：〈說害〉《第十八屆中國文字學國際學術研討會論文集》（臺北縣：輔仁大學中文系，2007 年 5 月）。亦見禤健聰：〈說上博《吳命》「先人」之言並論楚簡「害」字〉《古文字研究》28 輯（北京市：中華書局，2010 年 10 月），頁 470 注 20。

作，可以知道《民之父母》9 號簡「亓（異）[1]才（哉）也」的「」同為「許」字沒有問題，[2]依文意可讀為「語」，對應《禮記・孔子閒居》的「言」。[3]學者或釋為「辯」，[4]但其字形與（辯，《柬大王》19）、（辨，《三德》03）等從「鞭」的形體不同，其說不可從。

附帶一提，楚文字「樂」目前有如下幾種寫法：（《老子丙》04，从「木」）、（《新蔡》甲三 200，从「大」）、（《老子丙》07，从「矢」）、（《孔子詩論》02，从「火」）。這些字形的下部演變過程都有例可循。值得注意的是，《耆夜》的「樂」字共 6 見，有 5 形寫作（簡 11），一種寫作（簡 12），[5]，這種寫法的下部與上述諸字不同。這可以有幾種解釋，一種是古文字常見的「大」形簡省為「巾（虫）」形，施謝捷先生曾指出：「『系』大概是『奚』的一種簡省寫法，把所從『大』形寫作『巾』形，在古文字中也是很常見的。」[6]如「吳」既作（《璽彙》1183），又作（《古

---

[1] 「亓」讀為「異」，見趙彤：《戰國楚方言音系》（北京市：中國戲劇出版社，2006 年 5 月），頁 65 引陳劍說。劉洪濤：《上博竹書《民之父母》研究》（北京市：北京大學中國語言文學系碩士論文，2008 年 5 月），頁 19～20 有解釋文意，可以參看。

[2] 濮茅左已指出此字為「許」之繁文，見馬承源主編：《上海博物館藏戰國楚竹書（二）》（上海市：上海古籍出版社，2002 年 12 月），頁 168。

[3] 李銳：〈上博館藏楚簡（二）初箚〉，簡帛研究網，2003 年 1 月 6 日、李天虹：〈上博館藏竹書（二）雜識〉，簡帛研究網，2003 年 9 月 18 日。

[4] 李守奎、曲冰、孫偉龍編著：《《上海博物館藏戰國楚竹書》（一～五）文字編》（北京市：作家出版社，2007 年 12 月），頁 641。

[5] 李學勤主編：《清華大學藏戰國竹簡（壹）》（上海市：中西書局，2010 年 12 月），下冊頁 201。

[6] 施謝捷：〈釋「十九年邦司寇鈹」銘的「奚易」合文〉《文教資料》（1996 年 2 期），頁 98。

文四聲韻》引《王存乂切韻》），[1]、（《珍秦》92）[2]，後二者寫法的下

部便類似「虫」的寫法。又如「央」作（《新蔡》甲一：3）又作（《子

羔》11）[3]；「戾」作（《包山》181），又作《包山》266，[4]皆可為證。[5]

則可以演變為，「虫」形上再加一橫筆就成為了。或是理解為「木」

省簡為「中」形，裘錫圭先生說：「其實旁不但可以寫作，而且有時還

可以寫作。例如「莫」字既可以寫作、，也可以寫作（《甲骨文編》

頁24）；「朝」字既可以寫作，也可以寫作（同上頁20）。」[6]則由（《璽

彙》1384）、（《香港中文大學文物館藏印續集一》49）變作（《耆夜》

12）。另一種考慮是此「樂」字雖寫為類似「藥」字，但中間所從卻與「東」

字同形，如（《包山》12）、（《包山》132），則可能也是一種糅合的

現象，即糅合了「樂」與「東」。「樂」是來紐藥部；「東」是端紐東部，聲

紐同為端系，而宵侯二韻關係密切，如李家浩先生認為江陵鳳凰山一六八

號漢墓竹簡「逗枳」就是「桃枝」。「逗枳」與「桃枝」古音相近。「逗」、「桃」

二字的聲母都屬定母。「逗」的韻母是侯部，「桃」的的韻母是宵部。李先

---

[1] （宋）郭忠恕、夏竦《汗簡·古文四聲韻》（北京市：中華書局，1983年12月），頁13。

[2] 湯餘惠主編：《戰國文字編》（福州市：福建人民出版社，2001年12月），頁689。

[3] 參拙文：〈《上博（五）·苦成家父》簡9「帶」字考釋〉《中國文字》新卅三期。

[4] 見拙著：《《上博楚竹書》文字及相關問題研究》（臺北市：萬卷樓圖書公司，2008年1月），頁26。

[5] 反向演變也是有的，如「深」作（《成之聞之》23），又作（《孔子詩論》02）；「龜」（黽）作（《郭店·緇衣》簡46），又作（《新蔡》零297），後者文例是「元龜」，或以為是「寅」字之訛，實在是沒有必要的。

[6] 裘錫圭：〈釋殷墟甲骨文裏的「遠」「𤞤」（邇）及有關諸字〉《古文字論集》（北京市：中華書局，1992年8月）頁5。

生分別從押韻、異文和注音三方面來論證宵侯二韻之字可以相通。1則藥部與東部應有相通的現象。惟「樂」與「東」畢竟沒有通假的例證，此意見只能待考。

## 六 《楚居》簡 16「邦大瘠」考釋

《楚居》簡 16「邦大，女（焉）遷（徙）居鄀郢。」整理者隸定為「瘠」，讀為「膌」，並注釋說：「邦大瘠，上博簡《東大王泊旱》一八號簡『邦家大旱病瘠』」，義同『大瘠』。《公羊傳》莊公二十年：「大災者何？大瘠也。大瘠者何？痾也。」2李學勤先生讀為「棘」。3張崇禮先生讀為「疫」。4

謹案：整理者讀「瘠」為「膌」，聲韻條件是合理的。不過以用字習慣來說，楚竹書本有「膌」字，如《君子為禮》3、《季康子問於孔子》18 寫作「膌」。張崇禮先生讀為「疫」，但是楚文字已有「疫」寫作（《容成氏》16）。筆者以為「瘠」可以考慮讀為「疻」或「疵」。「次」、「朿」音近可通，如《三德》簡 4：「毋詬政卿於神朿（次）」，又「憂懼之閒，疏達之朿（次）」，《周易》簡 7：「師左朿（次）」，簡 53：「旅既朿（次）」。5「瘠」字亦見於《包山》141，用為人名，林澐先生已指出此字應即《說文》「痄」的異構。6

---

1 李家浩：〈信陽楚簡中的「柿枳」〉《簡帛研究》第二輯（北京市：法律出版社，1996 年 9 月），頁 3。

2 李學勤主編：《清華大學藏戰國竹簡（壹）》下冊（上海市：中西書局，2010 年 12 月），頁 192 注 79。

3 李學勤：〈清華簡《楚居》與楚徙鄀郢〉《江漢考古》2011 年 2 期，頁 108。

4 張崇禮：〈釋楚文字中的「疫」〉，復旦網，2011 年 9 月 1 日，
http://www.gwz.fudan.edu.cn/SrcShow.asp?Src_ID=1633。

5 周波：《戰國時代各系文字間的用字差異現象研究》（上海市：復旦大學出土文獻與古文字研究中心博士論文，2008 年 4 月，指導教師：裘錫圭教授），頁 102～103，232 條「次」。

6 白於藍：〈《包山楚簡文字編》校訂〉《中國文字》新 25 期（臺北市：藝文印書館，1999 年 12 月），頁 191，131 條。

《說文》：「疕，瑕也。」段玉裁注釋曰：「疕之言疵也。」[1]換言之，簡文「癍」解為「疕」，也就是「疵」。《新蔡》乙一 14 地名「邶 竝」，整理者認為「邶竝」即見於《史記・楚世家》的「茲方」，何琳儀先生進一步指出：「新蔡簡地名『此竝』很容易使人聯想到上海博物館所藏『次竝』戈（《文物》1963 年 9 期）。」[2]董珊先生贊同此說。[3]可見「癍」讀為「疵」是可以的。《說文》：「疵，病也。」《尚書・大誥》：「天降威，知我國有疵，民不康。」「國有疵」與簡文「邦大癍（疵）」正合。此外，《簡大王泊旱》18「邦家大旱痁癍智於邦」，陳劍先生讀為「因資智於邦」，意謂（國家發生大旱災後）向國中咨詢，取眾人之智以定應對措施。[4]陳偉先生則認為：「痁癍，大概是指旱災帶來的疾痛，待考。」[5]謹案：「痁」可讀為「蘊」，[6]【因與溫】聲系可通，如《郭店・五行》13「安則悃（溫）」[7]。《詩・大雅・雲漢》：「旱既大甚，蘊隆蟲蟲」，毛傳：「蘊蘊而暑，隆隆而雷，蟲蟲而熱。」正義曰：「蘊蘊：暑氣附人之氣，故云而暑。」馬瑞辰《通釋》曰：「蘊隆謂暑氣鬱積而隆盛，蟲蟲則熱氣熏炙之狀也。」[8]高亨《詩經今注》、向熹《詩經詞典》俱解「蘊」為「悶熱」。[9]則簡文的「痁」讀為「蘊」正與《雲漢》情境相同，頗疑「痁」

---

[1] （清）段玉裁注：《說文解字注》（臺北市：漢京文化，1985 年 10 月），頁 352。

[2] 何琳儀：〈新蔡竹簡地名偶識——兼釋次竝戈〉，簡帛研究網，2002 年 10 月 20 日。

[3] 董珊：〈釋楚文字中的「汁邡」與「胸忍」〉《出土文獻》第一輯（上海市：中西書局，2010 年 8 月），頁 164～165。

[4] 陳劍：〈上博竹書《昭王與龔之脽》和《柬大王泊旱》讀後記〉，簡帛研究網，2005 年 2 月 15 日，http://www.jianbo.org/admin3/2005/chenjian002.htm。

[5] 陳偉：〈《簡大王泊旱》新研〉，簡帛網，2006 年 11 月 22 日，
http://www.bsm.org.cn/show_article.php?id=466。

[6] 這個意見曾於 2009 年 4 月 2 日貼在復旦大學學術討論區。

[7] 白於藍：《簡牘帛書通假字字典》（福州市：福建人民出版社，2008 年 1 月），頁 339。

[8] （清）馬瑞辰撰，陳金生點校：《毛詩傳箋通釋》（北京市：中華書局，1989 年 3 月），頁 978。

[9] 高亨：《詩經今注》（臺北市：里仁書局，1981 年 10 月），頁 448、向熹：《詩經詞典》（成都市：四川人民出版社，1997 年 7 月），頁 864。

就是楚簡代表悶熱義的「蘊」的本字。簡文「邦家大旱，痑（蘊）癠（疵）智於邦」意思是說：邦家大旱，熱害已周知於全國，也就是說旱災已遍於全國的意思。或是說「智」可讀為「致」，《禮記・樂記》：「致禮樂之道」，《史記・樂書》「致」作「知」。[1]《說文》：「致，送詣也。」簡文「邦家大旱，痑（蘊）癠（疵）智（致）於邦」是說邦家大旱，熱害已推致於全國。

## 七　《尹至》簡5「夏料民」考釋

《尹至》4-5「湯往征弗附。摰度，摰德不僭。自西戠（𢦏—翦）[2]西邑，戠其有夏。夏△民入于水，曰：『戰！』。帝曰：『　一勿遺。』」[3]其中「△」字作：

整理者隸定為「𢼸」，釋為「播」。並解釋說：

> 𢼸，《說文》古文「番」，讀為「播」，《國語・晉語二》注：「散也。」《書・大誥》「于伐殷逋播臣」，疏：「謂播蕩逃亡之意。」曰，訓為「以」，見裴學海《古書虛字集釋》卷二。水，地名。《墨子・三辯》：「湯敗桀於大本」，《道藏》本作「湯放桀於大水」。《呂氏春秋・慎大》則云：「未接刃而桀走，逐之至大沙，身體離散，為天下戮。」

---

[1] 張儒、劉毓慶：《漢字通用聲素研究》（太原市：山西古籍出版社，2002年4月），頁786。

[2] 劉洪濤先生釋「戳」，讀為「殲」，見氏著：〈叔弓鐘及鎛銘文「剗」字考釋〉，復旦網，2010年5月29日，http://www.gwz.fudan.edu.cn/SrcShow.asp?Src_ID=1164、網摘・《清華一》專輯，復旦網，2011年2月2日，
http://www.gwz.fudan.edu.cn/SrcShow.asp?Src_ID=1393。劉雲先生讀為「踐」，見復旦學術論壇：〈清華簡《尹至》中讀為「播」的字〉，2011年5月10日，
http://www.gwz.fudan.edu.cn/ShowPost.asp?ThreadID=4567　。

[3] 釋文參照復旦大學出土文獻與古文字研究中心研究生讀書會：〈清華簡《尹至》、《尹誥》研讀札記〉，復旦大學出土文獻與古文字研究中心網，2011年1月5日，
http://www.gwz.fudan.edu.cn/SrcShow.asp?Src_ID=1352。

王利器《呂氏春秋注疏》以《三辯》「大水」之「水」為「沙」字壞文，並引呂調陽云：「大沙即南巢也，今桐城西南有沙河埠，其水東逕故巢城南，而東入菜子湖也。」又引《山海經・大荒西經》：「成湯伐夏桀于章山，克之。」《路史・後紀》卷十四引其郭注云：「章山名大沙，或云沙丘。」《太平御覽》卷八十二引《帝王世紀》則云：「桀未戰而敗績，湯追至大涉，遂禽桀於焦，放之歷山，乃與妹喜及諸嬖妾同舟浮海，奔於南巢之山而死。」徐宗元《帝王世紀輯存》云：「『大涉』當作『大沙』。」[1]

復旦讀書會認為：

整理者釋「夏」後一字為「羽（播）」，大概根據的是《上博（一）・緇衣》簡 15 的 字，此字今本《緇衣》作「播」。不過，《尹至》此字原作 ，從「米」從「斗」，與上博簡《緇衣》用為「播」之字有異，可據形隸定為「料」。「料」字見於《說文・斗部》，訓為「量也」，「从斗、米在其中」（小徐本作「從米在斗中」）。《國語・周語上》：「宣王既喪南國之師，乃料民於太原。仲山父諫曰：『民不可料也！夫古者不料民而知其少多，……且無故而料民，天之所惡也……』」韋昭注：「料，數也。」整理者已指出「內（入）于水」之「水」乃地名，《墨子・三辯》「湯敗桀於大本」，《道藏》本作「湯放桀於大水」。若此，《國語》「料民於太原」與簡文「料民內（入）于水」的說法十分接近，可證釋「羽（播）」為「料」是合適的。[2]

劉雲先生在復旦網的學術論壇上發文贊同整理者釋為「播」的意見，並對字形有所分析。[3]沈建華女士也釋為「播」，或讀「番」，勇武貌。[1]

[1] 李學勤主編：《清華大學藏戰國竹簡（壹）》（上海市：中西書局，2010 年 12 月）下冊，頁 130～131 注 27。

[2] 復旦大學出土文獻與古文字研究中心研究生讀書會：〈清華簡《尹至》《尹誥》研讀札記〉，復旦網，2011 年 1 月 5 日，http://www.gwz.fudan.edu.cn/SrcShow.asp?Src_ID=1352。

[3] 復旦學術論壇〈清華簡《尹至》中讀為「播」的字〉，第 1 樓，2011 年 5 月 10 日，

　　謹案：簡文「△」明顯從米從斗，釋為「料」無庸置疑。鄔可晶先生
進一步認為：「讀書會釋《尹至》此字為『料』，這個『料』字把『米』寫
在『斗』中，正與《說文》分析『料』字字形為『從斗、米在其中』相合。
傳抄古文和出土秦漢文字資料中都有『料』字，（《傳抄古文字編》，頁 1425
所收《古文四聲韻》卷四去聲二十六下引石經古文；漢語大字典字形組編：
《秦漢魏晉篆隸字形表》，頁 1019）已作左『米』右『斗』之形而不作『米
在斗中』之形。上海博物館藏戰國楚竹書《周易》簡 42 有『斛』字，與今
本的『握』是音近通用的關係。這個『斛』寫作『角在斗中』之形。漢代
銅器銘文中數見『斛』字，皆作左『角』右『斗』之形。（《秦漢魏晉篆隸
字形表》，頁 1019）『斛』、『料』的結構雖不同（『斛』是從『斗』、『角』聲
之字，『料』則從『米』從『斗』會意），但字形演變的情況卻可以相互印
證。」[2]其說可從。而對於「料民」，鄔先生也有說明：「《管子・霸言》：『故
善攻者，料眾以攻眾，料食以攻食，料備以攻備，以眾攻眾，眾存不攻。』
尹知章注『料眾以攻眾』句云：『量吾眾寡，以敵彼眾，然後攻。餘仿此。』
可知進攻之前，須做『料眾』、『料食』、『料備』等準備工作。『料眾』當與
簡文『料民』同意。……所謂『料民』或『料人』，大概包括『安集吏民』、
『順俗而教』等工作，最核心的就是『簡篡（選）良材』，考察民　的不同
才幹，分別徵調、聚集起來，以應敵作戰。這是『料民』與攻戰治兵有關
的最直接的證據。《尹至》『夏料民，入于水，曰『戰』，意即夏桀考察、
簡選民眾，命其進入水地，下令作戰。」[3]此說自然有其合理性。作為一種
可能，此處「料」亦可能讀為「勞」，二者皆來紐宵部，中古四等開口。《說
文》曰：「料，量也。從斗，米在其中。讀若遼。」而【勞與寮】古籍常見

---

http://www.gwz.fudan.edu.cn/ShowPost.asp?ThreadID=4567　。

[1] 沈建華：〈清華楚簡《尹至》釋文試解〉《中國史研究》2011 年 1 期頁　71 注 36。

[2] 見復旦學術論壇〈清華簡《尹至》中讀為「播」的字〉跟帖第 2 樓。

[3] 同上。

通用，[1]可見「料」讀為「勞」沒有問題。典籍常見「勞民」的說法，如《管子‧形勢解》：「紂之為主也，勞民力，奪民財，危民死，冤暴之令，加於百姓。」而且「勞民」也與軍事行動有關，如《漢書‧賈捐之傳》：「今關東大困，倉庫空虛，無以相贍，又以動兵，非特勞民，凶年隨之。」《藝文類聚‧卷第一百‧災異部‧旱》：「君持亢陽之節，暴虐於下，興師旅，動眾勞民，以起城邑。」《資治通鑑‧漢紀十四世宗孝武皇帝下之下》：「上覺之，謂大將軍青曰：『漢家庶事草創，加四夷侵陵中國，朕不變更制度，後世無法；不出師征伐，天下不安，為此者不得不勞民。』」以當時的情勢推測，人民背離夏桀心向商湯是可以想像的，如簡 1-2「其有夏眾【1】不吉好其有后，厥志其倉（喪）[2]、寵二玉、弗虞其有眾。」若說夏桀還能簡選民眾去應戰，較難理解。[3]若解為「勞民」，即逼迫人民，似乎更為生動。簡文讀為「夏勞民入於水，曰：『戰！』」意思是說夏桀勞動民力到「水」地準備背水一戰。所以下句商湯說：「一勿遺」，「一」者「皆」也，楚簡跟典籍都有這種用法，「一勿遺」可以比對《集成》2833 禹鼎「勿遺壽幼」。

## 八 《楚居》簡 7 楚武王之名補釋

《楚居》簡 7 記載一段歷史說：

至武王畲  自宵遷（徙）居免

楚武王之名寫法怪異，整理者將字形隸定作「鼢」，分析說左側所從為舌之

---

1 【料與尞】、【勞與尞】古籍常見通用，見張儒、劉毓慶：《漢字通用聲素研究》（太原市：山西古籍出版社，2002 年 4 月），頁 223；高亨、董治安編纂：《古字通假會典》（濟南市：齊魯書社，1997 年 7 月），頁 815。

2 讀為「喪」是沈培先生的意見，見網摘《清華一》專輯，復旦網，2011 年 2 月 2 日，http://www.gwz.fudan.edu.cn/SrcShow.asp?Src_ID=1393。

3 復旦清華簡數據庫所作的新釋文將「料」讀為「糾？」不知是否亦有此曾考量。

繁體。《楚世家》載楚武王名熊通，在位五十一年。[1]整理者的說法並沒有解決問題。孟蓬生先生指出這個字應分析為從「舌」聲無疑是正確的（詳下）。[2]《史記·楚世家》曰：「蚡冒弟熊通弒蚡冒子而代立，是為楚武王。」此說不確，《楚居》簡 6-7「若囂（敖）畬【6】義（儀）徙居箸（都）。至焚（蚡）冒畬帥自箸（都）徙居焚。至宵（銷）囂（敖）畬鹿自焚徙居宵（銷）。至武王畬䏠（達）自宵（銷）徙居免」，整理者李守奎先生指出：「《楚世家》、《古今人表》等並以為霄敖（《古今人表》誤作「甯敖」）是若敖之子，蚡冒之父，誤。據本篇簡文，可知世系是若敖－蚡冒－宵敖。」[3]武王應該是蚡冒之子，宵敖之弟，[4]《左傳·文公十六年》：「先君蚡冒所以服陘隰也」，杜預注云：「蚡冒，楚武王父」[5]是對的。其次，楚武王的名字在典籍上是存在異文的，如：

《左傳·桓公二年》：「蔡侯，鄭伯，會于鄧，始懼楚也。」孔《疏》：「熊達始稱武王，武王十九年，魯隱公之元年也。」[6]

《左傳·莊公二十三年》：「荊人來聘」孔《疏》：「楚武王**熊達**始居江漢之間，然猶未能自同列國，故稱『荊敗蔡師』、『荊人來聘』。」[7]

---

[1] 李學勤主編：《清華大學藏戰國楚簡（壹）》（上海市：中西書局，2010 年 12 月）上冊，頁 120，下冊頁 181、頁 187。

[2] 孟蓬生：〈《楚居》所見楚武王名臆解〉，簡帛網，2011 年 1 月 12 日。http://www.bsm.org.cn/show_article.php?id=1386。亦見孟蓬生：〈《楚居》所見楚王名考釋二則〉《《清華大學藏戰國竹簡（壹）》國際學術研討會論文集》（北京市：清華大學主辦，2011 年 6 月 28 日至 29 日），頁 160～163。

[3] 李學勤主編：《清華大學藏戰國楚簡（壹）》（上海市：中西書局，2010 年 12 月）下冊，頁 187 注 38。

[4] 參看李學勤主編：《清華大學藏戰國楚簡（壹）》，頁 194「《楚居》世系」。

[5] 李學勤主編、龔抗雲等整理：《左傳左傳正義（中）》（北京市：北京大學出版社，1999 年 12 月），頁 566。

[6] 李學勤主編、龔抗雲等整理：《左傳左傳正義（上）》（北京市：北京大學出版社，1999 年 12 月），頁 150。

[7] 李學勤主編、龔抗雲等整理：《左傳左傳正義（上）》（北京市：北京大學出版社，1999

《漢書・地理志下》：「後十餘世至**熊達**，是為武王。」

張澍梓《世本集補注本・卷二・居篇》曰：「又按《史記楚世家》：『蚡冒卒，弟**熊達**立，是為楚武王。』」[1]

《通志・都邑略第一》：「楚都丹陽，周成王封熊繹以子男之田蓋居於此，至**熊達**始盛彊僭師王是為楚武王，遷都于郢。」

![字]字應分析為從「舌」聲，而「舌」與「達」前引孟先生文章已指出通假例證：《儀禮・既夕禮》：「設依撻焉。」鄭注：「今文撻為銛。」[2]可見《楚居》簡文的「熊![字]」正是典籍的「熊達」。[3]

（清）梁玉繩《史記志疑・楚世家》「蚡冒弟熊通」案：

《左》文十六注云：「蚡冒，楚武王父」。疏曰：「劉炫云，《世家》『蚡冒卒，弟熊達殺蚡冒子而代立』，則蚡冒是兄，不得為父。今知不然者，《世家》多紕繆，與經、傳異，杜非不見其文，但見而不用耳』。劉以《世家》規杜，非也。又武王之名，**各本《史記》皆作「熊通」**，而杜世族譜、《左》文十六、宣十二、昭二十二疏及釋文引《世家》並是熊達，桓二年《疏》不引《世家》亦是熊達，蓋今本誤。《漢地理志》、《淮南主術》注俱作「達」也。《困學紀聞》十一引《史》作「達」，宋本尚不誤。[4]

可見在《史記》之前就流傳有楚武王一名為「熊達」的異說，這種說法的源頭肯定與《楚居》簡文的「熊![字]」有關。孟蓬生先生指出：

《史記・天官書》：「氣來卑而循車通者，不過三四日，去之五六里

---

年 12 月），頁 275。

[1] （漢）宋衷注、（清）秦嘉謨等輯：《世本八種・張澍梓集補注本》（北京市：中華書局，2008 年 8 月），頁 38。

[2] 高亨、董治安編纂：《古字通假會典》（濟南市：齊魯書社，1997 年 7 月），頁 622。

[3] 李家浩先生：〈談清華戰國竹簡 《楚居》的「夷屯」及其他〉（《清華大學藏戰國竹簡（壹）》國際學術研討會會議論文集》，2011 年 6 月），頁 138 注 6 也是將「![字]」字分析為從「舌」聲，讀為「達」。文末註明文章寫於 2011 年 1 月中旬。

[4] （清）梁玉繩《史記志疑》，商務印書館《叢書集成本》卷二十二，頁 937。

見。」裴駰《集解》:「車通，車轍也，避漢武諱故曰通。」《漢書・高帝紀》:「帝置酒雒陽南宮，上曰：『通侯諸將，毋敢隱朕，皆言其情。』」顏師古注：「應劭曰：舊曰徹侯，避武帝諱曰通侯。通亦徹也。通者，言其功德通於王室也。張晏曰：後改為列侯。列者，見序列也。」而漢武帝時出於避諱的原因，就把它換成了「通」字。《漢書·蒯通傳》:「蒯通，范陽人也，本與武帝同諱。」顏師古注：「本名為徹，其後史家追書為通。」皆其例也。由此我們可以設想，楚武王本名熊紶（紲），古人完全有可能用同音字「徹」字來記錄它。經過漢代人傳抄後，楚武王的名字就變成了「熊通」。[1]

孟先生之說除楚武王本名「熊紶」需要修正為「熊達」外，餘皆可從。這種相同的避諱情況，如同：《史記・夏本紀》:「浮於濟、漯，通於河。」「浮於汶，通於濟。」「浮于淮、泗，通于河。」「均江海，通淮、泗。」此四處「通」字，《尚書・禹貢》皆作「達」。[2]仿照孟先生所說，《尚書・禹貢》「達於河」，或傳抄為音義相近的「徹於河」，漢人為避武帝諱而改為「通於河」。可見楚武王本名「熊達」，若無《楚居》簡文我們將永遠無法幫楚武王「正名」。

## 九　《程寤》簡3「杢」字考

《程寤》簡2-3「敝（幣）告【2】宗方（祊）（杢－社）禝（稷）」，[3]其中「社」字寫法值得注意。這種寫法接近大徐本《說文》古文「社」作、中山王鼎（《集成》5.2840）「社」作、《新蔡》這種寫法非常常見，[4]如乙四76「社」作、《鬼神之明》02簡背「社」作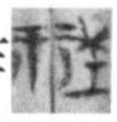，二者之別僅在於

[1] 孟蓬生：〈《楚居》所見楚武王名臆解〉，簡帛網，2011年1月12日。http://www.bsm.org.cn/show_article.php?id=1386。

[2] 此例為蘇芃先生所舉，見拙文：〈《楚居》簡7楚武王之名補議〉，復旦網，2011年1月13日，http://www.guwenzi.com/SrcShow.asp?Src_ID=1380下的評論。

[3] 李學勤主編：《清華大學藏戰國竹簡（壹）》（上海市：中西書局，2010年12月），頁136。

[4] 張新俊、張勝波：《葛陵楚簡文字編》（成都市：巴蜀書社，2008年8月），頁14～15。

有沒有「示」旁而已，同時「社」寫作「杢」也是首次見到，至於《新蔡》零 718「社」作 ![圖], 看似同形，但是竹簡左邊殘缺，估計本來也是作 ![圖]。「杢」寫法讓我們聯想到常見於三晉系趙國兵器常見的人物「𡉚波」，起先釋為「杜」，黃盛璋先生首先釋為「廉頗」。[1]李家浩先生贊同「廉頗」之說，並從文字學的角度分析「杢」字的構形。他認為「杢」即「坴」，是「埶」的簡省。《說文・炎部》「燅」或作「𤑆」，「燅」從「坴」聲；「𤑆」從「灷」聲。又《說文・見部》「覝，從見，灷聲。讀若鎌。」所以「杢」可以讀為「廉」，韻部是月談的通轉關係。[2]李家浩先生的說法證諸後出的竹簡顯然是對的，如《柬大王泊旱》16「發 ![圖]跰四疆」，「![圖]」顯然只能隸定為「駤」，分析為從「埶」省聲，讀為「馹」，驛車也。[3]至於 ![圖]（《包山》12）等字，整理者認為 ![圖]所從的「杢」旁是「社字古文」。[4]其後李天虹、何琳儀、劉釗等幾位先生都從「社」字古文的角度出發，將 ![圖]釋為「駐」，即牡馬之牡。[5]

---

1  黃盛璋：〈試論三晉兵器的國別和年代及其相關問題〉《考古學報》1974 年第 1 期，頁 24～25。又載《歷史地理與考古論叢》（濟南市：齊魯書社，1982 年），頁 89～147。

2  李家浩：〈南越王墓車馹虎節銘文考釋——戰國符節銘文研究之四〉，廣東炎黃文化研究會、紀念容庚先生百年誕辰暨中國古文字學學術研討會：《容庚先生百年誕辰紀念文集（古文字研究專號）》（廣東市：廣東人民出版社，1998 年 4 月），頁 662～671。也可以參見吳振武：〈趙十六年守相信平君鈹考〉《第三屆國際中國古文字學研討會論文集》（香港：香港中文大學，1997 年 10 月），頁 404。

3  陳劍：〈上博竹書《昭王與龔之脽》和《柬大王泊旱》讀後記〉，簡帛研究網，2005 年 2 月 15 日，http://www.jianbo.org/admin3/2005/chenjian002.htm、孟蓬生：〈上博竹書（四）閒詁〉，簡帛研究網，2005 年 2 月 15 日，
http://www.jianbo.org/admin3/2005/mengpengsheng001.htm。

4  湖北省荊沙鐵路考古隊：《包山楚簡》（北京市：文物出版社，1991 年 10 月），頁 41 注 33。

5  李天虹：〈《包山楚簡》釋文補正〉《江漢考古》，1993 年第 3 期），頁 84、何琳儀：〈南越王墓虎節考〉《汕頭大學學報》1991 年 3 期，頁 26～27、何琳儀：〈包山竹簡選釋〉《江漢考古》，1993 年第 4 期，頁 55、劉釗：〈包山楚簡文字考釋〉《出土簡帛文字叢考》（臺北市：臺灣古籍出版有限公司，2004 年 3 月），頁 20～21。

現在根據李家浩先生的研究成果，見於《包山》12、157 等等字自然也應該釋為「駬」。[1]

又如《郭店簡・語叢二》簡 50「母（毋）遊（失）虗（吾）埶，此埶得矣。」簡 51「少不忍伐大埶。」此三個「埶」字由字形來看同為一字是沒問題的。裘錫圭先生指出：「此字疑是『埶』之簡寫，在此讀為『勢』」，並將 51 號簡文讀為「小不忍，敗大勢」。[2]此後學者多贊成裘先生的分析，只是讀法有所不同，如湯余惠和吳良寶讀為「廢大節」。同時指出《古文四聲韻》引《林罕集》「未」字古文有作「」、「」形者，疑即「埶」形變體。以「埶」為「未」，應是音近通假。[3]李家浩先生也指出《古文四聲韻》引《林罕集》之古文「未」與「埶」確實同字，故「埶」當釋為「未」。但「埶」字左旁應是「埶」的簡寫，並以之為聲符。此「未」字在簡文中當讀為「謀」。同時認為簡文之「伐」字當訓為「敗」。[4]白於藍先生也認為根據《簡大王泊旱》簡 16「癹（發）駐（駬）迈（蹠）四＝疆＝（四疆，四疆）皆管（熟）」的辭例，且「駐」字右旁與「埶」字左旁顯然同形，可見將「埶」與「埶」字聯繫起來考察，在字形上的確很有依據。但認為上古音「未」屬明母物部，「謀」屬明母之部。二字雖然雙聲，韻部卻相隔過遠。而且，文獻中亦很難找到二字相通的直接證據。因此釋「埶」為「未」，讀作「謀」，仍不是十分理想。所以他認為「埶」從「社」，可讀為「圖」，意思與《論語·衛

---

[1] 李守奎：《楚文字編》（上海市：華東師範大學，2003 年 12 月），頁 571、陳偉、劉國勝：〈包山 2 號墓簡冊〉，收入於《楚地出土戰國簡冊【十四種】》（北京市：經濟科學出版社，2009 年 9 月），頁 3、10 注 22。

[2] 荊門市博物館：《郭店楚墓竹簡》（北京市：文物出版社，1998 年），頁 206。

[3] 湯余惠、吳良寶：〈郭店楚簡文字拾零（四篇）〉《簡帛研究 2001》（桂林市：廣西師範大學出版社，2001 年 9 月），頁 199。

[4] 李家浩：〈關於郭店楚墓竹簡《語叢二》51 號簡文的釋讀〉《新出楚簡國際學術研討會會議論文集（郭店·其他簡卷）》，武漢大學，2006 年 6 月，頁 84。附帶一提，李先生還有〈說「坴」字〉一文討論相關問題，載於中國文字學會、河北大學漢字研究中心編：《漢字研究》第 1 輯（北京市：學苑出版社，2005 年 6 月），頁 488～491。

靈公》的「小不忍則亂大謀」的「謀」相近。[1]

　　謹案：白先生既然認為「杢」右旁從「埶」字形很有道理，但又因為之、物二部音遠所以改讀為「圖」，筆者以為此說實無必要。一方面「毋以小謀敗大圖」的文例已見於《郭店・緇衣》23、《上博・緇衣》12，圖字作「[字形]、[字形]」，從者從心，這也與楚文字所見的「圖」字寫法相同，如[字形]（《上博五・鮑叔牙與隰朋之諫》簡6）、[字形]（《上博五・姑成家父》簡7），但從未見寫作「杢」者。其次，之物二部可通，上述李家浩先生已有舉例，後來王志平先生也指出：「無論從語言事實還是從音理解釋上來說，之（職）部與脂（質）部甚至微（物）部的關係都很密切，並非絕不可通。」[2]汪啟明先生也指出之物二部相通是齊國音系的特徵。[3]正好《語叢二》歷經學者的研究已經知道是齊國的抄本，可見「杢」理解為從「埶」，讀為「勢」或是讀為「未」或「謀」都是可以的。此外，《古文四聲韻》卷四引《古老子》「味」作[字形]，其右旁「未」的寫法應與上述傳鈔古文「未」字作「[字形]」、「[字形]」以及《語叢二》作「杢」者同一來源，可見「未」也可作[字形]。此字似乎與甲骨文[字形]（《合》8027）有關，《新甲骨文編》釋為「樴」，即「杉」字。[4]值得注意的是，《說文・木部》分析「樴」字從「欯」聲；而《說文・炎部》分析「欯」從「占」聲，[5]而「占」是談部字，正與上述李家浩先生將「杢」釋為「埶」讀為「廉」（談部）的語音現象相同，而「占」與「廉」也有相

---

[1] 白於藍：〈釋「杢」〉，復旦網，2010年7月9日，
http://www.gwz.fudan.edu.cn/SrcShow.asp?Src_ID=1210。後刊登於《中國文字研究》第14輯。

[2] 王志平：〈「罷」字的讀音及相關問題〉《古文字研究》第27輯（北京市：中華書局，2008年9月），頁395～396。

[3] 汪啟明：《先秦兩漢齊語研究》（成都市：巴蜀書社，1999年4月），頁142。

[4] 劉釗、洪颺、張新俊編纂：《新甲骨文編》（福州市：福建人民出版社，2009年5月），頁346。

[5] 其實占、炎二者音近，「欯」可能是個雙聲符字。

通的例證，[1]由以上可以歸納出【杢（埶）與廉】、【廉與占】、【占與未】可相通，自然「埶」也可以讀為「未」。

回頭來看《程寤》的「杢」字與「廉頗」之「廉」的關係。整理者與復旦讀書會的釋文都寫作「杢（社）」，似乎都認為「杢」是「社」字異體，則「杢」與「駬」偏旁「杢」是同形字的關係，這是一種可能。不過「社」，禪紐魚部，中古開口三等；「廉」，來紐談部，中古開口三等。聲紐禪母、喻母四等跟定母的古音很近，[2]而來母跟定母、喻母四等的古音更是接近。如馬王堆帛書《春秋事語》「吳伐越」章「刑不猻（來母）」，整理者讀為「刑不慎（禪母）」。[3]韻部則是魚談通轉。目前見到的「杢」字獨體就屬《程寤》與趙國兵器的人物「𡊒波」，把二者合觀是合理的，也可以證明魚談通轉確實是存在的聲韻現象。[4]

筆者認為《程寤》的「杢」其實就是「埶」的偏旁，即𡊒的偏旁，與𥙊（社）無關。「埶」（疑紐月部）在古文字中有多種讀法，如讀為「設」，書紐月部；「勢」，書紐月部；「褻」，心紐月部；「廉」，來紐談部；「邇」，日紐歌部；「日」，日紐質部；「節」，精紐質部；「銍」，日紐質部；「逸」，[5]喻母質部。這些通假字的聲韻範圍與「社」，禪紐魚部，聲音非常接近。孟蓬

---

[1] 孟蓬生：〈楚簡所見舜父之名音釋——談魚通轉例說之二〉，簡帛網，2010 年 9 月 3 日，http://www.bsm.org.cn/show_article.php?id=1289。

[2] 曾運乾：〈喻母古讀考〉《音韻學講義》（北京市：中華書局，1996 年 11 月），頁 147 ～170、周祖謨：〈禪母古音考〉《問學集》（北京市：中華書局，1966 年 1 月）上冊，頁 139～161。

[3] 《馬王堆漢墓帛書[三]》（北京市：文物出版社，1983 年），頁 18 注[四]。

[4] 孟蓬生先生告知筆者他目前正從事「漢字諧聲系統初探」的課題，打算重點解決侵談兩部跟其他韻部的通轉問題。其中已有幾篇專門討論魚談二部通轉的現象，發表於簡帛網與復旦網，請讀者關注。又本文所談到「社」與「廉」相通所反映的魚談二部通轉的現象，正與孟先生〈談魚通轉例說之七〉內容相同。

[5] 王子揚：〈說甲骨文中的「逸」字〉，復旦網，2008 年 12 月 25 日，http://www.gwz.fudan.edu.cn/SrcShow.asp?Src_ID=573。

生先生指出：「从埶聲的褻字或作袣。《詩・鄘風・君子偕老》：『是紲袢也。』《說文》引『紲』作『褻』。是世聲與埶聲相通。《說文・貝部》：『貰，貸也。从貝，世聲。』《周禮・地官・司市》：『以泉府同貨而斂賒。』鄭玄注：『民無貨則賒貰而予之。』賈公彥疏：『賒、貰二字通用也。』《史記・高祖本紀》：『常從王媼、武負貰酒。』裴駰《集解》引韋昭曰：『貰，賒也。』《索隱》：『鄒誕生貰音世，與《字林》、《聲韻》並同。又音時夜反。《廣雅》云：『貰，賒也。』《說文》云：『貰，貸也。』臨淮有貰陽縣，《漢書功臣表》貰陽侯劉纏，而此紀作射陽，則貰亦射也。』貰之於賒，猶貰之於射也。埶聲與至聲、爾聲相通。《爾雅・釋詁下》：『射，厭也。』陸德明《釋文》：『射，字又作斁，同。』所以馹（遷）、驛為同源詞，猶如袒、襗為同源詞一樣。」[1]這些通假的聲首中，「賒」是魚部，「射」是鐸部，可以證明「埶」與「社」確實可以相通。還有一個證據是《龍龕手鏡》卷四辵部中「迕」字下收「遷」為古文，而「迕」又是「遻」的異體，所以「迕」顯然是從「午」得聲的魚部字。《爾雅・釋言》曰：「馹，傳也。」《釋文》引郭璞音義云：「馹，本或作遷。」既然「馹」又作「遷」，可知「鋞」與「日」、「埶」音近可通，可知「埶」確實可與魚部字通假。李春桃先生認為：「『午』字屬於魚部，它不可能與『遷』音近。我們認為『遷』之所以作『迕』字古文是涉『迩』字而誤。具體來說，『遷』原來是『迩』的古文，因為『迕』與『迩』形體接近，便錯把『迩』字古文『遷』收在『迕』字下了，以至誤『遷』為『迕』字古文。」[2]李春桃先生的質疑現在看來是沒有必要的。

綜合以上討論，筆者認為《程寤》的「杢」就是「埶」的偏旁，可以音近讀為「社」。這樣理解的好處是不會出現從未見過的寫作「杢」的「社」

[1] 孟蓬生：〈「法」字古文音釋——談魚通轉例說之五〉，復旦網，2011 年 9 月 7 日 http://www.gwz.fudan.edu.cn/SrcShow.asp?Src_ID=1642 評論第 8 樓。

[2] 李春桃：〈古文考釋八篇——八、與「爾」字有關古文釋讀〉，簡帛網，2011 年 4 月 13 日，http://www.bsm.org.cn/show_article.php?id=1447。

字異體，[1]且可以跟古文字常見的「埶」字寫法銜接起來。從「埶」聲的通假範圍就有月、歌、魚、談、質部。

## 十 《程寤》簡 4 試讀

《程寤》簡 4：「朋棶戜杍＝松＝柏副棫橐柞＝昷＝牍」，整理者釋文作：「朋棘斁梓松，梓松柏副，棫覆柞柞，化為牍。」[2]並考釋說：「戜」讀為「斁」，《說文》：「棄也」；「副」訓作「析」；「橐」讀為「覆」。同時認為「杍」、「松」、「柞」三字下的符號為誤加，且文句疑有訛誤，似應為「朋棘斁梓，松柏副，棫柞覆，化為牍」，意謂「以棘比喻奸佞朋黨，以松柏比喻賢良善人」。[3]復旦讀書會釋文作「朋棶（棘）戜（斁）杍＝松＝（梓松，梓松）柏副，棫橐（包）柞＝（柞，柞）昷＝（化為）牍。」[4]後來中心所製作的「清華壹數據庫」中所附的釋文又讀為「朋棶（棘），戜（雦）杍＝松＝（杍松杍松－梓松，梓松）柏副，棫橐，柞＝（柞柞－柞？，）昷＝（化為）雔」。宋華強先生同意整理者「朋棘斁梓，松柏副，棫柞覆，化為牍」的讀法，並採用復旦讀書會「橐」讀為「包」的意見。宋氏意見認為「戜」讀為「儔」或「仇」；「副」、「包」皆指「生育」；「牍」改讀為「檍」，古書多以為「惡木」。[5]袁瑩小姐讀為「朋棘戜梓，松柏副，棫包柞柞，化為牍」，認為簡文

---

[1] 本文原始意見發表於孟蓬生：〈「法」字古文音釋——談魚通轉例說之五〉，復旦網，2011 年 9 月 7 日 http://www.gwz.fudan.edu.cn/SrcShow.asp?Src_ID=1642 評論第 5 樓，2011 年 9 月 8 日 13:24:12。後見王寧也就《程寤》 ▨（杢－社）字做了發揮，論述內容與上述李天虹、何琳儀、劉釗等幾位先生基本相同。王文見：〈申說楚簡中的「杜」與「牡」〉，簡帛網，2011 年 9 月 17 日，http://www.bsm.org.cn/show_article.php?id=1552。

[2] 李學勤主編：《清華大學藏戰國竹簡（壹）》（上海市：中西書局，2010 年 12 月），頁 136。

[3] 同上，頁 137 注〔一四〕～〔一七〕。

[4] 復旦大學出土文獻與古文字研究中心研究生讀書會：〈清華簡《尹至》、《尹誥》研讀札記（附：《尹至》、《尹誥》、《程寤》釋文）〉，復旦網，2011 年 1 月 5 日，http://www.gwz.fudan.edu.cn/SrcShow.asp?Src_ID=1352。

[5] 宋華強：〈清華簡校讀散札〉，簡帛網，2011 年 1 月 10 日，

中的六種木名，實際可分為兩類，「棘」與「棫」、「柞」為一類，都是低矮的灌木，可用作薪火之材，是樹木中低劣的品種；「梓」與「松」、「柏」為一類，都是高大的喬木，是樹木中尊貴的品種。並同意復旦讀書會將「橐」讀為「包」，並進一步訓解為「叢生」。認為「柞＝」應讀為「柞作」，「作」訓作「生」。文意解讀方面，「棫包柞作」意謂棫叢生，柞生長，比喻庸人得志，和前面的「松柏副」相對，而「朋棘戫梓」的結果是松柏這些良材被破開，棫柞這些薪火之材卻茂盛生長。至於「化為腏」，大概可以理解成「棫柞」被用作良材，塗以丹腏。[1]黃懷信先生則讀為「朋棘戫梓松，梓松柏副，棫覆柞，柞化為腏」，黃氏贊同「戫」訓「棄」，但將「副」改訓作「助」；「橐」讀為「覆」，訓作「庇護」、又可借為「護」，指「相護」；「腏」指染紅的顏料。「梓松柏副，棫覆柞」，意謂良材皆相互幫助保護；「柞化為腏」，意謂真正成材。[2]李銳先生主張「戫」讀為「毒」、「副」讀為「覆」、「橐」讀為「包」，並採納網友小狐先生的說法，在「柏」字後補上「＝」符號，文句重新斷讀為「朋棘毒梓松柏，梓松柏覆棫包柞，柞化為腏」。認為棫柞乃商棘所化，而松柏乃周梓所化。其關鍵在於文中的「㦻[秋（肅）]明武威，如棫柞無根」與「何威非文」相對應，可知反對武力，崇尚文治。武威當是形容商紂王的殘暴，其如無根之棫柞，可知棫柞指商，當乃棘所化，因棫柞皆有棘刺。梓、松、柏副（覆）棫包柞，乃變化之結果，而其開始是「發取周廷梓樹於厥間」，是朋棘包圍著梓。殷周之關係，正如文中所說：「惟商儔在周，周儔在商」。[3]

---

http://www.bsm.org.cn/show_article.php?id=1380。

[1] 袁瑩：〈清華簡《程寤》校讀〉，復旦網，2011 年 1 月 11 日，
http://www.gwz.fudan.edu.cn/SrcShow.asp?Src_ID=1376。

[2] 黃懷信：〈《程寤》解讀〉，簡帛網，2011 年 3 月 28 日，
http://www.bsm.org.cn/show_article.php?id=1426。

[3] 李銳：〈《程寤》試讀〉，「confucius2000 網」，2011 年 3 月 31 日
http://www.confucius2000.com/admin/list.asp?id=4834。

由以上諸家意見來看，可知簡 4 的釋讀有相當的難度。底下我們嘗試在學者論述的基礎上提出一點淺見供學界參考。首先，筆者贊同復旦讀書會的態度，在沒有堅強的證據下，不應輕易懷疑竹書的錯誤，對於簡 4 上的符號應當予以尊重。其次，簡 1「隹（惟）王元祀貞（正）月既生朗（霸），大姒夢見商廷隹（唯）棶（棘），廼孚＝（小子）躉（發）取周廷杍（梓），梪（樹）于氒（厥）閑（間），䲨＝（化為）松柏棫柞。【1】」這段文句異文常見於古籍，如：

《博物志・卷之八・史補》:「大姒夢見商之庭產棘，乃小子發取周庭梓樹，樹之於闕間，梓化為松柏棫柞。覺驚以告文王，文王曰:『慎勿言。冬日之陽，夏日之陰，不召而萬物自來。天道尚左，日月西移；地道尚右，水潦東流。天不享於殷，自發之夫生於今十年，禹羊在牧，水潦東流，天下飛蝗滿野，日之出地无移照乎？』」

《藝文類聚・卷第七十九・靈異部下・夢》:「周書曰:『大姒夢見商之庭產棘，太子發取周庭之梓樹於闕，梓化為松柏棫柞。寐覺，以告文王。文王乃召太子發，占之于明堂。王及太子發並拜吉夢，受商之大命于皇天上帝。」

《太平御覽・禮儀部・卷五百三十三》:「〈程寤〉曰:『文王在翟。太姒夢見　之庭產棘，小子發取周庭之梓樹於闕間，化為松柏棫柞。驚以告文王，文曰：召發于明堂，拜告夢受商之大命。」

《冊府元龜・總錄部・夢徵一》:「周文王去商在程。正月既生魄，太姒夢見商之庭產棘，小子發取周庭之梓樹于門間，梓化為松栢棫柞。寤驚以告文王，文王及太子發竝拜吉夢，受商之大命于皇天上帝。」

《全上古三代秦漢三國六朝文・全上古三代文・卷二・周文王程寤》:「文王去商在程。正月既生魄，太姒夢見商之庭產棘，太子發取周庭之梓，樹于闕閒，化為松柏棫柞。寤驚以告文王。文王曰:『慎勿言。乃召太子發，占之于明堂。王及太子發竝拜吉夢，受商之大命

于皇天上帝。』」

由以上記載可知「梓」可化為「松柏械柞」，這五種顯然應為一類，而相對於商廷的「棘」。袁瑩小姐在上引文中認為「械」、「柞」屬於灌木，生有棘刺，一般用作取火之材，如《詩・大雅・旱麓》「瑟彼柞械，民所燎矣」，且「械」、「柞」常是人們拔除的對象，如《詩・大雅・緜》「柞械拔矣，行道兌矣」。謹案：「械」、「柞」屬於灌木，只是一種說法，還有一種意見認為「柞」是落葉喬木。茲引《詩經詞典》「柞」字條的意見如下：

> 一種落葉喬木。葉子長橢圓形，花黃褐色，堅果球形，葉子可飼柞蠶，木材可制家具，樹皮可作染料。也叫作麻櫟樹或橡樹，通稱柞樹。《小雅・車舝》四章：「陟彼高岡，析其柞薪。」朱熹《集傳》：「柞，櫟。」王引之《述聞》卷二十八：「柞，一名櫟，一名橡，一名采。」馬瑞辰《通釋》：「今俗稱柞樹為柞櫟樹。」《大雅・緜》八章「柞械拔矣，行道兌矣。」《鄭箋》：「柞，櫟也；械，白桵。」孔穎達《正義》引陸機《詩義疏》：「周秦人謂柞為櫟。」[1]

至於「械」，《詩經詞典》的意見如下：

> 樹名，也叫白桵。灌木，叢生有刺。《大雅・緜》八章「柞械拔矣，行道兌矣。」《鄭箋》：「械，白桵。」孔穎達《正義》引陸機《詩義疏》：「《三倉》說：械，即柞也。其材理全白無赤心者為白桵。直理易破，可為犢車輻，又可為矛戟矜。今人謂之白梂，或曰白柘。」[2]

以上均可見「柞」、「械」大有用途，且「柞」還是喬木，不是如袁瑩所說是低劣之木。

其次，對於《詩・大雅・旱麓》「瑟彼柞械，民所燎矣」，鄭箋云：「柞械之所以茂盛者，乃人燢燎除其旁草，養治之，使無害也。」孔疏云：「上言祭以助福，此言得福之事。言瑟然眾多而茂盛者，是彼柞械之木也。此柞械所以得茂者，正以為民所燢燎，而除其傍草矣。傍無穢草，故木得茂

---

[1] 向熹：《詩經詞典》（成都市：四川人民出版社，1997年7月），頁949。

[2] 同上，頁846。

盛。以興得福者，乃彼樂易君子也。」是可知「燎」是指民眾燎除栵、柞周圍的雜草，使栵、柞茂盛，而栵、柞繁茂則是欣欣向榮的表現。[1]至於《詩經・大雅・皇矣》中的「柞棫斯拔，松柏斯兌」，「拔」一說是翦除，如陳奐《毛詩傳疏》：「拔，讀為跋，猶翦除也。」但也有認為是生長茂盛、挺拔的意思。如鄭箋云：「天既顧文王，乃和其國之風雨，使其山樹木茂盛，言非徒養其民人而已。」孔疏云：「毛以為，言天顧文王之深，乃和其國之風雨，善其國內之山，使山之所生之木，柞棫拔然而枝葉茂盛，松柏之樹兌然而材幹易直。言天之恩澤乃及其草木，非徒養其民人而已。」朱熹《集傳》：「拔，挺拔而上，不拳曲蒙蔽也。」[2]後說若能成立，則可見「松柏」與「柞棫」性質相近，正與《程寤》所載「棘」化為「松柏棫柞」相同。

在此基礎上，筆者認為簡4可以有兩種讀法：

發！女（汝）敬聖（聽）吉夢。朋棶（棘）戠（讎）〔一〕杍=松=（梓松，梓松）柏副〔二〕、棫橐（剖）〔三〕、柞=（柞柞）〔四〕，擧=（化為）〔五〕臒（惡或落）〔六〕。

（一）戠（讎）：上述廣瀨勳雄先生讀為「讎」正確可從。除他所舉出的《耆夜》6號簡「克燮（變）【5】裞（仇）戠（戠－讎）」的例證外，《郭店・尊德義》26「弗愛，則讎也」，讎字作{image}；《天子建州》甲本簡5-6「仇讎殘亡」，讎字作{image}[3]皆可為證。「讎」，仇視也。簡文「朋」與「讎」意思正好相對。

（二）副：整理者注釋說：「副，《禮記・曲禮上》注：『析也。』」可從。「梓松柏副」即「副梓松柏」。

（三）橐（剖）：整理者注釋說：「橐，疑讀為『覆』。」復旦讀書會讀為「包」。筆者以為讀為「剖」，滂紐之部；「橐」從「缶」得聲，幫紐幽部，

---

[1] 參陳民鎮在袁瑩文後的評論。

[2] 向熹：《詩經詞典》（成都市：四川人民出版社，1997年7月），頁6。

[3] 陳偉：〈《天子建州》校讀〉，簡帛網，2007年7月13日。

聲韻接近。文獻有【部與附】、【付與缶】的通假例證，可見「橐」
可以讀為「剖」。[1]《淮南子・齊俗訓》：「伐梗枏豫樟而剖梨之，或為
棺槨，或為柱梁，披斷撥槎，所用萬方，然一木之樸也。」可見「剖」
可用於「木」。「棫橐（剖）」即「剖棫」。

（四）柞＝（柞柞）：讀為「柞柞」，前一個「柞」是柞木，後一個「柞」
是砍伐的意思，如《詩・周頌・載芟》：「載芟載柞，其耕澤澤。」
毛傳：「除木曰柞。」漢張衡《西京賦》：「焚萊平場，柞木翦棘。」
這樣讀的好處是象徵周朝的梓松柏棫柞，都受到相同的遭遇——
「副」、「橐（剖）」、「柞」，皆是砍伐的意思，都些都是仇視梓松柏
棫柞的作為。

（五）虖＝（化為）：簡1作 、簡4作 ，此字應該與《老子甲》32 （蠱）
為一字，後者正好也讀為「化」。

（六）膻：可讀為「惡」，與「膻」同為影紐鐸部。古書有「化為惡」的說
法，如《書・呂刑・疏》：「三苗之民，慣瀆亂政，起相漸染，皆化
為惡。」「以峻法治民，民不堪命，故惡化轉相染易，延及於平善之
民，亦化為惡也。」[2]「平善之民」而「化為惡」，正與簡文「梓松柏
棫柞」而「化為惡」用法相同。「惡」有粗劣的意思，如《國語・齊
語》：「惡金以鑄鉬、夷、斤、斸」，韋昭注：「惡，麤也。」《群經平
議・周易二》：「言天下之至賾而不可惡也」，俞樾按：「惡之言麤也。」
《資治通鑑・漢紀二》：「更以惡草具進楚使」，胡三省注：「惡，麤
惡。」[3]簡文「惡」疑指文獻常見的「惡木」，「化為惡」是指梓松柏

---

[1] 張儒、劉毓慶：《漢字通用聲素研究》（太原市：山西古籍出版社，2002年4月），頁3、頁97。

[2] 李學勤主編、廖名春整理：《尚書正義》（北京市：北京大學出版社，1999年12月），頁537。

[3] 宗福邦、陳世鐃、蕭海波主編：《故訓匯纂》（北京市：商務印書館，2004年3月初版），頁796義項23～25。

械柞受到砍伐之後都變成粗劣、賤劣的樹。上述宋華強先生認為「腏」讀為「樗」，古書多以為「惡木」，筆者與之意見相近。「惡」也有外貌醜陋的意思，[1]如：《書・洪範》：「五曰惡，六曰弱。」孔傳：「惡，醜陋。」《左傳・昭公二十八年》：「昔賈大夫惡，娶妻而美。」杜預注：「惡亦醜也。」《莊子・山木》：「逆旅人有妾二人，其一人美，其一人惡。」簡文「化為惡」也可指梓松柏械柞受到砍伐之後都變成醜陋之物。還有一種可能是讀為「落」，來紐鐸部，與「腏」影紐鐸部，音近可通。聲紐相通的例證如《凡物流形》甲29「捒（握）之不盈捒（握）」，[2]柬，來母屋部；握，影母屋部。《說文通訓定聲》：「落，凡艸曰零，木曰落。……《禮記・月令》：『草木黃落』，〈離騷〉：『及榮華之未落兮。』」[3]則「化為落」是說梓松柏械柞受到砍伐之後都化為落木。不管是「化為惡」或「化為落」都象徵周朝的隳亡。

簡文下一句「於（嗚）虖（呼），可（何）敬（警）非朋，可（何）戒非【四】商」，整理者解釋說：「何警非朋，何戒非商，意云以朋比為警，以殷商為戒。」其說可從。總和以上，簡文文意我們稍加潤飾大約是說：發，你恭敬聆聽吉夢（的徵兆）：友朋象徵商廷的荊棘，仇視象徵周廷的梓松（柏械柞），（並）劈開梓松柏、剖開械樹、斫砍柞樹，（梓松柏械柞）化為賤劣醜陋之木或化為落木。（這是象徵周廷的隳亡啊！）嗚乎，結交朋友要謹慎啊，對商朝要警戒啊。

另一種讀法是：發！女（汝）敬聖（聽）吉夢。朋棘（棘）戩（雛）杼＝松＝（梓松，梓松）柏副械、囊（剖）柞＝（柞乍－柞骨）愚＝（化

---

[1] 宗福邦、陳世鐃、蕭海波主編：《故訓匯纂》（北京市：商務印書館，2004年3月初版），頁796義項14～19。

[2] 孫飛燕：〈讀凡物流形札記〉，清華大學簡帛網，2009年1月1日，http://www.confucius2000.com/admin/list.asp?id=3862。

[3] （清）朱駿聲：《說文通訓定聲》（北京市：中華書局，1984年6月），頁462。

為）膢（惡或落）。需要說明的是「乍」可讀為「胥」，且聲與疋聲古音相通，如今本《周易》：「臀無膚，其行次且」，上博簡《周易》簡 38「且」作「疋」。今本《詩經‧關雎》，上博簡《孔子詩論》簡 10 作「闚疋」。而【乍與且】聲音相近，古籍常見通假，不煩舉例。又越王差徐戈「居乍」讀為「姑胥（蘇）」[1]。簡文意思是說：友朋象徵商廷的荊棘，仇視象徵周廷的梓松，（導致）梓松柏劈開棫樹、剖開柞樹（比喻內部失和，自相殘殺），最後都化為賤劣醜陋之木或化為落木。（這是象徵周廷的隳亡啊！）

## 十一　《保訓》簡 1「演＝」字考

《保訓》簡 1-2：

隹（惟）王五十年，不瘳（豫）。王念日之多鬲（歷），忎（恐）述（墜）保（寶）訓。戊子，自△＝。己丑，昧【1】[爽□□□□□□□□□王]若曰：

其中「△＝」字形作：

此字目前有兩種說法：分別是釋為「潰」、「演」。先看「潰」之說，其主要根據是比對《書‧顧命》「甲子，王乃洮頮水」，認為「潰」讀為「靧」，即「頮」：李學勤先生首先指出：「篇文沒有記出月份，只有日子的干支：『戊子，自靧（即頮或沫字，洗臉）。己丑，昧爽……』。這是文王發佈遺言的準備儀式，和《尚書‧顧命》所記周成王死前的儀式相似，只是簡單一些。」[2]

---

[1] 董珊：〈越王差徐戈考〉《故宮博物院院刊》（2008 年第 4 期），頁 24～39，又載於復旦網，2008 年 10 月 15 日，http://www.gwz.fudan.edu.cn/SrcShow.asp?Src_ID=525、孟蓬生：〈越王差徐戈銘文補釋〉，復旦網，2008 年 11 月 5 日，
http://www.gwz.fudan.edu.cn/SrcShow.asp?Src_ID=541。

[2] 李學勤：〈周文王遺言〉，光明日報，2009 年 4 月 13 日。

其後說得更加清楚:「第 21 字左从『水』,右從《說文》云『古文貴』的『與』,字下有合文號,應讀為『潰水』,即『䪻水』。《書・顧命》『王乃洮頮水』,『頮』或作『䪻』。」[1]清華大學出土文獻研究與保護中心發表在《文物》2009年 6 期的釋文也作「潰」,讀為「䪻」。[2]單育辰先生指出:「在 2009 年 6 月15 日召開的『清華簡《保訓》座談會』上,李守奎先生、李銳先生等學者認為此字為『演』,從字形上看,A字右旁確實與『寅』沒有任何區別,但釋『演』文義實難講通,尤其我們認出A下有合文符,並與《尚書・顧命》相對照後,則A字只能認為是從『貴』得聲了。為了與『演』字相區別,我們把它隸定為『潰』。《說文》小篆『貴』作『𧵣』(卷六下),從『與』從『貝』;在傳抄古文中,更有單從『與』的『貴』字,如《古文四聲韻》4.8『貴』作:『𦥑』(引《古孝經》)、『𦥑』(引《古孝經》)『𦥑』(引《裴光遠集綴》)、『𦥑』(引《古老子》)諸形。A字與之相比,只多了一個『水』旁和『宀』旁,所以《保訓》整理者把A釋為『潰』是沒有問題的。」[3]後來正式出版的《清華壹》釋文作「潰=(䪻水)」,並注釋說:「潰,字下有合文符號,當釋為『潰水』(字形分析參看單育辰《佔畢隨錄三十一》(引案:文章名稱是《佔畢隨錄之十一》),復旦大學出土文獻與古文字研究中心網二〇〇九年八月三日,潰讀為『䪻』,字或作『頮』、『沫』。《顧命》:『甲子,王乃洮頮水。』」[4]李守奎先生在〈保訓二題〉一文的釋文作「自沫水」,並翻譯簡文說:「於是頭一天洗了臉,第二天叫來太子發開始發佈其遺訓。」[5]

---

[1] 李學勤:〈清華簡《保訓》釋讀補正〉,《中國史研究》(2009 年第 3 期),頁 6。

[2] 清華大學出土文獻研究與保護中心:〈清華大學藏戰國竹簡《保訓》釋文〉《文物》(2009年 6 期),頁 73。

[3] 單育辰:〈佔畢隨錄之十一〉,復旦網,2009 年 8 月 3 日,
http://www.gwz.fudan.edu.cn/SrcShow.asp?Src_ID=862。

[4] 李學勤主編:《清華大學藏戰國竹簡(壹)》(上海市:中西書局,2010 年 12 月),頁 144注 4。

[5] 李守奎:〈保訓二題〉《出土文獻》第一輯(上海市:中西書局,2010 年 8 月),頁 78～82。

劉國忠所著《走進清華簡》也作「醴水」。[1]不過廖名春先生質疑說：「案：頭天洗面，第二天或過幾天再『述《寶訓》』，不合情理。疑『潰』當讀為『饋』，當為祭禮。……『戊子，自饋』，是說戊子日，文王親自舉行饋食禮。」[2]

　　第二種意見是釋為「演」：李銳先生指出：「在清華大學會議上，李守奎先生指出所隸『潰』字有疑問，但該字右下殘筆影響辨識。後來與李守奎等先生查看原簡，多認為右部當為寅字，原字當隸定為『演』，殘筆應該無關，如何釋讀則待考。今按，『演』疑讀為『寅』或『夤』。《說文》：『寅，居敬也。』（引案：此處解釋實出自《說文通訓定聲》）『夤，敬惕也。』朱駿聲指出：『寅為借義所專，又制夤字。』《尚書・堯典》：『寅賓出日』，『寅餞納日』，『夙夜惟寅』。《無逸》：『周公曰：嗚呼！我聞曰：昔在殷王中宗，嚴恭寅畏，天命自度，治民祗懼，不敢荒寧。』類似之『寅』字又見《逸周書・祭公》及《商誓》。簡文此處當是因文王病重，不能齋戒沐浴，故以居敬而鄭重其事。」[3]但如上述李守奎先生在〈保訓二題〉一文的釋文卻作「自沫水」。陳偉先生贊同「演」的意見，解釋說：「應該注意的是，《顧命》記成王『洮頮』和顧命，先後銜接，都在甲子之日。《保訓》記文王『自演』和『傳保』，分別在戊子、己丑兩天，『自』下一字釋為『潰』或理解為『潰』的思路恐怕並不正確（原注：「本篇如果有『洮頮』一類文字的話，應在己丑日，位於 2 號簡上段殘去的部分。」）……自演，是說文王親自草擬傳保的文辭。」[4]李零先生也隸定作「演＝」，讀為「演水」，以為是水名，但此

[1] 劉國忠著：《走進清華簡》（北京市：高等教育出版社，2011 年 4 月），頁 128。

[2] 廖名春：〈《清華大學藏戰國竹簡〈保訓〉釋文》初讀〉，清華簡帛研究網，2009 年 6 月 17 日，http://www.confucius2000.com/admin/list.asp?id=4027。又刊登於《出土文獻》第一輯（上海市：中西書局，2010 年 8 月），頁 65。

[3] 李銳：〈讀《保訓》箚記〉，清華簡帛研究網，2009 年 6 月 17 日，http://www.confucius2000.com/admin/list.asp?id=4029。

[4] 陳偉：〈《保訓》詞句解讀〉，簡帛網，2009 年 7 月 13 日，

水相當哪條水,還要研究,大概離岐周之地在兩天以上的路程。[1]林志鵬先生從李零說,指出「演水」疑即「陝南的『洵水』。」[2]復旦讀書會《清華壹》數據庫的釋文也作「演＝」。侯乃峰先生:「『自演水』即可讀為『自醋水』或『自酌水』,再將《說文》對『酌』字的解釋『少少歙也』代入《保訓》篇,則『戊子,自演水』即意謂『到戊子這天,文王自己稍稍飲了些水』。……《保訓》篇中的『不豫』也當同樣理解,實際上是說文王病情已經很嚴重了。隨後記載文王『自演(醋)水』應該是想表明當時的回光返照之現象,進一步暗示病情之危急。如此理解,文義似乎較為順暢。」[3]劉信芳先生也以為是「演」,並說「演,文字隸定參李銳說。……演保訓者,亦是述先王之保而有所解說引申也。原簡『演』字下似有重文符,不清晰。若確實有重文符,讀為『寅演』或『演引』均不能令人滿意,謹闕疑。」[4]

　　謹案:由學者的討論,首先可以知道「△」是有「＝」符號,所代表的意思可能是重文也可能是合文。其次,釋為「潰水」讀為「饋水」的意見,看似可以與《書・顧命》對應,但是上述陳偉、廖名春二先生的質疑是很有道理的。姜廣輝先生當初懷疑《保訓》是偽造的理由之一也是因為「戊子自饋」的釋文,他說:「《尚書・顧命》此段描述周成王臨終前洗臉整理儀容,加冠冕朝服,是為了召見群臣,交代政治遺囑,並在這一天講了許多重要的話後,於第二天去世。而《保訓》『戊子自饋』四字關於戊子一日只記自己洗臉一事,然後轉入第二天己丑一日。如要記文王臨終的日子,只記『己丑』一日已足。而記『戊子自饋(自己洗臉)』之後,當日不

http://www.bsm.org.cn/show_article.php?id=1112#_ednref9。

[1] 李零:〈讀清華簡《保訓》釋文〉,《中國文物報》,2009 年 8 月 21 日。

[2] 林志鵬:〈清華簡《保訓》「自演水」補釋〉,簡帛網,2009 年 10 月 20 日。

[3] 侯乃峰(網名:小狐):〈《保訓》「演水」臆解〉,復旦網,2010 年 3 月 15 日,
http://www.gwz.fudan.edu.cn/SrcShow.asp?Src_ID=1110。

[4] 劉信芳:〈清華藏簡(壹)試讀〉,復旦網,2011 年 9 月 9 日,
http://www.gwz.fudan.edu.cn/SrcShow.asp?Src_ID=1643。

記他事，這四個字便已無甚意義，難道頭一天洗臉要管到第二天，第二天就不再洗臉了嗎？」[1]李銳先生也指出：「其實將 ![字] 字貼合『靧水』或『頮水』的這種讀法，在上下文的解釋上可能也有疑問。」[2]再由字形來說，傳抄古文 ![字] 與《說文》『賣』字古文 ![字] 二者顯然是一字，皆是來自西周金文「遺」字初文作 ![字]。張富海先生說：「金文『遺』作 ![字]、![字]、![字] 等形（《金文編》頁101～102）；楚簡文字亦相近，如郭店《緇衣》46號簡作 ![字]。《說文》古文『賣』即上舉『遺』字除去『辵』旁後剩下部分所變，本象雙手持物而有所遺漏之形，大概就是『遺漏』之『遺』的初文；（原注：參看《戰國古文字典》，下冊頁1192。）『遺』、『賣』音近，古文用為『賣』。」[3]但是《保訓》此字作 ![字]，其上明顯有「宀」旁，這種寫法從未見於 ![字]、![字]、![字]，可知將 ![字] 隸定為「潰」也並非全無疑問。

筆者贊同 ![字] 隸定為「演」。「寅」字楚文字常見，如 ![字]（《包山》163），字形與 ![字] 完全相同。馮勝君先生分析《保訓》的字體風格說：「《保訓》篇雖然從書法風格上接近三體石經，而三體石經源於戰國齊魯地區文字寫本。但簡文中絕大多數文字從形體結構的角度分析還是典型的戰國楚文字，也就是說《保訓》篇的書法風格可能源於齊魯地區，但文字形體卻基本上是楚文字（只有零星的非楚文字形體，如上文表格中的『及』字）。在這種情況下，我們認為文字形體還是判定簡文國別與地域特徵的主要條件，所以我們不同意把《保訓》篇定性為具有齊系文字特點的抄本。或許我們可以

---

1　姜廣輝：〈「清華簡」鑒定可能要經歷一個長期過程——再談對《保訓》篇的疑問〉，光明日報，2009年6月8日。

2　李銳：〈讀清華簡《保訓》箚記（三則）〉，將刊登於《古文字研究》第29輯。

3　張富海：《漢人所謂古文之研究》（北京市：線裝書局，2008年7月一版），頁32～33。相同意見也見於徐寶貴：〈金文研究五則〉《古文字學論稿》（合肥市：安徽大學出版社，2008年4月），頁98。也可以參見本書〈《楚居》簡9「皀」字及相關諸字考釋〉一文的相關論述。

說《保訓》篇是書法風格具有齊魯地區特徵的楚文字抄本」。[1]則認為 的寫法與楚文字「寅」作 相同是合理的推斷。筆者認為「演＝」可以理解為合文，即「寅演」，可以讀為「躬演」。如同《孔子詩論》簡8「《少（小）旻（旻）》多奅＝（奅矣－疑矣）」。[2]《上博一・緇衣》13「信以結之，則民佂＝（不佂－不背）。」[3]《上博一・性情論》39「凡人愿＝（愿為－偽為）可亞（惡）也」。[4]至於「寅」讀為「躬」說明如下：「允」，喻紐文部，與「寅」（喻母真部）音近可通。《周易》49「列其衛（胤）」，「胤」今本作「贔」。「胤」、「允」同為喻紐文部，[5]可知【寅與允】相通自無問題。《詩・大雅・既醉》：「永錫祚胤」，「胤」，《國語・周語》引作「允」。[6]以上可知【胤與寅與允】通假絕無問題。《禮記・緇衣》：「尹吉曰：『惟尹躬及湯咸有壹德』」，《緇衣》篇所引之「躬」，郭店楚簡和上海博物館藏戰國楚竹書本《緇衣》篇都作「身」（ 、 ），裘先生按語以為是「允」字繁文，並疑「躬」字也可能是「 」之訛字。[7]馮勝君先生則認為「兩種簡本的『允』字下部從『身』，當是變形音化的現象。……而戰國文字中『躬』字經常異讀為『身（信）』，李家浩先生對此有詳細討論。所以今本『躬』字也可能是類似簡本的从『身』聲的『允』字的異讀。」[8]此說可從，如同《郭店・緇衣》37引〈君奭〉曰：「其集大命于厥身」，今本作「其集大命于厥躬。」唐石經《尚書》也作「厥

---

[1] 馮勝君：〈試論清華簡《保訓》篇書法風格與三體石經的關係〉《《清華大學藏戰國竹簡（壹）》國際學術研討會會議論文集》，（北京市：清華大學，2011年6月28～29日），頁56。

[2] 馬承源主編：《上海博物館藏戰國楚竹書（一）》（上海市：上海古籍出版社，2001年11月），頁136、李師旭昇主編：《上海博物館藏戰國楚竹書（一）讀本》（臺北市：萬卷樓圖書公司，2004年6月），頁20。

[3] 馮勝君：《郭店簡與上博簡對比研究》（北京市：線裝書局，2007年4月），頁146。

[4] 同上，頁238。

[5] 陳復華、何九盈：《古韻通曉》（北京市：中國社會科學出版社，1987年10月），頁308。

[6] 張儒、劉毓慶：《漢字通用聲素研究》（太原市：山西古籍出版社，2002年4月），頁941。

[7] 荊門市博物館：《郭店楚墓竹簡》（北京市：文物出版社，1998年5月），頁132注15。

[8] 馮勝君：《郭店簡與上博簡對比研究》（北京市：線裝書局，2007年4月）頁88。

躬」。[1]又如《包山》198「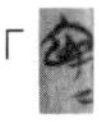」讀為「躬身」、「窮」從「躬」聲而作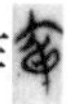（《窮達以時》14），從「身」聲。《性情論》39「慎，竆之方也」，《性自命出》「竆」作「悬（仁）」。[2]既然「躬」有「身」音，[3]可以讀為「允」，而【寅與身與允】都可以通假，則【寅與躬】自然也有相通的可能。還有一個證據是底下會提到「寅」與「念」聲音相近，而《凡物流形》甲20，宋華強先生指出：「該字從『身』、『今』聲，大概是『窮』的異體。『今』屬見母侵部，『窮』屬群母冬部，聲母都是舌根音，冬、侵旁轉，關係密切。『窮』從『躬』聲，《詩・邶風・谷風》『我躬不悅』，《禮記・表記》引『躬』作『今』，是其證。」[4]又《禮記・緇衣》：「《尹吉》曰：『惟尹『躬』天見於西邑夏』」，《尹誥》簡1作：「尹『念』天之敗西邑夏。」[5]總和以上，簡文「自演＝」即「自寅演」讀為「自躬演」，「自躬」，即「自己親自」，古籍常見，如：《慎子・民雜》：「人君苟任臣而勿自躬，則臣皆事事矣。」《韓非子・外儲說左上》：「夫必恃人主之自躬親而後民聽從，是則將令人主耕以為上，服戰鴈行也民乃肯耕戰，則人主不泰危乎？」《漢書・爰盎晁錯傳》：「陛下不自躬親，而待不望清光之臣，臣竊恐神明之遺也。」與《詩・谷風》「我躬不閱」的「我躬」用法相同。或是逕讀為「自身」，「親自」之意。上述《詩・谷風》「我躬不閱」的「躬」，鄭箋即釋為「身」，並解釋為「我

---

[1] 虞萬里：《上博館藏楚竹書《緇衣》綜合研究》（武漢市：武漢大學出版社，2009年12月），頁146。

[2] 白於藍：〈《上海博物館藏戰國楚竹書（一）》釋注商榷〉，簡帛研究網，2002年01月11日。不過，李守奎：〈上博簡殘字叢考〉《古文字研究》第27輯頁429～430則認為讀為「恭」。

[3] 詳細參看李家浩：〈從戰國「忠信」印談古文字中的異讀現象〉《北京大學學報》1987年2期，頁12～13。

[4] 宋華強：〈《上博（七）・凡物流形》散札〉，簡帛網，2009年1月6日。

[5] 廖名春：〈清華簡《尹誥》篇的內容與思想〉《《清華大學藏戰國竹簡（壹）》國際學術研討會論文集》（北京市：清華大學主辦，2011年6月28日至29日），頁21～22。

身尚不能自容」。[1]至於「演」可從陳偉先生之說：「《左傳》昭公二年：『吾乃今知周公之德，與周之所以王也。』孔疏：『《易・系辭》云：『《易》之興也，其當殷之末世、周之盛德邪！當文王與紂之事邪！』鄭玄云：『據此言，以《易》是文王所作，斷可知矣。』且史傳讖緯，皆言文王演《易》，演謂為其辭以演說之，《易經》必是文王作也。』[2]自演，是說文王親自草擬傳保的文辭。[3]」陳偉先生解釋文意有理，然因沒有注意到合文號，遂讀為「自演」，筆者讀為「戊子，自躬演」或「戊子，自身演」，套用陳偉先生的翻譯，可以說成「戊子，（文王）自己親自草擬傳保的文辭」或「戊子，（文王）自己親身草擬傳保的文辭。」

順者上面的想法，筆者再提出一種可能，即讀為「演寅－寅念」。「寅」喻母真部字；「念」，泥紐侵部，聲紐同為端系字，至於韻部真侵相通，楚文字資料非常常見，學者們陸續已經指出。[4]如裘錫圭先生分析「慎」（真

---

[1] 李學勤主編、龔抗雲等整理：《毛詩正義》（北京市：北京大學出版社，1999 年 12 月），頁 148。

[2] 陳文原注：「且史傳讖緯」以下，包括「演謂為其辭以演說之」一句，或以為鄭玄語。如北京大學出版社簡繁標點本《春秋左傳正義》皆是。徐鼐《周易舊注》卷十祇錄出「且史傳讖緯」之上文句，《故訓匯纂》「演」字條錄「演謂為其辭以演說之」逕稱作孔疏。

[3] 陳文原注：復旦大學出土文獻與古文字研究中心網站論壇東山鐸 7 月 8 日發言（http://www.guwenzi.com/ShowPost.asp?PageIndex=5&ThreadID=1659）寫道：「自演，演，似是『計算』之意，意思當是指文王自己打腹稿，盤算著明天應該向武王說那些話，如何說，自己先演習一番。」已有類似猜測。

[4] 參看劉國勝：〈信仰長台關楚簡遣策編聯二題〉《江漢考古》2001 年第 3 期、沈培：〈上博簡《緇衣》篇「卷」字解〉《華學》第六輯，紫禁城出版社，2003 年 6 月；又載謝維揚、朱淵清主編《新出土文獻與古代文明研究》，上海大學出版社，2004 年 4 月。李家浩、楊澤生：〈談上博竹書《鬼神之明》中的「送孟公」〉，載《簡帛》第四輯，上海古籍出版社，2009 年 10 月、沈培（網名：尚賢）：〈談談清華簡用為「五行相勝」的「勝」字〉，復旦網，2010 年 12 月 24 日，http://www.gwz.fudan.edu.cn/SrcShow.asp?Src_ID=1336。

部）應分析為從「針」聲（侵部）或「十」（緝部）。[1]《顏淵》「彔（祿）
不足則青（請），又（有）余（餘）【12B】則畬（辭），所旨（以）尋（申）
信也。【05】」「尋」（侵部）應讀為「申」（真部）。[2] 三晉璽，即「恬」，
諸家讀為「信」。[3]「壬」是侵部；「信」是真部。以上可知「寅」讀為「念」
並無問題。《書》正有「寅念」的說法，如《書・多方》：「洪惟天之命，弗
永寅念于祀，惟帝降格于夏。」孔傳：「大惟為王謀天之命，不長敬念于祭
祀。」「寅念」，敬念、敬思也。而「自」猶「則」也，[4] 簡文是說文王想到
自己來日無多，恐怕不能傳保訓。戊子這天則敬思保訓（即內心預先演練、
揣摩傳保的文辭，類似今天所謂的「腹稿」，以為隔天傳保訓作準備）。隔
天（己丑）凌晨即召太子發以傳保訓。

　　還有一種思考，李銳先生在〈讀清華簡《保訓》劄記（三則）〉一文的
初稿中曾指出「古代常講齋宿，如《孟子・公孫丑下》：『弟子齊宿而後敢
言』，朱熹《集注》指出『齊宿』是齋戒越宿（原注：俞樾以「齊宿」為「齊
肅」，謂齊、肅二字一義而被誤解，（參俞樾等《古書疑義舉例五種》，中華
書局 1958 年，頁 142～143），或亦可。）文王正是因為有大事要講，所以
在戊子自我恭敬，第二天（己丑）昧爽就招太子發。」此說有理。關於《孟
子・公孫丑下》的「齊（齋）宿」，趙歧《注》：「齊，敬。宿，素也。弟子
素持敬心來言。」焦循《正義》：「素持敬心，謂預持敬心，亦久持敬心也。」[5]

---

[1] 裘錫圭：〈釋郭店《緇衣》「出言有 ，黎民所 」〉《古墓新知——郭店楚簡出土十週年
　論文專輯》（國際炎黃文化出版社，2003 年 11 月），頁 4～5。

[2] 見拙文：〈《天子建州》「臨城不言毀」章試解〉《簡帛》第六輯。已收入本書。

[3] 周波：《戰國時代各系文字間的用字差異現象研究》（上海：復旦大學出土文獻與古文字
　研究中心博士論文，2008 年 4 月），頁 47、湯志彪：《三晉文字編》（長春市：吉林大學
　博士論文，2009 年 10 月），頁 1192。

[4] 見《古書虛字集釋》「自」字條。收錄於謝紀鋒編纂 ：《虛詞詁林》（哈爾濱市：黑龍江
　人民出版社，1993 年 1 月），頁 220。

[5] （清）焦循撰，沈文倬點校：《孟子正義》（北京市：中華書局，1987 年 10 月），頁 304。

楊伯峻則從朱熹說，解釋為：「先一日齋戒，便叫『齊宿』。」[1]其實二說一也，只是朱熹特別點出是前一日。《新書・春秋》：「晉文公出畋，前驅還白：『前有大蛇，高若堤，橫道而處。』……乃歸，齋宿而請於廟曰：『孤實不佞，不能尊道，吾罪一』。」[2]《後漢書・志第四・禮儀上・上陵》：「八月飲酎，上陵，禮亦如之。」《注》提到：「漢律金布令曰：『皇帝齋宿，親帥羣臣承祠宗廟，羣臣宜分奉請。』」這皆是君王行「齋宿」之例。依此說，筆者以為「戊子，自演＝」，「演＝」理解為重文，可以讀為「演（翼）演（翼）」。復旦讀書會分析底下兩個璽印文字「異」字的構形：

c.（《古璽彙編》1584）（《古陶文彙編》4.173）

c寫法的「異」的下部與「寅」字極近，[3]如侯馬盟書「甲寅」之「寅」

作「」（16：3），只比c的下部所從「人」形多一橫筆，而「寅」

字所從「人」形上加橫筆的現像是屢見的。[4]齊文字「纁」作「」

（《古璽彙編》3660），其所從「寅」的結構與上引c形基本一致；「寅」

即以「寅」為聲符。「寅」蟻為喻母真部字，「異」為喻母職部字，二字雙聲，真、職二部關係密切。職部是蒸部的入聲，真、蒸二部時常相通，關於這一點，沈培先生曾有詳細羅列和說明。[5]具體就「寅」、「異」二字而言，《易・漸》「婦三歲不孕」的「孕」，馬王堆帛書本

[1] 楊伯峻譯注：《孟子譯注》（北京市：中華書局，2003 年 4 月），頁 107 注 6。

[2] （漢）賈誼撰，閻振益、鍾夏校注：《新書校注》（北京市：中華書局，2000 年 7 月），頁 249。

[3] 《戰國古文字典》在頁 72「異」字條下把《古陶文彙編》4.173 的這個字釋為「異」，是正確的，但誤注其出處為「陶彙 1584」。該書頁 1218「寅」字條下又把《古陶文彙編》4.173 的這個字釋為「寅」，並誤摹作「」，以致自相矛盾。

[4] 參看湯餘惠主編：《戰國文字編》（福州市：福建人民出版社，2001 年 12 月），頁 166。

[5] 沈培：《上博簡〈緇衣〉篇「恝」字解》，朱淵清、謝維揚主編：《新出土文獻與古代文明研究》（上海市：上海大學出版社，2004 年 4 月），頁 135。

《周易》作「繘」，「孕」是蒸部字。「冀」、「幾」古通[1]，而楚簡中從「幾」聲的「旨」字當讀為「幾」，[2]「幾」為脂部字，是真部的陰聲。因此，c那種寫法的「異」，將「廾」變為「臼」，使其下部與「寅」形近，很可能具有「變形音化」的作用。[3]

此種「異」字寫法還見於 ▨（《孔子見季桓子》17）、▨（《凡物流形》甲4）、▨（《凡物流形》乙3）、▨（《保訓》07）。對這種寫法，讀書會的分析是一種解釋的角度，但是他們分析「寅」、「異」的聲音關係無疑是可信的。孟蓬生先生也提示筆者：「敏從每聲而讀入真部，陳劍以為拇敗相通（不知記錯沒有），均之真相通之例。又之（職）質也經常相通（拙作《上古漢語同源詞語音關係研究》有『之類與脂類』相通一節，可以參看。引案：見頁191～192）。以此類推，則職真相通，從音理上無多大障礙。」[4]程少軒先生也說：「除了與蒸部的關系外，真職還可從與文部的關係來討論──真文關係密切，而之職部字也與文部關係密切。另外，關於『翼』的歸部，沈瑞清《小議{翼}的上古韻部》也有過討論──翼原所屬緝部，從音理上說轉入脂微部幾率更大，轉入職部則是個例。從這個角度看，{翼}也與脂微關系密切。」[5]以上均可見「演」讀為「異」是可以的。「異異」即傳世文獻的「翼翼」，《民之父母》13「無體之禮，威儀異＝（異異－翼翼）」。「翼翼」，恭敬謹慎貌，《漢書・禮樂志》：「王侯秉德，其鄰翼翼。」顏師古《注》：「翼翼，恭敬也。」傳世文獻常提到文王「翼翼」的說法，如《詩・大雅・大

---

[1] 高亨、董治安：《古字通假會典》「冀與幾」條（濟南市：齊魯書社，1989年7月），頁375。

[2] 裘錫圭：《釋戰國楚簡中的「旨」字》，《古文字研究》第二十六輯（北京市：中華書局，2006年10月），頁252～255。

[3] 復旦大學出土文獻與古文字研究中心研究生讀書會：〈攻研雜志（三）──讀《上博（六）・孔子見季桓子》札記（四則）〉，復旦網，2008年5月23日。

[4] 2011年9月27日信件內容。

[5] 2011年9月29日信件內容。

明》：「惟此文王，小心翼翼。昭事上帝，允懷多福。」鄭玄《箋》：「小心翼翼，恭慎貌。」[1]《文選・卷第三十七・曹子建求通親親表》：「伏惟陛下，咨帝唐欽明之德，體文王翼翼之仁」。《潛夫論・慎微》：「文王小心翼翼，成王夙夜敬止，思慎微眇，早防未萌，故能太平而傳子孫。」皆可以與簡文參看。則簡文可讀作「戊子，自演＝（演演－翼翼），己丑，昧【01】[爽□□□□□□□□□□王]若曰：發，朕疾蛮（漬）[2]甚，恐不女及【02】訓。」是說戊子這天文王持身恭敬，隔天（己丑）凌晨就召集太子發準備傳保訓。此外，由於簡7已有「翼＝（翼翼）不解（懈）」的寫法，若本考釋可以成立，則簡文「翼」實有兩種寫法，屬於「同詞異字」的現象，這在楚竹書中也不少見，請見本書所收《姑成家父》簡9「人」字考兼論出土文獻「同詞異字」的現象〉所舉的例證。

　　另一種考慮是「演＝」讀為「演寅－允寅」，《尚書》類文獻常見「允○」的用法，不煩列舉，同時《保訓》簡3也有「今朕疾允病」的說法。「自允寅」類似詞例可參考《集成》**11666** 攻敔王光劍「攻敔王光自作用劍。趄余允至、克戕、多攻」的「趄余允至」，[3]李家浩先生認為「趄余」是吳王光自稱之語，「余」是「趄」的同位語，「允」是虛詞，「至」讀為「鷙」，即勇武的意思。[4]施謝捷先生贊同李家浩對「趄余」、「允」的解釋，但認為「至」可以直接讀為「侄」，是剛強的意思，其原文如下：

　　「允至、克戕、多攻」，是並列之三事，當為吳王光自譽之詞，或與下列材料相關：䣅羌鐘銘「武侄寺力，喜敓楚京」，曾伯𩵋瑚銘「曾白（伯）𩵋哲聖元武，元武孔㜫，克狄淮夷，印（抑）燮繇（繁）湯（陽）」，虢季子白盤銘「不（丕）顯子白，壯武于（與）戎工」，嘉

---

[1] 宗福邦、陳世鐃、蕭海波主編：《故訓匯纂》（北京市：商務印書館，2004年3月），頁1822。

[2] 「漬」字考釋請參看拙文：〈《語叢二》、《保訓》、《凡物流形》考釋四篇──（二）《清華簡・保訓》簡2「蛮」字考〉，已收入本書。

[3] 句讀依照施謝捷：《吳越文字彙編》（南京市：江蘇教育出版社，1998年8月），頁544。

[4] 李家浩：〈攻敔王光劍銘文考釋〉《著名中年語言學家自選集──李家浩卷》（合肥市：安徽教育出版社，2002年12月），頁53～59。

賓鐘銘「舍（余）武于（與）戎攻」，王孫誥鐘銘「肅折（哲）脀（臧）
敔（武）」、「武于（與）戎攻」，曩伯盨銘「慶其允脀（臧）」[1]，配兒
鉤鑺銘「余執戕于（與）戎攻戫（且）武」，周王孫季怡戈銘「周王
孫季怡孔脀（臧）元武元用戈」，不其簋銘「女（汝）肇敏于（與）
戎工」，叔弓鎛銘「女（汝）肇敏于（與）戎攻」。若與劍銘比較，「允
至」之「至」顯然就是「武侄寺力」、「元武孔嵃」之「侄」、「嵃」，
**李家浩說「允」可能是一個虛詞**，「至」與「侄」、「嵃」同義，可信。
《玉篇》：「侄，堅也。牢也。」《廣雅・釋詁》：「侄，堅也。」又：
「堅，強也。」《說文》：「堅，剛也。」知「侄」固有剛強、剛健之
意。古有地名「武強」、「武剛」，漢印有「黃武強印」、「李武強」、「王
武強」、「中山武強」等，均以「武強」為人名字，古璽有「武侄監
左旟」，「武侄」為地名，文獻無載。「武強」、「武剛」、「武侄」構詞
方式相同，意義亦相類，作為成詞，顯然與酈羌鐘銘的「武侄」同
義。然則劍銘「允至」之「至」、「元武孔嵃」之「嵃」讀為「侄」，
無疑很合適。舊或讀為「鷙」，則未必。**「克戕」之「克」亦為虛詞**，
**與「允」用法相似**，《書・堯典》「允恭克讓」文例與劍銘「允至（侄）
克戕」亦同。曩伯盨銘「允脀（臧）」當即劍銘「克戕」，舊或讀「允
至」之「允」為訓長之「駿」（集釋），恐未必。……綜上所述，劍銘
「趄余允至（侄）、克戕（壯）、多攻」將「侄」、「壯」、「攻」並舉，
是吳王光極言其強健勇武。[2]

簡文「自」是「已身代詞」，相當於劍銘的「趄余」；「允寅」相當於《書・
堯典》「允恭克讓」的「允恭」、攻敔王光劍的「允至」，「允」字，李、施
二先生都理解為虛辭。又王引之指出「允」有「用」、「以」的意思，[3]則「自

---

[1] 《集成》4443曩伯子㫄父盨「慶其允脀（臧）」的解釋可以參考唐鈺明：〈異文在釋讀銅
器銘文中的作用〉《著名中年語言學家自選集——唐鈺明卷》（合肥市：安徽教育出版社，
2002年4月），頁85。

[2] 施謝捷：《吳越文字彙編》（南京市：江蘇教育出版社，1998年8月），頁544～545。

[3] （清）王引之：《經傳釋詞》（南京市：江蘇古籍出版社，2000年9月），頁12。

允寅」相當於「自用敬」。《說文通訓定聲》:「寅,居敬也。」[1]《論語・雍也》:「居敬而行簡,以臨其民,不亦可乎?」何晏《集解》引孔安國曰:「居身敬肅。」《漢語大辭典》解「居敬」為「持身恭敬」。則簡文讀為「戊子,自演＝(演寅-允寅)」,是說戊子這天文王自己持身恭敬。

---

[1] (清)朱駿聲:《說文通訓定聲》(北京市:中華書局,1984 年 6 月),頁 841。

# 利用《清華簡（壹）》字形考釋楚簡疑難字 *

## 一　戰國文字「殷」字補釋

　　《包山》楚簡有個作為姓氏使用的字作：

（63）　（63）　（182）　（184）　（186）　（191）

字形從「啟」從「邑」，一般釋為「啟」字。[1]李零先生認為上引諸字應分析為從邑從殷。[2]他的根據應該是《容成氏》53「䣕（殷）」作：

徐在國先生也根據《容成氏》「䣕（殷）」字，認為上述《包山》諸字就是

\* 本文為「《清華大學藏戰國竹簡（壹）》字詞關係研究」的研究成果之一，獲得國家科學發展委員會的資助（計畫編號 NSC100-2410-H-018-019），特此致謝。

[1] 如劉釗：〈包山楚簡文字考釋〉《出土簡帛文字叢考》（臺北市：臺灣古籍出版社，2004年3月），頁11、劉信芳先生說：「讀如啟」，見《包山楚簡解詁》（臺北市：藝文印書館，2003年1月），頁66。《楚文字編》，頁412隸定作䣕，大概也是認為字形是從「啟」的。

[2] 李零：〈讀《楚系簡帛文字編》〉，《出土文獻研究》第五輯（北京市：科學出版社，1999年8月），頁160。

「殷」，並指出《璽彙》2581-2582「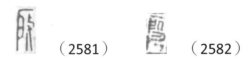」均應改釋為「殷」：[1]

（2581）　　　（2582）

張新俊先生也根據《容成氏》53「邕（殷）」字的寫法，對「啟」、「殷」二字提出分辨的方法：《容成氏》簡 34 的「啟」字作「」，與簡 53「邕（殷）」字有別。戰國時期的「啟」字，一般是從「戶」從「攴」（或從「又」）從「口」；「邕（殷）」字上部與「啟」相同，下則從「邑」。但是他認為《璽彙》2581 舊釋為「肇」，能否改釋為「殷」，有待證明。同時《璽彙》2578「坴」字，與《曹沫之陣》44 同形，應依《曹沫之陣》整理者李零先生的意見釋為「啟」。[2]《三晉文字編》頁 532 本有「殷」字，但頁 787 卻將《璽彙》2576-2578「坴」字直接隸定為「坴」，而不歸於「殷」字下，可見也不認為後者是「殷」。

　　謹案：從「邑」旁的「殷」還見於：

《鮑叔牙》簡 1　　《金縢》簡 1

值得注意的是《祭公》10「皇天改大邦殷之命」，「殷」字作：

（《祭公》10）

（2576）　　（2577）　　（2578）　　（《曹沫之陣》44）

---

[1] 徐在國：〈上博竹書（二）文字雜考〉，簡帛研究網，2003 年 1 月 14 日，http://www.jianbo.org/Wssf/2003/xuzaiguo02.htm。

[2] 張新俊：《上博楚簡文字研究》（長春市：吉林大學古籍研究所博士學論文，2005 年 4 月），頁 13。

可見上引《璽彙》2576-2578、《曹沫之陣》44 確實應該釋為「殷」。施謝捷、周波兩位先生曾對六國、秦至西漢前期「殷」字寫法的變化有很好的歸納，文中已指出「坠」應釋為「殷」[1]：

> 秦、西漢前期用「殷」表示國名、殷姓之﹛殷﹜常見，用「坠」表示﹛殷﹜僅見於銀雀山漢簡《六韜》（二見）和漢印（一見）。（原注：此承施謝捷示知，「坠」釋為「殷」亦從施說。）銀雀山《六韜》簡686－687：「今彼坠（殷）商，眾口相惑」，簡741：「坠（殷）民……」，「坠」字分別寫作 、（左形稍殘）。「坠」所從「殷」字寫法與石經古文「殷」作 形近（石經古文從「疒」當出於形訛）。漢印有「坠（殷）便私印」（《漢印文字徵》13.13），「坠」字寫作 。六國文字多用專字「坠」、「䁖」表示殷國、殷姓之﹛殷﹜。（原注：「坠」字或釋為「啓」（參何琳儀：《戰國古文字典》頁744，中華書局，1998年），不確。）「坠」字見於晉璽（《古璽彙編》2576－2580），均用作殷姓之﹛殷﹜。（施謝捷指出《古璽彙編》2581、2582 號首字與《古璽彙編》2576－2580 號「坠」字區別僅在於從「土」與否，均應當釋讀作殷姓之「殷」 （徐在國亦有類似看法，參徐在國：《上博竹書（二）文字雜考》，簡帛研究網，2003 年 1 月 14 日），說是。）「䁖」字見於包山簡182，上博《容成氏》簡53，分別用作殷姓、殷國之﹛殷﹜。銀雀山漢簡《六韜》、漢印用「坠」為﹛殷﹜顯然是受到了六國文字的影響。

現在看來是可信的。其次，《祭公》整理者將字形隸定為「塈」，顯然是贊

---

[1] 周波：〈秦、西漢前期土文字資料中的六國古文遺迹〉《出土文獻與古文字研究》第二輯（上海市：復旦大學出版社，2008 年 8 月），頁 253。

同上引李零、徐在國將「攺」釋為「殷」。[1]《璽彙》2581-2582「攺」字舊釋為「肇」並不可信，因為「肇」寫作「攺」形是甲骨文、西周金文等早期的寫法，如：[2]

集成 2201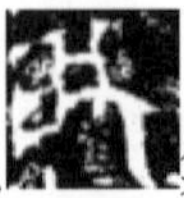集成 2436集成 3906集成 5952集成 9585

集成 10360集成 10251集成 2071

張桂光先生在〈金文形符系統特徵的探討〉中提到：

> 長期以來，人們都把又、攴、殳甚至戈看作是義近可通的形符，其實，在《甲骨文編》與《金文編》所收字中，除了　字之外，商及西周均無上述四形通用之例。至於啓字，《金文編》所錄，雖有从又、从攴、从戈三種形體，而考其文例，則各不相同：从又者自成一系；从攴者與肇字相仿（**春秋戰國器例外**）；从戈者與肈字相同。顯然，从口與从聿還未成為區別它們的標誌，从又與从攴或从戈才是區別它們的關鍵。……商及西周時期，三部（又、攴、戈）是不相通的（引者案：方稚松先生指出：攴與戈是可以相通的[3]）。[4]

張世超先生等在《金文形義通解》中也有說明：

> 西周金文「启」从又从戶，「肇」（肈）从攴若戈从戶，或从口或否，二字之別在从「又」抑或从「攴」（戈）。**戰國文字「启」譌从攴，**

---

[1] 李學勤主編：《清華大學藏戰國竹簡（壹）》（上海市：中西書局，2010 年 12 月）下冊，頁 174。

[2] 方稚松：〈談談甲骨金文中的「肇」字〉，復旦網，2008 年 1 月 17 日。又載於氏著：《殷墟甲骨文五種記事刻辭研究》（北京市：線裝書局，2009 年 12 月），頁 57。

[3] 方稚松：〈談談甲骨金文中的「肇」字〉，復旦網，2008 年 1 月 17 日。又載於氏著：《殷墟甲骨文五種記事刻辭研究》（北京市：線裝書局，2009 年 12 月），頁 57。

[4] 張桂光：《古文字論集》（北京市：中華書局，2004 年 10 月），頁 95。

　　　**或从殳，蓋其時「肇」已从聿以別之矣。**[1]

二說皆可從，可見春秋戰國時的「肇（肇）」字已不作「攸」，如「肇」：

（　　）（《集成》6010，蔡侯尊）

（《集成》4596，齊陳曼簠）

可見 （2581）不可能是「肇」，而應釋為「殷」。漢印也有「攸」字，當

姓氏用，如 、 ，[2]施謝捷先生也釋為「攸（殷）」。[3]我們知道「殷」甲

骨文作 （《乙》4046）、 （《乙》276），于省吾先生以為從 （反「身」）

從攴，象人患腹疾用按摩器以治療之。[4]陳斯鵬先生也認為「字取象於對人

之腹身的撫摩，本當即有撫摩之義，引申之則可有安撫之義。」[5]西周金文

作 （保卣）、 （盂鼎）、 （牆盤）。春秋晚年楚系銅器「宋公欒簠」

作 （《集成》4589），其「 （反身）」旁已經訛變為接近「戶」形，請

比對上引 （《璽彙》2577）、 （漢印）。這種演變如同楚簡「肩」字：

---

1　張世超等著：《金文形義通解》（京都：中文出版社，1996 年 3 月），頁 711。

2　羅隨祖主編：《羅福頤集——增訂漢印文字徵》（北京市：紫禁城出版社，2010 年 6 月），
　　頁 152。

3　施謝捷：〈《漢印文字徵》及其《補遺》校讀記（一）〉《出土文獻與古文字研究》第二輯
　　（上海市：復旦大學出版社，2008 年 8 月），頁 294。

4　于省吾：《甲骨文字釋林》（北京市：中華書局，1993 年 4 月），頁 321～323。

5　陳斯鵬：〈唐叔虞方鼎銘文新解〉《古文字學論稿》（合肥市：安徽大學出版社，2008 年
　　4 月），頁 184。

（石鼓文）→　（析君戟）　（新蔡簡）→　（上博簡）

又如《民之父母》「聖」有作如下之形的：

（6號）　（8號）　（11號）

所從「耳」旁與同篇「耳」字寫法相同：

（6號）

但是在同一篇簡文中，「聖」字所從「耳」旁也有寫作「戶」形的：

（5號）

其所從「耳」旁與同篇「所」字所從「戶」旁寫法完全相同可證：

（3號）

宋華強先生指出「殷」的「𦙶（反身）」旁、「聖」的「耳」旁形體演變情況與「肩」字上部偏旁如出一轍，可以類比。[1]這應該是一種集團類化的現象。當然戰國文字也不是所有的「殷」都訛從「戶」，如：

（《珍秦齋藏金・吳越三晉篇》頁164）

便從「𦙶（反身）」。回頭來看《曹沫之陣》44「𢾃」的讀法：

莊公或（又）問曰：「戰有幾（機）[2]乎？」答曰：「有。其去之【43】不速，其就之不迫[3]，其𢾃節不疾，此戰之幾（機）。是故疑陣敗，疑戰死。【44】」

原考釋者李零以為「讀『啟節』，疑指『發機』。《孫子・勢》：『是故善戰者，其勢險，其節短。勢如彍弩，節如發機。』又《孫子・九地》：『帥與之深

---

1　宋華強：《新蔡葛陵簡初探》（武昌市：武漢大學出版社，2010年3月）頁315～318。

2　陳劍：〈上博竹書《曹沫之陳》新編釋文（稿）〉，簡帛研究網，2005年2月12日，http://www.jianbo.org/admin3/2005/chenjian001.htm。

3　陳斯鵬：〈上海博物館藏楚簡《曹沫之陣》釋文校理稿〉，簡帛研究網，2005年2月20日，http://www.jianbo.org/admin3/list.asp?id=1328。

入諸侯之地，而發其機。』」[1]。「啟節」之說，現在看來並不可從。但「墼節不疾」頗難索解，僅能提出初步的想法，尚不是定論：簡文已有「不速」，則「不疾」恐不能按字面理解為「不疾速」。此「不疾」，義為「不盡力」，如：「昔者，齊之與韓、魏伐秦、楚也，戰非甚疾也，分地又非多韓、魏也，然而天下獨歸咎於齊者，何也？」金正煒曰：「疾，力。」[2]張清常、王延棟也認為：「疾，盡力。」[3]《墨子・尚賢下》：「曰有力者疾以助人，有財者勉以分人」，疾、勉對言，「疾」也是盡力、努力的意思。《呂氏春秋・尊師》：「凡學，必務進業，心則無營，疾諷誦」，「疾諷誦」即努力背誦。[4]則「其墼節不疾」是說敵軍對「墼節」這件事不盡力去做，這是我方的「戰之機」，可見「墼節」應該是一件正面的事情。筆者曾請教孟蓬生先生對於「墼節不疾」的看法，孟先生告訴我：「我覺得字形上雖然有可能是『殷』，但解釋為『桊』的可能性還是存在的，兩者音近假借的可能性也是存在的。如果這樣的話，不如把『殷節』改讀為『桊節』。《說文・木部》：『桊，傳（zhuan4）信也。』朱駿聲曰：『猶今之令箭。』《周禮・地官・司關》：『凡所達貨賄者，則以節傳出之。』《後漢書・百官志》：『若外人以事當入，本官長史為封桊傳。』晉崔豹《古今注》：『程雅問曰：凡傳者何也？答曰：凡傳皆以木為之，長尺五寸，書符信於上，又以一版封之，皆封以御史印章，所以為信也，如今之過所也。』這種桊以木為之，故從木。又以封泥封之，故又從土（此亦推測之辭）。桊節同類，故可連言。此處或可指『發兵』之符信乎？『其桊節不疾』或指命令之傳遞不及時乎？疑不能明也。」[5]茲存先生說以俟後考。

---

[1] 馬承源主編：《上海博物館藏戰國楚竹書（四）》（上海市：上海古籍出版社，2004 年 12 月），頁 272。

[2] 諸祖耿編撰：《戰國策集注匯考》（南京市：鳳凰出版社，2008 年 12 月）中冊，頁 646 注 25。

[3] 張清常、王延棟：《戰國策箋注》（天津市：南開大學出版社，1993 年 3 月），頁 290 注 3。

[4] 張雙棣等：《呂氏春秋譯注》（北京市：北京大學出版社，2000 年 9 月），頁 102 注 31。

[5] 2011 年 5 月 24 日覆信內容。

本則寫畢之後，[1]看到張新俊先生也指出《曹沫之陣》44「」應釋為「殷」。他根據李零先生的提示：《曹沫之陣》一段與《孫子‧勢》：「激水之疾，至於漂石者，勢也；鷙鳥之疾，至於毀折者，節也。故善戰者，其勢險，其節短。勢如彍弩，節似發機」有關。同時張先生解釋《孫子‧勢》意思是「落實到戰鬥中，形勢（勢）要像要如蓄勢待發之弩，出擊（節）要像扣動扳機，速度快，節奏短，所謂兵貴神速也」，並將「殷節」讀為「勢節」。[2]按：張先生的釋讀恐不可從，一方面「殷」讀為「勢」聲韻不是十分密合，二方面將「節」釋為「出擊」，「勢節」理解為「形勢出擊」也沒有訓詁上的依據。本文初稿以及其它諸家所提出的訓讀均存在一些問題，[3]看來《曹沫之陣》「其墼節不疾」的真正理解還有待將來。

## 二　《包山》簡 19「虜」字考釋

《包山》19「邞（郊－鄂）正嬰（妻）劋（劉－蔡）虜受旨（幾）」，其中「虜」字作：

（△）

整理者釋為「虜」。[4]施謝捷先生《包山》電子版釋文作「虜（虢）」，《十四種》從之。[5]謹案：《包山》虜（虢）作如下之形：

[1] 本文原始意見曾發表於復旦讀書會〈清華簡《祭公之顧命》研讀札記〉後的評論，見 2011-1-6 2:13:59（http://www.gwz.fudan.edu.cn/SrcShow.asp?Src_ID=1354），或見〈網摘‧《清華一》專輯——《祭公》簡 10〉。

[2] 張新俊：〈據清華簡釋字一例〉，復旦網，2011 年 6 月 29 日，http://www.gwz.fudan.edu.cn/SrcShow.asp?Src_ID=1573。

[3] 參看上引張文之後諸家的評論。

[4] 湖北省荊沙鐵路考古隊：《包山楚簡》（北京市：文物出版社，1991 年 10 月），頁 18。

[5] 陳偉等著：《楚地出土戰國簡冊【十四種】》（北京市：經濟科學出版社，2009 年 9 月），頁 15、20。

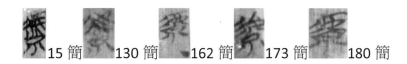
15 簡　130 簡　162 簡　173 簡　180 簡

其他楚簡文字「虩」字如：(《郭店・五行》25)、(《郭店・緇衣》16)、(《上博（一）・緇衣》09)、(《新蔡》乙一：16)、(《望山》1.136)。[1]看得出來「虩」從「虍」從「崇」，或「崇」的「小」旁有省簡。回頭檢視「△」字，中間部分雖然可以解釋為上「小」與「日」形的訛變，但其最底下不從「小」而從「力」還是比較明顯的。《說文》曰：「虜，獲也。从毌从力，虍聲。」《楚文字編》將「△」收錄在「虜」下，[2]《楚系簡帛文字編（增訂本）》」摹作，也釋為「虜」。[3]二說應屬可信，《清華簡（壹）・楚居》12「盍（闔）虜（廬）」，「虜」作，其「毌」旁訛為「尹」形，這種寫法也見於春秋晚期楚國銅器「發孫虜簠」作[4]以及「發孫虜鼎」作。[5]其整體結構與「△」相同，亦可證明釋為「虜」是對的。李守奎先生指出《包山》簡 19「邻（邻－鄀）正嬰（妻）劉（剗－蔡）虜」與簡 66「邻（鄀）正嬰（妻）郗（蔡）玄」是同一人，則「虜」相應於「玄」。春秋金文「玄」與「鑪」對舉，「鑪」當讀為「黸」，訓為黑。《包山》「虜」亦當讀為「黸」，「玄」、「虜」名字相應。[6]其說可從。

[1] 參拙著：《《上博楚竹書》文字及相關問題研究》（臺北市：萬卷樓圖書公司，2008 年 1 月），頁 171。

[2] 李守奎：《楚文字編》（上海市：華東師範大學，2003 年 12 月），頁 435。

[3] 滕壬生：《楚系簡帛文字編（增訂本）》（武漢市：湖北教育出版社，2008 年 10 月），頁 665。

[4] 徐正考：〈湖北棗陽市博物館收藏的幾件青銅器〉《文物》1994 年 4 期，頁 77～79。

[5] 張光裕：〈新見「發孫虜鼎」及「鄖凡伯怡父鼎」小記〉《雪齋學術論文二集》（臺北市：藝文印書館，2004 年 12 月），頁 155～161。

[6] 李守奎：〈包山楚簡姓氏用字考釋〉《簡帛》第六輯（上海市：上海古籍出版社，2011 年

## 三　楚簡「鳧」字從「九」聲考

《包山》簡 183 有如下幾個字形：

（C1）　　（C2）　　（C3）

單育辰先生隸作鱃、鼲、雥，而「雥」就是「鳧」字，此說已得到學界的認同。[1]對這三字的構形，單先生解釋說：「乍看起來，C1、C2、C3，尤其是 C1 的右半『隹』下『土』上所從之形和『九』字相類，因此，有的學者就把它們隸作從『九』。（原注：「施謝捷：《包山楚簡釋文》，未刊稿。」）但從C2、C3 二形的所從的『▃▂』看，其撇後的『 ▃▂』頗平直，不如古文字中的『九』彎曲（參包山簡 90『』、包山簡 175『　　』等），可見二者還是有一定的區別。我們懷疑C1、C2、C3 所從的『▃▂』實是『勹』的訛變。」這種寫法也見於《新蔡》乙四 76：「□禱於鳧鄭之祉（社）一牂（豢）。」「鳧」字作：

（C4）

與上引 C2 同形。

　　謹案：「勹」字于省吾先生在〈釋勹、鳥、舸〉一文中提到甲骨文從勹的字常見，例如芍字（陳一四九）從勹作▃，萝字屢見，從勹作▃。▃與▃象人側面俯伏之形，即伏字的初文。鳥字作▃……鳥字上從隹，古文從隹從鳥每無別。下從▃，即伏之本字。鳥字後世典籍中作鳧。周代金文的

---

11 月）頁 227。

[1] 單育辰：〈談戰國文字中的「鳧」〉，簡帛網，2007 年 5 月 30 日，
http://www.bsm.org.cn/show_article.php?id=572。亦載於《簡帛》第三輯（上海市：上海古籍出版社，2008 年 10 月），頁 26～27，刊登時內容有所增補。

鳧字，《集成》3913 稱簋作，《集成》10181 鳧叔匜作，均從勹。[1]裘錫圭先生在〈釋「鳧」〉一文中也說：甲骨文中有（《合集》14161 正），下部所從實象俯身人形，應為「俯」字的表意初文。[2]這種寫法如《曾侯》89 的「鳧」作：

（羅）

其所從的「」確實為「勹」形的寫法。但是上述 C1-C4 所從顯然與「」不同而近於「九」形，如下列「九」字及從「九」的字：

（《包山》39）　（《包山》56）　（《包山》240）　（《信陽》2.18）　（喬，《包山》117）　（喬，《包山》128）　（喬，《老子甲》07）　（喬，《老子甲》38）　（喬，《容成氏》01）

同時新出《清華簡（壹）・尹至》也可以證明「鳧」字確實從「九」。簡 4-5：「湯逴（往）【4】延（征）弗雋（鳧－附）」[3]，其中「雋」作：

---

[1] 于省吾：〈釋勹、鳥、𩿇〉《甲骨文字釋林》（北京市：中華書局，1999 年 11 月），頁 374～378。

[2] 裘錫圭：〈釋「鳧」〉《古文字論集》（北京市：中華書局，1992 年 8 月），頁 45。

[3] 釋文依照復旦大學出土文獻與古文字研究中心研究生讀書會：〈清華簡《尹至》、《尹誥》研讀札記〉，復旦網，2011 年 1 月 5 日，http://www.gwz.fudan.edu.cn/SrcShow.asp?Src_ID=1352。

整理者注釋說：「雋即『鳥』字，從鳥聲，鳥即『鳧』字，實從勹得聲，可通並母職部之『服』，參看單育辰《談戰國文字中的「鳧」》（《簡帛》第三輯）。湯往征弗服，指《詩‧長發》所云伐韋、顧、昆吾之事。」[1]除讀為「服」聲韻稍遠外，餘皆可從。值得關注的是「鳥」所從的「勹」旁顯然寫成「九」。這種寫法也見於《鑒印山房藏古璽印菁華》第 30 號作：[2]

上引單先生文章以及《三晉文字編》認為是「鳧」字異體，可從。此外，施謝捷先生《古璽彙考》收錄一三晉系官璽如下：[3]

首字施先生依形隸定作「篦」。《三晉文字編》267 頁亦然。謹案：依照我們現在的認識，此字可以分析為從竹鳧聲，「篦（鳧）榆序」，比對《璽彙》305「三梠（柏）士序」，[4]「三柏（臺）」是地名，在今河北省容城縣西南一帶，即戰國時燕、趙邊界上的「三臺城」。[5]則「鳧榆」也應該是地名，地

---

1 李學勤主編：《清華大學藏戰國竹簡（壹）》（上海市：中西書局，2010 年 12 月）下冊，頁 130 注 22。

2 湯志彪：《三晉文字編》（長春市：吉林大學博士論文，2009 年 10 月），頁 181。

3 施謝捷：《古璽彙考》（合肥市：安徽大學博士學位論文，2006 年 5 月），頁 111。

4 「士序」亦見於《上博五‧苦成家父》簡 1「苦成家父事屬公，為士序（榭）」，裘錫圭先生認為「士序」的序如同金文中的某些序一樣，當與傳世文獻中的榭相聯繫，理解為講武堂。見《2009 年武漢大學簡帛論壇》裘錫圭先生發言，據程少軒先生轉述。「榭」是無室之廳堂，講武習射之所，典籍也作「序」。參看張世超等著：《金文形義通解》（京都：中文出版社，1996 年 3 月），頁 2328～2329；朱漢民、陳松長主編：《嶽麓書院藏秦簡（壹）》（上海市：上海辭書出版社，2010 年），頁 120。

5 吳振武：〈古璽合文考（十八篇）〉《古文字研究》第十七輯（北京市：中華書局，1989 年 6 月），頁 270～271。

望待考。至此，可以確定C1-C4 確實從「九」，應該隸定作： 鵻、鶴、隼，
《尹至》的字形也應該隸定作：隼。至於「梟」寫作從「九」是一種變形音
化的現象，[1]「梟」，並紐侯部；[2]九，見紐幽部，音近可通。首先，「勹」聲
本與幽部關係密切。「包」從「勹」聲，[3]「包」幫紐幽部。《上博（五）‧
競建內之》簡 1「鮑叔牙」之「鮑」字寫作「鞄」、《上博二‧容成氏》09
「而橐在四海之內」，「鞄橐」、「橐」均從「缶」聲，讀作「鮑」、「包」。可
見「包」、「缶」、「勹」聲韻關係密切，「包」、「缶」同為幫紐幽部，可見「勹」
確實與幽部有關。[4]其次，聲紐看起來似遠，但是從有關材料來看，中古舌
根音聲母字與雙唇音聲母字在先秦古文字材料可以相通。[5]如《新蔡》的「百
之」，宋華強先生指出表示的就是以某種方式把受祭神靈「請下來」的行為。
「百」字當讀為表示「來」、「至」之義的「各」。「百」是並母鐸部字，「各」
是見母鐸部字。[6]《性情論》19「樂之動心也，濬深鬱陶」的「鬱」，馮勝君
先生釋為「誖」，「誖」是並紐物部，「鬱」是影紐物部。二字韻部相同，聲
紐則一為唇音一為喉音。[7]此外，孟蓬生先生也提示一條通假證據[8]：

> 《水經注‧濁漳水》：「漳水出鹿穀山，與發鳩連麓而在南。《淮南子》
> 謂之發苞山。」楊守敬按：「今本《地形訓》苞作包。」《說文‧木
> 部》：「樿，樿木。出發鳩山。」段注：「《北山經》曰：『發鳩之山，
> 其上多柘木。』許所據柘作樿也。**發鳩山**卽《水部》涷水所出之**發
> 包山**。淮南書亦作發包。古音包鳩同在三部。」

---

[1] 參下引孟蓬生先生的意見。

[2] 陳復華、何九盈：《古韻通曉》（北京市：中國社會科學出版社，1987 年 10 月），頁 156。

[3] 參見丁福保編纂：《說文解字詁林》（北京市：中華書局，1988 年 4 月）第 10 冊，頁 9075。

[4] 參拙著：《《上博楚竹書》文字及相關問題研究》（臺北市：萬卷樓圖書公司，2008 年 1
月），頁 207。

[5] 趙彤：《戰國楚方言音系》（北京市：中國戲劇出版社，2006 年 5 月），頁 52～55。

[6] 宋華強：《新蔡葛陵簡初探》，（武昌市：武漢大學出版社，2010 年 3 月），頁 256、132。

[7] 詳見下文〈（七）《性情論》簡 19「誖」字考〉。

[8] 見復旦網學術討論區，海天「補一個三晉系的梟字」下第 2 樓（2011 年 2 月 18 日），
http://www.gwz.fudan.edu.cn/ShowPost.asp?ThreadID=4257。

可見「包」、「鳩」有通假的例證，自然「鼻」可以從「九」聲寫作隼。附帶一提，黃人二先生也指出《清華簡（壹）‧尹至》「  」从「九」聲，讀為「軌」。[1]但並未分析「  」字的結構，且讀為「征弗軌」如同王輝先生所說「文獻乏例，總讓人感到不踏實。」[2]至於王輝先生分析「  」字說：「隹、鳥義近偏旁可以互換，育即肌，從九得聲，隼即鳩字異構」，並將「  」讀為「歸」。[3]謹案：王輝先生之說自有其理，但一方面「鳩」字見於《孔子詩論》作（簡 21、22），二方面從鳥或隹旁的字形一般是左右結構，此字若是「鳩」何以要疊床架屋將三個形旁疊在一起？更重要的是，根據上引戰國楚系、三晉文字的寫法，「  」分析為上從「隼」下從「肉」應該是比較好的。

此外，《說文‧勹部》下有「勼」字，曰：「聚也。從勹，九聲。讀若鳩。」段玉裁《注》曰：「今字則鳩行而勼廢矣。此字當作從勹九，九亦聲」[4]田穎小姐認為：「從《說文》字義『聚也』看，『从勹』意不明，據以上所分析『勹』與『勹』之間的關係，疑『勼』字本從『勹』，同上面的『訇』字情況相似，『勹』作為義符以『帀遍』義參與『勼』字構形。」[5]謹案：既然從勹無法會出「聚」的意思，加上前面已經提到「勹」、「九」聲音相近，則可以考慮「勼」所從的「勹」也是聲符，「勼」是一個「雙聲符字」，[6]

---

[1] 黃人二、趙思木：〈讀《清華大學藏戰國竹簡》書後（一）〉，簡帛網，2011 年 1 月 7 日，http://www.bsm.org.cn/show_article.php?id=1368。

[2] 王輝：〈一粟居讀簡記（一）〉《《清華大學藏戰國竹簡（壹）》國際學術研討會論文集》（北京市：清華大學主辦，2011 年 6 月 28 日至 29 日），頁 184。

[3] 同上文，頁 184～185。

[4] （清）段玉裁注：《說文解字注》（臺北市：漢京文化，1985 年 10 月），頁 433。

[5] 田穎：〈《說文解字》部首「勹」研究〉，復旦大學本科學位論文，頁 6～7。

[6] 陳偉武：〈雙聲符字綜論〉《中國古文字研究》第一輯（長春市：吉林大學出版社，1999

如同裘錫圭、李家浩先生指出：「古文字裡常見由同音或音近的兩個字合成的字，如『甞』、『祠』，（鐘磬銘文）也屬於這一類。」[1]至於字義其所代表的「聚也」之義由「九」來承擔，《莊子・天下》：「禹親自操稿耜而九雜天下之川」，《釋文》：「九音鳩，本亦作鳩，聚也。」上引段注指出「九亦聲」已提示「九」有義符的作用，蓋「亦聲」者本是代表「聲符兼義」的術語，如同《說文・句部》「拘」、「笱」、「鉤」，《說文》均分析為「句亦聲」，取其「曲」義，也是「聲符兼義」的現象。

## 四　論楚竹書「厇」字構形

《天子建州》甲 01「邦君建之以」，乙本簡 1 作。整理者曹錦炎先生隸定作「厇」，解釋說：「『厇』，即『垞』字異構，讀為『都』。」[2]不過蔣文小姐將上述二字隸定作厇。[3]此外，（天甲 07）（天甲 07）（天乙 07）（天乙 08），整理者隸定作「厇」，蔣文小姐也隸定「毛」。[4]

謹案：「毛」形可以參考《上博（七）・武王踐阼》簡 2「曼」作、「肩」作（《天甲》07）、（《天乙》06），雖然「曼」、「肩」二字反映的是「又」、

---

年 6 月），頁 328～339。

[1] 裘錫圭、李家浩：《曾侯乙墓（上冊）──附錄二曾侯乙墓鐘、磬銘文釋文與考釋》（北京市：文物出版社，1989 年 7 月），頁 554 注 2。

[2] 馬承源主編：《上海博物館藏戰國楚竹書（六）》（上海市：上海古籍出版社，2007 年 7 月），頁 311。

[3] 蔣文：《《上海博物館藏戰國楚竹書（六）》文字編》（上海市：復旦大學中文系本科學位論文，2008）（指導教授：陳劍先生）卷十三，頁 206。亦刊登於復旦大學出土文獻與古文字研究中心網站，2008 年 8 月 2 日。

[4] 蔣文：《《上海博物館藏戰國楚竹書（六）》文字編》（上海市：復旦大學中文系本科學位論文，2008）（指導教授：陳劍先生）卷六，頁 112。亦刊登於復旦大學出土文獻與古文字研究中心網站，2008 年 8 月 2 日。

「毛」二形的形混，但是「毛」形的寫法可以借鏡。[1]《凡物流形》甲 14 ，其下的「毛」旁也可以參考。[2]同時《郭店・緇衣》44「而亞（惡）亞（惡）不 （著）也。」 應該隸定作「」，讀為「著」。還有「亳」作 （《陶匯》3·6），從高省，「毛」聲。而《語叢一》03 作 ，下改從「厇」聲，也可見「厇」與「毛」不會是一字。[3]吳振武先生則認為 應釋為「亭」，上從「亭」省，下從「宅」（），但他認為「」從「广」旁，可見吳先生也不認為 可直接釋為「毛」。[4]換言之，前舉《天子建州》、 等字確實隸定作「坉」、「厇」。

《楚文字編》頁 449～450 將類似「」（《成之聞之》34）一類形體者隸定作「厇」，釋為「宅」、《戰國文字編》頁 494 則直接釋為「宅」，思考模式與上述曹錦炎先生相同。所以此二書也將《太一生水》簡 11 釋為「侂」，讀為「託」。[5]將「厇」釋為「宅」是根據《說文》古文「宅」作 、

---

1. 趙平安：〈《武王踐阼》「曼」字補說〉，復旦網，2009 年 1 月 15 日，
   http://www.gwz.fudan.edu.cn/SrcShow.asp?Src_ID=658#_ednref8。
2. 宋華強：〈《上博（七）・凡物流形》箚記四則〉，簡帛網，2009 年 1 月 3 日，
   http://www.bsm.org.cn/show_article.php?id=938。
3. 還有一種分析方法，楚文字作為偏旁的「宀」形常會省為「厂」形，如《武王踐阼》02「堂」作 、《平王問鄭壽》簡 7「尚」作 ，讀為「瞻」，參見拙文：〈《平王問鄭壽》簡 7「瞻」字構形考〉（已收入本書）。依此說，則 與 下部相同，皆可分析為從高省，「毛」聲，則無法證明「厇」與「毛」的關係。
4. 吳振武：〈談齊「左掌客亭」陶璽〉《第 18 屆古文字年會散發論文》（北京香山飯店，2010 年 10 月 22～23 日），頁 3。
5. 《楚文字編》頁 622、《戰國文字編》，頁 720。

床；《三體石經》古文作庑、庑。對古文「宅」，張富海先生曾分析如下[1]：

> 七年宅陽令矛（《集成》18.11546，韓兵器）「宅」作庑，郭店《老
> 子乙》8 號簡作庑（用為「託」），望山一號墓 113 號簡作庑，中山
> 王鼎（《集成》5.2840）作庑，與《說文》古文第二形和石經古文第
> 二形相近。《說文》古文第一形和石經古文第一形加意符「土」。

但是「宅」與庑、庑的關係是什麼？張先生並沒有分析。曲冰小姐認為：「庑」
即「宅」，「厂」、「宀」用作表意偏旁，每可通用。[2]雖然「厂」、「宀」用作
表意偏旁確實可以通用，如《包山》189「㑩厬鄧塱」，陳偉先生釋「厬」
認為：「古文字義符厂宀可換用，應釋為㝎」。[3]但是「宅」還可作宅（《新
蔡》甲三簡 11）、庑（《璽彙》0211）、庑（《集成》9710，曾姬無卹壺）、
庑（《集成》9711，曾姬無卹壺）、《上博（五）・三德》簡 6 兩見「宅」字
作庑、庑、《上博八・蘭賦》簡 1 作庑，[4]均可見「庑」旁之上尚有「宀」
旁，可見直接將「庑」等同於「宅」是有問題的。[5]而根據上面的討論，這

---

[1] 張富海：《漢人所謂古文研究》（北京市：北京大學中國語言文學系博士學位論文，2005
年 4 月），頁 112，447 條。

[2] 曲冰：《《上海博物館藏戰國楚竹書》（1～5）佚書詞語研究》（長春市：吉林大學博士論
文，2010 年 4 月），頁 208。

[3] 陳偉等著：《楚地出土戰國簡冊【十四種】》（北京市：經濟科學出版社，2009 年 9 月），
頁 121、頁 90 注 136。

[4] 馬承源主編：《上海博物館藏戰國楚竹書（八）》（上海市：上海古籍出版社，2011 年 5
月）圖版頁 97、釋文頁 251。

[5] 戰國文字「宅」字直接寫作從「宀」旁者極為少見，從「宀」旁者一般見於傳抄古文與
秦漢文字。見《戰國古文字典》頁 523～524、《戰國文字編》，頁 494、許雄志：《秦印
文字彙編》（鄭州市：河南美術出版社，2001 年 9 月），頁 144、陳松長：《馬王堆簡帛
文字編》（北京市：文物出版社，2001 年 6 月），頁 301、徐在國：《傳抄古文字編》（北

些「宅」字應該隸定作「厇」。[1]「厇」，見於《玉篇・厂部》，是「磔」的異體字，亦作「矺」（《集韻・入聲・二十陌》：「磔，通作矺」）。可見「厇」所從的「厂」應該是「石」旁之省，如《集成》4118 宴簋「碩」作「」（頢）。[2]「礪」作（《周易》簡 22）、（《曹沫之陣》39），又作（《用曰》13）。又《古文四聲韻》「席」作，從簟之古文，從「石」聲。《成之聞之》34 作從「石」聲。而《集成》2831 九年衛鼎「席」作（帀），何琳儀先生分析為從簟之古文從「石」省聲。[3]衛鼎的寫法可以比對《說文》古文「席」作，許慎云：「古文席，從石省。」張富海先生進一步分析說：「此古文從『簟』之初文從『石』省聲。曾侯乙墓 6 號簡等『席』作，比此古文多『竹』旁。」[4]其說可從。此以「石」為聲符，但可省為「厂」形。「砧」作（《上博・緇衣》18）、（《上博・緇衣》18），而《凡物流形》甲 10（㡳），其下部所從即上述的「砧」。[5]綜合以上觀點來看楚竹書的「厇」

京市：線裝書局，2006 年 11 月）中冊，頁 709。

[1] 李守奎、曲冰、孫偉龍編著：《《上海博物館藏戰國楚竹書》（一～五）文字編》（北京市：作家出版社，2007 年 12 月），頁 364。

[2] 張世超等著：《金文形義通解》（京都：中文出版社，1996 年 3 月），頁 2207、黃德寬主編：《古文字譜系疏證》第二冊（北京市：商務印書館，2007 年 5 月），頁 1523。

[3] 何琳儀：《戰國文字通論》（北京市：中華書局，1989 年 4 月），頁 4。何琳儀：《戰國文字通論訂補》（南京市：江蘇教育出版社，2003 年 1 月），頁 4 誤書為簟之古文為聲符，厂為形符。

[4] 張富海：《漢人所謂古文研究》（北京市：北京大學中國語言文學系博士學位論文，2005 年 4 月），頁 116，471 條。

[5] 宋華強：〈上博竹書《問》篇偶識〉，簡帛網，2008 年 10 月 21 日，http://www.bsm.org.cn/show_article.php?id=886。

字：

（《成之聞之》33）　（《容成氏》02）　（《容成氏》03）　（《容成氏》18）

（《容成氏》18）　（《天子建州》甲 7 號）　（忎（託）《太一生水》11）　（《尹至》05）　（《祭公》04）　（《祭公》05）

也應該如《上博文字編》443 頁所說：「疑『厇』是從石（省聲）、從乇雙音符字。」這個意見很有道理，可惜以往沒有受到重視。新出《清華簡（壹）·楚居》簡 1 正有「宅」字作「㡯」：

楚居 01.17

平行例證可以參看楚文字「㝅」字作（《曹沫》30），或省「口」旁作（《仲弓》08）、（《上博·緇衣》22），再簡省為「厂」旁作（厒，《極先》04）[1]。可見將「厇」分析為本作「㡯」是有道理的。再看《璽彙》1525、2018、0434此三字或釋為「吒」，[2]是將「厇」形釋為「乇」。劉洪濤先生分析說：「主體部分沒有問題是『石』，而其右下部分則是『又』字的變體，那麼此字應釋為『度』」，[3]此說顯然比較合理。不過筆者認為應分

---

[1] 陳劍先生將此字分析為從「厂」從「主」，見陳劍：〈試說戰國文字中寫法特殊的亢和從亢諸字〉《出土文獻與古文字研究（第三輯）》（上海市：復旦大學出版社，2010 年 7 月），頁 155。

[2] 湯志彪：《三晉文字編》（長春市：吉林大學博士論文，2009 年 10 月），頁 592。

[3] 劉洪濤：〈古璽文字考釋五則〉，待刊稿。

析為「矺」或「⿱乇石」，即「宅」字。[1]而由於文例是人名，讀為「度」也是可以的。又《成之聞之》33「《大禹（禹）》曰：『余（舍）才（茲）⿸尸乇天心』害（何）？此言也，言余（舍）之此而⿸尸乇於天心也。」「⿸尸乇」字劉釗先生認為應讀為「度」，[2]洪颺女士從此說，並說「⿸尸乇與度相通雖然沒有直接的文獻上的證據，但是從『乇』聲的字與『度』常可相通。」[3]現在知道「⿸尸乇」原來就是「⿱乇石」字，从「石」聲與「度」聲符相同，自然可以讀為「度」。最後，《金縢》08「周公石（宅）東三年」，以及《望山》1 號墓「東⿸尸乇（宅）公」（109、113）的異文作「東石公」（115），一般解釋為「東」、「乇」音近相通。作為一種可能，不能排除「石」是「⿱乇石」之省。

## 五　《天子建州》「哀」字補釋

《祭公之顧命》簡 1「⿴衣厶（哀）余少（小）子」的「⿴衣厶（哀）」作：

這個寫法我們可以聯想到《天子建州》：「⿰叀刂（斷）刑則以⿴衣厶（哀）」（甲 9、乙 8）的「哀」字：

（甲 9）（乙 8）

何有祖先生對這句話有詳細考釋，其文云[4]：

> ⿰叀刂，整理者讀為「剸」，以為剸刑指割刑，泛指肉刑。陳偉老師認為斷刑即判刑。《呂氏春秋・孟秋》：「戮有罪，嚴斷刑。」（陳偉：《讀

---

[1] 何琳儀：《戰國古文字典》（北京市：中華書局，1998 年 9 月），頁 523、黃德寬主編：《古文字譜系疏證》第二冊（北京市：商務印書館，2007 年 5 月），頁 1467。。

[2] 劉釗：〈說「度天心」〉，復旦網，2008 年 1 月 10 日。

[3] 洪颺：《古文字考釋通假關係研究》（福州市：福建人民出版社，2008 年 9 月），頁 10。

[4] 何有祖：《上博簡《天子建州》初步研究》（武漢大學博士論文，2009 年 5 月，指導教師：陳偉教授），頁 70～71。

〈上博六〉條記》，簡帛網 2007 年 7 月 9 日。）當是。衰，整理者釋作「哀」，林文華先生認為「劅（斷）刑則以衰」與上博五《三德》簡 20「至（致）刑以哀」文意近似。（林文華：《〈三德〉簡 12、20 新解》，簡帛網 2007 年 12 月 11 日。）今按：釋作「哀」于文意頗為順暢，但在字形上卻須商榷。字甲本作 ，乙本作 。楚簡有較常見的從衣從口的「哀」，如 （《五行》17），有從心從不省略口的哀，如 （《語叢二》31），也有從衣從心的哀，如 （《老子丙》10），上部所從的衣可以看作哀的省寫，但是還沒有發現中間寫作「心」形的哀字。簡文 雖然與 構件相同，但位置有別。傳抄古文「寧」字條下收錄有相同的字形作 （《汗簡》）、（《汗簡》引石經）、（《古文四聲韻》引《王庶子碑》）、（《古文四聲韻》引石經）。（「寧」字分別見於《汗簡》頁 20、20、22，《古文四聲韻》第 31、頁 31，參看郭忠恕、夏竦：《汗簡・古文四聲韵》，中華書局 1983 年。）簡文此字很可能是「寧」的變體，當釋為「寧」，讀作「憐」。寧，古音泥紐耕部；憐，來紐真部，二字聲母同類，韻部旁轉可通。古代青銅器銘文中有「寧」讀作「㻣」的例子，如《㻣公盨》「寧明」，《師酓鼎》、《尹姞鼎》作「㻣明」（周鳳五：《遂公盨銘初探》，饒宗頤主編：《華學》第六輯，紫金城出版社，2003 年，頁 10），可證。「憐」指哀憐。《論語・子張》：「孟氏使陽膚為士師，問於曾子。曾子曰：『上失其道，民散久矣。如得其情，則哀矜而勿喜！』」《史記・孝文本紀》：「其少女緹縈自傷泣，乃隨其父至長安，上書曰：『……妾願沒入為官婢，贖父刑罪，使得自新。』書奏天子，天子憐悲其意。」皆言于刑事應有哀憐之心。簡文「斷刑則以憐」，當指斷刑的時候要

　　有哀憐之心。

謹案：今由《祭公》的字形可知何先生多慮了，《天子建州》的字形確實可以釋為「哀」。《集成》10478 兆域圖版也有「哀」字作：

（悆）

與《老子丙》10「哀」作：相同。看起來楚竹書的「裛（哀）」有可能是「悆（哀）」偏旁移動的結果，如李家浩先生所說：「眾所周知，戰國文字特點之一，合體字的偏旁位置不很固定。不僅左右結構可以寫作上下結構，上下結構可以寫作左右結構，甚至其中一個偏旁還可以寫在另一個偏旁的中間。例如戰國文字『時』或將『日』旁寫在『寺』旁中間，『郎』或將『長』旁寫在『邑』旁中間：上博《容成氏》16 號；　戰國貨幣文字」[1]還有一種可能是　的「口」旁訛變為「心」旁，如《三德》16：「喪　係（繼）樂」，范常喜先生指出：「『忢』，整理者讀為『怠』。此種字形亦見於鄂君　節：　。結合傳世本作『以』可見，字形中的『心』可能是『口』形之訛，當以傳世本為是。」[2]又如《說文》古文「信」作「　」，張富海先生分析說：「『信』字從『人』聲。《說文》古文第一形從『口』，許云：『古文從言省』。按齊璽文字『信』字或作　（《璽彙》234、237、238、240、1562、1563 等），從心人聲（也可以說『千』聲），而其『心』旁與『口』相似；（原注：「或說就是『口』旁，但此字沒有寫成從普通『口』形的，而且《璽彙》249（齊

---

[1] 李家浩：〈關於郭店竹書《六德》「仁類薹而速」一段文字的釋讀〉，《出土文獻研究（十）》（北京市：中華書局，2011 年 12 月）。

[2] 范常喜：〈《上博五・三德》札記三則〉，簡帛網，2006 年 2 月 24 日，http://www.bsm.org.cn/show_article.php?id=232。

璽)『信』作，『心』旁與『口』區別明顯。」）此《說文》古文所從的『口』可能是『心』之訛誤。」[1]禤健聰先生也認為「」字，「口」旁當為「心」旁之訛。[2]二說比較，應該前者較為可能，蓋所從是標準的「心」旁，其上端是封口的。與的「心」旁接近「口」形有所不同。至於傳鈔古文「裒（寧）」黃錫全先生認為其下部的「」是「皿」訛，[3]比對古文字「寧」的寫法，黃先生之說或可從。「寧」訛變為「裒」形，遂與「哀」同形而造成誤解。

## 六　《性情論》簡 33「臕」字考兼論「臕」與「敬」字訛混的現象

　　《皇門》簡 3「廼方（旁）救（求）巽（選）罜（擇）元武聖夫，臕（羞）于王所。」[4]所謂「臕」字作：

相同字形亦見於上博簡《性情論》簡 33「義，△1 之方也；△2，物之節也。」兩字作：

《郭店・性自命出》簡 39 作「義，敬之方也；敬，物之節也。」比對之下，

1　張富海：《漢人所謂古文之研究》（北京市：線裝書局，2008 年 7 月），頁 56，139 條。
2　禤健聰：《戰國楚簡字詞研究》（廣州市：中山大學中文系博士論文，2006 年 4 月），頁 16。
3　黃錫全：《汗簡注釋》（武昌市：武漢大學出版社，1990 年 8 月），頁 307。
4　李學勤主編：《清華大學藏戰國竹簡（壹）》（上海市：中西書局，2010 年 12 月），頁 164。

《性情論》整理者將△1、△2釋為「敬」。[1]李天虹教授也根據《郭店》「敬」的寫法，認為△1、△2釋為「敬」可以憑信。同時認為 ![字] （《包山》222）、![字] （《璽彙》1020）也是「敬」字。[2]馮勝君先生指出：

> 這一段簡文中，「敬」字兩見，郭店簡寫作標準的戰國楚文字形體（引案：字作![字]、![字]），而上博簡「敬」字下部「人」形與「口」旁訛作形體與之相近的「肉」旁。這種寫法的「敬」字在戰國楚文字中目前也只有這兩例，不知是偶而誤摹還是已經成為「敬」字的一種變體。如果是後一種情況，那麼過去釋為「膳」的![字]（《陶彙》3.1317）、![字]（《璽彙》1020）兩種形體，似乎也有可能應從李天虹先生說改釋為「敬」。[3]

謹按：《尚書・洪範》：「初一曰五行，次二曰敬用五事」，《漢書・五行志上》、《漢書・藝文志》、《漢書・孔光傳》引作「羞用五事」。段玉裁《撰異》：「作敬者古文《尚書》也，作羞者今文《尚書》也。班氏羞訓為進，今文家說也。古文敬字從古文苟，與『羞』皆從羊。」[4]孫星衍云：「敬用者，《詩・小旻》箋云：『欲王敬用五事』俱古文《尚書》字也。……羞，蓋𦎫字。」[5]劉起釪先生大概沿襲段玉裁的說法，認為：「『敬』字從苟的古文『𦎫』，與『羞』皆從羊，故二字可通。」[6]楊筠如也認為敬、羞二字相近而訛，疑以

---

[1] 馬承源主編：《上海博物館藏戰國楚竹書（一）》（上海市：上海古籍出版社，2001年11月），頁267～268。

[2] 李天虹：《郭店竹簡《性自命出》研究》（武漢市：湖北教育出版社，2003年1月），頁258。

[3] 馮勝君：《郭店簡與上博簡對比研究》（北京市：線裝書局，2007年4月），頁232。

[4] 引自臧克和：《尚書文字校詁》（上海市：上海教育出版社，1999年5月），頁233。

[5] （清）孫星衍撰，陳抗、盛冬鈴點校：《尚書今古文注疏》（北京市：中華書局，2004年2月），頁295。

[6] 劉起釪：《尚書校釋譯論》（北京市：中華書局，2005年4月）冊三，頁1149。

作「敬」為是。[1]

　　「敬」與「羞」在聲音與意義上都無可通之處，所以上述學者都認為二者是形近訛誤，雖然「敬」與「羞」字形上都有「羊」旁，但整體構形還不至於訛誤。復旦網友「許門第一小混混」認為《漢書》所據《尚書》本當是由「敬」字錯成了「羞」的異體「膮」，後來才被改成「羞」。[2]筆者以為此說很合理，「敬」、「膮」二字形體只有「」與「」之別，大家知道古文字中「口」形或「○」形可以作「二」形筆，[3]如：

（《曹沫之陣》10，害）　　　（《曹沫之陣》09，害）

（《新蔡》零 009，哉）　　（《簡大王泊旱》13，哉）

（《集成》2588趞亥鼎，莊）　（《璽彙》3087）[4]

（《包山》11，豫）　　　（《顏淵》12，豫）

（《集成》9563.1，右屖尹壺）（《集成》9563.2，右屖尹壺）[5]

---

1　楊筠如：《尚書覈詁》（西安市：陝西人民出版社，2005 年 12 月），頁 206。

2　網摘・《清華一》專輯，復旦網，2011 年 2 月 2 日，
　　http://www.gwz.fudan.edu.cn/SrcShow.asp?Src_ID=1393。

3　參見拙文：〈楚簡「刖」字及相關諸字考釋〉《中國文字》新卅四期（臺北市：藝文印書館，2009 年 2 月），頁 100。已收入本書。

4　參拙文：〈《楚居》簡 9「皇」字及相關諸字考釋〉，已收入本書。

5　此字一般釋為「屖（遲）」，或讀為「肆」。何琳儀先生認為「屖」從「尸」，「其中『＝』為裝飾部件。『＝』與『口』在戰國文字中往往可以互換，其例甚多。」見何琳儀：〈戰國兵器銘文選釋〉《古文字研究》第 20 輯（北京市：中華書局，2000 年 3 月），頁 113、何琳儀：《戰國文字通論訂補》（南京市：江蘇教育出版社，2003 年 1 月），頁 262。謹案：將「屖」所從的「＝」視為裝飾部件，其位置較少見。董珊先生認為此字可能是小徐本《說文》所載「居」的異體作「屟」，《段注本》「居」字下也收有此形。「居」可

而「敬」的「⺈」旁的「口」形若寫作「＝」形，正可變成「⺈」。仔細觀察《皇門》的「膌」字，其「肉」旁作：

中間所從二橫筆確實很像是「口」形，可見「敬」與「膌（羞）」訛混確實是有可能的。《性情論》的抄手將「敬」字誤抄為「膌」，簡 33 釋文應作「義，膌〈敬〉之方也；膌〈敬〉，物之節也。」又如《顏淵問於孔子》簡 1，從字形看是「膌」，但從文意來看只能理解為「敬」的通假「謹」。[1]相似寫法也見於《顏淵問於孔子》簡 4「侗（庸）言之信，侗（庸）行之（敬－謹）」，此句可以比對《周易・乾卦・文言》：「庸言之信，庸行之謹」，可知確實應該釋為「敬」。[2]以上皆可見「敬」、「膌」誤寫從楚竹書就有了，而《玄應音義》卷十九「珍羞」注：「羞，古文膌，同。」[3]故《漢書》大概把「敬」誤成「膌」，再將「膌」改為更常見的「羞」。此外，（《陶彙》3.1317）、（《璽彙》1020）確實應從湯餘惠、何琳儀、徐在國先生釋為

---

以讀為「御」，燕國的工官有「右御」的職務。見董珊：《戰國題銘與工官制度》（北京市：北京大學中國語言文學系博士論文，2002 年 5 月），頁 114。也就是說銘文字形本作，對應「叵」，「○」形變作「二」形筆則變成。

[1] 參見〈《上博八》考釋十四則──（一）《顏淵問於孔子》「謹宥過，所以為緩也」釋讀〉，已收入本書。

[2] 馬承源主編：《上海博物館藏戰國楚竹書（八）》（上海市：上海古籍出版社，2011 年 5 月），頁 145。

[3] 宗福邦、陳世鐃、蕭海波主編：《故訓匯纂》（北京市：商務印書館，2004 年 3 月），頁 1805，義項 48。

「膳」。[1]至於楚文字常見的 ![字] 字，見於《包山》155、221、222、223、《璽彙》2258、3588 字，《楚文字編》頁 884 列為不識字，《戰國文字編》269 頁釋為「胱」，李天虹教授認為 ![字] 從「![土]」聲，是「敬」的聲符。值得注意的是，《古璽彙考》頁 208 收錄有三晉私名璽：

施謝捷先生釋文作「趙膳」，可從。![字] 顯然與「![肚]」是同一個字，只是「土」旁變為「壬」旁而已，[2]所以 ![字] 應該釋為「膳」。

## 七　《性情論》簡 19「諍」字考

《金縢》簡 9「天疾風以雷，禾斯偃，大木斯臧（拔）。」簡 13「是夕，天反風，禾斯起，凡大木之所臧（拔）」。對於「臧」字，整理者解釋說：「臧，疑從![詩]（詩）聲而有訛變，![詩]，並母物部。今本作「拔」，從友得聲字多為唇音月部。月、物兩部音多相近。」[3]此字亦見於《祭公》簡 6-7「克夾紹成康，用臧（畢）【6】成大商。」整理者解釋說：「臧，清華簡《金縢》作『臧』，用為『拔』字，在此讀為『畢』。」[4]復旦讀書會認為：

---

[1] 湯餘惠：〈略論戰國文字形體研究中的幾個問題〉《古文字研究》第十五輯（北京市：中華書局，1986 年 6 月），頁 11、何琳儀：《戰國文字通論》（北京市：中華書局，1989 年 4 月），頁 217、徐在國：〈古璽文字八釋〉《吉林大學古籍整理研究所建所十五週年紀念文集》（長春市：吉林大學出版社，1998 年 12 月），頁 112～113。

[2] 參看湯餘惠：〈略論戰國文字形體研究中的幾個問題〉《古文字研究》第十五輯（北京市：中華書局，1986 年 6 月），頁 29。

[3] 李學勤主編：《清華大學藏戰國竹簡（壹）》（上海市：中西書局，2010 年 12 月），下冊，頁 161 注 24。

[4] 李學勤主編：《清華大學藏戰國竹簡（壹）》（上海市：中西書局，2010 年 12 月），下冊，

睡虎地秦墓竹簡《秦律十八種》有用為「畢」的「臂」字，作如下之形：

簡 87　　　　　簡 139　　　　　簡 183

這三形左上所從「丬」形實際上是「」中的倒「戈」之形所變。清華簡「臧」字上部所從就是將睡虎地「臂」上部所從的兩個圈形替換為了兩「戈」。[1]

謹案：以上三字分別作：

（《金縢》簡 9）、（《金縢》簡 13）（《祭公》簡 6）

其實簡文字形已見於《性情論》19「樂之動心也，濬深臂陶」的「臂」作：

此字在《性自命出》31 作「膩（𦟛）」。馮勝君先生對「臂」字有很好的分析：

「膩」字不少學者分析為從肉或聲，讀為「郁」。「郁」通「鬱」，「郁陶」即「鬱陶」。但《性情論》與此相對應的字作「臂」，並不從「或」聲。李守奎先生曾認為「臂」從「戔」聲，將簡文「臂愗」讀為「踐蹈」。（原注：李守奎〈楚簡文字四考〉《中國文字研究》第三輯，頁 190～196）。

《戰國文字編》較早地將𦟛釋為「脬」（頁 270），後來徐在國、黃德寬先生撰文進一步論證此說，指出𦟛字應該是包山簡寫作（包山 80）

---

頁 176 注 16。

[1] 復旦大學出土文獻與古文字研究中心研究生讀書會：〈清華簡《祭公之顧命》研讀札記〉，復旦網，2011 年 1 月 5 日，http://www.gwz.fudan.edu.cn/SrcShow.asp?Src_ID=1354。

形的「脖」字的省體，而 ⬚ 上部所從則可能是侯馬盟書 ⬚ 字上部所

從的變體（原注：徐在國、黃德寬《〈上海博物館藏戰國楚竹書（一）〉〈緇衣〉〈性

情論〉釋文補正》《古籍整理研究學刊》2002 年 2 期，頁 1～6），即將一正一

倒兩「戈」旁改為同方向的兩「戈」旁。李守奎先生在《楚文字編》

中亦改從此說（頁 263）。現在看來，將 ⬚、⬚ 上部所從理解為「䇂」

旁之省是正確的。《說文》認為「䇂」是「詩」字的籀文，「詩」是

並紐物部，「鬱」是影紐物部。二字韻部相同，聲紐則一為唇音一為

喉音。唇音與喉牙音看似遠隔，但實際上是有相通的可能的。陸志

韋先生曾舉過不少這方面的例子，如「氾」、「犯」等字從「𢎵」聲，

「駁」從「爻」聲，「亨」有許庚、撫庚兩讀等。所以說 ⬚、⬚ 從「䇂」

省聲，也可以讀為「鬱」。[1]

今由《祭公》的「臧」字來看，將 ⬚、⬚ 理解從「䇂」省聲，正確可從。[2]

---

[1] 馮勝君：《郭店簡與上博簡對比研究》（北京市：線裝書局，2007 年 4 月），頁 224。

[2] 附帶一提，《武王踐阼》簡 8「□ ⬚ 」，福田哲之先生指出：「（《武王踐阼》）簡 8 簡首的
缺字可以毫無疑問的設想為是有兩個字組成器皿名的第一個字。……假設該字釋為『從
金從盤（盤）』的譌體，從其與傳本的整合性來看，缺失的第一個字設想為『盟』會較
為穩妥。」筆者曾根據《性自命出》31「鬱陶」之「鬱」（影紐物部），馮勝君先生以為
實為「詩」字（並紐物部）聲韻關係，認為（《武王踐阼》）簡 8【盟】盤」的「盤」（元
部並紐）字可如何有祖先生分析為從金從安從皿，從「安」得聲，元部影紐。現在根據
《清華簡（壹）》的材料證明 ⬚ 確實是「詩」，而非從「或」聲。「詩」可讀為「鬱」，自
然《武王踐阼》簡 8 ⬚ 從「安」之字可以讀為「盤」。當初這個假設實可以成立。筆者評
論原文如下：簡 8 開頭讀為：「【盟】盤」有可能是對的，除了今本文獻可對照外，青銅
器亦有「盟盤」的文例，如《集錄》1000 所載淅川下寺 M2：52 倗盤：「倗之盟盤」；又
如《集成》10099 徐王義楚盤：「自作盟盤」（「盟」字參李家浩先生考釋，《古研》19 頁
91）。所以《武王踐阼》簡 8 簡首首字缺「盟」是可以的。至於第二字，與其認為是字
形訛變，恐怕分析為音近讀為「盤」更為合理。該字可如何有祖先生分析為從金從安從

學者或認為從「或」聲，讀為「鬱」，現在看來並不可從。[1]

《性情論》36 還有相同文例「鬱陶」的「鬱」作：

字形模糊不清，李零先生分析為「從耳從曰，應是『聝』的異體，字同『職』。」[2]
李氏之說與字形結構不合。此字中間可能仍是「脅」，其上似還有「厂」或
「广」旁，待考。回到《祭公》「臧」字，復旦讀書會認為「臧」字上部所
從就是將睡虎地「臡」上部所從的兩個圈形替換為了兩「戈」恐不可從，「臧」
應分析為從「戕（戕／臧）」，「脅（盫省）」聲；《金縢》的「臧」則又
添加了「止」旁。「戕（臧）」旁寫法可以參考 （《集成》4443曩白子姪

父盨）[3]、（盫，《曾侯》32）、（盫，《曾侯》130）。值得關注的是
楚文字「戕（戕／臧）」旁一般作聲符用，但「臧」字的「戕（戕／臧）」

皿，顯然是從「安」得聲，元部影紐；盤，元部並紐。疊韻，聲紐看起來似遠，不過是
有可能相通的。如《易・革》：「君子豹變其文蔚也」，《說文・文部》斐下引「蔚」（影）
作「斐」（滂），《古字通假會典》，頁 599。**又如《性自命出》31「鬱陶」之「鬱」（影
紐物部），馮勝君先生以為實為「詩」字（並紐物部）**，參《郭店簡與上博簡對比研究》，
頁 224～225，與《武王踐阼》聲韻情況正同。又如朦，《說文段注》，頁 215 曰讀與「霾」
（影鐸）同。《天星觀》、《秦家嘴》的「紳朦（影紐鐸部）」即文獻的「申縛（並紐鐸部）」，
參《楚地簡帛思想研究（二）》，頁 267。亦與《武王踐阼》情況相同。綜合以上，則該
字確有可能音近讀為「盤」。又《學記》《正義》異文作「盂盤」，也可以證明簡文此字
應讀為「盤」。以上見簡帛網「簡帛論壇」──〈關於《武王踐阼》簡 8 簡首缺字〉，2009
年 3 月 25 日，http://www.bsm.org.cn/bbs/read.php?tid=1605&keyword=%BA%868。

[1] 李零：《郭店楚簡校讀記──增訂本》（北京市：北京大學出版社，2002 年 3 月），頁 109、
張新俊：《上博楚簡文字研究》（長春市：吉林大學古籍研究所博士學論文，2005 年 4
月），頁 24～25、王志平：〈「龍」字的讀音及相關問題〉《古文字研究》第 27 輯（北京
市：中華書局，2008 年 9 月），頁 396。

[2] 李零：《上博楚簡三篇校讀記》（北京市：中國人民大學出版社，2007 年 8 月），頁 68。

[3] 比對 （《集成》4443曩白子姪父盨）可知是「戕（臧）」。

旁則作意符用，比較特殊。當然也不排除「戕」是「戊」形之誤，如同《郭店簡·緇衣》簡1「咸」「咸（咸）」，《上博·緇衣》簡1 訛為「臧（臧）」。[1]2009年，山西省翼城縣大河口西周墓地M1017號墓出土的霸伯盂「戕」，或釋為「臧」，陳劍先生指出此字是「咸」字之誤。[2]此二例皆是把「戊」形誤為「戕」形，則 的「戕」也可以比照分析。

附帶一提，目前所見到的楚文字「戔」旁幾乎都作左右排列的兩戈形，[3]惟有《楚帛書》甲2.18「而 是各」的「踐」字作上下排列的結構。饒宗頤先生釋為「踐」，解釋說：「踐者，即乙篇云：『卉木民人，以□四淺之尚（常）』」，《戴禮》：『履時以象天』，是踐猶踐土之義。」[4]李零先生認為：「天踐，即下文『天步』，指星曆推步。」[5]高明先生以為從「戔」聲，讀為「地」。[6]馮時先生從此說。[7]劉信芳先生釋為「踐」，讀為「殘」。[8]陳斯鵬先生讀為「踐」，

---

[1] 參看李零：《郭店楚簡校讀記》《道家文化研究》第17輯（北京市：三聯書店，1999年），頁485、白於藍：〈郭店楚簡拾遺〉《華南師範大學學報（社會科學版）》2000年3期，頁88～91、馮勝君：《郭店簡與上博簡對比研究》（北京市：線裝書局，2007年4月），頁68。

[2] 曹建敦：〈霸伯盂銘文與西周時期的賓禮〉，復旦網，2011年6月22日，http://www.gwz.fudan.edu.cn/SrcShow.asp?Src_ID=1560 評論第2樓。

[3] 參黃德寬主編：《古文字譜系疏證》（北京市：商務印書館，2007年5月），第三冊，頁2748～2753。以及 （《競建內之》簡6） （《鮑叔牙與隰朋之諫》簡3） （《平王問鄭壽》簡5） （《吳命》簡8下）

[4] 饒宗頤：〈楚帛書新證〉《楚地出土文獻三種》（北京市：中華書局，1993年）頁236。

[5] 李零：《長沙子彈庫戰國楚帛書研究》（北京市：中華書局，1985年）頁66。

[6] 高明：〈楚繒書研究〉《古文字研究》第12輯（北京市：中華書局，1985年），頁377注6。

[7] 馮時：《中國天文考古學》（北京市：社會科學文獻出版社，2001年11月），頁26。

[8] 劉信芳：《子彈庫楚墓出土文獻研究》（臺北市：藝文印書館，2002年），頁22。

「天踐」猶言「天梯」。[1]這種「戔」旁亦見於《楚帛書》乙 5「淺」作  ，

同於秦系文字。[2]我們曾考慮過 ⬚、⬚ 可能都不從「戔」，可能是「⬚（脖）」[3]：

（《包山》80） （《包山》135）

的「⬚」旁省作「戔」。但此說尚無很強證據力，只能存疑待考。

## 八 由《耆夜》簡 10「役」字看楚竹書「役」字的構形

楚竹書有幾個讀為「役」的字形[4]：

A1 ⬚《容成氏》簡 16

⬚《容成氏》簡 3

⬚《孔子見季桓子》簡 26

A2 ⬚《五行》簡 45

A3 ⬚ 清華壹《耆夜》簡 10

---

1 陳斯鵬：〈楚帛書甲篇的神話構成、性質及其神話學意義〉，《學燈》第 2 期，2007 年 4
月 1 日，http://www.confucius2000.com/admin/list.asp?id=2989。又見於氏著：《簡帛文
獻與文學考論》（廣州市：中山大學出版社，2007 年 12 月），頁 11。

2 參黃德寬主編：《古文字譜系疏證》（北京市：商務印書館，2007 年 5 月）第三冊，頁
2748～2753。

3 李守奎：《楚文字編》（上海市：華東師範大學，2003 年 12 月），頁 264、滕壬生：《楚
系簡帛文字編（增訂本）》（武漢市：湖北教育出版社，2008 年 10 月），頁 417。

4 底下字形以及分類引自劉洪濤：〈戰國文字考釋兩篇——一、釋晉系文字的「役」〉，待刊
稿。其中《孔子見季桓子》簡 26 的釋讀也見該文。

其中最早出現的《五行》簡 45 文例為「耳目鼻口手足六者，心之A2 也」，帛書本作「役」。[1]李家浩先生認為右旁是「攴」字的異體，「攴」、「殳」二旁在古文字中可以通用，所以B是「役」字的異體。[2]顏世鉉先生釋文為「迓」，看來是認為A2 就是「役」字的異體。[3]袁金平先生也認為A2 與A3「視作『役』字異體是比較妥當的作法。」[4]不過，楚文字「殳」旁一般作：

（教，《語叢一》簡 43）

（賢，《命》07）

（敗，《民之父母》9）

（毇，《孔子見季桓子》簡 14）

（毇，《新蔡》簡甲三 322 號）

其演變過程非常清楚：

皆從 而來，只是加了飾筆而已：。至於 可以分解為 與 。 就是 ，只是 的橫筆寫在豎筆之上而已， 是增加的無意義符號，可以參考《睡虎地·法律答問》132「（殼）」的「殳」旁上部。

或是說 整體都是「殳」，只是加了飾筆：，這些形體與上面諸「役」

[1] 荊門市博物館：《郭店楚墓竹簡》（北京市：文物出版社，1998 年 5 月），頁 34、154。

[2] 李家浩：〈《五行》注釋〉，待刊。引自劉洪濤：〈戰國文字考釋兩篇──一、釋晉系文字的「役」〉，待刊稿。

[3] 顏世鉉：〈郭店楚簡淺釋〉《張以仁先生七秩壽慶論文集》（臺北市：學生書局，1999 年 1 月），頁 389。

[4] 袁金平：〈利用清華簡考證古文字二例〉《清華大學學報》2011 年第 4 期（第 26 卷），頁 44。

字偏旁有著形體上的差異。最值得注意的是 寫法，其文例為「蟋蟀在堂，
A3 車其行」可對應今本《詩・唐風・蟋蟀》「役車其休」，整理者註釋說：「『迻
車其行』，與《詩・蟋蟀》『役車其休』對讀，知『迻』與『役』相對，是
『役』的異體字。『迻』見於郭店簡《五行》第四五簡、上博簡《容成氏》
第一九簡。役車，服役出行的車子。」[1]但是從甲骨文開始，「殳」字從未
見省去「又」旁者，[2]恐怕 字不能直接釋為「迻」，同時也可以證明以往
將A1～A3 理解為從「殳」是有問題的。

後來，趙平安先生也認為「A」字右旁與「殳」字形差異較大，這是有
道理的。他分析「A」字右旁象從「又」持「𣪊」，「從『又』持『𣪊』，使
役的意思非常明顯，很可能是役的初文，彳或辵是後來加上去的表意偏
旁。」[3]謹案：趙先生認為「」所從的「𣪊」旁是繼承甲骨文「」（《合
集》32591）、「」（《合集》32926）的「𣪊」而來。這種可能確實不能排
除，如「中」，甲骨文作 （《甲》398），字形中象旗游的部份也保留在楚
文字中，如 （《唐虞之道》16）（《包山》157）。不過，仔細觀察A1、

---

[1] 李學勤主編：《清華大學藏戰國竹簡（壹）》（上海市：中西書局，2010 年 12 月），頁 154
注 26。

[2] 劉釗、洪颺、張新俊編纂：《新甲骨文編》（福州市：福建人民出版社，2009 年 5 月），
頁 182～186、《金文編》頁 206～207、湯餘惠主編：《戰國文字編》（福州市：福建人民
出版社，2001 年 12 月），頁 190～193。

[3] 趙平安：〈說「役」〉，「中國語言學發展之路——繼承、開拓、創新國際學術研討會」論
文，北京市：北京大學，2010 年 8 月 26-30 日。後發表於《語言研究》31 卷第 3 期，
2011 年 7 月，頁 12～14。又發表於出土文獻與中國古代文明研究網站
（www.ctwx.tsinghua.edu.cn），2011 年 7 月 28 日，
http://www.tsinghua.edu.cn/publish/cetrp/6842/2011/20110728142424022557182/201107
28142424022557182_.html。

A2 、A3 ，其第一與第三橫筆與豎筆是斷開的，而且長度並不等長，這與「中」所表示的旗游緊黏在豎筆旗杠上顯然不同，可見 大概不會從「扒」。而且，若依照趙先生的意見，則甲骨文「旒」作 （《合》303）、（《合》304）[1]，豈不是與所謂從「又」持「扒」的字形更加吻合。《甲骨文字詁林》3064 頁說「旒」字不可識，其義不詳。其辭例是「癸亥卜，殻，貞：改羌百，旒三旀扒……」（303），由於受詞是「三旀扒……」，可見「旒」是不能釋為「役」的。其次，文中引到《周禮・春官・司常》：「凡軍事，建旆旗，及致民。」等等用旗幟來致民的典籍文獻來證明從「又」持「扒」有「使役」的意思。不過趙先生此句引文有誤，應為「凡軍事，建旆旗。及致民，置旗，弊之。甸亦如之。」[2] 趙先生所要表達的意思是「及致民，置旗」，以「又」持「扒」來表示使役人民的意思。筆者以為這種解釋恐有引申過度的疑慮，撇開「 」釋為「役」的背景，單純看從「又」持「扒」的字形，如何能會出「使役」的意思呢？如果解釋為「再旀」或「舉旀」恐怕更合乎這種「圖形式會意字」[3] 的表意作用。[4]

袁國華先生曾認為《五行》45 號應釋為「遁」，右旁是「度」字，從「又」從「石」省。[5] 筆者當時同意這種釋法，並認為《五行》、《容成氏》讀為「役」

---

[1] 劉釗、洪颺、張新俊編纂：《新甲骨文編》（福州市：福建人民出版社，2009 年 5 月），頁 391。

[2] （清）孫詒讓撰，王文錦、陳玉霞點校：《周禮正義》（北京市：中華書局，1987 年 12 月）第八冊，頁 2221～2222。

[3] 裘錫圭：《文字學概要》（北京市：商務印書館，1988 年 8 月），頁 123～128。

[4] 甲骨文有「再旀」的「再」作 （《合》6814）、（《合》11077），其字形可以參考。「再旀」的考釋見陳劍：《甲骨金文考釋論集》（北京市：線裝書局，2007 年 4 月），頁 402～404、412。

[5] 袁國華：〈《郭店楚墓竹簡・五行》「遁」字考釋〉《中國文字》新廿六期（臺北市：藝文

的字都是假借「遃」為之。[1]「役」（喻紐錫部）；「遃」（定紐鐸部），二者聲紐相近，如《詩・大雅・思齊》：「古之人無斁。」《釋文》：「斁（喻鐸），鄭作擇（定鐸）」。[2]韻部旁轉音近，可引用楊澤生先生〈《上博七》補說〉一文的說法：「我們懷疑簡文『募』應讀作『畫』。『募（寡）』字古音屬見母魚部，『畫』屬匣母錫部。見、匣二母都是喉音，比較接近。而**魚部的入聲韻鐸部跟錫部也很接近**，⋯⋯如《儀禮・公食大夫禮》：『簋有蓋冪。』鄭玄注：『冪今文或作幕』。《禮記・檀弓上》：『布幕，衛也。』《經典釋文》：『幕本又作冪。』《禮記・禮器》：『犧尊疏布鼏。』鄭玄注：『鼏或作幕』。（高亨，1989：74）『冪』和『鼏』屬明母錫部，而『幕』屬明母鐸部，這是異文的例子；《論語・述而》：『五十而學《易》，可以無大過矣。』《經典釋文》：『魯讀易為亦。』（高亨，1989：467）『易』屬餘母錫部，而『亦』屬餘母鐸部，這是異讀的例子。特別是古書有『寡』、『畫』相通的例子，如《墨子・明鬼下》：『指寡殺人。』《太平御覽・神鬼部二》引『寡』作『畫』（高亨，1989：849）。」[3]又如《楚辭・九章・悲回風》以迹、釋（鐸）韵積、擊、策、適、慼、益（錫）。[4]又王力先生認為刺、籍為同源詞。《說文》：「籍，刺也」。而「刺」，錫；「籍」，鐸部。[5]《淮南子・原道》：「一之解際天地。」《文子・道原》「解」（錫部）作「胈」（魚部）。[6]還有筆者將《上博三・中弓》簡 20「攺析」讀為「掩錯」，「析」是錫部；「錯」是鐸部。[7]雖

印書館，2000 年 12 月），頁 169～176。

[1] 蘇建洲：《上海博物館藏戰國楚竹書（二）校釋》（臺北市：臺灣師範大學國文所博士論文，2004 年 6 月），頁 69～70。又載於《上海博物館藏戰國楚竹書（二）校釋》（臺北市：花木蘭文化出版社，2006 年 9 月），頁 57。

[2] 高亨、董治安編纂：《古字通假會典》，頁 892。

[3] 楊澤生：〈《上博七》補說〉，復旦網，2009 年 1 月 14 日，
http://www.gwz.fudan.edu.cn/SrcShow.asp?Src_ID=656。

[4] 陳師新雄：《古音研究》（臺北市：五南出版社，1999 年 4 月），頁 462

[5] 王力：《同源字典》，頁 275。

[6] 高亨、董治安編纂：《古字通假會典》（濟南市：齊魯書社，1997 年 7 月），頁 452。

[7] 拙文〈《上博三・中弓》簡 20「攺析」試論〉，已收入本書。

然《容成氏》簡3、《孔子見季桓子》簡26的字形接近「石」字，但是A2、A3所從兩短橫一長橫的寫法與《成王既邦》簡1「（至）」[1]字的「石」旁、《窮達以時》13「石」字作、《上博一・性情論》03「石」字作還是有所差別，同時A3就必須釋為「近」，但此寫法與楚簡讀為「蹠」的「迈」寫法不同。總之，「」能否釋為「迻」讀為「役」還有待證明。目前來看學界對於A1、A2、A3字形的解釋都存在不足之處，希望將來可以藉由新出土的材料來解決這個問題。

## 九　《長沙東牌樓東漢簡牘・侈致督郵某書信》的「由歷」

《長沙東牌樓東漢簡牘》三五《侈致督郵某書信》[2]

正面：

[第1行]客賤子侈頓首再拜

[第2行]督郵侍前：別鬲（隔）易〈易〉邁忽尔，今坤（由）磨〈歷〉年朔，

[第3行]不復相見。勤領眾職，起居官舍，遵（尊）貴皆悉，

背面：

[第1行]安善懽（歡）懤（喜），幸、甚、[3]【幸甚幸甚】。推（惟）昔

---

1　復旦吉大古文字專業研究生聯合讀書會：〈上博八《成王既邦》校讀〉，復旦網，2011年7月17日，http://www.gwz.fudan.edu.cn/SrcShow.asp?Src_ID=1593。文例是「成王既邦（封）周公二年，而王𡊃（重）亓（其）賈（任）」，孟蓬生先生在讀書會網文後評論第51樓指出：「所謂『重其任』或可讀『屬（囑）其任』。中山王器有『屬任』之例，白於藍先生有文論之。」說可從。

2　《長沙東牌樓東漢簡牘》圖版25頁，釋文88頁，中華書局2006年。

3　本書信有兩種重文符號，一作「、」，一作「＝」。

分別緢（累）磨，不數承直，區＝【區區】

[第 2 行]之念，欲相從談譿〈嘆〉。客處空貧，無緣自前，言之有慙（慚）。

[第 3 行]財自空袄（乏），將命冀見，乃得乙＝【乙（一）乙（一）】。

賤子習逸公惶恐頓首。[1]

簡文中引起筆者注意的是「坳（由）磨〈曆〉年朔」一句，伊強先生認為「『磨』也當是『曆』字之訛」，並解釋說：

> 古書裏，「曆」常可通作「歷」。（詳見高亨纂著、董治安整理《古字通假會典》，頁 470～471）因此「坳磨」當即「坳曆（歷）」。「坳」似當讀作「由」，《廣韻・尤韻》：「由，經也。」《論語・為政》「視其所以，觀其所由，察其所安」，何晏集解：「由，經也」，皇侃義疏：「由，經歷也。」因此，簡文中的「坳曆（歷）」即「由歷」，當是同義複合詞，即經歷的意思。在後世文獻裏也有「由歷」一詞。《宋書・二凶・劉濬》：「准望地勢，格評高下，其川源由歷，莫不踐校，圖畫形便，詳加算考。」「由歷」，《漢語大詞典》解釋為「起始和經歷」。（原注：漢語大詞典編輯委員會、漢語大詞典編纂處編纂《漢語大詞典》（縮印本）漢語大辭典出版社，2002 年，頁 4618。）《資治通鑒・唐穆宗長慶二年》：「詔：神策六軍使乃南牙常參武官，具由歷、功績，牒送中書，量加獎擢。」胡三省注：「由者，得官之由；歷者，所歷職任。」「由歷」，《漢語大詞典》解釋為「仕官之經歷」。皆與簡文「由歷」

---

1 釋文參考了馬怡：〈讀東牌樓漢簡《侈與督郵書》——漢代書信研究之一〉，簡帛網，2007 年 8 月 28 日，http://www.bsm.org.cn/show_article.php?id=707。該文後以〈讀東牌樓漢簡《侈與督郵書》——漢代書信格式與形制的研究〉為題收入《簡帛研究二〇〇五》（桂林：廣西師範大學出版社，2008 年 9 月），頁 173～186；伊強：〈讀《長沙東牌樓東漢簡牘》箚記〉，簡帛網，2010 年 3 月 23 日，http://www.bsm.org.cn/show_article.php?id=1236、楊芬：《出土秦漢書信匯校集注》（武漢大學歷史學院博士論文，2010 年 5 月，指導教師：李天虹教授），頁 100～104、劉樂賢：〈東牌樓漢簡《侈與督郵書》補釋〉《甘肅省第二屆簡牘學國際學術研討會論文集》（蘭州市，2011 年 8 月 25～26 日）。

的意思有所差別。

伊強先生之說非常合理，「磨」、「歷」之誤，又如《呂氏春秋・順民》：「於是翦其髮，酈〈酈〉[1]其手，以身為犧牲，用祈福於上帝，民乃甚說，雨乃大至。」但所引「由歷」的書證不甚妥帖。其實「由歷」的書證可以往前提到戰國楚簡。《清華壹・楚居》簡 1+2「女曰比（妣）隹，秉茲衒（率）【1】相，罶（胄）四方」，整理者李守奎先生讀「罶」為「麗」，讀「胄」為「秀」，異也，句意是說比隹美貌，勝於四方女子。[2]「罶胄」，蔡偉先生指出似讀為歷遊。罶、歷古音相近。《釋名・釋言語》「罶，歷也。以惡言相彌歷。」**歷、遊皆行也。**[3]筆者也指出似為上博緇衣 11「胄」作下從「目」的訛變。比如「酉」《包山》07 作、174 作。[4]宋華強先生贊同此說，並指出：「由」和「游」、「遊」常可通用，（《古字通假會典》，頁 718），「歷游」亦見於古書，如《楚辭・天問》「河海應龍，何盡何歷」，王逸注：「歷，過也。言河海所出至遠，應龍過歷遊之。」《梁書・謝幾卿傳》：「或乘露車歷游郊野。」[5]李守奎先生後來也讀為「歷遊」。[6]《楚居》的「罶（歷）胄（由）」顯然就是《侈與督郵書》的「坤（由）磨（歷）」，「歷」有「行」意，已見於上述，「由」本也有「行」的意思，如《孟子》：「舍正路

---

[1] 見陳奇猷：《呂氏春秋校釋》（北京市：學林出版社，1984 年 4 月），頁 482 引畢沅說。

[2] 李學勤主編：《清華大學藏戰國竹簡（壹）》（上海市：中西書局，2010 年 12 月），頁 183 注 10。

[3] 復旦大學出土文獻與古文字研究中心研究生讀書會：〈清華簡《楚居》研讀札記〉，復旦網，2011 年 1 月 5 日下 1 月 7 日跟帖評論。

[4] 同上 1 月 11 日跟帖評論。

[5] 宋華強：〈清華簡《楚居》1-2 號釋讀〉，簡帛網，2011 年 1 月 15 日，http://www.bsm.org.cn/show_article.php?id=1391。

[6] 李守奎：〈論《楚居》中季連與鬻熊事迹的傳說特徵〉《清華大學學報》2011 年第 4 期（第 26 卷），頁 34。

而不由」，朱熹《集注》：「由，行也」。[1]可見「冑」可以逕讀為「由」，不需改讀為「遊」或「游」。「罶（歷）冑（由）」本是同義複合詞，其詞序不固定，[2]自然也可以寫作「坤（由）磨（歷）」，二者之別只是前者用於空間（四方），後者用於時間（年朔）。不過，表示時間、頻率、速度的意義，常常與表示空間、密度的意義相關。例如：「間」本義為「縫隙」，特點是空間距離狹小，引申為「時間短」，如「有間」、「間隔」。「緩」由「時間長」、「緩慢」義，引申為「地域寬緩」義。[3]孟蓬生先生〈說《凡物流形》之「祭員」〉一文也提到：「所」表示時間，是由處所義引申而來。《公羊傳・文公十三年》：「往黨衛侯會公于沓，至，得與晉侯盟；反黨，鄭伯會公于斐。」何休注：「黨，所也；所猶時，齊人語也。」[4]於此也可見「罶（歷）冑（由）」與「坤（由）磨（歷）」用法是相似的，拿「歷」來說，上舉《楚辭・天問》「河海應龍，何盡何歷」是空間，若《保訓》簡1「王念日之多鬲（歷）」則是時間。上述伊強先生說「坤（由）磨（歷）」相當於經歷，可從。而「經歷」不僅僅指時間，也可以指空間，如《孟子・盡心上》：「夫君子所過者化，所存者神，上下與天地同流，豈曰小補之哉？」朱熹《朱子語類》解釋說：「『所過者化』，只是**身所經歷處**，如舜耕歷山、陶河濱者是也。」又如《冊府元龜・帝王部一百五十七》：「太宗知而數之曰：『朕巡省河雒，經歷數州』」。上述宋華強先生曾指出簡文「秉茲率相」當讀為「秉芷巡相」，解釋說：「『衛』即『達』，疑當讀為『巡』，『達』屬山母物部，『巡』屬邪母文部，聲母都是齒音，韵部對轉，讀音相近。『巡』，行也，歷也（《故訓

---

[1] 宗福邦、陳世鐃、蕭海波主編：《故訓匯纂》（北京市：商務印書館，2004年3月），頁1480。

[2] 王力主編：《古代漢語》（北京市：中華書局，1999年5月）第一冊，頁89、黃天樹：〈商代甲骨金文中的同義詞連用〉《古文字研究》第28輯（北京市：中華書局，2010年10月），頁106。

[3] 陸宗達、王寧著：《訓詁與訓詁學》（太原市：山西教育出版社，1994年9月），頁114～115。

[4] 孟蓬生：〈說《凡物流形》之「祭員」〉，復旦網，2009年1月12日，http://www.gwz.fudan.edu.cn/SrcShow.asp?Src_ID=649。

匯纂》，頁 652），與下文『畧』讀為『歷』義同。『相』，疑即《離騷》『覽相觀於四極兮』之『相』，《說文》：『相，省視也。』『巡相』指巡游觀覽。」依此說，則簡文「秉茲率（巡）相，畧（歷）甹（由）四方」正符合上引文「巡省河雒，經歷數州」的說法。

# 《姑成家父》簡 9「人」字考
# 兼論出土文獻「同詞異字」的現象 *

　　新出《清華大學藏戰國竹簡（壹）》[1]由於材料豐富，新出現的字形眾多，對解決以往不識的古文字難字有很大的貢獻，本文所論述《姑成家父》的「人」字便是很好的例證。

　　《清華簡（壹）》中的《尹至》、《金縢》、《耆夜》與《祭公》等竹書中的「人」及從「人」旁的字形寫得很特別，如下：

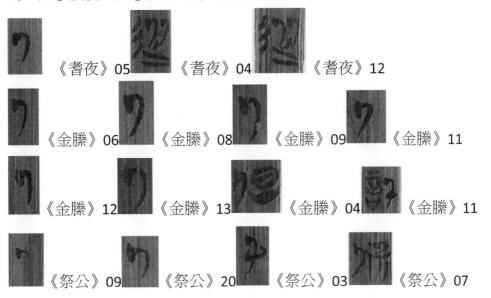

《耆夜》05　　　《耆夜》04　　　《耆夜》12

《金縢》06　　《金縢》08　　《金縢》09　　《金縢》11

《金縢》12　　《金縢》13　　《金縢》04　　《金縢》11

《祭公》09　　《祭公》20　　《祭公》03　　《祭公》07

* 本文為「《清華大學藏戰國竹簡（壹）》字詞關係研究」的研究成果之一，獲得國家科學發展委員會的資助（計畫編號 NSC100-2410-H-018-019），特此致謝。
1 李學勤主編：《清華大學藏戰國竹簡（壹）》（上海市：中西書局，2010 年 12 月）。

《祭公》20　　《祭公》09

《尹至》02

與一般的「人」字寫法不同處在於起筆處有圓筆或圓形頓筆或延長成豎筆的現象。這種寫法讓筆者聯想到《姑成家父》一個怪字，簡9：「女（汝）出內庫之緜（囚）❯而余（予）之兵。」[1] ❯字如何理解，學界說法很多，如陳劍先生認為：「表示的當是一個動詞，在結合字形考釋時，其意義似當往『赦免寬宥』、『說服』或『組織』、『編排』一類的方向去考慮。」並將「囚」字斷讀。[2] 其他學者多釋為「回」，讀為「圍」。[3] 最近戶內俊介先生指出❯形體與「回」字並不相同：

> 「回」字在其他楚簡中的寫法。比方說，上博楚簡《鄭子家喪（甲本）》第3簡、上博楚簡《鄭子家喪（乙本）》第3簡、《凡物流形（甲本）》第9簡、《凡物流形（乙本）》第7簡、《君子者何必安哉（甲本）》第1簡、第2簡、第3簡、第4簡以及《君子者何必安哉（乙本）》第1簡、第2簡、第3簡、第4簡中的「回」字都寫成內外兩重形的「▨」「▨」。此外，「沒」字所從的「𠬸」也在《說文》中被分析為從「回」的字（原注：「𠬸，入水有所取也。從又在回下。回，古文回。回，淵水也。讀若沫。（卷三下・又部）」），「𠬸」字在楚簡

---

[1] 「出」、「囚」兩字釋讀見陳劍：〈《上博（五）》零札兩則〉，簡帛網，2006年2月21日，http://www.bsm.org.cn/show_article.php?id=216。

[2] 陳劍：〈《上博（五）》零札兩則〉，簡帛網，2006年2月21日，http://www.bsm.org.cn/show_article.php?id=216。

[3] 見戶內俊介：〈上博楚簡《姑成家父》第9簡「❯（回）」字考釋〉一文所作的集釋，復旦網，2010年12月2日，http://www.gwz.fudan.edu.cn/SrcShow.asp?Src_ID=1319。

中寫作「[字形]」（上博楚簡《曹沫之陣》第 9 簡）、「[字形]」（上博楚簡《鬼

神之明》第 3 簡），其所從的部件「[字形]」也跟[字形]稍微不同。

他根據「叠」字小篆作從曰的[字形]，籀文作從口的[字形]（《說文》卷五上・曰部），

《古文四聲韻》（入聲・11 頁碼 a）作[字形]、[字形]、[字形]，這些字的上邊部件

很像[字形]，[字形]與[字形]的差異只不過是有無下邊的「曰」或「口」而已，所以將[字形]

看作「[字形]（叠）」的簡體或者通假為「叠」之字，「叠」具有「迅速」的意

思，後文的「而」字，看作是狀語「叠而」的副詞後綴。接者他分析[字形]上

面也是「回」，所以還是承認[字形]是「回」字。

　　謹案：除了戶內先生所指出的例證，其它像《說文》古文「回」作[字形]、

金文[字形]字（《集成》14.8906），《金文編》頁 425 釋為「回」；《侯馬》3.23

「[字形]（頮，沒）嘉之身」等皆與[字形]有明顯距離。其次，戶內先生分析[字形]上

從「回」之後，就會出現他自己所說的「按照本文的分析來把『[字形]（叠）』

字的上邊部件視為『回』的話，就必須假想在旋渦形的『回』字以前有寫

作『[字形]』的『回』字」最後甚至出現不認為「[字形]」是「叠」字的不合理看

法。其實徐在國先生已經指出[字形]（金文）→[字形]、[字形]（《說文》）的字形演變，[1]

其上面自然是與「回」無關的。況且解為「回」或「圍」也不能讀通簡文。

現在根據《清華簡（壹）》的資料，[字形]無疑與上引諸[字形]字為一字，可以比對

---

[1] 徐在國：《隸定古文疏證》（安徽大學出版社，2002 年）。

「瓜」旁諸字：

（狐，《包山》95）　（菰，《包山》258）

（狐，《包山》164）　（苽，《孔詩》19）

上橫排的「圓形飾點」或作下橫排的「豎形筆畫」，可見與 實為一字，差別在於前者起筆的圓形筆劃更為明顯，所以可以將之釋為「人」。簡文讀作「汝出內庫之囚人而予之兵」，「囚人」古籍常見，如《說苑・貴德》：「故囚人不勝痛，則飾誣詞以示之」、《中論・亡國》：「囚人者、非必著之桎梏，而置之囹圄之謂也，拘係之、愁憂之之謂也。」等等。

　　學者之所以不將 釋為「人」，一方面字形怪異，另一方面也因為同簡已有「人」字作 ，二者形體差異頗大。此為「同詞異字」的現象，王念孫曾曰：「古人之文不嫌於複，凡經傳中同一字，而上下異形者不可枚舉，即用韻之文亦有之。」[1]俞樾《古書疑義舉例》中也有「上下文異字同義例」，如《孟子・公孫丑》：「有仕於此而子悅之，不告於王而私與之吾子之祿爵，夫士也，亦無王命而私受之於子。」「仕」、「士」上下文用字不同而實同義。[2]而隨著越來越多簡帛材料的出土，我們知道這種「同詞異字」的現象確實不少見，顏世鉉先生曾著文討論過，[3]他將「同詞異字」現象的原因歸納為三種：一、古書多用通假字，如《唐虞之道》8-9「愛親忘賢，仁而未義也。

---

[1] 王念孫：《讀書雜志・荀子第八・皆繼》（南京市：江蘇古籍出版社，2000 年 9 月），頁 745。

[2] （清）俞樾等著：《古書疑義舉例五種》（北京市：中華書局，2005 年 4 月第 2 版），頁 1〜3。

[3] 顏世鉉：〈郭店竹書校勘與考釋問題舉隅〉一文中所討論的「上下文異字同義例」等現象，見《中央研究院歷史語言研究所集刊》74：4（臺北市：中央研究院歷史語言研究所，2003 年 12 月），頁 635〜639。

尊賢遺親，我（義）而未仁也。」二、異體字關係，如《老子甲》15「天下皆智（知）散（美）之為散（美）也，亞（惡）已。」三、所代表的詞義並不完全相同，彼此之間是引申滋衍的關係。以不同的字來表示字義的細微差別，如《老子甲》27-28「閔（閉）其逸（兌），塞其門，和其光，週（同）其塵，挫其銳，解其紛，【27】是謂玄同。」前者是動詞，後者是名詞。這三種分法是有道理的。其實還有一種情況是使用「同義字」。底下以筆者收集到的資料，以甲骨文、金文、楚簡、漢簡為例說明如下：

## 一　同簡出現寫法不同的字形（含同片甲骨、同件銅器）：

（一）《上博六・用曰》簡 19「又（有）昧（昧）丌（其）不見，不〈而〉邵（昭）丌（其）甚明。又（有）泯＝（泯泯）之不達，而散丌（其）甚章。」兩「甚」字分別作 ![字形], ![字形]。此為字形方向不固定訛變所造成。

（二）《郭店・忠信之道》簡 7「衍（道）也，百工不古（楛），而人救（養）膚（皆）足。信之為衍（道）也，群物皆成，而百善膚（皆）立。君子其它（施）也【7】」「皆」字分別作 ![字形]、![字形]、![字形]，寫作「膚」與楚文字書寫習慣不同，而見於傳鈔古文 ![字形]（《古文四聲韻》引《古孝經》），應該是受底本影響造成。

（三）《上博六・慎子曰恭儉》簡 4「而」分別作 ![字形]、![字形]，前者與「天」形混。此為字形訛變所造成。

（四）《柬大王泊旱》16 號簡兩見「三日」，一作「三日」，一作「厽日」。彼此為通假字。

（五）《曹沫之陣》：「☒又戒言曰：牪，爾正（定）𢗳；不牪，而或興或康。【37 下】」。第二人稱前用「爾」後用「而」，[1]彼此為通假字。又如《上

---

[1] 此句釋讀見孟蓬生：〈「牪」疑〉，簡帛網，2007 年 9 月 22 日。

博八・王居》：「吾安爾而設爾，爾無以慮匡正我，……【乃言 3】外臣。而居吾左右，……【命 4】」[1]此處第二人稱代詞前用「爾」，後用「而」。

（六）《銀雀山・王法》「弱而不事強，胃（謂）之撓（招）央（殃）；小而不事大，胃（謂）之召（招）害。」蔡偉先生指出：「撓」當讀為「招」。則「招」既作「召」又作「撓」，彼此為通假字。[2]

（七）己卯卜：子見（獻）睗以▨丁。用。《花東》37

壬子卜：子以婦好入于狀，肇▨B三，往麓。《花東》37

陳劍先生指出：▨字與▨字見於同版，用法相同而寫法不一樣，值得注意。又舉了《合集》655 正甲賓組兩條同文卜辭的「妾」字，一形作普通的「妾」，一形从「又」作「▨」。見孫俊：〈殷墟甲骨文賓組卜辭用字情況的初步考察〉（北京大學中文系碩士學位論文，2005 年，頁 29～30），。[3]

（八）陳劍先生：秦公鎛（《集成》270）「饞（柔）燮萬邦」、「厥名曰▨（珛－揉／柔）邦」，都讀為「擾燮萬邦」與「厥名曰擾邦」，也是完全可以的。「饞（柔）」、「珛（柔）」兩字見於一銘，則可解釋為銘文要有意「避複」因而使用不同的字來表示音義皆近之詞。[4]徐寶貴先生也認為青銅

---

[1] 編聯依照陳劍的意見，見氏著：〈《上博（八）・王居》復原〉，復旦網，2011 年 7 月 20 日，http://www.gwz.fudan.edu.cn/SrcShow.asp?Src_ID=1604。

[2] 蔡偉：〈讀《銀雀山漢墓竹簡》札記〉，復旦網，2009 年 10 月 10 日，http://www.gwz.fudan.edu.cn/SrcShow.asp?Src_ID=933。

[3] 陳劍：〈說殷墟甲骨文中的「玉戚」〉《中央研究院歷史語言研究所集刊》第七十八本第二分（2007 年 6 月），頁 422。亦發表於復旦網，2009 年 9 月 11 日，http://www.gwz.fudan.edu.cn/SrcShow.asp?Src_ID=902。

[4] 陳劍：〈釋「屮」〉《出土文獻與古文字研究（第三輯）》（上海市：復旦大學出版社，2010 年 7 月），頁 61。

器存在「同文避複」的現象。[1]

（九）陳劍先生：「『嬎』跟『勱』字有見於同一篇銘文的，如通彔鐘：『受（授）余通彔（祿）、庚（康）嬎、屯（純）右（祐），廣啟朕身，勱（勱―擢）于永令（命），……』梁其鐘：『用祈匄康嬎、屯（純）右（祐）、綽綰通祿。皇祖考……用□光梁其身，勱（勱―擢）于永令（命）。』就好比金文『老』、『考』、『孝』幾字常可通用，也常出現於同一篇銘文，並不奇怪。這也並不構成在『康嬎』和『康勱（勱）』這種用法中『嬎』跟『勱』二者表同詞的致命反證。」[2]案：嬎、勱音近可通，詳見陳劍文章。

（十）單育辰先生：「《師衰鼎》中，一句話同時用『敢』、『叚』來表示同一個詞，似乎有點奇怪，但這在古文字資料中，是常常見到的。下面的例子都是用不同的字表示相同的詞：比如《作冊大令簋》『令敢𤔲（揚）皇王室』、『令敢辰（揚）皇王室』（《集成》4300）；《上鄀府簋》『上鄀府擇其吉金』、『嬰（其）眉壽無記（期）』（《集成》4613）；戰國竹簡《忠信之道》簡 7『群勿（物）皆成而百善膚（皆）立』（《郭店楚墓竹簡》）；《周易》簡 42『乃亂迺瘁』（《上海博物館藏戰國楚竹書（三）》）；《彭祖》簡 7『一命弋俯』（《上海博物館藏戰國楚竹書（三）》）；《曹沫之陳》簡 36『陳功上賢，能治百人，史（使）長百人；能治三軍，思（使）帥』（《上海博物館藏戰國竹書（四）》），它們代表的都是一個詞。」[3]案：敢、叚音近可以通假。

（十一）裘錫圭先生：獄簋「（「不瘝乎」）『乎』字寫法（引案：作 ◼ ）與𡭊作乎卣、小臣逨簋、司土司簋等類同，（原注：「容庚等《金文編》，中

---

[1] 徐寶貴：〈商周青銅器銘文避複研究〉《考古學報》2002 年第 3 期，頁 261～276。

[2] 陳劍：〈楚簡「罔」字試解〉，中國簡帛學國際論壇 2008，2008 年 10 月 30 日-11 月 2 日，芝加哥大學東亞語言與文明系。

[3] 單育辰：〈試論《詩經》中「瑕」、「遐」二字〉，復旦網，2009 年 2 月 28 日，
http://www.gwz.fudan.edu.cn/SrcShow.asp?Src_ID=708。

華書局，1985 年 7 月，頁 817。」）而與本銘其他兩個『乒』字不同（引案：

作）。本銘兩個『斷』字寫法有異，兩個『亡』字的寫法與『句』字『亡』

旁不同，『㞢』字『止』旁寫法與兩個『邁』字和『諄』字的『止』旁不同。

所以『乒』字寫法的不同毫不足怪。」[1]

　　（十二）馬王堆帛書《老子》甲本卷後古佚書《九主》370「佐者无

扁（偏）職，有分守也，謂宔之命，佐主之明，并列百官之職者也。」劉

釗先生指出：「『宔』用為『主』，和『主』字同見于一句，可能出於『避複』

的考慮。」[2]案：使用異體字來達到「避複」的效果。

　　（十三）五年春平相邦葛得鼎銘文第二段記載該鼎的「容積」和「重

量」。董珊先生指出：「鼎銘所記容量跟重量單位都出現『益』字，兩個『益』

的寫法小有不同。」[3]案：這是詞義有所區別而有不同的書寫形式。

## 二　同篇簡文出現寫法不同的字形（附論：甲骨、金文）

## （一）使用異體字：

1.《新蔡》甲三 414、412「毫二袿（社）一豢、一猎，䬴（刉）於淋□」，

　宋華強先生指出：「『淋』字原形作，從『㳠』、從『禾』。根據《說文・

　㳠部》『流』字或從『㳠』從『充』，『涉』字或從『㳠』從『步』，『淋』

　應該與『沭』字為異體。《玉篇・水部》及《集韻》平聲『戈』韻『和』

　小韻都有作為水名的『沭』字，『淋』若是這個『沭』字的異體，則是從

　『禾』得聲。不過仲叔父盤也有『沭』字，是『黍』字異體。（《金文詁

---

[1] 裘錫圭：〈獄篡銘補釋〉《安徽大學學報》2008 年 7 月，頁 4。又載於復旦網，2008 年 4
　　月 24 日。

[2] 劉釗：〈馬王堆漢墓簡帛文字考釋〉《語言學論叢》28 輯（2003 年）。又載於劉釗：《古
　　文字考釋叢稿》（長沙市：岳麓書社，2005 年 7 月），頁 343。

[3] 董珊：〈五年春平相邦葛得鼎考〉《第三屆古文字與古代史國際學術研討會論文集》（臺
　　北市：中研院史語所，2011 年 3 月），頁 230。

林》頁 4529～4530）天星觀簡『泰』字，《楚系簡帛文字編》歸在禾部，

釋為『黍』字；增訂本則改隸水部，云『見《玉篇・水部》。泰，水名。』

葛陵簡中『淋』是地名，不知與上述哪一個『泰』字相關。葛陵簡本有『黍』

字，作 （參本書第二章第二節），與『淋』寫法不同，似乎有利於說

明『淋』不是『黍』字。不過甲骨文『黍』字或作 （參看裘錫圭：《古

文字論集》，中華書局，頁 155），這種形體把下面兩個『水』旁寫得靠

上些就有可能演變為『淋』。所以『淋』是『黍』字異體的可能性並不能

排除。」[1]案：由《清華壹》及《上博八》的材料來看，「淋」是「黍」字

異體可以確定。《新蔡》「黍」既作 ，又作 。

2. 《包山》260「一俚（凭） （几）」、266「一房 （旮－几）」。兩「几」
   字寫法不同。[2]

3. 宋華強先生：古文字中一字異體而同見於一批材料者多有，如新蔡簡中「猷」

   作 （乙四 57），又作 （零 211）；「皆」字作 （甲三 138），又

   作 （零 452）；「獻」字作 （甲三 354），又作 （甲三 326-1）。[3]

4. 清華簡《祭公》簡 2：「不『淠（淑）』疾甚。」簡 18：「寺（時）隹（惟）
   大不『弔（淑）』哉。」

## （二）字形訛變所致的異體：

---

[1] 宋華強：《新蔡葛陵簡初探》，（武昌市：武漢大學出版社，2010 年 3 月），頁 449 注 2。

[2] 李家浩：〈包山 266 號所記木器研究〉《著名中年語言學家自選集——李家浩卷》（合肥市：安徽教育出版社，2002 年 12 月），頁 239。

[3] 宋華強：《新蔡楚簡的初步研究》，（北京市：北京大學中國語言文學系博士學位論文，2007 年 5 月）。

1.《清華簡（壹）・保訓》的「解（懈）」，簡 7 作 ![字]，簡 9 作 ![字]，簡 10 作 ![字]，前二者角旁接近西、鹵一類的寫法。

2.《上博六・慎子曰恭儉》「為」作 ![字]（簡 2、6），但是簡 2 又作 ![字]。

3.郭永秉先生：「（孔子見季桓子）『魚』字本寫作 ![字] 和 ![字] 形，頭部和本篇寫作 ![字]（7 號簡）、![字]（19 號簡）的兩個『備』字寫法相似，中間部分則和本篇 24 號簡寫作 ![字] 的『備』字一致；其足部的訛變寫法則與上博簡《曹沫之陣》52 號簡寫作 ![字] 的『備』字完全相同。《孔子見季桓子》中同一個字有多種訛寫的現象多見，此處將『備』字寫成類似『魚』形毫不足怪（此字甚至直接釋『備』亦無不可）。」[1]案：《孔子見季桓子》簡 5 的「備」作 ![字] 和 ![字] 由於字形訛變為類似「魚」，與同簡的「備」作 ![字]（7 號簡）、![字]（19 號簡）看起來不同。

4.劉樂賢：《孔家坡漢簡》「尤」作 ![字]，又作 ![字]、![字]，兩者字形差別較大。[2]

## （三）受底本影響：

《上博五・弟子問》「者」字作：

![字]弟 05 ![字]弟 05 ![字]弟 06 ![字]弟 06 ![字]弟 09 ![字]弟 14 ![字]弟 18 ![字]弟 18

可以說寫法相當固定，但是簡 21「者」字作 ![字]。此種寫法與《五行》

---

[1] 郭永秉：〈上博竹書《孔子見季桓子》考釋二題〉，《文史》2011 年第 4 輯。

[2] 劉樂賢：〈孔家坡日書古史傳說人物〉《中國史研究》2010 年 2 期，頁 110。

簡50一類「[圖]（者）」字的寫法是最為接近。筆者認為《弟子問》底本可能確實作類似[圖]形者，不過書手對這種齊、燕文字的寫法並不熟悉，正好楚文字的「幺（糸）」旁常見解散成三條橫線，則書手在抄寫[圖]字時，將上面誤認為是「幺（糸）」，遂寫成類似[圖]的形體。[1]

## （四）詞義不同的區別：

1. 《郭簡・老子甲》簡36「[圖]（得）與[圖]（亡）[圖]（孰）疠（病）」，此簡的「得」與「亡」作[圖]、[圖]，與《老子甲》其他常見的[圖]、[圖]並不相同。二者下從「貝」，應該是得到或失去財物的專用字。[2]

2. 《曾侯》50「[圖]組之[圖]」、63「紫組之[圖]」，「[圖]」字形作[圖]。[3]裘錫圭、李家浩先生認為：「上部與簡文『[圖]（乘）』字上部相同。望山二號墓竹簡所記車馬器有『黃鞭（緶）組之纘』、『組纘』等。『纘』與『[圖]』皆從『賮』聲，當指一物。」而《望山》將「纘」讀為「縢」。田河先生亦同意[圖]讀為「縢」，並指出《曾侯》已有常見的「縢」字作[圖]（繺，簡126），[4]二者寫法不同大概是為了區分縢繩的不同形制或功用，便用不同形體的字來記錄。[5]

---

[1] 詳見拙文：〈《上博五・弟子問》研究〉《中央研究院歷史語言研究所集刊》83本，待刊。

[2] 彭浩：《老子校讀》（武漢市：湖北人民出版社，2000年1月），頁69、陳斯鵬：〈郭店楚簡解讀四則〉《古文字研究》24輯（北京市：中華書局，2002年7月），頁412、顏世鉉：〈郭店竹書校勘與考釋問題舉隅〉，頁655、蕭毅：《楚簡文字研究》（武漢市：武漢大學出版社，2010年3月），頁60。

[3] 李守奎：《楚文字編》（上海市：華東師範大學，2003年12月），頁208。

[4] 李守奎：《楚文字編》（上海市：華東師範大學，2003年12月），頁736。

[5] 田河：《出土戰國遣冊所記名物分類匯釋》（長春市：吉林大學博士論文，2007年6月），

3. 《皇門》簡 3「廼方（旁）救（求）巽（選）罪（擇）元武聖夫，臘（羞）
于王所。」簡 13「母（毋）复（作）俎（祖）考顄（羞）才（哉）。【13】」
兩個「羞」詞，一寫作「臘」，一寫作「顄」，前者是進獻的意思，後者
是羞恥的意思，用法不同故寫法不同。

4. 裘錫圭：「在一條卜辭中，重見的字由於有兩種用途而寫成兩種形式的現
象，是確實存在的。」[1]黃天樹先生也指出一緒的「⊕」（叀）和三緒的
「※」（叀），在甲骨、金文中用法判然有別。前者是是虛詞，作用跟「唯」
相似，讀為惠；後者是實辭，解為助也。[2]這是詞義有所區別而有不同的
書寫形式。

5. 沈培先生：「金文中表示『長壽』的詞語很多，……『眉壽』、『彌厥生』
的『眉』和『彌』表示的是同一個詞，但卻用了兩個不同的字。很可能
是因為『眉壽』已經凝固為一個詞，而『彌厥生』（包括『彌生』）尚未
成詞，當時的人感覺這兩種表述應該用不同的字來加以區別。」[3]這是用
法稍有區別而有不同的書寫形式。

## （五）書手本身書寫或用字習慣：

1. 《上博一・性情論》「者」字共 46 例，有 39 例作者形（簡 7），有 5 例
作者形（簡 22-24），簡 38 有 2 例作者。三種寫法均見於其他楚簡，可
能是書手自己的習慣，當然也不能排除是底本的關係。

---

頁 244。

[1] 裘錫圭：〈釋「勿」、「發」〉《古文字論集》，頁 76。

[2] 黃天樹：〈禹鼎銘文補釋〉《古文字學論稿》（合肥市：安徽大學出版社，2008 年 4 月），
頁 65～67。

[3] 沈培：〈釋甲骨文、金文與傳世典籍中跟「眉壽」的「眉」相關的字詞〉，復旦網，2009
年 10 月 13 日，http://www.gwz.fudan.edu.cn/SrcShow.asp?Src_ID=938。又載於《出土文
獻與傳世典籍的詮釋》（上海市：上海古籍出版社，2010 年 10 月），頁 26～27。

2.《上博六・孔子見季桓子》「察」字作（簡6、16、18、27），但是簡13「邑（色）不（僕－察），出言不忞（忌）」，二種寫法的「察」字均見於其他楚簡，可能是書手自己的習慣，當然也不能排除是底本的關係。[1]

3.《上博三・仲弓》10「（譽－舉）而（爾）所知……惑（宥）過（譽－赦）罪」；簡7「惑（宥）過（愬－赦）罪」。簡10同一「譽」字而用法不同；後者是兩個「赦」詞而寫法不同，同時兼備「同詞異字」與「同字異詞」的現象。簡7「赦」寫作「愬」，以「心」為義符，也見於《成之聞之》39，顯然是一種相對標準的寫法。至於「譽」在楚竹書中一般用為「舉」，《仲弓》簡9-10「舉才」的「舉」都寫作「譽」，[2]而簡10的「赦」讀音正好也與「譽」相近遂加以沿用。由於「赦」寫作「譽」目前僅此一見，我們可以說是書手涉上面「譽（舉）」而造成的現象。

## （六）使用通假字：

1.易牙的「易」《上博五・競建內之》10作（㹜），又作（愬，《上博五・鮑叔牙》06）。「㹜」從「弋」聲，讀作「易」是雙聲通假。[3]

2.《上博七・吳命》簡7「毋敢又（有）遲（遲）速之（羿－期）」；簡9「皆奊（敝）邑之（昪－期）也」。「羿」、「昪」都是通假字。

---

[1] 拙文：〈《孔子見季桓子》、《吳命》字詞考釋二則〉《中國文字學報》第三期（北京市：商務印書館，2010年11月），頁85～90。

[2] 白於藍：《簡牘帛書通假字字典》（福州市：福建人民出版社，2008年1月），頁85～86。

[3] 拙文：〈《上博（五）競建內之》「㹜」字小考〉，簡帛網，2006年7月23日。又見《《上博楚竹書》文字及相關問題研究》（臺北市：萬卷樓圖書公司，2008年1月），頁141。

3. 《上博二・子羔》09「而丌（其）父戔（賤）而不足再（稱）也與（歟）？
 （抑）亦成（誠）天子也與（歟）？」《子羔》6+2「舜之悳（德）則城
 （誠）善【6】歟？伊（抑）堯之悳（德）則甚昷（明）歟？」[1]「抑」
 既作「殹」又作「伊」，使用通假字。

4. 《郭店・性自命出》23：「凡聲，其出於情也信」，簡 3「道始於青＝（情，
 情）生於性。」則｛情｝既作「情」，也作「青」。

5. 《上博四・曹沫之陣》36+28：「莊公或（又）問：『為義如何？』……受
 （授）【36】又（有）智，舍又（有）能，則民宜（義）之。【28】」[2]編
 聯在一起用為｛義｝的詞前用「義」表示，後用「宜」表示。

6. 孟蓬生先生指出：「或許有人會問，同一個『疑』字，為什麼或用『牪』，
 或用『矣』，前後異字？答曰：同篇異字，甚或同簡異字，所在多有，蓋
 不足致疑。即以《曹沫之陣》而言，同一『使』字，而或用『囟』，或用
 『叟』，或用『思』。」[3]案：疑、牪、矣音近可通。

7. 宋華強先生指出：「在戰國竹書中我們也能看到另一種並不罕見的情形：
 同一書手所抄同一篇竹書中，也存在同詞異字現象。如《上博（四）・曹
 沫之陳》中曹沫之名大量出現，絕大多數都寫作從『蔑』聲之字；但是
 5 號簡又寫作從『土』、『萬』聲之字；《上博（四）・柬大王泊旱》數字
 之『三』既寫作『三』（16、18），又寫作『厽』（16）。有時甚至同一支
 竹簡上也能見到這種現象。如《柬大王泊旱》16 號簡兩見『三日』，一
 作『三日』，一作『厽日』。」[4]

8. 宋華強先生：「同一篇簡文乃至同一支竹簡使用不同的字來表示同一個詞，

[1] 裘錫圭：〈談談上博簡《子羔》篇的簡序〉《中國出土古文獻十講》（上海市：復旦大學出
 版社，2004 年 12 月），頁 317～328。

[2] 陳劍：〈上博竹書《曹沫之陳》新編釋文（稿）〉，簡帛研究網，2005 年 2 月 12 日，
 http://www.jianbo.org/admin3/2005/chenjian001.htm。

[3] 孟蓬生：〈「牪」疑〉，簡帛網，2007 年 9 月 22 日，
 http://www.bsm.org.cn/show_article.php?id=721。

[4] 宋華強：〈釋上博簡中讀為『曰』的一個字〉，簡帛網，2008 年 6 月 10 日，
 http://www.bsm.org.cn/show_article.php?id=839。

這種現象在楚竹書中並不罕見，我們在上面提到的那篇小文中已經舉了一些例子，並且認為這種現象可能是為了避免重複，與古書中的『避重複而變文例』類似。本篇簡文也有此例，如『曰』這個詞既用一般的『曰』字，也用『屮』字（15 號）（引案：指《凡物流形》甲 15）。」[1]

9. 清華簡《祭公》簡 2：「公亓（其）『告』我印（懿）德。」簡 10：「敢『𡊉（告）』天子。」[2]

10. 李家浩先生：「從戰國竹書用字情況看，在同一篇中的同一個詞，可以使用不同的字表示。就拿《六德》這段文字來說，表示『剛』這個詞的字，既作『卉』又作『強』；表示『義』這個詞的字，既作『義』又作『宜』。又如上海博物館竹書《競公瘧》8 號：『今薪蒸思（使）虞守之，澤梁史（使）漁守之，山林史（使）衡守之。』文中表示『使』這個詞的字，上一句用『思』，下兩句用『史』。《六德》表示『者』這個詞的字，既寫作『者』，又寫作『多』，一點也不奇怪。」[3] 案：諸字皆為通假關係。

11. 劉樂賢先生：「將《楚居》的『氐於』直接讀為『至於』，顯然更符合古書的用語習慣。同樣，簡一的『氐于』也可以直接讀為『至于』。順便指出，《楚居》已多次使用『至』（原注：「值得注意的是《楚居》中的『至』都是用於人名之前，是否意味著『至』、『氐』在該篇存在某種區別，尚待進一步研究。」），但這並不妨礙將『氐』讀為『至』。孟蓬生先生說：『同篇異字，甚或同簡異字，所在多有，蓋不足致疑。」[4] 案：氐、至音近可通。

---

[1] 宋華強：〈《凡物流形》「五音才人」試解〉，簡帛網，2009 年 6 月 20 日，http://www.bsm.org.cn/show_article.php?id=1098。

[2] 此例為孟蓬生先生提出，見蘇建洲：《〈清華簡〉考釋四則》復旦大學出土文獻與古文字研究中心網站，2011 年 1 月 9 日，http://www.gwz.fudan.edu.cn/SrcShow.asp?Src_ID=1368 的文後評論。

[3] 李家浩：〈關於郭店竹書《六德》「仁類蕣而速」一段文字的釋讀〉，《出土文獻研究（十）》（北京市：中華書局，2011 年 12 月）。

[4] 劉樂賢：〈讀清華簡札記〉，簡帛網，2011 年 1 月 11 日，http://www.bsm.org.cn/show_article.php?id=1384。

12.裘錫圭先生：「《道術》篇『設』、『埶（設）』並出，毫不奇怪。我在『前文』中已經指出，武威《儀禮》簡中，『設』、『埶（設）』二字不但可以出現在同篇之中，甚至偶爾還會出現在同簡之中。（引案：指裘錫圭：〈古文獻中讀為『設』的『埶』及其與『執』互訛之例〉，《東方文化》1998年36卷1、2號合刊，香港大學亞洲學研究中心，1998年，頁39）『前文』指出帛書《繆和》有『埶（設）』字，其實此篇亦有『設』字。估計這些書較原始的本子是全用『埶』字表『設』的，傳抄者或改為『設』，或不改（當既有知其義而不改者，也有因不知其義而不能改者），遂致二字錯出。情況與《素問》中『炅（熱）』、『熱』 二字錯出相類。」[1]案：埶、設音近可通。

13.季師旭昇：「今本《毛詩》同一個『宛』字，在《上博》簡《小宛》篇中作『爲』（引案：簡8，字作 ），而在《宛丘》篇中作『丽』（引案：簡21作 、簡22作 ），是否不合理呢？其實是不會的。戰國文字中同一字寫成不同的形體，或者假借不同的字是很常見的。『丽丘』的『丽』是『备』（邊）的省形，我已有考證，今本《毛詩》《宛丘》、《小宛》同用『宛』字，並不妨礙《上博》《少爲》、《丽丘》分別用不同的字。」[2]案：「 」上從「冤」聲，[3]與「备」，即「邊」字音近可通，皆可讀為「宛」。

14.鄔可晶先生：「《十大經・觀》下文有『力黑已布制建極』之語，已出現了『極』字；『布制』與『建極』對文，『極』顯然也是準則、法度之義，即上文所說力黑『善之法則』的『法則』，與『以觀無恆（極）』的『恆

---

[1] 裘錫圭：〈再談古文獻以「埶」表「設」〉，香港中文大學中國語言及文學系、香港中文大學中國文化研究所中國古籍研究中心主辦「古道照顏色——先秦兩漢古籍國際學術研討會」論文，2009年1月16-18日。

[2] 李旭昇：〈由上博詩論「小宛」談楚簡中幾個特殊的從身的字〉（《漢學研究》20（2），2002年12月），頁379。

[3] 張富海：〈說「蟊」「冤」〉《古文字研究》第28輯（北京市：中華書局，2010年10月），頁521～523。

（極）』同意。這是否成為讀『無恆』為『無極』的障礙？《莊子》一書既說『未始有恆』（《天地》），又說『未始有極』（《大宗師》、《田子方》等），二者顯係一語。（原注：蔡偉：《據戰國文字「亙、亟相混」現象校讀古書（二則）》，簡帛網，2007 年 3 月 11 日

（http://www.bsm.org.cn/show_article.php?id=533）。）前文已引馬王堆帛書《老子》乙本卷前古佚書《道原》『恆先之初』和《易・繫辭》『大恆』的『恆』用為『極』。其實，在《道原》和《易・繫辭》中，也都有『極』字（或作『亟』），前者如『精微所不能至，稽極所不能過』、『明者固能察極』、『是胃（謂）察稽知極』，（原注：國家文物局古文獻研究所：《馬王堆漢墓帛書【壹】》，圖版 171 行上、171 行下～172 行上，釋文注釋頁87。）後者如『極大小者存乎卦』、『極數知來之胃（謂）占』、『極天下之請存乎卦』、『六肴之勤（動），三亟（極）之道也』（原注：傅舉有、陳松長：《馬王堆漢墓文物》，圖版 5 行、9 行上、29 行、4 行上，頁 118～119、頁 124～125，湖南出版社，1992 年。）楚帛書中既有寫作『亟』的『極』（甲篇『……奠四亟（極）』），又有寫作『亙』的『極』（乙篇『亡（無）又（有）尚（常）亙（極）』、『以□三亙（極）、『建亙（極）襠（屬）民』）。（原注：參看劉信芳：《子彈庫楚墓出土文獻研究》，頁 44，藝文印書館，2002 年；饒宗頤：《楚帛書天象再議》，《中國文化》第三期，頁 68，生活・讀書・新知三聯書店，1991 年；裘錫圭：《是『恆先』還是『極先』？》。）在《上博（三）・亙先》中，簡 1『極先無有』、簡2『極莫生氣』、『極氣之生』、簡 9『極氣之生』的『極』寫作『亙』，簡12『無迆極』、『無不得其極而果遂』的『極』寫作『㢦』、『㢦』。凡此，皆同篇文字中『恆』（或『亙』）、『極』（或『亟』及從『亟』之字）並用為『極』的例子，這一點不足以否定帛書『無恆』當讀為『無極』的結論。」[1]案：亟、亙音近可以通假。

15.《成之聞之》簡 4+5「是古（故）亡虐（乎）丌（其）身而【1/4】麂（存）

[1] 鄔可晶：〈馬王堆漢墓帛書《十大經》補釋二則〉《簡帛》第五輯（上海市：上海古籍出版社，2010 年 10 月），頁 432～433。

唐（乎）丌（其）訶（詞）」，表示「乎」的兩個字寫法不同，一作 ▨ ；

一作 ▨ 。

16.《望山》遺冊簡M2 簡 47+49+50：「二瑟（瑟），皆秋（緅）衣【47】……二瑟

（瑟），关，一 ▨ 衣，丌（其）【49】一瑟（瑟），丹秋（緅）之阩 ▨ ，丌（其）

一瑟（瑟），霝光之阩 ▨ 。【50】」[1]其中「 ▨ 」字，摹本作「 ▨ 」[2]李家浩

先生隸定為「尣」，分析為从「犬」，「九」聲。九、秋古音都是幽部字。

此「尣衣」就是簡 47「二瑟（瑟）皆秋（緅）衣」的「緅衣」。「緅」屢

見於楚簡，是一種絲織品。[3]而簡 50 寫作「秋（緅）」或許是因為「丹秋

（緅）」已經是固定寫法了。

17.《上博八・王居》：「吾安爾而設爾，爾無以慮匡正我，抑忌韋（回／違）

讒【言毛】（媚），以坄（墮－毀）惡吾【乃言 3】外臣。……吾未【王

居 2】【之答，而觀無畏】毀惡之。」[4]同是「毀」詞，一作「墮」，一作

「毀」。[5]

18.「枕」一般作 ▨ （楮，《信陽》2.23 二見），不過《望山》2.48 ▨ （簪），

---

[1] 簡 47+49 是劉國勝先生的意見，見氏著：〈望山遺冊記器簡瑣議〉《考古與文物》2010 年
3 期，頁 105。

[2] 湖北省文物考古研究所、北京大學中文系編：《望山楚簡》（北京市：中華書局，1995 年
6 月），頁 62。

[3] 李家浩：〈信陽楚簡越人之器研究〉《簡帛研究》第三輯（南寧市：廣西教育出版社，1998
年 12 月），頁 13。劉國勝：〈望山遺冊記器簡瑣議〉《考古與文物》2010 年 3 期頁 105
注 10 贊同此說。

[4] 以上編聯依照陳劍：《《上博（八）・王居》復原〉，復旦網，2011 年 7 月 20 日，
http://www.gwz.fudan.edu.cn/SrcShow.asp?Src_ID=1604。以及該文底下作者第 14 樓補
正。

[5] 見拙文：《《上博八考釋十四則──（八）《王居》「害」、「助」、「毀」等字考釋》》，已收
入本書。

《望山楚簡・補正》認為字形上半與戰國貨幣巠（隰）城方足步的「巠」字所從相同。「巠」即「淫」字所從的偏旁，按照《說文》的說法，「淫」從「水」從「土」從「朵」省聲。疑「淫」本從「巠」聲，「巠」本從「巠」聲。「昬」也應從「巠」聲，古音當與「淫」相近。簡文「一匚紅昬」位於起居用的莞筵之後，疑「昬」應當讀為「枕」。[1]則「枕」可作「楷」、「昬」，二者出自不同墓葬，但同屬楚系簡帛，且「昬」寫法特殊，故加以列出。

19.《集成》744 琱生鬲的自名作 🖼，《集成》633 🖼 鬲的自名作 🖼，二者都應分析為從鬲辰聲，即《玉篇》釋為「大鼎也」、《廣雅・釋器》釋為「鼎也」的「䰞」字。鬲本鼎屬，故自名可以寫作「䰞」。[2]《集成》745 師趫鬲自名作 🖼，隸定作 🖼，其實也是「䰞」字，其形旁「鬲」簡省了，保留了聲符「辰」。由於 🖼 與 🖼 形體有較大的差別，是以列出供讀者參考。

## （七）使用同義字：

1.《信陽》2.15「一綏常（裳），耆（赭）膚之純、帛㮚。」「㮚」，裘錫圭、李家浩以為「攝」之異體，為緣之義。[3]而 2.07「純惪」，《望山楚簡》指出：惪可能與《禮記・玉藻》:「君羔幭虎犆」的「犆」有關，鄭玄注：「犆

[1] 湖北省文物考古研究所、北京大學中文系編:《望山楚簡》（北京市：中華書局，1995 年 6 月），頁 132～133。

[2] 參張世超等著:《金文形義通解》（京都：中文出版社，1996 年 3 月），頁 597～598 引孫稚雛說。又 🖼 字的分析參見郭永秉:〈上博藏西周寓鼎銘文新釋——兼為春秋金文、戰國楚簡中的「羹」字祛疑〉《出土文獻與傳世典籍的詮釋——紀念譚樸森先生逝世兩周年國際學術研討會論文集》（上海市：上海古籍出版社，2010 年 10 月），頁 95 注 64，又載於氏著:《古文字與古文獻論集》（上海市：上海古籍出版社，2011 年 6 月），頁 20～21 注 1。

[3] 裘錫圭、李家浩:〈曾侯乙墓竹簡釋文與考釋〉，湖北省博物館《曾侯乙墓》上（北京市：文物出版社，1989 年），頁 503 注釋 15。

讀皆如直道而行之直。直謂緣也。」[1]劉國勝先生也解釋為「純色衣緣」。[2]
則「邊緣」的意思，除了常見寫作「純」外（如《仰天湖》02、07「█純」），
《信陽》還寫作「枲（攝）」與「惪（直）」，皆為邊緣的意思。

2. 《郭店・老子（甲）》中，「道」字除作「█」外，亦有█的寫法（簡 6、
10、13）。李學勤先生認為：「讀為『道』的『衍』是上述第六體省去聲
符『首』而形成的（引案：指从行从頁的█，《汗簡》）。它和讀為『行』
的『衍』是人步於衢道間的會意字，來源本不一樣。」[3]廖名春先生認為：
「『衍』字亦見北宋郭忠恕所編《汗簡》，云出自《尚書》；又見於北宋夏
竦所編《古文四聲韻》，云出自《古老子》、《古尚書》。他們皆釋為『道』
字。此字又兩見於石鼓文，清人錢大昕據韻例認為『讀戶郎切，即古行
字』。羅振玉肯定錢說，指出商人卜辭亦有此字。《甲骨文編》卷二第 29
頁就收有 8 例甲文『衍』字。今本《老子》之『道』字，荊門楚簡多寫
作『道』，但亦有寫作『衍』的，如第三十章『以道佐人主者』之『道』，
楚簡也作『衍』；第十五章之『道』字，楚簡也作『衍』。《爾雅・釋宮》：
『行，道也。』兩者為同義詞，故可通用。」[4]此從廖名春說。

3. 上述楚簡的「枕」還可以寫作「枳」，包山二號墓遣冊中的「櫝枳」的「枳」，
李家浩先生讀為「攱」，「攱」是「枕」的別名。《玉篇》立部說：「攱，
枕也」。「櫝枳」即「櫝攱」是指包山二號墓內出土的盒形座枕。因盒形
座枕的枕身是櫝，兼有枕和櫝兩種功能，故簡文把它叫做「櫝枕」。[5]寫

---

[1] 湖北省文物考古研究所、北京大學中文系編：《望山楚簡》（北京市：中華書局，1995 年
6 月），頁 118。

[2] 劉國勝：《楚喪葬簡牘集釋》（武漢市：武漢大學博士學位論文，2005 年），頁 47。

[3] 李學勤：〈說郭店簡『道』字〉《簡帛研究》第三輯（南寧市：廣西教育出版社，1998 年），
頁 42～43。

[4] 廖名春：〈楚簡「老子」校釋之一〉《中國哲學史》2001 年 1 期頁 38。

[5] 李家浩：〈包山楚簡中的「枳」〉《徐中舒先生百年誕辰紀念文集》（成都市：巴蜀書社，
1998 年 10 月），頁 173～175。又載於《著名中年語言學家自選集——李家浩卷》（合肥

作「枳」可通假為「庋」，是「枕」的同義字。

綜合以上討論，可知《姑成家父》 ⟨glyph⟩ 釋為「人」是沒有問題的，其「同詞異字」的情況屬於同簡使用訛變的異體字。

---

市：安徽教育出版社，2002 年 12 月），頁 290～291。附帶一提，湖北江陵鳳凰山 168 號漢墓遣冊竹簡 44「逗枳」，田河先生也認為「枳」應讀為「庋」，見〈湖北江陵鳳凰山一六八號漢墓遣冊校釋〉《甘肅省第二屆簡牘學國際學術研討會論文集》（蘭州市，2011 年 8 月 25～26 日），頁 731。

# 《郭店‧語叢三》簡 15「薗」字考兼論「薗」字<sup>*</sup>

《郭店‧語叢三》簡 14-15

　　遊【14】△，嗌（益）。嵩（崇）志，嗌（益）。才（存）心，嗌（益）。
【15】[1]

其中「△」字作：

整理者隸定作「蒐」，無說。[2]其後學者都注意到「蒐」字與《說文》「薗」字的關係，如何琳儀先生隸定作「薗」，解釋說：「《說文》：『薗，糞也。從艸，胃省。』《集韻》：『薗，或作戾，通作矢。』『矢』與『失』音近可通。……『游薗』疑讀『游佚』。」[3]李零先生贊同何先生的意見，並指出

---

* 本文為「《清華大學藏戰國竹簡（壹）》字詞關係研究」的研究成果之一，獲得國家科學發展委員會的資助（計畫編號 NSC100-2410-H-018-019），特此致謝。

1　釋文參照陳偉等著：《楚地出土戰國簡冊【十四種】》（北京市：經濟科學出版社，2009年 9 月），頁 257。

2　荊門市博物館：《郭店楚墓竹簡》（北京市：文物出版社，1998 年 5 月），頁 209。

3　何琳儀：〈郭店竹簡選釋〉《簡帛研究二○○一》（桂林市：廣西師範大學出版社，2001年 9 月），頁 167。亦收錄於黃德寬、何琳儀、徐在國合著：《新出楚簡文字考》（合肥市：安徽大學出版社，2007 年 9 月），頁 62。

此字應該分析為從心從菁省（參看《性自命出》簡 26 的「菁」字和吉日壬午劍的「胃」字）。[1]徐在國先生看法相同，並舉了《睡虎地秦墓竹簡・封診式》：「有失伍及不來者」，「」即《說文》的「𦱤」，書紐脂部；遲，定紐脂部，故秦簡假「𦱤」為「遲」。「」應隸作「蒀」，讀為「逸」。簡文「游蒀（逸）」義為游樂。古書中有「游逸」一詞，如漢應劭《風俗通・怪神》：「游逸無度，不恤國政。」[2]劉釗先生也指出「蒀」字從「𦱤」從「心」，「𦱤」即屎字，在此疑讀為佚。並將下一句「嵩志」讀為「縱志」，並認為《璽彙》4340 格言璽「從志」應讀為「縱志」。[3]

謹案：整理者隸定不可從，學者已經指出。其次，諸家將「」理解為上部從《說文》的「𦱤」，並認為簡文「遊」讀為「遊逸」或「遊佚」或「游佚」，是有問題的。「遊逸」、「遊佚」、「游佚」三者意思相同，但是古書對「遊逸」持反面態度居多，如上引徐在國先生的文獻《風俗通・怪神》：「遊逸無度，不恤國政。」又如：

> 《書・大禹謨》：「**罔遊于逸**，罔淫于樂。」《正義》曰：「淫者，過度之意，故為過也。逸謂縱體，樂謂適心，縱體在於逸遊，適心在於淫恣，故以遊逸、過樂為文。二者敗德之源，富貴所忽，故特以為戒。」
>
> 《論語・季氏》：「孔子曰：『益者三樂，損者三樂。樂節禮樂，樂道人之善，樂多賢友，益矣。樂驕樂，**樂佚遊**，樂宴樂，**損矣**。』」
>
> 《墨子・尚同下》：「是故古者天子之立三公、諸侯、卿之宰、鄉長、家君，**非特富貴游佚**而擇之也，將使助治亂刑政也。」

---

[1] 李零：《郭店楚簡校讀記—增訂本》（北京市：北京大學出版社，2002 年 3 月），頁 153。

[2] 徐在國：〈郭店楚簡文字三考〉《簡帛研究二〇〇一》（桂林市：廣西師範大學出版社，2001 年 9 月），頁 180。亦收錄於黃德寬、何琳儀、徐在國合著：《新出楚簡文字考》（合肥市：安徽大學出版社，2007 年 9 月），頁 33～34。

[3] 劉釗：《郭店楚簡校釋》（福州市：福建人民出版社，2003 年 12 月），頁 213。

《漢書‧五行志上》:「去貴近逸遊不正之臣」

《後漢書‧陳王列傳》:「故皋陶戒舜『**無教逸遊**』……周穆王欲肆車轍馬跡,祭公謀父為誦祈招之詩,以止其心。誠**惡逸遊之害人也**。」

《後漢書‧皇甫張段列傳》:「凡諸宿猾、酒徒、戲客,皆耳納邪聲,口出諂言,**甘心逸遊**,唱造不義。**亦宜貶斥,以懲不軌**。」

可見簡文讀為「遊逸,益」是有疑問的。又劉釗先生為配合「遊逸」之說,遂將「從志」讀為「縱志」,恐有問題。蓋縱志有益的說法典籍未見,所舉《璽彙》4340 是秦印,施謝捷先生認為應讀為「志從」。[1]

《說文》分析「薗」字從「胃」省,小篆字形作⿱⿱⿰屮屮囟田。前引《睡虎地秦墓竹簡‧封診式》作⿱草囟。甲骨文未見「胃」字,《古文字譜系》將⿻(《合》7022)、⿻(《合》2753)歸入「薗」下,以為是「薗(胃)」的初文,並不正確,[2]這些字應釋為「鹵」。[3]到春秋早期方見「胃」作⿵(《集成》2714郘公鼎)、⿵(《集成》4016郘公簋);春秋晚期三晉系吉日壬午劍(即「少虞劍」)「胃」字作⿵(《集成》11697),戰國時期中山王壺作⿵(《集成》9735.3B)。春秋金文「胃」字寫法上部與「⿱草囟」所從相同,但是楚文字「胃」字常見,卻從未有如此的寫法,而是作⿵(《魯穆公》02)、⿵(《語叢四》13),類似「囟」形;⿵(《極先》06),類似「西」形;⿵(《老子甲》07),類似

---

[1] 施謝捷:《古璽彙考》(合肥市:安徽大學博士論文,2006 年),頁 13。

[2] 黃德寬主編:《古文字譜系疏證》(北京市:商務印書館,2007 年 5 月)第三冊,頁 3026。

[3] 劉釗、洪颺、張新俊編纂:《新甲骨文編》(福州市:福建人民出版社,2009 年 5 月),頁 643～644、方稚松:〈甲骨文字考釋四則〉,復旦網,2009 年 5 月 1 日,http://www.gwz.fudan.edu.cn/SrcShow.asp?Src_ID=778。

「目」形等等寫法。[1]況且類似「⿱△」形體，並沒有理由一定釋為「胃」，如「果」作⿰（果簋），其上部形體亦相近，所以必須加上「肉」、「木」旁來加以區別，裘錫圭先生稱之為「複雜象物字」。[2]

總之，筆者以為從楚文字甚至齊文字（《語叢》目前認為是齊文字的抄本）的書寫習慣來看，將「⿱」分析為從「胃」省，釋為從「菌」，在字形上並沒有堅強的證據。[3]其實筆者一直懷疑《說文》分析「菌」字從「胃」省的說法，經驗告訴我們，《說文》所分析的省形、省聲並不全然可信。[4]《集篆古文韻海》「菌」下收有「屎」字，[5]即「屎」字。李春桃先生指出：「早期甲骨文中『屎』作⿰，像人遺糞便之形，（原注：相關討論看裘錫圭：《讀迹盤銘文劄記三則》、《文物》2003 年第 6 期）是會意字。到了後來人們可能對該形逐漸不熟悉，為了明確其讀音，便把下面的小點換成『矢』，屬於古文字中常見的變形音化。」[6]說可從，《張家山漢簡・脈書》07「小者如馬屎」正作「屎」用。《集篆古文韻海》「菌」下還有一形作⿰，《集韻・上聲・旨韻》保留了隸古定的寫法作⿰。[7]比對⿰（屍）字，我們可以合理

---

[1] 李守奎：《楚文字編》（上海市：華東師範大學，2003 年 12 月），頁 255～258、李守奎、曲冰、孫偉龍編著：《《上海博物館藏戰國楚竹書》（一～五）文字編》（北京市：作家出版社，2007 年 12 月），頁 216～218。上述李零所指出的《性自命出》簡 26「菁」作⿰也與「⿱」形體不近。

[2] 裘錫圭：《文字學概要》（北京市：商務印書館，1988 年 8 月），頁 118、120。

[3] 高明、涂白奎編著：《古文字類編》增訂本（上海市：上海古籍出版社，2008 年 8 月），頁 890。

[4] 裘錫圭：《文字學概要》（北京市：商務印書館，1988 年 8 月），頁 164。

[5] 徐在國：《傳抄古文字編》（北京市：線裝書局，2006 年 11 月），上冊，頁 64。

[6] 李春桃：〈古文考釋八篇〉，簡帛網，2011 年 4 月 13 日，
http://www.bsm.org.cn/show_article.php?id=1447。

[7] 《集韻》的例證蒙高佑仁先生指出，2011 年 7 月 17 日信件內容。

懷疑「⊗」是由象糞便之形的「∴」訛變而來。敦煌寫卷S3553《可洪音義》正有「囷溺」，徐時儀先生指出：「考可洪所釋為《玄應音義》第十七卷釋《阿毗曇毗婆沙論》第四卷屍屍：『又作䔲，古書亦作矢，同。《說文》：䔲，糞也。』」[1]徐先生認為「囷」是「戾」的俗字，並推論「囷」字的來源說：「表『糞』義初用『䔲』，後借用『矢』，又增旁作『戾』，俗用換旁作『囷』，大約在南北朝時又借用『屎』。」[2]此說並不正確，由上面的討論可知「囷」並非「戾」的俗字，而且先秦至少秦漢時期已有「囷」字。也就是說《說文》的「䔲」與《睡虎地》的「䔲」的下部可能都是象糞便之形，與「胃」無關。蓋「䔲」從「米」形正符合 ⿰（屍）字的「少」形到東周文字會訛從「米」形，如東周齊國銅器叔弓鎛「斁（選）擇吉金」，「斁」作 ⿰（《集成》285.7）；陳貯簋蓋「斁（選）擇吉金」，「斁」作 ⿰（《集成》4190），「屍」與「屎」為一字異體，裘錫圭先生認為「似可認為已由從『少』訛變為從『米』。」[3]再看《璽彙》3081 ⿰，吳振武先生隸定作「枲」，認為其下的「米」形是來源於糞便的象形，並分析說：「我們有理由把璽文這個字看成是當糞便講的『矢』字的古寫或『屎』字的異體。其結構當分析為『從屍象形，矢聲』，或『從屍省，矢聲』。」[4]此字亦見於齊國陶文 ⿰（《圖

---

[1] 徐時儀：〈敦煌寫卷佛經音義時俗用字初探〉《中國文字研究》第十四輯（鄭州市：大象出版社，2011年3月），頁112～113。

[2] 同上，頁113。

[3] 裘錫圭：〈讀逨器銘文箚記三則〉《文物》2003年6期，頁75。又見張富海《漢人所謂古文研究》，頁45。請見拙文：〈《上博八》考釋十四則——（十二）《命》簡2「遺」字構形分析〉，已收入本書。

[4] 吳振武：〈古璽姓氏考（複姓十五篇）〉《出土文獻研究》第3輯（北京市：中華書局，1998年10月），頁74～75。

錄》2.702.3）。[1]「槑」從「米」形正與《睡虎地》的「🔲」所從相似。

　　還有一個問題需要討論：《張家山‧二年律令‧秩律》簡 451 有個地名作🔲，[2]整理者釋為「薗」，考釋說：「薗，字亦作『鹵』，漢初屬北地郡。」[3]《張家山漢墓竹簡【二四七號墓】（釋文修訂本）》意見相同。[4]但是劉釗先生指出：「釋文認為薗（薗）字結構為從艸從鹵，字通作『鹵』，其地漢初屬北地郡。按該字其實並不從鹵，這個字見於《說文‧艸部》，《說文》訓為『糞』，分析結構為從艸胃省。這個字還見於馬王堆帛書和郭店楚簡（語叢三，多出一『心』字旁）。至於此字在張家山漢簡中具體指何地，則還有待研究。」[5]劉釗先生將此字與《語叢三》「△」聯繫起來有一定的道理。周波先生認為劉釗指出此字即《說文‧艸部》「薗」字，可從。並指出：

　　　　《說文‧艸部》：「薗，糞也。從艸胃省，式視切。」《玉篇‧艸部》：
　　　　「薗，糞也，亦作矢，俗作屎。」《睡虎地秦墓竹簡‧封診式》：「有
　　　　失伍及薗不來者，遣來識戲次。」整理者注：「薗，讀為遲。」「薗」
　　　　字又見於《二年律令‧金布律》（簡 436）。原釋文云：「有贖買其親
　　　　者，以為庶人，勿得奴婢。諸私為薗（鹵）鹽，煮濟、漢，（原注：
　　　　該處王子今先生斷句為「諸私為薗〈鹵〉鹽煮，濟漢」（王子今：《張家
　　　　山漢簡〈二年律令〉所見鹽政史料》，《文史》，2002 年第 4 期）及有私鹽
　　　　井煮者，稅之，縣官取一，主取五。」整理者釋文作「薗（鹵）」。此種處理方法恐欠
　　　　妥當。從文義看，「薗」顯然用作「鹵」，但「薗」、「鹵」音義皆不同，

[1] 孫剛：《齊文字編》（福州市：福建人民出版社，2010 年 1 月），頁 138。

[2] 張家山二四七號漢墓竹簡整理小組：《張家山漢墓竹簡（二四七號墓）》（北京市：文物出版社，2001 年 11 月），頁 44。

[3] 同上，頁 198。

[4] 張家山二四七號漢墓竹簡整理小組：《張家山漢墓竹簡【二四七號墓】（釋文修訂本）》（北京市：文物出版社，2006 年 5 月），頁 75。

[5] 劉釗：〈《張家山漢墓竹簡》釋文注釋商榷（一）〉《古籍整理研究學刊》，2003 年第 5 期。也見於劉釗：《出土簡帛文字叢考》（臺北市：臺灣古籍出版社，2004 年 3 月），頁 192。

那麼「薗」應當是個訛字。推測「薗」本是「薗」的訛字。《說文‧
艸部》:「薗,艸也。可以束。從艸魯聲。薗,薗或從鹵。」《爾雅‧
釋草》:「薗,蘆。」陸德明《釋文》:「薗,本又作鹵。」「薗」以音
近讀作「鹵」。所以釋文應改作「薗〈薗(鹵)〉」。據此推測,《秩律》
所見「薗」也是「薗」的訛字,當讀作「鹵」,原釋文「薗(薗)」也
應改作「薗〈薗(鹵)〉」。「鹵」,侯國名。即《漢書‧地理志》(下簡
稱《漢志》)「安定郡」下之「鹵」縣,漢初屬北地郡,具體地望不
詳。[1]

首先,以上內容又收入於《〈二年律令〉與〈奏讞書〉──張家山二四七號
漢墓出土法律文獻釋讀》一書。[2]其次,文中所引《二年律令‧金布律》的

字形作▨。[3]看的出來,周波先生是根據《說文》的▨(薗)及《睡虎地》

的▨(薗)來判斷▨與▨也是「薗」,但是根據文義後二者只能是「鹵」,
遂認為是《說文》「薗」的錯字。值得注意的是,上述周波先生文章之後,
施謝捷先生評論說:「秦戳印陶文『鹵市』、『鹵亭』及馬王堆帛書《五十二
病方》『鹵土』的『鹵』寫法與此相同。」[4]這個意見很重要。據陶榮先生
的《甘肅崇信出土的秦戳記陶器》一文報導,1985 年春至 1987 年秋,崇信
縣文化館從本縣九功、錦屏、赤城和銅城等鄉鎮徵集到帶有戳記的陶器 42
件。除其中的四件出土情況不明外,其餘均出土於不同地點的九座墓葬中。
器物有陶鼎、罐、盆、釜、甑和繭形壺等。墓葬和器物時代,「上限可早到

---

[1] 周波:〈讀張家山漢簡《二年律令》札記〉《古籍整理研究學刊》2007 年第 2 期。又見於
復旦網,2008 年 3 月 14 日,http://www.gwz.fudan.edu.cn/SrcShow.asp?Src_ID=376。

[2] 彭浩、陳偉、工藤元男主編:《〈二年律令〉與〈奏讞書〉──張家山二四七號漢墓出土
法律文獻釋讀》(上海市:上海古籍出版社,2007 年 8 月),頁 256 注 2、頁 271 注 9。

[3] 張家山二四七號漢墓竹簡整理小組:《張家山漢墓竹簡(二四七號墓)》(北京市:文物出
版社,2001 年 11 月),頁 43。

[4] 2008 年 3 月 19 日 17:33:05 評論。

戰國中期，下限可晚至秦統一時期」。此批陶文全為市亭作坊的陶文。[1]「鹵
市」、「鹵（亭）」圖版如下：[2]

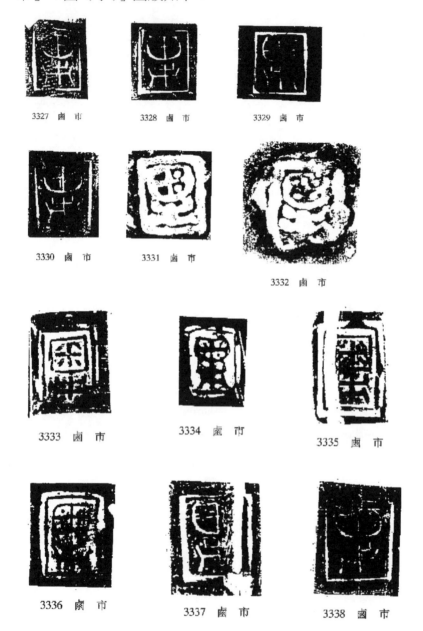

3327 鹵 市　　　　3328 鹵 市　　　　3329 鹵 市

3330 鹵 市　　　　3331 鹵 市

3332 鹵 市

3333 鹵 市　　　　3334 鹵 市　　　　3335 鹵 市

3336 鹵 市　　　　3337 鹵 市　　　　3338 鹵 市

[1] 陶榮：〈甘肅崇信出土的秦戳記陶器〉《文物》1991 年 5 期，頁 90～94；袁仲一、劉鈺：
　　《秦陶文新編》上編——考釋（北京市：文物出版社，2009 年 8 月），頁 249。
[2] 袁仲一、劉鈺：《秦陶文新編》下編——圖版（北京市：文物出版社，2009 年 8 月），頁
　　591～592。

3344　鹵

看得出來與《說文》的 （菡）及《睡虎地》的（菌）的偏旁寫法完全相同。其次，《馬王堆‧五十二病方》315「一，蒸○土，裹以熨之」，[1]「○」字作：

（）[2]

整理者隸定為「囷」，認為是「圈」字。[3]施謝捷先生認為「囷」為「囝」字異構。《集韻》有「菡」字，意為「糞也」。《名醫別錄》有「人屎」，可「解百毒」。《新修本草》「人屎」注謂：「破丁（疔）腫開以新者封之，一曰根爛。」與帛書方以「囝土」治「□爛者」相符。[4]但從上引施先生的評論來看，顯然已經改釋為「鹵」字了。魏啟鵬、胡翔驊《馬王堆醫書校釋》引用李學勤先生的意見說：「據江陵張家山竹簡及一些陶文的發現，囷確證為鹵字。鹵土當即《神農本草經》的鹵鹹，《唐本草》注云：『鹵鹹既生河東，河東鹽不釜煎，明非凝滓。此是鹼土，名鹵鹹，今人熟皮用之，斯則於鹼地掘取之。』」[5]張顯成先生也認為是「囷土」就是「鹵鹹」（《神農本草經》），

1　馬王堆漢墓帛書整理小組編：《馬王堆漢墓帛書》（四）（北京市：文物出版社，1985 年 3 月）圖版頁 30、注釋頁 61。

2　陳松長：《馬王堆簡帛文字編》（北京市：文物出版社，2001 年 6 月），頁 258。彩版照片見湖南省博物館編：《湖湘帛書書法選集》（長沙市：湖南美術出版社，2010 年 12 月），頁 30 圖 31。

3　馬王堆漢墓帛書整理小組編：《馬王堆漢墓帛書》（四）（北京市：文物出版社，1985 年 3 月）注釋頁 61。

4　施謝捷：〈武威、馬王堆出土古醫籍雜考〉《古籍整理研究學刊》1991 年第 5 期，頁 13～19。

5　魏啟鵬、胡翔驊：《馬王堆醫書校釋》（壹）（成都市：成都出版社，1992 年），頁 124。

即鹼土。亦即「寒石」（《吳普本草》），「石鹼」（《本草衍義補遺》）等，也就是鹽鹵凝結而成的含氯化鎂的物質。《神農本草經・下品》說：「鹵鹼，味苦，寒，無毒。主大熱，消渴狂煩，除邪及吐下蠱毒，柔肌膚。」據《吉林中草藥》載，鹵鹼具有「強心、鎮靜、助消化、抗痙厥、消炎」的作用。此與上引《五十二病方》以之治燒傷相符。但他認為「困」是由「鹵」字省簡上面部分的省筆俗字，則不一定可信。[1] 由此可知，秦漢文字的「鹵」與「囷」（糞也）已經產生形混，都可以寫作，具體釋讀要根據文義而定。《說文》說「齒」從「胃」省，[2] 則演變過程是：→。而「鹵」也寫作，類似「胃」形上部，自然也可以演變為。所以《張家山》的與，整理者直接釋為「鹵（鹵）」未嘗不可。

回頭來看「」字，筆者以為可以有兩種分析方法，一種是從艸從「思」，即「蒽」字，[3] 其「囟」旁訛變為類似「鹵」形。《新蔡》甲三貞人名「起（桓）醫」之「醫」作：

（甲三 8、18）　　（乙四 35）

可見「鹵」旁也作「囟」形。又如「覃」字本從「鹵」旁，[4] 如《集成》2826

---

[1] 張顯成：《簡帛藥名研究》（重慶市：西南師範大學出版社，1997 年 10 月），頁 84～85。

[2] 此說有待證實。

[3] 筆者初稿曾有此想法，並有相關的論證，但因對此說不具信心，故發表於復旦網時捨棄此意見。後見單育辰先生評論拙文時提出字形從「思」的意見，並有很好的闡釋，故將原稿釋為「思」的意見重新附上。請見拙文：〈《郭店・語叢三》簡 15「蒽」字考〉，復旦網，2011 年 7 月 15 日，http://www.gwz.fudan.edu.cn/SrcShow.asp?Src_ID=1589 下的評論第 1、2 樓。

[4] 上從「鹵」，見季師旭昇：〈談覃鹽〉《龍宇純先生七秩晉五壽慶論文集》（臺北市：學生書局，2002 年 11 月）頁 255～262。又載於，復旦網，2009 年 3 月 23 日，http://www.gwz.fudan.edu.cn/SrcShow.asp?Src_ID=732#_ednref5、孟蓬生：〈師袁簋「弗假組新解」〉，復旦網，2009 年 2 月 25 日，

晉姜鼎中寫作 ，金文中還有寫作：

、 、 、 （《金文編》頁 380）

其上「鹵」旁也作「囟」形。則本來寫作「囟」的「思」也可以寫作「鹵」形，是一種雙向的訛混寫法。當然「囟」寫作「」也有可能是單純的趁隙加點，比如「臣」本作 （懂季遽父卣）、 （弭伯作井姬甗），象梳篦之形。[1]後來也作 （魯伯愈父鬲）、 （格伯作晉姬簋），加了飾點。[2]

簡文讀為「遊思，益」，單育辰先生指出：「讀『思』，『遊思』、『嵩（崇）志』、『才（存）心』，『思』、『志』、『心』詞類完全一致。」「遊思」見於古籍，單育辰先生舉出如下例證[3]：

　　《文選‧張景陽雜詩十首》：「養真尚無為，道勝貴陸沈。遊思竹素園，寄辭翰墨林。」

　　《晉書》卷九十四：「（索襲）遊思於陰陽之術，著天文地理十餘篇，多所啟發。」

　　《魏書》卷四十八：「敦心六經，游思文藻，終辭寵命，以之自保。」

　　《廣弘明集》二十九北魏高允《鹿苑賦》：「恬仁智之所懷，眷山水以肆目。玩藻林以遊思，絕鷹犬之馳逐。」

蕭旭先生解釋「遊思」是「潛心」、「留心」的意思。或說成「遊心」、「遊精」、「遊神」。《方言》卷十：「潛，遊也。」曹植《魏德論》：「既遊精於萬機。」《高僧傳》卷十三：「遊心佛義。」《文選‧雜詩》：「遊思竹素園。」

---

http://www.gwz.fudan.edu.cn/SrcShow.asp?Src_ID=705。

[1] 于省吾：〈釋臣〉《甲骨文字釋林》（北京市：中華書局，1979 年 6 月），頁 66～67。

[2] 《金文編》，頁 787～790。

[3] 拙文：〈《郭店‧語叢三》簡 15「薗」字考〉，復旦網，2011 年 7 月 15 日，

　　http://www.gwz.fudan.edu.cn/SrcShow.asp?Src_ID=1589 下的評論第 3 樓。

張銑注：「言游思古人典籍也。」《抱樸子外篇》卷二：「游神典文。」又卷三：「遊神九典。」[1]

　　另一種分析是：從「薗」從「心」，可隸定為「蘆」。「卤」字可以比對底下諸字：（《合》7022）、（《集成》10161 免盤）、（《集成》2826 晉姜鼎）、（覃，《集成》2826 晉姜鼎）。（瓶[2]，《集成》9981 樂司徒瓶）。戰國齊系文字「籚」作[3]：

《陶錄》3.442.1　　　　　　　《陶錄》3.442.4　　　　　　《陶錄》3.443.2　　　　　《陶錄》3.443.3

戰國楚系文字如《新蔡》甲三 8、18 貞人名「赶（桓）醫」之「醫」作：

以上字形都可以證明「⊕」隸定為「蘆」是合理的。「蘆」的「卤」旁是聲符，來紐魚部，可讀為「豫」，喻紐魚部。喻四古歸定，自然可以與來紐相

---

[1] 拙文：〈《郭店・語叢三》簡 15「薗」字考〉，復旦網，2011 年 7 月 15 日，http://www.gwz.fudan.edu.cn/SrcShow.asp?Src_ID=1589 下的評論第 5 樓。

[2] 左旁從卤，見白於藍：〈曾侯乙墓竹簡中的「卤」和「櫓」〉《中國文字》新 29 期（臺北市：藝文印書館，2003 年 12 月），頁 196。

[3] 孫剛：《齊文字編》（福州市：福建人民出版社，2010 年 1 月），頁 240、300～301；張振謙：《齊系文字研究》下編（合肥市：安徽大學博士論文，2008 年 5 月），頁 314。

通，如《郭店・五行》簡 6：「不安則不藥（樂），不藥（樂）則亡德」。樂，來紐藥部；藥，喻紐藥部。通假例證如：《書・大誥》：「誕敢紀其緒」，孫星衍《疏》曰：「《漢書》作『誕敢犯祖亂宗之序』……緒與序通。」[1]《呂氏春秋・異用》：「今之人學紓」，《新書・諭誠》「紓」作「緒」。[2]則【予與者】聲首可以通假。而《曾侯》簡 10「牘鞍」、簡 58「牘韋之席」，白於藍先生分析「牘」為從丹「鹵」聲，讀為「赭」。[3]則【者與鹵】聲首可以通假。可見「薔」讀為「豫」是可以的。《孟子・梁惠王下》：「晏子對曰：『善哉問也！天子適諸侯曰巡狩，巡狩者巡所守也；諸侯朝於天子曰述職，述職者述所職也。無非事者。春省耕而補不足，秋省斂而助不給。夏諺曰：『吾王不遊，吾何以休？吾王不豫，吾何以助？一遊一豫，為諸侯度。』」趙歧注：「晏子道夏禹之世，民之諺語也。言王者巡狩觀民，其行從容，若遊若豫，豫亦遊也。《春秋傳》曰：『魯季氏有嘉樹，晉范宣子豫焉。吾王不遊，吾何以得見勞苦吾何以得見勞苦蒙休息也。吾王不豫，我何以得見賑贍助不足也。王者一遊一豫，行恩布德，應法而出，可以為諸侯之法度也。」[4]相似內容也見於《晏子春秋・內篇問下第四・景公問何修則夫先王之遊晏子對以省耕實第一》：「晏子再拜曰：善哉！君之問也。聞天子之諸侯為巡狩，諸侯之天子為述職。故春省耕而補不足者謂之遊，秋省實而助不給者謂之豫。夏諺曰：『吾君不遊，我曷以休？吾君不豫，我曷以助？一遊一豫，為諸侯度。』」《說苑・脩文》也記載說：「天子曰巡狩，諸侯曰述職。巡狩者，巡其所守也；述職者，述其所職也。春省耕，助不給也；秋省斂，助不足也。」簡文的「遊豫」也是指這種可以為諸侯法度，可以為百姓行恩布德，「無非事者」的巡狩、述職之遊豫。可見簡文讀為「遊薔（豫），益」是可

---

[1] （清）孫星衍撰，陳抗、盛冬鈴點校：《尚書今古文注疏》（北京市：中華書局，2004 年 2 月），頁 345。

[2] 張儒、劉毓慶：《漢字通用聲素研究》（太原市：山西古籍出版社，2002 年 4 月），頁 353。

[3] 白於藍：〈曾侯乙墓竹簡中的「鹵」和「櫓」〉《中國文字》新 29 期（臺北市：藝文印書館，2003 年 12 月），頁 198。

[4] （清）焦循撰，沈文倬點校：《孟子正義》（北京市：中華書局，1987 年 10 月），頁 122。

以的。劉雲先生贊同筆者分析為從「鹵」聲之說，認為「蕙」可讀為「慮」，[1] 張崇禮先生也贊同釋為「慮」，「遊慮」是「勤於思考、樂於思考之意。」[2] 惟典籍中似沒有「遊慮」的說法，待考。

---

[1] 拙文：〈《郭店・語叢三》簡 15「薗」字考〉，復旦網，2011 年 7 月 15 日， http://www.gwz.fudan.edu.cn/SrcShow.asp?Src_ID=1589 下的評論第 5 樓。

[2] 同上，評論第 10 樓

# 楚文字「大」、「文」二字訛混現象補議 *

　　楚文字「大」旁可訛變為「文」形，[1]即△演變成文，這種變化並不少見，如「昃」，楚文字演變為「大」形，如尺（《昔者君老》01），又訛變為「文」形，如𣇷（《季庚子問於孔子》6）；《新蔡》「□[心]悶，兩髖（脅）□（零：277）」，「髖」字原作，宋華強先生指出：「整理者左旁缺釋，右旁釋為『盍』。其實左旁雖然漫漶得厲害，其為『骨』旁還是可以分辨出來的。右旁應該是『盍』之異體。『去』旁所從『大』字形下部兩筆相交，寫成『文』字形，『口』旁省寫為一短橫，所以應該還是『髖』字。」[2]李旖壺的「旖」作，[3]「奇」旁「大」訛變為「文」形。亦見於湖南長沙望城坡

---

* 本文為「《清華大學藏戰國竹簡（壹）》字詞關係研究」的研究成果之一，獲得國家科學發展委員會的資助（計畫編號 NSC100-2410-H-018-019），特此致謝。

[1] 何琳儀、黃德寬：〈釋蔡〉《徐中舒先生百年誕辰紀念文集》（成都市：巴蜀書社，1998年11月）。亦收錄於黃德寬、何琳儀、徐在國合著：《新出楚簡文字考》（合肥市：安徽大學出版社，2007年9月），頁278。

[2] 宋華強：《新蔡葛陵簡初探》，（武昌市：武漢大學出版社，2010年3月），頁322。

[3] 舒城縣文物管理所：〈舒城縣秦家橋戰國墓清理簡報〉《文物研究》第六輯，1990年。劉彬徽、劉長武：《楚系金文彙編》（武漢市：湖北教育出版社，2009年5月）編號158號。

西漢漁陽墓木楬C:34-1「綺」作 ![字形]。[1]《上博七・君人者何必安哉》甲 2

「乘」作 ![字形]、乙 2 作 ![字形]，「乘」所從的「大」形均訛為「文」形。由於「大」

訛變為「文」形其實就是由 ∧ 變成 ✕，自然「文」形也可以變成「爻」形。[2]

比較好的例子如「鳶首」合文作 ![字形]（上博藏楚量）[3]、《君子為禮》簡 1「詹

（顏）」作 ![字形]，其所從的「彥」旁上從「文」。而《語叢一》10+11「有物

有緣有續，而句（後）![字形]生」，整理者釋為「諺」，《譜系》第三冊 2574 頁

疑為詹字或體，可從。此正是「文」訛為「爻」的佳証。《上博八・顏淵問

於孔子》簡 1「顏」作 ![字形]，即睿，又作 ![字形]，[4]可見「文」訛為「爻」。此外，

睡虎地秦簡《日書》甲種 114 號一例、130 號三例作「「![字形]（顙）」」。施謝

捷先生認為「顙」其實是從「產」的「顏」字，其說甚確。[5]這種寫法亦見

於《銀雀山漢簡・晏子》626「勇不足不以犯君之顏」之「顏」作 ![字形]，[6]也

---

[1] 長沙市文物考古研究所等：〈湖南長沙望城坡西漢漁陽墓發掘簡報〉《文物》2010 年 4 期
封二：3。

[2] 《語叢一》61 ![字形]，整理者以為是「教學」二字的合文，見荊門市博物館：《郭店楚墓竹簡》

（北京市：文物出版社，1998 年 5 月），頁 200 注 14。或以此為據，比對「教」作 ![字形]（《語
叢一》43），認為「爻」旁訛變為「文」形，見魏宜輝：《楚系簡帛文字形體訛變分析》
（南京市：南京大學博士學位論文，2003 年），頁 21。但是應當考慮《語叢一》61「教」
字的「爻」旁受限於空間遂寫成「文」形，未必是自然的訛變現象。

[3] 唐友波：〈大市量淺議〉《古文字研究》第二十二輯（北京市：中華書局，2000 年），頁
129～132。

[4] 馬承源主編：《上海博物館藏戰國楚竹書（八）》（上海市：上海古籍出版社，2011 年 5
月）圖版頁 23，釋文頁 142。

[5] 見董珊：〈吳王者㲋盧虘劍銘考〉，復旦網，2009 年 10 月 2 日，
http://www.gwz.fudan.edu.cn/SrcShow.asp?Src_ID=928 下的評論。

[6] 銀雀山漢墓竹簡整理小組：《銀雀山漢墓竹簡》（壹）（北京市：文物出版社，1985 年 9

是「文」訛為「爻」的例証。[1]

　　「大」訛變為「文」形或「文」形變成「爻」形其實就是由八變成✕，這是因為筆畫寫出頭所造成的，這種情形又如「蔡」作（《包山》66）→（《包山》102）；「亢」作（《彭祖》簡 8）→（《莊王既成》簡 4），[2]「蔡」、「亢」上端的變化→皆可參考，其中《莊王既成》「亢」所從，還包了「大」旁的第二個「八」，呈現共筆的現象。此外，秦曉華先生指出三年武垣令鈹、十八年平國君鈹皆應釋為「叚」，並解釋其演變說：「我們認為所從之八也是爪字的訛變，八進而變成交叉之形，為十八年平國君鈹所從。」[3]此亦為八變成✕之例。又如《李頌》簡 2「情」作，又作，後者「心」旁訛從「兄」形，可比對「兄」作（《語叢一》70）。「辱」作（《命》02），又作（《成王既邦》04），後者寫法是首次見到，其「辰」旁部件訛變為「又」形，可以解釋為受到其下「又」旁的類化所導致的訛變。或是說是「辰」旁的「」部件筆畫寫出頭也會訛從「又」形。又如：鄂君啟舟節：「逾（顙－夏）」、「（見）其金節」，或認為是以「又」旁替換「卩」旁，但是「又」、「卩」二者意義不相關，無法義近通用。作為一種可能，「顙」、「見」二字的「卩」旁是筆劃寫出頭所造成的訛變，即將「」上的「Ｖ」形寫作「✕」形，「卩」的最末豎筆就省略不寫了。又《望山》2.11，整理者釋為「枕」，其下從「卩」旁。

---

月），頁 89。

[1] 以上可參閱拙文：〈《上博五・弟子問》研究〉《中研院史語所集刊》，待刊。

[2] 「亢」字諸形見陳劍：〈試說戰國文字中寫法特殊的亢和從亢諸字〉頁 152～182。亦參見劉洪濤：〈釋上博竹書《莊王既成》的「航」字〉，簡帛網，2007 年 7 月 20 日、高佑仁：〈《莊王既成》「航」字構形考察——兼談戰國文字「蔡」、「尨」、「亢」的字形差異〉，簡帛網，2010 年 7 月 12 日，http://www.bsm.org.cn/show_article.php?id=1273。

[3] 秦曉華：〈三晉彝器銘文劄記兩則〉《江漢考古》2010 年 2 期，頁 119。

《九店》56 號墓簡 96「⬚⬚生陰陽 ▦」，李家浩、白於藍先生釋為「允」是可信的，[1]其演變情況正如上述「㇂」上的「Ｖ」形寫作「✕」形。《上博八・成王既邦》簡 16「▦周之東」，「▦」一般釋為「才」讀為「在」。但是此字與「才」字形有距離，馬嘉賢君釋為「于」，可從。[2]這種「于」的寫法已見於「智」作▦（《語叢一》63）所從的「于」旁，簡文讀為「于周之東」文從字順。這也是筆劃寫出頭的一個例證。

《平王問鄭壽》簡 1「▦」字陳偉先生釋為「耦」，讀為「遇」。[3]陳劍先生贊同此說。[4]陳偉、劉國勝先生在解釋《包山》174「▦」時認為：「包山籤牌 59-2『藕』字、上博竹書《平王與王子木》1 號簡讀為『遇』的字艸頭以下的部分與此字相似，應釋為『耦』。《左傳》襄公二十九年『射者三耦』，杜預注：『二人為耦。』字形正合此意。」[5]以上諸說皆可從。張崇禮先生將「▦」釋為「友」，認為是成公之名。[6]大西克也先生也說：「但此字

---

[1] 湖北省文物考古研究所、北京大學中文系編：《九店楚簡》（北京市：中華書局，2000 年 5 月），頁 135 注 325、陳偉等著：《楚地出土戰國簡冊【十四種】──九店 56 號墓簡冊》（北京市：經濟科學出版社，2009 年 9 月），頁 331。（案：《九店簡》為李家浩、白於藍二先生負責注釋。）

[2] 馬嘉賢：〈上博八《成王既邦》考釋一則〉，國科會專題研究計畫研究成果發表會──簡帛文獻研討會論文，2011 年 12 月 17 日，臺中市：中興大學中文系主辦。又刊登於《中國文字》新三十七期，2011 年。

[3] 陳偉：〈讀《上博六》條記〉，簡帛網，2007 年 7 月 9 日。

[4] 陳劍：〈釋上博楚竹書和春秋金文的「羹」字異體〉，2007 中國簡帛學國際論壇論文，臺灣大學中國文學系，2007 年 11 月。亦見復旦大學出土文獻與古文字研究中心網站，2008 年 1 月 6 日。

[5] 陳偉、劉國勝：〈包山二號墓簡冊〉，收入於《楚地出土戰國簡冊[十四種]》（北京市：經濟科學出版社，2009 年 9 月），頁 85 注 57。

[6] 張崇禮：〈讀《平王與王子木》劄記〉，簡帛研究網，2007 年 8 月 9 日。

（引案：）構形似還可作另一個解釋，象雙手配對之形，即對偶之『耦』，又是『耦』的另一種寫法。從雙手，本為『友』字，『友』『耦』語義接近，用來表『耦』也是一種訓讀現象。」[1]筆者認為這個分析應該不能成立。兩位先生所舉的文字例證有：

《語叢四》二三簡　　　　《緇衣》四五簡　　　《六德》三〇簡

《語叢三》六簡　　　　　《信陽楚簡》2-019[2]

張崇禮認為「」與、上部基本是一樣。大西氏也說「」與「」上部很接近，同時認為「古文字中豎筆中間的圓點和橫筆往往互作，亦可讀為『耦』或『偶』。」按：其實由大西先生後一句話便可知「」不能釋為「友」，關鍵在於「又」形只能在豎筆上加點為飾，進而由點而變為橫畫。「」並不符合此條件，一方面位置不對，二方面所加的也不是飾點，而與的寫法相同，此其一。再者，將「友」訓讀為「耦」並沒有很堅強的證據。大西先生引到李天虹教授考釋《新蔡》甲三 137「☐䝙禱備（佩）玉各璜」的「」時指出：信陽簡中有「友」字作「一友贏膚，錦韜，有蓋」（《信陽》2-019），「友」可能用作量詞。《詩・小雅・吉日》「或群或友」，毛傳：「獸三曰群，二曰友。」「一友」，大概即一對、一雙之意。而

---

[1] 大西克也：〈上博六《平王》兩篇故事中的幾個問題〉，復旦網，2010 年 4 月 21 日。

[2] 《陶文圖錄》3.273.6 有字作，王恩田先生釋為「皆」，見氏編著：《陶文字典》（濟南市：齊魯書社，2007 年 1 月），頁 114，0377 號。徐在國先生改釋為「曹」。見氏著：〈《陶文字典》中的釋字問題〉《出土文獻》第 2 輯（上海市：中西書局，2011 年 11 月），頁 186。謹案：比對「友」作（《信陽》2-019）以及（《語叢三》簡 6），陶文的字形顯然應該釋為「友」。

「友」字在仰天湖楚簡中作「堣」，如「贏觭一堣」（簡 25），史樹青先生讀「堣」為「偶」，「一偶」猶言「一對」。望山楚簡裏與「友」、「偶」相當的詞是「雙」：一雙璜，一雙琥（M2：50）。那麼，新蔡簡的「□（友）璜」也許如同「雙璜」，即一對璜、二璜之意。[1]可見「友」、「偶／耦」、「雙」皆為同義詞，彼此並不存在訓讀的事實。假若「友」可以讀為「偶／耦」，那是否也可以讀為「雙」？但這恐怕沒有語言事實可支持。「訓讀」、「同義換讀」及「異讀」的現象在語言文字學的演變上還是屬於相對比較少見的，使用此術語難免出現爭議，比如李家浩先生指出：「在古文字中有異讀現象，例如銀雀山漢墓竹簡『塊』的異體『凷』，讀作『詒』。這是因為『凷』從『凵（坎）』，故『凷』又有『凵（坎）』音，漢墓竹簡假借作『詒』」。[2]又說「古文字中有一字異讀的現象，例如古文字『嘼』從『單』，故又讀為『單』。簡文『旹』又讀為『几』，與古文字『嘼』又讀為『單』屬於同類情況。」[3]不過禤健聰先生認為「凵」本象坎陷之形，又累增形旁土，遂與「凷」同形。也就是認為「凷（坎）」與「凷（塊）」是同形字。[4]又裘錫圭先生認為「嘼」在古文字中即「單」字繁文，而不從訓讀的觀點來解釋。[5]可見我們分析文字使用「訓讀」術語時應更加謹慎。

---

[1] 李天虹：〈新蔡楚簡補釋四則〉，簡帛研究網，2003 年 12 月 17 日，http://www.jianbo.org/admin3/html/litianhong02.htm。

[2] 李家浩：〈戰國官印考釋三篇〉《出土文獻研究》第六輯（上海市：上海古籍出版社，2004 年 12 月），頁 20。

[3] 李家浩：〈包山二六六號簡所記木器研究〉《國學研究》第二卷（北京市：北京大學出版社，1994 年 7 月）。又載於《著名中年語言學家自選集－李家浩卷》（合肥市：安徽教育出版社，2002 年 12 月），頁 238。

[4] 禤健聰：《戰國楚簡字詞研究》（廣州市：中山大學中文系博士論文，2006 年 4 月），頁 65～66。

[5] 見荊門市博物館：《郭店楚墓竹簡》（北京市：文物出版社，1998 年 5 月），頁 169 注 22 按語、陳劍：〈據郭店簡釋讀西周金文一例〉《北京大學中國古文獻研究中心集刊》第二輯（北京市：北京燕山出版社，2001 年 12 月），頁 387。

　　再回到「」字，陳偉 [1]、大西克也 [2]先生將與（《容成氏》26）聯繫起來很直接，依此觀點則「」可以理解為「中」與「類人」形的起筆處共筆。至於陳劍先生分析字形本寫作類似「」，只是上端的兩筆畫分別寫得向上和向右衝出頭，即本文上面所說的由「」形寫作「」形，這也是一種解釋的方法。[3]

---

[1] 陳偉：〈讀《上博六》條記〉，簡帛網，2007 年 7 月 9 日。

[2] 大西克也：〈上博六《平王》兩篇故事中的幾個問題〉，復旦網，2010 年 4 月 21 日。

[3] 陳劍：〈釋上博竹書和春秋金文的「羹」字異體〉《「2007 年中國簡帛學國際論壇」論文》（臺北市：臺灣大學中文系主辦，2007 年 11 月 10～11 日）。

# 《上博三·仲弓》簡 20「數」字
# 解兼論秦漢文字的「婁」*

《仲弓》有一段簡文如下 [1]：

> 中（仲）弓曰：「敢 [27] 昏（問）民丞（務）。」孔＝（孔子）曰：「善才（哉）昏（問）虗（乎）！足㠯（以）季（教）壴（喜─矣）。君 [15] 子所滐（竭）亓（其）青（情）、聿（盡）亓（其）斳（慎）者三，害（蓋）近敗矣。[20B] 雖（雝／雍），女（汝）智（知）者（諸）？」中（仲）弓含（答）曰：「雖（雝／雍）也弗昏（聞）也。」孔＝（孔子）曰：「夫祭，至（致）敬之 [6] 杏（本）也，所㠯（以）立生也，不可不斳（慎）也；夫𩰋（喪）[23B]，至（致）惡（愛）之衰（卒─卒）也，所㠯（以）成死也，不可不斳（慎）也；夫行，巽（旬）年𡥈（學）□ [23A] □之，旨＝（一日）㠯（以）善立，所𡥈（學）皆絡（終）；旨＝（一日）㠯（以）不善立，[24] 所𡥈（學）皆堋（崩），可不斳（慎）虗（乎）？」中（仲）弓曰：「含（今）之君子，史（使）人不聿（盡）亓（其）逜（？）」□□ [25]

我們要討論的是簡 **20「害（蓋）近敗矣」**一句的釋讀。所謂「敗」是陳劍先生的嚴式隸定，筆者以為是很精準的。「敗」形體作：

---

\* 本文為「《清華大學藏戰國竹簡（壹）》字詞關係研究」的研究成果之一，獲得國家科學發展委員會的資助（計畫編號 NSC100-2410-H-018-019），特此致謝。

[1] 相關編聯與考釋參見陳劍：〈《上博（三）·仲弓》膡義〉《簡帛》第三輯（上海市：上海古籍出版社，2008 年 10 月），頁 84。

整理者李朝遠先生將此字釋為「與」[1]，陳劍先生已指出其說不可信。[2]張新俊先生進一步分析指出：此字上部雖和「與」字相同，但下部卻非「廾」形，可比對《上博三‧仲弓》簡 21 的「與」作 ⬚。張先生認為「⬚」就是從矛從攴的「敄」字，「攴」字從位置上為了避讓「矛」旁，而仄居於右下一角，並指出類似於此將「攴」仄居於一角的例子，於包山楚簡中可見「毆」字之例：⬚《包山》簡 105、⬚《包山》簡 116。又「⬚」字所從的「矛」字，可以和以下楚文字中從「矛」之字相比較：「茅」作 ⬚（《上博二‧子羔》簡 5）、「矛」作 ⬚（《郭店‧五行》簡 41）、「柔」作 ⬚（《上博三‧恒先》簡 8）、⬚（《上博二‧昔者君老》簡 5），故將「⬚」釋為「敄」。[3]《上博文字編》同意此說。[4]許子濱先生認為：「⬚」字「攴」旁剩餘部分，可視作「⬚」之省形，即省去其下面象豆形那個部分「⬚」，「⬚」是「⬚」字之異文。《仲弓》簡文「蓋近⬚矣」的「⬚」，當讀作「體」，「體」、「禮」同聲旁，「體」、「禮」互訓，經典習見。「蓋近⬚矣」也就是「蓋近禮矣」。

---

[1] 馬承源主編：《上海博物館藏戰國楚竹書（三）》（上海市：上海古籍出版社，2003 年 12 月），圖版頁 93，釋文注釋頁 277～278。

[2] 陳劍：〈上博竹書《仲弓》篇新編釋文（稿）〉注釋 31，簡帛研究網站，2004 年 4 月 18 日。

[3] 張新俊：《上博楚簡文字研究》（長春市：吉林大學古籍研究所博士學論文，2005 年 4 月），頁 63～64。

[4] 李守奎、曲冰、孫偉龍編著：《《上海博物館藏戰國楚竹書》（一～五）文字編》（北京市：作家出版社，2007 年 12 月），頁 167。

按照這種理解來通讀原文，「（君）子所竭其情、盡其慎者三，蓋近禮矣」也就文從字順了，原來的意思不過是說：有德行的君子，在祭、喪、行等三方面都能做到竭情盡慎，堪稱合禮了。[1]其他還有讀為「瞍」或「譽」的意見。[2]

謹案：張新俊先生將「」釋為「敄」，原因在於將左下角認為是「矛」的筆劃。這種說法不能說無據，比如《天子建州》甲本 11-12 簡、乙 12 簡「臨城不言毀，觀邦不言喪，故見△而為之晢，見窔而為之內」，兩本「△」字作：

（甲本）（乙本）

一般釋為傷或禓，但在字形上及文意上都有明顯缺點，其實字形右旁就是「尋」字的變形。[3]而由「尋」旁的形變為，似乎可以等同形變為。但是釋為「敄」問題也是很明顯的，我們知道「矛」形的原始寫法是在「脊」的兩旁寫上左右不對稱的刃、葉，[4]楚簡也是如此的寫法，如《程寤》的「敄」作（簡 6）（簡 8），[5]張先生文中所舉的例證也可以看出

---

1 許子濱：〈上博簡《仲弓》「害近矣」解〉，簡帛研究網，2005 年 6 月 21 日，http://www.jianbo.org/admin3/2005/xuzibin001.htm。

2 見黃人二、林志鵬《上博藏簡第三冊仲弓試探》及趙炳清《上博簡三〈仲弓〉的編聯及講釋》，載 http://www.jianbo.org/AMIN3/HTML/huangrener01.htm、http://www.jianbo.org/ADMIN3/2005/zhaobinqing002.htm。

3 拙文：〈《天子建州》「臨城不言毀」章試解〉，刊登於《簡帛》第六輯。已收入本書。

4 林澐：〈琱生三器新釋〉，復旦網，2008 年 1 月 1 日，http://www.gwz.fudan.edu.cn/SrcShow.asp?Src_ID=284。

5 其他「矛」旁寫法參看李守奎：《楚文字編》36、231、347、495、612、812-813 頁、《《上海博物館藏戰國楚竹書》（一～五）文字編》119、167、486、511、519、612、621 頁。附帶一提，劉雨、盧岩編著：《近出殷周金文集錄》1207 號收錄《淅川》「倗之用矛」的

此種現象。但仔細觀察「⿰」字，⿰旁是寫在中豎筆之下，顯然不符合這個條件，可見陳劍先生嚴式隸定為「⿰」是可信的。況且編聯在一起的簡 15 已有「悉（務）」作⿰，與「⿰」寫法不同。更重要的是，依照目前的編聯成果，簡文讀為「蓋近敄（務）矣」不知如何解釋。許子濱先生字形分析不可信，其所舉的「⿰」跟「禮」字沒有關係，[1]但文意上的掌握值得關注。筆者以為「⿰」應該就是「數」字，試說如下：

楚簡用為「數」及相關字形如下：[2]

（1）

（謴／謱－謱，《三德》10）、（嬰－婁，《新蔡》甲三 294）、

（嬰－婁〈要〉，[3]《采風曲目》02）、（嬰－婁，《包山》75）

---

「矛」作 （亦著錄於劉彬徽、劉長武：《楚系金文彙編》（武漢市：湖北教育出版社，2009 年 5 月）33-8 號，頁 107）。按：此字諸家遞釋為「矛」是不對的，字形是「吊（叔）」可讀為「矛」，請詳〈金文考釋四篇之四——淅川下寺楚墓「佣之用矛」之「矛」字考〉（已收入本書）。

[1] 參劉釗：〈「瘸」字源流考〉，復旦網，2009 年 5 月 8 日，

http://www.gwz.fudan.edu.cn/SrcShow.asp?Src_ID=783。

[2] 《郭店・語叢一》90「⿰」；《語叢二》44「⿰」，一般釋為「婁（數）」。此二字「⿱」旁之內從「占」形與「婁（數）」從「角」、「囟」旁者有較大的差別，卻與《說文》古文「襄」作⿰；「讓」字《古文四聲韻》卷四引《古孝經》作⿰、《集篆古文韻海》卷四作⿰、⿰形近，參徐在國：《傳抄古文字編》，頁 242。二者之別只是前者從「占」，後者從「古」，此二偏旁常見相混。更重要的是，以目前的文例來看，釋為「婁」也不是一錘定音了，是以此兩字不能排除是「襄」字。請見拙文：〈《語叢二》、《保訓》、《凡物流形》考釋四篇——之一《郭店・語叢二》簡 3「襄」字考（附論：《語叢一》90、《語叢二》44 兩個疑似「襄」字）〉。

[3] 郭永秉：〈談古文字中的「要」字和從「要」之字〉《古文字研究》28 輯（北京市：中華

（2）

（嚳－數，《曹沫之陣》25）、（嚳／嚳－數，《君子為禮》02）

（婁／婁－婁，《包山》05）、（坙／坙，《競建》10）

（3）

（婁，《包山》103）（婁－數，《君人者何必安哉》甲4）

（4）

（婁－數，《景公瘧》10）（婁－數，《彭祖》02）[1]

（5）

、、、（《上博八‧鶹鷅》簡1）

---

書局，2010年10月），頁113注3。

[1] 季師旭昇主編：《上海博物館藏戰國楚竹書（三）讀本‧彭祖》（臺北市：萬卷樓圖書公司，2005年10月），頁247、陳斯鵬：《簡帛文獻與文學考論》（廣州市：中山大學出版社，2007年12月），頁85～86。又關於這個形體，劉洪濤先生指出：「查《傳抄古文字編》451頁『簏』字下收兩形，實即『簍』字。上古音『簏』屬來母屋部，『簍』屬來母侯部，二字音近可通。這種寫法的『婁』字即《彭祖》『婁』字之形。」見復旦吉大古文字專業研究生聯合讀書會：〈上博八《蘭賦》校讀〉，復旦網，2011年7月17日評論第18樓。謹按：劉先生所指出的字形作 簏 （《古文四聲韻》）、蘭 （《汗簡》），此二字形與 簍 為一字可信。簏 與 蘭 的偏旁變化如同「葛」作 葛 （《采風曲目》簡1）、蘭 （《古璽彙編》2263），參陳劍：〈上博竹書「葛」字小考〉，簡帛網，2006年3月10日，http://www.bsm.org.cn/show_article.php?id=279。簍 與 簏 的偏旁變化如同「嘼（曽）」作 嘼 （嘼，《吳命》5下）又作 嘼 （嘼，《周易》33），一作「目」；一作「目」、「目」形。

（6）

（𡆥－數，《性自命出》22）

（1）形「婁」字「臼」之內從「囟」，是繼承（鄭，《集成》4113　井伯南簋）[1]而來，《汗簡》卷下之一引《義雲章》「婁」作亦從「囟」。[2]（2）形從「角」，是繼承西周金文如（伯婁簋，3537）、（是婁簋，3910.2）[3]而來，中山王鼎「數」作、《石經》古文「婁」作亦從「角」。[4]同時楚文字常見在「角」或「囟」之上添加了「一」或「二」形的飾筆，寫作「𧮫」、「𧮫」、「𧮫」、「𡆥」等字。相同例證如《成之聞之》「婁」作（𡞞，簡5），又作（𡞞，簡27），後者顯然增添「二」形飾筆；《顏淵問於孔子》簡2「謹宥過，所以為緩也」的「過」作，《武王踐阼》09「祟（禍）」作的

---

[1] 此字或釋為「鄭」，見嚴志斌：《四版〈金文編〉校補》，吉林大學出版社2001年，第74頁。郭永秉先生說：「從《說文》古文及秦簡『要』字寫法看，嚴說並非全無道理，但未得到承認；從古文字多見『鄭』而未見『鄭』看，其字似確應釋『鄭』，但也不能排除當時已有這種法的『要』字（此字可能是『婁』旁與『要』旁形混）。」見氏著：〈談古文字中的「要」字和從「要」之字〉《古文字研究》28輯（北京市：中華書局，2010年10月），頁111。

[2] 徐在國：《傳抄古文字編》下冊，頁1253。

[3] 嚴志斌：《四版〈金文編〉校補》，吉林大學出版社2001年，頁137。

[4] 徐在國：《傳抄古文字編》下冊，頁1253。附帶一提，「婁」字「臼」旁本從「角」聲而訛為「囟」，可以比對「𡊎（遷）」作（何尊）、（《侯馬》338），本從「囟」聲，《說文》曰：「𡊎，升高也。從𡊎 囟聲。」（三上21）；又作（《新蔡》甲三11、24）（《三體石經》），訛從「角」。「囟」、「角」二形呈現類化互訛的現象。

「化」旁與之同形，兩個字都加了「二」形飾筆，可以比對《老子甲》35「貨」作 的「化」旁。[1]又如「興」作 （《上博四‧曹沫之陣》簡 37），又作 （《郭店‧語叢四》簡 16），後者顯然加橫筆為飾。《包山》05 字所從「角」旁有所訛變。若進一步省簡「角」旁內的二橫筆，[2]即成為（3）（《包山》103）、 （《君人者何必安哉》甲 4）一類字形，這種形體（丫）類似「辛」形，只比標準寫法（辛）少一橫畫，所以在第（4）種寫法便出現 、 ，「日」旁內訛從「辛」的寫法，[3]可比對「童」作 （《孔子詩論》10）的「辛」旁。既訛從「辛」，則自然可能進一步訛變類化形成「言」或「音」，遂變成（5）的字形「 」。還有一種可能是《包山》簡 5「 」字，其「日」旁內本類似「言」形，所以進一步訛變類化形成「言」或「音」也是可以理解的。[4]

其次， 與 都從「婁」字的簡體，省簡了「女」旁，這種寫法並不少見，如中山王鼎「數」作 [5]、《信陽》2.3「簍」作 、《蘭賦》簡 3 作 、春成侯盉「鏤」作 （詳下）。漢簡如「數」既作 （《銀雀山》834）、

---

[1] 請見拙文：〈《上博八》考釋十四則──（一）《顏淵問於孔子》簡 2「謹宥過，所以為緩也」釋讀〉，已收入本書。

[2] 《競建》10「臺」作 ，其「角」旁即省作一橫筆，可見省簡現象是存在的。

[3] 季師旭昇：〈說「婁」、「要」〉一文已提到 字從「辛」，見《古文字研究》第 26 輯（北京市：中華書局，2006 年 11 月），頁 486。

[4] 見復旦吉大古文字專業研究生聯合讀書會：〈上博八《蘭賦》校讀〉，復旦網，2011 年 7 月 17 日評論第 7、9 樓。

[5] 張政烺：〈中山王壺及鼎銘考釋〉《古文字研究》第一輯（北京市：中華書局，1979 年 8 月），頁 228。

（《銀雀山》883），但又作![字形](《銀雀山》668），後者顯然省去「女」旁。

其三，第（6）形馮勝君先生指出：「譽」可能是「譽」之省，或是分析為從言臾聲讀為數。[1]筆者贊同前者的分析，一方面此字作「譽」，而「臾」之上並沒有橫筆，如![字形]（郳，《璽彙》2228）、![字形]（大十六「臾」，垣上官鼎）[2]、![字形]（朱「臾」，《北京大學藏漢代醫簡》2600）[3]。另一方面分析為從「臾」，並無其他從「婁」的字形可為佐證。值得注意的是，《上博集刊》第8輯新公佈的春成侯盉，有個字形作：

李家浩先生認為此字右旁上部所從與漢簡「瘻」、「屢」、「樓」等字所從的「婁」旁上部相近，右旁下部從「虫」，大概就是「螻」字的異體。![字形]字從金從「螻」聲，是「鏤」字異體。少府盉銘文與此相當的字作「婁」，讀為「鏤」，也可以證明這種釋法是合理的。[4]這個字形很關鍵，一則可以證明第（6）形釋為「婁」，讀為「數」是對的，因為古文字「臼」形之內的偏旁可以簡省為「人」、「丨」形，甚至完全省略，如「鑄」字兩爪中間的「鬲」形：[5]

[1] 馮勝君：《郭店簡與上博簡對比研究》（北京市：線裝書局，2007年4月），頁217。

[2] 吳振武：〈關於新見垣上官鼎銘文的釋讀〉，簡帛網，2005年11月4日，http://www.bsm.org.cn/show_article.php?id=44。亦發表於《吉林大學社會科學學報》2005年6期。

[3] 李家浩、楊澤生：〈北京大學藏漢代醫簡簡介〉《文物》2011年6期頁88。圖版見北京大學出土文獻研究所：《北京大學藏西漢竹書概說》《文物》2011年6期頁52圖三。

[4] 李家浩：〈談春成侯盉與少府盉的銘文及其容量〉《華學》第五輯（廣州市：中山大學出版社，2001年12月），頁150。

[5] 參看拙文：〈楚簡文字考釋二則〉《國文學報》第三十四期（臺北市：臺灣師範大學國文

（一）（楚公家鐘，西周中晚期）、（楚嬴匜，春秋早期）

（二）（鑄客鼎，戰國）

（三）（黃「鑄」，《湖南省文物圖錄》圖版 59 收錄）[1]

又如「興」字：

（一）（《楚帛書》乙 8.29）

（二）（《包山》簡 159）

（三）（《郭店·唐虞之道》簡 21）

再看「學」字：

（一）（《孔子見季桓子》簡 18）

（二）（《郭店·語叢一》簡 61，「教學」合文）

（三）（《郭店·老子乙》簡 3）

（四）（《上博三·仲弓》簡 23）[2]

依照上面的演變規律，既然春成侯盉「婁」旁可作「」，則自然也可以寫

作「與」形。[3]其次，春成侯盉是戰國器，其右上「（婁）」旁與「」

---

學系，2003 年 12 月），頁 55～86。

[1] 趙平安：《隸變研究》（保定市：河北大學出版社，2009 年 3 月），頁 76（8）。

[2] 參看拙文：〈楚竹書文字考釋五則〉《中正大學中文學術年刊》2008 年第 2 期（總第 12
    期）2008 年 12 月。已收入本書。

[3] 附帶一提，「帚」字除作（《包山》110）外，亦作（《包山》68）、（《曾侯》60），

左旁「□」同形：「□」之內省作一豎筆、「婁」的「女」旁均簡省了。只是後者下部演變為「甘」形，如同「占」一般作□（《從政》乙 2），又作□（《程寤》02）、□（䫇，《凡物流形》甲 10）。這為「□」釋為「數」提供了很好的證據。又如《古文四聲韻》卷一引《王存乂切韻》「婁」作□、《古文四聲韻》卷二引《崔希裕纂古》「婁」作□，[1] 其「女」旁之上的寫法均與「□」、「□」相近。再看底下兩個燕國璽印：

（《璽彙》158） （《璽彙》159）

文例是「帚陽○師鉨」（158）、「邹陽○師鉨」（159），諸家隸「○」為「□」，[2] 何琳儀先生起先分析為從曰䖵聲。疑「嘍」之異文，與「謢」同，讀為「鏤師」。[3] 後來認為上從「婁」之初文，下為裝飾部件，也讀為「鏤師」。[4] 曹錦炎先生也分析為從曰從婁省，釋為「鏤」。[5] 趙超先生則以為上部是「婁」

---

吳良寶先生認為□是將「鬲」形上部改造成「辛」形。（吳良寶：《戰國楚簡地名輯證》（武昌市：武漢大學出版社，2010 年 3 月），頁 97。）按：「鑄」字兩爪中間的「鬲」形演變與「婁」演變相似，而□所從實為「辛」，正好對應□、□所從的「辛」旁，則「鬲」字上部將來可能會出現有從「□」從「辛」的寫法，同時也可以很好的說明為何「鬲」字會演變為上從「辛」。

[1] 徐在國：《傳抄古文字編》（北京市：線裝書局，2006 年 11 月）下冊，頁 1253。

[2] 《戰國文字編》，頁 1139 列為附錄。

[3] 何琳儀：《戰國古文字典》（北京市：中華書局，1998 年 9 月），頁 338。黃德寬主編：《古文字譜系疏證》（北京市：商務印書館，2007 年 5 月）第一冊，頁 940（何琳儀撰寫）沿用這種說法。

[4] 何琳儀：《戰國文字通論訂補》（南京市：江蘇教育出版社，2003 年 1 月），頁 109。

[5] 曹錦炎：《古璽通論》（上海市：上海書畫出版社，1995 年 3 月），頁 141。

的聲符,下部是曰或火二體,讀為「鑄師」。[1]施謝捷先生也讀為「鑄師」。[2]

「鑄」,章紐幽部;「婁」,來紐侯部,聲韻皆近。該字下部作「」形,

也見於《璽彙》1889 壽「」、5630 壽「」、3676 壽「」、《陶彙》3.1060

曹「」等等,可見確實是「甘」形。[3]裘錫圭先生曾說:甲骨文的口旁,

在較晚的古文字中又往往變作甘形,在《說文》的篆文裏又往往變作曰形。[4]

施謝捷先生也指出:「春秋以前文字裡『從口』的字,到春秋戰國時期往往

可以寫成『從曰(甘)』,而『從曰』在齊系文字又可以變作『從』。」[5]

其實不僅是齊系文字,如上舉《璽彙》1889、5630 皆是燕璽。[6]可見與

顯然是一字,其下皆是「甘」旁。[7]而這種下為「甘」旁的「婁」被秦漢文

---

[1] 趙超:〈「鑄師」考〉《古文字研究》第二十一輯(北京市:中華書局,2001 年 10 月),頁 295〜296。但他認為兩爪形中間從「卣」,與諸家不同。

[2] 施謝捷:《古璽彙考》(合肥市:安徽大學博士學位論文,2006 年 5 月),頁 75。

[3] 參拙文:《戰國燕系文字研究》(臺北市:臺灣師大國文研究所碩士論文,2001 年 6 月),頁 114。

[4] 裘錫圭:〈釋「沓」〉《古文字論集》(北京市:中華書局,1992 年 8 月),頁 42。

[5] 施謝捷:〈古璽複姓雜考(六則)——五、甘士〉《中國古璽印學國際研討會論文集》(香港:香港中文大學文物館,2000 年),頁 41。亦可參見趙平安:《新出簡帛與古文字古文獻研究》(北京市:商務印書館,2009 年 12 月),頁 68。

[6] 湯餘惠主編:《戰國文字編》(福州市:福建人民出版社,2001 年 12 月),頁 584、王愛民:《燕文字編》(長春市:吉林大學碩士論文,2010 年 4 月),頁 137。

[7] 附帶一提,《集成》11377 十四年武城令戈「十四年武城命□□莒早□,嗇夫史戠敓,冶章敓齋。」其中「」一般釋為「莒」,如《殷周金文集成修訂增補本》第七冊,頁 6133、秦曉華:《東周晉系文字資料研究》(廣州市:中山大學博士論文,2008 年),頁 68、《三晉文字編》頁 34。但是此字與「白」作、(《三晉文字編》頁 508)頗有距離,是以嚴志彬改釋為「首」,見氏著:《四版《金文編》校補》(長春市:吉林大學出版社,2001 年 8 月)頁 9, 65 號。謹案:釋為「首」比釋為「莒」合理,但是字書上未見「首」字,且「自」通常做二橫筆為多,如(《侯馬盟書》)。雖然《說文》記載了「自」可作「」(四上八),但戰國文字畢竟少見。比對「甘」字可作,筆者認為

字傳承下來，如 [1]：

（數，《睡虎地・日書乙》107） （數，《睡虎地・效律》24）

（數，《龍崗秦簡》39） （數，《嶽麓書院藏秦簡（壹）・為吏治

官及黔首》14 正） （數，《為吏治官及黔首》18 正）（僂，《睡

虎地・日書甲》70 背） （僂，《為吏治官及黔首》38 正）（樓，

《睡虎地・為吏之道》22）（鄻，《睡虎地・日書甲》53 背） （屨，

《睡虎地・日書甲》57 背）

（數，《馬王堆帛書・五行》218 行）[2] （數，《銀雀山漢簡》簡 62）[3]

（婁，《漢印徵》） （婁，《漢印徵》）[4]

整體字形與「戲」更加相近。二者之別有二：首先，秦漢簡帛將上部雙爪
形黏合一起：

---

此字也不排除是「苜」字的訛變。

1. 秦文字參閱方勇：《秦簡牘文字彙編》（長春市：吉林大學博士論文，2010 年 6 月），頁
   70、131、152、182、198、210、284。

2. 陳松長：《馬王堆簡帛文字編》（北京市：文物出版社，2001 年 6 月），頁 129。

3. 駢宇騫：《銀雀山漢簡文字編》（北京市：文物出版社 2001 年 7 月），頁 113。

4. 羅福頤：《增訂漢印文字徵》（北京市：紫禁城出版社，2010 年 6 月）頁 561。

（「嚳」偏旁）→

演變過程可以參考：楚簡「禮」作「」（《老子丙》簡 10）、「豊」（《五行》簡 31）、「豊」（《語叢二》簡 1）、「豊」（《語叢一》簡 42）、「豊」（《語叢三》簡 36）、「豊」（《語叢一》簡 33）、「豊」（《成之聞之》簡 35）、「豊」（《尊德義》簡 23）、「豊」（《尊德義》簡 9）、「豊」（《尊德義》簡 29）。而《馬王堆》作 禮 （《老子甲》158 行） 禮 （《春秋事語》108 行） 禮 （《戰國縱橫家書》115 行） 禮 （《老子乙》247） 禮 （《周易》40）。[1]又如「遺」作 遺 （《包山》18）、 遺 （《老子甲》38）。而《馬王堆》作 遺 （《老子甲》107 行） 遺 （《十問》80 行） 遺 （《周易》35 行）。[2]其次，「攷」省去了「婁」的「女」旁，這種現象前面已有討論過了。此外，秦漢文字「數」字亦有作攷者，如：

攷 （《周家臺秦簡》132 叁）、 攷 （《周家臺秦簡》263） 攷 （《秦印文字彙編》61 頁）

攷 （《張家山・二年律令》95） 攷 （《張家山・二年律令》147）

1 陳松長：《馬王堆簡帛文字編》（北京市：文物出版社，2001 年 6 月），頁 7。

2 陳松長：《馬王堆簡帛文字編》（北京市：文物出版社，2001 年 6 月），頁 70。

（《張家山・二年律令》簡 150）　（《張家山・二年律令》153）

（《張家山・二年律令》簡 157）　（《張家山・二年律令》簡 176）

（《張家山・二年律令》簡 179）

或是「婁」作「角」，讀為「數」，如：[1]

（《張家山・引書》112）　（《張家山・引書》112）

（《張家山・引書》112）　（《張家山・引書》112）

或是從角女聲，讀為「瘦」：[2]

（廐－瘦，《張家山・引書》92）

陳劍先生認為這種寫法是繼承西周金文 （鄭）而來，[3]這是一種可能。不過秦漢文字的「婁」字確實以寫作下從「甘」旁為絕大多數（請看本文附錄），[4]寫作「角」者也可以理解為將「甘」旁聲化從「角」，「數」可從「角」

[1] 張家山二四七號漢墓竹簡整理小組：《張家山漢墓竹簡【二四七號墓】（釋文修訂本）》（北京市：文物出版社，2006 年 5 月），頁 186。

[2] 張家山二四七號漢墓竹簡整理小組：《張家山漢墓竹簡【二四七號墓】（釋文修訂本）》（北京市：文物出版社，2006 年 5 月），頁 183。

[3] 2011 年 2 月 26 日信件內容。

[4] 還可再參看《秦漢魏晉篆隸字形表》，頁 38、213、381、512、573、609、611、891、936、

聲，參前引張政烺先生文。綜合以上討論，可以為這些字形理出一個演變

過程：筆者以為上引何琳儀先生前說是有啟發性的，古文字中「言」、「口」

二旁用做義符時可以通用，[1]如「詩」字《孔子詩論》皆作▨，上博簡《緇

衣》皆作▨。而「口」旁常加一筆而為「甘」形，則可以推斷出如下的演

變序列：

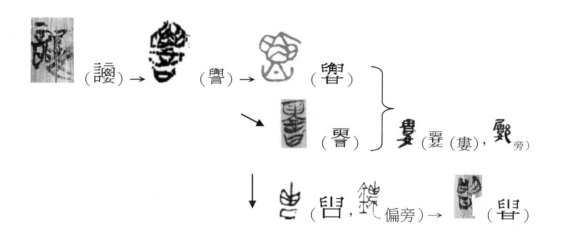

即「謱（謱）」簡省為「嚳」，「嚳」其下的「言」旁替換為「甘」旁，成為

「嚳」[2]；或是其上的「罻」簡省為「與」，成為「嚳／嚳」；結合「嚳」

與「嚳」的偏旁便是秦漢文字的「嫂（嫂）」。或是「嚳」的「罻」簡省為

「臼彐」，「言」旁替換為「口」旁，成為「臼」，而「口」旁再變為「甘」

---

998、1082。

[1] 高明：《中國古文字學通論》（北京市：北京大學出版社，1996 年 6 月），頁 135、施謝
捷：《吳越文字彙編》（南京：江蘇教育出版社，1998 年 8 月），頁 525、何琳儀：《戰國
文字通論（訂補）》（南京市：江蘇教育出版社，2003 年 1 月），頁 231、劉釗：《古文字
構形學》（福州市：福建人民出版社，2006 年 1 月），頁 236。

[2] 王輝：《古文字通假字典》（北京市：中華書局，2008 年 2 月），頁 142。

旁，便成為「𦥯」。如果單獨就《仲弓》的「」來看，也可以理解為：

（學）→（學）→（臼，𦥑偏旁）→（臼）

古籍中「數」有法度、道數、道理、禮數、儀節的意思，義項引申序列很清楚。如：《嶽麓書院藏秦簡（壹）・為吏治官及黔首》14 正／1558 正「徹迣不數」，整理者引用《管子・任法》：「聖君任法而不任智，任數而不任說」、《韓非子・制分》：「夫治法之至明者，任數不任人」，認為秦簡「不數」即「不法」，不合法度。[1]《呂氏春秋・壅塞》：「其寡不勝眾，數也。」高誘注：「數，道數也。」張雙棣先生解釋為「定數，常理。」[2]《管子・法法》：「國無常經，民力必竭，數也。」尹知章《注》：「數，理也。」[3]《讀書雜誌・荀子第六・正論》：「是不容妻子之數也。楊注曰：『不能容有其妻子，是如此之人數也，猶言不能保妻子之徒也。念孫案：楊未曉數字之意。數猶道也，言是不容妻子之道也。凡道有吉有凶，下文曰：『故至賢疇四海，湯武是也；至罷不容妻子，桀紂是也。』然則如湯武者，是疇四海之道也，吉道也；如桀紂者，是不容妻子之道也，凶道也。」[4]《左傳・昭公三年》：「君薨，大夫弔，卿共葬事。夫人，士弔，大夫送葬。足以昭禮、命事、謀闕而已，無加命矣。今嬖寵之喪，不敢擇位，而數於守適，唯懼獲戾，豈敢憚煩？……張趯曰：『善哉，吾得聞此數也』。」「足以昭禮、命事、謀闕而已」一句，楊伯峻先生解釋說：「此句總結朝聘盟會以及弔喪送葬的之

---

[1] 朱漢民、陳松長主編：《嶽麓書院藏秦簡（壹）》（上海市：上海辭書出版社，2010 年 12 月），頁 114。湯志彪先生認為：「『數』字在此當讀作『懹』。古文字『數（數）』、『懹』均從『婁（婁）』聲，故兩字可通。《玉篇》：『懹，謹敬也。』」似無必要。見湯志彪：〈岳麓秦簡拾遺〉，簡帛網，2011 年 6 月 15 日，
http://www.bsm.org.cn/show_article.php?id=1493。

[2] 張雙棣等著：《呂氏春秋譯注》（北京市：北京大學出版社，2000 年 9 月），頁 815 注 33。

[3] 宗福邦、陳世鐃、蕭海波主編：《故訓匯纂》（北京市：商務印書館，2004 年 3 月），頁 971。

[4] （清）王念孫：《讀書雜志》（南京市：江蘇古籍出版社，2000 年 9 月），頁 708。

目的，足以昭明禮節、有所命令、謀議補救闕失，如此而已。」[1]其次，「數於守適」一句，杜預《注》：「不敢以其位卑，而令禮數如守適夫人。」[2]楊伯峻先生也說：「數，禮數也。」[3]其三，「吾得聞此數也」，楊伯峻先生解釋說：「聞此朝會弔喪之禮數。」[4]《文選‧應吉甫‧晉武帝華林園集詩》：「貽宴好會，不常厥數。」李善注：「數，猶禮也。左氏傳：『張趯曰：『吾得聞此數』。」[5]又《左傳‧莊公十八年》：「名位不同，禮亦異數。」《左傳‧昭公三年》十分吻合簡文情境，可作為釋讀的理據。簡文「君【15】子所濼（竭）丌（其）青（情）、叀（盡）丌（其）斳（慎）者三，害（蓋）近數矣。【20B】」，何有祖、許子濱先生並引《禮記‧禮器》「君子之於禮也，有所竭情盡慎」語為證，其說可從。[6]同時許子濱先生解釋簡文說「有德行的君子，在祭、喪、行等三方面都能做到竭情盡慎，堪稱合禮了」可以參考。「蓋近數矣」的「數」正是《左傳》「吾得聞此數」的「數」，禮數也。

附記：本文承蒙李師旭昇、沈培、孟蓬生、陳劍、馮勝君、郭永秉、程少軒、劉洪濤等幾位先生審閱，並惠賜寶貴意見，筆者非常感謝！

2008 年 12 月初稿

2011 年 8 月修訂

---

[1] 楊伯峻：《春秋左傳注》（臺北市：洪葉文化事業有限公司，1993 年 5 月），頁 1232～1233。

[2] 李學勤主編：《春秋左傳正義（下）》（北京市：北京大學出版社，1999 年 12 月），頁 1179。

[3] 楊伯峻：《春秋左傳注》（臺北市：洪葉文化事業有限公司，1993 年 5 月），頁 1233。

[4] 楊伯峻：《春秋左傳注》（臺北市：洪葉文化事業有限公司，1993 年 5 月），頁 1233。

[5] （梁）昭明太子撰，（唐）李善注：《文選》（臺北市：藝文印書館，1991 年 12 月），頁 293。

[6] 何有祖：〈上博三《仲弓》小札〉，簡帛研究網 2004 年 5 月 12 日。許子濱：〈上博簡《仲弓》「害近數矣」解〉，簡帛研究網，2005 年 6 月 21 日。

## 附　錄

底下我們盡量詳細將漢簡中「婁」字及從「婁」之字列出來：

（婁，《張家山·遣冊》23，189）[1]

（婁，《張家山·遣冊》23，189）

（婁，《張家山·遣冊》40，189）

（縷，《張家山·二年律令》258，44）

（蔞，《張家山·二年律令》259，44）

（瘻，《張家山·脈書》04，115）

（數，《張家山·二年律令》簡71，18）

（數，《張家山·蓋廬》31，165）

（數，《張家山·蓋廬》36，165）

（數，《張家山·蓋廬》39，166）

（數，《張家山·蓋廬》54，167）

（數，《張家山·算數書》17，134）

（數，《張家山·算數書》27，135）

（數，《張家山·算數書》32，136）

（數，《張家山·算數書》33，136）

（數，《張家山·算數書》33，136）

（數，《張家山·算數書》38，137）

---

[1] 「189」表示張家山二四七號漢墓竹簡整理小組：《張家山漢墓竹簡【二四七號墓】（釋文修訂本）》（北京市：文物出版社，2006年5月），頁189。底下皆依此格式，不再注出。

（數,《張家山・算數書》39,137）

（數,《張家山・算數書》46,138）

（數,《張家山・算數書》48,138）

（數,《張家山・算數書》50,138）

（數,《張家山・算數書》51,138）

 、

（數,《張家山・算數書》65,140）

（數,《張家山・算數書》74,142）

 、

（數,《張家山・算數書》77,142）

（數,《張家山・算數書》83,143）

（數,《張家山・算數書》85,143）

（數,《張家山・算數書》86,144）

（數,《張家山・算數書》87,144）

（數,《張家山・算數書》91,145）

（數,《張家山・算數書》93,145）

 、

（數,《張家山・算數書》94,145）

（數,《張家山・算數書》132,149）

 、

（數,《張家山・算數書》160,153）

（數,《張家山・算數書》161,153）

（數,《張家山・算數書》190,157）

（數,《張家山・算數書》04,171）

（數，《張家山・引書》06，171）

（數，《張家山・引書》07，171）

（數，《銀雀山 2・將失》998，137）[1]

（數，《銀雀山 2・將失》1001，137）

（數，《銀雀山 2・兵之恒失》1021，139）

（數，《銀雀山 2・為國之過》1048，142）

（數，《銀雀山 2・為國之過》1049，142）

（數，《銀雀山 2・為國之過》1064，143）

（數，《銀雀山 2・客主人分》1146，150）

（數，《銀雀山 2・客主人分》1147，150）

（數，《銀雀山 2・客主人分》1149，150）

（數，《銀雀山 2・奇正》1184，155）

（數，《銀雀山 2・曲將之法》1214，161）

（數，《銀雀山 2・五度九奪》1223，162）

（數，《銀雀山 2・君臣答問》1325，173）

（數，《銀雀山 2・自危自忘》1491，184）

（數，《銀雀山 2・十陣》1531 正，188）

（數，《銀雀山 2・十陣》1533，188）

---

[1]「137」表示銀雀山漢墓竹簡整理小組編：
《銀雀山漢墓竹簡（貳）》（北京市：文
物出版社，2010 年 1 月），頁 137。底下
皆依此格式，不再注出。

、

（數，《銀雀山 2・十陣》1537，189）

（數,《銀雀山 2・十陣》1540，189）

（數,《銀雀山 2・十陣》1548，189）

（數,《銀雀山 2・禁》1718，209）

（數,《銀雀山 2・占書》2101，242）

（數,《銀雀山 2・唐勒》2113 正，249）

（數,《銀雀山 2・相狗方》2147，142）

# 《上博八》考釋十四則 *

## 一 《顏淵問於孔子》簡 2「謹宥過，所以為緩也」釋讀

孔＝（孔子）曰：「敬（謹，△1）又（宥）化（過，△2）而【1】
【先】又（有）司，老＝（老老）而戀（慈）學（幼），豫絞而收貧，
彔（祿）不足則青（請），又（有）余（餘）則爵（辭）。【12A】敬（謹，
△1）又（宥）化（過，△2），所弖（以）為緩（△3）也；先【2B】【又
（有）】司，所弖（以）【2A】旻（得）青（情）＝；老＝（老老）而戀（慈）
學（幼），所以尻（處）息（仁）也；豫絞而收貧，所以取【11】斬（新
－親）也；彔（祿）不足則青（請），又（有）余（餘）【12B】則爵（辭），
所弖（以）尋（申）[1]信也。[2]

幾個要討論的字形如下：

△1： 、

* 本文為「《清華大學藏戰國竹簡（壹）》字詞關係研究」的研究成果之一，獲得國家科學
發展委員會的資助（計畫編號 NSC100-2410-H-018-019），特此致謝。

[1] 此字作，釋為「尋」，讀為「申」，參見拙文：〈《天子建州》「臨城不言毀」章試解〉《簡
帛》第六輯，亦收入於本書。

[2] 相關編聯及解釋請見復旦吉大古文字專業研究生聯合讀書會：〈《上博八・顏淵問於孔子》
校讀〉，復旦網，2011 年 7 月 17 日，
http://www.gwz.fudan.edu.cn/SrcShow.asp?Src_ID=1592。

△2：  、

△3：

先看「△2」字，筆者在讀書會網站文章下評論第一樓提出「△2」字與《武王踐阼》09「祟（禍）」作 的「化」旁同形，兩個字都加了「二」形飾筆，可以比對《老子甲》35「貨」作 的「化」旁。[1]何有祖先生（網名：鄭公渡）在評論第 3 樓贊同筆者的分析，並根據讀書會所提出《顏淵》此段內容與《仲弓》7 號簡：「老老慈幼，先有司，舉賢才，惑（宥）過赦罪」有關，遂將「又化」讀為「宥過」，[2]其說可從。至於「△1」字，讀書會認為：「2B首字殘字作 ，12A末字殘字作 ；拼合以後當為『敬』字。此字與本篇簡 1『敬』作 同。這種作『臔』形寫法的『敬』字也見於上博簡《性情論》簡 33： 、 。」[3]此字也見於《皇門》簡 3「廼方（旁）救（求）巽（選）罪（擇）元武聖夫， （臔－羞）于王所。」筆者在讀書會評論

---

[1] 劉洪濤先生分析《武王踐阼》「祟」認為：「字上部都多出『二』字形筆畫，應當是羨符。『化』旁所從之『匕』訛作『止』，與『瘨』字的『食』旁以及『老』、『畏』二字所從的『匕』字形或訛作『止』同例，請看湯餘惠主編：《戰國文字編》第 520、583、623 頁，福建人民出版社 2001 年。」其說可從。劉文見：〈上博竹簡《凡物流形》釋字二則〉，《簡帛》第六輯。附帶一提，近來劉雲先生提出新說，認為 與 分別是「虜」和「虍」，可以讀為「禍」，見氏著：〈談《武王踐阼》中讀為『禍』的字及相關之字〉，復旦網學術討論區，2011 年 8 月 26 日，http://www.gwz.fudan.edu.cn/ShowPost.asp?ThreadID=4952。此說字形差距較遠，恐不可從。

[2] 此意見又發表於何有祖：〈上博楚簡釋讀札記〉，武漢大學簡帛網，2011 年 7 月 24 日，http://www.bsm.org.cn/show_article.php?id=1525。

[3] 復旦吉大古文字專業研究生聯合讀書會：〈《上博八・顏淵問於孔子》校讀〉，復旦網，2011 年 7 月 17 日。

第 1 樓認為應釋為「羞」，後在評論第 37 樓（2011-7-28）根據文意及拙文〈《性情論》簡 33「臏」字考兼論「臏」與「敬」字訛混的現象〉的結論認為「臏（羞）」是「敬」之訛（詳下）。單育辰先生起先同意「羞」的意見，後來也認為是「『敬』字之訛」。[1]黃杰先生在評論第 29 樓也贊同釋為「羞」，認為讀為「柔」，「柔有過」即安撫、懷柔有過者，這正是「緩」的體現。陳偉先生則釋為「儆」，認為「『有過』前有一『敬』字，把『有過』讀作『宥過』很難說得過去。由此我們懷疑，『敬』應讀為『儆』，警告、使戒懼的意思。《周禮・地官・州長》『以糾其過惡而戒之』，是類似的表述。」[2]

謹案：由於《顏淵》這一段的表述內容與《論語・子路》：「仲弓為季氏宰，問政。子曰：『先有司，赦小過，舉賢才。』」以及《仲弓》簡 7「惑（宥）過赦罪」非常相似，所以簡文「又化」可讀為「宥過」，相當於「赦小過」及「宥過赦罪」，同時文獻也有「赦過宥罪」的說法，如《周易・解卦》：「君子以赦過宥罪。」所以此處似不用拘泥於「過」是過失，「罪」是犯罪，並進而認為二者有程度上的差異。其次，「△1」釋為「羞」從字形上確實是比較好的選擇，但是文意上較難理解。黃杰先生解釋說：安撫、懷柔有過者才是「緩」的體現。此說可商，《論語》只說「赦小過」，若不察情節輕重，一律加以原宥、懷柔，則「人民何懲」？（詳下）筆者以為讀書會將「△1」釋為「敬」應屬可信，字形證據如上博簡《性情論》簡 33「敬」作 [圖]、[圖]。其實「臏」與「敬」本有訛混的現象，二字形體只有「⺈」與「⺈」之別，大家知道古文字的「口」形可寫作「＝」形，如「哉」作 [圖]（《新蔡》零 009），亦作 [圖]（《簡大王泊旱》13），其「口」旁的變化可以

---

[1] 單育辰：〈佔畢隨錄之十五〉，復旦網，2011 年 7 月 22 日，
http://www.gwz.fudan.edu.cn/SrcShow.asp?Src_ID=1606 下評論第 4 樓（2011-8-22 0:30:33）。

[2] 陳偉：〈《顏淵問於孔子》內事、內教二章校讀〉，武漢大學簡帛網，2011 年 7 月 22 日，
http://www.bsm.org.cn/show_article.php?id=1521。

參考。[1]尤其是《顏淵問於孔子》簡 4「侜（庸）言之信，侜（庸）行之 （敬－謹）」，此句可以比對《周易・乾卦・文言》：「庸言之信，庸行之謹」，可知 確實應該釋為「敬」讀為「謹」，則字形相同的「△1」自然也可以釋為「敬」。[2]筆者以為「敬（△1）」應讀為「謹」，如同簡 4 一樣。古音令聲與堇聲相通。《方言》卷九：「矜，其柄謂之矜。」郭璞注：「矜，今字作𥍶。」《說文解字・言部》：「謹，慎也。從言，堇聲。」《大戴禮記・小辨》：「大夫學德別義，矜行以事君。」盧辯注：「矜，猶慎也。矛」《戰國策・韓策二》：「勇徹氣矜之隆。」《淮南子・氾論》：「百姓肅睦，上下相親，而乃始立氣矜，奮勇力，則必不免於有司之法矣。」王念孫《讀書雜志》：「引之曰：懂與矜，古同聲而通用，猶𥍶之為矜也。張湛注《列子》云：懂，勇也。」[3]而《書・呂刑》：「哀敬折獄」，「敬」，《孔叢子・刑論》引作「矜」。[4]可見「敬」與「謹」可以通假。《玉篇》：「謹，慎也。」《書・胤征》：「先王克謹天戒。」孔傳：「言君能慎戒。」《易・坤・文言》：「蓋言謹也」，孔穎達《疏》曰：「謹，謂謹慎也。」[5]釋讀理由詳下。再看△3，單育辰先生指出：「此字實為『緩』之訛變，楚簡『緩』字多見，對比包山簡 76、簡 96 之『緩』作『』、『』，『』右上所從與它們右上之形基本相同，右

---

[1] 詳見拙文：〈楚簡「刖」字及相關諸字考釋〉、〈利用《清華簡（壹）》字形考釋楚簡疑難字——（六）《性情論》簡 33「䑜」字考兼論「䑜」與「敬」字訛混的現象〉，已收入本書。

[2] 馬承源主編：《上海博物館藏戰國楚竹書（八）》（上海市：上海古籍出版社，2011 年 5 月），頁 145。

[3] 孟蓬生：〈《君人者何必安哉》膡義掇拾〉，復旦網，2009 年 1 月 4 日，http://www.gwz.fudan.edu.cn/SrcShow.asp?Src_ID=611、張儒、劉毓慶：《漢字通用聲素研究》（太原市：山西古籍出版社，2002 年 4 月），頁 552。

[4] 張儒、劉毓慶：《漢字通用聲素研究》（太原市：山西古籍出版社，2002 年 4 月），頁 563。

[5] 宗福邦、陳世鐃、蕭海波主編：《故訓匯纂》（北京市：商務印書館，2004 年 3 月），頁 2144。

下所從的『土』應即『又』之訛變。『緩』應讀為『寬』，『寬』與簡文前面的『又（宥）過』意義正好相成。」[1]謹按：此字示意如下：，應該分析為從土緩聲。可參考（爰，《孔子見季桓子》09）、（愋《包山》簡 110）、（愋，《上博（二）‧從政甲》簡 5）、（緩，《上博（三）‧仲弓》簡 13）。[2]《漢語大辭典》指出「緩」是刑政等寬弘、寬恕的意思。《管子‧霸形》：「公輕其稅斂，則人不憂飢；緩其刑政，則人不懼死。」《史記‧李斯列傳》：「緩刑罰，薄賦斂。」同時，《仲弓》9+10「中（仲）弓曰：『惑（宥）怸（過）舉（赦）辠（罪），則民可懲？』【10】『山又（有）堋（崩），川又（有）滐（竭），月=（日月）星曟（辰）猷（猶）差，民亡（無）不又（有）怸（過）。臤（賢）者☐【19】☐型（刑）正（政）不緩（緩），悳（德）斈（教）不劵（倦）。』」[3]也是前講「宥過」，後提「刑政不緩」，可見簡文「緩」字如字讀即可，不需再通讀為「寬」。上引《仲弓》一段，陳劍先生解釋說：

> 簡文「可」讀為「何」，「㞢」讀為「懲」，意為「儆戒」、「鑒戒」。……仲弓的問話「宥過赦罪，則民何懲？」意為寬宥過失，寬赦、赦減罪行，則人民還有什　作爲儆戒的呢？**所謂「赦」並非完全赦免不加以追究，而是對其罪行所應施加的刑罰加以寬赦、赦減之意**。《尚書‧呂刑》「墨辟疑赦，其罰百鍰」云云，寬赦之後仍要處以罰金；西周晚期的訓匜（《集成》16.10285）云「今我赦（赦）女（汝）」、「今大赦（赦）女（汝）」，從其下文看，寬赦之後仍要處以鞭刑和

---

[1] 單育辰：〈佔畢隨錄之十五〉，復旦網，2011 年 7 月 22 日。

[2] 陳劍：〈《上博（六）‧孔子見季桓子》重編新釋〉《出土文獻與古文字研究（第二輯）》（上海市：復旦大學出版社，2008 年 8 月），頁 168 注 36。按：此種「爰」寫法與《顏淵》08「靜」作的「爭」旁寫法相同，二者有形混的現象。

[3] 相關編聯與考釋參見陳劍：〈《上博（三）‧仲弓》賸義〉《簡帛》第三輯（上海市：上海古籍出版社，2008 年 10 月），頁 76～84。

罰金;《上博（五）・季康子問於孔子》簡 21～22A 季康子問孔子的話中說「大辠（罪）殺之，臧辠（罪）刑之，小辠（罪）罰之」，而簡 20 孔子回答說「大辠（罪）則夜（赦）之以刑，臧辠（罪）則夜（赦）之以罰，小則訨（貰）之」，亦可見對各種罪行赦免而寬降一等之後，仍要分別處以刑、罰和貰。（原注：此段簡文的重新編聯和解釋參看陳劍：《談談〈上博（五）〉的竹簡分篇、拼合與編聯問題》，簡帛網（http://www.bsm.org.cn）2006 年 2 月 19 日。）⋯⋯簡 19+簡 17 的話，就是孔子針對「則民何懲」而發的。孔子沒有直接回答「人民拿什麼作為儆戒」的問題，而是用山川日月星辰來打比方，說明人民難以避免有過失，賢能的執政者應該刑政、德教「兩手都要抓，兩手都要硬」，其重點當是落在「德教不倦」上面的。[1]

所謂「謹宥過」正是「『赦』並非完全赦免不加以追究，而是對其罪行所應施加的刑罰加以寬赦、赦減之意」，意思是說對宥過之事應謹慎對之，也就是說要衡量犯罪輕重而有不同程度的寬刑，而非對犯罪者盲目的全部免刑，如上述《論語・子路》只說「赦小過」、《孔叢子・刑論》：「故宥過赦小罪，老弱不受刑，先王之道也」的「赦小罪」、「老弱不受刑」，以及上舉《上博（五）・季康子問於孔子》簡 20「大辠（罪）則夜（赦）之以刑，臧辠（罪）則夜（赦）之以罰，小則訨（貰）之」。這些都是「謹宥過」的意思，唯有如此才是「所以為緩也」，這才是真正的刑政寬緩，才能「邦平而民順（擾）矣」[2]（《季康子問於孔子》23）。而《仲弓》「『惑（宥）㤲（過）㪘（赦）辠（罪），則民可（何）懲？』【10】⋯⋯臤（賢）者□【19】□型（刑）正（政）不緩（緩），惪（德）孝（教）不惂（倦）。」意思是說君主不隨便寬宏犯罪者，要人民有儆戒的依據。相似表述也見於《魯邦大旱》簡 1「孔子答曰：

---

[1] 陳劍：〈《上博（三）・仲弓》膡義〉《簡帛》第三輯（上海市：上海古籍出版社，2008 年 10 月），頁 83。

[2] 擾，馴也，柔服也。九店 M56 簡 40 下用「脜」字為「六擾」之「擾」。見陳劍：〈《上博（五）》的竹簡分篇、拼合與編聯問題〉，簡帛網，2006 年 2 月 19 日，http://www.bsm.org.cn/show_article.php?id=204。

『邦大旱，毋乃失諸刑與德乎？』」劉樂賢先生指出：「將大旱的出現歸咎於刑、德之失。刑，指刑罰懲戒；德，指德化賞慶。如整理者所說，刑與德在古代被視為治國之本。」[1]所以簡 3「子貢曰：『如夫正刑與德，以事上天，此是哉。』」可見端正「刑」、「德」的重要性，不容輕易毀壞刑罰懲戒的標準。這些都是「謹宥過」的意思，這才是真正鼓勵人向善的刑政寬緩。可見《顏淵》與《仲弓》的文意確實相近。

## 二 《顏淵問於孔子》簡 7「㤅」字構形分析

《顏淵》06+07「耑（前）【6】㠯（以）專（博）㤅，則民莫遺（遺）新（新－親）矣」，對於「專㤅」兩字，讀書會說：「原整理者讀此二字為『匍匐』。今按：其說非是。《孝經・三才章》：『先之以博愛，而民莫遺其親。陳之於德義，而民興行。先之以敬讓，而民不爭。導之以禮樂，而民和睦。示之以好惡，而民知禁。』與簡 6+7 相關文句密合。『㤅』在楚文字中極為少見，疑為『㤅』之抄訛。」[2]陳偉先生〈《顏淵問於孔子》內事、內教二章校讀〉的釋文也作「專（博）㤅〈愛〉」，認為「㤅」是錯字。[3]

謹按：所謂「㤅」字作▨，而透過《孝經・三才章》文例的比對，可知讀書會釋此字為「愛」是對的，但是「亡」與「旡」形體並不近，要說是抄訛比較曲折，筆者以為這是音近通假的現象。「忘」，明紐陽部；「㤅（愛）」，影紐物部；「旡」，見紐物部。聲紐影、明的關係，裘錫圭先生在考釋《孔子詩論》簡 1「詩（詩）亡（無）隱（隱）志，樂亡（無）隱（隱）情，旻（文）亡（無）隱（隱）意」時認為「隱」讀為「隱」，並指出：「在形聲字裏，確有影母與來母、明母相諧的例子。例如：以影母字『嬰』為聲旁的『瓔』，既有影母的讀音，也有明母的讀音（莫迴切）。以明母字『鼻』為

---

[1] 劉樂賢：〈上博簡《魯邦大旱》簡論〉《文物》2003 年第 5 期。

[2] 復旦吉大古文字專業研究生聯合讀書會：〈《上博八・顏淵問於孔子》校讀〉，復旦網，2011 年 7 月 17 日。

[3] 陳偉：〈《顏淵問於孔子》內事、內教二章校讀〉，武漢大學簡帛網，2011 年 7 月 22 日。

聲旁的從『走』之字，除幫母的讀音外，還有影母的讀音（於蹇切）。」[1]聲紐見、明的關係，如「岡」從「网」聲，「岡」屬見母陽部，「网」屬明母陽部，而「罔」字從「亡」（明母陽部）聲，可見「亡」聲字與見母字本有關係。至於韻部物部與陽部相通的例證如：《易‧井》：「井收勿幕」，《釋文》：「勿，干本勿作网。」「勿」，物部；「网」，陽部。[2]此外，古籍有更多【勿與無】的通假例證，如《書‧金縢》：「其勿穆卜」，《史記‧吳太伯世家》作「無繆卜」。[3]「無」是魚部亦可為證，物部與魚部通猶物部與陽部通。同時楚竹書也有「忘」與「惡（愛）」的通假例證，如：《孔子詩詩》簡15「惡」（影紐物部）作，其下增添「虫」（曉母微部）聲[4]，則【惡與虫】音近可通。而《上博（三）‧彭祖》簡6「患患之謀不可行」，陳斯鵬先生首先指出：「竹簡雖略有殘損，但字上從『虫』仍可辨識。字當可分析為從心、虫聲，疑可讀為『忽』。虫、忽，古音曉母雙聲，微、物對轉。『忽忽』，《晏子春秋‧外篇》『景公築長庲台晏子舞而諫』章『忽忽矣，若之何』、『惙惙矣，如之何』，王引之《經義述聞》云：『忽忽、惙惙，皆憂也。』，『忽忽之謀』言憂慮不定，故不可行。……《說苑‧談叢》：『忽忽之謀，不可為也，惕惕之心，不可長也。』當與簡文同出一源。」[5]則【惡與虫與

---

[1] 裘錫圭：〈關於孔子詩論〉《國際簡帛研究通訊》，第二卷第三期，2002年1月。亦收入《中國哲學》第24輯、《中國出土文獻十講》，頁305。亦可參見李天虹：〈《性自命出》「哭」、「罵」二字補釋〉《簡帛》第一輯（上海市：上海古籍出版社，2006年10月），頁54。

[2] 高亨、董治安編纂：《古字通假會典》（濟南市：齊魯書社，1997年7月），頁608。

[3] 高亨、董治安編纂：《古字通假會典》（濟南市：齊魯書社，1997年7月），頁608。

[4] 禤健聰：《戰國楚簡字詞研究》（廣州市：中山大學中文系博士論文，2006年4月），頁86、禤健聰：〈說上博《吳命》「先人」之言並論楚簡「害」字〉《古文字研究》28輯（北京：中華書局，2010年10月），頁467、石小力：《從戰國楚系簡帛文字看音義因素對字形演變的影響》（廣州市：中山大學碩士論文，2010年，指導教師：陳斯鵬先生），頁41、黃天樹：〈說殷墟卜辭的一種特殊省形〉《古漢語研究》2009年2期。

[5] 陳斯鵬：〈上海博物館藏楚簡《彭祖》新釋〉《華學》第七輯（北京市：紫禁城出版社，2004年12月）。又見於氏著：《簡帛文獻與文學考論》（廣州市：中山大學出版社，2007年12月），頁88。其他也可參見陳偉武：〈讀上博藏簡第三冊零劄〉《華學》七輯、湯志

勿】音近可通。宋華強先生曾指出：《武王踐阼》簡 1「散㞢」與傳世本「忽」相當，疑可讀為「微忽」，並有相關的音理疏證，請參看。[1]則【亡與勿】也音近可通。即便宋先生的說法未能肯定，但是上引有【勿與网】、【勿與無】的通假例證，而「亡」與「网」、「無」聲音關係非常密切，自然【亡與勿】通假也是很自然的事了，再加上前面所說【惥與勿】可以通假，自然【惥與亡】也是可以通假的，則《顏淵》的「㤅」其實就是「惥」即「惥」字。

## 三 《成王既邦》簡 9「市」字補釋

簡 9「杍△明之惪（德）亓（其）殜（世）也☐」，「△」字作：

整理者釋為「市」，[2]讀書會從之。[3]謹案：楚文字的「市」作如下之形：

（a）　《包山》58　　《包山》63　　《包山》95　　《包山》128
《包山》128

（b）　《容成氏》18　　《容成氏》36

---

彪：〈上博簡三《彭祖》篇校讀瑣記〉《江漢考古》2005 年第 3 期、復旦大學出土文獻與古文字研究中心研究生讀書會：〈讀《嶽麓書院藏秦簡（壹）》〉，復旦網，2011 年 2 月 28 日，http://www.gwz.fudan.edu.cn/SrcShow.asp?Src_ID=1416 下陳劍先生評論。

[1] 宋華強：〈《武王踐阼》「微忽」試解〉，簡帛網，2009 年 7 月 7 日，http://www.bsm.org.cn/show_article.php?id=1109。

[2] 馬承源主編：《上海博物館藏戰國楚竹書（八）》（上海市：上海古籍出版社，2011 年 5 月）頁 181。

[3] 復旦吉大古文字專業研究生聯合讀書會：〈上博八《成王既邦》校讀〉，復旦網，2011 年 7 月 17 日，http://www.gwz.fudan.edu.cn/SrcShow.asp?Src_ID=1593。

（c）《璽彙》5602　（市人之璽）[1]　（「邦丘市客」璽）[2]

（d）（《競建內之》簡 10）

（e）《包山》191　鄂軍啟車節　鄂軍啟舟節

（f）（《景公瘧》08）[3]

西周金文「市」作（兮甲盤），從之聲，從丂，旁有兩小點。[4]則（a）形從之，從丂，兩小點省略，並增加「土」旁；（b）形是將（a）的「土」旁變成「壬」；（c）形是「之」下的「丂」旁的曲筆變換方向，其中「」字的上部可以參考燕系的「市」作，其「之」旁的寫法與「人」旁演變相同，如（及，《孔子詩論》15）、（及，《郭店・緇衣》05）。則是「土」旁與「丂」旁的曲筆共筆。（d）形是綜合（b）、（c）兩

---

[1] 韓自強、韓朝：〈安徽阜陽出土的楚國官璽〉《古文字研究》第 22 輯（北京市：中華書局，2000 年 7 月），頁 179。

[2] 黃錫全：〈介紹兩枚楚官璽〉，復旦網，2010 年 6 月 7 日，
http://www.gwz.fudan.edu.cn/srcshow.asp?src_id=1177。也收入於《古文字研究》第 28 輯（北京市：中華書局，2010 年 10 月），頁 358～360。

[3] 李天虹：〈《景公瘧》「市」字小記〉，簡帛網，2007 年 7 月 17 日，
http://www.bsm.org.cn/show_article.php?id=631。

[4] 裘錫圭：〈戰國文字中的「市」〉《古文字論集》（北京市：中華書局，1992 年 8 月），頁454。

形而來，[1]但是此字上部不從「之」，學者或認為應釋為「者」，讀為「都」。[2]（e）形是在（a）形形體上增加一短筆保持字體平衡。（f）形從貝從市，其「市」旁與（c）形相同，而與齊系文字 （《陶匯》3.649）、（《古文字論集》，頁 459）不同，所以仍應歸屬於楚文字。回頭來看 字，其寫法顯然與（e）形相似。值得注意的是齊系文字有如下寫法的「眂」：

（《陶文圖錄》3.304.1） （《陶文圖錄》3.12.1）

（《陶文圖錄》3.303.6） （《陶文圖錄》3.307.4）

顯然與「 」字的「市」旁更為接近，所以整理者、讀書會釋為「市」是有道理的。「市」從「之」聲，疑可讀為「至」，古書有【至與志】的通假例證[3]，則【市與至】自然是可以通假的。古書有「至明」的說法，如《荀子・堯問》：「德若堯禹，世少知之。方術不用，為人所疑。其知至明，循道正行，足以為紀綱。嗚呼！賢哉！宜為帝王。」[4]《漢書・文帝紀》：「昔先王遠施不求其報，望祀不祈其福，右賢左戚，先民後己，至明之極也。」則「至明之德」大抵相當於「明德」了。

---

[1] 趙平安：〈進芊倗子以馳于倪廷」解，簡帛網，2006 年 3 月 31 日，http://www.bsm.org.cn/show_article.php?id=306。後以〈上博藏楚竹書《競建內之》第 9 至 10 號簡考辨〉為題，收入於趙平安：《新出簡帛與古文字古文獻研究》（北京市：商務印書館，2009 年 12 月），頁 260～266。

[2] 禤健聰：〈《上博楚簡（五）》零札（一）〉，簡帛網，2006 年 2 月 24 日、禤健聰：〈《上博楚簡（五）》零札（二）〉，簡帛網 2006 年 2 月 26 日、郭永秉：〈《吳命》篇「暑日」補說〉，復旦網，2009 年 1 月 5 日，http://www.gwz.fudan.edu.cn/SrcShow.asp?Src_ID=622。後以〈楚竹書字詞考釋三篇——二、《吳命》篇「暑日」解釋〉為題收入《中國文字研究》第 13 輯（鄭州市：大象出版社，2010 年 10 月），頁 67～69。

[3] 張儒、劉毓慶：《漢字通用聲素研究》（太原：山西古籍出版社，2002 年 4 月），頁 780。

[4] （清）王先謙《荀子集解》（北京市：中華書局，1997 年 10 月），頁 553。

筆者曾以為此字也有可能是「」。請比對：

（崖,《容成氏》05）　　（△）

（重,《成之聞之》10）　　（重,《唐虞之道》19）

其下部「壬」旁的演變正可互相印證。由於簡文殘缺,「崖」字如何釋讀
不能肯定,姑且讀為「皇」,古籍有「皇明」的說法,如漢班固《西都賦》：
「天人合應,以發皇明。」[1]此說未必正確,茲存此待考。

## 四　《成王既邦》簡 15「麂」字考

《成王既邦》簡 15「民皆又（有）夬△之心,而或（國）又（有）相
串（患）割（害）之志」,其中「△」字作：

整理者釋為「麂」。讀書會則認為：「字形作，當改釋為『鹿』,『夬鹿』
讀為『乖離』。」網友小松認為：「簡 15『民皆有夬鹿之心』：若鹿讀為離正
確的話,則夬可讀為決、訣,與離同義。」[2]

謹案：「」釋為「鹿」不確,楚文字「鹿」作：

（《包山》179）

[1] 復旦吉大古文字專業研究生聯合讀書會：〈上博八《成王既邦》校讀〉,復旦網,2011 年
　7 月 17 日評論第 13 樓。

[2] 復旦吉大古文字專業研究生聯合讀書會：〈上博八《成王既邦》校讀〉,復旦網,2011 年
　7 月 17 日評論第 10 樓。

（《有皇將起》04）

（鄜，《新蔡》甲三 364）

（麋，零 352）

其兩足呈「比」形或是「北」形，與「」顯然不同。此字下部明顯從「火」旁，整個字形就是「麃」。楚文字已有「麃」字作[1]：

（《天星觀》）、（《天星觀》）、（《望山》2.13）

「」字顯然就是「鹿」字省去腳旁只作鹿頭形。這種「鹿」字寫法楚文字常見，如《柬大王泊旱》「褭」作「」，可以分析為從衣從鹿，正合《集韻》「表」字的古寫。[2]其「鹿」旁省作「」與「」相同。又如《孔子詩論》簡 23「鹿鳴」之「麆（鹿）」作，「鹿」旁也是省作鹿頭形。《陶文圖錄》2.170.1「癏」作，其「鹿」旁亦省為鹿頭形。[3]同時，《上博・緇衣》簡 9 相當於「民之表」的「表」作「」，孟蓬生先生認為應當隸定為「櫕」，從木，麃聲，[4]其說可從。「」字的「麃」旁與「」正好完全相

---

[1] 參看《楚文字編》，頁 575。不過，本頁所收的《包山》265 字形則是「麇」而非「麃」。

[2] 參沈培：〈從戰國簡看古人占卜的「蔽志」──兼論「移祟」說〉《古文字與古代史》第一輯（臺北市：中央研究院歷史語言研究所，2007 年 9 月），頁 404。

[3] 王恩田編著：《陶文字典》（濟南市：齊魯書社，2007 年 1 月），頁 214，0670 號。

[4] 孟蓬生：〈試釋楚簡《緇衣》中與「表」字相當的字〉《古文字研究》28 輯（北京市：

同。《睡虎地・語書》簡 12「鏖」作也與「」同形。[1]

　　簡文「夬鏖」疑讀為「桀暴」。「夬」，見紐月部；「桀」，羣紐月部，音近可通。「桀」有凶悍，橫暴的意思，如《韓非子・亡徵》：「官吏弱而人民桀，如此則國躁。」可見「民桀」確實是一件值得憂慮的事情。其次，「鏖」可讀為「暴」，《說文》「暴」字古文作，云：「古文暴，从日鏖聲。」古籍正有「桀暴」的說法，如《論衡・宣漢》：「古之戎狄，今為中國；古之躶人，今被朝服；古之露首，今冠章甫；古之跣跗，今履商（高）舄。以盤石為沃田，以桀暴為良民，夷坱坷為平均，化不賓為齊民，非太平而何？」[2]「桀暴」是凶惡橫暴的意思，是良民的反義，正可以呼應簡文「民皆有桀暴之心」的負面意義。同時，「民皆有桀暴之心，而國有相患害之志」，前言「暴」，後言「害」，或許與古籍常見的「暴害」有關，如《鹽鐵論・備胡》：「今不征伐，則暴害不息」。

## 五　由《王居》簡 7 的「辻」字重新分析相關字形

　　《王居》簡 7「乃命彭徒為洛辻（卜）尹」，「辻」字作：[3]

此字的寫法與以前常見的「卜」作（《郭店・緇衣》46）不同。我們可以聯想到幾個相關的字形：「大卯（庖）[4]之金器：……二　缶，一湯鼎。」依照《信陽》、《望山》「一辻缶，一湯鼎。」的文例來看，《包山》此處只

---

　中華書局，2010 年 10 月），頁 419〜425。

[1] 此為高佑仁先生指出。

[2] 黃暉：《論衡校釋》（北京市：中華書局，1996 年 11 月），頁 823。

[3] 馬承源主編：《上海博物館藏戰國楚竹書（八）》（上海市：上海古籍出版社，2011 年 5月），頁 212。

[4] 劉國勝：〈包山二號楚墓遣冊研究二則〉《考古》2010 年第 9 期，頁 66〜67。

能讀為「二辵缶」，[1]並從季師旭昇、廣瀨薰雄先生讀為「沐缶」。[2]黃錫全先生曾釋此字為「辻」，[3]李銳先生指出：「信陽簡和望山簡都有若干『赴缶』的文例，包山簡尚不能排除字誤的嫌疑」。[4]何有祖先生也釋 為「辻」，並據以提出「毛」與「卜」字形上的分別是：「楚簡中卜、毛之所以形近，其實是因為都由左竪筆、右弧筆組成。區別則在于『卜』左竪筆一般比較垂直，毛則顯得短小而且略傾斜。最大的區別在于兩字都有的一短橫的位置并不同，現有的卜字，短橫都在左竪筆上，而『毛』則在右弧筆上面。」[5]現在看來應該修正為：凡是有「短竪筆」者，不管其一短橫的位置在左竪筆或右弧筆上面都是「卜」；沒有「短竪筆」者就是「毛」，如《凡物流形》甲 14 ，其下的「毛」旁可以參考；《集成》102 （鈇，朱公鈇鐘）[6]；「厇」作 （天甲 07）（天甲 07）（天乙 07）（天乙 08）。[7]「毛」與「卜」字形訛混的例子，目前確定的僅有一例（詳下），一般來說二者還是可以分辨清楚的。其次，《楚系簡帛文字編》頁 147 載有 字，出自《江陵范家坡》27 號墓，文例是「隻以為憙○憙迚」，「○」當然也是「辻」或

---

[1] 李守奎：《楚文字編》（上海市：華東師範大學，2003 年 12 月），頁 108 歸到「辻」字下，正確可從。

[2] 廣瀨薰雄：〈釋「卜缶」〉《古文字研究》28 輯（北京市：中華書局，2010 年 10 月），頁 504～508。

[3] 黃錫全：《湖北出土商周文字輯證》（武昌市：武漢大學出版社，1992 年 10 月），頁 189。又載於黃錫全：《古文字與古貨幣論集》（北京市：文物出版社，2009 年 5 月），頁 400。

[4] 李銳：〈上博六札記二則〉，簡帛網，2007 年 7 月 24 日，
http://www.bsm.org.cn/show_article.php?id=661。

[5] 2007 年 7 月 24 日網友易泉在簡帛論壇：《《孔子見季桓子》簡 22 的赴字〉下的回帖
http://www.bsm.org.cn/bbs/read.php?tid=1245&keyword=%A1%B6%BF%D7%D7%D3%D2%8A%BC%BE%BB%B8%D7%D3%A1%B7%BA%8622%B5%C4%B8%B0%D7%D6

[6] 董蓮池：《金文編校補》（長春市：東北師範大學，1995 年 9 月），頁 357。

[7] 更多字形請見〈利用《清華簡（壹）》字形考釋楚簡疑難字——（四）論楚竹書「厇」字構形〉，已收入本書。

可讀為「戀」,「戀德」古書常見。再看《孔子見季桓子》22「趄（桓）子曰：暈（斯）不![字]1,「![字]」整理者原釋為「赴」,陳偉先生改釋為「迁」,2 李銳先生贊同陳偉的意見,並讀「不迁」為「不敏」。3 但是如同陳劍先生所說「按『毛』與『敏』古音懸隔,其說亦牽強難信。」且釋為「迁」,「實在沒有辦法將簡文講通」,所以陳劍先生認為此字是「年／季」字的省體,「年／季」字簡省為下半的「千」,讀為「佞」。4 按：現在可以肯定「![字]」也是「辻」字（幫紐屋部）,可讀為「敏」（明紐之部）,聲母都屬唇音,韻部之侯二部本常見相通,5 故之屋相通是合理的。如【仆與踣】、【赴與踣】有通假例證,6「踣」正是之部,可見「辻」可讀為「敏」。簡文「暈（斯）不辻」,即「斯不敏」,雖然李銳先生釋為「迁」不可從,但是讀為「敏」卻是對的。

　　《望山》1 號墓簡 132「已未之日![字]」,「![字]」字朱德熙注釋說：「此字與平山中山王墓兆域圖⺆為一字。兆域圖⺆用為長度單位,或釋『尺』,或釋『毛』讀為『尺』。簡文此字意義未詳。」7 何琳儀先生也釋作「毛」,疑讀「繹」,《爾雅・釋天》「毛,又祭也。」8 按：此說現在看來是說問題

1　陳劍：〈《上博（六）・孔子見季桓子》重編新釋〉《出土文獻與古文字研究（第二輯）》（上海市：復旦大學出版社,2008 年 8 月）,頁 166。。

2　陳偉：〈《孔子見季桓子》22 號簡試讀〉,簡帛網,2007 年 7 月 24 日,http://www.bsm.org.cn/show_article.php?id=657。

3　李銳：〈上博六札記二則〉,簡帛網,2007 年 7 月 24 日。

4　陳劍：〈《上博（六）・孔子見季桓子》重編新釋〉《出土文獻與古文字研究（第二輯）》（上海市：復旦大學出版社,2008 年 8 月）,頁 179～181。

5　趙彤：《戰國楚方言音系》（北京市：中國戲劇出版社,2006 年 5 月）,頁 131。。

6　高亨、董治安編纂：《古字通假會典》（濟南市：齊魯書社,1997 年 7 月）,頁 364～368；張儒、劉毓慶：《漢字通用聲素研究》（太原市：山西古籍出版社,2002 年 4 月）,頁 3。

7　湖北省文物考古研究所、北京大學中文系編：《望山楚簡》（北京市：中華書局,1995 年 6 月）,頁 103 注 105。

8　何琳儀：《戰國古文字典》（北京市：中華書局,1998 年 9 月）,頁 522。

的，應從顏世鉉、李守奎、袁國華、許道勝、單育辰等學者釋為「卜」。[1]至於《集成》10478 中山王墓兆域圖「」一般釋為「乇」，讀為「尺」，筆者以為此說尚不能完全排除，理由是《老子甲》23「天埅（地）之勿（間），其猷（猶）籊（籥）與（歟）？」字一般隸定為「㠯」，讀為「橐」，與今本可對應。[2]陳偉先生曾認為字形應該隸定作「田」，是商代甲骨文「田」在戰國時的寫法，甲骨文「田」學者多讀為「咎」，從「咎」得聲的字有「橐」，「囊」、「橐」是同類物品。[3]《楚文字編》頁 377「橐」字下收錄了《老子甲》23 字，也隸作「㠯」，但同時又說「陳偉先生釋田，讀橐，可從。」按：《楚文字編》的說法自相矛盾，不可從。其次，陳偉先生認為甲骨文「田」學者多讀為「咎」是有問題的，裘錫圭先生已指出這種意見不可信，並認為「田」是卜兆之「兆」的表意初文，在卜辭中「田」可以讀為「占」；在「亡田」、「旬亡田」中可能讀為「憂」。[4]同時甲骨文「田」本象「肩胛骨」上有卜兆之形，與「」字從「口」旁並不相關，是以陳偉先生後來放棄

---

1. 顏世鉉：〈郭店楚簡散論（一）〉《郭店楚簡國際學術研討會論文集》（武漢市：武漢大學出版社，2000 年 5 月），頁 103、李守奎：《楚文字編》（上海市：華東師範大學，2003 年 12 月），頁 210、袁國華：〈望山楚墓卜筮祭禱文字考釋四則〉《中央研究院歷史語言研究所集刊》74：2（臺北市：中央研究院歷史語言研究所，2003 年 6 月），後收入張光裕編著、袁國華合著：《望山楚簡校錄》（臺北市：藝文印書館，2004 年 12 月），頁 66～69。許道勝：〈讀《望山楚簡文字編》札記〉《湖南大學學報》（社會科學版）第 23 卷第 2 期，2009 年 3 月，頁 22。單育辰：《楚地戰國簡帛與傳世文獻對讀之研究》（長春市：吉林大學博士論文，2010 年 6 月），頁 67。

2. 陳偉等著：《楚地出土戰國簡冊【十四種】》（北京市：經濟科學出版社，2009 年 9 月），頁 141。

3. 陳偉：《郭店竹書別釋》（武漢市：湖北教育出版社，2003 年 1 月），頁 21。

4. 裘錫圭：〈從殷墟卜辭的「王占曰」說到上古漢語的宵談對轉〉《中國語文》2002 年 1 月，頁 70～76、陳劍：《甲骨金文考釋論集》（北京市：線裝書局，2007 年 4 月），頁 441。

這意見是對的。[1]在辭例的制約下，可以肯定「▨」確實從「乇」，如此我們可以有兩種思考的角度：一是認為「乇」形訛誤為「卜」形；二是「▨」字在豎筆上從「點畫」，同▨（「厇」，天甲 07）、▨（「亳」，《語叢一》03），正好中山王墓兆域圖「▨」字也作一點，而楚系的「卜」字卻從來只從「一橫」，不從「一點」，晉系文字的「卜」也作▨，[2]與「▨」不同，[3]似乎可以據此將「乇」與「卜」區分開來。這兩種意見究竟何者正確，還有待新材料來證明。而以後者的觀點來看《璽彙》3278「▨㦩」，「▨」諸家釋為「乇」，[4]或讀為「尺」，以為文獻沒有此姓氏。[5]或讀為「斥」，是以地為氏，見《元和姓纂》，[6]可能是對的。[7]

退一步說，假若中山王墓兆域圖「▨」真是「卜」，其文例如「王后堂方二百▨」、「王堂方二百▨」、「夫人堂方百五十▨」、「兩堂間百▨」、「兩堂間八十▨」、「其題湊長三▨」、「丘平者五十▨，其坡五十▨」等

[1] 陳偉：〈《孔子見季桓子》22 號簡試讀〉，簡帛網，2007 年 7 月 24 日已經認為「▨」字從「乇」。

[2] 湯志彪：《三晉文字編》（長春市：吉林大學博士論文，2009 年 10 月），頁 194～195。

[3] 李守奎：《楚文字編》（上海市：華東師範大學，2003 年 12 月），頁 107～108、210～212；李守奎、曲冰、孫偉龍編著：《《上海博物館藏戰國楚竹書》（一～五）文字編》（北京市：作家出版社，2007 年 12 月），頁 67、89、180；張新俊、張勝波：《葛陵楚簡文字編》（成都市：巴蜀書社，2008 年 8 月），頁 72～77。

[4] 湯志彪：《三晉文字編》（長春市：吉林大學博士論文，2009 年 10 月），頁 360。

[5] 陳光田：《戰國古璽分域集釋》（廈門大學博士論文，2005 年 6 月），頁 283。

[6] 何琳儀：《戰國古文字典》（北京市：中華書局，1998 年 9 月），頁 522。

[7] 如果是「卜」，古有卜氏，如春秋時期衛國有卜商，見陳明遠、汪宗虎主編：《中國姓氏辭典》（北京市：北京出版社，1995 年 11 月），頁 28。

等。[1]筆者曾懷疑「（卜）」（幫紐屋部）可能讀為「里」（來紐之部）或「扶」（幫紐魚部），二者的聲韻條件皆可與「卜」通假。但是《論語・先進》曰：「方六七十，如五六十，求也為之，比及三年，可使足民。」此「方六七十（里）如五六十（里）」的面積，孔子即以「邦」許之了。[2]又如《周禮・考工記・匠人》：「匠人營國，方九里，旁三門。」賈公彥《疏》：「按〈典命〉云：『上公九命，國家、宮室、車旗、衣服、禮儀以九為節。』侯伯子男已下，皆依命數。鄭云『國家謂城方。**公之城蓋方九里，侯伯七里，子男五里。**』」[3]而李家浩先生認為「兆域圖是建造中山王陵的『模樣』」，[4]若中山王陵的官室廣達「方二百里」，這顯然是不合情理的。則「（卜）」（幫紐屋部）應讀為「扶」（幫紐魚部），雙聲，韻部魚屋可通，王力先生認為「濾」（魚部）「漉」（屋部）是同源詞。[5]陳偉武先生指出《孫臏兵法・官一》、《六韜》五、《十問》都有魚屋合韻的例證，並指出：「于豪亮先生在討論魚侯二部的關係時說：『在《詩經》中侯部字有時同魚部字押韻。……到了戰國時期，侯部字同魚部字叶韻更為普遍。……李星橋先生認為戰國至漢魚、侯二部仍有分立的界限，但也承認二部通押大量存在的事實。』」[6]

---

[1] 釋文見朱德熙、裘錫圭：〈平山中山王墓銅器銘文的初步研究〉《文物》1979 年第 1 期，第 52 頁，又收入《朱德熙古文字論集》（北京市：中華書局，1995 年 2 月），頁 106～107。湯志彪：《三晉文字編》（長春市：吉林大學博士論文，2009 年 10 月），頁 1232～1235。中國社會科學院考古研究所編：《殷周金文集成修訂增補本》（北京市：中華書局，2007 年 4 月）第七冊，頁 5633。

[2] 楊伯峻譯注：《論語譯注》（北京市：中華書局，2000 年 8 月），頁 118～122。

[3] （清）孫詒讓：《周禮正義》（北京市：中華書局，2000 年 3 月）冊 14，頁 3423。

[4] 李家浩：〈釋上博戰國竹簡〈緇衣〉中的「𢆶臣」合文—兼釋兆域圖「𨑴」和屭羌鐘「𧫷」等字〉中山大學古文字研究所編：《康樂集—曾憲通教授七十壽慶論文集》（廣州市：中山大學出版社，2006 年 1 月），頁 23。

[5] 王力：《同源字典》（北京市：商務印書館，1999 年 9 月），頁 152。

[6] 陳偉武：《簡帛兵學文獻探論》（廣州市：中山大學出版社，1999 年 11 月），頁 167、195～196。

「屋」部是侯部的入聲，所以魚屋聲韻的關係可以對比魚侯二部的關係。董同龢先生說：《楚辭》、《老子》的共同押韻現象有四，其中之一便是「魚侯通叶」。[1]李新魁先生說：「魚侯相押是《老子》、《楚辭》的一大特點，它們都反映了上古楚方言的情況。」[2]禤健聰先生分析《包山》「豣」字從「豖」「主」聲，當讀為「豬」，是「豬」字異體。者，章母魚部；主，章母侯部，二字聲紐相同，韻部旁轉，讀音相近，故兩字例可相通。[3]大西克也先生認為「豣」字從「主」聲，為「豖」之聲化字。應讀為「豬」。《爾雅・釋獸》：「豬，豕子。」「豬」古音讀魚部知母，「主」讀侯部章母，聲音都屬舌音，並引李新魁說「魚侯相押是《老子》、《楚辭》的一大特點，它們都反映了上古楚方言的情況」。[4]更直接的例子是李家浩先生考釋楚簡中的神靈名「犬」（又寫作「袄」、「夭」、「袄」等形）指出：

> 此字推測是一個從「大」從「卜」聲的字，即「夰」，疑讀為「酺」，「酺」或作「步」、「布」。《周禮・地官・族師》：「春秋祭酺，亦如是。」鄭玄注：「酺者，為人物裁害之神也。故書『酺』或為『步』。」「酺」、「步」古音相近。又，古代有神名為「布」，《史記・封禪書》：「及秦并天下，令祠官所常奉天地名山大川鬼神可得而序也……而雍有日、月、参、辰……諸布、諸嚴、諸逑之屬，百有餘廟……各以歲時奉祠。」《淮南子・氾論》：「羿除天下之害，而死為宗布。」高誘注：「羿，古之諸侯。河伯溺殺人，羿射其左目；風伯壞人屋室，

---

1 董同龢：〈與高本漢先生商榷「自由押韻」說兼論上古楚方音特色〉，載丁邦新編：《董同龢先生語言學論文選集》（臺北市：食貨出版社，1981 年 9 月），頁 9。

2 李新魁：〈論侯魚兩部的關係及其發展〉《李新魁音韻學論集》（廣東：汕頭大學出版社，1997 年）頁 22。相似觀點亦見、楊素姿：《先秦楚方言韻系研究》（高雄：中山大學中文研究所碩士論文，1996 年 6 月）頁 184 注 54。

3 禤健聰：〈楚文字新讀二則〉《江漢考古》2006 年第 4 期，頁 83-84。

4 大西克也：〈試論新蔡楚簡的「述（遂）」字〉《古文字研究》第 26 輯（北京：中華書局，2006 年 11 月），頁 272。

羿射中其膝；又誅九嬰、窫窳之屬，有功於天下，故死託於宗布。祭田為宗布謂出也。一曰今人室中所祀之宗布是也。或曰司命傍布也。」**若「夳」確實從「卜」聲，頗疑「夳」與「醢」、「步」、「布」為一聲之轉。**而簡文的「夳」多與后土、司命等同祭，與《淮南子》高注所說「司命傍布」情況基本相同。故推測簡文的「夳」和「蝕夳」，分別相當鄭玄注所說漢代的「人鬼之步」（為人裁害之神）和「蠔螟之醢」（為物裁害之神）。[1]

由李先生的論述可知「卜」（幫紐屋部）與「布」、「甫」（幫紐魚部）是可以通假的，而《景公瘧》簡 10「一丈夫執尋之幣、三布之玉」，陳劍先生告訴我，他認為「三布之玉」就是「三扶之玉」，是一尺二寸的玉。[2]可見「卜」與「扶」通假是沒有問題的。況且古書本有【朴與拊】、【付與傅】、【拊與搏】、【附與傅】、【布與敷】、【鈇與斧】等通假例證，也可以證明【卜與扶】確實可以通假。[3]「扶」是古代長度計算單位，《禮記・投壺》：「籌，室中五扶，堂上七扶，庭中九扶。」鄭玄注：「鋪四指曰扶，一指按寸。」孔穎達疏：「四指曰扶，扶廣四寸。……通作膚。」銘文「王堂方二百ㄋ」即「方二百扶」，即每邊 800 寸，也就是 80 尺。而《周禮・考工記・匠人》：「夏后氏世室，堂脩二七，廣四脩一……殷人重屋，堂脩七尋，堂崇三尺，四

---

[1] 李家浩：〈包山卜筮簡 218～219 號研究〉《長沙三國吳簡暨百年來簡帛發現與研究國際學術研討會論文集》（北京市：中華書局，2005 年 12 月），頁 185～191。

[2] 2009 年 2 月 20 日覆信內容。

[3] 高亨、董治安編纂：《古字通假會典》（濟南市：齊魯書社，1997 年 7 月），頁 364～368、916；張儒、劉毓慶：《漢字通用聲素研究》（太原市：山西古籍出版社，2002 年 4 月）頁 294、339。附帶一提，宋華強：《新蔡葛陵簡初探》（武昌市：武漢大學出版社，2010 年 3 月），頁 230 執著於魚、侯二部音遠，否定「卜」和「醢」、「步」、「布」的通假關係，實在是沒有必要的。不過，《新蔡葛陵簡初探》，頁 116～117 注 3 提到：魚侯相押可以反映「戰國晚期」的語音現象，而中山王墓兆域圖正是戰國晚期的文物，所以「ㄋ」釋為「卜」讀為「扶」應無問題。

阿，重屋。周人明堂，度九尺之筵，東西九筵，南北七筵，堂崇一筵，五室，凡室二筵。」其中「夏后氏世室」的「堂脩二七」，鄭玄注認為「脩，南北之深也。夏度以步，令堂脩十四步」，但後來的學者都指出夏朝尚質，其堂的長度不能長於殷、周二朝，所以「堂脩二七」實為「堂脩七」，即「堂脩七步」，[1]一步 6 尺，則堂脩 42 尺。殷朝「堂脩七尋」，即 56 尺。周朝以9 尺之筵來度量，「東西九筵，南北七筵」即分別為 81 尺及 63 尺。可見銘文「王堂方二百扶」最為接近周制。

還有一個問題必須討論：中山王墓兆域圖有字作 ，此字目前學界皆釋為「步」，其文例如：「從丘跂（足）以至內宮六 」，可見理解為長度單位是沒有問題的。但是「步」字從甲骨文開始都作上下二止形，從未見左右排列者，如《金文形義通解》說：「中山王 兆域圖『步』之兩『止』形充分顯示出戰國文字變異的特點，且變雙足之前後相繼形為左右相背形，此乃俗寫，未得流傳。」[2]此字若釋為「步」，恐怕不只未得流傳，前也無所承。筆者以為「 」字應該是見於《說文・卷二》：「 ，足剌 也。」的「 （ ）」字。「 」，幫紐月部仍可讀為「步」，並紐鐸部。聲紐同為唇音，韻部月鐸常見相通，如三晉文字「郤」（鐸部）氏之字寫作「 」（月部）。[3]此外，「丰」字在曾侯乙簡及出土戈銘均作「載」（鐸部）的聲旁；[4]《郭店・緇衣》簡 37-38「君子言有物，行有 （格）」、簡 39「精智（知）， （略）而行之」，「格」、「略」都是鐸部。又如《史記・李斯列傳》：「殺大臣蒙毅等，公子十二人僇死咸陽市，十公主矺死於杜。」《索隱》：「矺音宅，

---

[1] （清）孫詒讓：《周禮正義》（北京市：中華書局，2000 年 3 月），頁 3430～3431 所引字文愷、黃式三、俞樾的意見。

[2] 張世超等著：《金文形義通解》（京都市：中文出版社，1996 年 3 月），頁 254。

[3] 參見拙文：〈金文考釋四篇——（四）十一年令少曲慎汖戈「郤」字小考〉，已收入本書。

[4] 參裘錫圭：《古文字論集》，頁 414。

與『磔』同，古今字異耳。」「砥」，定紐鐸部；「磔」，端紐月部。以上可以證明「」讀為「步」沒有問題。「步」是古長度單位。《小爾雅・度第十一》：「跬，一舉足也。倍跬謂之步。」楊琳先生注釋說：「步，《說文》：『步，行也。』本義為行走。引申指兩腳各邁一次的長度，具體數值歷代不一。《禮記・王制》：『古者以周尺八尺為步，今以周尺六尺四寸為步。』古代一般以六尺為步，蓋取其計數方便。《國語・周語下》：『夫目之察度也，不過步武尺寸之間。』韋昭注：『六尺為步，賈君以半步為武。』蔡邕《獨斷》引《司馬法》曰：『一舉足曰跬，跬三尺。兩舉足曰步，步六尺。』《莊子・庚桑楚》：『步仞之丘陵，巨獸無所隱其軀。』釋文：『步仞，六尺為步，七尺為仞。廣一步，高一仞也。』1931 年河南洛陽金村戰國墓葬出土銅尺一把，實測長 23.1 釐米，知周代一尺長 23 匣米左右。」[1]

最後，《包山》277，字亦見於 1 號牘作，整理者隸定作「紝」，[2]學者多贊同此說，而有種種的解釋，[3]但是如同田河所指出的：「以上釋讀非為確詁，『紝』之所指還有待進一步研究。」[4]換言之，釋為「紝」在文義上並無堅強的佐證，同時由前面討論已知此二字形應如《楚文字編》隸定作「紪」，[5]讀法待考。[6]

# 六 《王居》簡5「厭」字解

---

[1] 楊琳：《小爾雅今注》（上海市：漢語大詞典出版社，2002 年 9 月），頁 250。

[2] 湖北省荊沙鐵路考古隊：《包山楚簡》（北京市：文物出版社，1991 年 10 月），頁 39。

[3] 陳偉等著：《楚地出土戰國簡冊【十四種】》（北京市：經濟科學出版社，2009 年 9 月），頁 121、田河：《出土戰國遣冊所記名物分類匯釋》（長春市：吉林大學博士論文，2007 年 6 月），頁 139 所引諸家的說法。

[4] 田河：《出土戰國遣冊所記名物分類匯釋》（長春市：吉林大學博士論文，2007 年 6 月），頁 139 按語。

[5] 李守奎：《楚文字編》（上海市：華東師範大學，2003 年 12 月），頁 740。

[6] 勉強解釋則「紪」可能讀為「紺」，《集韻・去聲・遇韻》：「縛繩。」或是讀為「絡」（明紐屋部），《說文》：「車衡上衣」。

其明日，令尹子春△。王熹（召）之曰：「夫彭徒一勞，為【王居5】吾詚（蔽？）之。」令尹答：「命須其𦘔（儘一？）。」王謂：「吾欲速。」乃許諾，命須後詚（蔽？）。王還（就）【王居6】令尹：「少進於此。……

進於此。……

陳劍先生解釋簡文說：「此段的中心，係楚王想要令尹盡快『詚（蔽？）』彭徒。『詚（蔽？）』字之義當與官員考績、升遷有關，令尹初答『命須其盡』，疑為命令等到彭徒在暘關之戍守之期結束再詚（蔽？）之之意；楚王表示想要快一點，令尹答應，『命令等到後面的、即下一次之詚（蔽？）時就詚（蔽？）彭徒』──此時間應在彭徒戍守任期結束之前。楚王還不滿意，於是進一步告知令尹他如此著急的原委（參下文）……從前文王居5『令尹子春猒（？厭？）。王還（就）之』也可看出，此『王還令尹』當然還是應該讀為『王就令尹』。『少進於此』應解釋為楚王說『我稍微進一步說吧』一類意思，『此』指代前文所說『夫彭徒一勞，為【王居5】吾詚（蔽？）之』之語。這樣解釋，前頭已有『王就之（指令尹）』，此處又出現『王就令尹』，也就非常好理解了：前頭是一般的就令尹而命令他，此處楚王要說到本覺『吾一恥於告大夫』之事了，故再湊近令尹而語。」[1]沈培先生也說：「大致同意這種理解。鄙意簡文中前後出現的『詚』、『佖』讀為『蔽』當無問題。此種『蔽』古書又作『弊』。《周禮・天官・大宰》：『以弊邦治。』『弊群吏之治。』《春官・眂祲》『歲終則弊其事。』鄭玄注皆曰『斷也。』簡文說彭徒回來『致命』，王讓命尹對其政績進行『弊（蔽）』，這是很自然的事情。由此，也可以證明本人以前將戰國簡中的『詚志』讀為『蔽志』大概是正確的。」[2]謹案：依照陳劍、沈培二先生所解釋的文意，我們嘗試分析簡文中的「△」字。此字作：

---

[1] 陳劍：〈《上博（八）・王居》復原〉，復旦網，2011 年 7 月 20 日，
http://www.gwz.fudan.edu.cn/SrcShow.asp?Src_ID=1604 評論第 14 樓。

[2] 同上文評論第 16 樓。

原整理者釋為「骿」（頁210）。讀書會認為：「此字作之形，右半當是寫得較草率的『犬』旁，《上博（六）・孔子見季桓子》『猷』字所從『犬』旁亦有寫得近乎『分』形者（見簡22）【引案：字作  】。左半與楚文字習見的『鼠』旁有別（『鼠』旁見《上博（五）・鮑叔牙與隰朋之諫》簡4、《上博（六）・用曰》簡14等），應是『猒』左半的寫訛（比一般『猒』左上多一豎筆）。此字疑即『猒』字（楚文字『猒』的寫法參看李守奎《楚文字編》，上海市：華東師範大學出版社，2003年，頁293；李守奎等《上海博物館藏戰國楚竹書（一～五）文字編》，北京市：作家出版社，2007年，頁245）。下文言楚王命令尹『誣（蔽）』，此字當與祭祀占卜之事有關，也許可讀為厭祭之『厭』，謂明日令尹主持厭祭。」[1]筆者以為此字釋為「猒」是對的，但其演變過程非讀書會所說「比一般『猒』左上多一豎筆」。我們知道古文字「甾」既作「甶」，又作「卣」，如：「弁」字上從「甾」，是「畲」的象形初文，也就是盛物的竹器。[2]而齊系「弁（偏）將軍信節」的「弁」作 卣、[3]

---

[1] 復旦吉大古文字專業研究生聯合讀書會：〈上博八《王居》、《志書乃言》校讀〉，復旦網，2011年7月17日，http://www.gwz.fudan.edu.cn/SrcShow.asp?Src_ID=1595。

[2] 見拙文：〈《楚居》「𡊟」字及相關諸字考釋〉，已收入本書。

[3] 見李家浩：〈貴將軍虎節與辟大夫虎節〉《中國歷史博物館館刊》1993年2期，頁50。「弁」字李先生釋為「貴」，此從裘錫圭先生釋為「弁」，讀為「偏」。見裘錫圭：〈推動古文字學發展的當務之急〉《學術史與方法學的省思——中央研究院歷史語言研究所七十周年研討會論文集》，中央研究院歷史語言研究所，2000年12月。又刊登於復旦網，2007年12月16日，http://www.gwz.fudan.edu.cn/SrcShow.asp?Src_ID=210。

齊陶「盹」作（《陶文圖錄》2.662.2）、（《陶彙》3.136）；[1]《侯馬盟書》「弁」作、，三晉璽印作（《璽彙》1523）。而「肙」字或作「肯」、「肯」，[2]如「絹」作（《信陽》2-015），也作「（綃）」（絹，《包山》267）、（絹，《望山》2.21）；《郭店·緇衣》簡46「猒（厭）」字作；《孔子詩論》18「怨」作，03作、《包山》138作、《郭店·緇衣》10作。

這種演變也會有相似的類化現象，如：《包山》271「纊（纊）䋹（經）」，

---

1　「盹」是何琳儀先生所釋，何琳儀：〈古陶雜識〉《考古與文物》1992年第4期，頁77～78、《戰國古文字典》，頁1065～1066。

2　「肙」字或作「肯」，或以為是增添「卜」旁為飾。筆者以為也可能是「聲化」的現象，如《老子甲》簡4「天下樂進而弗詀」，「詀」今本作「厭」。彭浩先生認為：「詀，借作『厭』」。（彭浩：《老子校讀》（武漢市：湖北人民出版社，2000年1月），頁8。）顏世鉉先生並就「占」與「厭」的聲韻問題作過疏證，可以參看。（顏世鉉：〈郭店楚簡散論（一）〉《郭店楚簡國際學術研討會論文集》（武漢市：武漢大學出版社，2000年5月），頁100、顏世鉉：〈郭店竹書校勘與考釋問題舉隅〉《中央研究院歷史語言研究所集刊》74：4（臺北市：中央研究院歷史語言研究所，2003年12月），頁656）。而作「肯」形者，仍可以理解為上從「占」，如（《程寤》02）、（罨，《凡物流形》甲10）。「占」可以為「厭」的聲符，自然也可以作「怨」、「絹」等的聲符，如《孔子見季桓子》簡20「夫視人不」，字應釋為「娟」，影紐元部，可音近讀為「厭」，影紐談部。聲韻關係如同楚簡常見從「肙」旁可讀為「厭」（影談）或「怨」（影元）。參拙著：〈楚簡文字考釋五則〉《2004年文字學學術研討會》（臺北市：里仁書局，2005年11月）、《《上博楚竹書》文字及相關問題研究》（臺北市：萬卷樓圖書公司，2008年1月），頁110～111。附帶一提，《望山》2.08「生（結）之裏」有學者認為文例與《包山》267的「紸綃之䋹」相同，「生結」即「紸綃」，「結」是「綃」之省形，「結」可讀為「絹」。這種可能性不能完全排除。參見李運富：《楚國簡帛文字構形系統研究》（長沙市：嶽麓書社，1997年10月），頁114～115、古敬恆：〈楚簡遣策絲織品字詞考辨〉《徐州師範大學學報》2002年第2期，頁29、袁國華：《望山楚簡校錄》頁18～20、曹錦炎：〈望山楚簡文字新釋（四則）〉《東方博物》第四輯，頁4～6。

在《包山》牘 1 作「羝（秋）之（綎）」，其「呈」旁的演變便是很好的例證。[1]既然如此，則根據上面所說「甾」既作「」，又作「」，則作、的「」也可能是類化作用所產生的雙向訛混為從「甾」作。朱德熙、裘錫圭、李家浩三位先生在注釋《望山楚簡》簡 2「肙」字說：「戰國文字『甾』、『由』、『占』等偏旁往往相混，疑『肙』為從『肉』『甾』聲之字，『肙緅』當讀為『緇紬』，即黑色之紬。」[2]雖然後來李家浩先生將「肙緅」的「肙」改讀為「䩴」，[3]但其注意到「肙」上部與「甾」形的關係仍是很有啟發的。

至於「」字右旁是否從犬不是很明確，似從「分」，是由「刀」來，可以參考棗陽郭家廟曾國墓地出土銅器曾孟嬴削簋的「削」作，[4]則或許與之相關。簡文「猒」可以讀為「攝」，請看《新蔡》乙三 24：「☐祭王孫厝☐」、乙三 42「☐飤。是日祭王孫厭一冢，酒食。」整理者已指出「王孫厝」就是「王孫厭」：「王孫厝又稱王孫厭，厝、厭通假。與望山楚簡中的王孫喿又稱王孫桌（引按：實為『王孫巢』）相似。」[5]但是厝、厭通假的理

---

1 詳見拙文：〈《楚居》「皇」字及相關諸字考釋〉，已收入本書。

2 湖北省文物考古研究所、北京大學中文系編：《望山楚簡》（北京市：中華書局，1995 年 6 月），頁 115 注釋 8。

3 李家浩：〈楚墓竹簡中的「昆」字及從「昆」之字〉《中國文字》新 25 期（臺北市：藝文印書館，1999 年 12 月），頁 143～145。

4 黃錫全：〈棗陽郭家廟曾國墓地出土銅器銘文考釋〉《古文字與古貨幣文集》（北京市：文物出版社，2009 年 5 月），頁 119。

5 河南省文物考古研究所：《新蔡葛陵楚墓》（鄭州市：大象出版社，2003 年 10 月），頁 183。

由卻未見整理者說明，宋華強先生引述了李家浩先生的論證，這個問題才算圓滿解決。[1]後來出版的《上海博物館藏戰國楚竹書六・景公瘧》第十簡「聊、攝以東」之「攝」作，徐在國先生解釋說：「《景公瘧》中的『』應隸作『昚』即《說文》籀文『香』。攝字上古音為泥紐葉部字，『香』的羊入切讀，上古音為余母緝部，誠如李先生所言『古代緝、葉二部的字音關係密切』，泥、余均為舌音，所以，簡文『昚』（香）可讀為『攝』。也可證明『昚』字讀為『厭』是可信的。」[2]可見本簡「猒」可以讀為「攝」。「攝」是攝行、兼任官職之意，《左傳・昭公十三年》：「羊舌鮒攝司馬」，杜預注：「攝，兼官」。《論語・八佾》：「管氏有三歸，官事不攝，焉得儉。」朱熹《集注》：「攝，兼也」。《論語・泰伯》：「可以寄百里之命」，何晏《集解》：「孔曰：『攝君之政令。』」[3]蓋令尹「其職責是輔佐楚王處理全國政治、經濟與軍事要務。」[4]吳曉懿總結說：「《東大王泊旱》的第十八簡中有『令尹』。春秋戰國時期楚國獨設令尹一職，執掌軍政大權是最高行政長官，一般由王室成員擔任。《說文》：『令，發號也。』令尹可謂『號令百官之尹』。《說苑・至公》稱令尹為『執一國之柄者』。《左傳・莊公四年》：『令尹鬥祁，莫敖屈重。』《戰國策・齊策二》：『陳軫曰：異貴於此者何也？曰：唯令尹耳。』《史記・楚世家》：『陳軫曰：今君已為令尹矣，此國冠之上。』司馬貞《索隱》曰：『令尹乃尹中最尊，故以國為言，猶如卿子冠軍然。』董說《七國考・楚職官》：『令尹，楚相也。』」按：令尹是輔助楚國君王而總攝朝政的執事者，地位相當於《周禮》的冢宰，與戰國時代各個諸侯國的相

[1] 宋華強：《新蔡葛陵簡初探》，（武昌市：武漢大學出版社，2010 年 3 月），頁 114～115。

[2] 徐在國：〈上博（六）文字考釋二則〉，簡帛網，2007 年 7 月 23 日，http://www.bsm.org.cn/show_article.php?id=655#_ftnref3。

[3] 宗福邦、陳世鐃、蕭海波主編：《故訓匯纂》（北京市：商務印書館，2004 年 3 月），頁 948，義項 36～44。

[4] 石泉主編、陳偉副主編：《楚國歷史文化辭典》（武漢市：武漢大學出版社，1997 年 6 月），頁 112。

邦職司類似。」[1]所以考核關官員的績效應該算是令尹子春兼任的職務。其次，此處緊聯的兩簡既有「臺」又有「遑」，意思應有所不同。如同新發表的叔卣「自今往，弜（弗）其又達（厭）女（汝）于乃丂（巧）」，董珊先生指出：「『乃丂』之『丂』字與後文『剌考』之『考』不同，正如朱鳳瀚先生所說，應是為了區別詞義。」[2]筆者曾認為《鄭子家喪》甲1「臧（莊）王臺（就）夫=（大夫）而與之言曰……」以及《平王問鄭壽》簡1「競平王就鄭壽，訊之於屍廟」的兩「就」字應讀為「召」。[3]則《王居》「臺」也可以如此考慮。而「遑」則讀為「就」，靠近也，簡文意思是說隔天令尹子春攝行考核官員功績的職務。王召見（臺）他說：彭徒甚為勞苦，你為我考察一下他的功績。但令尹子春並不從命（命須其儘），所以王才會靠近（遑）令尹說：「我稍微進一步說吧」。相當俗話所說「我說得更白一點」。如此理解文從字順。

另一種思考是「猒（厭）」（影紐葉部或影紐談部）[4]讀為「狎」（匣紐葉部）。《禮記・曲禮上》：「賢者狎而敬之」，鄭玄注：「狎，習也，近也。謂附而近之，習其所行也」簡文是說：隔天，令尹子春來到王身邊（狎）。王召見他。並跟他說：彭徒甚為勞苦，你為我考察一下他的功績。或如王寧先生讀為「謁」（影紐月部）韻部月葉、月談通轉，常見相通例證。如《說文・大部》：「夰，大也。從大，介聲。讀若蓋。」「蓋」、「介」（月部），「盍」（葉部）。又《清華簡貳・繫年》：「飛曆（廉）東逃於商盍（蓋）氏，成王

---

[1] 吳曉懿：〈《上海博物館藏戰國楚竹書（四）》所見官名輯證〉，簡帛網，2009年6月5日，http://www.bsm.org.cn/show_article.php?id=1063。

[2] 董珊：〈新見魯叔四器銘文考釋〉，復旦網，2011年8月3日，http://www.gwz.fudan.edu.cn/SrcShow.asp?Src_ID=1611。釋文中「弜」讀為「弗」；「達」讀為「厭」，請見董文後陳劍與筆者的評論。

[3] 拙文：〈論《鄭子家喪》甲1「就」字的釋讀〉，已收入本書。

[4] 陳復華、何九盈：《古韻通曉》（北京市：中國社會科學出版社，1987年10月），頁257、頁326。

伐商盍（蓋），殺飛曆（廉）。」李學勤先生指出：「『商蓋』見《墨子・耕柱》、《韓非子・說林上》，也即是又稱『商奄』的奄」。[1]「蓋」是月部；「奄」是談部。簡文是說：隔天，令尹子春謁見楚王。王召見他。並跟他說：彭徒甚為勞苦，你為我考察一下他的功績。[2]總之，「 」可以隸定為「觰」，是「削」或「獣」的訛字，可以讀為「攝」、「狎」或「謁」。

## 七 《王居》簡4「庶」字解

簡4：「【□□□□□□】□△，能進後〈退？〉人。」[3]「△」作：

整理者隸定為从「石」、从「炅」，以為亦「庶」字。[4]讀書會認為應釋為「廬」，原作「 」，又見於《上博（四）・采風曲目》簡3。原整理者不可從。[5]黃杰先生提出質疑認為讀書會所謂《上博（四）・采風曲目》簡3之字，蓋即「 」與「 」是不同的，還是應當從整理者釋「庶」。楚簡中「庶」字一般作「 」，而包山18號簽作「 」，亦增加「日」旁，與此字同。不過整理者解釋為天下眾民，則似乎未妥。我們認為此句應該讀為「庶能進後人」，「庶」意為庶幾、大概。因為前文殘缺，故不再作進一步討論。[6]

---

[1] 王寧：〈上博八《王居》釋譯〉，簡帛網，2011年8月21日
   http://www.bsm.org.cn/show_article.php?id=1536。

[2] 李學勤：〈清華簡《繫年》及有關古史問題〉《文物》2011年3期，頁72。

[3] 陳劍：〈《上博（八）・王居》復原〉，復旦網，2011年7月20日。

[4] 馬承源主編：《上海博物館藏戰國楚竹書（八）》（上海市：上海古籍出版社，2011年5月），頁209。

[5] 復旦吉大古文字專業研究生聯合讀書會：〈上博八《王居》、《志書乃言》校讀〉，復旦網，2011年7月17日。

[6] 〈上博八《王居》、《志書乃言》校讀〉一文評論第37樓。

謹案：目前所見的「廛」都有「土」旁，如[1]：

| 編號 | 1. | 2. | 3. | 4. | 5. |
|---|---|---|---|---|---|
| 字形 | | | | | [2] |
| 出處 | 曹沫之陣・18 | 郭店・緇衣・36 | 上博一・緇衣・18 | 上博三采風曲目・3 | 上博五・季庚子問孔子・4 |

| 編號 | 6. | 7. | 8. | 9. | 10. |
|---|---|---|---|---|---|
| 字形 | | | | | |
| 出處 | 睡虎地秦簡・131 | 十鐘山房印舉・3之11 | 十鐘山房印舉・3之21 | 漢印徵 | 江陵十號漢墓木牘五 |

由此可見▨確實不能釋為「廛」。黃杰先生所引《包山》籤牌18「▨（炙）雞」，確實與▨是一字。由偏旁結構來看，此二字不能直接釋為「庶」，應該分析為從「石」，「炅（即「熱」）」聲（日紐月部），可以讀為庶（章紐鐸部）或炙（章紐鐸部）。但以目前的編聯來看，▨如何釋讀是無法解決的。

## 八　《王居》「害」、「助」、「毀」等字考釋

---

[1] 引自高佑仁：《《上海博物館藏戰國楚竹書（四）・曹沫之陣》研究》（修訂版），頁 159，筆者另有所增補，見拙著：《《上博楚竹書》文字及相關問題研究》（臺北市：萬卷樓圖書公司，2008 年 1 月），頁 55～57。

[2] 此形體是經過禤健聰先生處理過的，見氏著：〈上博楚簡（五）零札（一）〉，簡帛網，2006 年 2 月 24 日。

王居蘇漢之室。彭徒网（返）諰[1]關致命，邵昌為之告。王未答之。觀無畏【王居1】寺（得？持？）書[2]，乃言：「是楚邦之強梁人，反側其口舌，以叟譌[3]王、大夫之言。縱【乃言1】不獲罪，或（又）猶疋（害-還，△1）趨事王，邦人其謂之何？」王作色曰：「無畏，此是【乃言2】謂死罪。吾安爾而設爾，爾無以戲（助，△2）匡正

---

[1] 此字釋讀請見拙文：《天子建州》「臨城不言毀」章試解，《簡帛》第六輯，也收入本書。

[2] 陳劍在〈《上博（八）·王居》復原〉評論第14樓指出：「此外，『王居1+乃言1』相連處的『觀無畏【王居1】持書乃言』，讀來感覺不順，故或不爲人所信。按『書』字下應標逗號，跟『乃言』斷開。『乃言』的『乃』字，是承『王未答之』而言的，而非承所謂『持書』（原寫作『寺箸』）而言。簡文在敘彭徒致命、邵昌告、王未答後，說『觀無畏寺箸』，係交代觀無畏出場的由來。下『（觀無畏）乃言……』，係事件在『王未答之』之後的進展。這樣，『王居1+乃言1』的連讀就更感覺沒有問題了。『寺箸』讀書會讀為『持書』，謂『漢代有持書之職，即持書侍御史，又有持書御史、持書給事等，不知與簡文持書是否有關。』頗疑此應讀為『侍書』，『觀無畏侍書』，跟古書記各種故事在開頭提到出場人物時常交代說『某某侍』、『某某侍坐相類』。『觀無畏侍書』是說觀無畏此時在楚王身邊侍候、其職責是幫助處理文書之事。『侍書』跟古書『侍王命』、『侍言』、『侍食』、『侍飲酒』、『侍射』等等說法相類。」謹按：筆者猜測此處「寺書」能否讀為「得書」或「持書」？《郭店·老子甲》36「貴（得）與亡執病」的「得」從「之」聲，則本簡「寺」讀為「得」是可以的。簡文中的「邵昌」如陳偉先生〈上博八《命》篇膡義〉所說是通報官，如同《昭王毀室》：「卜令尹陳眚為視日告……卜令尹為之告」的「卜令尹」。所「告」的對象是「視日」，而「告」所呈上的東西可能是「致命文書」。可以參考《包山》139反「右（左）尹㠯（以）王命告子郎（宛）公，命㷑（滋）上之戠（識）獄為邻（會）人㑹（舒）㫃票（盟），其所令（命）於此箸（書）之甲（中）㠯（以）為講（徵—證）。」邵昌將「致命文書」告楚王（視日），但是楚王沒有答話，當然楚王也不可能一直拿著文書，而是必然把文書轉交給左右之臣。這時作為楚王左右之臣的觀無畏自然可以拿到此「致命文書」，所以才會說「觀無畏得書，乃言：……」或是說「觀無畏持書，乃言：……」，或許其職責如陳劍先生所說是「侍書」。

[3] 字作 ，網友「金勝」指出：「譌的隸定可能是有問題的，與同簡的4、5以及王居7的為有著較大的不同。」見陳劍：〈《上博（八）·王居》復原〉評論第3樓。按：《上博六·慎子曰恭儉》簡2「為」作 、《上博七·凡物流形》甲17「為」作 ，《王居》「譌」字所從「為」的「象」旁似乎是結合此二種寫法，待考。

我，抑忌韋（回／違）讒詑（媚），¹以埭（墮／毀，△3）惡吾【乃言3】外臣。而²居吾左右，不稱賢進可以屏輔我，則戠（職）為民

³窟。⁴吾聞古【命4】

首先討論「△1」，字作：諸家釋為「走」，大概是因為「走趨」文意妥帖，古書也有「走趨」的說法，故不疑有它。但是楚文字「走」作：

（《包山》123）　（《望山》1.22）　（《周易》54）

象人擺臂奔跑之形，可知「△1」肯定不是「走」。此字上部明顯從「旡」，

---

¹ 「詑」字讀為「媚」，見黃杰：〈初讀《上海博物館藏戰國楚竹書（八）》筆記〉，簡帛網，2011年7月19日，http://www.bsm.org.cn/show_article.php?id=1512。

² 前一句「吾安爾而設爾」第二人稱用「爾」，本句「而居吾左右」，第二人稱用「而」。這種情形如同《曹沬之陣》：「君子得之失之，天命。今異於而言【7上】」；「□又戒言曰：牪，爾正（定）社；不牪，而或興或康。【37下】」，簡37下即前用「爾」，後用「而」，又此句釋讀見孟蓬生：〈「牪」疑〉，簡帛網，2007年9月22日。此外，「......，朝起而【乃言6】夕廢之。是則盡不穀之罪也。後余勿然。雖我愛爾，吾無如社【乃言7】稷何！而必良慎之。【《王居》5】」意思大約是：（楚王說）朝起夕廢等等，都是我的過錯。以後我不要這要做了。雖然我私好於你，我將把社稷怎麼辦呢！你一定要良慎啊。如果以上理解可信，則本簡的第一人稱也是既作「余」，也作「我」。其次，所謂「良慎」大概相當於蔡侯器的「聰介慎良」以及《用曰》12「慎良以家」的「慎良」。程鵬萬先生指出：銘文「慎良」，是在頌揚「大孟姬」的美德，可以解釋為「謹慎」、「善」之意，這些意義在古籍中很常見。」（〈蔡侯尊、盤銘文「慎良」試釋〉《出土文獻與古文字研究（第三輯）》（上海市：復旦大學出版社，2010年7月）。「慎良」等於「良慎」，聯合式詞組位置本不固定。可見雖然楚王前面嚇唬他「此是【乃言2】謂死罪」，但最後還是對他的寵臣有所期許，希望他可以善良、謹慎。

³ 此字或隸定作「窟」恐不可信，宜存疑待考。

⁴ 以上編聯及相關解釋請參閱陳劍：〈《上博（八）・王居》復原〉以及讀書會：〈上博八《王居》、《志書乃言》校讀〉。

可以比對同一書手的《乃言》簡 7 的「愛」作：

則「△1」應該隸定作「歪」。此字應該就是「害」字，字形下從「止」與《吳命》的「壴（害──駭）」作相同，[1]也與《新蔡》甲三 64「遺」作相似，顯然是與（壴）、（遺）屬同一系的寫法。[2]二字之別只是「歪」上改從「旡」聲。「旡」（見紐物部）、「愛」（影紐物部）、「害」（匣紐月部）本音近可通，如禤健聰所說：「愛害古音相近，楚簡常借『害』為『曷』，古書『餲』與『薆』有通假之例，又古書從『乞』與從『曷』之字相通（原注：參高亨《古字通假會典》，齊魯書社 1989 年，頁 617、頁 525～526。），楚簡以『燹』為『氣』，『既』與『愛』同從『旡』得聲。讀音相近很可能是愛害二字若干形體趨向混同的原因之一。」[3]蓋古音學家一般認為物、月兩部讀音相近，[4]「害」字常與物部字相通，如《鮑叔牙與隰朋之諫》5-6 號簡「今豎刁，匹夫而欲知萬乘之邦，而貴（割）尹（勢），其為芯（猜）

---

[1] 禤健聰：〈說《吳命》簡 1 的「駭」〉，簡帛網，2009 年 1 月 16 日，http://www.bsm.org.cn/show_article.php?id=973、禤健聰：〈說上博《吳命》「先人」之言並論楚簡「害」字〉《古文字研究》28 輯（北京市：中華書局，2010 年 10 月），頁 464～468、劉雲：〈說《上博七·吳命》中所謂的「走」字〉，復旦網，2009 年 1 月 16 日，http://www.gwz.fudan.edu.cn/SrcShow.asp?Src_ID=663。

[2] （壴）、（遺）的關係請見拙文：〈《上博七·吳命》簡 9「吳害陳」段釋讀〉，已收入本書。

[3] 禤健聰：〈說《吳命》簡 1 的「駭」〉，簡帛網，2009 年 1 月 16 日

[4] 史傑鵬：〈由郭店《老子》的幾條簡文談幽、物相通現象暨相關問題〉，簡帛網，2010 年 4 月 19 日，http://www.bsm.org.cn/show_article.php?id=1245。史文亦見《簡帛》第五輯，頁 128。

也深矣」,「貴」是物部;「割」是月部便是一例。[1]所以「歪」釋為「害」是沒有問題的,同時也知道了楚系文字「害」字的一種新寫法。筆者以為「歪(害)」應讀為「還」(匣紐元部),二者雙聲對轉,相通自無問題。簡文「又猶還趨事王」的「還」是返回的意思,正好呼應彭徒是外臣的身分。意思是說觀無畏詆毀彭徒強梁跋扈云云,「縱然不獲罪,又想返回侍奉君王,國人會怎麼說啊?」

「△2」作:

整理者隸定作「叡」是對的,但讀為「膚」並不可信。[2]讀書會則懷疑是「慮?」。[3]謹按:「叡」釋為「慮」是很可疑的,雖然「膚」與「慮」音近可通,如楚竹書常見「慮」可寫作「麤(慮)」(《彭祖》06),從「膚」聲,[4]但是「慮」字的「心」旁從未見省略。網友「小松」指出此字可與《容成氏》50、53 的「戲天威之」的「戲」並觀,當讀為「勳」,幫助的意思。[5]其說可從。不過,「盧」、「膚」、「且」並有通假的現象,如《包山》的「膚人」,陳偉先生以為是「盧人」,[6]《聲素》頁 395 有【盧與且】通假的例子,以上可證「叡」、「戲」確實可以直接讀為「助」。另一種可能是「叡」可能

1 劉雲:〈說《鮑叔牙與隰朋之諫》中的「貴尹」與「人之與者而食人」〉,復旦網,2009 年 9 月 5 日,http://www.guwenzi.com/SrcShow.asp?Src_ID=892。

2 馬承源主編:《上海博物館藏戰國楚竹書(八)》(上海市:上海古籍出版社,2011 年 5 月),頁 220。

3 復旦吉大古文字專業研究生聯合讀書會:〈上博八《王居》、《志書乃言》校讀〉,復旦網,2011 年 7 月 17 日。

4 李守奎:《楚文字編》(上海市:華東師範大學,2003 年 12 月),頁 601;李守奎、曲冰、孫偉龍編著:《《上海博物館藏戰國楚竹書》(一~五)文字編》(北京市:作家出版社,2007 年 12 月),頁 478。

5 復旦吉大古文字專業研究生聯合讀書會:〈上博八《王居》、《志書乃言》校讀〉評論第 10 樓。

6 陳偉:《包山楚簡初探》(武漢市:武漢大學出版社,1996 年 8 月),頁 93。

就是「叡」字的異構，自然也可以讀為「助」。《修述鄴宮新殿廢佛詔對事》：「詔曰：卿既上事，助匡治政，朕甚嘉尚。」「助匡治政」可為簡文釋讀的參照，則簡文可以讀為「爾無以助匡正我」。

最後，對於「垗（△3）」字的釋讀，陳劍先生指出：「整理者原隸定作『垗』，是很準確的。原注並引《上博（三）·周易》隨卦之『隨』作陵為說，亦可信。但其解釋為『隨從』義則不確。『垗』或是一個從『垂』得聲之字，或許其左半的『土』旁也是由『垂』中的『土』旁之一變來的，不管怎樣分析，疑皆可將其讀為從『垂』得聲之『隓／墮』。『隓／墮』常訓為『毀』，被剔除出本篇的『王居3』有『毀惡之』之語。」[1]謹案：如陳劍先生所說，則「墮」（曉紐歌部）何不直接讀為「毀」（曉紐微部），二者音近可通。韻部例證如委（微部）從「禾」聲（歌部），《楚辭·九歌·東君》、《莊子·則陽》也有微歌合韻的現象。[2]「毀惡」古籍常見，如《書·盤庚下》「盤庚既遷，奠厥攸居，乃正厥位，綏爰有眾。曰：『無戲怠，懋建大命！今予其敷心腹腎腸，歷告爾百姓於朕志。罔罪爾眾，爾無共怒，協比讒言予一人。』」《疏》「盤庚至一人。《正義》曰：……汝無得如前共為忿怒，協比讒言毀惡我一人，恕其前愆與之更始也。」《史記》：「初，趙高為郎中令，所殺及報私怨眾多，恐大臣入朝奏事毀惡之。」等等皆可為證。則簡文可以讀為「以垗（墮／毀）惡吾【乃言3】外臣。」以上意見發表於陳劍文章後評論第12樓，後來陳劍先生在評論第14樓發表「補正」，認為編聯應改為【王居6+王居2+王居3】，相關一句作「吾未【王居2】【之答，而觀無畏】毀惡之。」則整個《王居》既作「垗（墮／毀）惡」，又作

---

[1] 陳劍：〈《上博（八）·王居》復原〉。

[2] 趙彤：《戰國楚方言音系》（北京市：中國戲劇出版社，2006年5月），頁138。

「毀惡」，屬於同詞異字的現象。[1]

## 九 《李頌》簡 1 字詞別釋

靾（爰）各（冬）之旨（祁）倉（寒），槀（巢）亓（其）方荅（落）可（兮）。䨲（鳳）鳥之所集（集），𧻚（竢）時而𫝹（作）可（兮）。木斯獨生，秦（榛）朸（棘）之閒（間）可（兮）。延（極）植（直）束（速？兼？）成，𥐚（厚）亓（其）不還可（兮）。[2]

先討論「靾」字。字形作：　　整理者隸定作「𣂈」，釋為「寒」。讀書會也隸定作「𣂈」，並解釋說：

「𣂈」整理者讀為「寒」；「旨」整理者讀為「者」；「寒」整理者釋為「倉」。按，整理者已將「𣂈各之旨寒」與郭店、上博一之《緇衣》相參照，承馮師勝君見告，可將「𣂈」依《緇衣》諸本讀為「晉」，「晉」，真部字；而「𣂈」從「靾」，元部字，「靾」是「戩」的聲符，而「戩」或從「丯」得聲，清華一《祭公之顧命》之「祭」亦從「丯」聲，郭店《緇衣》「祭公」寫作「晉公」，可見「靾」與「晉」在古音上有所交涉；古書「晉」或讀為「箭」，「箭」為元部字，也是真部的「晉」與元部有關聯，所以從「靾」的「𣂈」讀為「晉」應該沒問題。看吳師振武《假設之上的假設——金文「霝公」的文字學解釋》（《吉林大學古籍研究所建所二十周年紀念文集》，吉林文史出版社，2003年 12 月，頁 1～8）一文引諸家之說。又如本書《鶹鷅》簡 1「𦏵」

---

[1] 參拙文：〈《姑成家父》簡 9「人」字考兼論出土文獻「同詞異字」的現象〉，已收入本書。

[2] 馬承源主編：《上海博物館藏戰國楚竹書（八）》（上海市：上海古籍出版社，2011 年 5 月），頁 231～237、復旦吉大古文字專業研究生聯合讀書會：〈上博八《李頌》校讀〉復旦網，2011 年 7 月 17 日。

可讀為「翩」，麌，幫母元部，翩，滂母真部；另承程少軒先生見告，清華一《楚居》簡 12「秦溪之上」應讀為「乾溪之上」，[1]「秦」為真部字，「乾」為元部字，此亦為真、元二部相關聯之證。

謹案： 隸定為「臸」即可，此字也見於《平王與王子木》簡 1「城公乾」之「乾」作 ，蔣文小姐隸定為「臸」，可從。[2]《九店》621.14 ，李家浩先生隸定為「臸」，讀為「乾」，並分析說：「『臸』，疑應該讀為乾燥的『乾』。《說文》說『乾』从『臸』得聲，故二字可以通用。」[3]《容成氏》24「屽／乾」作「 」，《上博文字編》隸定為「臸」，可從。[4]但是《柬大王泊旱》的 （簡 1，共五見），《上博文字編》隸定為「淖」，顯然自相矛盾而沒有必要了，[5]此字可以隸定為「汢」。《君人者何必然哉》甲 2 、乙 2 ，讀書會隸定為「臸」，可從。[6]此外，三晉系也常見 （《侯馬盟書》1：45）

---

[1] 按：這條證據恐有問題，李守奎：〈論清華簡中的昭王居秦溪之上于昭王歸隨〉《清華大學藏戰國竹簡（壹）》國際學術研討會論文集》（北京市：清華大學主辦，2011 年 6 月 28 日至 29 日）已指出「秦溪」就是「溠水」，不能讀為「乾溪」。王偉：〈由清華簡《楚居》「秦溪之上」說起〉，復旦網，2011 年 7 月 8 日也有相關的論述可以參看。

[2] 蔣文：《《上海博物館藏戰國楚竹書（六）》文字編》（上海市：復旦大學中文系本科學位論文，2008 年）（指導教授：陳劍先生）。亦刊登於復旦大學出土文獻與古文字研究中心網站，2008 年 8 月 2 日。

[3] 湖北省文物考古研究所、北京大學中文系編：《九店楚簡》（北京市：中華書局，2000 年 5 月），頁 144 注 15、陳偉等著：《楚地出土戰國簡冊【十四種】》（北京市：經濟科學出版社，2009 年 9 月），頁 335。

[4] 李守奎、曲冰、孫偉龍編著：《《上海博物館藏戰國楚竹書》（一～五）文字編》，頁 348。李守奎：《楚文字編》，頁 424 也收錄相同字形，可以參看。

[5] 《《上海博物館藏戰國楚竹書》（一～五）文字編》，頁 347、513。

[6] 復旦大學出土文獻與古文字研究中心研究生讀書會（程少軒執筆）：《《上博七・君人者何必安哉》校讀》，復旦大學出土文獻與古文字研究中心網站，2008 年 12 月 31 日

的字形，湯志彪先生隸定為「𣄰」，可從。[1]林義光《文源》根據金文將「𣄰」分析為「從早疒聲」，吳振武先生同意此說。[2]劉洪濤先生曾撰文探討過「𣄰」字的演變，他根據學者將下列字形釋為「𣄰」及「𣄰」旁的字：「𣄰」作 （《集成》2347）；「𩏓」作 （《集成》2205）；「𣄰」作 （《集成》2757號曾子斿鼎），認為「𣄰」字的字形構造像旗桿之形，其字下部後來裂變為「也」字形（ ，《集成》5906），「也」字形所從的「口」 變為圓形就成為「子」字形，「子」字形的圓中加點就變作「早」字形（ ，《集成》158.1），或認為此字從「日」、從「旦」、從「早」、從「𣆃」都是據此訛變之形立論的。[3]依其說則以上諸字隸定為「𣄰」是可以的。此外，大保𣪘 字可能也是「𣄰」。[4]而對於《李頌》「𣄰」字的讀法，讀書會引馮勝君先生的意見讀為「晉」，此說有相當高的合理性。《郭店》、《上博》本《緇衣》「晉冬祁寒」，對照今本《禮記・緇衣》作「資冬祁寒」，鄭玄注：「資當為至，齊魯之語，聲之誤也。」張富海先生已指出「晉」（精真）與「資」（精脂）聲母相同，韻部陰陽對轉，當表示同一個詞。[5]而古文字「晉」從「臸」為聲符，這一點學者曾有討論。[6]「臸」（日紐質部），《說文》分析從二「至」，二者音近。[1]

---

http://www.guwenzi.com/SrcShow.asp?Src_ID=580。

[1] 湯志彪：《三晉文字編》（長春市：吉林大學博士論文，2009 年 10 月），頁 425～427。亦參見李家浩：《著名中年語言學家自選集——李家浩卷》（合肥市：安徽教育出版社，2002 年 12 月），頁 188～189。

[2] 吳振武：《古璽文編校訂》（長春市：吉林大學博士論文，1984 年），頁 466。

[3] 劉洪濤：〈金文考釋兩篇〉，待刊稿。

[4] 〈北京琉璃河 1193 號大墓發掘簡報〉四：1，《考古》1990 年 1 期。此字在銘文第三行倒數第三字。後收入《新收殷周青銅器銘文暨器影彙編》1368 號。

[5] 張富海：《郭店楚簡〈緇衣〉篇研究》（北京市：北京大學中國語言文學系碩士論文，2002年），頁 11。

[6] 朱德熙、裘錫圭：〈戰國文字研究（六種）〉《朱德熙古文字論集》（北京市：中華書局，

換言之，簡本「晉」與今本「資」皆應該讀為「至」。[2]張玉金先生認為「在出土戰國文獻中，有的『晉』是作時間介詞的，介引時間所到，表示到何時該怎樣。這種『晉』可以譯為『到』」，他所舉的例證是《郭店》、《上博》本《緇衣》「晉冬祁寒」。[3]按：其說恐不可信，「晉」可訓為「進」，似未見可訓為「到」者，「晉」字仍應從諸家所說理解為通假字。回到《李頌》「軑」字，可以有兩種思考，一是如讀書會所說「軑」、「晉」音近，則「軑」（見紐元部）也應該讀為「至」（章紐質部），二者的聲紐韻部也確實可以找到相通的證據，如：《說文》「稽」（見紐）從「旨」（章紐）聲。同從「咸」聲的「緘」是見紐，「箴」是章紐。韻部元質二部如：《郭店・緇衣》「苗民非用『銍』」，今本《尚書・呂刑》作「苗民弗用靈」，《墨子・尚同中》引《呂刑》此句作「苗民否用『練』」，可見「銍」與「練」可通，而「練」是元部。不過馮勝君先生認為簡本「晉」讀為「至」尚有疑問，因為「至」是常用字，似不煩假借。馮先生認為「晉」可能讀為「臻」，二字均為精紐真部，《說文》：「臻，至也。」[4]如上述既然《李頌》「軑」字可以讀為「晉」，自然也可能讀為「臻」。另一種考量是「軑」讀為聲音關係更密切的同義字。《緇衣》篇是儒家作品，其來自齊魯也是大家的共識。上引鄭玄已說「資」讀為「至」是齊魯之語，簡本「晉」讀為「至」應該也是相同的語音模式，作為楚辭體作品的《李頌》大概不會依循齊魯的音系，所以此處才會寫作喉音的「軑」，而迥異於齒音的「資」與「晉」。雖然喉音與齒音偶而可通，但畢竟不是常態，《李頌》「軑」字所代表的詞與齊魯系不同，這也不是不可能的。是以筆者認為「軑」（見紐元部）可讀為「爰」（匣紐元部），「爰」有及，到的意思，《史記・司馬相如列傳》：「后稷創業於唐，公劉發跡於戎，

1995 年 2 月），頁 49。

[1] 參于省吾：《甲骨文字釋林》（北京市：中華書局，1993 年 4 月），頁 279。

[2] 參考虞萬里：〈上博簡、郭店簡《緇衣》與傳本合校補証（上）〉《史林》2002 年 2 期，頁 11。

[3] 張玉金：《出土戰國文獻虛詞研究》（北京市：人民出版社，2011 年 3 月），頁 134。

[4] 馮勝君：《郭店簡與上博簡對比研究》（北京市：線裝書局，2007 年 4 月），頁 110。

文王改制，爰周郅隆。」司馬貞《索隱》：「爰，於，及也……以言文王改制，及周而大盛也。」[1]可見「爰」與「至」意思相近，「軏（爰）各（冬）之旨（祁）倉（寒）」相當於「晉（至或臻）冬祁寒」。

其次，是「枭（巢）亓（其）方荅（落）可（分）。鳳鳥之所集，竢時而作可（分）。」一段的釋讀。「枭」整理者讀為「燥」。讀書會認為：「此字似是『葉』之訛變。」小狐先生在評論第 2 樓指出：「按：『枭』看作誤字，似不如讀為『稍』，指樹梢。前面有『枭』讀『肖』之例。」筆者在評論第 13 樓認為「枭」應讀為疑讀為「巢」，二者常相通，如《望山》1-89「王孫巢」，又作「王孫枭」（1-119）；《上博（一）·性情論》簡 35「凡甬（用）心之趣（躁）者，思為甚」；《上博（二）·容成氏》簡 40「（桀）乃逃，之南菓（巢）是（氏）」，又見《古字通假會典》頁 816。這種解釋的好處是呼應銜接下一句「鳳鳥之所集」，如讀書會所說「按古書『鳳』多與『梧桐』相關，如《詩經·大雅·卷阿》：『鳳凰鳴矣，于彼高岡。梧桐生矣，於彼朝陽。』《莊子·秋水》：『夫鵷鶵，發於南海而飛於北海，非梧桐不止，非練實不食，非醴泉不飲。』《釋文》：『鵷鶵乃鸞鳳之屬也。』故改讀『鼆』為『鳳』。」其說甚是，而鸞鳳自然是止於梧桐上的「巢」。對於「荅（落）」的理解，筆者曾猶豫於「落成」或是「露敗」的意思，何有祖先生（鄭公渡）在評論第 14 樓說：「釋『枭（巢）』可從，由於『巢』直接作為『鳥集』的賓語，句中的『落』似不能說成『掉落』，方落，似指巢剛營建完。」此說有理，則「作」可以理解為「興起」，如簡文意思是說：到了冬天嚴寒的時候，巢剛營建完成。這是鳳鳥止集的地方，它們將等待時機而興起奮飛。不過，「落」如果理解為「露敗」也可以解釋的通，陳劍先生指出：「露有敗義，落亦有敗義。《方言》三：『露，敗也。』《荀子》《富國篇》：『其田疇穢，都邑露。』《莊子》《漁父》篇：『田荒室露。』《戰國策》《齊策》五：『百姓罷而城郭露。』《莊子》《天地》篇：『夫子闔行邪，無落我事。』成疏：『落，廢也。』廢即敗也。露、落一聲之轉，同有敗義……

[1]（漢）司馬遷《史記》（北京市：中華書局，1964 年 4 月）第九冊，頁 3065。

古書此義用『路』字的如，《管子・四時》：『不知五穀之故，國家乃路。』
《管子・戒》『路家五十室』，《孟子・滕文公上》『是率天下而路也』，等等。」[1]
此外，《清華壹・皇門》簡 10「以自鷺（露）厥家」的「露」也是相同的意
思。[2]而「方」猶「遍」也，[3]則簡文可理解為到了冬天嚴寒凜冽的時候，鳥
巢全面破敗，這巢是鳳鳥止集的地方，它們將等待時機重新建造。

第三，是「丞（極）植（直）束（速？兼？）成，砍（厚）亓（其）不
還可（分）」。整理者隸為「欨」。讀書會隸定為「砍」，分析說：「字左從『石』，
右所從似為『斗』，參小篆之『斗』形。承馮師見告，此字右所從疑為『丩』」。

謹按：字形作：

右邊確實從「丩」，可以比對 ![句](句，《六德》16）所以字形可以隸定為「砍」，

其實就是「厚」。「厚」字可作 后，如 ![厚](《郭店・老子甲》36 號簡），從石
句聲。而「句」從「丩」聲，所以「砍」可以釋為「厚」。簡文「丞（極）
植（直）束（速？兼？）成，厚亓（其）不還」，可能是指桐樹長的又直又
厚（厚乃固），不會再倒退縮回去了，與梧桐樹樹幹端直，樹皮青綠平滑，
側枝粗壯的特色相符。

## 十 《李頌》簡 1 背「蓉」字補議

**簡 1 背**：「差=（嗟嗟）君子，觀虖（乎）桓（樹）之蓉（容）可（分）。」

「虖」，整理者讀為「吾」，此從讀書會讀為「乎」。「蓉」字整理者解釋為

---

[1] 陳劍：〈《上博（五）零箚兩則》〉，簡帛網，2006 年 2 月 21 日。

[2] 復旦大學出土文獻與古文字研究中心研究生讀書會：〈清華簡《皇門》研讀札記〉，復旦
網，2011 年 1 月 5 日，http://www.gwz.fudan.edu.cn/SrcShow.asp?Src_ID=1345。

[3] 謝紀鋒編纂 ：《虛詞詁林》（哈爾濱：黑龍江人民出版社，1993 年 1 月），頁 104。

容貌、儀容（頁 240），讀書會可能也是相同的理解。劉雲先生也認為：「蘭有異物：蓉惻朿（嫺）逸而莫之能效矣，⋯⋯疑『蓉惻』應讀為『容姿』（讀『蓉』為『容』，小狐先生已經指出）。『蓉』從『容』聲，讀為『容』自然是沒有問題的。⋯⋯《李頌》中有如下簡文：嗟嗟君子，觀乎樹之蓉（容）可（兮）。豈不皆生，則不同可（兮）。疑其中的『則』亦應讀為『姿』，與前文的『蓉（容）』對應。」[1]謹按：諸家說法有相當程度的道理，但是也要注意楚簡容貌、儀容都用「頌」表示，未見例外，如齊系底本的《鮑叔牙》簡1「有夏氏觀其『容』以使，及其喪也，皆為其『容』。殷人之所以代之，觀其『容』」以及簡2「為其『容』」、「觀其『容』」，以上諸「容」字均作 （容），不作「頌」，與《上博・緇衣》簡9、《郭店・語叢》一、二相同，而不見於其他楚文字竹簡者。[2]則對《李頌》、《蘭賦》的「蓉」字有三種思考的角度：一是二者都是齊系底本；二是此處用「艸」旁表示區別符號，草木之容貌與人的容貌不同，則「蓉」是表示草木容貌的專用字；三是此「蓉」應尋他解。認為是齊系底本的可能性極低，曹錦炎先生已指出《李頌》是楚辭體的文學作品。[3]至於我們曾認為「蓉」是否可以考慮解為「容受」、「容納」的意思，與《昭王與龔之脽》簡8「罪不容於死」、《曹沫之陣》24「車間容伍，伍間容兵」用法相同，並呼應簡1「摶外疏中」，要君子觀桐樹有容乃大的意思。但是這個意見不如諸家解釋為容貌、儀容的「容」好，所以《李頌》、《蘭賦》的「蓉」應該就是表示草木容貌的專用字，與楚簡表示人容貌的「頌」寫法不同。

---

[1] 復旦吉大古文字專業研究生聯合讀書會：〈上博八《蘭賦》校讀〉，復旦網，2011 年 7 月 17 日，http://www.gwz.fudan.edu.cn/srcshow.asp?src_id=1597 評論第 36 樓。

[2] 參馮勝君《論郭店簡〈唐虞之道〉、〈忠信之道〉、〈語叢〉一～三以及上博簡〈緇衣〉為具有齊系文字特點的抄本》，（北京大學博士後研究工作報告，2004 年 8 月），頁 43、馮勝君：《郭店簡與上博簡對比研究》（北京市：線裝書局，2007 年 4 月），頁 306、拙作：《《上博楚竹書》文字及相關問題研究》（臺北市：萬卷樓圖書公司，2008 年 1 月），頁 246。

[3] 馬承源主編：《上海博物館藏戰國楚竹書（八）》（上海市：上海古籍出版社，2011 年 5 月），頁 229。

## 十一 《李頌》「願歲之啟時，使吾樹秀」補証

簡1背+簡2「恖（願）歲之啟時，思（使）虘（吾）【1背】桓（樹）秀」一句可與下列文獻並看：「樹秀」，可參歐陽修《醉翁亭記》：「野芳發而幽香，佳木秀而繁陰」，《爾雅》：「榮而實者謂之秀。」至於其時間可見《銀雀山【貳】・三十時》1810「李木葉成。不可伐木。」注釋【53】曰：「《月令》：『孟春之月……禁止伐木。』」[1]《淮南子・時則》：「仲春之月，……，桃李始華。」皆可見李樹之葉成、始華在春季。《銀雀山【貳】・三十時》1727「日冬至，麋解，巢生。天地重閉，地小乎。」（頁211）《禮記・月令》：「孟冬之月……命有司曰：天氣上騰，地氣下降，天地不通，閉塞而成冬。」既然冬至是「天地重閉」，則春季自然可說「歲之啟」。此段內容寫於2010年3月28日，[2]《上博八》出版後，整理者曹錦炎注釋說：「『歲之啟時』，新的一年開始之時，亦即立春之時。」[3]

## 十二 《命》簡2「遺」字構形分析

簡2「先夫＝（先大夫）之風訋（？）[4]△命」，「△」字作：

整理者隸定為「遱」。[5]讀書會指出：「右上所從實為『臼』，字當視為『遺』

---

[1] 銀雀山漢墓竹簡整理小組編：《銀雀山漢墓竹簡（貳）》（北京市：文物出版社，2010年1月），頁216、222。

[2] 見復旦網學術討論區「曹錦炎：上博簡《楚辭》」筆者在第31樓的發言，http://www.gwz.fudan.edu.cn/ShowPost.asp?ThreadID=2984。

[3] 馬承源主編：《上海博物館藏戰國楚竹書（八）》（上海市：上海古籍出版社，2011年5月），頁242。

[4] 字作 ，單育辰先生釋為「訋」，見氏著：〈佔畢隨錄之十五〉，復旦網，2011年7月22日。

[5] 馬承源主編：《上海博物館藏戰國楚竹書（八）》（上海市：上海古籍出版社，2011年5

字異構。」[1]劉雲、何有祖先生認為是「逤」字。[2]

　　謹案：讀書會考釋正確可從。大概因為字形從「米」，與一般「遺」從「少」旁不同，遂有學者認為是「逤」字。「逤」字確實可以從「米」旁，如「襄」作 ，所從「罙」旁從「米」形。[3]又如《有皇將起》簡 4 字，右旁從罙聲，即泣字。但是「△」字上部確實如讀書會所說從「臼」而不從「目」，可見是不能釋為「逤」的。其實古文字「少」可訛變為「米」，如「屎」，甲骨文作 ，象人遺屎之形。《集成》4276 豆閉簋「佚」作 ，李家浩先生指出「彳」旁之外的字形是「屎」的變體。[4]到東周齊國銅器叔弓鎛「敡（選）擇吉金」，「敡」作 （《集成》285.7）；陳侯方簋蓋「斁（選）擇吉金」，「斁」作 （《集成》4190），「屎」與「屎」為一字異體，裘錫圭先生認為「似可認為已由從『少』訛變為從『米』。」[5]又如《璽彙》3081 ，吳振武先生隸定作「粲」，認為其下的「米」形是來源於糞便的象形，並分析說：「我們有理由把璽文這個字看成是當糞便講的『矢』字的古寫或『屎』字的異體。其結構當分析為『從屎象形，矢聲』，或『從屎省，矢聲。』」[6]

月），頁 194。

[1] 復旦吉大古文字專業研究生聯合讀書會：〈上博八《命》校讀〉，復旦網，2011 年 7 月 17 日。

[2] 見上文評論第 1、9 樓。

[3] 參陳斯鵬：〈「罙」為「泣」之初文說〉《古文字研究》25 輯（北京市：中華書局，2004 年 10 月），頁 257。

[4] 俞偉超著：《中國古代公社組織的考察──論先秦兩漢的單－僤－彈》（北京市：文物出版社，1988 年 10 月），頁 12，引李家浩先生的考釋。

[5] 裘錫圭：〈讀迷器銘文箚記三則〉《文物》2003 年 6 期，頁 75。又見張富海《漢人所謂古文研究》，頁 45。

[6] 吳振武：〈古璽姓氏考（複姓十五篇）〉《出土文獻研究》第 3 輯（北京市：中華書局，

可見東周時「屍」的「少」形已訛變為「米」形。[1]又如「舀」作 （《郭店・性自命出》簡 44），字形中間從「小」旁，或以為是「增添音符」。[2]「慆」

作 （《上博・性情論》簡 19），《上博文字編》487 頁隸定作憇，中間從「米」

旁。這種從「米」旁的寫法也見於《清華壹・耆夜》07「稻」作 。

以上可知《命》字釋為「遺」是對的，這也是首次見到如此寫法的「遺」。
簡文讀為「先大夫之遺命」也非常妥帖，如同《孔子家語・正論解》:「先
臣有遺命焉」。

## 十三 《命》簡 9「必內瓜之於十友又三」釋讀

　　畣（答）曰:【7】「亡僕（僕）之尚（掌）楚邦之正（政），迹（坐）

　　畜（友）[3]五人，立畜（友）[1]七人，君王之所㠯（以）命與所為於

---

　1998 年 10 月），頁 74～75。

[1] 請參拙文:〈《郭店・語叢三》簡 15「萳」字考兼論「菌」字〉，已收入本書。

[2] 何琳儀:《戰國文字通論訂補》（南京市：江蘇教育出版社，2003 年 1 月），頁 225。

[3] 對於「坐友」，讀書會指出:「原整理者讀『畜』為『右』，謂『坐右』為『坐席之右』
　（頁 199），非是。《列女傳・母儀傳》謂:『桓公坐友三人，諫臣五人，日舉過者三十人，
　故能成伯業。』可資比照。『立友』則與『坐友』相對而言。」謹按:讀書會此說是，
　相同文獻例證亦見於《全唐文・卷七百四十二・上崔相公書》:「齊桓公為諸侯盟主，有
　坐友三人，諫臣五人，舉過者三十人。」對照上下文來看，「坐友」的身分或職責與「諫
　臣」、「舉過者」相同，則「坐」可理解為爭辯是非的意思。《左傳・昭公二十三年》:「叔
　孫婼如晉，晉人執之……晉人使與邾大夫坐。」杜預注:「坐，訟曲直。」《晏子春秋・
　內篇問下・叔向問人何若則榮晏子對以事君親忠孝第二六》:「言不相坐，行不相反。」
　吳則虞《晏子春秋集釋》:「左昭二十三年『使與邾大夫坐』，注:『訟曲直也。』『不相
　坐』，謂不相爭訟也。」（中華書局版，頁 287～288）白林鵬先生翻譯作「說話不互相攻
　訐，不爭論是非曲直。」見白林鵬注釋:《白話晏子春秋》（西安市：三秦出版社，1997
　年 6 月），頁 161，白說近之。《周禮・夏官司馬・環人》:「訟敵國」，《注》云:「敵國兵
　來，則往之與訟曲直，若齊國佐如師。」孫詒讓《正義》曰:《說文・言部》云:『訟，

楚【8】邦，必內（入）瓜之於十啻（友）又三

「瓜」字作：

整理者釋為「瓜」，《說文・瓜部》「瓜，本不勝末，微弱也。」（頁200）

讀書會認為：「字又見於《上博（六）・平王與王子木》簡1，字作 ，讀為『遇』。本文可讀為匹偶之『偶』。」董珊先生在此說的基礎上讀「偶」為「諏」。[2]筆者則讀為「叩」，問也。[3]陳偉先生則指出：「今按，本篇此字與《平王與王子木》1號簡中的讀為『偶』的字，二似人形的朝向不同。學者有較多討論。按照我們的理解，似人形者朝左之字可能是『耦』或『偶』，朝右之字則應如整理者所釋為『瓜』。本篇中，疑可讀為『愉』（原注：「窳、愉相通，參看《漢字通用聲素研究》頁355。」），為『愉悅』或『勞苦』義。」[4]

謹案：《包山》258有「 （菻－藕）二筊（筶）」，同簡也有「 菰（瓜）一筊（筶）」李家浩先生已指出此二字同簡出現且寫法不同，「說明

---

爭也。』《廣雅・釋詁》云：『訟，責也。』謂至敵軍，與爭辯曲直，陳義以責之也。」見〔清〕孫詒讓：《周禮正義》（北京市：中華書局，1987年12月）第九冊，頁2414。錢玄等人將「訟敵國」的「訟」解釋為「斥責」，更好理解，見錢玄、錢興奇、王華寶、謝秉洪注釋：《周禮》（長沙市：岳麓書社，2001年7月），頁277。綜合以上，「坐」就是「訟曲直」，就是爭論是非曲直。所以簡文的「坐友」就是可以爭論是非曲直的朋友。

[1] 「立友」與「坐友」意思相近，都是能提供諫言的友人，既然名曰「立友」，自然身份次「坐友」一等。由於「立」（來紐緝部）與「箴」（章紐侵部）聲音相近，也不排除「立友」是「箴友」的意思。退一步說，可以說「坐友」是身份比較尊崇可以提供葉公子高（亡僕）諮詢的友人，「立友」自然是次「坐友」一等的。

[2] 復旦吉大古文字專業研究生聯合讀書會：〈上博八《命》校讀〉，復旦網，2011年7月17日評論第29、32樓。

[3] 上文評論第35樓。

[4] 陳偉：〈上博八《命》篇膡義〉，簡帛網，2011年7月19日，http://www.bsm.org.cn/show_article.php?id=1511。

它們不是一個字」，[1]同時「茄」還見於 2：59-2 號、2：418-1 號竹笥所繫的竹簽。（原注：《包山》下冊圖版四六・11，四七・3）「茄二笲」當是指這兩件竹笥。2：59-1 號竹笥內有藕六節。（原注：《包山》上冊，頁 152，下冊圖版，頁 48・5）「瓜」、「藕」古音都是侯部字。古代文字往往正反無別，頗疑簡文是一個形聲字，從「瓜」聲，讀為「藕」。[2]陳偉、劉國勝先生也贊同讀為「藕」。[3]而後來出現的相同的字形，如 （《容成氏》26），所表的詞相當於文獻中的并州的「并」。陳偉先生釋為「耦」，指出「耦州」為「并州」的異名。[4]筆者認為 州即耦州，用同義字來指稱《周禮・職方氏》中的并州，是一種「同義換讀」的現象。但是字形應該如何隸定，則尚不能完全確定。[5]大西克也先生贊同拙說。[6]又《平王問鄭壽》簡 1 ，陳偉先生釋為「耦」，讀為「遇」。[7]陳劍先生贊同此說，並指出：「疑此字可看作『瓜』字（如包山簡 174 作 ）訛體，其上端的兩筆畫分別寫得向

[1] 白於藍先生也有相似的分析，見白於藍：〈讀上博簡（二）箚記〉《上海博物館戰國楚竹書研究續編》（上海市：上海書店出版社，2004 年 7 月），頁 492。

[2] 李家浩：〈信陽楚簡中的「柿枳」〉《簡帛研究》第二輯（北京市：法律出版社，1996 年 9 月），頁 7。

[3] 陳偉、劉國勝：〈包山二號墓簡冊〉，收入於《楚地出土戰國簡冊（十四種）》（北京市：經濟科學出版社，2009 年 9 月），頁 119、124 注 43。

[4] 陳偉：〈竹書《容成氏》所見的九州〉《中國史研究》2003 年第 3 期，頁 44～45。

[5] 蘇建洲：《上海博物館藏戰國楚竹書（二）校釋》（臺北市：臺灣師範大學國文所博士論文，2004 年 6 月），頁 181。又見於《上海博物館戰國楚竹書（二）校釋（上）》（臺北市：花木蘭文化出版社，2006 年），頁 146。

[6] 大西克也：〈上博六《平王》兩篇故事中的幾個問題〉，復旦網，2010 年 4 月 21 日，http://www.gwz.fudan.edu.cn/srcshow.asp?src_id=1133。

[7] 陳偉：〈讀《上博六》條記〉，簡帛網，2007 年 7 月 9 日。

上和向右衝出頭。」[1]《包山》174「」字是人名，陳偉、劉國勝先生認

為：「包山簽牌59-2『藕』字、上博竹書《平王與王子木》1號簡讀為『遇』

的字艸頭以下的部分與此字相似，應釋為『耦』。《左傳》襄公二十九年『射

者三耦』，杜預注：『二人為耦。』字形正合此意。」[2]至於（《信陽》2-21），

文例是「一〇食醬」，白於藍先生釋為「一瓶食醬」，以為從「并」，《楚

文字編》778頁也以為從「并」。劉國勝先生根據上引《平王問鄭壽》等字

認為：「似當釋為『塕』。」[3]大西克也先生則折衷二說，認為字和與字

相近的諸字既表「耦」「藕」，又表「并」，是一種訓讀的現象。[4]總之，類

似「」寫法的字形，諸家大抵從「禺」旁的角度去思考讀音，是侯部

字。其次，《包山》258「一箕（箄）」，「」字整理者隸定為「蓏」，[5]白

於藍；陳偉、劉國勝先生均贊同此說，並進一步讀為「瓜」，[6]這是魚部。

此字也見於《包山》簽牌7-3，《包山》整理者也隸定為「蓏」，可從。[7]「蓏」

---

[1] 陳劍：〈釋上博楚竹書和春秋金文的「羹」字異體〉，2007中國簡帛學國際論壇論文，臺
    灣大學中國文學系，2007年11月。亦見復旦大學出土文獻與古文字研究中心網站，2008
    年1月6日。

[2] 陳偉、劉國勝：〈包山二號墓簡冊〉，收入於《楚地出土戰國簡冊（十四種）》（北京市：
    經濟科學出版社，2009年9月），頁85注57。

[3] 劉國勝：〈長臺關1號墓簡冊〉，收入於《楚地出土戰國簡冊（十四種）》（北京市：經濟
    科學出版社，2009年9月），頁390注117。

[4] 大西克也：〈上博六《平王》兩篇故事中的幾個問題〉，復旦網，2010年4月21日。

[5] 湖北省荊沙鐵路考古隊：《包山楚簡》（北京市：文物出版社，1991年10月），頁37。

[6] 白於藍：〈讀上博簡（二）箚記〉《上海博物館戰國楚竹書研究續編》（上海市：上海書店
    出版社，2004年7月），頁492；陳偉、劉國勝：〈包山二號墓簡冊〉，收入於《楚地出
    土戰國簡冊（十四種）》（北京市：經濟科學出版社，2009年9月），頁119。

[7] 湖北省荊沙鐵路考古隊：《包山楚墓》（北京市：文物出版社，1991年10月），頁199。

應該是 （苽－瓜，《孔子詩論》18）、（苽－瓜，《周易》41）的繁體，《上博文字編》指出：「苽，楚文字之『瓜』字。與《說文》之『苽』字同形。」[1] 以楚文字的用字習慣來說，楚簡從「」諸字文例都只能讀為從「禺」聲的字，侯部；「」（偏旁）從「瓜」聲，魚部，的確是比較明顯的區別。目前所看到的楚文字「瓜」字或從「瓜」的字都寫作向右邊，如 （宖－瞽，[2]《唐虞之道》簡 9）、（苽－瓜，《孔子詩論》18）、（苽－瓜，《周易》41）、（狐，《包山》95）[3]、（狐，《周易》37）、（鈲－壺，[4]《包山》265）、（瓠－壺，《信陽》M2 簡 1）、（瓠－壺，[5]《信陽》M2 簡 1）、（孤，《周易》33）、（孤，《吳命》簡 4）、（孤，《新蔡》零 9）、「」（柧，《有皇將起》01），寫作向左邊者（）則從未見過，這也透露出頻繁出現的「」字形能否理解為從「瓜」不

---

[1] 李守奎、曲冰、孫偉龍編著：《《上海博物館藏戰國楚竹書》（一～五）文字編》，頁 362。

[2] 黃德寬、徐在國：〈郭店楚簡文字考釋〉《吉林大學古籍整理研究所建所十五周年紀念文集》（長春市：吉林大學出版社，1998 年），頁 104。又載於黃德寬、何琳儀、徐在國：《新出楚簡文字考》（合肥市：安徽大學出版社，2007 年 9 月），頁 8～9。劉洪濤：〈郭店竹簡《唐虞之道》「瞽瞍」補釋〉，簡帛網，2010 年 4 月 30 日，http://www.bsm.org.cn/show_article.php?id=1248。

[3] 其他形體見《楚文字編》，頁 578、《《上海博物館藏戰國楚竹書》（一～五）文字編》，頁 463「狐」字下。

[4] 劉國勝：〈楚喪葬簡牘文字釋叢〉《古文字研究》第二十五輯（北京市：中華書局，2004 年 10 月），頁 364。

[5] 董珊：〈信陽楚墓遣策所記的陶壺和木壺〉，簡帛網，2007 年 6 月 20 日，http://www.bsm.org.cn/show_article.php?id=584。

無疑問，¹同時文義上也沒有讀為「瓜」的證據。陳偉先生曾指出「　」從二人側立取義，是「耦」的象形字。²大西克也先生贊同陳先生的思路，並認為「　」形應是耦耕之「耦」的本字，象二人彎腰往下伸出手，並行耦耕之形，此形可逕隸定為「耦」。³按：「　」形是否一定是耦耕之「耦」的本字，還有待檢驗，⁴但是其讀音與「偶」相近則是肯定的。以此標準來

---

¹ 西周金文師西簋有如下的字形：　4288.1、　4288.2、　4289.1、　4289.2、　4290、4291，已有多位學者改讀為「瓜」，參見涂白奎：〈說西周金文中的「狐」字〉，載《考古與文物》2005 年增刊（《古文字論集》三），頁 110-112、何景成：〈論師西盤銘文中的「弁狐」族〉《中國歷史文物》2010 年第 5 期，頁 63-68。看起來「瓜」字的方向是左右不分的。戰國文字在偏旁制約的狀況下會有寫向左邊的例子，如三晉系《璽彙》3987 複姓璽「令狐買」的「狐」作　，其「瓜」旁向左邊，但這也是目前三晉系唯一的一例。但由上舉楚文字「瓜」字或從「瓜」的字都寫作向右邊的例證來看，「　」隸定為「　」恐怕有問題，其字形來源或與「瓜」無關。《侯馬》「弧」字有底下幾種寫法：　、　、　、　、　、　，比對《集成》10916 陽狐戈的「狐」作　，《侯馬》的字形從「瓜」可以確認。而《侯馬》1：41「弧」作　，其字形顯然不從「瓜」，而是訛變寫作二「弓」形。其它從「瓜」諸字可以參看《古文字譜系疏證》第二冊頁 1346～1349；《集成》04331 乖伯簋「　裘」，上述涂白奎先生釋為「狐裘」。又新出秦印「州狐」的「狐」作　（見王輝：《一粟集》496、510 頁）等等。

² 陳偉：〈竹書《容成氏》所見的九州〉《中國史研究》2003 年第 3 期，頁 44～45。

³ 大西克也：〈上博六《平王》兩篇故事中的幾個問題〉，復旦網，2010 年 4 月 21 日，http://www.gwz.fudan.edu.cn/srcshow.asp?src_id=1133。

⁴ 周昕先生說：「耦耕是古代勞動人民在實踐中創造的、按農事需要而適當結合的耕作方法。由於它的結合前提必須是兩人或兩件農具，因而產生了『耦耕』這個名稱，凡具有同時使用兩個或兩種農具完成同一種農藝；或兩人、或兩具協作完成同一種農藝的耕作方式都可稱為『耦耕』，或簡稱為『耦』。『耦耕』這類工作方式，它在歷史上從來沒有消失過，只是不同的時代、不同的地區可能會變換為不同的農具和不同的結合形式。」文中並列舉歷代對「耦耕」的八種說法，見氏著：〈說「耦」〉《中國農史》2004 年第 3 期頁 10。劉亞中先生認為：「『耦』是古代的一種農具，分為直尖和斜尖兩種，它分別適用於不同質地的土壤耕作而採取相應的耕作方式。『耦耕』就是『持耦而耕』，是西周時期盛行的耕作方式。它主要分為兩種方式，即『二人並耕』式和『人拉犁耕』式，但不論採取哪種形式，都是根據勞動環境、耕作物件和勞動者雙方的協作和熟練程度來決定的。它是介於鋤耕和牛耕之間的重要耕作形式，是由當時生產力發展水準所決定的，它可以

看，《命》 字確實應從整理者及陳偉先生所說隸定為「瓤」。

　　接下來討論 隸定為「瓤」後如何釋讀。《說文・瓜部》下有「瓤」，曰：「本不勝末，微弱也。從二瓜，讀若庾。」（七下二）段注曰：「本者，蔓也。末者，瓜也。蔓一而瓜多，則本微弱矣。故污窳之窳、惰孏之窳皆從此。」[1]上引李家浩先生根據「讀若庾」，將「瓤」歸於「侯」部。鄭張尚芳先生也將從「瓤」聲的「窳」歸於「侯」部。[2]《說文通訓定聲》則將「瓤」及從「瓤」聲的「窳」歸入「瓜」聲下，[3]陳復華、何九盈、郭錫良、唐作藩等幾位先生都將「瓤」、「窳」歸入魚部。[4]《說文》「窳，污窳也。」，段玉裁注釋曰：「《史記》：『舜陶河濱，器不苦窳。』裴駰曰：『窳、病也。』按器窳者，低陷之謂。亦污窳之意也。釋詁曰：『窳、勞也。』郭云：『勞苦者多惰窳。』《大雅・毛傳》曰：『訿訿，窳不供事也。』《史記》：『呰窳偷生』，晉灼曰：『呰，病也。窳，惰也。』許於此部呰下亦云窳也，蓋卽用毛傳。毛詩訿，卽呰也。此等窳皆訓惰孏，亦皆污窳引伸之義。釋玄應屢引揚承慶《字統》說：懶者不能自起，如瓜瓠在地不能自立，故字從瓤。

---

隨著農業技術發展和生產力提高而出現不同的形式。」見氏著：〈也說「耦」與「耦耕」〉《中國農史》2008 年 1 期頁 3～9。以上說法皆與「 」形體看不出直接的聯繫，則「 」是否一定跟「耦耕」有關，尚待檢驗。另參見賈文：〈說甲骨文「爭」—古代的「耦耕」〉《中國歷史文物》2005 年第 3 期，61-63 頁、劉洪濤：〈說「爭」、「靜」是「耕」的本字—兼說甲骨文「爭」反映的是犁耕〉，復旦網，2010 年 4 月 9 日，http://www.gwz.fudan.edu.cn/SrcShow.asp?Src_ID=1126。

[1] （清）段玉裁注：《說文解字注》（臺北市：漢京文化，1985 年 10 月），頁 337。

[2] 鄭張尚芳：《上古音系》（上海市：上海教育出版社，2003 年 12 月），頁 541。

[3] （清）朱駿聲：《說文通訓定聲》（北京市：中華書局，1984 年 6 月），頁 459。

[4] 陳復華、何九盈：《古韻通曉》（北京市：中國社會科學出版社，1987 年 10 月），頁 165、王力主編：《王力古漢語字典》（北京市：中華書局，2002 年 12 月），頁 862「瘐」字條下，此部份由何九盈先生撰寫。郭錫良：《漢字古音手冊》（增訂本）（北京市：北京大學出版社，2010 年 8 月），頁 179、唐作藩：《上古音手冊》（南京市：江蘇人民出版社，1982 年 9 月），頁 160。

又嬾人恒在室中，故从穴。夫穴訓土室，不必从宀而後爲室也。而召旻正義曰：艸木皆自豎立，惟瓜瓠之屬臥而不起，似若嬾人常臥室，故字从宀。宀音眠。此亦用字統說。而與玄應所據有異。且陸氏釋文、孔氏正義皆引說文窳，嬾也。而說文無此語。聞疑載疑。不敢於宀部妄補窳篆。」[1]段氏在前引《說文》「㼌」字下已提到有「惰嬾」義的「窳」，這個義項未收錄於現今版本《說文》「窳」字下，而是寫作「㼌」，見於《集韻‧上聲‧噳韻》：「㼌，嬾也。」既是「噳韻」，自然是魚部字。《說文》另有與「窳」意思相近的「窊」，《說文》曰：「窊：汙衺，下也。从穴瓜聲。」《集韻》：「窳，同窊。」《詩‧召旻》：「皋皋訿訿，曾不知其玷。」《傳》：「訿訿，窳不供事也。」其中「窳」字，阮校曰：「《釋文》云：『窳音庾，裴駰云病也，《說文》云嬾也，一本作窊』。」[2]《相馬經》18「我而」，《秦漢魏晉篆隸字形表》釋為「窊」，[3]《馬王堆簡帛文字編》則釋為「窳」。[4]「窊」諸家歸於魚部，未見異議，可見「窳」字所從「㼌」應是「瓜」的繁體，其本為魚部字。很好的證據是《古文四聲韻》中「與」字下收古文作：，[5]也有的版本作，[6]正是「㼌」字，[7]而「與」正是魚部字，也可見戰國時

---

[1] （清）段玉裁注：《說文解字注》（臺北市：漢京文化，1985年10月），頁345。

[2] 李學勤主編、龔抗雲等整理：《毛詩正義》（北京市：北京大學出版社，1999年12月），頁1266。

[3] 漢語大字典字形組編：《秦漢魏晉篆隸字形表》（成都市：四川辭書出版社，1985年），頁517。

[4] 陳松長：《馬王堆簡帛文字編》（北京市：文物出版社，2001年6月），頁311。

[5] （宋）郭忠恕、夏竦《汗簡‧古文四聲韻》（北京市：中華書局，1983年12月），頁39。

[6] （宋）夏竦撰：《古文四聲韻》（臺北市：學海出版社，1978年5月），頁155。此為高佑仁先生指出，見〈《命》篇補釋兩則〉，復旦網學術討論區，2011年8月25日，http://www.gwz.fudan.edu.cn/ShowPost.asp?ThreadID=4940 第5樓。

[7] 李春桃：〈古文考釋八篇——七、釋「㼌」〉，簡帛網，2011年4月13日，http://www.bsm.org.cn/show_article.php?id=1447。但是李先生以「」字為出發點討論「㼌」字則是我們不能同意的。

期確實存在「瓜」字繁體，讀為魚部字的「瓜」。而至少在漢朝時已有讀為「庾」的侯部讀音。除《說文》所揭示的音讀外，《銀雀山漢簡・守法守令第四王兵》868「器械苦俁」，當讀為「器械苦窳」。[1]《銀雀山漢簡貳・十陣》1539-1540「往者弗送【1359】，來者弗止，或擊其迂，或辱其閱（銳）」，「迂」字，整理者注釋說：「『迂』疑當讀為『窳』，弱也。」[2]可見西漢時期「窳」確實可與「與」（侯部）、「于」「魚部」相通。有學者認為魚、侯二部在戰國時代是各自分立的，[3]不過二部有相通的事實的確也是存在的。[4]然而古書所反映的「瓜」與「瓜（窳）」的通假例證確實不相混，[5]「瓜」字的通假範圍在魚、陽與歌部。加上以楚文字的書寫習慣來說，楚簡從「🖼」諸字文例讀為從「禺」聲的字，侯部；「🖼」（🖼偏旁）從「瓜」聲，魚部，的確是比較明顯的區別。同時比對「🖼」與「🖼」關係，則🖼顯然應該解釋為「🖼（瓜）」字的繁體，從「瓜」聲（魚部）較為合理。此外，《新蔡》甲三379「□迌啜（刈）於侯豐一□」，「豐」字作🖼，也應該分析為從「瓜」聲，「侯豐」是地名，待考。可見🖼讀為「諏」（精紐侯部）或「叩」

---

[1] 銀雀山漢墓竹簡整理小組：《銀雀山漢墓竹簡》（壹）（北京市：文物出版社，1985 年 9 月），頁 136、139 注 39。駢宇騫：《銀雀山漢簡文字編》（北京市：文物出版社 2001 年 7 月），頁 280。

[2] 銀雀山漢墓竹簡整理小組編：《銀雀山漢墓竹簡（貳）》（北京市：文物出版社，2010 年 1 月），頁 192 注 28。

[3] 邵榮芬：〈古韻魚侯兩部在前漢時期的分合〉《邵榮芬音韻學論集》（北京市：首都師範大學出版社，1997 年 7 月），頁 98。

[4] 參本文第（四）則〈由《王居》簡 7 的「辻」字重新分析相關字形〉。

[5] 參見高亨、董治安編纂：《古字通假會典》（濟南市：齊魯書社，1997 年 7 月），頁 330～332「窳」聲、頁 857「瓜」聲；張儒、劉毓慶：《漢字通用聲素研究》（太原市：山西古籍出版社，2002 年 4 月），頁 355「瓜」聲首、頁 377「瓜」聲首。

（溪紐侯部）從語音上來說顯然不是最好的選擇。筆者以為可讀為「舉」（見紐魚部），與「瓜」雙聲疊韻。上舉《古文四聲韻》「瓜」可讀為「與」，自然《命》的「瓜」也可以讀為「舉」。「舉」有「謀」、「問」、「言」的意思，《呂氏春秋・異寶》：「五員亡，荊急求之，登太行而望鄭曰：『蓋是國也，地險而民多知，其主俗主也，不足與舉。』」高誘《注》：「舉，猶謀也。」又《禮記・曲禮上》：「主人不問，客不先舉。」孔穎達疏：「舉亦問也。客從外來，宜問路中寒熱無恙，若主人未問，則客不可先問也。」《禮記・雜記下》：「過而舉君之諱，則起。」，鄭玄《注》：「舉猶言也。」[1]《素問王冰注》：「舉痛論篇第三十九」，孫詒讓《札迻》：「『舉』者，辨議之言。此篇辨議諸痛，故以『舉痛』為名。……魏昭王問於田詘曰：『寡人之在東宮之時，聞先生之議曰：「為聖易。」有諸乎？』田詘對曰：『臣之所舉也。』」[2]以上這些「舉」的義項帶入簡文都很合適。

附帶一提，現藏日本鴨雄綠齋楚國的「陽▨之遂」璽，「▨」字吳振武先生以為從「瓜」字得聲，隸定為「𨜓」，「陽𨜓」應該讀為「陽夏」。[3]施謝捷、李春桃先生贊同此說。[4]按：幾位先生考釋文章中都將「瓜」當作魚部字，所以可以讀為「夏」（魚部）。但是讀為「夏」的疑慮在於楚文字「夏」字雖然偏旁有所多變化，但總的寫法是很固定，少見其他通假字形。同時由目前所認識的楚文字書寫習慣來看，「▨」是從「耦」得聲，應從「禺」聲的角度來釋讀，具體地望待考。還有左冢楚墓漆棋局為於X綫上第五欄的

---

[1] 宗福邦、陳世鐃、蕭海波主編：《故訓匯纂》（北京市：商務印書館，2004 年 3 月），頁 1891 義項 24、46、49、50。

[2] （清）孫詒讓：《札迻》（北京市：中華書局，1989 年 1 月），頁 363～364。

[3] 吳振武：〈釋三方收藏在日本的中國古代官印〉《中國文字》新廿四期（臺北市：藝文印書館，1998 年 12 月），頁 90～93。

[4] 施謝捷：《古璽彙考》（合肥市：安徽大學博士學位論文，2006 年 5 月），頁 177。李春桃先生文已見上引。

（𢌳）字，[1]黃鳳春、劉國勝隸定為「𡩺」，[2]劉國勝先生寫此文時，《平

王問鄭壽》 字的材料尚未出版，今根據他將 釋為「堣」的意見，則

應該釋為「𡩺」。當然也不排除是「所」字的訛寫。

## 十四 由《志書乃言》兩個特殊的「是」字談「是」、「胥」

## 二字形混的現象

《平王問鄭壽》簡 7 曰：溫 [3]恭淑惠 [4]，民 瞻望」，原考釋者陳佩芬

女士指出：「民是覿親：讀為『民是觀望』。『民』泛指民眾，國民。『是』，

《爾雅・釋言》：『則也。』」[5]郭永秉先生則指出：「此字缺乏『是』字中間

的一橫，釋作『是』根據不足。此字曾在曾侯乙墓竹簡中出現過，曾侯乙

墓竹簡 175 號『疋乘之駷』，，裘錫圭、李家浩先生指出：『疋字原文作 ，

---

1 湖北省文物考古研究所等編著：《荊門左冢楚墓》（北京市：文物出版社，2006 年 12 月），
  頁 183。

2 黃鳳春、劉國勝：〈記荊門左塚楚墓漆梮〉《第四屆國際中國古文字學研討會論文集——
  新世紀的古文字學與經典詮釋》（香港：香港中文大學中國語言及文學系，2003 年 10
  月），頁 496。亦見《荊門左冢楚墓》，頁 184、230。

3 釋為「溫」，見何有祖：〈讀《上博六》札記〉，簡帛網，2007 年 7 月 9 日，
  http://www.bsm.org.cn/show_article.php?id=596。

4 釋為「惠」，見何有祖：〈讀《上博六》札記〉，簡帛網，2007 年 7 月 9 日，
  http://www.bsm.org.cn/show_article.php?id=596。

5 馬承源主編：《上海博物館藏戰國楚竹書（六）》（上海市：上海古籍出版社，2007 年 7
  月），頁 263。

與簡文『楚』字所从『疋』旁相同。」曾侯乙墓竹簡『楚』字作 （126

號簡『一楚甲』），所从『疋』旁與此字同；此外，中子化盤、楚王 章戈

及曾侯乙鐘銘『楚』字所從的疋旁亦同，可見其說甚是。值得注意的是，《平

王問鄭壽》的 字上部的『日』恰被『止』旁交會的兩筆夾住，這和楚文

字『疋』字多作 （《上博（一）・孔子詩論》10 號簡）、 （《郭店楚墓

竹簡・窮達以時》9 號簡）之形特徵相同，可見此字釋為『疋』是有根據的。

《說文・五下》『夏』字古文從『疋』，其實是戰國文字『夏』字左半寫作

（包山 209 號簡『夏』字所從）這類形體被誤認的結果，由此也可見在古

人心目中『 』的確是『疋』字。1984 年江蘇丹徒縣北山頂墓葬出土春

秋前期遱邡編鐘、鑄有『中鳴 好』一句，其中的 字各家皆釋為『媞』，

何琳儀先生指出鐘銘『是』字作『 』，與此不同，他認為此字從『女』『疋』

聲，疑為『婿』之省文，……鐘銘『中鳴婿好』可讀『終鳴且好』，與春秋

金文中習見的『中翰 楊』句式完全相同。其說可從。這也說明簡文 字

的這种寫法不但曾侯乙墓竹簡所在的戰國早期已有，甚至還可以追溯到春

秋時代。《說文・二下》『疋，…或曰胥字』，簡文的『疋』當讀為訓『皆』

的『胥』。簡文『溫恭淑惠，民胥瞻望』，應是說『溫恭淑惠的君子，下民

都仰望依賴他。』《詩・小雅・角弓》：『爾之遠矣，民胥然矣。爾之教矣，

民胥傚矣。』『民胥如何』的辭例與簡文相同。」[1]應該說郭先生的論述是

---

[1] 郭永秉：〈讀《平王問鄭壽》篇小記二則〉，復旦網，2007 年 8 月 30 日，
http://www.bsm.org.cn/show_article.php?id=709，又載於氏著：《古文字與古文獻論集》
（上海市：上海古籍出版社，2011 年 6 月），頁 99～102。後文內容有所增補，茲據後
文收錄。

相當有說服力的，如沈培先生起先認為：「《上博（六）・平王問鄭壽》簡 7 的『』，馬承源（2007：263）釋為『是』，郭永秉（2008）改釋為『疋』。現在看來還是應當釋為『是』，在簡文中讀為『寔』。」[1]後來沈培先生在郭永秉（署名：大丙）〈《吳命》篇「暑日」補說〉一文後之跟帖云：「我完全同意永秉兄的意見。應當為永秉兄所釋的那個『疋』字恢復名譽。抱歉並感謝！」[2]轉而贊同郭氏的意見。值得注意的是，滕壬生：《楚系簡帛文字編》頁 132 收錄有「」字形，出處是《天星觀》，文例是「以○古有大咎」，所以滕壬生將此字釋為「是」。郭永秉先生指出：「此摹本不可信，據《楚文字編》所收此字印本，其所從『止』旁的左側明顯有一曲筆（引按：作），可見此字應是類似（包山 4 號簡）的寫法。」《楚系簡帛文字編》【增訂本】》頁 145 仍沿襲「」寫法，應該加以訂正。

謹按：郭永秉先生認為不似「」（是，《郭店・老子甲》簡 3）有一橫筆，所以應釋為「疋」，筆者以前也信從此說。但是新出《上博八・志書乃言》簡 1「是楚邦之弲（強）秒（梁）人」，「是」作；簡 2「此是胃（謂）死辠（罪）」，「是」作，此二字與《平王問鄭壽》簡 7 的「」幾乎同形，差別僅在於前者在「止」旁多一短筆，此種「是」字寫法又見

---

[1] 沈培：〈《上博（七）》字詞補說二則〉，復旦網，2009 年 1 月 3 日，http://www.gwz.fudan.edu.cn/SrcShow.asp?Src_ID=605。

[2] 亦可見沈培：〈《上博（七）》校讀拾補〉頁 7，「古道照顏色——先秦兩漢古籍國際學術研討會論文」，香港中文大學中國語言及文學系、中國文化研究所、中國古籍研究中心主辦，2009 年 1 月 16～18 日。

於（書也缶）[1]、（《天星觀》）。但是「疋」旁也常見有一短筆，如

（《命》09）（《包山》228）。可見作為一種獨體的寫法，而且其上「日」

旁寫作標準的「橫筆形」的寫法（），與「疋」偶或趁隙加點者不同（詳

下），則《平王問鄭壽》簡7字恐怕仍應從整理者釋為「是」，讀為「民

是瞻望」，相同辭例可以參考《孝經・三才》：「子曰：『夫孝，天之經也，

地之義也，民之行也。天地之經，而民是則之。』」《逸周書・常訓解》：「民

是乏生，□好惡有。」[2]《魏書・卷七十八・列傳第六十六・張普惠》：「伏

惟慈明遠被，萬民是望」。或從沈培先生讀為「寔」。[3]初步看來，「疋」、「是」

之別主要還是在上面的○、日。[4]雖然「是」字上部的「日」旁也可作「○」

形，如（《集成》95，䣄孫鐘）、（《集成》98，䣄孫鐘）、（《集成》

---

[1] 附帶一提，書也缶「是」字照片作：。一般拓片或摹本作：

| | | | | | |
|---|---|---|---|---|---|
| 《集成》10008 | 《金文編》頁91 | 《戰國古文字典》頁750 | 《古文字譜系疏證》頁2033 | 《楚系金文彙編》頁511 | 《楚文字編》頁92 |

筆者在2011年9月1日參加臺師大古文字讀書會時，在座有同學指出字實際上本作

「」，對照銘文的錯金情況來看，這種可能性不能排除，此說若能成立，則與「」

寫法相同，皆應釋為「是」。

[2] 句讀依照黃懷信著：《逸周書校補注釋》（西安市：三秦出版社，2006年9月），頁21。

[3] 沈培：〈《上博（七）》字詞補說二則〉，復旦網，2009年1月3日。

[4] 有研究者認為古文字「夏」字從「疋」聲，而楚文字「夏」作（《包》67）字從「」；

《天星觀》作「」、「」則從「」，認為這是「疋」、「是」形混的證據。謹案：

此說尚有爭議，或認為「夏」字形體本與「疋」無關，參見冀小軍：〈《湯誓》「舍我穡

事而割正夏」辨正〉，復旦網，2011年10月10日、張富海：《漢人所謂古文之研究》（北

京市：線裝書局，2008年7月）「疋」字條下。此說若可信，則自然不能作為「疋」、「是」

形混的證據。

100，孫鐘）、（《集成》101，孫鐘）、（《集成》3910.1，是婁簋）、

（《集成》3910.2，是婁簋）、（《子羔》簡10）、（《子羔》簡10）、

（《子羔》簡12）、（《子羔》簡12），但是整個形體尚有「橫筆」制

約，不至於造成混淆。至於「楚」，《曾侯》簡122作（）[1]、中子化盤

作、楚王章戈作、曾侯乙鐘銘作，其「疋」旁寫作從「日」形，

這可以解釋為「O」旁趁隙加點訛為「日」形，如「甬」像鐘形，為「庸」、

「鏞」之本字，上部小環像「旋蟲」（掛鐘勾之小環），金文作「」《梁其

鐘》（00188），《頌簋》（04332）作、《頌壺》（09731.2）作，甬的上

部小環形訛為「日」。[2]又如「臣」本作（憧季遽父卣）、（弭伯作井姬

甗），象梳篦之形。[3]後來也作（魯伯愈父鬲）、（格伯作晉姬簋），加

了飾點。[4]或是理解為「疋」在獨體與偏旁的寫法本有不同，[5]作為「楚」字

---

[1] 張光裕、黃錫全、滕壬生主編：《曾侯乙墓竹簡文字編》（臺北市：藝文印書館，1997年1月），頁70。

[2] 金東雪：《珂生三器銘文集釋》（長春市：吉林大學碩士論文，2009年4月，指導教師：吳良寶教授），頁84～85。

[3] 于省吾：〈釋臣〉《甲骨文字釋林》（北京市：中華書局，1979年6月），頁66～67。

[4] 《金文編》，頁787～790。

[5] 古文字在偏旁與獨體中的寫法本偶有不同，馮勝君先生指出：「在同一條簡文中，『晉』字單獨出現和作為偏旁時形體是不同的。這也是古文字形體演變過程中的一個有趣現象，即某一個字作為獨體存在和作為偏旁時，其形體演變的速度和方向往往是有較大不同的，一般來說，作為偏旁的形體更容易發生比較劇烈的變化，而作為獨體存在時則要相對穩定一些。」參馮勝君：《郭店簡與上博簡對比研究》（北京市：線裝書局，2007年4月），頁187。也可見劉釗：〈齊國文字「主」字補證〉《出土文獻與古文字研究》第三輯（上海市：復旦大學，2010年7月），頁146。又陳英傑先生也提出一個觀念，作為偏旁可

偏旁的制約下，也不會與「是」形混一起。至於《曾侯》175 的「 乘之

六馬」，辭例是人名，未必一定釋為「疋」，也可以釋為「是」，古代有「是」

氏，如《隸釋》載漢代有「是盛」、「是廷」，據《三國志・吳志・是儀傳》

所載，本為春秋時期齊國大夫「氏」氏之後。[1]

但是「是」、「疋」二字有時也難以明確分辨，如：遱邥編鐘、鏄「中

鳴△好」，「△」作「」（《集錄》96），[2]也作「」（《集錄》95，233

頁），若以 為正體，則應從諸家釋為「媞」，其「日」旁可以比對 （《集

成》3911.1，是妻簋）。曹錦炎先生讀為「寔」，「中鳴是（寔）好」是在稱

讚鐘聲悅耳美妙。[3]董楚平先生引《楚辭・七諫・怨世》：「西施媞媞而不見

兮」，王逸《楚辭章句》注云：「媞媞，好貌」。[4]若以 為正體，左上作「〇」

形，當是「姃」字，則 為趁隙加點，如同上述金文「楚」一樣。「姃」

字可如何琳儀先生所說讀為「且」，則句式與王孫誥鐘「中翰廬揚」相同。

考量到文例，此暫從何琳儀先生說。又如《集成》10899「旛戈」的 ，

由於其「〇」中有一點，與「昌」作 （《璽彙》4985）的「日」旁相似，

自然應該優先考慮釋為「是」，但是缺點是「是旛」不知地望何在。若是從

吳振武先生釋為「疋」，則「疋旛」可以讀為「胥靡」，在今河南省偃師縣

東南，春秋先屬鄭，後屬周。[5]本文暫從後說。最後，《唐虞之道》的「正」

以同義通用，作為獨體字則未必。參陳英傑：《西周金文作器用途銘辭研究》（北京市：線裝書局，2009 年 1 月），頁 381 注 1。

[1] 參陳明遠、汪宗虎主編：《中國姓氏辭典》（北京市：北京出版社，1995 年 11 月），頁388。

[2] 劉雨、盧岩編著：《近出殷周金文集錄》（北京市：中華書局，2002 年），頁 236。

[3] 曹錦炎：〈遱邥編鐘銘文釋義〉《文物》1989 年 4 期，頁 57～58。

[4] 董楚平：《吳越徐舒金文集釋》（杭州市：浙江古籍出版社，1992 年 12 月），頁 322 注 5。

[5] 吳振武：〈東周兵器銘文考釋五篇〉《容庚先生百年誕辰紀念文集》（廣東市：廣東人民出

作 （簡 3）、（簡 11）、（簡 22），也作 （簡 3，必『正』其身）、

（簡 13，愛而『正（征）』之），張富海先生分析說：「把本是一短橫

的飾筆寫成了較粗的墨塊，可以視為加注『丁』聲（董珊說）」。[1]《楚文字

編》，頁 92 也歸在「正」字下。值得注意的是，簡 13「畳（夏）用戈，不

備（服）也。」「」字，整理者釋為「正」，[2]《楚文字編》頁 92 也歸在

「正」字下，陳偉先生進一步讀為「征」。[3]張富海先生分析說：「則又省

去了一長橫（似不好解釋為直接繼承較古的寫法）。」同時認為《說文》古

文的第二形「」可能是在《唐虞之道》「」基礎上又上加一橫、同時變

填實為鈎廓而形成的。[4]何有祖先生則釋為「疋」，讀為「胥」，待也。[5]《十

四種》採納「疋」的意見。[6]謹案：「」的墨塊形被「止」旁交會的兩筆

夾住，確實與楚文字「疋」字多作（《孔子詩論》簡 10）、（《窮達以

時》簡 9）之形特徵相同，可見此字釋為「疋」是有根據的，但是讀為「胥」

文意並不妥帖，諸家讀為「正」或「征」顯然是比較合理的，如《清華簡

（壹）・尹至》簡 4-5：「湯逞（往）【4】延（征）弗雟（附）」。職是之故，

筆者懷疑「」可能是「是」字。上面提到如果作形（「〇」）者，釋為

「疋」；如果作形者，釋為「是」。也就是相對於「〇」形來說，如果「〇」

形內有筆畫的話，應該釋為「是」，則「」自然應該釋為「是」了。而為

了更清楚的辨別，遂將「」加一橫筆成「」，更接近「是」的寫法。《說

版社，1998 年 4 月），頁 551～552。

[1] 張富海：《漢人所謂古文之研究》（北京市：線裝書局，2008 年 7 月），頁 42。

[2] 荊門市博物館：《郭店楚墓竹簡》（北京市：文物出版社，1998 年 5 月），頁 157。

[3] 陳偉：《郭店竹書別釋》（武漢市：湖北教育出版社，2003 年 1 月），頁 61。

[4] 張富海：《漢人所謂古文之研究》（北京市：線裝書局，2008 年 7 月），頁 42。

[5] 何有祖：〈楚簡四則〉，簡帛研究網，2004 年 5 月 29 日。

[6] 陳偉等著：《楚地出土戰國簡冊【十四種】》（北京市：經濟科學出版社，2009 年 9 月），
頁 193。

文》分析「是」為從「日」從「正」，實際上「正」，章紐耕部，中古三等開口；「是」，禪紐支部，中古三等開口，二者顯然是音近的。《山海經・北山經》：「又北百七十里，曰隄山。」郭璞注：「隄，或作陡。」《玉篇》所記「隄」的古文便是「陡」。而「陡」從「定」聲，「定」從「正」聲，可見「是」確實可以讀為「正」、「征」。

　　由以上的討論，可知「胥」、「是」形體相近，確實有相混的可能，這在古書中也有反映。《大雅・瞻卬》：「舍爾介狄，維予胥忌」，《箋》云：「介，甲也。王之為政，既無過惡，天何以責王見變異乎？神何以不福王而有災害也？王不念此而改脩德，乃舍女被甲夷狄來侵犯中國者，反與我相怨。謂其疾怨羣臣叛違也。」[1]《疏》曰：「故知被甲夷狄來侵犯中國者，臣若阿諛順旨，必不為王所怨，故知反與我相怨，謂其疾怨羣臣叛違也。以正直不肯從邪，故為王所怨。」[2]可見《箋》、《疏》都將「胥」解為「相」，文意並不妥帖。向熹先生不同意箋、疏的意見，但解釋為「表示動作偏指一方」恐怕也有問題。[3]裴學海《古書虛字集釋》指出：「胥猶是也。『胥』訓『是』，猶『斯』訓『是』。『胥』、『斯』古字通」。裴氏所舉例證有《大雅・瞻卬》：「舍爾介狄，維予胥忌」以及《閟宮》：「黃髮台背、壽胥與試」。[4]其中《閟宮》之釋還有待斟酌，但是前一例「胥」理解為「是」顯然是合理的。余師培林也贊同裴氏的意見，並翻譯此句說：「爾棄置爾之重大戎狄之患不問，反惟忌恨我也。」[5]高亨先生本將「胥」解為「相」，但是他的翻譯卻是「你放開武裝的狄國不管，**只是**忌恨我。」[6]也可見「胥」解為「相」確實無法讀通經文，只有理解為「是」方能符合文義。假若裴學海所說可信，「胥」本有「是」意，則《志書乃言》簡 1、2 的字形仍可以釋為「胥」，

[1] 李學勤主編、龔抗雲等整理：《毛詩正義》（北京市：北京大學出版社，1999 年 12 月），頁 1261。

[2] 同上，頁 1262。

[3] 向熹：《詩經詞典》（成都市：四川人民出版社，1997 年 7 月），頁 743。

[4] 謝紀鋒編纂 ：《虛詞詁林》（哈爾濱市：黑龍江人民出版社，1993 年 1 月），頁 436。

[5] 余師培林：《詩經正詁》（臺北市：三民書局，1993 年 10 月）下冊，頁 501 注 31

[6] 高亨：《詩經今注》（臺北市：里仁書局，1981 年 10 月），頁 471 注 30。

解為「是」意，這樣就可以圓滿解決字形的問題，缺點是多繞了一圈，更重要的是「胥」的義項引申序列看不出來有「是」的意思，同時其他訓詁書籍也未見此義項者。[1]裴氏認為「胥」通假為「斯」，「斯」猶「是」也。古籍中【斯與胥】確實有通假的例證，如《詩・小雅・角弓》：「民胥傚矣」，「胥」，《潛夫論・班祿》引作「斯」。[2]不過【斯與胥】韻部支魚距離稍遠，少見相通，故僅見此一例。且如裴氏所解釋，則是顯得曲折了。筆者以為比較可能的情況是：「維予胥忌」本寫作「維予是忌」，後世誤抄為「胥」。我曾就此問題與郭永秉先生討論，承郭先生告知「誤抄的可能性的確存在而且不小」。[3]再看《孟子・公孫丑上》：「今國家閒暇，及是時般樂怠敖，是自求禍也。」趙岐《注》曰：「孟子傷今時之君，國時適有閒暇，且以大作樂，怠惰敖遊，不修政刑，是以見侵而不能距，皆自求禍者也。」[4]看的出來，趙岐是以「皆自求禍者也」來解釋「是自求禍也」，蕭旭先生根據這條注釋認為「是猶皆也」。[5]不過其他古籍注釋似未見「是」有「皆」的意思，[6]此處「是」是否本是「胥」，寫作「胥自求禍者也」，待考。看來古書中「胥」、「是」相混的例證一定還有，值得我們持續關注。

　　附帶討論《說文》古文「正」的第二形「𤴡」字。冀小軍先生認為《說文》分析「𤴡」為「从一足」，所以本來應該寫作「𤴡」。此字其實是古文「夏」作「𥑏」的訛形，《書・湯誓》：「舍我穡事而割正夏」的「正」就是「𤴡」也就是「夏」，原文的「夏」是衍字。[7]謹案：應該說冀小軍先生的

[1] 宗福邦、陳世鐃、蕭海波主編：《故訓匯纂》（北京市：商務印書館，2004 年 3 月），頁 1856。

[2] 張儒、劉毓慶：《漢字通用聲素研究》（太原市：山西古籍出版社，2002 年 4 月），頁 514。

[3] 2011 年 9 月 16 日信件內容。

[4] （清）焦循撰，沈文倬點校：《孟子正義》（北京市：中華書局，1987 年 10 月）頁 224。

[5] 蕭旭：《古書虛詞旁釋》（揚州市：廣陵書社，2007 年 2 月），頁 368。

[6] 宗福邦、陳世鐃、蕭海波主編：《故訓匯纂》（北京市：商務印書館，2004 年 3 月），頁 1020～1021、謝紀鋒編纂：《虛詞詁林》（哈爾濱市：黑龍江人民出版社，1993 年 1 月），頁 398～403。

[7] 冀小軍：〈《湯誓》「舍我穡事而割正夏」辨正〉，復旦網，2011 年 10 月 10 日

推測有相當的合理性，所以董蓮池先生也贊同這個意見。[1]不過有兩處值得斟酌，一是古文字的「夏」字確實未見省簡為「🜚」者，魏三體石經《左傳》古文「夏」字作🜚，一般認為是由《天星觀》🜚省去右旁的「頁」而來，所以仍不是從「日」從「止」。二是大徐本字形本作「🜚」，小徐本、《說文通訓定聲》字形作「🜚」，其上都不從「口」形，如此一來「止」旁之上就較難說是「日」形的訛變。同時上引張富海先生將「一」形之下與《唐虞之道》「🜚」視為一字，顯然也不認為上從「口」形。職是之故，筆者嘗試提出一種可能：首先，筆者贊同冀先生對《書・湯誓》：「舍我穡事而割正夏」的分析，即「夏」本是注解的文字，後被移為正文。這在上博竹書已多次見到。如《競公瘧》簡 10 有「貧朏（苦）約豹（疛）疾」、《孔子見季趄子》簡 3：「上不皋〈親〉仁，而絲專問其辭於失人乎？」其中的「約」與「疛」、「絲」與「專」，代表的都是一個字，而後一字是衍文。[2]又《鮑叔牙與隰朋之諫》簡 4-5「百姓皆🜚（夗—怨）🜚（悁），奄然將亡，公弗詰」，陳劍、程少軒先生已指出前者「夗」是齊系底本的寫法，後者「悁」是抄手寫楚文字對其加以說明，說穿了就是衍文。[3]其次，齊系文字有如下的寫法：

（《集成》10969，郳左厇戈）

（《集成》11085，亳厇八族戈）

（《集成》11070，曹右厇造戈）

何琳儀先生認為與小徐本《說文》、《段注本》所載「居」的異體作「🜚」

[1] 董蓮池：《說文解字考正》（北京市：作家出版社，2005 年 1 月），頁 63、。

[2] 陳劍：〈《上博（六）・孔子見季桓子》重編新釋〉《出土文獻與古文字研究》第二輯（上海：復旦大學出版社，2008 年 8 月），頁 172～174。

[3] 程少軒（網名：一上示三王）：〈關於《鮑叔牙》中的「怨悁」〉，復旦網學術討論區，2008 年 12 月 10 日，第 1、5 樓，http://www.gwz.fudan.edu.cn/ShowPost.asp?ThreadID=850。

為一字，應該隸定為「庢」，釋為「居」，讀為「載」。[1]董珊先生贊同釋為「居」的意見，讀為「庫」。[2]《齊文字編》則隸定為「庢」，沒有釋讀。[3]筆者贊同釋為「居」之說，並懷疑「亙」或「豆」就是■的訛省，比如「成」作■（《郭店・太一生水》2），是■形的省簡，「戌」旁省簡了左旁的豎筆。又如「滅」作■（《郭店・唐虞之道》28）、■（《上博六・天子建州》乙本10），亦作■（《信陽》2.3），「戌」旁省簡了左旁的豎筆。「箴」作■（《上博五・君子為禮》10），其「咸」旁亦省簡了左旁的豎筆作「戈」形。《璽彙》3087「■」可省簡為■（《集成》9733-2B，庚壺），「臧」旁省簡了左旁的豎筆省簡作「戈」形。[4]以此觀之，「厂」旁亦可能省簡了左旁的豎筆，則■可省簡為「豆」或「亙」，即是「居」字。《說文》古文」大部分是齊魯文字，所以形體與齊系出土文字相關是很自然的。「居」，見紐魚部；「夏」，匣紐魚部，二者音近可通。古書【叚與古】、【叚與夏】都可以通假，[5]自然【居與夏】相通是沒有問題的。則《書・湯誓》原文本來是作：「舍我穡事而割豆〈庢（居）－夏〉」，後人注釋「居」讀為「夏」，遂誤闌入正文。

附記：本文曾以〈論《平王問鄭壽》簡7「民是瞻望」的兩個問題──（一）「民是瞻望」釋讀兼論「是」、「胥」二字形混的現象〉為題，發表於「【簡帛・經典・古史】國際論壇」，香港浸會大學，2011 年 11 月 29 日～12 月 3 日。

[1] 何琳儀：〈戰國兵器銘文選釋〉《古文字研究》第 20 輯（北京市：中華書局，2000 年 3 月），頁 113。

[2] 董珊：《戰國題銘與工官制度》（北京市：北京大學中國語言文學系博士論文，2002 年 5 月），頁 114。

[3] 孫剛：《齊文字編》（福州市：福建人民出版社，2010 年 1 月），頁 250。

[4] 參拙作：《《上博楚竹書》文字及相關問題研究》（臺北市：萬卷樓圖書公司，2008 年 1 月），頁 186～194。

[5] 張儒、劉毓慶：《漢字通用聲素研究》（太原市：山西古籍出版社，2002 年 4 月）頁 379、408。

# 引用書目

## 一　傳統文獻

〔漢〕賈誼撰，閻振益、鍾夏校注：《新書校注》（北京市：中華書局，2000年7月）

〔漢〕司馬遷《史記》（北京市：中華書局，1964年4月）

〔漢〕史游撰，曾仲珊校點：《急就篇》（長沙市：岳麓書社，1989年1月）

〔漢〕班固撰：《漢書・揚雄傳》（臺北市：鼎文書局，1976年10月再版）

〔漢〕王符著、〔清〕汪繼培箋、彭鐸校正：《潛夫論校正》（北京市：中華書局，1985年9月）

〔漢〕王逸注〔宋〕洪興祖補注：《楚辭章句補注》（長春市：吉林人民出版社，1999年9月）

〔漢〕劉熙撰、〔清〕畢沅疏證、王先謙補，祝敏徹、孫玉文點校：《釋名疏證補（北京市：中華書局，2008年6月）

〔漢〕宋衷注〔清〕秦嘉謨等輯：《世本八種・張澍稡集補注本》（北京市：中華書局，2008年8月）

〔梁〕昭明太子撰，〔唐〕李善注：《文選》（臺北市：藝文印書館，1991年12月12版）

〔宋〕郭忠恕、夏竦《汗簡・古文四聲韻》（北京市：中華書局，1983年12月）

〔宋〕陳彭年等重修：《宋本廣韻》（臺北市：黎明出版社，1995年3月）

〔清〕段玉裁注:《說文解字注》（臺北市:漢京文化,1985年10月）

〔清〕朱駿聲:《說文通訓定聲》（北京市:中華書局,1984年6月）

〔清〕王聘珍撰,王文錦點校《大戴禮記解詁》（北京市:中華書局,1998年12月）

〔清〕王先謙《荀子集解》（北京市:中華書局,1997年10月）

〔清〕俞樾等著:《古書疑義舉例五種》（北京市:中華書局,2005年4月第2版）

〔清〕王念孫:《讀書雜志》（南京市:江蘇古籍出版社,2000年9月）

〔清〕王念孫:《廣雅疏證》（南京市:江蘇古籍出版社,2000年9月）

〔清〕王引之:《經義述聞》（南京市:江蘇古籍出版社,2000年9月）

〔清〕王引之:《經傳釋詞》（南京市:江蘇古籍出版社,2000年9月）

〔清〕孫星衍撰,陳抗、盛冬鈴點校:《尚書今古文注疏》（北京市:中華書局,2004年2月第2版）

〔清〕孫希旦撰,沈嘯寰、王星賢點校:《禮記集解》（北京市:中華書局,1989年2月）

〔清〕孫詒讓:《周禮正義》（北京市:中華書局,1987年12月）

〔清〕孫詒讓:《札迻》（北京市:中華書局,1989年1月）

〔清〕孫詒讓:《墨子閒詁》（臺北市:華正書局,1995年9月）

〔清〕孫詒讓:《古籀拾遺》（北京市:中華書局,2005年1月一版）

〔清〕焦循撰,沈文倬點校:《孟子正義》（北京市:中華書局,1987年10月）

〔清〕馬瑞辰撰,陳金生點校:《毛詩傳箋通釋》（北京市:中華書局,1989年3月）

〔清〕孫詒讓:《周禮正義》（北京市:中華書局,2000年3月）

〔清〕郭慶藩:《莊子集釋》（臺北市:貫雅文化,1991年9月）

〔清〕郝懿行:《爾雅義疏》（上海市:上海古籍出版社影印本,1983年6月）

〔清〕郝懿行《足本爾雅郭注義疏》（臺北市:鼎文書局,1972年4月）

〔清〕顧藹吉編撰：《隸辨》（北京市：中華書局，1984 年 4 月）

李學勤主編、趙伯雄整理、王文錦審定：《周禮注疏)》（北京市：北京大學出版社，1999 年 12 月）

李學勤主編、龔抗雲等整理：《毛詩正義》（北京市：北京大學出版社，1999 年 12 月）

李學勤主編、龔抗雲整理：《禮記正義》（北京市：北京大學出版社，1999 年 12 月）

李學勤主編、趙伯雄整理、王文錦審定：《周禮注疏》（北京市：北京大學出版社，1999 年 12 月）

李學勤主編、浦衛忠整理：《春秋公羊傳注疏》（北京市：北京大學出版社，1999 年 12 月）

李學勤主編、廖名春整理：《尚書正義》（北京市：北京大學出版社，1999 年 12 月）

## 二　近人論著專書（依作者姓氏筆劃排列）

丁四新主編：《楚地簡帛思想研究》第三輯（武漢市：湖北教育出版社，2007 年 6 月）

丁四新主編：《楚地簡帛思想研究》第三輯（武漢市：湖北教育出版社，2007 年 6 月）

丁邦新編：《董同龢先生語言學論文選集》（臺北市：食貨出版社，1981 年 9 月）

丁福保編纂：《說文解字詁林》（北京市：中華書局，1988 年 4 月）

于省吾：《甲骨文字釋林》（北京市：中華書局，1993 年 4 月）

于省吾：《雙劍誃群經新證・雙劍誃諸子新證》（上海市：上海書店出版社，1999 年 4 月）

于省吾主編：《甲骨文字詁林》（北京市：中華書局，1996 年 5 月）

山東省博物館編：《山東金文集成》（濟南市：齊魯書社，2007 年 6 月）中國文史出版社，2006 年 6 月）

中國社會科學院考古研究所編：《信陽楚墓》（北京市：文物出版社，1986
　　年3月）

中國社會科學院考古研究所編：《殷周金文集成修訂增補本》（北京市：中
　　華書局，2007年4月）

中國社會科學院考古研究所編：《殷周金文集成釋文》（香港：香港中文大
　　學，2001年10月）

中國社會科學院考古研究所編：《曾侯乙墓》（北京市：文物出版社，1989
　　年7月）

中國社會科學院語言研究所古代漢語研究室編：《古代漢語虛詞詞典》（北
　　京市：商務印書館，2000年1月）

方稚松：《殷墟甲骨文五種記事刻辭研究》（北京市：線裝書局，2009年12
　　月）

王力主編：《古代漢語》（北京市：中華書局，1999年5月第3版）

王力：《同源字典》（北京市：商務印書館，1999年9月）

王力主編：《王力古漢語字典》（北京市：中華書局，2002年12月）

王文錦：《禮記譯解》（北京市：中華書局，2001年9月）

王國維：《古史新證》（北京市：清華大學出版社，1997年8月）

王國維：《古本竹書紀年輯校‧今本竹書紀年疏證》（臺北市：世界書局，
　　1977年12月再版）

王國維：《定本觀堂集林》（臺北市：世界書局，1991年9月六版）

王輝：《古文字通假字典》（北京市：中華書局，2008年2月）

王輝：《古文字通假釋例》（臺北市：藝文印書館，1993年4月）

王輝：《商周金文》（北京市：文物出版社，2006年1月）

王恩田編著：《陶文字典》（濟南市：齊魯書社，2007年1月）

丘光明編著：《中國歷代度量衡考》（北京市：科學出版社，1992年8月）

古文字詁林編纂委員會：《古文字詁林》第1冊（上海市：上海教育出版社，
　　2003年12月）

古文字詁林編纂委員會：《古文字詁林》第6冊（上海市：上海教育出版社，

2003 年 12 月）

古文字詁林編纂委員會：《古文字詁林》第 7 冊（上海市：上海教育出版社，
　　2002 年 12 月）

甘肅文物考古研究所編：《天水放馬灘秦簡》（北京市：中華書局，2009 年
　　8 月）

白於藍：《簡牘帛書通假字字典》（福州市：福建人民出版社，2008 年 1 月）

白林鵬注釋：《白話晏子春秋》（西安市：三秦出版社，1997 年 6 月）

田煒：《古璽探研》（上海市：華東師範大學出版社，2010 年 5 月）

石泉主編、陳偉副主編：《楚國歷史文化辭典》（武漢市：武漢大學出版社，
　　1997 年 6 月修訂版）

向宗魯：《說苑校證》（北京市：中華書局，2000 年 3 月）

向熹：《詩經詞典》（成都市：四川人民出版社，1997 年 7 月）

向熹：《詩經語文論集》（成都市：四川民族出版社，2002 年 7 月）

朱歧祥：《殷墟甲骨文字通釋稿》（臺北市：文史哲出版社，1989 年）

朱歧祥：《殷墟花園莊東地甲骨校釋》（臺中市：東海大學中文系語言文字
　　研究室總經銷，2006 年）

朱漢民、陳松長主編：《嶽麓書院藏秦簡（壹）》（上海市：上海辭書出版社，
　　2010 年 12 月）

朱德熙：《朱德熙古文字論集》（北京市：中華書局，1995 年 2 月）

艾蘭、邢文編：《新出簡帛研究——新出簡帛國際學術研討會文集（2000
　　年 8 月）》（北京市：文物出版社，2004 年 12 月）

何九盈：《語言叢稿》（北京市：商務印書館，2006 年 4 月）

何琳儀：《戰國文字通論》（北京市：中華書局，1989 年 4 月）

何琳儀：《戰國文字通論訂補》（南京市：江蘇教育出版社，2003 年 1 月）

何琳儀：《戰國古文字典》（北京市：中華書局，1998 年 9 月）

何樂士編：《古代漢語虛詞詞典》（北京市：語文出版社，2006 年 2 月）

吳良寶：《中國東周時期金屬貨幣研究》（北京市：社會科學文獻出版社，
　　2005 年 10 月）

吳良寶：《先秦貨幣文字編》（福州市：福建人民出版社，2006 年 3 月）

吳良寶：《戰國楚簡地名輯證》（武昌市：武漢大學出版社，2010 年 3 月）

吳則虞：《晏子春秋集釋》（臺北市：鼎文書局，1977 年 3 月再版）

宋華強：《新蔡葛陵簡初探》（武昌市：武漢大學出版社，2010 年 3 月）

李天虹：《郭店竹簡《性自命出》研究》（武漢市：湖北教育出版社，2003
　　年 1 月）

李方桂：《上古音研究》（北京市：商務印書館，2001 年 3 月）

李守奎：《楚文字編》（上海市：華東師範大學，2003 年 12 月）

李守奎、曲冰、孫偉龍編著：《《上海博物館藏戰國楚竹書》（一～五）文字
　　編》（北京市：作家出版社，2007 年 12 月）

李佐丰：《先秦漢語實詞》（北京市：北京廣播學院出版社，2003 年 1 月）

李均明、何雙全編：《散見簡牘合輯》（北京市：文物出版社，1990 年）

李孝定：《甲骨文字集釋》（臺北市：中央研究院歷史語言研究所專刊之五
　　十，1965 年）

李若暉：《語言文獻論衡》（成都市：巴蜀書社，2005 年 12 月）

李家浩：《著名中年語言學家自選集——李家浩卷》（合肥市：安徽教育出
　　版社，2002 年 12 月）

李運富：《楚國簡帛文字構形系統研究》（長沙市：岳麓書社，1997 年 10
　　月）

李零：《上博楚簡三篇校讀記》（北京市：中國人民大學出版社，2007 年 8
　　月）

李零：《中國方術考》（北京市：東方出版社，2000 年 4 月）

李零：《中國方術續考》（北京市：東方出版社，2000 年 10 月）

李零：《吳孫子發微》（北京市：中華書局，1997 年 6 月）

李零：《長沙子彈庫戰國楚帛書研究》（北京市：中華書局，1985 年 7 月）

李零：《郭店楚簡校讀記——增訂本》（北京市：北京大學出版社，2002 年
　　3 月）

李零：《簡帛古書與學術源流》（北京市：三聯書店，2004 年 4 月）

李學勤：《重寫學術史》（石家莊市：河北教育出版社，2002 年 1 月）

李學勤：《中國古代文明研究》（上海市：華東師範大學，2005 年 4 月）

李學勤：《通向文明之路》（北京市：商務印書館，2010 年 4 月）

李學勤：《當代名家學術思想文庫——李學勤卷》（北京市：萬卷出版社，
　　2010 年 11 月）

李學勤主編：《清華大學藏戰國竹簡（壹）》（上海市：中西書局，2010 年
　　12 月）

李興斌等：《孫臏兵法新譯》（濟南市：齊魯書社，2002 年 7 月）

李銳：《新出簡帛的學術探索》（北京市：北京師範大學出版社，2010 年 4
　　月）

沈建華、曹錦炎著：《甲骨文字字形表》（上海市：上海辭書出版社，2008
　　年 11 月）

沈剛：《居延漢簡語詞彙釋》（北京市：科學出版社 2008 年 12 月）

沈培：《殷墟甲骨卜辭語序研究》（臺北市：文津出版社，1992 年 11 月）

沈建民：《《經典釋文》音切研究》（北京市：中華書局，2007 年 5 月）

周祖謨校箋：《方言校箋》（北京市：中華書局，2004 年 11 月第一版）

孟蓬生：《上古漢語同源詞語音關係研究》（北京市：北京師範大學出版社，
　　2001 年 6 月）

季師旭昇：《說文新證》上冊（臺北市：藝文印書館，2002 年 10 月）

季師旭昇：《說文新證》下冊（臺北市：藝文印書館，2004 年 11 月）

季師旭昇：《說文新證》（福州市：福建人民出版社，2010 年 12 月）

季師旭昇主編：《上海博物館藏戰國楚竹書（一）讀本》（臺北市：萬卷樓
　　圖書公司，2004 年 6 月）

季師旭昇主編：《上海博物館藏戰國楚竹書（三）讀本》（臺北市：萬卷樓
　　圖書公司，2005 年 10 月）

宗福邦、陳世鐃、蕭海波主編：《故訓匯纂》（北京市：商務印書館，2004
　　年 3 月初版）

邵榮芬：《邵榮芬音韻學論集》（北京市：首都師範大學出版社，1997 年 7

月）

河南省文物考古研究所編著：《淅川和尚嶺與徐家嶺楚墓》（鄭州市：大象
　　　出版社，2004 年 10 月）

河南省文物考古研究所編著：《新蔡葛陵楚墓》（鄭州市：大象出版社，2003
　　　年 10 月）

俞偉超著：《中國古代公社組織的考察——論先秦兩漢的單—僤—彈》（北
　　　京市：文物出版社，1988 年 10 月）

姚孝遂：《殷墟甲骨刻辭類纂》（北京市：中華書局，1989 年 1 月）

姚萱：《殷墟花園莊東地甲骨卜辭的初步研究》（北京市：線裝書局，2006
　　　年 11 月）

施謝捷：《吳越文字彙編》（南京市：江蘇教育出版社，1998 年 8 月）

洪颺：《古文字考釋通假關係研究》（福州市：福建人民出版社，2008 年 9
　　　月）

唐蘭：《西周青銅器銘文分代史徵》（北京市：中華書局，1986 年）

唐蘭：《唐蘭先生金文論集》（北京市：紫禁城出版社，1995 年 10 月）

唐蘭：《殷墟文字記》（北京市：中華書局，1981 年）

孫剛：《齊文字編》（福州市：福建人民出版社，2010 年 1 月）

孫海波編：《甲骨文編》（北京市：中華書局，1996 年 9 月）

孫機：《漢代物質文化資料圖說》（上海市：上海古籍出版社，2008 年 5 月）

容庚編著，張振林、馬國權摹補：《金文編》（北京市：中華書局，1985 年
　　　7 月一版，1998 年 11 月六刷）

徐元誥：《國語集解》（北京市：中華書局，2002 年 6 月）

徐在國：《傳抄古文字編》（北京市：線裝書局，2006 年 11 月）

徐在國：《隸定古文疏證》（合肥市：安徽大學出版社，2002 年 6 月）

徐寶貴：《石鼓文整理研究》（上）（北京市：中華書局，2008 年 1 月）

荊門市博物館：《郭店楚墓竹簡》（北京市：文物出版社，1998 年 5 月）

袁仲一、劉鈺：《秦陶文新編》（北京市：文物出版社，2009 年 8 月）

郝仕宏：《古漢字同源分化研究》（合肥市：安徽大學出版社，2008 年 4 月）

馬王堆漢墓帛書整理小組編：《馬王堆漢墓帛書》〔四〕（北京市：文物出版社，1985 年 3 月）

馬承源：《中國青銅器》（上海市：上海古籍出版社，2003 年 1 月修訂版）

馬承源主編：《上海博物館藏戰國楚竹書（一）》（上海市：上海古籍出版社，2001 年 11 月）

馬承源主編：《上海博物館藏戰國楚竹書（二）》（上海市：上海古籍出版社，2002 年 12 月）

馬承源主編：《上海博物館藏戰國楚竹書（三）》（上海市：上海古籍出版社，2003 年 12 月）

馬承源主編：《上海博物館藏戰國楚竹書（四）》（上海市：上海古籍出版社，2004 年 12 月）

馬承源主編：《上海博物館藏戰國楚竹書（五）》（上海市：上海古籍出版社，2005 年 12 月）

馬承源主編：《上海博物館藏戰國楚竹書（六）》（上海市：上海古籍出版社，2007 年 7 月）

馬承源主編：《上海博物館藏戰國楚竹書（七）》（上海市：上海古籍出版社，2008 年 12 月）

馬承源主編：《上海博物館藏戰國楚竹書（八）》（上海市：上海古籍出版社，2011 年 5 月）

馬楠：〈清華簡第一冊補釋四則〉《中國史研究》2011 年 1 期

高至喜主編：《楚文化圖典》（武漢市：湖北教育出版社，2000 年 1 月）

高亨、董治安編纂：《古字通假會典》（濟南市：齊魯書社，1997 年 7 月）

高亨：《詩經今注》（臺北市：里仁書局，1981 年 10 月）

高明、涂白奎編著：《古文字類編》增訂本（上海市：上海古籍出版社，2008 年 8 月）

高明、葛英會編著：《古陶文字徵》（北京市：中華書局，1991 年 2 月）

高明：《帛書老子校注》（北京市：中華書局，1996 年 5 月）

商承祚：《戰國楚竹簡匯編》（濟南市：齊魯書社，1995 年 11 月）

商承祚編著：《石刻篆文編》（北京市：中華書局，1996 年 10 月）

國家文物局古文獻研究室：《馬王堆漢墓帛書（壹）》（北京市：文物出版社，1980 年 3 月）

張世超等著：《金文形義通解》（京都：中文出版社，1996 年 3 月）

張玉金：《出土戰國文獻虛詞研究》（北京市：人民出版社，2011 年 3 月）

張光裕、黃錫全、滕壬生主編：《曾侯乙墓竹簡文字編》（臺北市：藝文印書館，1997 年 1 月）

張光裕：《雪齋學術論文二集》（臺北市：藝文印書館，2004 年 12 月）

張光裕編著、袁國華合著：《望山楚簡校錄》（臺北市：藝文印書館，2004 年 12 月）

張守中：《睡虎地秦簡文字編》（北京市：文物出版社，1994 年 2 月）

張亞初：《殷周金文集成引得》（北京市：中華書局，2001 年 7 月）

張家山二四七號漢墓竹簡整理小組：《張家山漢墓竹簡（二四七號墓）》（北京市：文物出版社，2001 年 11 月）

張家山二四七號漢墓竹簡整理小組：《張家山漢墓竹簡（二四七號墓）（釋文修訂本）》（北京市：文物出版社，2006 年 5 月）

張桂光：《古文字論集》（北京市：中華書局，2004 年 10 月）

張清常、王延棟：《戰國策箋注》（天津市：南開大學出版社，1993 年 3 月）

張新俊、張勝波：《葛陵楚簡文字編》（成都市：巴蜀書社，2008 年 8 月）

張儒、劉毓慶：《漢字通用聲素研究》（太原市：山西古籍出版社，2002 年 4 月）

張雙棣：《淮南子校釋》（北京市：北京大學出版社，1997 年 8 月）

張雙棣等：《呂氏春秋譯注》（北京市：北京大學出版社，2000 年 9 月）

張顯成：《簡帛藥名研究》（重慶市：西南師範大學出版社，1997 年 10 月）

張富海：《漢人所謂古文之研究》（北京市：線裝書局，2008 年 7 月一版）

曹峰：《上博楚簡思想研究》（臺北市：萬卷樓圖書公司，2006 年 12 月）

曹錦炎、張光裕主編：《東周鳥篆文字編》（香港：翰墨軒出版有限公司，1994 年 9 月）

曹錦炎：《古璽通論》（上海市：上海書畫出版社，1995 年 3 月）

曹建墩：《先秦禮制探賾》（天津市：天津人民出版社，2010 年 10 月）

許雄志：《秦印文字彙編》（鄭州市：河南美術出版社，2001 年 9 月）

許維遹校釋：《韓詩外傳集釋》（北京市：中華書局，1980 年 6 月）

郭沫若：《郭沫若全集—歷史編 7—管子集校（三）》（北京市：人民出版社，1984 年 10 月）

郭錫良：《漢字古音手冊》【增訂本】（北京市：北京大學出版社，2010 年 8 月）

郭永秉：《帝系新研——楚地出土戰國文獻中的傳說時代古帝王系統研究》（北京市：北京大學出版社，2008 年 9 月）

郭永秉：《古文字與古文獻論集》（上海市：上海古籍出版社，2011 年 6 月）

陳子展：《詩三百解題》（上海市：復旦大學出版社，2001 年 10 月）

陳光田：《戰國璽印分域研究》（長沙市：岳麓書社，2009 年 5 月）

陳奇猷：《呂氏春秋校釋》（臺北市：華正書局，1988 年 7 月）

陳松長：《馬王堆簡帛文字編》（北京市：文物出版社，2001 年 6 月）

陳英傑：《西周金文作器用途銘辭研究》（北京市：線裝書局，2009 年 1 月）

陳英傑：《文字與文獻研究叢稿》（北京市：社會科學文獻出版社，2011 年 6 月）

陳師新雄：《古音研究》（臺北市：五南出版社，1999 年 4 月）

陳偉：《包山楚簡初探》（武漢市：武漢大學出版社，1996 年 8 月）

陳偉：《郭店竹書別釋》（武漢市：湖北教育出版社，2003 年 1 月）

陳偉等著：《楚地出土戰國簡冊【十四種】》（北京市：經濟科學出版社，2009 年 9 月）

陳偉武：《簡帛兵學文獻探討》（廣州市：中山大學出版社，1999 年 11 月）

陳復華、何九盈：《古韻通曉》（北京市：中國社會科學出版社，1987 年 10 月）

陳斯鵬：《簡帛文獻與文學考論》（廣州市：中山大學出版社，2007 年 12 月）

陳劍：《甲骨金文考釋論集》（北京市：線裝書局，2007 年 4 月）

陳明遠、汪宗虎主編：《中國姓氏辭典》（北京市：北京出版社，1995 年 11 月）

彭林：《文物精品與文化中國十五講》（上海市：復旦大學出版社，2007 年 8 月）曾憲通：《長沙楚帛書文字編》（北京市：中華書局，1993 年 2 月）

彭林：《文物精品與文化中國・曾侯乙墓均鐘與中國古代的律呂》（北京市：清華大學出版社，2002 年 5 月）

彭林譯注：《儀禮全譯》（貴陽市：貴州人民出版社，1997 年 10 月）

彭浩、陳偉、工藤元男主編：《〈二年律令〉與〈奏讞書〉──張家山二四七號漢墓出土法律文獻釋讀》（上海市：上海古籍出版社，2007 年 8 月）

彭浩：《老子校讀》（武漢市：湖北人民出版社，2000 年 1 月）

棗莊市政協、臺港澳僑民族宗教委員會、棗莊市博物館：《小邾國遺珍》（北京市：湖北省文物考古研究所、北京大學中文系編：《九店楚簡》（北京市：中華書局，2000 年 5 月）

湖北省文物考古研究所、北京大學中文系編：《望山楚簡》（北京市：中華書局，1995 年 6 月）

湖北省文物考古研究所、隨州市考古隊：《隨州孔家坡漢墓簡牘》（北京市：文物出版社，2006 年 6 月）

湖北省文物考古研究所等編著：《荊門左冢楚墓》（北京市：文物出版社，2006 年 12 月）

湖北省荊州市周梁玉橋遺址博物館編：《關沮秦漢墓簡牘》（北京市：中華書局，2001 年）

湖北省荊沙鐵路考古隊：《包山楚墓》（北京市：文物出版社，1991 年 10 月）

湖北省荊沙鐵路考古隊：《包山楚簡》（北京市：文物出版社，1991 年 10 月）

湖南省博物館、湖南省文物考古研究所編著，何介鈞主編：《長沙馬王堆二、三號漢墓第一卷田野考古發掘報告》（北京市：文物出版社，2004 年）

湖南省博物館編：《湖湘帛書書法選集》（長沙市：湖南美術出版社，2010 年 12 月）

湯餘惠：《戰國銘文選》（長春市：吉林大學出版社，1994 年）

湯餘惠主編：《戰國文字編》（福州市：福建人民出版社，2001 年 12 月）

程樹德：《論語集釋》（北京市：中華書局，1997 年 10 月）

程燕：《詩經異文輯考》（合肥市：安徽大學出版社，2010 年 6 月）

程鵬萬：《安徽壽縣朱家集出土青銅器銘文集釋》（哈爾濱：黑龍江人民出版社，2009 年 12 月）

華東師範大學中國文字研究與應用中心編：《金文引得（殷商西周卷）》（廣西教育出版社，2001 年 10 月）

華學誠匯證、王智祥等協編：《揚雄方言校釋匯證》上冊（北京市：中華書局，2006 年 9 月）

馮春田、梁苑、楊淑敏撰稿：《王力語言學詞典》（濟南市：山東教育出版社，1995 年 3 月）

馮時：《中國天文考古學》（北京市：社會科學文獻出版社，2001 年 11 月）

馮勝君：《二十世紀古文獻新證研究》（濟南：齊魯書社，2006 年 1 月）

馮勝君：《郭店簡與上博簡對比研究》（北京市：線裝書局，2007 年 4 月一版）

黃文杰：《秦至漢初簡帛文字研究》（北京市：商務印書館，2008 年 2 月）

黃暉：《論衡校釋》（北京市：中華書局，1996 年 11 月）

黃德寬、何琳儀、徐在國合著：《新出楚簡文字考》（合肥市：安徽大學出版社，2007 年 9 月）

黃德寬：《漢字理論叢稿》（北京市：商務印書館，2006 年 12 月）

黃德寬主編：《古文字譜系疏證》（北京市：商務印書館，2007 年 5 月）

黃錫全：《汗簡注釋》（武昌市：武漢大學出版社，1990 年 8 月）

黃錫全：《湖北出土商周文字輯證》（武漢市：武漢大學出版社，1992 年 10

月）

黃錫全：《先秦貨幣研究》（北京市：中華書局，2001 年 6 月）

黃錫全：《先秦貨幣通論》（北京市：紫禁城出版社，2001 年 6 月）

黃錫全：《古文字與古貨幣論集》（北京市：文物出版社，2009 年 5 月）

黃懷信主撰：《大戴禮記彙校集注》（西安市：三秦出版社，2005 年 1 月）

黃懷信著：《逸周書校補注釋》（西安市：三秦出版社，2006 年 9 月）

黃懷信主撰：《論語彙校集釋》（上海市：上海古籍出版社，2008 年 8 月）

楊伯峻：《春秋左傳注》（臺北市：洪葉文化事業有限公司，1993 年 5 月）

楊伯峻、何樂士：《古漢語語法及其發展》（北京市：語文出版社，2003 年
　　1 月第 2 版）

楊伯峻譯注：《論語譯注》（北京市：中華書局，2000 年 8 月二版）

楊伯峻譯注：《孟子譯注》（北京市：中華書局，2003 年 4 月一版）

楊朝明主編：《孔子家語通解》（臺北市：萬卷樓圖書公司，2005 年 3 月）

楊琳：《小爾雅今注》（上海市：漢語大詞典出版社，2002 年 9 月）

楊筠如：《尚書覈詁》（陝西人民出版社，2005 年 12 月）

楊寬：《西周史》（臺北市：臺灣商務印書館，1999 年 4 月）

楊樹達：《積微居金文說（增訂本）》（北京市：中華書局，1997 年 12 月）

楊樹達：《積微居小學述林全編》（上海市：上海古籍出版社，2007 年 8 月）

楊天宇：《周禮譯注》（上海市：上海古籍出版社，2004 年 7 月）

葉玉英：《古文字構形與上古音研究》（廈門市：廈門大學出版社，2009 年
　　11 月）

董蓮池：《金文編校補》（長春市：東北師範大學，1995 年 9 月）

董蓮池：《說文解字考正》（北京市：作家出版社，2005 年 1 月）

裘錫圭：《中國出土古文獻十講》（上海市：復旦大學出版社，2004 年 12
　　月）

裘錫圭：《文字學概要》（北京市：商務印書館，1988 年 8 月）

裘錫圭：《文字學概要》（臺北市：萬卷樓圖書公司，1999 年 1 月再版）

裘錫圭：《古文字論集》（北京市：中華書局，1992 年 8 月）

裘錫圭：《古代文史研究新探》（南京市：江蘇古籍出版社，2000 年 1 月）

漢語大字典字形組編：《秦漢魏晉篆隸字形表》（成都市：四川辭書出版社，1985 年）

漢語大詞典編輯委員會：《漢語大詞典》（上海市：漢語大詞典出版社，1995 年 11 月）

睡虎地秦墓整理小組：《睡虎地秦墓竹簡》（北京市：文物出版社，1990 年 9 月）

臧克和：《尚書文字校詁》（上海市：上海教育出版社，1999 年 5 月）

趙平安：《說文小篆研究》（南寧市：廣西教育出版社，1999 年 8 月）

趙平安等主編：《中國古代文明研究與學術史——李學勤教授伉儷七十壽慶紀念文集》（保定市：河北大學出版社，2006 年 11 月）

趙平安：《隸變研究》（保定市：河北大學出版社，2009 年 3 月）

趙平安：《新出簡帛與古文字古文獻研究》（北京市：商務印書館，2009 年 12 月）

趙彤：《戰國楚方言音系》（北京市：中國戲劇出版社，2006 年 5 月）

銀雀山漢墓竹簡整理小組：《銀雀山漢墓竹簡》（壹）（北京市：文物出版社，1985 年 9 月）

銀雀山漢墓竹簡整理小組編：《銀雀山漢墓竹簡（貳）》（北京市：文物出版社，2010 年 1 月）

劉文典：《淮南鴻烈集解》（北京市：中華書局，1997 年 1 月）

劉雨、盧岩編著：《近出殷周金文集錄》（北京市：中華書局，2002 年）

劉信芳：《包山楚簡解詁》（臺北市：藝文印書館，2003 年 1 月）

劉起釪：《尚書校釋譯論》（北京市：中華書局，2005 年 4 月）

劉釗、洪颺、張新俊編纂：《新甲骨文編》（福州市：福建人民出版社，2009 年 5 月）

劉釗：《郭店楚簡校釋》（福州市：福建人民出版社，2003 年 12 月）

劉釗：《出土簡帛文字叢考》（臺北市：臺灣古籍出版社，2004 年 3 月）

劉釗：《古文字考釋叢稿》（長沙市：岳麓書社，2005 年 7 月）

劉釗:《古文字構形學》（福州市：福建人民出版社，2006 年 1 月）

劉彬徽、劉長武:《楚系金文彙編》（武漢市：湖北教育出版社，2009.年 5 月）

劉樂賢:《睡虎地秦簡日書研究》（臺北市：文津出版社，1994 年 7 月）

劉樂賢:《馬王堆天文書考釋》（廣州市：中山大學出版社，2004 年 5 月）

劉國忠著:《走進清華簡》（北京市：高等教育出版社，2011 年 4 月）

歐陽景賢、歐陽超釋譯:《莊子釋譯》下（臺北市：里仁書局，2001 年 3 月）

滕壬生:《楚系簡帛文字編》（武漢市：湖北教育出版社，1995 年 7 月）

滕壬生:《楚系簡帛文字編（增訂本）》（武漢市：湖北教育出版社，2008 年 10 月）

蔣禮鴻:《義府續貂》【增訂本】（北京市：中華書局，1987 年 9 月）

蔡夢麒:《《說文解字》字音注釋研究》（濟南市：齊魯書社，2007 年 6 月）

諸祖耿編撰:《戰國策集注匯考》（南京市：鳳凰出版社，2008 年 12 月）

鄭張尚芳:《上古音系》（上海市：上海教育出版社，2003 年 12 月）

魯士春著:《先秦容禮研究》（臺北市：天工書局，1998 年 7 月）

蕭春源輯:《珍秦齋藏印・戰國篇》（澳門市：澳門基金會，2001 年）

蕭毅:《楚簡文字研究》（武漢市：武漢大學出版社，2010 年 3 月）

蕭旭:《古書虛詞旁釋》（揚州市：廣陵書社，2007 年 2 月）

蕭旭:《群書校補》（揚州市：廣陵書社，2011 年 7 月）

錢玄:《三禮通論》（南京市：南京師範大學出版社，1996 年 10 月）

錢玄、錢興奇、王華寶、謝秉洪注釋:《周禮》（長沙市：岳麓書社，2001 年 7 月）

駢宇騫:《銀雀山漢簡文字編》（北京市：文物出版社 2001 年 7 月）

繆文遠:《戰國制度通考》（成都市：巴蜀書社，1998 年 9 月）

謝紀鋒編纂:《虛詞詁林》（哈爾濱市：黑龍江人民出版社，1993 年 1 月）

鍾柏生等編:《新收殷周青銅器銘文暨器影彙編》（臺北市：藝文印書館，2006 年）

簡帛書法選編輯組：《郭店楚墓竹簡・性自命出》（北京市：文物出版社，
　　2002 年 12 月）

魏啟鵬、胡翔驛：《馬王堆醫書校釋》壹（成都市：成都出版社，1992 年）

魏德勝：《《睡虎地秦墓竹簡》語法研究》（北京市：首都師範大學出版社，
　　2000 年 6 月）

羅隨祖主編：《羅福頤集——增訂漢印文字徵》（北京市：紫禁城出版社，
　　2010 年 6 月）

譚其驤主編：《中國歷史大辭典——歷史地理卷》（上海市：上海辭書出版
　　社，1997 年 7 月）

嚴志斌：《四版《金文編》校補》（長春市：吉林大學出版社，2001 年 8 月）

饒宗頤、曾憲通：《楚地出土文獻三種研究》（北京市：中華書局，1993 年
　　8 月）

蘇建洲：《《上博楚竹書》文字及相關問題研究》（臺北市：萬卷樓圖書公司，
　　2008 年 1 月）

顧史考：《郭店楚簡先秦儒書宏微觀》（臺北市：臺灣學生書局，2006 年）

## 二　近人論著單篇論文（依作者姓氏筆劃排列）

凡國棟：〈上博七校讀雜記〉，簡帛網，2009 年 1 月 8 日

于省吾：〈牆盤銘文十二解〉《古文字研究》第五輯（北京市：中華書局，
　　1981 年 1 月）

大西克也：〈論古文字資料中的「害」字及其讀音問題〉《古文字研究》24
　　輯（北京市：中華書局，2002 年 7 月）

大西克也：〈試論上博楚簡《緇衣》中的「　」字和相關諸字〉《第四屆國
　　際中國古文字學研討會論文》（香港：香港中文大學，2003 年 10 月
　　15 日）

大西克也：〈試論新蔡楚簡的「迷（遂）字」〉《古文字研究》26 輯（北京市：
　　中華書局，2006 年 11 月）

大西克也：〈上博六《平王》兩篇故事中的幾個問題〉，復旦網，2010 年 4
　　月 21 日

中國社會科學院考古研究所灃西發掘隊：《長安張家坡西周井叔墓發掘簡報》
　　《考古》1986 年第 1 期

方稚松：〈甲骨文字考釋四則〉，復旦網，2009 年 5 月 1 日

方稚松：〈談談甲骨文記事刻辭中「示」字的含義〉，復旦網，2008 年 1 月
　　17 日

方稚松：〈談談甲骨金文中的「肇」字〉，復旦網，2008 年 1 月 17 日

王天政：〈山東濰坊市博物館收藏的三件戰國記容陶罐〉《考古》1995 年 10
　　期

王志平：〈《詩論》發微〉《華學》第六輯（北京市：紫禁城出版社，2003
　　年 6 月）

王志平：〈「羆」字的讀音及相關問題〉《古文字研究》第 27 輯（北京市：
　　中華書局，2008 年 9 月）

王志平：〈「戴」字釋疑〉《簡帛》第三輯（上海市：上海古籍出版社，2008
　　年 10 月）

王志平：〈清華簡「皇門」異文與周代的朝儀制度〉《《清華大學藏戰國竹簡
　　（壹）》國際學術研討會論文集》（北京市：清華大學主辦，2011 年
　　6 月 28 日至 29 日）

王子揚：〈說甲骨文中的「逸」字〉，復旦網，2008 年 12 月 25 日

王明欽：〈王家臺秦墓竹簡概述〉《新出簡帛研究》（北京市：文物出版社，
　　2004 年 12 月）

王恩田：〈陝西岐山新出薛器考釋〉《考古與文物叢刊第二號——古文字論
　　集（一）》1983 年

王偉：〈由清華簡《楚居》「秦溪之上」說起〉，復旦網，2011 年 7 月 8 日

王輝：〈一粟居讀簡記（一）〉《《清華大學藏戰國竹簡（壹）》國際學術研討
　　會論文集》（北京市：清華大學主辦，2011 年 6 月 28～29 日）

王輝：〈讀扶風縣五郡村窖藏銅器銘文小記〉《考古與文物》2007 年第 4 期

王輝等：〈八年相邦薛君、丞相殳漆豆考〉《考古與文物》2011 年 2 期出版
　　　社，2001 年 8 月）

王寧：〈上博八《王居》釋譯〉，簡帛網，2011 年 8 月 21 日

史傑鵬：〈上博竹簡（三）注釋補正〉，簡帛研究網，2005 年 7 月 16 日

史傑鵬：〈由《君人者何必安哉》中的「云薾」談《說文》中的「殄」和「化」〉，
　　　簡帛網，2009 年 5 月 30 日

史傑鵬：〈由郭店《老子》的幾條簡文談幽、物相通現象暨相關問題〉，簡
　　　帛網，2010 年 4 月 19 日

史傑鵬：〈由郭店《老子》的幾條簡文談幽、物相通現象暨相關問題〉，《簡
　　　帛》第五輯（上海市：上海古籍出版社，2010 年 10 月）

白於藍：〈包山楚簡考釋（三篇）〉《吉林大學古籍整理研究所建所十五週年
　　　紀念文集》（長春市：吉林大學出版社，1998 年 12 月）

白於藍：〈釋褭──兼談秀、釆一字分化〉《中國古文字研究》第一輯（長
　　　春市：吉林大學出版社，1998 年 12 月）

白於藍：〈《包山楚簡文字編》校訂〉《中國文字》新 25 期（臺北市：藝文
　　　印書館，1999 年 12 月）

白於藍：〈包山楚簡補釋〉《中國文字》新 27 期（臺北市：藝文印書館，2001
　　　年 12 月）

白於藍：〈釋「玄咎」〉，簡帛研究網，2003 年 1 月 19 日

白於藍：〈《容成氏》編連問題補議〉《第四屆國際中國古文字學研討會論文
　　　集──新世紀的古文字學與經典詮釋》（香港：香港中文大學中國語
　　　言及文學系，2003 年 10 月）

白於藍：〈曾侯乙墓竹簡中的「鹵」和「櫓」〉《中國文字》新 29 期（臺北
　　　市：藝文印書館，2003 年 12 月）

白於藍：〈讀上博簡（二）箚記〉《上海博物館戰國楚竹書研究續編》（上海
　　　市：上海書店出版社，2004 年 7 月）

白於藍：〈曾侯乙墓竹簡考釋（四篇）〉《中國文字》新三十期（臺北市：藝
　　　文印書館，2005 年 11 月）

白於藍：〈《曹沫之陳》新編釋文及相關問題探討〉《中國文字》31 期（臺北市：藝文印書館，2006 年 11 月）

白於藍：〈虎溪山漢簡《閻氏五勝》校讀二記〉，復旦大學出土文獻與古文字研究中心編：《出土文獻與古文字研究》第三輯（上海市：復旦大學，2010 年 7 月）

白於藍：〈《簡牘帛書通假字字典》部分按語的補充說明〉《新果集：慶祝林澐先生七十華誕論文集》（北京市：科學出版社，2009 年 1 月）

北京大學出土文獻研究所：《北京大學藏西漢竹書概說》《文物》2011 年 6 期

田河：〈湖北江陵鳳凰山一六八號漢墓遣冊校釋〉《甘肅省第二屆簡牘學國際學術研討會論文集》（蘭州市，2011 年 8 月 25 日至 26 日）

田煒：〈略論古璽文字研究的重要性〉《出土文獻與古文字研究》第三輯（上海市：復旦大學，2010 年 7 月）

伊強：〈馬王堆三號漢墓遣策文字考釋〉《出土文獻與古文字研究》第一輯（上海市：復旦大學，2006 年 12 月）

伊強：〈讀《長沙東牌樓東漢簡牘》箚記〉，簡帛網，2010 年 3 月 23 日

任攀、程少軒整理：〈網摘・《清華一》專輯〉，復旦網，2011 年 2 月 2 日

安徽大學古文字研究室：〈上海楚竹書（二）研讀記〉，簡帛研究網，2003 年 1 月 13 日

朱鳳瀚：〈再讀殷墟卜辭中的「眾」〉《古文字與古代史》第二輯（臺北市：中央研究院歷史語言研究所，2009 年 12 月）

朱鳳瀚：〈射壺銘文考釋〉《古文字研究》第 28 輯（北京市：中華書局，2010 年 10 月）

朱曉雪：〈左塚漆梮文字匯釋〉，復旦網，2009 年 11 月 10 日

江學旺：〈淺談古文字異體糅合〉《古漢語研究》2004 年第 1 期

何有祖：〈上博簡《昔者君老》偶得〉，簡帛研究網，2003 年 8 月 7 日

何有祖：〈上博五《弟子問》試讀三則〉，簡帛網，2005 年 2 月 20 日

何有祖：〈幣文「即」與楚簡「稷」字探疑〉，簡帛網，2007 年 1 月 9 日

何有祖：〈讀《上博六》札記〉，簡帛網，2007 年 7 月 9 日

何有祖：〈上博六《景公瘧》初探〉，簡帛網，2007 年 7 月 11 日

何有祖：〈楚簡校讀四則〉，簡帛網，2008 年 3 月 11 日

何有祖：〈上博七《君人者何必安哉》校讀〉，簡帛網，2008 年 12 月 31 日

何有祖：〈《凡物流形》札記〉，簡帛網，2009 年 1 月 1 日

何有祖：〈清華大學藏簡《金縢》補釋一則〉，簡帛網，2011 年 1 月 5 日

何有祖：〈上博楚簡釋讀札記〉，簡帛網，2011 年 7 月 24 日

何琳儀：〈古陶雜識〉《考古與文物》1992 年第 4 期

何琳儀：〈包山楚簡選釋〉《江漢考古》1993 年 4 期

何琳儀：〈古兵地名雜識〉《考古與文物》1996 年第 6 期

何琳儀：〈郭店竹簡選釋〉《簡帛研究二○○一》（桂林：廣西師範大學出版
　　社，2001 年 9 月）

何琳儀：〈郭店簡古文二考〉《古籍整理研究學刊》2002 年 9 月第 5 期

何琳儀：〈新蔡竹簡地名偶識──兼釋次竝戈〉，簡帛研究網，2002 年 10
　　月 20 日

何琳儀：〈滬簡二冊選釋〉，簡帛研究網，2003 年 1 月 14 日

何琳儀、徐在國：〈釋蓏〉，向光忠主編：《文字學論叢（第二輯）》（武漢市：
　　崇文書局，2004 年 1 月）

余師培林：《詩經正詁》（臺北市：三民書局，1993 年 10 月）

吳良寶：〈野王方足布幣考〉《江蘇錢幣》2008 年 1 期

吳良寶：〈楚地「鄀昜」新考〉《古文字學論稿》（合肥市：安徽大學出版社，
　　2008 年 4 月）

吳振武：〈戰國稾字考察〉《考古與文物》1984 年 4 期

吳振武：〈古璽合文考（十八篇）〉《古文字研究》第十七輯（北京市：中華
　　書局，1989 年 6 月）

吳振武：〈談戰國貨幣銘文中的「曲」字〉《中國錢幣》1993 年 2 期

吳振武：〈燕國銘刻中的「泉」字〉《華學》第二輯（廣州：中山大學出版
　　社，1996 年 12 月）

吳振武：〈趙十六年守相信平君鈹考〉《第三屆國際中國古文字學研討會論
　　文集》（香港：香港中文大學，1997 年 10 月）

吳振武：〈古璽姓氏考（複姓十五篇）〉《出土文獻研究》第三輯（北京市：
　　中華書局，1998 年 10 月）

吳振武：〈釋三方收藏在日本的中國古代官印〉《中國文字》新廿四期（臺
　　北市：藝文印書館，1998 年 12 月）

吳振武：〈戰國文字中值得注意的一種構形方式〉《姜亮夫、蔣禮鴻、郭在
　　貽紀念文集》（上海市：上海教育出版社，2003 年 5 月）

吳振武：〈關於新見垣上官鼎銘文的釋讀〉，簡帛網，2005 年 11 月 4 日

吳振武：《吉林大學社會科學學報》2005 年 6 期

吳振武：〈新見十八年冢子韓矰戈研究〉《古文字與古代史（第一輯）》（臺
　　北市：中央研究院歷史語言研究所，2007 年 9 月）

吳振武：〈談齊「左掌客亭」陶璽〉《第 18 屆古文字年會散發論文》（北京
　　香山飯店，2010 年 10 月 22-23 日）

吳曉懿：〈《上海博物館藏戰國楚竹書（四）》所見官名輯證〉，簡帛網，2009
　　年 6 月 5 日

宋華強：〈釋新蔡簡中的量器「䀠（釜）」〉，簡帛研究網，2005 年 11 月 13
　　日

宋華強：〈新蔡簡中的祝號簡研究（連載二）〉，簡帛網，2006 年 12 月 9 日

宋華強：〈新蔡簡中的歲熟貞〉，簡帛網，2006 年 12 月 12 日

宋華強：〈釋新蔡簡中的「述」和「丘」〉，簡帛網，2007 年 1 月 9 日

宋華強：〈澳門崇源新見楚青銅器芻議〉，簡帛網，2008 年 1 月 1 日

宋華強：〈望山、葛陵楚簡「北子」、「北宗」考〉《2008 簡帛論壇論文》（美
　　國芝加哥大學，2008 年 10 月 30 日～11 月 2 日）

宋華強：〈《上博（七）‧吳命》「姑姊大姬」小考〉，簡帛網，2009 年 1 月 1
　　日

宋華強：〈《上博（七）‧凡物流形》札記四則〉，簡帛網，2009 年 1 月 3 日

宋華強：〈《上博（七）‧凡物流形》散札〉，簡帛網，2009 年 1 月 6 日

宋華強:〈《君人者何必安哉》「州徒之樂」試解〉,簡帛網,2009 年 6 月 16 日

宋華強:〈《凡物流形》「五音才人」試解〉,簡帛網,2009 年 6 月 30 日

宋華強:〈《武王踐阼》「微忽」試解〉,簡帛網,2009 年 7 月 7 日

宋華強:〈上博竹書《問》篇偶識〉,簡帛網,2008 年 10 月 21 日

宋華強:〈《鄭子家喪》《平王問鄭壽》「就」字試讀〉,簡帛網,2009 年 7 月 15 日

宋華強:〈由楚簡「北子」「北宗」說到甲骨金文「丁宗」「啻宗」〉《簡帛》第四輯(上海市:上海古籍出版社,2009 年 10 月)

宋華強:〈試說甲骨金文中一個可能讀為「臺」的字〉,簡帛網,2010 年 1 月 18 日

宋華強:〈上博竹書《凡物流形》釋讀札記(六則)〉《簡帛》第五輯(上海市:上海古籍出版社,2010 年 10 月)

宋華強:〈釋曾侯乙墓竹簡的「弩」〉,簡帛網,2011 年 1 月 7 日

宋華強:〈清華簡《金縢》校讀〉,簡帛網,2011 年 1 月 8 日

宋華強:〈清華簡《金縢》讀為「穫」之字解說〉,簡帛網,2011 年 1 月 14 日

宋華強:〈清華簡《楚居》1-2 號釋讀〉,簡帛網,2011 年 1 月 15 日

宋華強:〈清華簡《皇門》箚記一則〉,簡帛網,2011 年 2 月 2 日

宋華強:〈清華簡《皇門》札記一則〉補正〉,簡帛網,2011 年 2 月 28 日

宋華強:〈曾侯乙墓竹簡考釋一則〉,簡帛網,2011 年 3 月 21 日

巫雪如:〈楚簡考釋中的相關語法問題試探〉,簡帛網,2009 年 6 月 14 日

李天虹:〈郭店楚簡文字雜釋〉《郭店楚簡國際學術研討會論文集》(武漢市:湖北人民出版社,2000 年 5 月)

李天虹:〈上海簡書文字三題〉《上博館藏戰國楚竹書研究》(上海市:上海書店,2002 年 3 月)

李天虹:〈上博館藏竹書(二)雜識〉,簡帛研究網,2003 年 9 月 18 日

李天虹:〈楚簡文字形體混同、混訛舉例〉《江漢考古》2005 年 3 期

李天虹：〈戰國文字「甯」、「削」續議〉《出土文獻研究》第七輯（上海市：上海古籍出版社，2005 年 11 月）

李天虹：〈《上博（五）》零識三則〉，簡帛網，2006 年 2 月 26 日

李天虹：〈《性自命出》「妥」、「惡」二字補釋〉《簡帛》第一輯（上海市：上海古籍出版社，2006 年 10 月）

李天虹：〈《景公瘧》「市」字小記〉，簡帛網，2007 年 7 月 17 日

李天虹：〈《景公瘧》校讀二則〉，簡帛網，2007 年 7 月 26 日

李天虹：〈上博六《景公瘧》字詞校釋〉《古文字學論稿》（合肥市：安徽大學出版社，2008 年 4 月）

李天虹：〈《鄭子家喪》補釋〉，簡帛網，2009 年 1 月 12 日

李天虹：〈《君人者何必安哉》補說〉，簡帛網，2009 年 1 月 21 日

李天虹，〈楚文字中的「前」與「脡（延）」——由壽縣楚器中的楚考烈王名說起〉，簡帛網，2011 年 4 月 16 日

李光雨、張雲：〈山東棗莊春秋時期小邾國墓地的發掘〉《中國歷史文物》2003 年第 5 期

李守奎：〈楚文字考釋（三組）〉《簡帛研究》第三輯（南寧市：廣西教育出版社，1998 年 12 月）

李守奎：〈楚簡文字四考〉《中國文字研究》第三輯（南寧市：廣西教育出版社，2002 年）

李守奎：〈《說文》古文與楚文字互證三則〉《古文字研究》24 輯（北京市：中華書局，2002 年 7 月）

李守奎：〈九店楚簡相宅篇殘簡補釋〉《新出土文獻與古代文明研究國際學術研討會會議論文》2002 年 7 月

李守奎：〈讀《上海博物館藏戰國楚竹書（二）》雜識〉《上海博物館藏戰國楚竹書研究續編》（上海市：上海書店出版社，2004 年 7 月）

李守奎：〈《鮑叔牙與隰朋之諫》補釋〉《新出楚簡國際學術研討會・上博簡卷》（湖北：武漢大學等舉辦，2006 年 6 月 26 日）

李守奎：〈郭店楚簡「雖」字蠡測〉《古文字研究》26 輯（北京市：中華書

局，2006 年 11 月）

李守奎：〈《鮑叔牙與隰朋之諫》補釋〉《楚地簡帛思想研究》第三輯（武漢市：湖北教育出版社，2007 年 6 月）

李守奎：〈包山楚簡 120-123 號簡補釋〉，復旦網，2009 年 8 月 1 日

李守奎：〈保訓二題〉《出土文獻》第一輯（上海市：中西書局，2010 年 8 月）

李守奎：〈包山司法簡致命文書的特點與 138-139 號簡文書內容的性質〉《古文字研究》第 28 輯（北京市：中華書局，2010 年 10 月）

李守奎：〈包山楚簡 120-123 號簡補釋〉《出土文獻與傳世典籍的詮釋——紀念譚樸森先生逝世兩周年國際學術研討會論文集》（上海市：上海古籍出版社，2010 年 10 月）

李守奎：〈根據《楚居》解讀史書中熊渠至熊延世序之混亂〉《中國史研究》2011 年 1 期

李守奎：〈《楚居》中的樊字及出土楚文獻中與樊相關文例的釋讀〉《文物》2011 年第 3 期

李守奎：〈論《楚居》中季連與鬻熊事迹的傳說特徵〉《清華大學學報》2011 年第 4 期（第 26 卷）

李守奎：〈論清華簡中的昭王居秦溪之上于昭王歸隨〉《清華大學藏戰國竹簡（壹）》國際學術研討會論文集》（北京市：清華大學主辦，2011 年 6 月 28～29 日）

李均明：〈尹灣漢墓出土「武庫永始四年兵車器集簿」初探〉《尹灣漢墓簡牘綜論》（北京市：科學出版社，1999 年 2 月）

李春桃：〈古文考釋八篇〉，簡帛網，2011 年 4 月 13 日

李家浩：〈釋「弁」〉《古文字研究》第一輯（北京市：中華書局，1979 年 8 月）

李家浩：〈戰國貨幣文字中㠯與比〉《中國語文》1980 年第 5 期

李家浩：〈戰國𠧚布考〉《古文字研究》第三輯（北京市：中華書局，1980 年 11 月）

李家浩：〈信陽楚簡「澮」字及從「关」之字〉《中國語言學報》第一期（北京市：商務印書館，1983 年）

李家浩：〈戰國官印考釋兩篇〉《語言研究》1987 年 1 期

李家浩：〈從戰國「忠信」印談古文字中的異讀現象〉《北京大學學報》1987 年 2 期

李家浩：〈攻五王光韓劍與虞王光起戈〉《古文字研究》第 17 輯（北京市：中華書局，1989 年 6 月）

李家浩：〈庚壺銘文及其年代〉《古文字研究》19 輯（北京市：中華書局，1992 年 8 月）

李家浩：〈貴將軍虎節與辟大夫虎節〉《中國歷史博物館館刊》1993 年 2 期

李家浩：〈包山二六六號簡所記木器研究〉《國學研究》第二卷（北京市：北京大學出版社，1994 年 7 月）

李家浩：〈信陽楚簡中的「柿枳」〉《簡帛研究》第 2 輯（北京市：法律出版社，1996 年 6 月）

李家浩：〈南越王墓車馹虎節銘文考釋〉《容庚先生百年誕辰紀念文集》（廣東：廣東人民出版社，1998 年 4 月）

李家浩：〈傳邊鷹節銘文考釋——戰國符節銘文研究之二〉《海上論叢》第二輯（上海市：復旦大學出版社，1998 年 7 月）

李家浩：〈包山楚簡中的「枳」〉《徐中舒先生百年誕辰紀念文集》（成都市：巴蜀書社，1998 年 10 月）

李家浩：〈信陽楚簡「樂人之器」研究〉《簡帛研究》第 3 輯（南寧市：廣西教育出版社，1998 年 12 月）

李家浩：〈讀《郭店楚墓竹簡》瑣議〉《中國哲學》20 輯（瀋陽：遼寧教育出版社，1999 年 1 月）

李家浩：〈楚墓竹簡中的「昆」字及從「昆」之字〉《中國文字》新 25 期（臺北市：藝文印書館，1999 年 12 月）

李家浩：〈九店竹簡釋文與考釋〉《九店楚簡》（北京市：中華書局，2000 年 5 月）

李家浩:〈秦駰玉版銘文研究〉《北京大學古文獻研究中心集刊（二）》（北京市：燕山出版社，2001 年 4 月）

李家浩:〈談春成侯盉與少府盉的銘文及其容量〉《華學》第五輯（廣州：中山大學出版社，2001 年 12 月）

李家浩:〈包山遣冊考釋（四篇）〉《古籍整理研究學刊》2003 年 9 月第 5 期

李家浩:〈戰國竹簡〈緇衣〉中的「逯」〉，荊門郭店楚簡研究（國際）中心編：《古墓新知──紀念郭店楚簡出土十周年論文專輯》國際炎黃文化出版社，2003 年 11 月

李家浩:〈戰國官印考釋三篇〉《出土文獻研究》第六輯（上海市：上海古籍出版社，2004 年 12 月）

李家浩:〈包山卜筮簡 218-219 號研究〉《長沙三國吳簡暨百年來簡帛發現與研究國際學術研討會論文集》（北京市：中華書局，2005 年 12 月）

李家浩:〈釋上博戰國竹簡〈緇衣〉中的「𢇍臣」合文──兼釋兆域圖「逖」和䣄羌鐘「䜌」等字〉中山大學古文字研究所編：《康樂集──曾憲通教授七十壽慶論文集》（廣州：中山大學出版社，2006 年 1 月）

李家浩:〈談包山楚簡「歸鄧人之金」一案及其相關問題〉《出土文獻與古文字研究》第一輯（上海市：復旦大學，2006 年 12 月）

李家浩:〈仰天湖楚簡剩義〉《簡帛》第二輯（上海市：上海古籍出版社，2007 年 11 月）

李家浩:〈攻敔王姑義䜌劍銘文及其所反映的歷史〉《古文字與古代史（第一輯）》（臺北市：中央研究院歷史語言研究所，2007 年 9 月）

李家浩:〈釋老簋銘文中的「濾」字〉《古文字研究》第 27 輯（北京市：中華書局，2008 年 9 月）

李家浩:〈章子國戈小考〉，清華大學出土文獻研究與保護中心編《出土文獻》第一輯（上海市：中西書局，2010 年 8 月）

李家浩:〈楚簡所記楚人祖先「毓（鬻）熊」與「穴熊」為一人說〉《文史》2010 年第 3 輯

李家浩、楊澤生：〈北京大學藏漢代醫簡簡介〉《文物》2011 年 6 期

李家浩：〈談清華戰國竹簡《楚居》的「夷屯」及其他〉《《清華大學藏戰國
竹簡（壹）》國際學術研討會會議論文集》2011 年 6 月

李家浩：〈關於郭店竹書《六德》「仁類薏而速」一段文字的釋讀〉，《出土
文獻研究（十）》（北京市：中華書局，2011 年 12 月）

李詠健：〈《上博七・吳命》「明日」考〉，簡帛網，2011 年 4 月 15 日

李新魁：〈論侯魚兩部的關係及其發展〉《李新魁音韻學論集》（廣東：汕頭
大學出版社，1997 年）

李運富：〈楚簡「樸」字及相關諸字考釋評議〉，簡帛研究網，2003 年 1 月
22 日

李零：〈包山楚簡研究（占卜類）〉《中國典籍與文化論叢》第一輯（北京市：
中華書局，1993 年 9 月）

李零：〈郭店楚簡校讀記〉《道家文化研究》17 輯（北京市：三聯書店，1999
年 8 月）

李零：〈讀《楚系簡帛文字編》〉《出土文獻》第五集（北京市：科學出版社，
1999 年 8 月）

李零：〈讀清華簡《保訓》釋文〉，《中國文物報》，2009 年 8 月 21 日

李銳：〈上博館藏楚簡（二）初箚〉，簡帛研究網，2003 年 1 月 6 日

李銳：〈上博楚簡續箚〉《上博館藏戰國楚竹書研究續編》（上海市：上海書
店出版社，2004 年 7 月）

李銳：〈《用曰》新編（稿）〉，簡帛網，2007 年 7 月 13 日

李銳：〈上博六札記二則〉，簡帛網，2007 年 7 月 24 日

李銳：〈《孔子見季桓子》重編〉，簡帛網，2007 年 8 月 22 日

李銳：〈《凡物流形》釋文新編（稿）〉，清華大學簡帛網，2008 年 12 月 31
日

李銳：〈《武王踐阼》研讀箚記〉，清華大學簡帛網，2008 年 12 月 31 日

李銳：〈《凡物流形》釋讀札記（再續）（修訂版）〉，清華大學簡帛網，2009
年 1 月 3 日

李銳：〈《凡物流形》釋讀札記（三續）〉，清華大學簡帛網，2009 年 1 月 8
　　日

李銳：〈讀《吳命》札記〉，清華大學簡帛研究，2009 年 1 月 11 日

李銳：〈《緇衣》引《尹誥》「自周有終，相亦惟終」與清華簡異文合解〉，
　　待刊稿

李學勤：〈包山簡一楚先祖名〉《文物》1988 年 8 期

李學勤：〈叔多父盤與《洪範》〉《華學》第五輯（廣州：中山大學出版社，
　　2001 年 12 月）

李學勤：〈一版新綴卜辭與商王世系〉《文物》2005 年 2 期

李學勤：〈伯獄青銅器與西周典祀〉《古文字與古代史》第一輯（臺北市：
　　中央研究院歷史語言研究所，2007 年 9 月）

李學勤：〈楚簡《弟子問》與稀字〉《出土文獻研究》第八輯（上海市：上
　　海古籍出版社，2007 年 11 月）

李學勤：〈楚國申氏兩簠釋讀〉《江漢考古》2010 年 2 期

李學勤：〈清華簡《楚居》與楚徙郼郢〉《江漢考古》2011 年 2 期

李學勤：〈清華簡《繫年》及有關古史問題〉《文物》2011 年 3 期

沈寶春：〈論清華簡《程寤》篇太姒夢占五木的象徵意涵〉，簡帛網，2011
　　年 3 月 14 日

沈建華：〈清華楚簡《尹至》釋文試解〉《中國史研究》2011 年 1 期

沈培：〈說郭店楚簡中的「肆」之一「郭店楚簡《五行》中的『肆』」〉《語
　　言》（第二卷）（北京市：首都師範大學，2001 年）

沈培：〈上博簡《緇衣》篇「悆」字解〉《新出楚簡與儒學思想國際學術研
　　討會論文》（北京市：清華大學，2002 年 3 月）

沈培（網名：尚賢）：〈小議上博簡《鮑叔牙與隰朋之諫》中的虛詞「凡」〉，
　　簡帛網，2006 年 5 月 13 日

沈培：〈《上博（六）》中〈平王問鄭壽〉和〈平王與王子木〉應是連續抄寫
　　的兩篇〉，簡帛網，2007 年 7 月 12 日

沈培：〈《上博（六）》字詞淺釋（七則）〉，簡帛網，2007 年 7 月 20 日

沈培：〈從戰國簡看古人占卜的「蔽志」——兼論「移祟」說〉《古文字與古代史》第一輯（臺北市：中央研究院歷史語言研究所，2007 年 9 月）

沈培：〈略說《上博（七）》新見的「一」字〉，復旦網，2008 年 12 月 31 日

沈培：〈《上博（七）》校讀拾補〉《古道照顏色——先秦兩漢古籍國際學術研討會論文》（香港：香港中文大學主辦，2009 年 1 月）

沈培：〈《上博（七）》殘字辨識兩則〉，復旦網，2009 年 1 月 2 日

沈培：〈《上博（七）》字詞補說二則〉，復旦網，2009 年 1 月 3 日

沈培：〈再談西周金文「叚」表示情態的用法〉，中國古代青銅器國際研討會論文，香港中文大學中國文化研究所文物館主辦，2009 年 4 月 17～18 日

沈培（網名：尚賢）：〈談談清華簡用為「五行相勝」的「勝」字〉，復旦網，2010 年 12 月 24 日

沈培：〈清華簡字詞考釋二則〉，復旦網，2011 年 1 月 9 日

沈培：〈關於古文字材料中所見古人祭祀用尸的考察〉，「第三屆古文字與古代史學術討論會」論文（臺北市：中央研究院歷史語言研究所，2011 年 3 月）

邢文：〈釋「樸」〉《出土文獻與傳世典籍的詮釋——紀念譚樸森先生逝世兩周年國際學術研討會論文集》（上海市：上海古籍出版社，2010 年 10 月）

周亞：〈楚大師登編鐘及相關問題的認識〉《上海博物館集刊》第 11 期（上海書畫出版社，2008 年 10 月）

周波：〈讀張家山漢簡《二年律令》札記〉《古籍整理研究　刊》2007 年第 2 期

周波：〈秦、西漢前期土文字資料中的六國古文遺迹〉《出土文獻與古文字研究》第二輯（上海市：復旦大學出版社，2008 年 8 月）

周波：〈「俟」字歸部及其相關問題考論〉，復旦網，2008 年 12 月 23 日

周波：〈戰國文字中的「許」縣和「許」氏〉，復旦網，2009 年 1 月 5 日

周波：〈中山器銘文補釋〉，復旦網，2009 年 9 月 8 日

周鳳五：〈郭店楚墓竹簡〈唐虞之道〉新釋〉《中央研究院歷史語言研究所集刊》70：3（臺北市：中央研究院歷史語言研究所，1999 年 9 月）

周鳳五：〈上海博物館楚竹書〈彭祖〉重探〉，《南山論學集——錢存訓先生九五生日紀念》（北京圖書館出版社，2006 年 5 月）

周鳳五：〈清華簡〈保訓〉重探〉《先秦文本與思想國際學術研討會論文》（臺北市：臺大中文系主辦，2010 年 8 月）

周鳳五：〈清華簡〈保訓〉重探〉，北京市：第 18 屆古文字年會〉2010 年 10 月

孟蓬生：〈郭店楚簡字詞考釋〉《古文字研究》第二十四輯（北京市：中華書局，2002 年 7 月）

孟蓬生：〈郭店楚簡字詞考釋（續）〉《簡帛語言文字研究》第一輯（成都市：巴蜀書社，2002 年 11 月）

孟蓬生：〈上博竹書（三）字詞考釋〉，簡帛研究網，2004 年 4 月 26 日

孟蓬生：〈上博竹書（四）閒詁〉，簡帛研究網，2005 年 2 月 15 日

孟蓬生：〈《三德》零詁（二則）〉，簡帛網，2006 年 2 月 28 日

孟蓬生：〈上博竹書《周易》字詞考釋——〉《華學》第八輯（北京市：紫禁城出版社，2006 年 8 月）

孟蓬生：〈說「櫓」——兼論「古」字的構形本意〉《中國文字研究》2007 年第二輯（總第九卷）

孟蓬生：〈「瞻」字異構補釋〉，簡帛網，2007 年 8 月 6 日

孟蓬生：〈「牸」疑〉，簡帛網，2007 年 9 月 22 日

孟蓬生：〈越王差徐戈銘文補釋〉，復旦網，2008 年 11 月 5 日

孟蓬生：〈越王差徐戈銘文「就」字補釋〉，復旦網，2008 年 12 月 9 日

孟蓬生：〈《君人者何必安哉》）贖義掇拾〉，復旦網，2009 年 1 月 4 日

孟蓬生：〈說《凡物流形》之「祭員」〉，復旦網，2009 年 1 月 12 日

孟蓬生：〈《吳問》一得〉，復旦網，2009 年 1 月 16 日

孟蓬生：〈師袁簋「弗叚組」新解〉，復旦網，2009 年 2 月 25 日

孟蓬生：〈《保訓》「疾𦧵甚」試解〉，復旦網，2009 年 7 月 10 日

孟蓬生：〈試釋楚簡《緇衣》中與「表」字相當的字〉）《古文字研究》28
　　　輯（北京市：中華書局，2010 年 10 月）

孟蓬生：〈《楚居》所見楚武王名臆解〉，簡帛網，2011 年 1 月 12 日

孟蓬生：〈《楚居》所見楚王名考釋二則〉《清華大學藏戰國竹簡（壹）》國
　　　際學術研討會論文集》（北京市：清華大學主辦，2011 年 6 月 28 日
　　　至 29 日）

孟蓬生：〈「出言又（有）丨，利（黎）民所訐」音釋──談魚通轉例說之四〉，
　　　簡帛網，2010 年 9 月 10 日

季師旭昇：〈讀郭店、上博簡五題：舜、河澨、紳而易、牆有茨、宛丘〉《中
　　　國文字》新 27 期（臺北市：藝文印書館，2001 年 12 月）

季師旭昇：〈談覃鹽〉《龍宇純先生七秩晉五壽慶論文集》（臺北市：臺灣學
　　　生書局，2002 年 11 月）

季師旭昇：〈由上博詩論「小宛」談楚簡中幾個特殊的從肙的字〉《漢學研
　　　究》第 20 卷第 2 期（2002 年 12 月）

季師旭昇：〈上博三周易簡 26「欽其腓」說〉，簡帛研究網，2004 年 5 月 16
　　　日

季師旭昇：〈《上博五》芻議（上）〉，簡帛網，2006 年 2 月 18 日

季師旭昇：〈上博五芻議（下）〉，簡帛網，2006 年 2 月 18 日

季師旭昇：〈說「婁」、「要」〉《古文字研究》第 26 輯（北京市：中華書局，
　　　2006 年 11 月）

季師旭昇：〈上博七芻議（二）：凡物流形〉，簡帛網，2009 年 1 月 2 日

易德生：〈金文「玄鏐」所指金屬原料小議〉，簡帛網，2011 年 5 月 19 日

林文華：〈《吳命》「玟亡爾社稷」解〉，簡帛網，2009 年 1 月 4 日

林志鵬：〈清華大學藏戰國竹書《保訓》校釋〉簡帛網，2010 年 4 月 9 日

林素清：〈上博楚竹書《昔者君老》釋讀〉《第一屆應用出土資料國際學術

研討會》（竹南：育達商業技術學院，2003 年 4 月 23 日）

林素清：〈利用出土戰國楚竹書資料檢討《尚書》異文及其相關問題〉《龍宇純先生七秩晉五壽慶論文集》（臺北市：臺灣學生書局，2002 年 11 月）

林素清：〈上博楚竹書《昔者君老》新釋〉，2003 年 6 月 28 日臺大哲學系研讀小組公開演講

林素清：〈重編郭店楚簡《六德》〉《古墓新知——紀念郭店楚簡出土十周年論文專輯》（國際炎黃文化出版社，2003 年 11 月）

林清源：〈上博七《鄭子家喪》文本問題檢討〉「第三屆古文字與古代史學術討論會」論文（臺北市：中央研究院歷史語言研究所，2011 年 3 月）

林澐：〈棗莊市東江墓地青銅器銘文部分人名的考釋〉《古文字研究》第二十六輯（北京市：中華書局，2006 年 11 月）

林澐：〈琱生三器新釋〉，復旦大學出土文獻與古文字研究中心網站，2008 年 1 月 1 日

金俊秀：〈說害〉《第十八屆中國文字學國際學術研討會論文集》（臺北縣：輔仁大學中文系，2007 年 5 月）

侯乃峰：〈《仲弓》篇「攷析」試解〉簡帛研究網，2004 年 5 月 3 日

侯乃峰：〈《上博（七）•鄭子家喪》「天后（厚）楚邦」小考〉，復旦網，2009 年 1 月 6 日

侯乃峰：〈上博（七）字詞雜記六則〉，復旦網，2009 年 1 月 16 日

侯乃峰：〈上博藏楚竹書《吳命》「先王姑婡大妃」考辨〉，《中國史研究》2010 年 3 期

侯乃峰：〈《保訓》「演水」臆解〉，復旦網，2010 年 3 月 15 日

姜廣輝：〈「清華簡」鑒定可能要經歷一個長期過程——再談對《保訓》篇的疑問〉，光明日報，2009 年 6 月 8 日

施謝捷：〈武威、馬王堆出土古醫籍雜考〉《古籍整理研究學刊》1991 年第 5 期

施謝捷：〈釋「十九年邦司寇鈹」銘的「奚易」合文〉《文教資料》1996 年
　　2 期施謝捷：〈古璽複姓雜考（六則）——五、甘士〉《中國古璽印學
　　國際研討會論文集》（香港：香港中文大學文物館，2000 年）

施謝捷〈楚簡文字中的「槀」字〉《楚文化研究論集》第 5 集（黃山書社，
　　2003 年 6 月）

施謝捷：〈《漢印文字徵》及其《補遺》校讀記（一）〉《出土文獻與古文字
　　研究》第二輯（上海市：復旦大學出版社，2008 年 8 月）

范常喜：〈《上博五·弟子問》1、2 號簡殘字補說〉，簡帛網，2006 年 5 月 21
　　日

范常喜：〈《上博五・三德》札記三則〉，簡帛網，2006 年 2 月 24 日

范常喜：〈《上博七·凡物流行》「令」字小議〉，簡帛網，2009 年 1 月 5 日

唐蘭：〈𬂩尊銘文解釋〉《文物》1976 年 1 期

孫偉龍：〈「幾」、「𢼇」二字異同考辨〉《古文字研究》28 輯（北京市：中華
　　書局，2010 年 10 月）

孫飛燕：〈讀凡物流形札記〉，清華大學簡帛網，2009 年 1 月 1 日

徐正考：〈湖北棗陽市博物館收藏的幾件青銅器〉《文物》1994 年 4 期

徐在國：〈古璽文字八釋〉《吉林大學古籍整理研究所建所十五週年紀念文
　　集》（長春市：吉林大學出版社，1998 年 12 月）

徐在國：〈郭店楚簡文字三考〉《簡帛研究二〇〇一》（南寧市：廣西師範大
　　學出版社，2001 年 9 月）

徐在國、黃德寬：〈上海博物館藏戰國楚竹書（一）〈緇衣〉〈性情論〉釋文
　　補正〉《古籍整理研究學刊》2002 年 2 期

徐在國：〈古陶文字釋叢〉《古文字研究》第二十三輯（北京市：中華書局，
　　2002 年 6 月）

徐在國：〈上博竹書（二）文字雜考〉，簡帛研究網，2003 年 1 月 14 日

徐在國：《新蔡葛陵楚簡箚記》，簡帛研究網，2003 年 12 月 7 日

徐在國：〈《新蔡葛陵楚簡》箚記（二）〉，簡帛研究網，2003 年 12 月 17 日

徐在國：〈上博竹書（三）札記二則〉，簡帛研究網，2004 年 4 月 26 日

徐在國：〈試說《說文》「籃」字古文〉《古文字研究》26 輯（北京市：中華書局，2006 年 11 月）

徐在國：〈上博（六）文字考釋二則〉，簡帛網，2007 年 7 月 23 日

徐在國：〈上博竹書（三）札記二則〉《古文字研究》第 27 輯（北京市：中華書局，2008 年 9 月）

徐在國：〈說「喜」兼論古陶文著錄中的倒置〉《安徽大學學報》2008 年第 5 期

徐在國：〈《戰國古文字典》所錄陶文研究〉《中國文字學報》第三輯（北京市：商務印書館，2010 年 11 月）

徐在國：〈上博五「禝（稷）」字補說〉《《清華大學藏戰國竹簡（壹）》國際學術研討會論文集》（北京市：清華大學主辦，2011 年 6 月 28～29 日）

徐在國：〈《陶文字典》中的釋字問題〉《出土文獻》第 2 輯（上海市：中西書局，2011 年 11 月）

徐寶貴：〈以「它」「也」為偏旁文字的分化〉《文史》2007 年第 3 輯

徐寶貴：〈楚墓竹簡文字考釋〉《清華大學學報》2005 年第 3 期

徐寶貴：〈殷商文字研究兩篇〉《出土文獻與古文字研究》第一輯（上海市：復旦大學，2006 年 12 月）

徐寶貴：〈金文研究五則〉《古文字學論稿》（合肥市：安徽大學出版社，2008 年 4 月）

徐寶貴：〈甲骨文「犁」字及相關問題研究〉，復旦網，2010 年 4 月 8 日

徐時儀：〈敦煌寫卷佛經音義時俗用字初探〉《中國文字研究》第十四輯（鄭州市：大象出版社，2011 年 3 月）

晏昌貴：〈天星觀「卜筮祭禱」簡釋文輯校〉《楚地簡帛思想研究（二）》（武漢市：湖北教育出版社，2005 年 4 月）

晏昌貴：〈新蔡葛陵楚簡「上逾取稟」之試解〉《新出楚簡國際學術研討會論文》（武漢市：武漢大學，2006 年 6 月 26 日）

晁福林：〈上博簡《仲弓》疏證〉《孔子研究》2005 年 2 期

袁國華：〈《郭店楚墓竹簡・五行》「遉」字考釋〉《中國文字》新廿六期（臺北市：藝文印書館，2000 年 12 月）

袁國華：〈望山楚墓卜筮祭禱文字考釋四則〉《中央研究院歷史語言研究所集刊》74 卷 2 期（臺北市：中央研究院歷史語言研究所，2003 年 6 月）

袁國華：〈楚簡疾病及相關問題初探——以包山楚簡、望山楚簡為例〉《「中國南方文明」學術研討會論文》（南港：中央研究院歷史語言研究所，2003 年 12 月 19～20 日）

袁金平：〈利用清華簡考證古文字二例〉《清華大學學報》2011 年第 4 期（第 26 卷）

馬怡：〈讀東牌樓漢簡《侈與督郵書》——漢代書信格式與形制的研究〉《簡帛研究二〇〇五》（桂林市：廣西師範大學出版社，2008 年 9 月）

馬嘉賢：〈上博八《成王既邦》考釋一則〉，國科會專題研究計畫研究成果發表會——簡帛文獻研討會論文，2011 年 12 月 17 日，臺中：中興大學中文系主辦

高佑仁：〈《荊門左塚楚墓》漆棋局文字補釋〉，簡帛網，2007 年 11 月 24 日

高佑仁：〈也談《君人者何必安哉》的「望」字〉，復旦網，2009 年 1 月 15 日

高佑仁：〈〈鄭子家喪〉、〈競公瘧〉諸「病」字的構形考察（增訂稿）〉，臺南市：嘉南藥理科技大學「2010 經典與簡帛」學術研討會，2010 年 5 月 7 日

高智：〈《包山楚簡》文字考釋十四則〉《于省吾教授百年誕辰紀念文集》（長春市：吉林大學出版社，1996 年 9 月）

高智：〈古文字「也」、「只」形義關係解析〉《古文字研究》28 輯（北京市：中華書局，2010 年 10 月）

張光裕、吳振武：〈武陵新見古兵三十六器集錄〉《中國文化研究所學報》新第 6 期，香港中文大學 1997 年

張光裕、吳振武：〈武陵新見古兵三十六器集錄〉：《雪齋學術論文二集》（臺北市：藝文印書館，2004 年 12 月）

張光裕：〈新見「發孫虜鼎」及「鄔凡伯怡父鼎」小記〉《雪齋學術論文二集》（臺北市：藝文印書館，2004 年 12 月）

張光裕：〈新見老簋銘文及其年代〉《考古與文物 2005 年古文字學專輯》（西安市：陝西省考古研究所，2005 年 12 月）

張亞初：〈金文考證例釋〉《第三屆國際中國古文字學研討會論文集》（香港：香港中文大學，1997 年 10 月）

張政烺：〈中山王壺及鼎銘考釋〉《古文字研究》第一輯（北京市：中華書局，1979 年 8 月）

張桂光：〈沫司徒疑簋及其相關問題〉《古文字研究》24 輯（北京市：中華書局，2002 年 7 月）

張崇禮：〈釋《景公瘧》中的「敷情不偷」〉，簡帛研究網，2007 年 7 月 24 日

張崇禮：〈讀《天子建州》札記〉，簡帛研究網，2007 年 10 月 9 日

張崇禮：〈釋《武王踐阼》的「矩折」〉，復旦網，2009 年 1 月 5 日

張崇禮：〈釋楚文字中的「疫」〉，復旦網，2011 年 9 月 1 日

張新俊：〈新蔡葛陵楚墓竹簡文字補正〉，簡帛研究網，2004 年 2 月 22 日

張新俊：〈新蔡葛陵楚墓竹簡文字補正〉，《中原文物》2005 年 4 期

張新俊：〈「人以君王為所以囂」別釋〉，復旦網，2009 年 1 月 8 日

張新俊：〈釋上博簡《凡物流形》中的「及」〉，簡帛網，2011 年 4 月 14 日

張新俊：〈據清華簡釋字一例〉，復旦網，2011 年 6 月 29 日

張富海：〈上博簡《子羔》篇「后稷之母」節考釋〉，簡帛研究網，2003 年 1 月 17 日

張富海：〈讀楚簡札記五則〉《古文字研究》第 25 輯（北京市：中華書局，2004 年 10 月）

張富海：〈說「蠡」、「冤」〉《古文字研究》第 28 輯（北京市：中華書局，2010 年 10 月）

曹峰：〈楚簡《昔者君老》新注〉《楚地簡帛思想研究（二）》（武漢市：湖北教育出版社，2005 年 4 月）

曹峰：〈《語叢》一、三兩篇所見「名」的研究〉，簡帛研究網，2007 年 4 月 12 日

曹錦炎：〈楚竹書〈問日〉章與《列子・湯問》「小兒辯日」故事〉《古文字研究》第二十七輯（北京市：中華書局，2008 年 9 月）

梁濤：〈清華簡《保訓》的「中」為中道說〉《《清華大學藏戰國竹簡（壹）》國際學術研討會論文集》（北京市：清華大學主辦，2011 年 6 月 28 日至 29 日）

淺野裕一：《上博楚簡〈天子建州〉における北斗と日月》，「2007 中國簡帛學國際論壇」論文，臺北市：臺灣大學中文系 2007 年

清華大學出土文獻研究與保護中心：〈清華大學藏戰國竹簡《保訓》釋文〉，《文物》2009 年第 6 期

許子濱：〈上博簡《仲弓》「害近敓矣」解〉，簡帛研究網，2005 年 6 月 21 日

許道勝：〈讀《望山楚簡文字編》札記〉《湖南大學學報》（社會科學版）第 23 卷第 2 期，2009 年 3 月

郭永秉：〈說《子羔》簡 4 的「敏以好詩」〉《出土文獻與古文字研究》第一輯（上海市：復旦大學，2006 年 12 月）

郭永秉：〈讀《平王問鄭壽》篇小記二則〉，簡帛網，2007 年 8 月 30 日

郭永秉：〈由《凡物流形》「鳶」字寫法推測與郭店《老子》甲組與「朘」相當之字應為「鳶」字變體〉，復旦網，2008 年 12 月 31 日

郭永秉（署名小塘）：〈說《容成氏》的「堅為丹宮」〉，復旦網，2008 年 4 月 27 日

郭永秉：〈釋上博楚簡《平王問鄭壽》的「訊」字〉《古文字研究》第 27 輯（北京市：中華書局，2008 年 9 月）

郭永秉（署名大丙）：〈《吳命》篇「暑日」補說〉，復旦網，2009 年 1 月 5 日

郭永秉：〈談《容成氏》「專亦以為槿」句的讀法〉，復旦網，2009 年 1 月 20 日

郭永秉：〈《競公瘧》篇「病」字小考〉，復旦網，2009 年 1 月 23 日

郭永秉：〈商周金文所見人名補釋五則〉，復旦網，2009 年 4 月 2 日

郭永秉：〈上博簡《容成氏》所記桀紂故事考釋兩篇〉，《簡帛》第五輯（上海市：上海古籍出版社，2010 年 10 月）

郭永秉：〈楚竹書字詞考釋三篇〉《中國文字研究》第 13 輯（鄭州市：大象出版社，2010 年 10 月）

郭永秉：〈談古文字中的「要」字和從「要」之字〉《古文字研究》28 輯（北京市：中華書局，2010 年 10 月）

郭永秉：〈清華簡《尹至》「𥆧至在湯」〉《《清華大學藏戰國竹簡（壹）》國際學術研討會論文集》（北京市：清華大學主辦，2011 年 6 月 28 日至 29 日）

陳志向：〈《凡物流形》韻讀〉，復旦網，2009 年 1 月 10 日

陳邦懷：〈戰國楚帛書文字考證〉《古文字研究》第 5 輯

陳明遠、汪宗虎主編：《中國姓氏辭典》（北京市：北京出版社，1995 年 11 月）

陳秉新：〈害即胡簋之胡本字說〉《考古與文物》1990 年第 1 期

陳英杰：〈金文中「叚」字及其相關文例的討論〉《中國文字》新三十期（臺北市：藝文印書館，2005 年 11 月）

陳英杰：〈金文字際關係辨正五則〉《語言科學》2010 年 5 期

陳偉：〈郭店楚簡〈六德〉諸篇零釋〉《武漢大學學報》1999 年 5 期

陳偉：〈郭店簡書〈性自命出〉校釋〉《新出土文獻與古代文明研究國際學術研討會會議論文》2002 年 7 月

陳偉：〈竹書《容成氏》所見的九州〉《中國史研究》2003 年第 3 期

陳偉：〈讀新蔡簡札記（三則）〉，簡帛研究網，2004 年 1 月 30 日

陳偉：〈葛陵楚簡所見的卜筮與禱祠〉《出土文獻研究》第六輯（上海市：上海古籍出版社，2004 年 12 月）

陳偉：〈上博五《弟子問》零釋〉，簡帛網，2006 年 2 月 21 日

陳偉：〈郭店竹書《六德》「以奉社稷」補說〉，簡帛網，2006 年 2 月 26 日

陳偉：〈《簡大王泊旱》新研〉，簡帛網，2006 年 11 月 22 日

陳偉：〈包山 102 號簡解讀〉，簡帛網，2007 年 2 月 17 日

陳偉：〈讀《上博六》條記〉，簡帛網，2007 年 7 月 9 日

陳偉：〈讀《上博六》條記之二〉，簡帛網，2007 年 7 月 10 日

陳偉：〈《天子建州》校讀〉，簡帛網，2007 年 7 月 13 日

陳偉：〈《孔子見季桓子》22 號簡試讀〉，簡帛網，2007 年 7 月 24 日

陳偉：〈《君人者何必安哉》初讀〉，簡帛網，2008 年 12 月 31 日

陳偉：〈讀《吳命》小札〉，簡帛網，2009 年 1 月 2 日

陳偉：〈《鄭子家喪》通釋〉，簡帛網，2009 年 1 月 10 日

陳偉：〈《保訓》詞句解讀〉，簡帛網，2009 年 7 月 13 日

陳偉：〈讀上博楚竹書《武王踐阼》、《凡物流形》札記〉《出土文獻研究》
　　　第九輯（北京市：中華書局，2010 年 1 月）

陳偉：〈《君人者何必安哉》新研〉《第三屆古文字與古代史國際學術研討會
　　　論文》（臺北市：中研院史語所，2011 年 3 月）

陳偉：〈《凡物流行》「人中」試說〉，簡帛網，2011 年 4 月 17 日

陳偉：〈上博八《命》篇賸義〉，簡帛網，2011 年 7 月 19 日

陳偉：〈《顏淵問於孔子》內事、內教二章校讀〉，簡帛網，2011 年 7 月 22
　　　日

陳偉武：〈雙聲符字綜論〉《中國古文字研究》第一輯（長春市：吉林大學
　　　出版社，1999 年 6 月）

陳偉武：〈楚系簡帛釋讀掇瑣〉《古文字研究》第二十四輯（北京市：中華
　　　書局，2002 年 7 月）

陳偉武：〈試論簡帛文獻中的格言資料〉「中國簡帛學國際論壇 2008」論文，
　　　芝加哥，2008 年 10 月 31 日至 11 月 2 日

陳偉武：〈荊門左塚楚墓漆梮文字釋補〉，復旦大學出土文獻與古文字研究
　　　中心網站，2009 年 7 月 21 日

陳偉武：〈荊門左塚楚墓漆桐文字釋補〉《出土文獻與傳世典籍的詮釋——紀念譚樸森先生逝世兩周年國際學術研討會論文集》（上海市：上海古籍出版社，2010 年 10 月）

陳斯鵬：〈郭店楚墓竹簡考釋補正〉《華學》第四輯（北京市：紫禁城出版社，2000 年 8 月）

陳斯鵬：〈郭店楚簡研究綜述〉《華學》第五輯（廣州：中山大學出版社，2001 年 12 月）

陳斯鵬：〈郭店楚簡解讀四則〉《古文字研究》24 輯（北京市：中華書局，2002 年 7 月）

陳斯鵬：〈說「凵」及其相關諸字〉《中國文字》新 28 期（臺北市：藝文印書館，2002 年 12 月）

陳斯鵬：〈論周原甲骨和楚系簡帛中的「囟」與「思」——兼論卜辭命辭的性質〉《第四屆國際中國古文字學研討會論文》（香港：香港中文大學，2003 年 10 月 15 日）

陳斯鵬：〈「眔」為「泣」之初文說〉《古文字研究》25 輯（北京市：中華書局，2004 年 10 月）

陳斯鵬：〈上海博物館藏楚簡《彭祖》新釋〉《華學》第七輯（北京市：紫禁城出版社，2004 年 12 月）

陳斯鵬：〈上海博物館藏楚簡《曹沫之陣》釋文校理稿〉，孔子 2000 網站，2005 年 2 月 20 日

陳斯鵬：〈戰國楚帛書甲篇文字新釋〉《古文字研究》26 輯（北京市：中華書局，2006 年 11 月）

陳斯鵬：〈楚帛書甲篇的神話構成、性質及其神話學意義〉，《學燈》第 2 期，2007 年 4 月 1 日

陳斯鵬：〈唐叔虞方鼎銘文新解〉《古文字學論稿》（合肥市：安徽大學出版社，2008 年 4 月）

陳斯鵬：〈楚簡中的一字形表多詞現象〉《出土文獻與古文字研究（第二輯）》（上海市：復旦大學出版社，2008 年 8 月）

陳新:〈利用古文字知識校讀《尚書·盤庚》「由蘗」一詞〉,復旦網,2008年6月16日

陳煒湛:〈包山楚簡研究(七篇)〉《容庚先生百年誕辰紀念文集》(廣東:廣東人民出版社,1998年4月)

陳劍:〈據郭店簡釋讀西周金文一例〉《北京大學中國古文獻研究中心集刊》第二輯(北京市:北京燕山出版社,2001年12月)

陳劍:〈《孔子詩論》補釋一則〉《國際簡帛研究通訊》第二卷第三期2002年1月

陳劍:〈上博簡《子羔》、《從政》篇的拼合與編連問題〉,簡帛研究網,2003年1月8日

陳劍:〈上博竹書《仲弓》篇新編釋文(稿)〉,簡帛研究網,2004年4月18日

陳劍:〈上海博物館藏戰國楚竹書《從政》篇研究(三題)〉2004年4月23日至4月25日美國 Mount Holyoke College 召開的「Confucianism Resurrected:第三屆中國出土文獻國際研討會」會議論文

陳劍:〈甲骨金文舊釋「尤」之字及相關諸字新釋〉《北京大學古文獻研究中心集刊》第四輯(北京市:北京大學出版社,2004年10月)

陳劍:〈上博竹書《曹沫之陳》新編釋文(稿)〉,簡帛研究網,2005年2月12日

陳劍:〈上博竹書《昭王與龔之脽》和《柬大王泊旱》讀後記〉,簡帛研究網,2005年2月15日

陳劍:〈上博竹書《周易》異文選釋(六則)〉《出土簡帛文獻與古代學術國際研討會》(臺北市:政治大學中文系,2005年12月2-3日)

陳劍:〈《上博(五)》的竹簡分篇、拼合與編聯問題〉,簡帛網,2006年2月19日

陳劍:〈《上博(五)》零札兩則〉,簡帛網,2006年2月21日

陳劍:〈上博竹書「葛」字小考〉,簡帛網,2006年3月10日

陳劍:〈關於「宅陽四鈴」等「布權」的一點意見〉《古文字研究》26輯(北

京市：中華書局，2006 年 11 月）

陳劍：〈釋造〉《出土文獻與古文字研究（第一輯）》（上海市：復旦大學出版社，2006 年 12 月）

陳劍：〈釋「琮」及相關諸字〉《甲骨金文考釋論集》（北京市：線裝書局，2007 年 4 月）

陳劍：〈郭店簡《尊德義》和《成之聞之》的簡背數字與其簡序關係的考察〉《簡帛》第二輯（上海市：上海古籍出版社，2007 年 11 月）

陳劍：〈甲骨文舊釋「𢼸」和「𤔔」的兩個字及金文「𩰚」字新釋〉《出土文獻與古文字研究（第一輯）》（上海市：復旦大學出版社，2006 年 12 月）

陳劍：〈「邎」字補釋〉，復旦網，2008 年 1 月 23 日

陳劍：〈金文字詞零釋四則〉，復旦網，2008 年 2 月 5 日

陳劍：〈金文字詞零釋四則〉《古文字學論稿》（合肥市：安徽大學出版社，2008 年 4 月）

陳劍：〈《上博（六）・孔子見季桓子》重編新釋〉《出土文獻與古文字研究（第二輯）》（上海市：復旦大學出版社，2008 年 8 月）

陳劍：〈甲骨金文舊釋「𪋪」之字及相關諸字新釋〉《出土文獻與古文字研究（第二輯）》（上海市：復旦大學出版社，2008 年 8 月）

陳劍：〈上海博物館藏戰國楚竹書《從政》篇研究（三題）〉《簡帛研究二〇〇五》（桂林：廣西師範大學出版社，2008 年 9 月）

陳劍：〈邎字補釋〉《古文字研究》第 27 輯（北京市：中華書局，2008 年 9 月）

陳劍：〈郭店簡《六德》用為「柔」之字考釋〉《中國文字學報》第二輯（北京市：商務印書館，2008 年 12 月）

陳劍：〈楚簡「𨟻」字試解〉《簡帛》第四輯（上海市：上海古籍出版社，2009 年 10 月）

陳劍：〈試說戰國文字中寫法特殊的亢和從亢諸字〉《出土文獻與古文字研究（第三輯）》（上海市：復旦大學出版社，2010 年 7 月）

陳劍:〈釋「屮」〉《出土文獻與古文字研究（第三輯）》（上海市:復旦大學出版社，2010 年 7 月）

陳劍:〈清華簡《皇門》「𩁹」字補說〉，復旦網，2011 年 2 月 4 日

陳劍:〈讀《上博（六）》短札五則〉，簡帛網，2007 年 7 月 20 日

陳劍:〈《上博（三）・仲弓》膡義〉《簡帛》第三輯（上海市:上海古籍出版社，2008 年 10 月）

陳劍:〈《上博（八）・王居》復原〉，復旦網，2011 年 7 月 20 日

陳劍:〈嶽麓簡《占夢書》校讀札記三則〉，復旦網，2011 年 10 月 5 日

陶榮:〈甘肅崇信出土的秦戳記陶器〉《文物》1991 年 05 期

單育辰:〈上博五短札（三則）〉，簡帛網，2006 年 4 月 30 日

單育辰:〈上博竹書研究三題〉《簡帛研究二〇〇五》（桂林:廣西師範大學出版社，2008 年 9 月）

單育辰:〈佔畢隨錄之六〉，簡帛網，2008 年 8 月 5 日

單育辰:〈佔畢隨錄之七〉，復旦網，2009 年 1 月 1 日

單育辰:〈佔畢隨錄之九〉，簡帛網，2009 年 1 月 19 日

單育辰:〈佔畢隨錄之十一〉，復旦網，2009 年 8 月 3 日

單育辰:〈佔畢隨錄之十三〉，復旦網，2011 年 1 月 8 日

單育辰:〈佔畢隨錄之十五〉，復旦網，2011 年 7 月 22 日

單育辰:〈談戰國文字中的「堯」〉，簡帛網，2007 年 5 月 30 日

單育辰:〈談戰國文字中的「堯」〉《簡帛》第三輯（上海市:上海古籍出版社，2008 年 10 月）

單育辰:〈上博七《凡物流形》、《吳命》札記（修訂）〉，簡帛網，2009 年 6 月 5 日

單育辰:〈上博七《凡物流形》、《吳命》札記（修訂）〉《簡帛》第五輯（上海市:上海古籍出版社，2010 年 10 月）

葛亮:〈《上海博物館藏戰國楚竹書（六）》「莊王既成」篇校讀〉，《中國出土資料研究》第十三號，日本中國出土資料學會，2009 年 3 月

彭浩:〈葛陵和包山楚簡的兩種簿書〉《「2007 年中國簡帛學國際論壇」論文》

（臺北市：臺灣大學中文系主辦，2007 年 11 月 10 日～11 日）

復旦大學出土文獻與古文字研究中心研究生讀書會：〈攻研雜志（三）——讀《上博（六）・孔子見季桓子》札記（四則）〉，復旦網，2008 年 5 月 23 日

復旦大學出土文獻與古文字研究中心研究生讀書會：〈《上博七・君人者何必安哉》校讀〉，復旦網，2008 年 12 月 31 日

復旦大學出土文獻與古文字研究中心研究生讀書會：〈《上博（七）・凡物流形》重編釋文〉，復旦網，2008 年 12 月 31 日

復旦大學出土文獻與古文字研究中心研究生讀書會：〈《上博七・武王踐阼》校讀〉，復旦網，2008 年 12 月 30 日

復旦大學出土文獻與古文字研究中心研究生讀書會：〈《上博七・鄭子家喪》校讀〉，復旦網，2008 年 12 月 31 日

復旦大學出土文獻與古文字研究中心研究生讀書會：《〈上博（七）・凡物流形〉重編釋文》，復旦大學出土文獻與古文字研究中心編：《出土文獻與古文字研究》第三輯（上海市：復旦大學，2010 年 7 月）

復旦大學出土文獻與古文字研究中心研究生讀書會：〈清華簡《尹至》、《尹誥》研讀札記〉，復旦網，2011 年 1 月 5 日，

復旦大學出土文獻與古文字研究中心研究生讀書會：〈清華簡《皇門》研讀札記〉，復旦網，2011 年 1 月 5 日

復旦大學出土文獻與古文字研究中心研究生讀書會：〈清華簡《祭公之顧命》研讀札記〉，復旦網，2011 年 1 月 5 日

復旦大學出土文獻與古文字研究中心研究生讀書會：〈清華簡《楚居》研讀札記〉，復旦網，2011 年 1 月 5 日

復旦大學出土文獻與古文字研究中心研究生讀書會：〈讀《嶽麓書院藏秦簡（壹)》〉，復旦網，2011 年 2 月 28 日

復旦吉大古文字專業研究生聯合讀書會：〈《上博八・顏淵問於孔子》校讀〉，復旦網，2011 年 7 月 17 日

復旦吉大古文字專業研究生聯合讀書會：〈上博八《王居》、《志書乃言》校

讀〉，復旦網，2011 年 7 月 17 日

復旦吉大古文字專業研究生聯合讀書會：〈上博八《命》校讀〉，復旦網，
　　2011 年 7 月 17 日

復旦吉大古文字專業研究生聯合讀書會：〈上博八《成王既邦》校讀〉，復
　　旦網，2011 年 7 月 17 日

復旦吉大古文字專業研究生聯合讀書會：〈上博八《有皇將起》校讀〉，復
　　旦網，2011 年 7 月 17 日

復旦吉大古文字專業研究生聯合讀書會：〈上博八《李頌》校讀〉，復旦網，
　　2011 年 7 月 17 日

復旦吉大古文字專業研究生聯合讀書會：〈上博八《蘭賦》校讀〉，復旦網，
　　2011 年 7 月 17 日

復旦吉大古文字專業研究生聯合讀書會：〈上博八《鶹鷅》校讀〉，復旦網，
　　2011 年 7 月 17 日

曾憲通：〈「啻」及相關諸字考辨〉《中央研究院第三屆國際漢學會議──文
　　字學組論文》2000 年 7 月

曾憲通：〈再說「蚩」符〉《古文字研究》第 25 輯（北京市：中華書局，2004
　　年 10 月）

湯志彪：〈岳麓秦簡拾遺〉，簡帛網，2011 年 6 月 15 日

湯餘惠：〈略論戰國文字形體研究中的幾個問題〉《古文字研究》第十五輯
　　（北京市：中華書局，1986 年 6 月）

湯餘惠：：〈金文中的「敢」和「毋敢」〉，載《中國古文字研究》（第一輯）
　　（長春市：吉林大學出版社，1999 年 6 月）

程少軒：〈試說「巂」字及相關問題〉，復旦網，2008 年 3 月 20 日

程少軒：〈試說「巂」字及相關問題〉，《出土文獻與古文字研究》第二輯（上
　　海市：復旦大學出版社，2008 年 8 月）

程少軒：〈試說戰國楚地出土文獻中歌月元部的一些音韻現象〉，復旦網，
　　2009 年 6 月 10 日

程燕：〈望山楚簡考釋六則〉《江漢考古》，2003 年 3 期

程鵬萬：〈蔡侯尊、盤銘文「慎良」試釋〉《出土文獻與古文字研究（第三輯）》（上海市：復旦大學出版社，2010 年 7 月）

馮時：〈清華《金縢》書文本性質考述〉《《清華大學藏戰國竹簡（壹）》國際學術研討會論文集》（北京市：清華大學主辦，2011 年 6 月 28～29 日）

馮勝君：〈讀上博簡〈緇衣〉箚記二則〉，載朱淵清、廖名春主編《上博館藏戰國楚竹書研究》（上海市：上海書店出版社，2002 年 3 月）

馮勝君：〈釋戰國文字中的「夗」〉《古文字研究》第二十五輯（北京市：中華書局，2004 年 10 月）

馮勝君：〈從出土文獻看抄手在先秦文獻傳布過程中所產生的影響〉，「中國簡帛學國際論壇 2008」論文，芝加哥，2008 年 10 月 31 日～11 月 2 日

馮勝君：〈上博七《吳命》9 號簡「望日」補說〉《古文字研究》第 28 輯（北京市：中華書局，2010 年 10 月）

馮勝君：〈試論清華簡《保訓》篇書法風格與三體石經的關係〉《〈清華大學藏戰國竹簡（壹）〉國際學術研討會會議論文集》，（北京市：清華大學，2011 年 6 月 28～29 日）

黃天樹：〈《說文》重文與正篆關係補論〉《黃天樹古文字論集》（北京市：學苑出版社，2006 年 8 月）

黃天樹：〈《說文》部首與甲骨文〉《黃天樹古文字論集》（北京市：學苑出版社，2006 年 8 月）

黃天樹：〈商代甲骨金文中的同義詞連用〉《古文字研究》第 28 輯（北京市：中華書局，2010 年 10 月）

黃天樹：〈說殷墟卜辭的一種特殊省形〉《古漢語研究》2009 年 02 期

黃杰：〈初讀《上海博物館藏戰國楚竹書（八）》筆記〉，簡帛網，2011 年 7 月 19 日

黃盛璋：〈試論三晉兵器的國別和年代及其相關問題〉《考古學報》1974 年第 1 期

黃盛璋:〈「敦（撻）齋（齊）」及其和兵器鑄造關係新考〉《古文字研究》
　　15 輯（北京市：中華書局，1986 年 6 月）

黃盛璋:〈三晉銅器的國別、年代與相關制度〉《古文字研究》第十七輯（北
　　京市：中華書局，1989 年 6 月）

黃盛璋:〈楚銘刻兵器分國、斷代和有關制度（舉要）〉《紀念中國古文字研
　　究會成立三十周年國際學術研討會論文集》（長春市：吉林大學古籍
　　所，2008 年 10 月）

黃德寬、徐在國:〈郭店楚簡文字續考〉《江漢考古》1999 年第 2 期

黃德寬:〈曾姬無卹壺銘文新釋〉《古文字研究》第二十三輯（北京市：中
　　華書局，2002 年 6 月）

黃德寬:〈關於古代漢字字際關係的確定——以「顧」及相關字為例〉《中
　　國文字研究》第四輯（2003 年）

黃錫全:〈《包山楚簡》部分釋文校釋〉，《湖北出土商周文字輯證》（武昌市：
　　武漢大學出版社，1992 年 10 月）

黃錫全:〈楚簡續貂〉《簡帛研究》第三輯（南寧市：廣西教育出版社，1998
　　年 12 月）

黃錫全:〈試說楚國黃金貨幣稱量單位「半鎰」〉《江漢考古》2000 年 1 期

黃錫全:〈試說楚國黃金貨幣稱量單位「半鎰」〉《古文字研究》第 22 輯（北
　　京市：中華書局，2000 年 7 月）

黃錫全:〈讀上博藏楚竹書（二）箚記（貳）〉，簡帛研究網，2003 年 3 月 6
　　日。

黃錫全:〈申文王之孫州桒簠銘文及相關問題〉《古文字研究》25 輯（北京
　　市：中華書局，2004 年 10 月）

黃錫全:〈古文字與貨幣史〉《古文字與古代史》第一輯（臺北市：中央研
　　究院歷史語言研究所，2007 年 9 月）

黃錫全:〈棗陽郭家廟曾國墓地出土銅器銘文考釋〉《古文字與古貨幣文集》
　　（北京市：文物出版社，2009 年 5 月）

黃錫全:〈介紹兩枚楚官璽〉，復旦網，2010 年 6 月 7 日

黃錫全：〈介紹兩枚楚官璽〉《古文字研究》第 28 輯（北京市：中華書局，
　　2010 年 10 月）

黃鳳春、劉國勝：〈記荊門左塚楚墓漆梮〉《第四屆國際中國古文字學研討
　　會論文集——新世紀的古文字學與經典詮釋》（香港：香港中文大學
　　中國語言及文學系，2003 年 10 月）

楊華：〈《天子建州》理疏〉《「2007 年中國簡帛學國際論壇」論文》（臺北市：
　　臺灣大學中文系主辦，2007 年 11 月 10～11 日）

楊澤生：〈《上博五》零釋十二則〉，簡帛網，2006 年 3 月 20 日

楊澤生：〈《上博七》補說〉，復旦網，2009 年 1 月 14 日

楊澤生：〈郭店簡幾個字詞的考釋〉《中國文字》新 27 期（臺北市：藝文印
　　書館，2001 年 12 月）

楊澤生：〈談出土秦漢文字「脊」和「責」的構形〉《古文字研究》24 輯（北
　　京市：中華書局，2002 年 7 月）

楊澤生：〈上博藏簡《天子建州》中有關言語的禁忌禮俗〉《文化遺產》2009
　　年第 4 期

楊澤生：〈楚竹書〈問日〉章新釋〉《古文字研究》第二十八輯（北京市：
　　中華書局，2010 年 10 月）

楊懷源：〈上博仲弓箚記四則〉簡帛研究網，2004 年 8 月 7 日

董同龢：〈與高本漢先生商榷「自由押韻」說兼論上古楚方音特色〉，載丁
　　邦新編：《董同龢先生語言學論文選集》（臺北市：食貨出版社，1981
　　年 9 月）

董珊：〈新見戰國兵器七種〉《中國古文字研究》第一輯（長春市：吉林大
　　學出版社，1998 年 12 月）

董珊：〈晉侯墓出土楚公逆鐘銘文新探〉《中國歷史文物》2006 年第 4 期

董珊：〈試論周公廟龜甲卜辭及其相關問題〉，載北京大學中國考古學研究
　　中心、北京大學震旦古代文明研究中心編：《古代文明》第 5 卷（北
　　京市：文物出版社，2006 年 12 月）

董珊：〈信陽楚墓遣策所記的陶壺和木壺〉，簡帛網，2007 年 6 月 20 日

董珊：〈讀《上博六》雜記（續二）〉，簡帛網，2007 年 7 月 11 日

董珊：〈讀《上博六》雜記（續四）〉，簡帛網，2007 年 7 月 21 日

董珊：〈出土文獻所見「以謚為族」的楚王族──附說《左傳》「諸侯以字為謚因以為族」的讀法〉，復旦網，2008 年 2 月 17 日

董珊：〈越者汈鐘銘新論〉，復旦網，2008 年 3 月 1 日

董珊：〈試說山東滕州莊里西村所出編鎛銘文〉，復旦網，2008 年 4 月 24 日

董珊：〈出土文獻所見「以謚為族」的楚王族──附說《左傳》「諸侯以字為謚因以為族」的讀法〉《出土文獻與古文字研究（第二輯）》（上海市：復旦大學出版社，2008 年 8 月）

董珊：〈越王差徐戈考〉《故宮博物院院刊》2008 年第 4 期

董珊：〈石鼓文考證〉，復旦網，2009 年 4 月 29 日

董珊：〈試論周公廟龜甲卜辭及其相關問題〉，復旦網，2009 年 5 月 4 日

董珊：〈楚簡簿記與楚國量制研究〉《考古學報》2010 年第 2 期

董珊：〈釋楚文字中的「汁邡」與「朐忍」〉《出土文獻》第一輯（上海市：中西書局，2010 年 8 月）

董珊：〈新見魯叔四器銘文考釋〉，復旦網，2011 年 8 月 3 日

董蓮池：〈上海博物館藏戰國楚竹書（一）・孔子詩論三詁──（二）則〉《新出土文獻與古代文明研究》（上海市：上海大學出版社，2004 年 12 月）

董蓮池：〈談談師酉簋𧰲字的釋讀〉《中國文字研究》第十四輯（鄭州市：大象出版社，2011 年 3 月）

虞萬里：〈上博簡、郭店簡《緇衣》與傳本合校補証（上）〉《史林》2002 年 2 期

虞萬里：〈清華簡《尹誥》「隹尹既及湯咸又一悳」解讀〉《史林》2011 年第 2 期

虞萬里：〈由清華簡《尹誥》論《古文尚書・咸有一德》之性質〉《《清華大

學藏戰國竹簡（壹）》國際學術研討會會議論文集》2011 年 6 月

裘錫圭、李家浩：〈曾侯乙墓鐘、磬銘文釋文與考釋〉，《曾侯乙墓・附錄二》（北京市：文物出版社，1989 年 7 月）

裘錫圭：〈殷墟甲骨文字考釋七篇〉《湖北大學學報》1990 年第 1 期

裘錫圭：〈釋「𫍣」「𧩙」〉《古文字論集》（北京市：中華書局，1992 年 8 月）

裘錫圭：〈說「揜函」〉《華學》第一期（廣州：中山大學出版社，1995 年）

裘錫圭：〈古文獻中讀為「設」的「埶」及其與「執」互訛之例〉《東方文化》第 36 卷（香港：香港大學亞洲研究中心，1998 年 1、2 期合刊）

裘錫圭：〈戎生編鐘銘文考釋〉《保利藏金——保利藝術博物館精品選》，（廣州市：嶺南美術出版社，1999 年 9 月）

裘錫圭：〈推動古文字學發展的當務之急〉《學術史與方法學的省思——中央研究院歷史語言研究所七十周年研討會論文集》，中央研究院歷史語言研究所，2000 年 12 月

裘錫圭：〈從殷墟卜辭的「王占曰」說到上古漢語的宵談對轉〉《中國語文》2002 年 1 月

裘錫圭：〈談談上博簡和郭店簡中的錯別字〉《新出楚簡與儒學思想國際學術研討會論文集》（北京市：清華大學出版社，2002 年 3 月）

裘錫圭：〈應侯視工簋補釋〉《文物》2002 年 7 期

裘錫圭：〈讀逨器銘文札記三則〉《文物》2003 年 6 期

裘錫圭：〈釋郭店《緇衣》「出言有𠁁，黎民所𠥎」〉《古墓新知——郭店楚簡出土十週年論文專輯》（國際炎黃文化出版社，2003 年 11 月）

裘錫圭：〈帛書《春秋事語》校讀〉《湖南博物館館刊》第 1 期（2004 年 7 月）

裘錫圭：〈談談上博簡《子羔》篇的簡序〉《上博館藏戰國楚竹書研究續編》（上海市：上海書店出版社，2004 年 7 月）

裘錫圭：〈讀上博簡《容成氏》札記二則〉《古文字研究》第 25 輯（北京市：中華書局，2004 年 10 月）

裘錫圭：〈北京大學中國古文獻研究中心郭店楚墓竹簡研究專案介紹〉《出土文獻研究》第六輯（上海市：上海古籍出版社，2004 年 12 月）

裘錫圭：〈上博簡《相邦之道》1 號簡考釋〉，《中國文字學報》第一輯（北京市：商務印書館，2006 年 12 月）

裘錫圭：〈關於《老子》的「絕仁棄義」和「絕聖」〉《出土文獻與古文字研究》第一輯（上海市：復旦大學，2006 年 12 月）

裘錫圭：〈獄簋銘補釋〉，復旦網，2008 年 4 月 25 日

裘錫圭：〈獄簋銘補釋〉「第五屆國際中國古文字學研討會會議論文」（合肥市：安徽大學主辦，2008 年 4 月 8～10 日）

裘錫圭：〈談談三年垣上官鼎和宜陽秦銅鋬的銘文〉《古文字研究》27 輯（北京市：中華書局，2008 年 9 月）

裘錫圭：〈介紹李家浩先生的《釋「濾」》——談與此有關的兩個問題》〉，武漢大學第五屆簡帛論壇講座，2009 年 7 月 2 日

詹鄞鑫：〈釋卜辭中的範圍副詞「率」——兼論詩書中「率」的用法〉《華東師範大學學報》1995 年 6 期

詹鄞鑫：〈釋卜辭中的範圍副詞「率」——兼論詩書中「率」的用法〉《華夏考——詹鄞鑫文字訓詁論集》（北京市：中華書局，2006 年 12 月）

鄔可晶：〈談《上博（七）・凡物流形》甲乙本編聯及相關問題〉，復旦網，2009 年 1 月 7 日

廖名春：〈上博藏楚竹書《恆先》簡釋〉，清華簡帛網，2004 年 4 月 16 日

廖名春：〈《清華大學藏戰國竹簡〈保訓〉釋文》初讀〉，清華簡帛研究網，2009 年 6 月 17 日

廖名春：〈清華簡《金縢》篇補釋〉，簡帛研究網，2011 年 1 月 4 日，

廖名春：〈清華簡《尹誥》篇的內容與思想〉《《清華大學藏戰國竹簡（壹）》國際學術研討會論文集》（北京市：清華大學主辦，2011 年 6 月 28～29 日）

廖名春：〈清華簡《尹誥》研究〉《史學史研究》2011 年 2 期

廖名春：〈清華簡《金縢》補釋〉《清華大學學報》2011 年第 4 期（第 26

卷）

趙平安:〈釋甲骨文中的「⚊」和「⚊」〉《文物》2000 年第 8 期

趙平安:〈釋古文字資料中的「齑」及相關諸字〉《中國文字研究》第二輯
　　　（南寧市:廣西教育出版社,2001 年 10 月）

趙平安:〈『達』字兩系說——兼釋甲骨文所謂『途』和齊金文中所謂『造』〉,
　　　《中國文字》新 27 期（臺北市:藝文印書館,2001 年 12 月）

趙平安:〈上博藏〈緇衣〉簡字詁四篇〉《上博館藏戰國楚竹書研究》（上海
　　　市:上海書店出版社,2002 年 3 月）

趙平安:〈釋「鞠」及相關諸字〉《語言文字學研究》（北京市:中國社會科
　　　學出版社,2005 年 12 月）

趙平安:〈進芋明（從人）子以馳于倪廷」解,簡帛網,2006 年 3 月 31 日

趙平安:〈對上古漢語語氣詞「只」的新認識〉《簡帛》第三輯（上海市:
　　　上海古籍出版社,2008 年 10 月）

趙平安:〈郭店簡《語叢二》第三簡補釋〉,北京市:第 18 屆古文字年會,
　　　2010 年 10 月

趙平安:〈姚佳、姚戲考〉《《清華大學藏戰國竹簡（壹)》國際學術研討會
　　　論文集》（北京市:清華大學主辦,2011 年 6 月 28 日至 29 日）

趙平安:〈《武王踐阼》「曼」字補說〉,復旦網,2009 年 1 月 15 日

趙平安:〈釋《吳命》7 號簡「業」字〉,復旦網,2009 年 1 月 16 日

趙平安:〈說「役」〉,「中國語言學發展之路——繼承、開拓、創新國際學
　　　術研討會」論文,北京市:北京大學,2010 年 8 月 26～30 日。

趙平安:〈試釋《楚居》中的一組地名〉《中國史研究》2011 年 1 期

趙平安:〈說「役」〉《語言研究》31 卷第 3 期,2011 年 7 月

趙立偉:〈新材料與三體石經古文合證〉,中國文字學會、河北大學漢字研
　　　究中心編:《漢字研究》第 1 輯（北京市:學苑出版社,2005 年）

趙立偉:〈魏三體石經古文疏證（五則）之一〉《康樂集——曾憲通教授七
　　　十壽慶論文集》（廣州:中山大學出版社,2006 年 1 月）

趙超:〈「鑄師」考〉《古文字研究》第二十一輯（北京市:中華書局,2001

年 10 月）

趙鵬：〈𠂤組肥筆類卜辭中的「王」字補釋〉，復旦網，2009 年 5 月 21 日

趙鵬：〈𠂤組肥筆類卜辭中的「王」字補釋〉，載李雪山、郭旭東、郭勝強主編：《甲骨學 110 年：回顧與展望——王宇信教授師友國際學術研討會論文集》（北京市：中國社會科學出版社，2009 年 11 月）

趙鵬：〈讀契劄記五則〉復旦大學出土文獻与古文字研究中心網站，2010 年 7 月 5 日

劉信芳：〈從𤆃之字匯釋〉《容庚先生百年誕辰文集》（廣東：廣東人民出版社，1998 年 4 月）

劉信芳：〈望山楚簡校讀記〉《簡帛研究》第三輯（南寧市：廣西教育出版社，1998 年 12 月）

劉信芳：〈關於上博藏楚簡的幾點討論意見〉《新出楚簡與儒學思想國際學術研討會論文集》（北京市：清華大學出版社，2002 年 3 月）

劉信芳：〈荊門左塚漆梮文字補釋〉《江漢考古》2005 年 1 期

劉信芳：〈上博藏六《景公瘧》簡 4、7 試解〉，簡帛研究網，2007 年 7 月 28 日

劉信芳：〈竹書《君人者何必安哉》試說（之二）〉，復旦網，2009 年 1 月 6 日

劉信芳：〈郭店竹簡文字拾遺〉《江漢考古》2000 第 1 期

劉信芳：〈清華藏簡（壹）試讀〉，復旦網，2011 年 9 月 9 日

劉建民：〈《雜療方》藥名小考二則〉，復旦網，2010 年 1 月 31 日

劉洪濤（署名小蟲）：〈說《上博五・弟子問》「延陵季子」的「延」字〉，簡帛網，2006 年 5 月 22 日

劉洪濤：〈讀上博竹書《天子建州》劄記〉，簡帛網，2007 年 7 月 12 日

劉洪濤、劉建民：〈上博竹書《慎子曰恭儉》校讀〉《簡帛》第三輯（上海市：上海古籍出版社，2008 年 10 月）

劉洪濤：〈用簡本校讀傳本《武王踐阼》〉，簡帛網，2009 年 3 月 3 日

劉洪濤：〈清華簡補釋四則〉，復旦網，2011 年 4 月 27 日

劉洪濤:〈郭店竹簡《唐虞之道》「瞽瞍」補釋〉,簡帛網,2010 年 4 月 30 日

劉洪濤:〈叔弓鐘及鎛銘文「剷」字考釋〉,復旦網,2010 年 5 月 29 日

劉洪濤:〈上博竹簡《凡物流形》釋字二則〉《簡帛》第六輯(上海市:上海古籍出版社,2011 年 11 月)

劉洪濤:〈古璽文字考釋五則〉,待刊稿

劉洪濤:〈金文考釋兩篇〉,待刊稿。

劉洪濤:〈戰國文字考釋兩篇〉,待刊稿。

劉桓:〈釋甲骨文「遣」、「遏」〉《古文字研究》第 27 輯(北京市:中華書局,2008 年 9 月)

劉釗:〈包山楚簡文字考釋〉《1992 年中國古文字學研討會論文》(1992,南京)

劉釗:〈包山楚簡文字考釋〉《東方文化》1998 年第一、二期合刊

劉釗:〈釋慍〉《容庚先生百年誕辰紀念文集》(廣東:廣東人民出版社,1998 年 4 月)

劉釗〈讀郭店楚簡字詞札記〉《郭店楚簡國際學術研討會》(武漢市:武漢大學出版社,2000 年 5 月)

劉釗:〈利用郭店楚簡字形考釋金文一例〉《古文字研究》第 24 輯(北京市:中華書局,2002 年 7 月)

劉釗:〈馬王堆漢墓簡帛文字考釋〉《語言學論叢》28 輯(北京市:商務印書館,2003 年 10 月)

劉釗:〈郭店楚簡〈語叢二〉箋釋〉《古墓新知——紀念郭店楚簡出土十周年論文專輯》(香港:國際炎黃文化出版社,2003 年 11 月)

劉釗:〈釋「賈」及相關諸字〉《出土簡帛文字叢考》(臺北市:臺灣古籍出版有限公司,2004 年 3 月)

劉釗:〈璽印文字釋叢(二)〉《古文字考釋叢稿》,(長沙市:岳麓書社,2005 年 7 月)

劉釗:〈《上博五・君子為禮》釋字一則〉,簡帛網,2007 年 7 月 23 日

劉釗:〈《馬王堆天文書考釋》注釋商兌〉《簡帛》第二輯（上海市：上海古籍出版社，2007 年 11 月）

劉釗:〈說「度天心」〉，復旦網，2008 年 1 月 10 日

劉釗:〈兵器銘文考釋（四則）〉，復旦網，2008 年 3 月 2 日

劉釗、葉玉英:《利用古文字資料的上古音分期分域研究述評》，《古漢語研究》2008 年第 2 期。

劉釗:〈「小臣墻刻辭」新釋〉，復旦網，2009 年 1 月 2 日

劉釗:〈「瘤」字源流考〉，復旦網，2009 年 5 月 8 日

劉釗:〈齊國文字「主」字補證〉《出土文獻與古文字研究》第三輯（上海市：復旦大學，2010 年 7 月）

劉國勝:〈楚喪葬簡牘文字釋叢〉《古文字研究》第二十五輯（北京市：中華書局，2004 年 10 月）

劉國勝:〈上博（五）零札（六則）〉，簡帛網，2006 年 3 月 31 日

劉國勝:〈包山遣策「大牢」考〉「中國簡帛學國際論壇 2006」學術研討會論文，（武漢大學 2006 年 11 月）

劉國勝:《楚簡文字中的「綉」和「緅」》，《江漢考古》2007 年第 4 期

劉國勝:〈包山二號楚墓遣冊研究二則〉《考古》2010 年第 9 期

劉國勝:〈望山遣冊記器簡瑣議〉《考古與文物》2010 年 3 期

劉雲:〈說上博簡中的從「屯」之字〉，復旦網，2009 年 1 月 5 日

劉雲:〈說《上博七・吳命》中所謂的「走」字〉，復旦網，2009 年 1 月 16 日

劉雲:〈說《鮑叔牙與隰朋之諫》中的「貴尹」與「人之與者而食人」〉，復旦網，2009 年 9 月 5 日

劉雲:〈利用上博簡文字考釋甲骨文一例〉，復旦網，2009 年 11 月 29 日

劉雲:〈《為吏之道》與《為吏治官及黔首》對讀箚記〉，復旦網，2011 年 4 月 15 日

劉樂賢:〈讀上博簡箚記〉《上博館藏戰國楚竹書研究》（上海市：上海書店出版社，2002 年 3 月）

劉樂賢：〈上博簡《魯邦大旱》簡論〉《文物》2003 年第 5 期

劉樂賢：〈讀楚簡札記二則〉，簡帛研究網，2004 年 5 月 29 日

劉樂賢：〈上博楚簡考釋三則〉《新出楚簡國際學術研討會・上博簡卷》（湖北：武漢大學等舉辦，2006 年 6 月 26 日）

劉樂賢：〈讀楚簡札記（三則）──楚簡的「饞」與秦簡的「蠱」〉為題，發表於趙平安等主編：《中國古代文明研究與學術史──李學勤教授伉儷七十壽慶紀念文集》（保定市：河北大學出版社，2006 年 11 月）

劉樂賢：〈上博楚簡考釋三則〉《楚地簡帛思想研究》第三輯（武漢市：湖北教育出版社，2007 年 6 月）

劉樂賢：〈清華簡《金縢》「弒」字試釋〉《《清華大學藏戰國竹簡（壹）》國際學術研討會論文集》（北京市：清華大學主辦，2011 年 6 月 28 日至 29 日）

劉樂賢：〈讀清華簡札記〉，簡帛網，2011 年 1 月 11 日

劉樂賢：〈東牌樓漢簡《侈與督郵書》補釋〉《甘肅省第二屆簡牘學國際學術研討會論文集》（蘭州市：2011 年 8 月 25～26 日）

廣瀨薰雄：〈釋「卜缶」〉《古文字研究》28 輯（北京市：中華書局，2010 年 10 月）

樂郊：〈說「宰」〉，復旦網，2009 年 4 月 12 日

冀小軍：〈說甲骨金文中表祈求義的奉字──兼談奉字在金文車飾名稱中的用法〉《湖北大學學報》1991 年 1 期

冀小軍：〈釋楚簡中的 🐢 字〉，簡帛研究網，2002 年 7 月 21 日

冀小軍：〈《湯誓》「舍我穡事而割正夏」辨正〉，復旦網，2011 年 10 月 10 日

蕭聖中：〈曾侯乙墓竹簡殘泐字三補（六則）〉，簡帛網，2011 年 1 月 3 日

蕭毅：〈楚璽考釋二則〉《古文字研究》28 輯（北京市：中華書局，2010 年 10 月）

錢耀鵬：〈中國古代斧鉞制度的初步研究〉《考古學報》2009 年 1 期

禤健聰：〈上博楚簡釋字三則〉，簡帛研究網，2005 年 4 月 15 日

禤健聰：〈《上博楚簡（五）》零札（一）〉，簡帛網，2006 年 2 月 24 日

禤健聰：〈《上博楚簡（五）》零札（二）〉，簡帛網 2006 年 2 月 26 日

禤健聰：〈楚文字新讀二則〉《江漢考古》2006 年第 4 期

禤健聰：〈上博（七）零箚三則〉，簡帛網，2009 年 1 月 14 日

禤健聰：〈說《吳命》簡 1 的「駭」〉，簡帛網，2009 年 1 月 16 日

禤健聰：〈楚簡「喪」字補釋〉《中國文字學報》第三輯（北京市：商務印
　　　書館，2010 年 10 月）

禤健聰：〈說上博《吳命》「先人」之言並論楚簡「害」字〉《古文字研究》
　　　28 輯（北京市：中華書局，2010 年 10 月）

謝明文（網名「日月」）：〈楚大師登編鐘淺說〉，復旦網，2009 年 2 月 27
　　　日

謝明文：〈固始侯古堆一號墓所出編鎛補釋〉，復旦網，2010 年 12 月 8 日

鍾柏生：〈釋「𥄂」「𥄂」及其相關問題〉《中國文字》新 24 期（臺北市：
　　　藝文印書館，1998 年 12 月）

韓自強、韓朝：〈安徽阜陽出土的楚國官璽〉《古文字研究》第 22 輯（北京
　　　市：中華書局，2000 年 7 月）

韓巍：〈北大漢簡《老子》簡介〉《文物》2011 年 6 期

顏世鉉：〈郭店楚簡淺釋〉《張以仁先生七秩壽慶論文集》（臺北市：臺灣學
　　　生書局，1999 年 1 月）

顏世鉉：〈郭店楚簡〈六德〉箋釋〉《中央研究院歷史語言研究所集刊》72：
　　　2（臺北市：中央研究院歷史語言研究所，2001 年 6 月）

顏世鉉：〈郭店楚簡散論（一）〉《郭店楚簡國際學術研討會論文集》（武漢
　　　市：武漢大學出版社，2000 年 5 月）

顏世鉉：〈上博楚竹書散論（二）〉，簡帛研究網，2002 年 4 月 18 日

顏世鉉：〈上博楚竹書散論（三）〉，簡帛研究網，2003 年 1 月 19 日

顏世鉉：〈出土文獻與傳世典籍校讀二題〉，復旦網，2009 年 6 月 29 日

顏世鉉：〈考古資料與文字考釋、詞義訓詁之關係舉隅〉《楚簡綜合研究第
　　　二次學術研討會》（臺北市：中央研究院歷史語言研究所，2002 年

12 月）

顏世鉉：〈郭店竹書校勘與考釋問題舉隅〉《中央研究院歷史語言研究所集刊》74：4（臺北市：中央研究院歷史語言研究所，2003 年 12 月）

魏宜輝：〈讀上博簡文字札記〉《上博館藏戰國竹書研究》（上海市：上海書店出版社，2002 年 3 月）

魏宜輝：〈利用戰國竹簡文字釋讀春秋金文一例〉《史林》2009 年 4 期

魏宜輝：〈論戰國楚系文字中省體之「緐」字及相關問題〉《古文字研究》28 輯（北京市：中華書局，2010 年 10 月）

魏宜輝：〈試從古文字分析「叡」及相關諸字〉，未刊稿

魏宜輝：〈說「匋」〉，復旦網，2011 年 9 月 29 日

羅小華：〈《鄭子家喪》、《君人者何必安哉》選釋三則〉，簡帛網，2008 年 12 月 31 日

蘇建洲：〈從古文字材料談「棗」、「棘」的文字構形及相關問題〉《中國學術年刊》24 期（臺北市：臺灣師範大學國文研究所，2003 年 6 月）

蘇建洲：〈《郭店》、《上博（二）》考釋五則〉《中國文字》新廿九期（臺北市：藝文印書館，2003 年 12 月）

蘇建洲：〈楚簡文字考釋二則〉《國文學報》三十四期（臺北市：臺灣師範大學國文學系，2003 年 12 月）

蘇建洲：〈試論《上博（三）・周易》的「融」及相關的幾個字〉，「簡帛研究」網站，2004 年 5 月 8 日

蘇建洲：〈楚簡文字考釋五則〉《文字學學術研討會論文集》（臺北市：里仁書局，2005 年 11 月）

蘇建洲：〈《上博楚簡（五）》考釋五則〉《中國文字》第卅二期（臺北市：藝文印書館，2006 年 12 月）

蘇建洲：〈《上博（五）・苦成家父》簡 9「帶」字考釋〉《中國文字》新卅三期（（臺北市：藝文印書館，2007 年 12 月）

蘇建洲：〈《上博一・性情論》簡 38 釋詞一則〉，復旦網，2008 年 11 月 25 日

蘇建洲：〈釋《凡物流形》甲15「通於四海」〉，復旦網，2009年1月14日
蘇建洲：〈也說《吳命》「攷亡爾社稷」〉，簡帛網，2009年1月5日
蘇建洲：〈也說《君人者何必安哉》「人以君王為所以囂」〉，復旦網，2009年1月10日
蘇建洲：〈也說《君人者何必安哉》「先君霝王乾谿云薔」〉，簡帛網，2009年1月10日
蘇建洲：〈《保訓》字詞考釋二則〉，復旦網，2009年7月15日
蘇建洲：〈荊門左塚楚墓漆梮字詞考釋四則〉，復旦網，2009年7月26日
蘇建洲：〈《郭店・語叢二》簡3「褱」字考〉，復旦網，2010年3月7日
蘇建洲：〈荊門左塚楚墓漆梮字詞考釋五則〉《中國文字》新卅五期（臺北市：藝文印書館，2010年6月）
蘇建洲：〈《楚居》簡7楚武王之名補議〉，復旦網，2011年1月13日
蘇建洲：〈《上博五・弟子問》研究〉《中央研究院歷史語言所集刊》，待刊
顧史考：〈郭店楚簡《成之》等篇雜志〉《清華大學學報（哲學社會科學版）》2006年1期
顧史考：〈上博楚簡《用曰》章解〉《「2007年中國簡帛學國際論壇」論文》（臺北市：臺灣大學中文系主辦，2007年11月10日～11日）
顧史考：〈楚文「唬」字之雙重用法：說「競公『瘧』」及苗民「五『號』」之刑〉《古文字研究》第二十七輯（北京市：中華書局，2008年9月）
顧史考：〈上博七《凡物流形》簡序及韻讀小補〉，簡帛網，2009年2月23日
顧史考：〈楚簡韻文分類探析〉《先秦文本與思想國際學術研討會論文》（臺北市：臺灣大學中文系主辦，2010年8月7日）

## 三　學位論文（依作者姓氏筆劃排列）

文炳淳：《先秦楚璽文字研究》（臺北市：臺灣大學中文所博士論文，2002年6月）
方勇：《秦簡牘文字彙編》（長春市：吉林大學博士論文，2010年6月）

王燕民：《燕文字編》（長春市：吉林大學碩士論文，2010 年 4 月）

王穎：《包山楚簡詞彙研究——附錄三包山楚簡釋文（施謝捷撰寫）》（福建：廈門大學博士論文，2004 年）

田河：《出土戰國遣冊所記名物分類匯釋》（長春市：吉林大學博士論文，2007 年 6 月）

田穎：〈《說文解字》部首「勹」研究〉，復旦大學本科學位論文

石小力：《從戰國楚系簡帛文字看音義因素對字形演變的影響》（廣州市：中山大學碩士論文，2010 年）

伊強：《談《長沙馬王堆二、三號漢墓》遣策釋文和注釋中存在的問題》，（北京市：北京大學中國語言文學系碩士學位論文，2005 年 5 月）

曲冰：《《上海博物館藏戰國楚竹書》（1-5）佚書詞語研究》（長春市：吉林大學博士論文，2010 年 4 月）

何有祖：《上博簡《天子建州》初步研究》（武漢大學博士論文，2009 年 5 月

吳振武：《古璽文編校訂》（長春市：吉林大學博士論文，1984 年）

宋華強：《新蔡楚簡的初步研究》，（北京市：北京大學中國語言文學系博士學位論文，2007 年 5 月）

李宗焜：《殷墟甲骨文字表》（北京市：北京大學博士論文，1995 年 6 月）

李松儒：《郭店楚墓竹簡字跡研究》（長春市：吉林大學古籍研究所碩士學論文，2006 年）

武振玉：《兩周金文詞類研究（虛詞類）》（長春市：吉林大學博士論文，2006 年 6 月）

周波：《戰國時代各系文字間的用字差異現象研究》（上海市：復旦大學出土文獻與古文字研究中心博士論文，2008 年 4 月）

金東雪：《琱生三器銘文集釋》（長春市：吉林大學碩士論文，2009 年 4 月）

邴尚白：《葛陵楚簡研究》（臺北市：臺灣大學中國文學研究所博士論文，2007 年 1 月）

施謝捷：《古璽彙考》（合肥市：安徽大學博士學位論文，2006 年 5 月）

孫偉龍：《《上海博物館藏戰國楚竹書》文字羨符研究》（長春市：吉林大學博士論文，2009 年 6 月）

秦曉華：《東周晉系文字資料研究》（廣州市：中山大學博士論文，2008 年）

袁金平：《新蔡葛陵楚簡字詞研究》（安徽大學博士學位論文，2007 年 4 月）

高佑仁：《《上海博物館藏戰國楚竹書（四）・曹沫之陣》研究》（臺北市：臺灣師範大學國文研究所碩士論文，2007 年 6 月修訂版）

張振謙：《齊系文字研究》（合肥市：安徽大學博士論文，2008 年 5 月）

張勝波：《新蔡葛陵楚墓竹簡文字編》（長春市：吉林大學碩士論文，2006 年 4 月）

張富海：《郭店楚簡〈緇衣〉篇研究》（北京市：北京大學中國語言文學系碩士論文，2002 年）

張新俊：《上博楚簡文字研究》（長春市：吉林大學古籍研究所博士學論文，2005 年 4 月）

陳劍：《殷墟卜辭斷代對甲骨文考釋的重要性》（北京市：北京大學中文系博士論文，2001 年 5 月）

陳瓊：《《上海博物館藏戰國楚竹書》（一）研究概況與文字編》（長春市：吉林大學碩士論文，2005 年 4 月，李守奎先生指導）

單育辰：《楚地戰國簡帛與傳世文獻對讀之研究》（長春市：吉林大學博士論文，2010 年 6 月）

湯志彪：《三晉文字編》（長春市：吉林大學博士論文，2009 年 10 月）

馮勝君：《二十世紀古文獻新證研究》（長春市：吉林大學博士論文，2002 年）

馮勝君：《論郭店簡〈唐虞之道〉、〈忠信之道〉、〈語叢〉一～三以及上博簡〈緇衣〉為具有齊系文字特點的抄本》，（北京大學博士後研究工作報告，2004 年 8 月）

楊芬：《出土秦漢書信匯校集注》（武漢市：武漢大學歷史學院博士論文，2010 年 5 月）

楊素姿：《先秦楚方言韻系研究》（高雄：中山大學中文研究所碩士論文，

1996 年 6 月）

董珊：《戰國題銘與工官制度》（北京市：北京大學中國語言文學系博士論文，2002 年 5 月）

劉國勝：《楚喪葬簡牘集釋》（武漢市：武漢大學博士學位論文，2005 修訂本）

劉嬌：《西漢以前古籍中相同或類似內容重複出現現象的研究──以出土簡帛古籍為中心》（上海市：復旦大學中國語言文學系博士論文，2009 年 4 月）

蔣文：《《上海博物館藏戰國楚竹書（六）》文字編》（上海市：復旦大學中文系本科學位論文，2008 年）

賴怡璇：《《楚地出土戰國簡冊[十四種]》校訂》（臺中：中興大學中文所碩士論文，2011 年 7 月）

禤健聰：《戰國楚簡字詞研究》（廣州：中山大學中文系博士論文，2006 年 4 月）

魏宜輝：《楚系簡帛文字形體訛變分析》（南京市：南京大學博士學位論文，2003 年）

蘇建洲：《上海博物館藏戰國楚竹書（二）校釋》（臺北市：臺灣師範大學國文所博士論文，2004 年 6 月）

# 後記

　　近幾年由於考古事業的發達，陸陸續續發表了各種類型的出土材料，僅竹簡而言就有《上博簡》、《清華簡》、《北大簡》、《岳麓簡》等等，其內容之重要、篇幅之廣大、難度之精深都是以往少見的。這是吾輩幸運的地方，也是辛苦的地方。季旭昇老師戲稱研究戰國文字和電腦資訊業的更新速度一樣快，這是很好的比喻。我也常跟友人打趣地說研究出土文獻恰如電腦的防毒軟體需要天天更新病毒碼，偶而偷懶幾天，便囤積了很多資料與文章需要消化。

　　近年來由於學術網站的陸續開通，許多學者專家不吝將自己精闢的學術見解首發在網站上，作為一個研究者無疑受惠良多，這是要鄭重提出感謝的。同時也因為網路的暢通，對學術難題的討論可以透過電子郵件或是即時通訊軟體與兩岸的高人作深入且快速的討論，這也是我們比前輩學者幸運的地方。本書很多想法便是與友人在線上往返討論後得到啟發的，在每篇文章之中我們都元元本本紀錄下學者惠賜的高見，感謝他們不藏私的賜教，讓筆者對問題能有更深入的思考，避免多走冤枉路。同時，藉由互相的討論，筆者方知個人見識的侷限以及資質的駑鈍，這也是警惕我們要更加努力地向頂尖學習。

　　本書收錄了筆者近年發表於臺灣編印的《中國文字》、《中正大學中文學術年刊》、《彰化師大國文學誌》以及大陸出版的《出土文獻與古文字研究》、《簡帛》、《簡帛研究》、《中國文字學報》、《中國文字研究》、《周易研究》等等期刊學報以及學術會議或是學術網站上的文章，而首次發表的論

文也佔了三分之一以上。內容以楚文字考釋為主軸，並以此成果來討論相關出土材料的問題，如〈金文考釋五篇〉便是受楚文字的啟發，回頭來考釋西周或戰國金文。同時也根據新出材料來重新改寫已經正式發表的論文，或以【編按】的方式加上按語等等。務求將錯誤減到最低，但是能否作到，就請讀者專家指導批評了。

本書寫作過程承蒙我摯愛的家人以及學界眾多師友的幫助：內人鄭倩琳女士平時教學工作繁忙，還得騰出時間操持家事，料理三餐，照顧兩個調皮的小娃兒，非常辛苦。她常常對我說：「你到底在樓上忙什麼？」這話問的我很心虛，內心常感到對不住她，是以我對太座說話往往言聽計從，不太敢有所違逆。此外，晚上是我接手照顧小孩，碰到趕寫文章時，往往是一手持書卷一手包尿布，讀書聲、喧鬧聲此起彼落，好不熱鬧，但不減我對兩個女兒的鍾愛，我也以住在「女生宿舍」為樂。其次，古人說獨學寡聞則涉道甚淺，季旭昇老師、林清源老師、許學仁老師、沈寶春老師是國內筆者常請益的師長。而藉由網路的輔助，吳振武先生、劉釗先生、孟蓬生先生、沈培先生、陳劍先生、徐在國先生、馮勝君先生、李銳先生、陳斯鵬先生、郭永秉先生、何有祖先生、單育辰先生、程少軒先生、劉洪濤先生、李松儒小姐等等海外專家學者就像坐在我對面一樣，可以無時空限制的隨時向他們請教，這無疑大大推動本書寫作的進度與深度，在此謹致上十二萬分的謝意。此外，高佑仁師弟、王瑜楨師妹、中興大學林清源先生的高徒高榮鴻、賴怡璇、李侑奏以及我的學生馬嘉賢、沈珮妤等在筆者文章寫作過程都提供了幫助，萬卷樓圖書公司編輯部同仁為編輯本書付出很大的心力，在此一併致謝。同時也感謝國家科學委員會的資助以及彰化師大國文系提供的優良研究環境，沒有以上這些資源，這本書的出版肯定遙遙無期。最後，感謝季旭昇老師以及孟蓬生先生在百忙之中為本書題寫序文，讓這本小書增色不少。筆者器鈍蒙昧，雖努力向學但疏漏之處必不在少，祈請讀者方家不吝批評指正。

民國 100 年 10 月 10 日百年國慶於臺中烏日寓所

國家圖書館出版品預行編目(CIP)資料

楚文字論集 / 蘇建洲著. -- 初版. -- 臺
　　北市 ： 萬卷樓, 2011.12
　　面 ； 　公分. -- (出土文獻注釋譯注叢刊)
　　　　ISBN 978-957-739-737-9(平裝)

　　1.簡牘文字 2.研究考訂

796.8　　　　　　　　　　　100025483

# 楚文字論集

2011 年 12 月　初版　平裝

ISBN 978-957-739-737-9　　　　　　　　　　定價：新台幣 820 元

| 作　　　者 | 蘇建洲 | 出　版　者 | 萬卷樓圖書股份有限公司 |
|---|---|---|---|
| 發 行 人 | 陳滿銘 | 編輯部地址 | 106 臺北市羅斯福路二段 41 號 9 樓之 4 |
| 總 編 輯 | 陳滿銘 | 電話 | 02-23216565 |
| 副總編輯 | 張晏瑞 | 傳真 | 02-23218698 |
| 執行主編 | 陳欣欣 | 電郵 | editor@wanjuan.com.tw |
| 編輯助理 | 游依玲 | 發行所地址 | 106 臺北市羅斯福路二段 41 號 6 樓之 3 |
| 封面設計 | 斐類設計 | 電話 | 02-23216565 |
|  | 工作室 | 傳真 | 02-23944113 |
|  |  | 印　刷　者 | 百通科技股份有限公司 |

如有缺頁、破損、倒裝　　網 路 書 店　　www.wanjuan.com.tw
請寄回更換　　　　　　　劃 撥 帳 號　　15624015